Fußball
Kondition – Technik – Taktik
und Coaching

Bildnachweis

Covergestaltung: Claudia Lo Cicero, Aachen
Coverfoto: © imago Sportfotodienst, © Thinkstock/iStockphoto/Fluid Illusion
Fotos: Horst Lichte, © imago Sportfotodienst (S. 3, 50, 70, 376), Fifa/Suva
                     (S. 178/179), Klaus Kessler (Autorenfoto)
Grafiken: Peter Schreiner, easy sports graphics

Ein Wort des Dankes gilt den Studenten der Fußballausbildung an der Deutschen Sporthochschule Köln, die als Modelle für die Fotos mitwirkten. Vor allem aber Boris Schommers und Nils Seifart für ihren unermüdlichen Einsatz, die zusammen mit Mirko Sandmöller, Marc Wilhahn, Michael Bender, Corc Tokgözoglu und Mario Baric die Vorlagen zu den Texten, Tabellen und Abbildungen bearbeitet haben.

Gero Bisanz & Gunnar Gerisch

FUSSBALL

Kondition – Technik – Taktik
und Coaching

Meyer & Meyer Verlag

Die Grafiken in diesem Buch wurden erstellt mit der Software easy Sports-Graphics.
www.easy-sports-software.com

Papier aus nachweislich umweltverträglicher Forstwirtschaft.
Garantiert nicht aus abgeholzten Urwäldern!

Fußball – Kondition - Technik - Taktik und Coaching

Bibliografische Information der Deutschen Nationalbibliothek
Die Deutsche Nationalbibliothek verzeichnet diese Publikation in der Deutschen
Nationalbibliografie; detaillierte bibliografische Details sind im Internet über
<http://dnb.d-nb.de> abrufbar.

© 2008 by Meyer & Meyer Verlag, Aachen
2. überarbeitete Auflage 2013
Auckland, Beirut, Budapest, Cairo, Cape Town, Dubai, Hägendorf, Indianapolis,
Maidenhead, Singapore, Sydney, Tehran, Wien
Member of the World
Sport Publishers' Association (WSPA)
Druck und Bindung: B.O.S.S Druck und Medien GmbH
ISBN 978-3-89899-568-9
www.dersportverlag.de
verlag@m-m-sports.com

INHALT

Schnelligkeit... 184

Vorwort

Das Fußballspiel lebt von Dynamik und Spannung. Exzellente Technik, strategisches Denken, explosive Schnelligkeit zusammen mit Einsatz und Kampfkraft machen die Attraktivität dieses Mannschaftsspiels aus. Hinzu kommt das Phänomen, dass mit der Metapher „Der Ball ist rund" umschrieben wird – das Überraschende, Unkalkulierbare –, dass siegessicher geglaubte Spiele noch kippen können, dass David Goliath besiegt. Derartig dramatische Ereignisse erhöhen den Spannungsgehalt des Fußballspiels.

1981 erschien der Vorläufer dieses Buches im Rowohlt Taschenbuch Verlag. Im Rückblick wird deutlich: Wandel ist eine Konstante im Fußball. Dabei ist es wichtig, die Balance zu halten zwischen Tradition und Fortschritt; wir können auf Bewährtes zurückgreifen, aber wir müssen auch fortwährend neue Erkenntnisse aufnehmen und umsetzen.

Vieles hat sich zwischenzeitlich bewegt. Das Spiel ist schneller und athletischer geworden. Der Leistungsdruck hat zugenommen. Wirtschaftliche Interessen im Zusammenhang mit einem wachsenden Medieneinfluss sind daran beteiligt. Vierer- und Dreierkette haben als Spielsysteme die Grundordnung mit klassischem Libero abgelöst. Fast alle Mannschaften spielen in einer Raumdeckung, womit jedoch nicht die Deckung des Raumes, sondern das aktive Bekämpfen durch den verteidigenden Spieler gegen die jeweils in seinen Aktionsraum eindringenden Gegenspieler gemeint ist. Das verlangt mannschaftliche Abstimmung, hohe Konzentration und Einsatzbereitschaft.

Regeländerungen wirkten sich vor allem auf das Zweikampfverhalten aus, Fouls als letzter Abwehrspieler oder grobe Attacken von hinten in die Beine des Gegners werden konsequent geahndet und erfordern Umstellungen im technischen und taktischen Abwehrverhalten. Der Torhüter wurde gezwungen, das Spiel schneller zu machen. Er ist stärker in das Abwehrspiel eingebunden, aber auch häufiger am Spielaufbau beteiligt.

Die veränderten Bedingungen und Anforderungen in der Trainings- und Wettspielpraxis gaben den Ausschlag, das Buch neu zu schreiben.

In der erweiterten und aktualisierten Fassung bietet es Trainern, Übungsleitern und Sportlehrern umfangreiche Arbeitsgrundlagen für das Technik-, Taktik- und Konditionstraining und stellt Maßnahmen zum Coaching – zur erfolgreichen Mannschaftsführung und individuellen Leistungsförderung – vor. Dazu werden im Spitzenfußball zunehmend Beachtung findende psychologische Erkenntnisse und Trainingsmethoden einbezogen, die auch für den Amateurfußball bedeutsam sind. In allen Leistungsberei-

chen des Fußballs erfordern die Führungsaufgaben von Trainern einen kompetenten Umgang mit Stress, Aggression, Krisen und Konflikten.

Empfehlungen zu Leistungskontrollen dienen ebenso wie die Anleitungen zu differenzierter sachlicher Kritik der persönlichen Leistungsverbesserung.

Spieler, die ihre Fußballkenntnisse erweitern und selbstständig ihr Können verbessern wollen, finden ein vielseitiges Übungsangebot für ihr spezielles Trainingsprogramm vor.

Wer aus allgemeinem Interesse sich mit dem Fußball befasst, hat die Möglichkeit, sich am Beispiel der Weltmeisterschaften einen Überblick über Entwicklungstendenzen im Fußball zu verschaffen und Aufschlüsse über Zusammenhänge von System und Taktik und den konditionellen Anforderungen des Spiels zu gewinnen.

Wir wünschen vielseitige Anregung, weiterführende Auseinandersetzung und viel Erfolg und Freude am Fußball!

Gero Bisanz   *Gunnar Gerisch*

Einführung

Das Fußballspiel zieht weltweit Milliarden Menschen in seinen Bann.

Die einfache Spielidee, leicht verständliche Regeln, die Überschaubarkeit des Spielgeschehens auf dem großen Spielfeld und die besondere Atmosphäre machen einen Teil der großen Popularität aus. Noch mehr Faszination ergibt das Wechselspiel aus Planung und Intuition, mannschaftlicher Geschlossenheit und individuellem Freiheitsspielraum, Kalkulierbarem und Unvorhersehbarem, Zweikampfhärte und spielerischer Leichtigkeit, strategischer Order und hoher kreativer Spielkultur.

Die Spieler können bereits im frühen Ausbildungsstadium das komplexe Spielgeschehen in seinen Grundzügen erfassen. Mit zunehmender Spielfähigkeit und Spielerfahrung gelingt es ihnen immer besser, den Spielverlauf zu analysieren, Beziehungen zwischen den aktuell wahrgenommenen Situationen und den möglichen folgenden Spielhandlungen zu erkennen und das eigene Verhalten danach auszurichten. In der Wettkampfdynamik mit den rasch wechselnden Spielsituationen, die augenblickliche Handlungsentscheidungen fordern, liegt der besondere Spannungsgehalt des Fußballspiels. Das Spielen des Balls mit dem Fuß erhöht den Spannungseffekt noch, da es sehr explosive, kampfbetonte Akzente trägt. Selbst bei hohem Spielniveau kann ein gewisser Unsicherheitsfaktor in der Ballbehandlung nie ganz ausgeschaltet werden. Von der untersten Handlungsebene einfacher Spielaktionen bis hinauf zu taktisch durchdachten und vorausgeplanten Spielzügen entwickelt sich das Fußballspiel in der Abstimmung von mannschaftlichem Zusammenspiel und individueller Spielgestaltung.

Die Rollen- und Aufgabenverteilung auf dem Spielfeld und der im Vergleich zu anderen Sportspielen großräumig angelegte Spielaufbau ermöglichen es auch den Zuschauern, Spielaktionen gedanklich vorzuplanen und die eigenen Zielvorstellungen mit den tatsächlich ausgeführten Handlungen der Akteure zu vergleichen.

Der Aufbau des Buches umfasst folgende Inhalte:

In einem kurzen historischen Rückblick wird die Bedeutung der Weltmeisterschaften für die Entwicklung des Fußballspiels aufgezeigt und auf die Zusammenhänge von System, Taktik und Spielanlage eingegangen. Eine kritische, aktuelle Standortbestimmung des Fußballs soll zu Rückschlüssen anregen und die Diskussion zur Weiterentwicklung, zur Steigerung der Attraktivität des Fußballspiels für Aktive und Zuschauer in Gang halten.

Ausgehend von den Leistungsanforderungen des Spiels, allgemeinen Trainingsgrundsätzen und spezifischen Belastungsfaktoren, werden die konditionellen Bereiche *Ausdauer, Kraft, Schnelligkeit* und *Koordination* mit den erforderlichen theoretischen Vorgaben behandelt.

Neu ist ein konditionelles Grundlagentraining, das die klassische Gymnastik zur Körperbildung, Beweglichmachung und zur koordinativen Allgemeinausbildung ablöst. Dieses Grundlagentraining beinhaltet Schwerpunkte mit jeweils deutlich differenzierenden, anforderungsspezifischen Übungsformen.

Um für das schnelle, kraftaufwändige und Konzentration fordernde Spiel gezielt die erforderlichen konditionellen Voraussetzungen zu schaffen und Defizite auszugleichen, sind leistungsdiagnostische Verfahren obligatorisch. Die gängigen leistungsdiagnostischen Tests werden dargestellt und durch anwendungsorientierte Hinweise ergänzt. Ein Exkurs mit praktischen Anleitungen zu einer sportlich-leistungsbewussten Lebensführung beschließt das Kapitel zur Kondition.

Im Kapitel des Techniktrainings gewährt das Buch Einblicke in die Vielfalt und Komplexität fußballspezifischer Bewegungsabläufe, beschreibt die Bewegungsstrukturen und -prozesse der einzelnen Techniken und gibt mit Trainingsformen Anleitungen zum Techniktraining.

Die Spielsysteme haben sich weiterentwickelt zu neuen Varianten in der Aufgabenverteilung der Spieler und entsprechenden Handlungsalternativen. Gespielt wird überwiegend mit Vierer- oder Dreierkette, einem kompakten Vierer- oder Fünfermittelfeld und meist zwei Spitzen. Systeme bilden die Grundordnung, maßgebend ist aber, wie die Spieler geschlossen und diszipliniert agieren, wie konzentriert und einsatzbereit sie ihre positionsspezifischen Aufgaben erfüllen.

Der Taktikteil informiert über die richtige Besetzung der Positionen auf dem Feld und über die speziellen Aufgaben, die jeder Spieler im Mannschaftsgefüge zu erfüllen hat, besonders in den beiden wichtigen Momenten des Ballgewinns und des Ballverlusts.

Das schnelle Umschalten von Angriff auf Abwehr und umgekehrt, Tempofußball und hohe Konzentration bis zum Spielende stellen große physische und psychische Anforderungen an die Spieler. In speziellen Trainingseinheiten wird der Zusammenhang von Taktik und Kondition berücksichtigt.

Zu den taktischen Überlegungen im Wettkampf und zur taktischen Schulung durch spielspezifische Trainingsformen werden umfassende Arbeitsgrundlagen angeboten.

In einem weiteren Block wird der Komplex des Coachings behandelt. Dabei geht es um die Prozesse, die innerhalb der Mannschaft ablaufen, um Anforderungen und Führungsaufgaben des Trainers und um Maßnahmen zur individuellen Förderung und zur Persönlichkeitsbildung der Spieler. Dieser psychologische Erkenntnisse beinhaltende Bereich hat in jüngster Zeit an Beachtung gewonnen. Unterstützende Maßnahmen zur Förderung des Mannschaftszusammenhalts, zur Stärkung des Selbstbewusstseins, zur Regulation von Vorstartproblemen finden im Profifußball zunehmend Akzeptanz. Der Junioren- und Amateurfußball kann von den dort gewonnenen Erfahrungen, angewendeten Grundsätzen und durchgeführten Maßnahmen profitieren.

Aus dem vielseitigen Spektrum der Mannschaftsführung werden die Merkmale und Auswirkungen von Konflikten, Krisen und Stress und entsprechende Handlungsmaßnahmen eingehend behandelt. Anleitungen zu konstruktiver Kritik und zur Steuerung von Aggression im Spiel sollen bewirken, diese Leistungselemente im Fußball noch gezielter und effizienter einzusetzen.

Trainer, Übungsleiter und Sportlehrer erhalten auf der Basis einer praxisbezogenen Theorie ein umfangreiches Übungsangebot zur Gestaltung des Konditions-, Technik- und Taktiktrainings. Zur Mannschaftsführung und zum Umgang mit den einzelnen Spielern werden ihnen grundlegende Kenntnisse vermittelt und praktische Anleitungen gegeben.

Entwicklung des nationalen und des internationalen Fussballspiels

Die Pionierarbeit für das Fußballspiel wurde in England an den Public Schools und Universitäten geleistet.

Am 26. Oktober 1863 wurde die „Football Association" in London gegründet, sodass man England zu Recht als Mutterland des Fußballspiels bezeichnen kann.

Die Anfänge des Fußballspiels in Deutschland gehen auf das Jahr 1874 zurück, als der Gymnasiallehrer Konrad Koch in Braunschweig den ersten deutschen Schüler-Fußballverein gründete. Seit 1876 gibt es die ersten deutschen Fußballspielregeln, die eine wichtige Grundlage für die Weiterentwicklung des Spiels in Deutschland bildeten. Etwa 10 Jahre später wurden die ersten deutschen Fußballvereine von ehemaligen Schülern gegründet, die das Spiel in den Schulen kennen gelernt hatten. Um 1880 wurde in Deutschland die Forderung nach einem Dachverband für den Fußballsport erhoben, der 20 Jahre später als Deutscher Fußball-Bund (DFB) gegründet wurde. Nach der Gründung des Dachverbandes wurde angestrebt, eine deutsche Fußballmeisterschaft auszutragen, die 1902 erstmalig zur Durchführung gelangte.

1904 trat der bereits 10.000 Mitglieder zählende Deutsche Fußball-Bund der im selben Jahr in Paris gegründeten Fédération Internationale de Football Association (FIFA) bei. Die FIFA verlangte von ihren Mitgliedsverbänden die Übernahme der neu geschaffenen „Internationalen Regeln". Dieser Forderung kam der DFB 1906 nach.

Die schnell fortschreitende Spielentwicklung erforderte schon bald Korrekturen des Regelwerks. Der wesentliche Gesichtspunkt war, ausgewogene Chancen für die Angriffs- und Abwehrspieler zu schaffen.

Ein Rückblick auf die Entwicklung des Fußballspiels macht die enge Wechselbeziehung zwischen dem Spiel und dem Regelwerk deutlich.

In den Anfangsjahren war es besonders die Abseitsregel, die Spielsystem und Spielanlage maßgeblich bestimmte. Mit jeder Änderung der Abseitsregel wurden neue Abschnitte hinsichtlich des Spielsystems und der Spielauffassung eingeleitet. Die erste Abseitsregel in England, die bis 1866 Gültigkeit besaß, lautete: „Jeder Spieler, der der feindlichen Linie näher steht als der, der den Ball stößt, ist abseits." Folglich war nur ein Laufen mit dem Ball nach vorn möglich; das Abspielen musste nach hinten erfolgen. Hier erkennt man noch deutlich den Einfluss der Regeln des Rugbyspiels, aus

dem sich das Fußballspiel entwickelt hat. Die damals geltende Abseitsregel hat heute noch im Rugby Bestand.

1866 erfolgte dann eine Änderung derart, dass keine Abseitsstellung gegeben war, wenn mindestens drei Gegner im Moment des Abspiels sich näher zu ihrer eigenen Torlinie befanden als die Angreifer. So entwickelte sich ein Spielsystem, das als **„offensives System"** bezeichnet wurde. Seine Grundformation wurde auf die bestehende Abseitsregel ausgerichtet.

Das offensive System erhielt seinen Namen nach der entscheidenden Spielfigur auf dem Feld, dem offensiven Mittelläufer, der die Verbindung zwischen Angriff und Abwehr herstellte. Die Bezeichnung „offensiv" ist vom Standpunkt der heutigen Spielauffassung eines offensiven Spiels irreführend. Durch die Abseitsregel bedingt, war ein schnelles Kombinationsspiel zum gegnerischen Tor nicht möglich. Pässe in die Tiefe des Raums und offensiver, schneller Angriffsaufbau – Komponenten, die wir als Merkmale einer offensiven Spielweise kennen – wurden durch die bestehende Abseitsregel verhindert. Das Angriffsspiel musste breit angelegt werden, um nicht in die Abseitsfalle des Gegners zu geraten. Folglich gab es wenig Torraumszenen, eine geringe Torausbeute und damit ein für die Zuschauer wenig attraktives Spiel.

Diese fehlende Attraktivität des Angriffsspiels veranlasste die Internationale Regelbehörde 1925 zu einer weiteren Änderung der Abseitsregel. Nunmehr mussten zum Zeitpunkt des Abspiels nicht mehr drei, sondern nur noch zwei Gegenspieler näher zu ihrer Torlinie stehen als die Angreifer, damit eine Abseitsstellung nicht gegeben war. Diese Abseitsregel hat grundsätzlich heute noch Bestand. Sie wirkte sich maßgeblich auf die Spielauffassung aus. Nunmehr konnte in die Tiefe gespielt und flüssig kombiniert werden. Die Umstellung fiel den Angriffsspielern leichter als den Abwehrspielern, die sich erst auf die erweiterten Kombinationsmöglichkeiten der Stürmer einstellen mussten. Folglich fielen in der Phase der Umstellung sehr viele Tore.

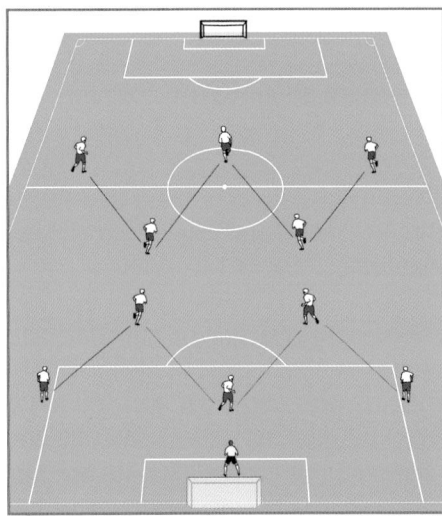

Abb. 1: WM-System

Erst einige Jahre später fand man zu einem System, das eine reale Basis schuf, die Mittel der Abwehr und des Angriffs ausgewogener als beim offensiven System zu gestalten. Das neue System, das über lange Jahre Bestand hatte und in einem

engen Zusammenhang mit der konstruktiven Weiterentwicklung des Fußballspiels steht, erhielt in späteren Jahren die Bezeichnung **„WM-System"**.

In der Abwehr spielten außen zwei die gegnerischen Außenstürmer deckende Verteidiger; in der Mitte der Mittelläufer gegen den gegnerischen Mittelstürmer; im Mittelfeld deckten die beiden Außenläufer die Halbstürmer des Gegners. Bei der zeichnerischen Verbindung der beiden Verteidiger und des Mittelläufers mit den Außenläufern und der Halbstürmer mit den drei Sturmspitzen werden die beiden Buchstaben W und M erkennbar, die dem System den charakteristischen Namen gaben. Trainer Chapman von Arsenal London praktizierte als Erster mit viel Erfolg das WM-System, während in deutschen Mannschaften die Umstellung vom offensiven System auf das WM-System erst um 1933 gelang. Zu diesem Zeitpunkt bereitete Professor Otto Nerz, der damalige deutsche Nationaltrainer, die Nationalmannschaft auf die Weltmeisterschaft 1934 in Italien vor.

Im Gegensatz zum offensiven System, in dem mehr in der Raumdeckung gespielt wurde, war die Spielauffassung in der WM-Formation in erster Linie auf Manndeckung ausgerichtet. Sie wurde von vielen Mannschaften übernommen. Ausnahmen bildeten lediglich die Nationalmannschaften von Österreich und der Schweiz, die sogar noch bei der Weltmeisterschaft 1954 in der Schweiz im offensiven System spielten.

Das WM-System hat im Laufe der Zeit mit der Weiterentwicklung des Fußballspiels Abwandlungen erfahren. So spielten schwächere Mannschaften oft mit zahlenmäßig verstärkter Abwehr, indem auf einen Stürmer verzichtet und dafür ein zusätzlicher Abwehrspieler eingesetzt wurde, der seinen Aktionsraum hinter der Abwehrreihe hatte. So kam zum Mittelläufer, dem sogenannten Stopper des Mittelstürmers, ein zweiter Stopper, der **„Doppelstopper"**. Nach ihm bekam das modifizierte WM-System seinen neuen Namen.

Es war schwer, gegen Mannschaften, die im „Doppelstopper-System" spielten, Tore zu erzielen. Aber taktische Gegenmaßnahmen, getragen vom Willen vieler Spieler und unterstützt durch die Forderungen der Zuschauer, dynamischen Angriffsfußball zu spielen, ließen das Doppelstoppersystem nur eine kurze Phase aktuell bleiben.

Die Entwicklung des Fußballsports wird am prägnantesten im Vergleich der Nationalmannschaften, insbesondere bei den Spielen um die Weltmeisterschaft, sichtbar. Weltmeisterschaften sind Gradmesser des jeweiligen Leistungsstands der Nationalmannschaften und zudem Impulsgeber für neue Entwicklungstendenzen im spieltaktischen, spieltechnischen und konditionellen Bereich. Spielsysteme und Spielstile werden analysiert und miteinander verglichen, die Erkenntnisse in die Trainings- und Wettkampfpraxis umgesetzt.

Fußballweltmeisterschaften werden seit 1930 ausgetragen. Das erste Austragungsland war Uruguay. Von den 13 Nationalmannschaften kamen nur vier aus europäischen Ländern, da die meisten Verbände das finanzielle Wagnis scheuten. Bei der zweiten Fußballweltmeisterschaft 1934 in Italien wurde bereits eine Zahl von 32 Bewerbern registriert, die Qualifikationsspiele erforderlich machte. Für alle teilnehmenden Mannschaften, und besonders für die FIFA, bedeutete diese Weltmeisterschaft einen finanziellen Erfolg. Damit hatte sich die Fußballweltmeisterschaft durchgesetzt. Kurz vor dem Zweiten Weltkrieg (1938) wurde in Frankreich die dritte Weltmeisterschaft ausgerichtet; dann zwang der Krieg zu einer 12-jährigen Pause.

1950 wurde in Brasilien die vierte Weltmeisterschaft durchgeführt, zu der Deutschland nicht zugelassen war. Brasilien, die Ausnahmenation im Fußball, konnte mit seinem Spielwitz gegen eine mit enger Manndeckung spielende uruguayische Mannschaft nicht gewinnen. Uruguay siegte mit 2:1-Toren und wurde damit Weltmeister 1950.

1954 – Weltmeisterschaft in der Schweiz

Von der Weltmeisterschaft 1954 ausgehend, soll die weitere spieltaktische Entwicklung des Fußballspiels aufgezeigt werden, weil zum ersten Mal in der Geschichte der Fußballweltmeisterschaft alle großen Fußballnationen an diesem Turnier teilnahmen.

In den 20er Jahren bestimmten die Südamerikaner, besonders die Brasilianer und die Uruguayer, die internationale Fußballszene. In den 30er Jahren bis in die 50er Jahre wurde der Fußball von der Wien-Prag-Budapester Schule geprägt. Die Wiener Schule mit dem legendären Flach- und Kurzpassspiel der 30er Jahre und das Wunderteam der Ungarn, das England, zuvor im eigenen Land unbesiegt, 1953 mit 6:3-Toren schlug, schrieben damalige Fußballgeschichte. Ungarn war der große Favorit für die WM 1954. Die Mannschaft spielte mit Bosik, Puskas, Cibor und Cocsis einen begeisternden Kombinationsfußball. Sie schlugen die sehr starken Uruguayer im Semifinale mit 4:2-Toren nach Verlängerung. Deutschland gewann das Semifinale gegen die starken Österreicher mit 6:1. So standen sich im Endspiel Ungarn und Deutschland gegenüber. Schon nach kurzer Zeit stand es 2:0 für Ungarn, aber eine kampfstarke und gut organisierte deut-

Abb. 2: Deutschland – WM 1954

sche Mannschaft schaffte durch Morlock und Rahn bis zur 18. Minute den Ausgleich. Die Ungarn hatten spielerische, die Deutschen kämpferische Stärken und zeigten eine geschlossene Mannschaftsleistung, die letztlich den Ausschlag gab. In der 84. Minute schoss Helmut Rahn das Tor zum 3:2-Endstand für Deutschland. Unter dem Bundestrainer Sepp Herberger errang die deutsche Nationalmannschaft zum ersten Mal den Titel des Weltmeisters.

Deutschland spielte im sogenannten WM-System mit den drei Sturmspitzen Schäfer, O. Walter, Rahn, mit den Halbstürmern F. Walter, Morlock, mit den Läufern Eckel und Mai und den Abwehrspielern Kohlmeyer, Liebrich und Posipal.

Das Tor hütete Turek. Die Stürmer hatten vorwiegend Angriffsaufgaben zu erfüllen, die Abwehrspieler Verteidigungsaufgaben gegen die gegnerischen Stürmer.

Anfangs wurde dieses System verhältnismäßig starr gespielt, weil jeder Spieler nur auf seiner Position spielte und nach Ballverlust jeder Verteidiger und Läufer (Mittelfeldspieler) seinen Gegenspieler in der Manndeckung bekämpfte. Erst in den Jahren nach 1954 entwickelte sich ein variables Spiel mit einem größeren Aufgabenspektrum für die einzelnen Positionen. Durch taktische Varianten mit häufigen Positionswechseln, rochierenden Spitzen und Mittelfeldspielern (Halbstürmern und Außenläufern) wurde das Spiel variantenreich gestaltet. Verteidiger übernahmen jedoch selten Offensivaufgaben, sodass auch die Sturmspitzen kaum in der Abwehr aushelfen mussten. Die Deckungsform im Abwehrverhalten war in erster Linie auf die Zuordnung 1:1, also auf Manndeckung, ausgerichtet; fünf Angreifer standen fünf Abwehrspielern gegenüber. Fast alle Mannschaften wendeten die Manndeckung als taktische Abwehrhandlung an.

1958 – Weltmeisterschaft in Schweden

1958 demonstrierten die Brasilianer ein flexibles Angriffs- und Abwehrspiel und überraschten mit ihrem System und mit einer neuen Spielauffassung die Fußballfachwelt. Während alle anderen Mannschaften in der gewohnten WM-Formation bzw. mit Ableitungen davon spielten, sah man bei den Brasilianern, mit 4 Verteidigern, 3-4 Mittelfeldspielern und 4, 3, teilweise nur 2 Spitzen, eine ungewohnte Grundordnung und ein Spielverhalten, bei dem von den einzelnen Spielern vielfältige Aufgaben erfüllt wurden. Bei Ballbesitz stürmten sieben, acht Spieler in der gegnerischen Spielfeldhälfte; aber ebenso viele Spieler wehrten bei Ballverlust die Angriffe der Gegenmannschaften ab. Man sah Verteidiger in Offensivaktionen und Stürmer abwehren. Keine der anderen Nationalmannschaften konnte sich auf das flexible Verhalten der brasilianischen Spieler einstellen. Hinzu kam eine große Spielgeschicklichkeit mit dribbelstarken und trickreichen Spielern, sodass die Abwehrspieler anderer Mannschaften, Spielertypen des WM-Systems, meist athletisch ausgebildet, aber an Wendigkeit unter-

legen, wenig Mittel fanden, dem Angriffswirbel der Brasilianer geeignete Mittel entgegenzusetzen.

Die brasilianische Nationalmannschaft wurde bei der WM in Schweden 1958 souverän Weltmeister.

Besonders diese Weltmeisterschaft, die durch das brasilianische Spiel neue Varianten im taktischen Bereich des Fußballspiels eröffnete, war zukunftsweisend für die weitere spieltaktische Entwicklung. Die auffallendste Veränderung in den Handlungen der Spieler nach dieser WM betraf eine flexiblere taktische Ausrichtung. Immer mehr Verteidiger schalteten sich in das Angriffsspiel ein und unterstützten die Stürmer in ihren Angriffsbemühungen. Folglich mussten auch immer mehr Stürmer als deren Gegenspieler Abwehraufgaben wahrnehmen. Weil das in vielen Mannschaften nicht reibungslos gelang, liefen die nicht ballbesitzenden Mannschaften Gefahr, in ihrer Abwehr personell unterbesetzt zu sein. Deshalb wurde hinter die manndeckenden Verteidiger ein weiterer Abwehrspieler gestellt, der von Manndeckungsaufgaben frei war und sich immer dort einschaltete, wo die größte Gefahr drohte. Die Abwehr wurde mit einem **Libero** personell auf Kosten des Angriffs verstärkt.

1962 – Weltmeisterschaft in Chile

Der Trend zum Spiel mit einem Libero setzte sich fort. Fast alle Mannschaften spielten mit einem sogenannten „freien" Abwehrspieler hinter den Verteidigern, der die Abwehr organisierte und lenkte. In den meisten Fällen war dies ein erfahrener Spieler mit guter Spielübersicht und Führungseigenschaften, aber in erster Linie mit Abwehrqualitäten.

Bei der WM 1962 in Chile stand die Defensivtaktik im Vordergrund: hinten dicht, vorne mit schnellen Gegenangriffen kontern. Man sprach von „Mauer-Taktik"; die Zuschauer waren enttäuscht, und die Experten zeigten sich besorgt um die Attraktivität des Fußballspiels in der Zukunft. Auch der amtierende Weltmeister Brasilien gab seine in Schweden noch so erfolgreiche 4:2:4-Formation auf und verstärkte das Mittelfeld, obwohl neun brasilianische Spieler schon vor vier Jahren in Schweden dabei waren. Aber ihre besten Spieler waren nicht mehr die Jüngsten und Pele, bei der WM vier Jahre zuvor auffallendster Spieler, schied nach dem Eröffnungsspiel verletzt aus. Sie mussten zwangsweise die Schönheit des Spiels zu Gunsten der Sicherheit und des Erfolgs opfern. Ihre Erfahrung wog dennoch schwer. Brasilien schlug die Tschechoslowakei im Endspiel mit 3:1-Toren und verteidigte den WM-Titel.

1966 – WM in England

Vor der WM 1966 befürchtete man eine Fortsetzung der Tendenz zur Defensivtaktik. Diese Prognose erfüllte sich nicht. Zwar legten fast alle Mannschaften Wert auf eine personell stärker besetzte Abwehr auf Kosten des Angriffs. Es zeigte sich im Verlauf dieser Weltmeisterschaft jedoch keine Stagnation in der Spielentwicklung. Im Gegenteil, der Trend zum Angriffsfußball aus verstärkter Abwehr war unverkennbar. Die Mannschaften beschränkten sich nicht allein auf die Verteidigung des Tors, sondern waren bestrebt, aus verstärkter Abwehr ein konstruktives Angriffsspiel vorzutragen. Wechselweise schalteten sich Abwehrspieler in das Angriffsspiel ein. Häufig wurde ohne Flügelstürmer agiert. In die freien Räume starteten dann Mittelfeldspieler oder Außen-

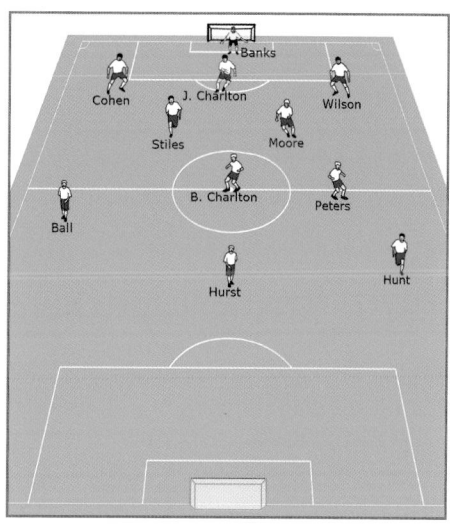

Abb. 3: WM 1966 – England

verteidiger und unterstützten die Sturmspitzen. Neben der deutschen Mannschaft, die von Bundestrainer Helmut Schön betreut wurde, beherrschte besonders die englische Nationalmannschaft das Angriffsspiel aus einer defensiven Grundordnung.

Die Engländer wurden mit 4:2-Toren nach Verlängerung gegen Deutschland im eigenen Lande Weltmeister. Beide Mannschaften zeigten eine Spielauffassung, die vorwiegend vom offensiven Fußball geprägt war. Deutschland spielte mit einer sehr sicheren Abwehr mit Schulz als Ausputzer und den manndeckenden Verteidigern Weber, Höttges und Schnellinger, der von Allan Ball häufig aus seiner Verteidigerposition gelockt wurde. Mit Beckenbauer, Overath, Haller, Seeler, Held und Emmerich spielten sechs Spieler, die von ihrer Spielauffassung her auf offensiven Fußball ausgerichtet waren und durch Spielfreude und Spielwitz attraktiven Angriffsfußball zeigten.

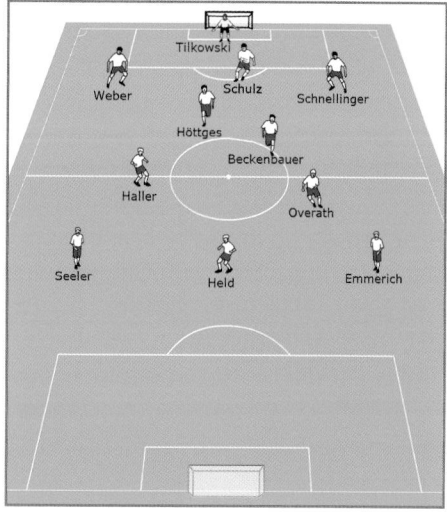

Abb. 4: WM 1966 – Deutschland

Diese Mannschaften demonstrierten athletischen Tempofußball auf der Grundlage guter technischer Fertigkeiten und taktischer Disziplin. Viele Mannschaften bevorzugten den Sicherheitsfußball mit personell verstärkter Abwehr als taktisches Element; es gab einige torlose Spiele, aber kaum langweilige. Es hatte sich bei vielen Mannschaften eine elastische Defensive entwickelt, aus der heraus dynamisch auf das gegnerische Tor gespielt wurde. Blitzschnelles Umschalten aus der Abwehr über das Mittelfeld bis in die Spitzen prägte das Angriffsspiel. Ebenso schnell zog man sich nach Ballverlust in die eigene Spielfeldhälfte zurück.

1970 – Weltmeisterschaft in Mexiko

Die Spiele 1970 in Mexiko wuden taktisch und konditionell von den besonderen klimatischen Verhältnissen bestimmt. Fast alle Mannschaften bevorzugten die ökonomischere Raumdeckung im Abwehrverhalten und waren bemüht, im Angriffsfußball das Spieltempo zu drosseln zu Gunsten spielerischer Elemente. Spielbeobachter Sepp Herberger äußerte in einem Interview: „Mexiko hat uns wieder auf den Boden des Spiels zurückgebracht. Weg vom ewigen ‚Tempo, Tempo, Tempo', das unser Spiel zu einer hektischen Jagd macht." Allerdings fielen Mannschaften, die es aus dieser Grundkonzeption heraus nicht verstanden, auch auf Tempoangriffe umzuschalten, dieser taktischen Maßnahme zum Opfer.

Bei den Spitzenteams, den Nationalmannschaften von Brasilien, Italien, Deutschland, Uruguay und auch England, entwickelte sich aus einer den gesamten Raum ausnutzenden, gestaffelten Formation ein variables und schnelles Angriffsspiel, unterstützt durch stürmende Verteidiger, die auch torgefährlich wurden. Befürchtungen, die an den enttäuschenden, sehr defensiven Auftakt der Spiele geknüpft wurden, erfüllten sich erfreulicherweise nicht. Mexiko brachte die Rückkehr zum Angriffsfußball, trotz der Höhenlage und der Hitze. Was sich in England angedeutet hatte, wurde fortgesetzt: Die vielseitige Ausbildung im technisch-taktischen Bereich und die gute physische Verfassung der Spieler zeigte sich in vielen Spielen. Gekonntes Defensivverhalten wechselte mit attraktivem Offensivspiel. Der Allroundspieler konnte sich auszeichnen und Mexiko brachte wieder Spielerpersönlichkeiten hervor: Pele aus Brasilien, Riva bei den Italienern, Cubillas bei Peru, Bobby Charlton aus England, Beckenbauer und Gerd Müller aus der deutschen Nationalmannschaft sind nur einige Beispiele. Das alles garantierte auch wieder viele Tore. Waren es in 1962 Chile noch 2,78 und 1966 in England nur noch 2,75 pro Spiel, so ermittelten die Statistiker in Mexiko 3,15 Tore.

Es gab außerordentlich spannende Spiele zwischen Deutschland und England, dem amtierenden Weltmeister, im Viertelfinale, das Deutschland nach Verlängerung mit 3:2 gewann und im Halbfinale zwischen Deutschland und Italien, das Italien mit 4:3

nach Verlängerung für sich enscheiden konnte. Brasilien wurde gegen Italien mit 4:1-Toren zum dritten Mal Weltmeister, weil es keine wirksamere, offensive Mannschaft in diesem Turnier gab.

1974 – Weltmeisterschaft in Deutschland

Die Entwicklung zu einem Spielertyp mit exzellenten spielerischen Fähigkeiten und variablen Aktionsmöglichkeiten in Angriff und Abwehr schritt weiter voran. Sie hatte ihren vorläufigen Höhepunkt während der WM 1974 in Deutschland.

Die erfolgreichen Nationalmannschaften Polens, der Niederlande und Deutschlands bevorzugten eine enge Gegnerdeckung. Acht, manchmal neun Spieler verteidigten das eigene Tor und häufig beteiligten sich ebenso viele Spieler an den Offensivaktionen. Das schnelle Umschalten von Abwehr auf Angriff und von Angriff auf Abwehr beherrschten diese Mannschaften vorbildlich. Trotz massiver Abwehr wurden zahlreiche Tore erzielt. Das lag zum einen an der vielseitigen Aktionsfähigkeit vieler Spieler, zum anderen an der variablen Spielanlage, bei der sich immer andere Spieler an den Angriffsaktionen beteiligten. So entwickelte sich eine flexible Spielweise auf hohem Niveau nicht nur durch die Mitte, sondern besonders auch über die Flügel. Bei Polen spielten über außen Lato und Gadocha, bei den Niederländern Rep und Rensenbrink und bei den Deutschen Hölzenbein und Grabowski sehr ef-

Abb. 5: WM 1974 – Deutschland

fektiv. Südamerika wurde bei dieser WM eine überraschend deutliche Lektion erteilt. Weltmeister Brasilien schoss in sieben Spielen der WM nur ein einziges Tor gegen seine europäischen Gegner. Das Spiel um den ditten Platz zwischen Brasilien und Polen endete mit 1:0 für Polen. Argentinien spielte mit einer Mannschaft virtuoser Individualisten, ohne eine geschlossene Mannschaftsleistung. Beiden Mannschaften behagte die konsequente Spielweise der europäischen Mannschaften im Abwehrverhalten nicht und auch nicht das schnelle Umschalten von Abwehr auf Angriff und umgekehrt.

Deutschland wurde im Endspiel gegen die Niederlande 20 Jahre nach dem Titelgewinn in der Schweiz mit 2:1-Toren erneut Weltmeister.

In der Mannschaft standen Spieler, die sich durch ein gutes technisches Können, besonders ausgeprägte Fitness, taktisches Einfühlungsvermögen und spielerische Disziplin auszeichneten. Zu den exzellenten spielerischen Voraussetzungen kam hinzu, dass sich unter der hohen Beanspruchung der Bundesliga einige Spieler zu Spielerpersönlichkeiten entwickelt hatten, die die Mannschaft führen und ihr in kritischen Situationen Kampfmoral und Rückhalt geben konnten. Spieler wie Beckenbauer, Overath, Breitner und Müller sind herausragende Beispiele.

Diese Spielerpersönlichkeiten zogen sich im Laufe der folgenden Jahre vom internationalen Fußball zurück.

1978 – Weltmeisterschaft in Argentinien

Das Fehlen der großen **Spielerpersönlichkeiten** 1978 in Argentinien war sicher ein wesentlicher Grund für das wenig erfolgreiche Abschneiden der Mannschaft unter Nationaltrainer Helmut Schön. Es gab keinen dominanten Spieler, der dem offensiven Spiel entscheidende Impulse geben konnte, niemand war in der Lage, bei Ballbesitz Tempo und Rhythmus zu bestimmen und Verantwortung auf dem Spielfeld zu übernehmen. Das zeigte sich nicht nur im Eröffnungsspiel Deutschland gegen Polen, das von vorsichtiger, defensiver Spielweise geprägt war und 0:0 endete.

Auch andere Mannschaften betonten aus Mangel an kreativen und das Spiel bestimmenden Spielerpersönlichkeiten die Defensive. Auf einem entsprechenden Niveau spielte sich die WM in Argentinien ab. Ausnahmen bildeten in geringem Maße die Franzosen, die Niederländer in der zweiten Runde und die Argentinier. Die Niederländer hatten Mut zum Angriffsspiel mit einigen jungen Spielern und kamen gegen Argentinien ins Endspiel. Das französische Team, als Geheimfavorit, spielte offensiven Kombinationsfußball, der für die Zukunft hätte Signale geben können, aber sie scheiterten schon in der ersten Finalrunde an Italien und Argentinien mit jeweils 2:1-Toren. Argentinien, der Weltmeister von 1978, gewann das Endspiel gegen die Niederlande mit 3:1-Toren auf der Basis der guten technischen Fertigkeiten der Spieler und durch ihre dynamische Spielweise mit besonders ausgeprägtem Einsatzwillen, der von der Begeisterung der heimischen Zuschauer ausgelöst und verstärkt wurde.

Nach der WM wurde in der Öffentlichkeit die Frage diskutiert, warum Mannschaften bei dieser WM so wenig kreativ und zu defensiv spielten. Es wurden u. a. kommerzielle Aspekte im Wettbewerbsfußball angeführt, „. . . sodass die Mannschaften rechnen und Pläne bevorzugen, die das Spiel des Gegners zerstören, während sie sich auf wenige Konter verlassen, um ein entscheidendes Tor zu schießen. Ergebnisse sind wirtschaftlich so wichtig geworden, dass die Geschicklichkeit des Einzelnen und ihre Entfaltung

dem stereotypen taktischen Spiel geopfert wird", stellt die technische Studiengruppe der FIFA heraus. Sie sagt weiter: „Es ist leichter, defensive Maßnahmen zu planen, um gute Spieler zu stoppen, als ein offeneres Spiel einzuüben. Die Defensive hat sich sowohl in technischer als in taktischer Hinsicht weit mehr entwickelt als der Angriff, und der Abstand zwischen dem Leistungsniveau in diesen Funktionen wird größer."

Die positive Entwicklung des Spielniveaus, die sich während der WM 1974 in Deutschland anbahnte, konnte sich 1978 nicht fortsetzen. Das Niveau der spielerischen Darstellung von Mannschaften und deren taktische Ausrichtung hängt in erster Linie von den in den Spielen zur Verfügung stehenden und beteiligten **Spielerpersönlichkeiten und den eingesetzten jungen Talenten** ab, aber auch von der Einbindung dieser Spieler in eine geschlossene Mannschaftsleistung. Nicht bei jeder Weltmeisterschaft bieten sich Spielerpersönlichkeiten und junge Talente an. Deshalb verläuft die Entwicklung im Fußball nicht linear aufwärts, sondern in Wellenbewegungen. Das ist auch der Grund dafür, dass es von Weltmeisterschaft zu Weltmeisterschaft unterschiedliche Bewertungen der Qualität der Spiele gibt.

1982 – Weltmeisterschaft in Spanien

Vor der WM 1982 in Spanien waren die Nationalmannschaften von Brasilien, Argentinien, Deutschland, unter Nationaltrainer Jupp Derwall, und Gastgeber Spanien erklärte Favoriten. Von diesem Quartett blieben drei vorzeitig auf der Strecke. Schon während der ersten Finalrunde sahen sich die Experten überrascht. Belgien besiegte Argentinien, Deutschland verlor gegen Algerien, Spanien musste sich mit einem Unentschieden gegen Honduras begnügen, Italien spielte gegen Polen 0:0. Die Brasilianer spielten insbesondere gegen die UdSSR und gegen die starken Schotten begeisternden Fußball: einfallsreich, ohne Hektik, scheinbar ohne System. Jeder Spieler lief, kämpfte und half dem Mitspieler, trotz der vielen Individualisten in dieser Mannschaft mit Zico, Oscar, Eder, Cerezo, Socrates und Falcao. Sie zeigten eine mannschaftliche Geschlossenheit, die diese Persönlichkeiten optimal zur Wirkung kommen ließ. Auch im Viertelfinalspiel gegen Argentinien nährte Brasilien Titelhoffnungen. Sie spielten artistischen Fußball, bei dem Stürmer in der Deckung aushalfen und Verteidiger sich an Offensivaktionen beteiligten. Dort, wo Spieler gebraucht wurden, waren immer welche zu Stelle. Es gab in der Abwehr keine direkte Zuordnung, wie bei anderen Mannschaften, das aber sollte im kommenden Spiel gegen die Italiener zum Problem werden. Italien zeigte eine klare Formation mit Libero, mit konsequent und hart spielenden Verteidigern, die den Zweikampf beherrschten, und mit schnellem Angriffsspiel. Darauf konnten sich die Brasilianer nicht einstellen. Sie verloren das Spiel mit 1:3-Toren. Damit stand Italien im Endspiel gegen Deutschland.

Italien wurde verdient Weltmeister: Die Mannschaft zeichnete sich aus durch ein konsequentes Abwehrverhalten, eine flexible Spielanlage und durch schnelles Umsetzen von Ideen sowie Ballgewandtheit und Torgefährlichkeit.

Als allgemeiner Trend war festzustellen:

- Die Abwehr ist durch ein personell verstärktes Mittelfeld kompakter geworden.
- Angriffe wurden aus verstärkter Abwehr heraus eingeleitet.
- Das Aufgabenspektrum der Spieler ist größer geworden, das Spiel flexibler.
- Die Angriffsspitzen ließen sich weit zurückfallen, dafür stießen wechselweise Mittelfeldspieler als Angriffsspitzen vor und unterstützten den Angriff.
- Im Abwehrverhalten ergab sich kein einheitliches Bild, einige Mannschaften spielten in der Manndeckung, andere in der Raumdeckung, wieder andere bevorzugten eine Mischung aus Mann- und Raumdeckung.
- Bei gegnerischem Ballbesitz orientierte sich die gesamte Mannschaft rückwärts bis auf eine (oder zwei) Spitze(n).
- Bedingt durch die Überzahl an Abwehrspielern vor den Toren, ergaben sich kaum Freiräume und damit auch wenig Torchancen.

1986 – Weltmeisterschaft in Mexiko

Nicht immer sind richtungsweisende taktische Trends zu beobachten, aber bei der WM 1986 war im Abwehrverhalten der Trend zur ballorientierten Raumdeckung zu erkennen. Viele Mannschaften bildeten einen Abwehrblock, wobei die dem Ballbesitzer am nächsten stehenden Abwehrspieler diesen unter Druck setzten. Schon im Angriffsaufbau waren die Mannschaften bestrebt, eine Staffelung in Breite und Tiefe des Feldes zu erreichen, um bei Ballverlust nicht durch Konterspiel überrascht zu werden. Das hatte zur Folge, dass die meisten Mannschaften im Abwehrbereich personell stark besetzt waren und Torerfolge der Gegner erschwerten. Eine Abwehr konnte gut organisiert werden. Hier zeichneten sich besonders die Brasilianer, die Franzosen, die Belgier, die Dänen, die Argentinier und auch die Deutschen unter ihrem Trainer Beckenbauer aus. In vielen Mannschaften waren fast alle Spieler an den Abwehrmaßnahmen ihrer Mannschaft beteiligt; häufig blieb nur eine Spitze vorn.

Im Angriffsverhalten boten jene Mannschaften das effektivere Spiel, bei denen sich die Mehrzahl der Spieler an Angriffshandlungen beteiligte, und die ein sicheres Aufbauspiel aus der eigenen Spielfeldhälfte heraus bevorzugten. Die Mannschaften, die mit schnellen, weiten Pässen zum Erfolg kommen wollten, verzeichneten viele Ballverluste. Es konnte festgestellt werden, dass in der gegnerischen Hälfte das Spieltempo zunahm und das Tempodribbling, verbunden mit einem sicheren Abspiel auf die ge-

deckten Spitzen, von einigen Mannschaften gut beherrscht wurde. Außerdem zeigte sich, dass das Spiel über die Flügel, besonders von den Dänen und von den Brasilianern, aber auch von der deutschen Mannschaft, oft durch außen spielende Mittelfeldspieler, aber auch durch über außen kommende Stürmer bevorzugt wurde.

Die deutsche Nationalmannschaft verlor das Endspiel gegen Argentinien mit einer guten spielerischen Leistung mit 3:2-Toren.

1990 – Weltmeisterschaft in Italien

In Italien wurde die deutsche National-mannschaft 1990 zum dritten Mal Welt-meister.

Das schafften bisher nur Brasilien und Italien. Damit gehört Deutschland zu den erfolgreichsten Fußballnationen. Das wurde nicht von allen so empfunden. Nach der Weltmeisterschaft 1982 in Spanien war der Stellenwert der deutschen Nationalmannschaft, trotz der Vizeweltmeisterschaft, nahe an den Nullpunkt gesunken. Nicht so sehr durch die Ergebnisse, sondern durch das Erscheinungsbild der Mannschaft. Das änderte sich auch nur wenig während und nach der Vizeweltmeisterschaft in Mexiko 1986, weil die Mannschaft mit zu vielen internen Proble-

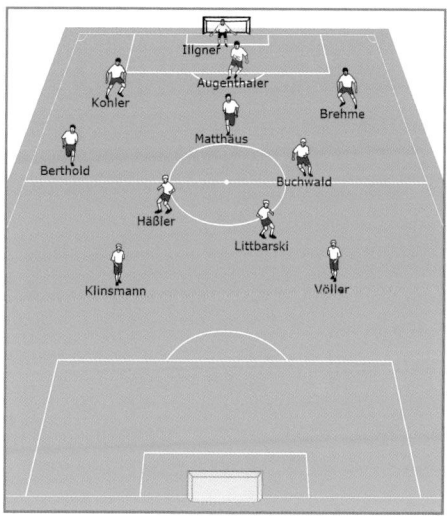

Abb. 6: WM 1990 – Deutschland

men zu kämpfen hatte, was der Öffentlichkeit nicht verborgen blieb. Das änderte sich erst nach dem gelungenen 4:1-Auftaktsieg bei der WM in Italien gegen Jugoslawien. Es entwickelte sich eine positive Stimmung über die gesamte Dauer der Weltmeisterschaft. Die deutsche Nationalmannschaft spielte einen modernen Fußball mit einer gut organisierten Abwehr durch Libero Augenthaler und den Verteidigern Brehme, Kohler und Reuter und den antreibenden Mittelfeldspielern Matthäus und Buchwald, der sich zum wertvollsten Spieler dieser WM entwickelte, sowie den Ballartisten Häßler und Littbarski und den gefährlichen Spitzen Völler und Klinsmann. Brasilien, die Niederlande und Spanien schieden schon im Achtelfinale aus, Italien im Halbfinale mit 5:4 im 11-m-Schießen gegen Argentinien.

Im Endspiel standen sich Deutschland und Argentinien gegenüber. Deutschland gewann 1:0 und spielte einen richtungweisenden Fußball: mit einer Mischung aus Kalkül und Spielwitz, aus Kraft und Technik, aus Individualität und mannschaftlicher Geschlossenheit, aus Vorsicht und Risiko. Keine Mannschaft spielte mit so vielen offensiv ausgerichteten Spielern. Deutschland zeigte eine ideale Mixtur aus spielerisch-technischen und kämpferischen Tugenden in einem System, das fast alle Mannschaften spielten, mit einem Libero hinter den Verteidigern. Viele Mannschaften nutzten die verstärkte Abwehr als Bollwerk, nur wenige als Ausgangsbasis für ein offensives Spiel – und das zeichnete die deutsche Mannschaft während der gesamten WM aus.

1994 – Weltmeisterschaft in den USA

Mit Bundestrainer Berti Vogts gab es 1990 erneut einen Wechsel an der Spitze der deutschen Fußballnationalmannschaft. Leider konnte die deutsche Mannschaft 1994 weder taktisch noch konditionell an die Leistungen von 1990 anknüpfen. Sie spielte in der ersten Runde gegen Bolivien 1:0, gegen Spanien 1:1 und gegen Korea nach einer 3:0-Führung noch 3:2. Das reichte zwar für den Einzug in die nächste Runde, aber der physische Zustand der Mannschaft war nicht optimal. Das Achtelfinalspiel gegen Belgien gewann die Mannschaft mit 3:2-Toren und musste, ähnlich wie gegen Korea, nach einer 3:1-Führung noch ein zweites Tor hinnehmen. Im Viertelfinalspiel gegen Bulgarien bestätigte es sich, dass die deutschen Spieler konditionelle Defizite hatten, auch hier wurde die 1:0-Führung durch einen Strafstoß von Matthäus in ein 1:2-Ergebnis für die Bulgaren umgewandelt. Deutschland schied damit aus dem Turnier aus, Bulgarien kam mit Schweden, Italien und Brasilien unter die letzten Vier.

Bei vielen Mannschaften konnte eine Veränderung in der Grundordnung und damit auch in der taktischen Ausrichtung beobachtet werden. Nahezu die Hälfte aller Mannschaften spielten mit einer Viererkette auf einer Linie in der Raumdeckung ohne Libero. Allerdings war nicht festzustellen, dass das Spielen in einer Viererkette qualitativ und hinsichtlich des Erfolgs gegenüber der Formation mit einem Libero Nachteile mit sich brachte. Bei einigen Mannschaften konnte das Gegenteil beobachtet werden. So spielten z. B. die Norweger und die Iren in der Viererkette ohne Libero, aus der sich selten Spieler in das Offensivspiel einschalteten. Sie nutzten diese Formation, um ihre Abwehrräume eng zu machen, indem sie mit vier Verteidigern und vier bzw. fünf Mittelfeldspielern und oft nur mit einer Spitze agierten. Hier war es das primäre Ziel, die Abwehr zu verstärken, um mit langen Pässen auf die Spitze zu Kontermöglichkeiten zu kommen. Weil die Offensivaktionen durch Verteidiger und Mittelfeldspieler zu wenig unterstützt wurden, kämpften die Spitzen oft vergeblich gegen eine Überzahl an Abwehrspielern.

Die italienische Mannschaft, die mit ihrer Spielweise bis ins Endspiel kam, spielte ebenfalls mit einer Viererkette, aber mit Baresi hatten sie einen erfahrenen Abwehrspieler im Zentrum, der je nach Spielsituation sein Abwehrspiel variierte. Teilweise agierte er auf einer Linie mit seinen Verteidigern, teilweise dahinter als Absicherung und manchmal auch als Aufbauspieler, als Antreiber, davor. Italien zeichnete sich nach anfänglichen Problemen, wie generell bei jeder WM, durch eine gut organisierte Abwehr aus, in der sie gutes Stellungsspiel, hervorragende Zweikampfhandlungen, erfolgreiche Kopfballaktionen zeigten und technische Fertigkeiten auf allen Positionen.

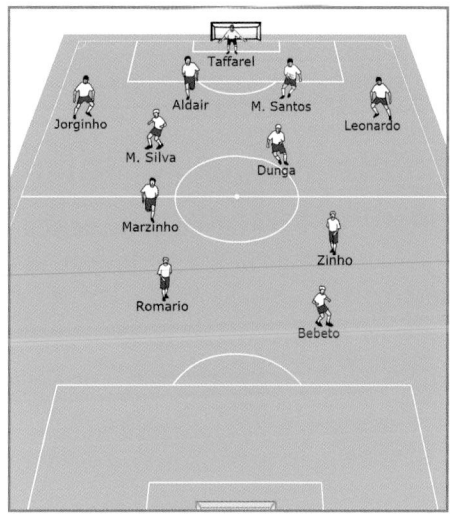

Abb. 7: WM 1994 – Brasilien

Brasilien, der Finalgegner der Italiener, knüpfte mit dem Endspielsieg an die Erfolge seiner Mannschaften von 1958, 1962 und 1970 an. Es ist damit der erste Verband, der den Weltmeistertitel zum vierten Mal gewinnen konnte. Zweifellos gewann damit die beste Mannschaft des Turniers durch ihre auf Angriffsfußball ausgerichtete Spielweise. Die Mannschaft setzte sich zusammen aus Kämpfertypen, wie Mauro Silva, Aldair, M. Santos und Dunga, und läuferisch wie technisch sehr starken Spielern wie Jorginho, Zinho, Romario und Bebeto. Ihre Abwehr war im Vergleich zu anderen WM-Turnieren gut organisiert mit zwei Innenverteidigern und zwei zentralen Spielern davor. Somit war das Abwehrzentrum vor dem eigenen Tor stets mit vier Spielern besetzt. Außen deckten bei Ballverlust die beiden Außenverteidiger die Angriffe der Gegner über die Flügel ab. Im Mittelfeld beteiligten sich oft noch die beiden offensiven Mittelfeldspieler an den Abwehrhandlungen. Lediglich die beiden Spitzen waren von Abwehraufgaben befreit. Die Bilanz der Gegentore belegt die Effektivität dieser personellen Abwehrkonstallation. Brasilien ließ in allen Spielen nur drei Gegentore zu und spielte in sieben Spielen 5 x zu null. Bei Ballbesitz zogen sie ein schnelles Kombinationsspiel auf, bei dem nach gekonntem Kurzpasssspiel oft mit spielverlagernden Pässen auf die sich anbietenden Spitzen Torchancen herausgespielt wurden. Durch sich einschaltende Verteidiger in das Angriffsspiel wurde auch das Spiel über die Flügel betont. Technisch waren alle Spieler überdurchschnittlich ausgebildet, so wie man es von brasilianischen Spielern kennt, aber bei dieser WM kam eine nie zu erwartende geschlossene Mannschaftsleistung hinzu. Jeder kämpfte für jeden. Die sonst so hervorstechenden individuellen Leistungen wurden in die Mannschaftsleistung eingebunden, Einzeldarstellungen in den Hintergrund gestellt. Trainer Carlos Alberto, vor dem

Turnier von den Medien kritisiert, hatte eine verschworene Einheit gebildet, wobei eine starke taktische Leistung auf der Basis einer stabilen Abwehr zur Weltmeisterschaft führte.

1998 – Weltmeisterschaft in Frankreich

Die WM 1998 in Frankreich wurde von Experten qualitativ sehr hoch eingeschätzt. Es gab viele Spiele auf hohem Niveau. Die Grundordnungen der Nationalmannschaften bewegten sich bei dieser WM immer mehr vom Spiel mit einem Libero in der Abwehr zu einer Abwehrformation ohne erkennbaren Libero. Man konnte beobachten, dass viele Mannschaften mit vier Verteidigern auf einer Linie spielten, dass aber die klassische, etwas starre Linienabwehr, die sogenannte *Viererkette*, wie noch bei der WM in den USA zu beobachten, viel flexibler angewendet wurde. Viele Mannschaften hatten offensive Außenverteidiger, die selten mit den Innenverteidigern auf einer Linie agierten, weil sie nach Einschalten in den Angriff nach Ballverlust nicht immer schnell genug in die Abwehrkette zurückkamen. Dafür postierte sich oft ein Spieler als defensiver mittlerer Mittelfeldspieler vor den beiden Innenverteidigern im zentralen Bereich vor dem Strafraum, und weitere Mittelfeldspieler verzögerten das Angriffsspiel der Gegner durch schnelles Zurückziehen neben den zentralen Mann vor der Abwehr zu seiner Unterstützung.

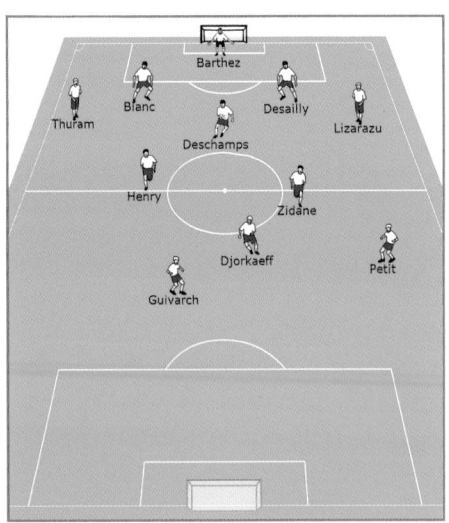

Abb. 8: WM 1998 – Frankreich

Auffallend war, dass der Spieler zentral vor der Abwehr nicht nur Abwehrspieler war, sondern Fähigkeiten mitbrachte, die denen eines Spielgestalters entsprechen. Bei Frankreich war das beispielsweise Deschamps, bei den Brasilianern Dunga. Sie organisierten die Abwehr vor den Verteidigern und den Spielaufbau bei Ballbesitz und waren für die Verteidiger sowie für die Mittelfeldspieler stets anspielbar.

Weiterhin war der Trend zu einem Mittelfeldpressing zu beobachten. Das heißt, dass der gegnerische Ballbesitzer stets von einem, zwei oder gar drei Gegenspielern bekämpft wurde. Das verlangte viel Laufarbeit von den verteidigenden Spielern und eine hohe Konzentration und Laufbereitschaft bei schnellem Kombinationsspiel des Gegners. Das beste Beispiel dazu zeigte die Spielanlage der französischen Nationalmann-

schaft im Endspiel gegen Brasilien, das sie mit 3:0-Toren gewann. Als beste Mannschaft des Turniers erspielte sie den Weltmeistertitel.

Mit ihrem aktiven Abwehreinsatz schon vor der Mittellinie, in dem oft zwei oder gar drei verteidigende Spieler den Ballbesitzer unter Druck setzten, fanden die Franzosen das richtige Mittel gegen die individuell technisch versierten brasilianischen Spieler. Nach Erkämpfen des Balls wurde schnell in Richtung gegnerisches Tor umgeschaltet und damit erzielten sie Erfolg versprechende Torschussmöglichkeiten.

Auffallende taktische Handlungen dieser WM waren das flexible Spiel in den Abwehrreihen der Verteidiger und Mittelfeldspieler und die Abwehrhandlungen im Block durch ballorientiertes Agieren. Voraussetzungen dazu waren sehr gute läuferische Fähigkeiten, verbunden mit Willenseigenschaften, die jeweiligen Ballbesitzer immer dort, wo sie sich bewegten, mit einem oder mehreren Spielern zu attackieren und unter Druck zu setzen.

Mannschaften, die das beherrschten, die nach Eroberung des Balls gedanklich und motorisch schnell auf Angriff umschalteten, hatten anderen Mannschaften gegenüber große Vorteile.

Im Angriff konnten vielfältige Ausprägungen beobachtet werden, die teilweise von Spiel zu Spiel wechselten, was eine große Flexibilität und eine hohe Anpassungsfähigkeit vieler Spieler in der Erfüllung von unterschiedlichen Aufgaben in Angriff und Abwehr zeigte.

Es gab Mannschaften, die mit einem sicheren, kontrollierten Spielaufbau zu Torchancen kommen wollten, z. B. die Niederlande, und solche, die nach Ballgewinn risikobereit mit Tempoaktionen auf das gegnerische Tor spielten, z. B. Frankreich. Andere Mannschaften spielten so, wie es die jeweilige Situation zuließ, einmal mit Tempoaktionen in sich bietende freie Spielräume bzw. mit langsamem, sicherem Spielaufbau, wenn sich die gegnerische Abwehr schon formiert hatte.

Konsequenzen für die Trainingsarbeit

Die WM 1998 wurde von vielen Experten qualitativ hoch eingeschätzt. Deshalb lassen sich für das Training in den Vereinen folgende Schwerpunkte empfehlen:

- Eine gute Organisation der Abwehr nach Ballverlust:
  – Schnelles Umschalten auf Abwehrhandlungen auf **allen Positionen**. Spätestens im zweiten Drittel des Feldes müssen aktive, aggressive Abwehrhandlungen ge-

gen den Ballbesitzer stattfinden mit einem oder mehreren Spielern. Die Mittelfeldspieler agieren als Gruppe und bewegen sich so schnell wie möglich in Richtung Ballbesitzer, der aktiv bekämpft werden muss. Auf Staffelung achten.

- Abwehr – Zweikampfschulung **aller Mittelfeldspieler** und Pressingtraining mit zwei und drei Spielern gegen den Ballbesitzer.

- Schneller und sicherer Spielaufbau nach Ballgewinn:
  - Jeder Spieler muss lernen, Verantwortung zu übernehmen und dem Ballbesitzer zeigen, dass er den Ball haben will.
  - Der Ballbesitzer muss schnell Initiative ergreifen, um mit dem Ball Druck auf den Gegner aufzubauen, durch einen Pass in die Tiefe oder durch ein Dribbling mit Raumgewinn.
  - Nach dem Abspiel muss auch er, wie alle anderen Spieler, den Ball wieder fordern.
  - Der neue Ballbesitzer muss schnell erkennen, wohin er den Ball spielen kann, um sicher und mit Tempo in Richtung gegnerisches Tor zu streben.

- Alle Spieler beteiligen sich am Aufbauspiel:
  - Nicht wahllos nach vorne rennen, sondern sich gut gestaffelt jederzeit anspielbereit am Kombinationsspiel beteiligen.

- Individuelle Verbesserung der technischen Fertigkeiten und taktischer Verhaltensweisen aller Spieler:
  - Torhüter, Verteidiger, Mittelfeldspieler und Stürmer müssen sich am Abwehr- und am Aufbauspiel beteiligen, deshalb ist eine stete Schulung der dazu erforderlichen technischen Fertigkeiten und taktisch relevanter Handlungen für Abwehr- und Angriffshandlungen für alle Spieler Pflicht.

2002 – Weltmeisterschaft in Japan und Südkorea

2002 wurde zum ersten Mal eine WM in zwei Ländern ausgetragen. In Japan und Südkorea hatte sich der Fußball durch die Mithilfe europäischer und brasilianischer Spieler und Trainer sehr positiv entwickelt. Belegt wird der Aufwärtstrend dort durch die Qualität ihrer Spiele bei dieser Weltmeisterschaft. Vor allem Südkorea brillierte mit Siegen gegen europäische Mannschaften mit einer Spielauffassung, die man als europäisch bezeichnen kann. Sie spielten gegen Portugal 1:0, Polen 4:0, Italien 2:1 und Spanien 5:3 nach Elfmeterschießen. Ihre Spiele kennzeichneten Laufbereitschaft, großer Einsatzwillen und aggressive Zweikampfhandlungen.

Der Trend zu einer ballorientierten Abwehrarbeit der Verteidiger, das Verschieben im Block und das Stören der Gegenspieler schon im Mittelfeld waren auch bei der WM 2002 taktische Mittel, die trotz der schwierigen klimatischen Verhältnisse angewen-

det wurden. Zudem waren viele Spiele vom körperlichen Einsatz in den Zweikämpfen gegen den ballannehmenden bzw. in Ballbesitz befindlichen Spieler geprägt. Selten zuvor bei einer WM wurden bei einigen Mannschaften (Südkorea, Japan, Dänemark, Schweden, England, Irland, Türkei und USA) Zweikampfhandlungen so zum prägenden Mittel der Spieler in den Abwehrsituationen. Den Spielern im Ballbesitz wurde der Spielraum durch einen aktiven Körpereinsatz und kompromissloses Zweikampfverhalten derart eingeengt, dass sich zwangsläufig Ballverluste ergaben. Dieses Abwehrverhalten stellt hohe Anforderungen an die physische und mentale Stärke, an Antrittsschnelligkeit und Ausdauer ebenso wie an die Willenseigenschaften aller Spieler. In den Spielsystemen konnte eine große Flexibilität beobachtet werden. Es gab Mannschaften, die im klassischen 4-4-2-System, aber auch solche, die im 3-4-3- oder im 3-5-2-System spielten.

Die größten Veränderungen gab es im Mittelfeld. Alle Mannschaften verstärkten das Mittelfeld bei Ballverlust, sodass einige Mannschaften nur mit einem, andere nur mit zwei Stürmern spielten. Die Bildung einer kompakten Abwehr stand im Vordergrund, was nicht bedeutete, dass nur defensiv gespielt wurde. Nach Ballbesitz wurde von fast allen Mannschaften mit Tempo, mit schnellen Kombinationen oder mit gezielten, langen Pässen auf Mitspieler auf Angriff gespielt.

Systemvielfalt und taktische Flexibilität waren bei dieser WM zu beobachten. Das zeigte auch die deutsche Mannschaft unter ihrem Trainer Rudi Völler. Trainer reagierten z. B. mit Änderungen im Spielsystem nach Rückstand, oder wenn der Gegner anders spielte, als erwartet nach dem Prinzip: Wer Erfolg haben will, darf sich nicht in ein taktisches Korsett pressen lassen und muss flexibel reagieren.

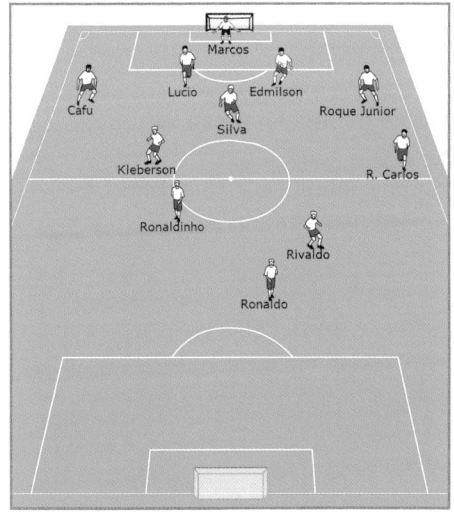

Abb. 9: WM 2002 – Brasilien   *Abb. 10: WM 2002 – Deutschland*

Brasilien besiegte Deutschland im Endspiel mit 2:0 und wurde auf Grund der Leistungen ihrer exzellenten Angriffsspieler Ronaldo, Rivaldo und Ronaldinho und der sehr offensiven Verteidiger Cafu und Roberto Carlos Weltmeister 2002.

Welche weiteren Erkenntnisse hat die WM 2002 erbracht?

- Die Qualität der Spiele ist ausgeglichener geworden.

- Kraft, Schnelligkeit, Ausdauer und Gewandtheit als Grundlage für technisch-taktisches Handeln sind bei den meisten Mannschaften vorhanden.

- Technisch-taktisch sind nur geringe Unterschiede festzustellen.

- Erfolge von Mannschaften hängen immer häufiger von der Qualität und Klasse einzelner Spieler ab. Diese wird eindrucksvoll dadurch belegt, dass 20 % der Tore durch Einzelaktionen erzielt wurden, aus Distanzschüssen, durch direkte Freistöße und nach Dribblings.

- Hervorzuheben ist das Variieren der Grundordnungen bei dieser WM, vor allem die Fähigkeiten der Spieler, auf Veränderungen der Systeme durch die Trainer innerhalb eines Spiels oder von einem Spiel zum anderen, zu reagieren und die dadurch erforderlichen Handlungen positiv zu bewältigen.

- Taktische Handlungen: Bewusstes personelles Verstärken der Abwehr durch Zurückziehen aller Spieler in die eigene Feldhälfte mit dem Ziel, den Gegner zum offensiven Spiel zu verführen, dann dort durch Pressing den Ball zu erobern und mit schnellem Angriffsspiel die noch nicht formierte Abwehr des Gegners ausspielen und schnell und sicher zu Torchancen kommen zu wollen.

- Einschalten von Verteidigern zur Unterstützung des Angriffsspiels: Bei vielen Mannschaften war das eine bewährte taktische Maßnahme. Voraussetzungen sind exzellente technische Fertigkeiten und gute konditionelle Fähigkeiten der Verteidiger sowie eine hohe Laufbereitschaft, um Akzente für das Angriffsspiel setzen zu können.

- Schnelles und sicheres Kombinationsspiel: Schnelle, kurze Pässe zwischen zwei, drei und vier Spielern, einmal, um sich aus einer Umklammerung von Abwehrspielern zu befreien, zum anderen, um im Angriffszentrum zu Torchancen zu kommen.

Fazit der Fußballweltmeisterschaft 2002

Diese Beobachtungen sollen unsere Trainer in den Vereinen anregen, auch ihre Spieler zu befähigen, sich auf mehrere Grundordnungen, je nach Erfordernis, einzustellen, um dadurch in den Wettspielen flexibler agieren zu können. Wenn eine Mannschaft gewohnt ist, mit vier Verteidigern zu spielen, dann sollte man diese auch darauf vorbereiten, nur mit drei Verteidigern spielen zu können, und zwar dann, wenn der Gegner z. B. nur mit zwei Spitzen antritt. Damit würde ein weiterer Spieler für das Mittelfeld frei. Gegen Mannschaften, die nur mit einer Spitze spielen, könnte erfolgreich mit zwei Innenverteidigern und einem zentral vor den Innenverteidigern spielenden Mittelfeldspieler agiert werden. Die beiden Außenverteidiger sollen sich häufig in das Angriffsspiel einschalten und so den Aufbau und Abschluss von Angriffsaktionen unterstützen.

Für die Vereinsarbeit bedeutet das,

- dass unsere Verteidiger nicht nur an der Verbesserung der technischen Fertigkeiten für das Abwehrspiel, sondern auch an der Optimierung der Angriffstechniken für erfolgreiche Angriffsaktionen arbeiten müssen, um so eine größere Flexibilität in den Handlungen im mannschaftstaktischen Rahmen zu erreichen.

- dass das schnelle Kombinationsspiel ein weiterer Schwerpunkt der Trainingsarbeit sein muss. Dazu gehören:
  - Frühzeitiges Erkennen von Abspielmöglichkeiten mit Raumgewinn.
  - Sicheres und zielstrebiges Passspiel von Spieler zu Spieler unter Zeitdruck.
  - Laufbereitschaft und gutes Stellungsspiel, um die Passfolgen zu ermöglichen.

2006 – Weltmeisterschaft in Deutschland

Zum zweiten Mal in der Geschichte der FIFA wurde nach 1974 wieder eine Weltmeisterschaft in Deutschland ausgetragen. Das DFB-Motto 2006 „Die Welt zu Gast bei Freunden" hat sich mit Leben gefüllt. Diese WM war ein rauschendes Fest, in erster Linie durch das begeisterte Publikum aus aller Welt. Dazu beigetragen hat die deutsche Nationalmannschaft unter der Führung von Trainer Jürgen Klinsmann mit ihrem dynamischen Offensivfußball, aber auch eine neue Erlebnisebene, die „Fanmeile", mit der Möglichkeit, Fußball auf großen Leinwänden auf freien Plätzen, durch das sogenannte „Public Viewing", zu erleben.

Was ereignete sich auf den Fußballfeldern?

Wie bei vielen anderen WM-Turnieren wurden u. a. Brasilien und Argentinien als Favoriten genannt. Beide Mannschaften konnten diesen Erwartungen nicht gerecht werden. Die Mannschaften vom asiatischen Kontinent haben sich schon nach der Vorrunde verabschieden müssen, Afrika folgte nach dem Achtelfinale und Südamerika nach dem

Viertelfinale. Die 18. Fußballweltmeisterschaft ist mit den Halbfinalspielen Portugal gegen Frankreich und Italien gegen Deutschland zu einer rein europäischen Angelegenheit geworden. Erstmals seit 1982, als Italien das Finale gegen Deutschland mit 3:1 gewann und Polen im Spiel um den dritten Platz 3:2 gegen Frankreich siegreich war, bestritten wieder vier europäische Mannschaften das Halbfinale. Was waren die Gründe? Die Mannschaften aus dem **asiatischen Bereich** sind in der Spieleffektivität dem europäischen Fußball zwar nähergekommen, aber letztlich fehlt die Durchschlagskraft in der Offensive, um Spiele sicher zu gewinnen.

Die Mannschaften aus **Afrika** spielen attraktiv auf Grund vieler guter Einzelspieler, aber ihrem Spiel mangelt es oft an der mannschaftlichen Geschlossenheit.

Der **südamerikanische Fußball** blieb bei dieser WM auf der Strecke. Die Brasilianer als amtierende Weltmeister fanden nie zu ihrem Spiel. Sie standen in der Defensive gut, ständig mit sechs, sieben Spielern hinter dem Ball, aber nach Ballbesitz wirkte ihr Spiel, anders als bei den Turnieren zuvor, behäbig, wenig kreativ und ohne Drang auf das gegnerische Tor. Sie agierten mit vielen Einzelaktionen ohne mannschaftliche Geschlossenheit. Das 0:1 gegen Frankreich im Viertelfinalspiel war gleichzeitig das Aus bei dieser WM.

Die argentinische Mannschaft spielte weitaus kreativer, mit schnellem und flüssigem Kombinationsspiel. Sie scheiterte letztlich im Viertelfinale an einer kompakt spielenden deutschen Mannschaft, die nach 1:1-Endstand und Verlängerung das 11-m-Schießen mit 4:2-Toren gewann.

Was zeichnete die Weltmeisterschaft 2006 aus?

Diese WM war allgemein eine Meisterschaft der Defensivspieler. Italien spielte mit dem besten Torhüter des Turniers, mit Buffon, mit Pirlo, einem der besten defensiven Mittelfeldspieler mit kunstvollem und kreativem Abwehrspiel vor der Viererkette und mit dem Chef der Abwehr, Fabio Cannavaro, dem besten Innenverteidiger, der auch zum Fußballspieler des Jahres 2006 gewählt wurde. Die Tatsache, dass Abwehrspezialisten als die besten Spieler des Turniers und des Jahres ausgezeichnet wurden, belegt, dass sich im offensiven Spiel nicht viel bewegte. Auch bei anderen Mannschaften waren Spieler in Defensivaktionen und aus der Defensive kommend die besten Spieler, z. B. Thuram, Gallas und Vieira bei Frankreich, Lahm, Metzelder, Frings und Ballack bei Deutschland, Cafu, Gilberto Silva und Zé Roberto bei Brasilien, Maniche aus Portugal und Hargreaves aus England.

Das Prinzip Sicherheit spielte bei dieser WM eine entscheidende Rolle. Schon aus den Grundformationen ablesbar, galt der Defensive die Aufmerksamkeit der Trainer. Vorsicht ging vor Risiko. Die meisten Mannschaften praktizierten ein Spielsystem mit einer Spitze, z. B. England mit Rooney, Portugal mit Pauletta, Italien mit Luca Toni, Brasilien mit Ronaldo, Frankreich mit Henry und Argentinien mit Crespo. Die Stürmer

führten bei vielen Mannschaften als zumeist einzige Spitze einen fast aussichtslosen Kampf oft gegen eine Überzahl an Verteidigern in dem von taktischen Zwängen und defensiver Ausrichtung geprägten Spielen, vor allem dann, wenn sie aus dem Mittelfeld nicht genügend Unterstützung bekamen.

Die Formation mit nur einer Spitze weist nicht automatisch eine defensive Spielausrichtung aus, sie wurde von vielen Mannschaften leider nur so genutzt. Das Sicherheitsdenken war bevorzugtes Mittel, was offensichtlich auch durch die niedrige Torquote mit 2,3 Toren pro Spiel (Minusrekord mit 2,21 Toren gab es in Italien 1990, Rekord war 1954 in der Schweiz mit 5,38 Toren) untermauert wurde.

Auffallend bei dieser WM waren zudem vielfältige taktische Varianten in ähnlichen Spielsystemen, die durch unterschiedliche Aufgaben in den einzelnen Positionsgruppen Abwehr, Mittelfeld und Sturm gekennzeichnet waren. Fast alle Mannschaften spielten mit vier Verteidigern, obwohl die meisten Gegner nur eine Spitze aufboten. Auch das weist auf das Sicherheitsdenken in diesem Turnier hin. Aber einige Mannschaften spielten mit einem defensiven zentralen Mittelfeldspieler vor der Viererkette und zwei offensiveren auf der rechten und linken Seite, die sich bei Ballverlust schnell auf eine Höhe mit dem zentralen Spieler zurückbewegten, andere agierten mit einer zweiten Viererkette vor den Verteidigern, wieder andere, so die Halbfinalisten Portugal mit Ronaldo, Tiago und Figo, stellten drei Spieler, Deutschland, Frankreich und Italien stellten zwei zentrale Mittelfeldspieler vor die Viererkette.

Deutschland spielte mit Frings und Ballack, Frankreich mit Makelele und Vieira und Italien mit Pirlo und Gattuso auf den beiden zentralen Positionen vor der Viererkette. Bei Ballverlust wurden sie seitlich von ihren vor ihnen spielenden Mitspielern unterstützt, sodass sich eine kompakte Abwehrorganisation daraus ergab.

Je nach Einstellung der Trainer und den Fähigkeiten der Spieler entwickelte sich aus der personellen Konstellation im Mittelfeld eine eher defensive oder offensive Spielweise. Die meisten Mannschaften waren bei dieser WM auf ein mehr defensives Spielverhalten ausgerichtet. Grund dafür könnte der Mangel an Spielerpersönlichkeiten und an spielbestimmenden Offensivspielern gewesen sein. Ehemalige offensive Spitzenspieler aus vorangegangenen Turnieren fanden selten zu ihrem Spiel, z. B. bei den Brasilianern, bei den Engländern, den Portugiesen oder den Spaniern.

Die italienische Mannschaft, in der Torausbeute als Minimalisten auch aus anderen Turnieren bekannt, hat sich im Verlauf der WM ebenso gesteigert wie die französische, die argentinische und die deutsche. Alle vier Mannschaften zeigten neben einer gut organisierten Abwehr auch ein schnelles und effektives Angriffsspiel. Sie nutzten die kompakte Abwehr als Ausgangsbasis für einen sicheren Spielaufbau und für ein

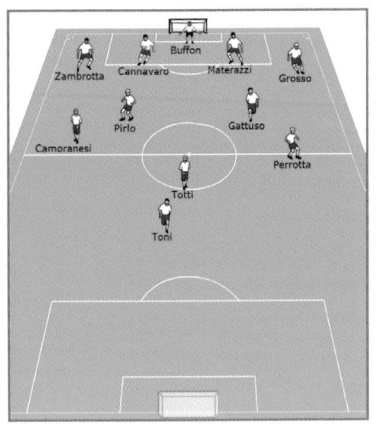

Abb. 11: WM 2006 – Italien

schnelles Kombinationsspiel mit dem Ziel, Torchancen herauszuspielen. Aus der Defensive waren die Angriffsaktionen nach Balleroberung darauf ausgerichtet, mit möglichst vielen Spielern anzugreifen und zum Torerfolg zu kommen. Nach Ballverlust wurde die Abwehrordnung schnellstens wieder hergestellt und bei erneutem Ballbesitz wurde wieder mit vielen Spielern auf Angriff gespielt.

Die Italiener gewannen am 9. Juli in Berlin im Finale gegen Frankreich ihren vierten Weltmeistertitel auf Grund einer sehr starken Defensivleistung. Sie mussten im gesamten Turnier nur zwei Gegentore hinnehmen, ein Eigentor gegen die USA und ein 11-m-Tor gegen Frankreich. Sie spielten einen modernen Catenaccio, eine Art Gummiwand, wie sie genannt wurde, die nur schwer zu überwinden war. Bei Ballbesitz setzten sie auf ihre starken Einzelspieler, die jederzeit ein Spiel entscheiden konnten.

Günter Netzer antwortete auf die Frage nach seinen Erkenntnissen dieser WM: „Was den sportlichen Teil betrifft: keine neuen. Es war eine sehr durchschnittliche WM mit durchschnittlichen Leistungen fast aller Mannschaften, die uns keine neuen Erkenntnisse gebracht haben. Zum Ende der WM wurde mehr taktiert. Ich will nicht sagen, dass der Fußball auf der Strecke geblieben ist, aber er hat gelitten unter dieser Form der Taktik der Trainer."

Fazit der Fußballweltmeisterschaft 2006

- Trainer müssen auf Grund der Kenntnisse von den Fähigkeiten ihrer Spieler ein adäquates Spielsystem finden, das beiden Zielen des Fußballspiels, Tore zu schießen und Tore zu verhindern, gerecht wird.

- Das Ziel nach Ballverlust ist, so schnell wie möglich die Abwehr zu formieren und eine personelle Überzahl an Abwehrspielern gegenüber den Angreifern zu erreichen.

- Jeder Spieler muss seine Abwehraufgaben kennen und wissen, was er im Moment des Ballverlusts zu tun hat.

- Innenverteidiger sollten beste Abwehrqualitäten im Zweikampf am Boden und in der Luft besitzen.

- Außenverteidiger sollten nicht nur Abwehrspezialisten sein, sondern auch Impulse für das Angriffsspiel geben können.

- Das zentrale Mittelfeld sollte mit einem oder zwei starken Spielern vor den Verteidigern besetzt werden, die auch ein Spiel einleiten und aufbauen können.

- Der rechte und linke Mittelfeldspieler sollte die beiden zentral spielenden Mittelfeldspieler nach Ballverlust unterstützen.

- Bei Ballgewinn muss ein personelles Gleichgewicht oder gar eine Überzahl an Angriffsspielern gegenüber den Abwehrspielern erreicht werden. Das kann nur funktionieren, wenn alle Spieler gedanklich und motorisch auf Offensive umschalten und sich aktiv an den Angriffsaktionen beteiligen.

- Der Spielaufbau sollte durch ein sicheres und schnelles Kombinationsspiel oder durch gezielte lange Pässe auf sich anbietende Spitzen erfolgen, um gegen noch nicht formierte Abwehrreihen zu Torchancen zu kommen.

Abb. 12: WM 2010 - Spanien

2010 - Weltmeisterschaft in Südafrika

In der Geschichte der FIFA wurde zum ersten Mal eine Weltmeisterschaft auf afrikanischem Boden ausgetragen. Mit Ghana, der Elfenbeinküste, Südafrika, Nigeria, Algerien und Kamerun waren sechs Mannschaften des afrikanischen Kontinents vertreten. Allerdings gelang nur der Nationalmannschaft Ghanas, bis in das Viertelfinalrunde vorzudringen. Gastgeber Südafrika schied schon in der ersten Runde aus.

Abb. 13: WM 2010 – Deutschland

Diese WM zeigte erneut, dass es keine „kleinen Nationen", also keine leichten Spiele mehr gibt So kamen Mannschaften aus Ghana, Japan, der koreanischen Republik und der Slowakei eine Runde weiter, während Frankreich, Italien, Dänemark und die Schweiz schon in der ersten Runde scheiterten.

Im Viertelfinale spielten mit Brasilien, Uruguay, Argentinien und Paraguay vier Mannschaften aus Südamerika, mit Holland, Deutschland und Spanien drei Mannschaften aus Europa und mit Ghana eine Mannschaft aus Afrika.
Im Spiel um den 3. Platz standen sich Uruguay und Deutschland gegenüber. Deutschland gewann mit 3 : 2 und wurde WM - Dritter. Im Endspiel siegte Spanien gegen die Niederlande in der Nachspielzeit mit 1: 0. Damit wurde Spanien zum ersten Mal Fußballweltmeister.

Welche Erkenntnisse kann man aus dieser Weltmeisterschaft ziehen?

Die meisten der 32 an dieser Weltmeisterschaft teilnehmenden Mannschaften spielten mit einer Viererabwehrreihe, etwa die Hälfte davon im 4-4-2-System, zwölf Mannschaften spielten in einer 4-2-3-1- Grundformation. Darunter die erfolgreichen Mannschaften Spanien (Weltmeister), die Niederlande (Vizeweltmeister) und Deutschland (WM - Dritter). Auffallend war das Spielen dieser Mannschaften aus einer kompakten Abwehr heraus mit einer Viererabwehrreihe, mit zwei Spielern auf den „Sechser"- Positionen vor dieser Abwehrreihe und mit den im 4-2-3-1-System spielenden drei offensiv ausgerichteten Spielern, die aber gleichzeitig Abwehraufgaben übernahmen. (Siehe Abb. 12 und 13)

Bereits bei der Weltmeisterschaft 1994 in den USA spielte Dunga bei Brasilien im zentralen, defensiven Mittelfeld vor der Viererreihe, und nahm damit eine Schlüsselposition für Abwehr und Angriff ein. Diese Position wurde nicht wie früher mit einem Defensivspezialisten besetzt, sondern mit technisch - taktisch gut ausgebildeten Spielern, die in der Abwehr taktisch richtige Entscheidungen treffen und ein Angriffsspiel einleiten und aufbauen konnten. Das setzte sich mit Deschamps auf dieser Position bei der Weltmeisterschaft 1998 in Frankreich fort und hat sich in den letzten Jahren zu einer taktisch wichtigen Position weiterentwickelt. Schon bei der WM 2006 in Deutschland spielten z.B. bei Italien mit Pirlo und Gattuso und bei Deutschland mit Frings und Ballack zwei Spieler im defensiven Mittelfeld auf den sogenannten „Sechser" - Positionen. Sie bildeten ein erstes Bollwerk vor der Abwehrreihe der Verteidiger und leiteten das eigene Spiel nach vorne aufgrund ihrer guten technischen Fertigkeiten und ihrer taktischen Fähigkeiten. Bei der WM in Südafrika waren das bei Deutschland Khedira und Schweinsteiger, bei Spanien Xabi Alonso und Busquets und bei den Niederlanden van Bommel und de Jong.

Bei den erfolgreichen Mannschaften waren zwei taktische Ziele charakteristisch:
1. Ein kompaktes Spiel in der Abwehr nach schnellem Umschalten bei Ballverlust, um die Räume eng zu machen und dadurch dem Gegner nicht hinterherlaufen zu müs-

sen, sondern ihn frontal bekämpfen zu können. Auffallend war, dass gute Spieler um den eigenen Strafraum herum ein kluges Zweikampfverhalten zeigten und wenig foul spielten.

2. Ein schnelles Zurückziehen nach Ballverlust in die eigene Feldhälfte, um den Gegner zu verleiten, mit vielen Spielern anzugreifen. Dadurch ergab sich in der gegnerischen Hälfte zwangsläufig Spielraum für eigene Angriffe. Dieser Raum wurde von erfolgreich spielenden Mannschaften genutzt, um nach Baligewinn schnellst möglich auf Angriff umzuschalten. Das zeigte sich durch schnelles und genaues Passspiel in die Tiefe des Raumes, durch weite und genaue Diagonalpässe und durch Raumgewinn gekennzeichnete Tempodribblings verbunden mit sicherem und schnellem Kurzpassspiel. Dieses taktische Verhalten setzte voraus, dass sich viele Spieler an den Angriffshandlungen beteiligten. Daraus entwickelten sich schnelle, attraktive Spiele im Wechsel von Angriff und Abwehr.

Weiterhin war zu beobachten, dass sich die Qualität vieler Spieler verbessert hat. Die neue Generation ist technisch, taktisch und mental hervorragend ausgebildet. Offensichtlich ist dies eine Auswirkung einer guten, erfolgreichen Jugendarbeit in den einzelnen Nationen. Aus einem Bericht der FIFA geht hervor, dass insgesamt 123 Spieler unter 23 Jahre in den Kadern waren. Während der WM kamen 99 Spieler unter 23 Jahre zum Einsatz. Zum Beispiel: Deutschland 9, Ghana 8 und Argentinien 7.

Die deutsche Nationalmannschaft erreichte durch attraktive Spiele in Südafrika mit dem 3. Platz wieder ein gutes Ergebnis und festigte damit ihren Platz unter den leistungsstärksten Nationen.

Abschließendes Resumee der Weltmeisterschaften

Bei jeder Weltmeisterschaft gibt es tendenzielle Veränderungen in den Spielsystemen, im technisch-taktischen, im konditionellen und im mentalen Bereich. Nicht immer sind neue Erkenntnisse damit verbunden. Vieles gab es bereits früher und hat sich bewährt. Deshalb gilt es aus den Spielen nach einer Weltmeisterschaft die positiven Elemente herauszufiltern, um die Spiele attraktiv und erfolgreich zu gestalten.

Die Trends, die die Weltmeisterschaften in der Entwicklung des Fußballspiels aufzeigen, sollten allerdings nicht unreflektiert in die Vereinspraxis übernommen werden. Dies gilt insbesondere für die jüngeren Juniorenmannschaften.

Wesentlich ist, dass die Trainer erkennen, wie sie die bei Weltmeisterschaften gewonnenen Erkenntnisse ihren Spielern vermitteln und bis zu welcher Leistungsgrenze sie ihre Spieler fordern können.

Training

Mit **Training** werden nach dem allgemeinen Begriffsverständnis geplante, zielgerichtete und systematische Aktivitäten zur Leistungssteigerung verbunden. Wir gehen von folgender Definition aus:

Training bezeichnet im Fußball alle zielgerichteten, systematisch aufbauenden physischen und psychischen Aktivitäten zur Entfaltung, Steigerung und Stabilisierung der wettspielspezifischen Leistungsfähigkeit.

Die Säulen der Leistungsfähigkeit im Fußballsport sind Kondition, Technik und Taktik, in die alle im Wettspiel erforderlichen physischen, psychischen, insbesondere mentalen sowie sozialen Fähigkeiten integriert sind. Mit dem folgenden Modell soll veranschaulicht werden, wie diese am Aufbau der Trainingsleistungen und ihrer Umsetzung in das Wettspiel beteiligten grundlegenden Fähigkeiten sich teilweise wechselseitig bedingen bzw. verstärken (Abb. 14).

Das zentrale Ziel des Trainings besteht darin, die Spieler und die Mannschaft als Einheit in allen Bereichen optimal auf die Wettspielanforderungen hin auszubilden.

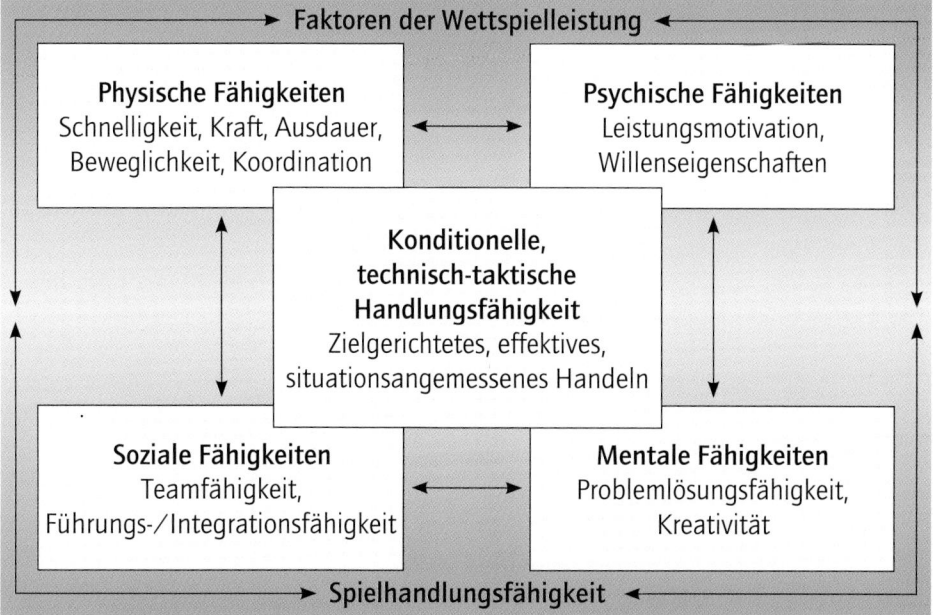

Abb. 14: Faktoren der Wettspielleistung

Trainingsprozesse rufen morphologische, biochemische und funktionelle Reaktionen und Anpassungen im Organismus hervor. Die verbesserte Funktionsfähigkeit macht sich in zweifacher Weise bemerkbar, und zwar in der Vergrößerung sowie in der tieferen Ausschöpfung des Leistungspotenzials. Dazu werden verschiedene Trainingsarten eingesetzt, in erster Linie das vielseitige motorische Training und einige Möglichkeiten des mentalen Trainings. Spezielle Formen, wie das observative Training, spielen vor allem im Schüler- und Jugendfußball eine wichtige Rolle. Bezogen auf taktische Spielhandlungen, sind derartige Trainingsmethoden aber auch im Spitzenfußball unverzichtbar.

Mentale Trainingsformen werden zunehmend ergänzend für die Technik- und Taktikausbildung, vor allem aber für die Bereiche Motivation, Selbstbewusstsein und Wettspieleinstellung hinzugezogen. Durch die konzentrierte Vorstellung von Bewegungen und Spielhandlungen und das Vorausdenken konkreter Wettkampfsituationen mit entsprechenden Verhaltensweisen („Selbstprogrammierung") stellen sich abgeschwächt ähnliche neurophysiologische Reaktionen wie im Wettkampf ein. Allgemein bekannt sind Phänomene wie der Carpentereffekt (unwillkürlicher Nachvollzug wahrgenommener oder vorgestellter Bewegungen bzw. Bewegungsdetails) und die Ideomotorik (unbewusst auf der Vorstellungsebene ausgelöste Bewegungen oder Handlungen).

Belastungsgrundsätze

Trainingsprozesse erfordern eine systematische Planung unter Berücksichtigung von Trainingsprinzipien. Die Zielsetzung orientiert sich an den Erfordernissen des Wettspiels und den individuellen Leistungsvoraussetzungen der Spieler.

Trainingsbelastung und Anpassung

Belastungen rufen Anpassungsreaktionen hervor. Allgemein wird unter **Anpassung** die Eigenschaft des Organismus verstanden, sich in Körperbau und Körperfunktionen, in Einstellungen und Verhaltensweisen auf Erfordernisse der Umwelt, auf bestehende bzw. sich verändernde Lebensbedingungen einzustellen.

Im Bereich des Sports sprechen wir von Anpassung, wenn durch den Einfluss vorrangig exogener Belastungen der Organismus mit strukturellen und funktionellen Veränderungen reagiert. Die Anpassungsprozesse nach der Art der Trainingsbelastungen unterliegen gesetzmäßigen Regeln. Morphologische, biochemische und funktionelle Veränderungen in den Organsystemen bewirken eine Umstellung auf ein höheres Leistungsniveau. Wettspielspezifische Trainingsbelastungen wirken außerdem auf das psychische Funktionssystem, beispielsweise werden Willensleistungen aktiviert, um größtmögliche Leistungsreserven freizusetzen.

Zwischen Belastung und Anpassungswirkung bestehen folgende Zusammenhänge:

- Reize lösen nur dann Anpassungsvorgänge aus, wenn sie eine bestimmte Intensitätsschwelle überschreiten, die von der augenblicklichen Leistungs- und Belastungsfähigkeit des Sportlers abhängt.
- Für jeden Leistungsstand gibt es ein Belastungsoptimum. Dazu zählt die optimale Abstimmung von Belastung und Erholung.
- Von der Quantität und Qualität der Belastungsreize hängt die Anpassungs- und Leistungsfähigkeit eines Organs ab.
- Zu niedrige (unterschwellige) Belastungsreize bleiben wirkungslos, überschwellige Belastungsreize bewirken Anpassung, zu hohe Belastungsreize führen zur Überbelastung.
- Schwache Belastungsreize können zwar positive Auswirkungen auf die allgemeinen Lebensaktivitäten haben; sie bewirken aber keinen Trainingseffekt im Sinne einer Leistungssteigerung.
- Je intensiver die Beanspruchung im physiologisch vertretbaren Rahmen erfolgt, desto stärker sind die Anpassungsreaktionen im Sinne der Leistungsfähigkeit.
- Mit ansteigendem Leistungsniveau verschiebt sich die Reizschwelle des wirksamen Intensitätsbereichs immer weiter nach oben.
- Länger dauernde Trainingsunterbrechungen bewirken einen immer stärker fortschreitenden Leistungsrückgang.
- Die Rückbildung der Leistungsfähigkeit verläuft insgesamt umso schneller, je kürzer die Zeitspanne für die Anpassungsvorgänge war.
- Belastung und Anpassung verlaufen nicht linear: Je geringer die Leistungsentfaltung fortgeschritten ist, desto größer ist der Trainingseffekt. Je leistungsstärker und je besser austrainiert ein Sportler ist, desto geringer ist der Spielraum für weitere Anpassungsreaktionen und desto mehr müssen die Belastungskomponenten für einen weiteren Leistungszuwachs gesteigert werden.
  Aus diesem Grundsatz leitet sich die Forderung nach „progressiver Belastung" ab. Die äußeren Belastungsreize müssen zur Effektivitätssteigerung in bestimmten Zeitabständen „sprunghaft" erhöht werden.
- Im Nachwuchsbereich, vor allem im frühen Juniorenalter, werden die Trainingsintensitäten hingegen vorrangig allmählich gesteigert.
- Der Effekt der Superkompensation tritt bei wenig trainierten Sportlern deutlicher und schneller in Erscheinung als bei Spitzensportlern. Bei diesen erfordern Leistungsverbesserungen ein Training im Bereich des Belastungsoptimums hinsichtlich Intensität, Dauer, Umfang und Häufigkeit.

Aus der Wechselbeziehung von Trainingsbelastung und Anpassung leiten sich die im Folgenden aufgeführten Faktoren für die Trainingssteuerung ab.

Belastungsfaktoren

Der Wirkungsgrad des Trainings ergibt sich aus der präzisen Abstimmung der einzelnen Belastungsgrößen:

- Reizintensität (Belastungsintensität),
- Reizdauer (Belastungsdauer),
- Reizdichte (Belastungsdichte),
- Reizumfang (Belastungsumfang).

Reizintensität

Mit Reizintensität wird die Stärke eines Einzelreizes bzw. einer Reizserie bezeichnet. Das Ausmaß der Reizintensität wird im Kraft- und Schnellkrafttraining durch die Größe des zu überwindenden Widerstands festgelegt, im Ausdauer- und Schnelligkeitstraining durch die Bewegungsgeschwindigkeit und die Bewegungsfrequenz. Mit der Reizintensität lässt sich sowohl das Entwicklungstempo als auch der Festigungsgrad der Anpassung steuern.

Extensive Belastungen (geringe Reizintensität) bewirken einen relativ langsamen, jedoch stabilen und weniger störanfälligen Leistungsaufbau, intensive Belastungen (hohe Reizintensität) rufen demgegenüber einen schnellen, aber weniger gefestigten Leistungszuwachs hervor.

Die folgende Aufstellung ermöglicht einen schnellen Überblick über die Auswirkungen der unterschiedlichen Reizintensitäten.

Niedrige Reizintensitäten über längere Zeiträume	=	bewirken einen langsamen, aber stabilen Leistungsaufbau
Hohe Reizintensitäten über kürzere Zeiträume	=	bewirken einen schnellen, aber weniger gefestigten Leistungsaufbau
Geringe bis mittlere Reizintensitäten	=	bewirken eine Verbesserung der Ausdauereigenschaften
Reizintensitäten im mittleren bis submaximalen Bereich	=	bewirken eine Verbesserung der Kraftausdauer und der Schnelligkeitsausdauer
Submaximale und maximale Reizintensitäten	=	bewirken eine Verbesserung der Kraft- und der Schnelligkeitseigenschaften

Richtwerte für die Abstufung der Belastungsintensitäten sind Tabelle 1 zu entnehmen.

Tab. 1: Richtwerte für die Belastungsintensitäten im Konditionstraining

Intensitätsbezeichnung	Prozentwerte der Maximalleistung (Kraft-/Schnelligkeitstraining)	Pulsfrequenzen Schläge/min (Ausdauertraining)
Gering	20-40	130-140
Leicht	40-60	140-150
Mittel	60-80	150-165
Submaximal	80-90	165-180
Maximal	95-100	Über 180

Reizdauer

Mit **Reizdauer** wird die Einwirkungszeit der gesetzten Belastungsreize bezeichnet. Die Länge der Reizdauer richtet sich nach den Trainingszielen und Trainingsformen. Im Wechselbezug zu den anderen Reizkomponenten können durch die Reizdauer Ausmaß und Richtung des Trainingseffekts gesteuert werden.

Im Schnellkraft- und Schnelligkeitstraining ist die Reizdauer kurz. Das Schnelligkeitstraining erfordert kurze Kontraktionszeiten und eine hohe Bewegungsfrequenz, deshalb soll es grundsätzlich im ermüdungsfreien Zustand durchgeführt werden.

Für ein wirksames Ausdauertraining wird eine lange Reizdauer benötigt. Als unterer Richtwert für das Training zur Verbesserung der allgemeinen aeroben Langzeitausdauerfähigkeit gelten 30 Minuten. Für Kurz- und Mittelzeitausdauerbeanspruchungen im anaeroben bzw. im aeroben Bereich, die eine relativ hohe Reizintensität erfordern, wird empfohlen, die Mindestreizdauer bei 20 Sekunden bzw. bei drei Minuten anzusetzen.

Reizdichte

Mit **Reizdichte** wird die zeitliche Aufeinanderfolge der Reize und das Verhältnis von Belastung und Erholung bezeichnet. Die Reizdichte steht in Abhängigkeit von Reizintensität und Reizdauer. Sie ist ein bedeutendes Regulativ im Belastungs-Erholungs-Anpassungs-Prozess. Mit ansteigender Reizintensität nimmt die Pausenlänge zu.

Als Faustregel gilt:
- Vollständige Pausen im Training zur Verbesserung der Maximalkraft, Schnellkraft und Schnelligkeit.
- Unvollständige Pausen im Training zur Verbesserung der Schnelligkeitsausdauer und der Kraftausdauer.

Reizumfang

Der **Reizumfang** ist gekennzeichnet durch die Dauer und die Wiederholungen aller Reize in einer Trainingseinheit. Der Reizumfang entspricht beim Ausdauertraining (Dauerlauf, Tempoläufe) der zurückgelegten Wegstrecke bzw. der aufgewendeten Zeit. Als Indikator des Reizumfangs im Krafttraining gilt die aus Einzelübungen bzw. Übungsserien ermittelte Summe der gehobenen Lasten, für die Kraftausdauer die Gesamtzahl der Bewegungswiederholungen unter Belastung. Bei Spielformen und Wettspielen entspricht der Reizumfang der Spielzeit.

Abgesehen von der Zielsetzung einer Trainingseinheit, bestimmt sich der Reizumfang durch die individuelle Belastbarkeit (und Erholungsfähigkeit) des Spielers.

Reizumfang und Reizintensität stehen in einem Wechselverhältnis. Grundsätzlich birgt ein sehr großer Reizumfang, im Gegensatz zu einer sehr hohen Reizintensität, weniger die Gefahr einer Überbelastung; es stellt sich dabei aber die Frage nach der Effektivität.

Der Belastungsumfang steht auch in direktem Zusammenhang mit der Trainingshäufigkeit, beispielsweise muss bei geringer Trainingshäufigkeit der Belastungsumfang größer sein.

Idealtypisch wird von den vier aufgeführten Belastungskomponenten als Erstes der Reizumfang erhöht. Mit fortschreitender konditioneller Leistungsstabilität wird die Belastungsintensität gesteigert.

Formen der Energiebereitstellung

Sportliche Leistungen erfordern Energie. Je nach Art, Intensität und Dauer einer Belastung erfolgt die Energiebereitstellung in unterschiedlicher Form:

Anaerob-alaktazide Energiebereitstellung

Sie läuft ohne Mitwirkung von Sauerstoff und ohne Laktatbildung (Milchsäurebildung) ab. Bei kurzen, **hochintensiven Belastungen** decken zunächst die energiereichen Phosphate ATP (Adenosintriphosphat) und Kreatinphosphat den Energiebedarf ab. Mit dem Zerfall des in sehr kleinen Mengen in den Muskelzellen gespeicherten ATP setzt die schnellstmögliche Form der Energiebereitstellung ein. Diese „Initialenergie" reicht nur für wenige Sekunden (Kontraktionen). Das mit Auslösung der Muskelkontraktionen verbrauchte ATP wird durch die angekoppelte, schnell verfügbare Energiequelle Kreatinphosphat aus den zellulären Kreatinphosphatspeichern der Muskulatur wieder ergänzt.

Anaerob-laktazide Energiebereitstellung (Glykolyse)

Damit bei **fortdauernd hoher Belastung** die verbrauchten Bestände an energiereichen Phosphaten rasch ergänzt und der weiter anfallende Energiebedarf gedeckt werden können, stellt der Organismus die Energiebereitstellung mehr und mehr auf eine anaerob-laktazide Form um. Es kommt zum Abbau der Kohlenhydrate (Glykogen, Glukose) ohne Sauerstoffverbrauch zu Milchsäure (Laktat). Die Anhäufung von Laktat bei maximaler (und submaximaler) Belastung über eine Zeitdauer von ca. 40-50 Sekunden führt zu starker Übersäuerung und damit zur Beeinträchtigung bzw. zur Einstellung der Kontraktionsfähigkeit der Muskulatur. Belastungen im höchsten Intensitätsbereich, wie sie zum Beispiel bei einem 400-m-Lauf auftreten, führen zu absoluten Erschöpfungszuständen. Registrierte Laktatwerte von über 20 mmol/l belegen die restlose Ausschöpfung der anaeroben Kapazität. Der pH-Wert sinkt im Blut knapp unter 7, in der Muskelzelle vermutlich noch tiefer. Die Anforderungen bei 400-m-Läufen sind Extrembeispiele für anaerobe Belastungen und das Eingehen einer hohen Laktattoleranz. Fußball weist ein anderes Anforderungsprofil auf. Grundsätzlich muss aber jeder Sportler bei anhaltend hoher körperlicher Belastungsintensität seine Aktivitäten nach kurzer Zeit reduzieren bzw. abbrechen.

Aerobe Energiebereitstellung

Bei längeren, **weniger intensiven Belastungen** (z. B. Langzeitausdauerbelastungen von ca. 30 min) wird der aerobe Stoffwechselvorgang (= unter Beteiligung von Sauerstoff) ausgelöst, der energetisch wesentlich ertragreicher ist als der anaerobe. Damit ist die Voraussetzung für die dritte Form der Energiegewinnung gegeben, bei der die reduzierten energiereichen Phosphate durch den aeroben Abbau von Kohlenhydraten (Glykogen, Glukose) und Fetten restituiert werden. Die biochemischen Abbau- bzw. Umwandlungsprozesse verlaufen ohne leistungsbeeinträchtigende Milchsäurebildung.

Die Anteile von Kohlenhydraten und Fetten bei der aeroben Energiebereitstellung richten sich nach der Konstellation der Belastungsgrößen (Art, Intensität, Dauer). Mit ansteigender Belastungsintensität wächst der Energieumsatz. Dies führt zu einer zunehmenden Verlagerung vom Fettabbau zum Abbau der Kohlenhydrate.

Auf die psychischen Leistungsgrundlagen wird im Coaching-Teil eingegangen.

Trainingsprinzipien

Als generelle Qualitätskriterien und dementsprechend übergeordnete Trainingsprinzipien gelten **Zielgerichtetheit, Ökonomie** und **Effizienz**. Die nachfolgend aufgeführten Trainingsprinzipien stehen in engem Zusammenhang mit den vorweg behandelten Belastungsfaktoren.

Prinzip des stufenförmigen Belastungsanstiegs (Progressive Loading)

Die Trainingsbelastung muss auf die momentane Leistungs- und Belastungsfähigkeit des Spielers abgestimmt sein. Je höher das Leistungsniveau, je größer der Leistungsfortschritt ist, desto häufiger, umfangreicher und intensiver kann der Spieler trainieren.

Die Mehr- und Höherbelastung muss das psychologische Gleichgewicht des Organismus angreifen und ihn zu Regulations- und Adaptationsprozessen zwingen. Eine stufenförmige Erhöhung der Belastung ist dabei wirkungsvoller als ein gleichförmiger Belastungsanstieg.

Prinzip der Superkompensation

Anpassung ist das Resultat angemessener Abstimmung von Belastungsreizen und Erholung. Jede Trainingsbelastung bewirkt zunächst durch Abbau der Energiereserven einen Ermüdungsprozess im Organismus, der die Funktionsfähigkeit verringert. Mit zunehmender Ermüdung sinkt die Leistungsfähigkeit immer rascher ab; die Bewegungsabläufe werden vor allem bei weniger trainierten Spielern langsamer und unökonomischer, die Konzentration lässt nach.

In der Erholungsphase füllen sich die verbrauchten energetischen Potenziale wieder auf. Dabei wird das Ausgangsniveau überschritten. Dieser Vorgang, der die Voraussetzung zur Funktions- und Leistungssteigerung des Spielers bildet, wird mit **Superkompensation** bezeichnet (Abb. 15).

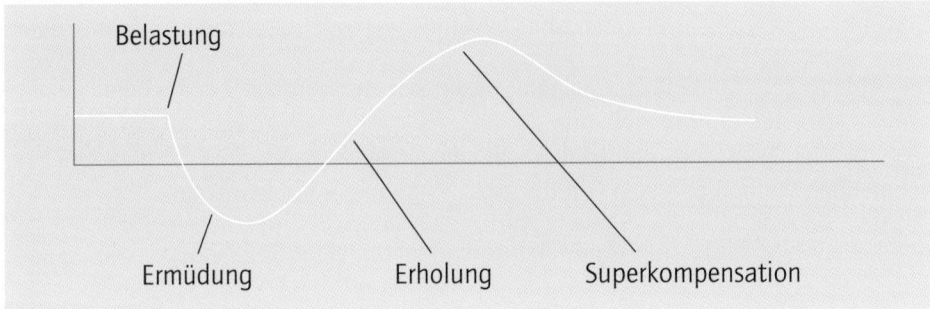

Abb. 15: Modell der Superkompensation

Der Effekt der Superkompensation wird in erster Linie durch das Verhältnis von Arbeit und Erholung hervorgerufen; aber auch andere Faktoren, wie die Ernährung, spielen eine Rolle.

Die Bereitschaft des Organismus, mit erhöhter Anpassung zu reagieren, ist zeitlich begrenzt. Um einen optimalen Trainingseffekt zu erzielen, muss der neue Belastungsreiz,

der die Erholungsphase beendet, möglichst genau in den Abschnitt der Superkompensation fallen.

Prinzip der Ausgewogenheit von Belastung und Erholung

Durch die Ausgewogenheit von Belastung und Erholung wird der Regenerationseffekt gesteigert; der Organismus stellt sich auf erhöhte Belastungen ein (Superkompensation).

Phasen mit intensiven Wettkampfbelastungen erfordern zur Regeneration des Organismus vollständige Erholungspausen.

Die Pausengestaltung kann in aktiver oder passiver Form erfolgen. Die aktive Variante hat in der Regel den Vorteil, dass durch die eingeflochtenen leichten Bewegungen die Regenerationsprozesse des Organismus schneller ablaufen. Je höher bzw. länger Reizintensität und Reizdauer sind, desto länger ist in der Regel das Pausenintervall zwischen den Trainingseinheiten. Mit wachsender Leistungsfähigkeit können die Zeiten der Erholungsphasen reduziert werden.

Für Trainingsziele, bei denen ein ermüdungsfreier Organismus Voraussetzung für eine optimale Trainingswirksamkeit ist, sind vollständige Pausen einzuhalten, z. B. bei Konzentrations- und Koordinationsleistungen und beim Maximal-, Schnellkraft- und Schnelligkeitstraining.

Prinzip der optimalen Relation von Trainings- und Wettkampfbelastung und Trainingshäufigkeit

Intensität, Umfang und Häufigkeit des Trainings stehen in wechselseitigem Zusammenhang. Die Trainings- und Wettkampfpraxis zeigt, dass sich generell ein Leistungszuwachs umso schneller einstellt, je häufiger mit der erforderlichen Intensität trainiert werden kann. Geringe Trainingshäufigkeit kann nur bedingt durch eine lange Trainingsdauer ausgeglichen werden. Grundsätzlich ist die Trainingshäufigkeit der wichtigste Faktor für eine kontinuierliche maximale Leistungsentwicklung, bei der die Trainingsintensität und -dauer jeder einzelnen Einheit auf die individuelle Leistungsfähigkeit und Erholungsfähigkeit der Spieler abgestimmt sein müssen.

Bei erreichter Leistungsstabilität lassen sich weitere Leistungsfortschritte durch folgende Maßnahmen erreichen:
- Steigerung der Trainingshäufigkeit (im Profifußball zum generell zweimaligen täglichen Training),
- Erweiterung des Belastungsumfangs (im Profifußball von der üblicherweise 1,5-stündigen zur zweistündigen Trainingseinheit),
- Erhöhung der Reizintensität in der Trainingseinheit.

Prinzip der Individualität und Differenzierung

Trainingsdifferenzierung bedeutet, weitgehend die individuellen Leistungsvoraussetzungen (Trainingszustand, Belastbarkeit) der Spieler zu berücksichtigen. Im Einzelnen können sich eine undisziplinierte Lebensweise und Lebensumstände, wie Verletzungen, Krankheiten, Probleme und Konflikte, zusätzlich belastend auswirken und zu Überforderungen führen. Es gibt zahlreiche Symptome für eine Überforderung. Erste Anzeichen sind: erhöhte Reizbarkeit, Überempfindlichkeit, gesteigerte Aggressionsneigung, häufige Stimmungsschwankungen, nachlassende Willenskraft und Konzentrationsfähigkeit. Im weiteren Verlauf und fortgeschrittenem Stadium kann es zu einer eingeschränkten Erholungsfähigkeit, zu Schlafstörungen, Appetitlosigkeit, Gewichtsverlust, nachlassender Spannkraft sowie zu einer erhöhten Verletzungs- und Infektionsanfälligkeit kommen. Weitere Auswirkungen sind im konditionellen Bereich zu verzeichnen, die Koordination und die Konzentration sind beeinträchtigt. Im Wettspiel wirken sich Überforderungen in Form fehlender Leistungskonstanz aus, das Selbstvertrauen und die Leistungsbereitschaft sind eingeschränkt und die Regenerationsfähigkeit vermindert.

Bei Anzeichen von Überforderungen sind die Trainingsbelastungen zu reduzieren, ggfs. müssen auch Wettspielpausen eingeräumt werden. Ursachenforschung, gründliche sportärztliche Untersuchungen, Zahnkontrollen im Hinblick auf versteckte Infekte, medizinische Therapieanwendungen, mentale Erholung und sportliche Aktivitäten mit geringer Belastung sind als Regulations- und Kontrollmaßnahmen einzusetzen.

Prinzip des ganzjährigen Trainings und der Periodisierung

Unter dem Gesichtspunkt einer kontinuierlichen Leistungsentwicklung muss, abgesehen von einer kurzen Erholungsphase in der Ferienzeit, während des ganzen Jahres trainiert werden. Vor allem bei jungen und ehrgeizigen Spielern ist auf eine konsequente Einhaltung der Erholungszeiten und -aktivitäten zu achten.

Das ganzjährige Training ist auf die Wettspielbelastungen abzustimmen. In der Periodisierung werden hinsichtlich der Belastungsstruktur des Trainings Zeitabschnitte mit geringer Wettkampfdichte bzw. mit Wettkampfpausen und Abschnitte mit intensiver Wettkampfbelastung berücksichtigt. Die Trainingsperiodisierung geht dabei von der Zielsetzung aus, den bestmöglichen sportlichen Leistungsstand in den entscheidenden Wettkampfphasen des Jahres zu erreichen und über die langen Wettkampfabschnitte hin zu stabilisieren.

Dazu wird das Spieljahr in unterschiedliche Perioden unterteilt, die auf die Terminierung der Spiele im Rahmen der FIFA, UEFA, der Fußball Liga und der Verbände des DFB ausgerichtet sind (Abb.16).

Übergangsperiode	1. Hauptperiode		Zwischenperiode		2. Hauptperiode
Spielfreie Zeit	Vorbereitungsphase	Hinrunde	Pflichtspielfreie Zeit	Vorbereitungsphase	Rückrunde
			Hallenturniere		
Juni	Juli August	– Dezember	Januar	Februar	März April Mai
Erholung Regeneration	Verbessern der Ausdauer Kraft Schnelligkeit Koordinativen Grundlagen	Stabilisieren bzw. Verbessern der physischen und psychischen Fähigkeiten	Erholung Regeneration	Verbessern der Ausdauer Kraft Schnelligkeit Koordinativen Grundlagen	Stabilisieren bzw. Verbessern der physischen und psychischen Fähigkeiten
Eigenverantwortliches Training nach Vorgabe des Trainers	Individual-, Gruppen-, Mannschaftstaktik im Spielsystem, Mannschaftsbildung	Verbessern des individuellen und mannschaftstaktischen Handlungsrepertoires	Vorbereitung auf Hallenfußball	Individual-, Gruppen-, Mannschaftstaktik im Spielsystem, Festigung des Mannschaftszusammenhalts	Verbessern des individuellen und mannschaftstaktischen Handlungsrepertoires

Abb. 16: Modell der Periodisierung im Fußball

In Deutschland beginnt die Fußballsaison in der Regel im Juli eines jeden Jahres mit einer **Vorbereitungsperiode**, die in den einzelnen Ligen einen unterschiedlichen Zeitrahmen hat. Die **Hinspielrunde** einer Spielsaison beginnt im August und endet im Dezember. Es schließt sich eine **Zwischenperiode** von etwa sechs Wochen an, die unterschiedlich genutzt wird. Es stehen Hallenturniere an, Urlaub zur kurzen Regeneration und eine zweite Vorbereitungszeit auf die **Rückspielrunde**.

Die zweite Phase der Fußballsaison beginnt im Allgemeinen Ende Januar, Anfang Februar und endet im Mai bzw. im Juni, je nachdem, ob Europa- oder Weltmeisterschaftsturniere stattfinden. Daran schließt sich eine **Übergangsperiode** an, in der die Spieler Urlaub machen oder regenerieren.

Bevor wir kurz auf die inhaltlichen Schwerpunkte eingehen, der Zeitrahmen nochmals im Überblick:

Vorbereitungsperiode	ca. 4-6 Wochen Juni/Juli
Hinspielrunde	von August bis Dezember
Zwischenperiode	von Dezember bis Januar
Rückspielrunde	von Januar bis Mai/Juni
Übergangsperiode	Urlaub im Juni/Juli

Die Vorbereitungsperiode

Die Vorbereitungsperiode bietet dem Trainer Zeit und Möglichkeiten, die Spieler konditionell, technisch-taktisch und mental optimal auf die neue Saison vorzubereiten.

Die Ziele der Vorbereitungsperiode richten sich auf die Schwerpunkte:

* Verbesserung der physischen Grundeigenschaften: Ausdauer, Kraft, Schnelligkeit, Beweglichkeit, koordinative Grundlagen.

* Verbesserung der psychischen Eigenschaften: Eigenverantwortung, Willenseigenschaften, Selbstständigkeit und Konzentration.

* Verbesserung der taktischen Fähigkeiten: Weiterentwicklung, individueller Feinschliff und mannschaftliche Abstimmung aller spieltaktischer Anforderungen.

* Mannschaftsbildung: Aufbau und Festigung des Wir-Gefühls und des Zusammenhalts.

Das Training in der Vorbereitungsperiode muss mit großer Sorgfalt geplant und durchgeführt werden, da man in dieser Phase die Leistungsgrundlagen für die gesamte Spielsaison aufbaut.

Im Amateurfußball müssen die physischen Fähigkeiten häufig kombiniert trainiert werden, z. B. für die Ausdauer:

* mit einem technisch-taktischen Training bei ausreichender Übungszeit,

* mit einem Training von kleinen Fußballspielformen in größeren Gruppenverbänden über eine längere Zeit,

* durch Auslaufen nach intensiven Trainingseinheiten,

* durch Geländeläufe von 30-40 Minuten in Eigeninitiative der Spieler zwischen den Trainingseinheiten.

Trainingslager

In der Regel führen die Mannschaften im höheren Leistungsbereich im Verlauf oder am Ende der ersten Trainingswoche ein Trainingslager durch, um konzentriert unter weitgehender Ausschaltung von Ablenkungen und Störeinflüssen und bestmöglichen Bedingungen (Hotel, Trainingsanlagen, Klima u. a.) zu trainieren. Einige Profimannschaften absolvieren zu einem späteren Zeitpunkt noch ein verkürztes zweites Trainingslager.

Mit den Überlegungen zur **Mannschaftsbildung** befasst sich der Trainer schon vor der Vorbereitungsperiode. Trainingsschwerpunkte mit diesem Ziel sind dann sinnvoll, wenn er einen Überblick über die technisch-taktischen und konditionellen Leistungsvoraussetzungen und die erzielten Trainingsfortschritte seiner Spieler gewonnen hat.

Ein Verbessern der **individual- und gruppentaktischen Leistungen** wird durch ein systematisches technisch-taktisches Training in wettspielbezogenen Situationen mit Beginn der Vorbereitungsphase als Ziel gesetzt. Gegen Ende der zweiten Woche geht man dazu über, die Trainingsintensität immer mehr den realen Wettkampfanforderungen anzupassen.

Im **mannschaftlichen Training** geht es um die Integration von Neuzugängen und eigenen Nachwuchsspielern in die Mannschaft. Damit verbunden ist die Aufgabenverteilung auf den verschiedenen Positionen und ein geschlossenes mannschaftliches Angriffs- und Abwehrverhalten im festgelegten Spielsystem.

Zentrales Ziel des Trainings muss es sein, die Mannschaft in die Lage zu versetzen, über effektive Gruppen- und mannschaftstaktische Maßnahmen in Angriff und Abwehr zu verfügen, um in den vielfältigen Wettspielsituationen adäquat agieren und reagieren zu können.

Die Hinrunde (1. Hauptperiode)

Das Vorbereitungstraining geht unmittelbar in das Training der Wettspielperiode über.

Dieses beinhaltet:

- Die Verbesserung der konditionellen Fähigkeiten. Alle für das Fußballspiel wesentlichen Komponenten der Kondition müssen auch in der Wettkampfperiode trainiert werden, allerdings verlagern sich die Prioritäten entsprechend den Wettspielbelastungen und den individuellen und mannschaftlichen Erfordernissen. Zudem stabilisiert bzw. verbessert das technisch-taktische Training bei entsprechender Dauer und Intensität auch die spezifische Ausdauerleistungsfähigkeit.

- Die Verbesserung der individual-, gruppen- und mannschaftstaktischen Handlungen. In der Wettspielzeit zielt das Training vorrangig darauf ab, die nach dem systematischen Vorbereitungstraining auf gutem Niveau stehenden technisch-taktischen Fähigkeiten zu stabilisieren bzw. zu steigern und Mängel, die während der Wettspiele sichtbar werden, zu beseitigen. Das Training wird jetzt insbesondere bestimmt durch die Erkenntnisse aus vergangenen Spielen und durch spezielle Maßnahmen als Vorbereitung auf kommende Spiele.

Die Zwischenperiode

Die Zeit zwischen Hin- und Rückrunde, die Winterpause, macht keine einheitliche Planung möglich.

Viele Mannschaften nutzen diese Zeit zur:
- Regeneration,
- Beteiligung an Hallenturnieren,
- Vorbereitung auf die Rückrunde.

Im Profifußball wird die Vorbereitung auf die Rückrunde häufig mit Spielen gegen ausländische Gegner verbunden, zum einen, um Spieler, Aufstellungen und taktische Maßnahmen zu testen, zum anderen aus wirtschaftlichen Gründen. Dabei muss bedacht werden, dass den Spielern ausreichend Zeit bleibt, sich von den Belastungen der Hinspielrunde zu erholen und eventuelle Verletzungen auszukurieren.

Im Hinblick auf lukrative Hallenspiele sollten die Spieler durch sinnvolles Hallentraining auf die spezifischen Belastungen des Hallenfußballs vorbereitet werden und überwiegend die Ergänzungsspieler zum Einsatz kommen.

Im Amateurfußball wird häufig ab November verstärkt in der Halle trainiert. Wenn die Möglichkeit dazu nicht besteht und die Witterungsverhältnisse ein Training auf den Plätzen nicht erlauben, bieten sich als Alternative Lauftrainingsformen im Gelände an. Vor der Rückrunde wird abermals ein Vorbereitungstraining absolviert, das in Zielsetzung und inhaltlicher Ausrichtung weitgehend mit der Vorbereitungszeit im Sommer übereinstimmt. Dieses Training geht in das Training der Rückrunde über.

Die Rückrunde (2. Hauptperiode)

Die inhaltliche Gestaltung des Trainings in der Rückrunde muss u. a. auf die in dieser Zeit häufig ungünstigen Witterungsverhältnissen abgestimmt werden, dennoch sind vorrangig wettspielorientierte Formen durchzuführen. In der Wettspielzeit richtet sich

das Training vorrangig auf die Verbesserung der eigenen Stärken und auf die Behebung von Schwächen in den Positionsgruppen, zudem spielt die Ausrichtung auf den nächsten Gegner eine Rolle.

Die Übergangsperiode

Das Training bis bzw. nach dem letzten Pflichtspiel muss zum Ziel haben, das erreichte Leistungsniveau im konditionellen wie im technisch-taktischen Bereich zu halten. Die Trainer sollten nicht schon während der Zeit der letzten, eventuell unbedeutenden Meisterschaftsspiele vor der Sommerpause das Training ausklingen lassen. Die Belastungen sind so zu gestalten, dass positive Trainingseffekte den Erhalt des augenblicklichen Leistungszustandes gewährleisten.

Während dieser Zeit ist es die Pflicht jedes Spielers, die Verletzungen aus der vergangenen Saison vollständig auszukurieren. Der Urlaub sollte in den ersten 14 Tagen ganz im Zeichen der Entspannung und der Regeneration stehen. Spieler, die fit in den Urlaub gehen, können sich zur Entspannung anderen sportlichen Betätigungen widmen. Aber bereits vor dem Ende des Urlaubs sollten verantwortungsbewusste Spieler wieder mit Belastungen verschiedenster Arten beginnen, z. B. mit Übungen zur Stabilität und Mobilität, zur Beweglichkeit und mit Läufen für die Ausdauergrundlage.

Mit den teilweise vorgegebenen, teilweise eigenverantwortlich gewählten Belastungen während des Urlaubs wird bereits eine gute Grundlage für das Vorbereitungstraining auf die neue Saison geschaffen.

Trainingsplanung

Fußballtraining ist Wettspieltraining mit dem Ziel der individuellen und mannschaftlichen Qualitäts- und Leistungsverbesserung. Grundlage für die Erstellung der Rahmen- und Wochenpläne und der einzelnen Trainingseinheiten bilden die Wettkampfbedingungen und die Leistungsvoraussetzungen der Spieler. Die Planung der einzelnen Trainingseinheiten erfolgt in Abstimmung von Zielen, Methoden, Inhalten und Organisationsformen (Abb. 17).

Eine Trainings-/Wettspiellehre für den Fußball hat die Zusammenhänge von Zielen, Methoden, Inhalten und Organisationsformen herzustellen und auf dieser Basis begründete Handlungsentscheidungen für das Training und das Wettspiel abzuleiten.

Trainingsplanung

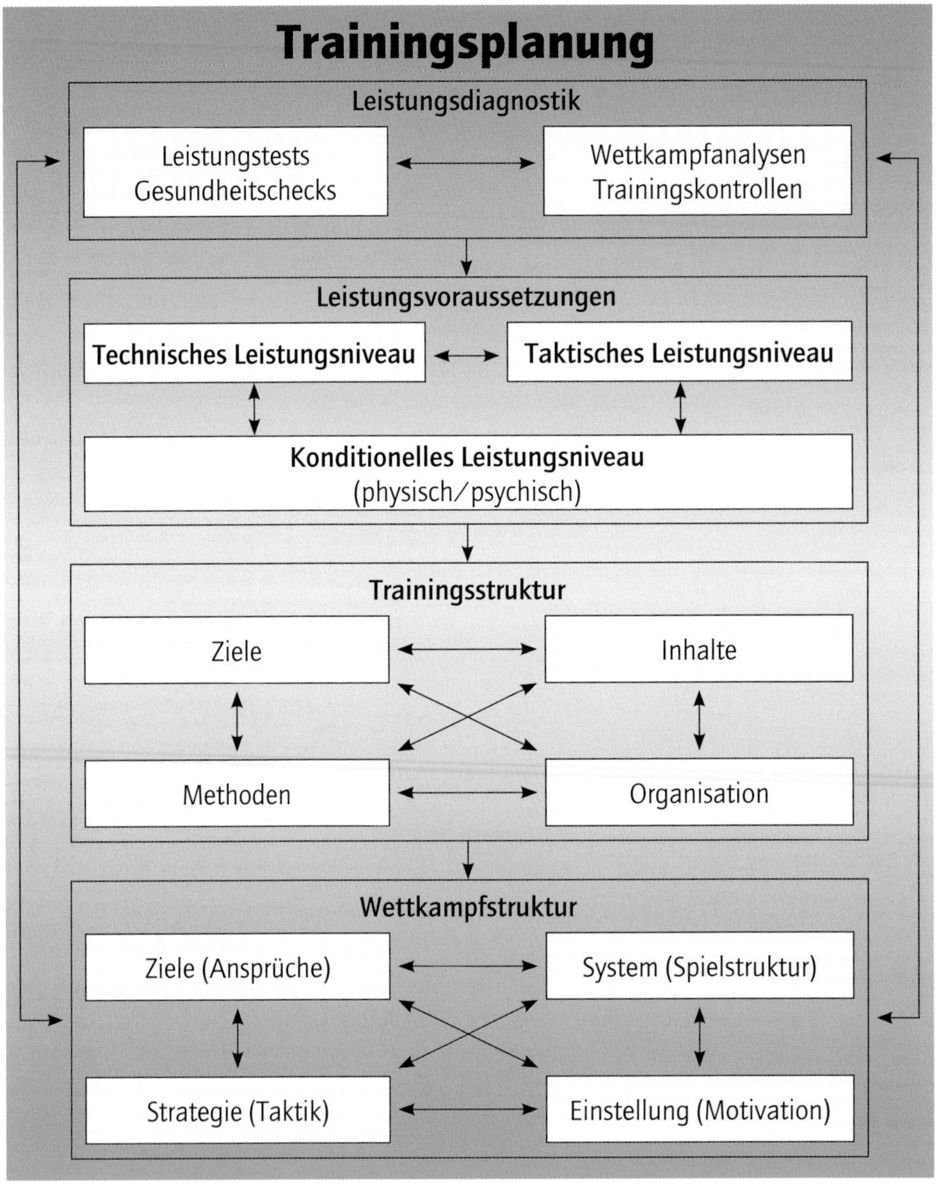

Leistungsdiagnostik

| Leistungstests Gesundheitschecks | ←→ | Wettkampfanalysen Trainingskontrollen |

Leistungsvoraussetzungen

| Technisches Leistungsniveau | ←→ | Taktisches Leistungsniveau |

Konditionelles Leistungsniveau
(physisch/psychisch)

Trainingsstruktur

| Ziele | ←→ | Inhalte |
| Methoden | ←→ | Organisation |

Wettkampfstruktur

| Ziele (Ansprüche) | ←→ | System (Spielstruktur) |
| Strategie (Taktik) | ←→ | Einstellung (Motivation) |

Abb. 17: Grundkonzept der Trainingsplanung im Leistungsfußball

Den Ausgangspunkt jeder Trainingsplanung bildet die **Zielsetzung** im Zusammenhang mit den akuten Erfordernissen und Ansprüchen.

Kernziel jedes Trainings ist die Verbesserung der Wettspielqualität. Daher sind die Inhalte der Trainingsplanung unmittelbar aus dem Spiel abzuleiten. Gradmesser für die

Effizienz des Trainings ist wiederum das Wettspiel. In einem fortlaufenden Feedback-prozess erbringt die Wettspielanalyse wiederum neue Erkenntnisse für das Training.

Spielbeobachtungen durch Scouts und, wenn möglich, durch die Trainer selbst bieten zusammen mit den im heutigen Hochleistungsfußball üblichen Videoaufzeichnungen mit computergestützten Analyseverfahren eine umfassende quantitative und qualitative Informationsgrundlage. Ergänzend können Leistungstests, Spielbefragungen und sportmedizinische Checks vor, nach und zwischen den Wettspielbelastungen durchgeführt werden.

Mit der Auswahl der **Trainingsmethoden** in Abstimmung mit den **Trainingsinhalten** wird die Trainingsstruktur bestimmt. Dabei schließt die systematische Vorgehensweise und die inhaltliche Gestaltung der Trainingseinheit immer auch den **Organisations-rahmen** mit ein (Abb. 18).

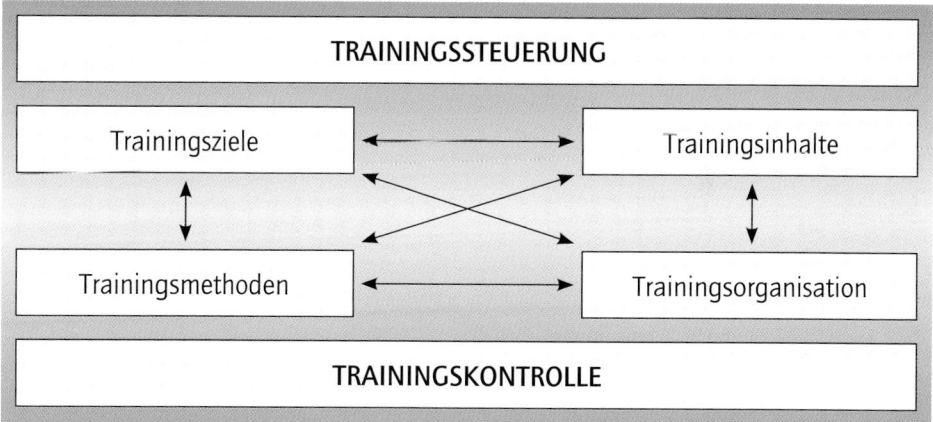

Abb. 18: Modell zur Trainingsplanung und Trainingskontrolle

Trainingsorganisation

Hinsichtlich der Trainingsorganisation beschränken wir uns im Folgenden auf einen umfassenden Vorschlag zur Gestaltung der Spielfeldgrößen für Kleine Spiele und komplexe Spielformen. Die spezifischen organisatorischen Rahmenbedingungen sind bei den einzelnen Übungsformen und Trainingseinheiten aufgeführt, z. B. die Parcoursge-staltung zur Durchführung eines fußballspezifischen Ausdauertrainings auf dem Platz (S. 117-121).

Zur variablen Gestaltung der Spielfeldgrößen für kleinere Spiele und Spielformen bieten sich die folgenden Gestaltungsmöglichkeiten an (Abb. 19). Das vorliegende

Spielfeldraster bezieht sich vorwiegend auf den Junioren- und Amateurfußball, mit begrenzter räumlicher Kapazität (ein Trainingsplatz).

Im Leistungsfußball trainieren wir auch auf den Kleinfeldern grundsätzlich in Spielrichtung.

1.	Großfeld	=	106 x 70 m
2.	Feld bis zur 16-m-Linie	=	90 x 70 m
3.	Feld bis hintere Mittellinie	=	62 x 70 m
4.	Halbfeld	=	53 x 70 m
5.	Feld zwischen verlängerter 16-m-Linie und Mittellinie	=	37 x 70 m
6.	Feld vom ersten Pfosten bis Mittellinie	=	53 x 31 m
7.	Feld 16-m-Seitenlinie bis Mittellinie	=	37 x 40 m
8.	Doppelter 16er	=	32 x 40 m
9.	Grundlinie bis Mittellinie (Begrenzung 16-m-Raum)	=	53 x 15 m
10.	Feld verlängerter 16er zur Seitenlinie bis Mittellinie	=	37 x 15 m
11.	Feld 16er	=	16 x 40 m
12.	Feld 16er bis zum ersten Pfosten	=	16 x 16 m
13.	Feld 16er Seitenlinie bis Feldseitenlinie/Außenlinie	=	16 x 15 m
14.	Feld 16er Seitenlinie bis verlängerte 5-m-Seitenlinie	=	16 x 11 m
15.	Verlängerte 5-m Seitenlinie und 5-m-Querlinie bis zum 16er	=	11 x 11 m

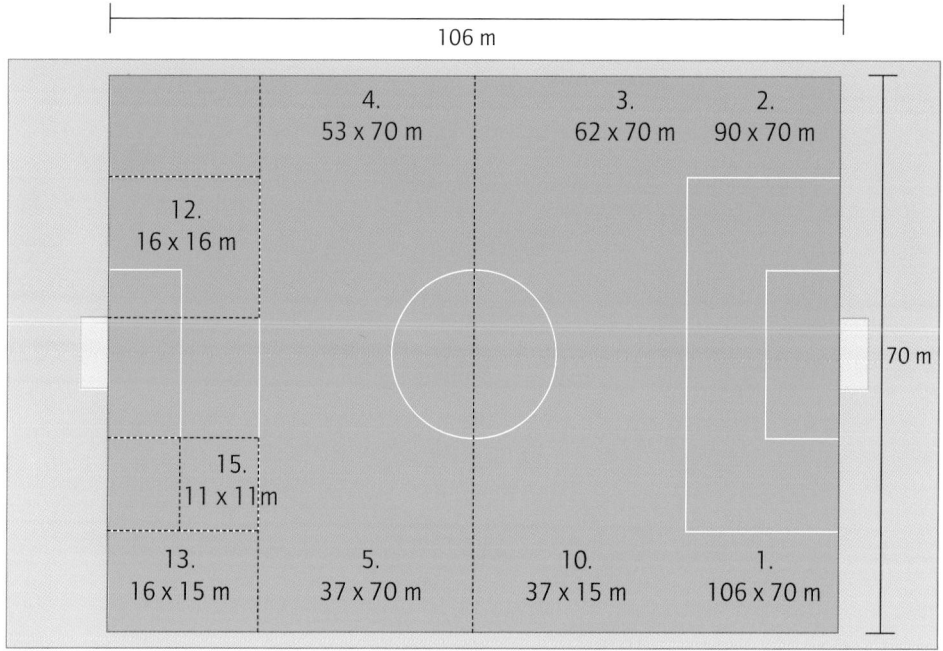

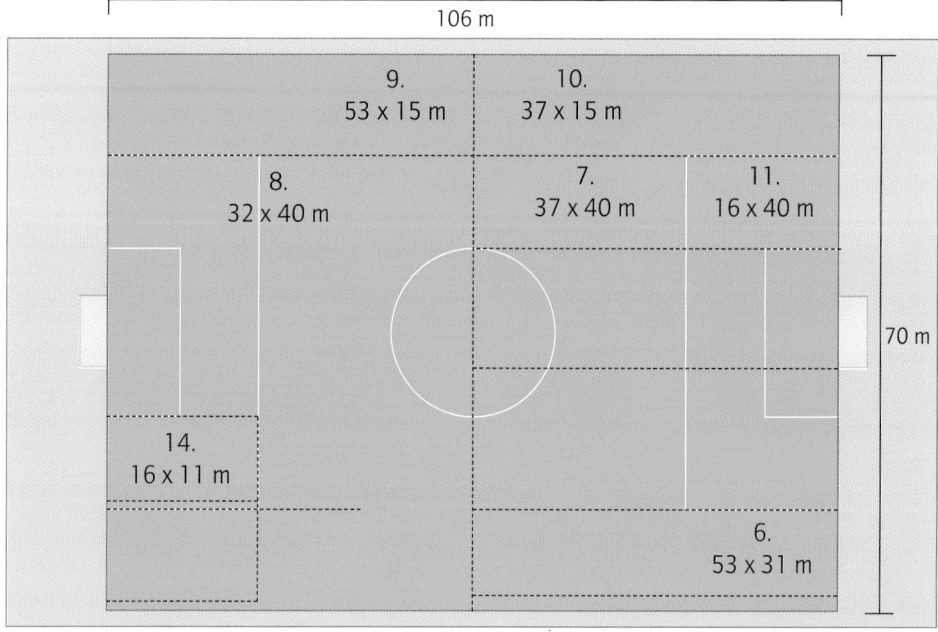

Abb. 19: Spielfeldgrößen für Kleinfeldspiele

KONDITION

Die Kondition bildet das Fundament der Wettspielleistungen im Fußball.

Als **Kondition** bezeichnet man die physische und psychische Leistungsfähigkeit eines Spielers.

Die physischen Eigenschaften umfassen Ausdauer, Kraft, Schnelligkeit, Beweglichkeit und Koordination. Die psychischen Eigenschaften betreffen motivationale, mentale und emotionale Komponenten.

Vom Niveau der Kondition hängt es entscheidend ab, wie die Spieler ihre Leistungen trotz hoher Wettkampfdichte mit entsprechend starker Beanspruchung über den langen Zeitraum einer Spielsaison erbringen.

Die Kondition steht in engem Wechselbezug zur Qualität der Technik und der taktischen Spielgestaltung. Das macht sich vor allem im Wettspiel bemerkbar.

Ein guter konditioneller Zustand reduziert zudem das Verletzungsrisiko und die Anfälligkeit für Infekte und wirkt sich insgesamt positiv auf die psychische Verfassung aus. Im weitesten Sinne beeinflussen auch soziale Komponenten die persönliche Entwicklung und die Befindlichkeit der Spieler und damit auch ihre aktuelle Leistungsfähigkeit.

In einem Strukturmodell der Kondition haben wir die für den sportlichen Erfolg im Fußballspiel maßgebenden physischen, psychischen und sozialen Leistungsgrundlagen zusammengestellt (Abb. 20).

Die einzelnen Leistungsfaktoren (Eigenschaften, Fähigkeiten, Fertigkeiten) stehen in vielfältigen Wechselbeziehungen und Abhängigkeiten zueinander. Beispielsweise setzt Schnelligkeit Kraft und Koordination voraus, zudem ist Ausdauer erforderlich, um die zahlreichen Schnelligkeitsaktionen im Spiel hochintensiv in kurzer Folge absolvieren zu können. Schließlich sind mentale Fähigkeiten erforderlich, um die komplexe Handlungsschnelligkeit bis zum Schluss des Spiels auf hohem Niveau und mit großer Konzentration einsetzen zu können.

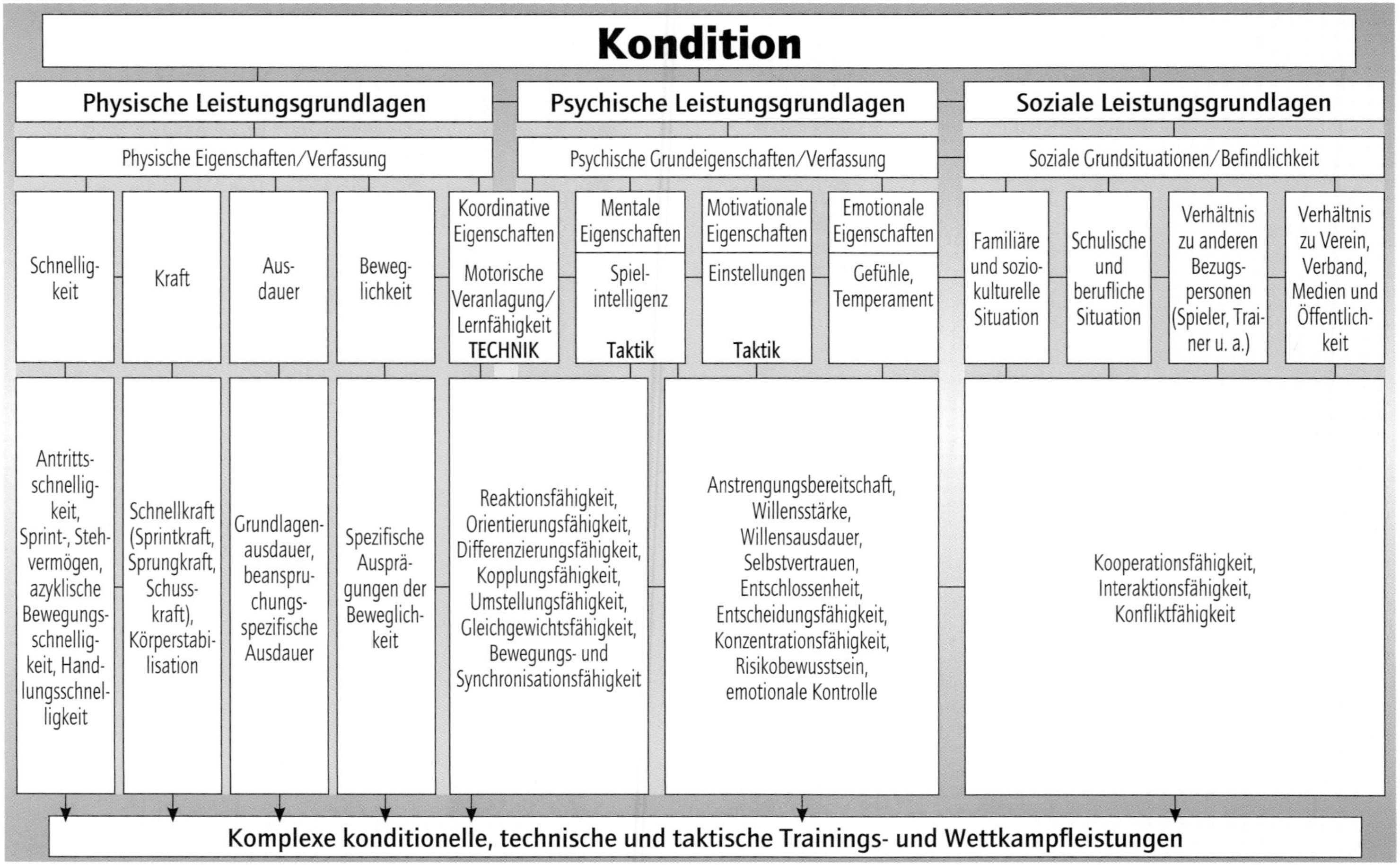

Kondition

Physische Leistungsgrundlagen	Psychische Leistungsgrundlagen	Soziale Leistungsgrundlagen
Physische Eigenschaften/Verfassung	Psychische Grundeigenschaften/Verfassung	Soziale Grundsituationen/Befindlichkeit

Schnellig-keit	Kraft	Aus-dauer	Beweg-lichkeit	Koordinative Eigenschaften	Mentale Eigenschaften	Motivationale Eigenschaften	Emotionale Eigenschaften	Familiäre und sozio-kulturelle Situation	Schulische und berufliche Situation	Verhältnis zu anderen Bezugs-personen (Spieler, Trai-ner u. a.)	Verhältnis zu Verein, Verband, Medien und Öffentlich-keit
				Motorische Veranlagung/ Lernfähigkeit **TECHNIK**	Spiel-intelligenz **Taktik**	Einstellungen **Taktik**	Gefühle, Temperament				

| Antritts-schnellig-keit, Sprint, Steh-vermögen, azyklische Bewegungs-schnellig-keit, Hand-lungsschnel-ligkeit | Schnellkraft (Sprintkraft, Sprungkraft, Schuss-kraft), Körperstabi-lisation | Grundlagen-ausdauer, beanspru-chungs-spezifische Ausdauer | Spezifische Ausprä-gungen der Beweglich-keit | Reaktionsfähigkeit, Orientierungsfähigkeit, Differenzierungsfähigkeit, Kopplungsfähigkeit, Umstellungsfähigkeit, Gleichgewichtsfähigkeit, Bewegungs- und Synchronisationsfähigkeit | | Anstrengungsbereitschaft, Willensstärke, Willensausdauer, Selbstvertrauen, Entschlossenheit, Entscheidungsfähigkeit, Konzentrationsfähigkeit, Risikobewusstsein, emotionale Kontrolle | | | Kooperationsfähigkeit, Interaktionsfähigkeit, Konfliktfähigkeit | | |

Komplexe konditionelle, technische und taktische Trainings- und Wettkampfleistungen

Abb. 20: Strukturmodell der Kondition im Fußball

Leistungsdiagnostik

Die Funktionen der Leistungsdiagnostik im Fußball sind im Wesentlichen **Leistungs-messung**, **Leistungskontrolle** im Sinne der individuellen Weiterentwicklung und zur Überprüfung der Trainingseffektivität sowie **Talentbestimmung**.
Die den Messverfahren zugrunde liegenden Ziele sind:

Leistungsmessung: Datenerfassung und -auswertung, Erstellung von Datenbanken
Leistungskontrolle: Inter- und intraindividuelle Vergleiche, Trainingskontrolle
Talentbestimmung: Leistungsnormierung und Eignungsanalyse (Entwicklungsprognose)

- Optimierung der Leistungsentwicklung (Leistungssteuerung),
- Effektivitätsüberprüfung und -steigerung des Trainings (Trainingssteuerung),
- Ausschöpfung des Leistungspotenzials im Wettspiel (Wettspielsteuerung),
- Erfassung von Talenten (Nachwuchsförderung),
- Bestimmung des Gesundheitsstatus und der Leistungsfähigkeit (medizinische Checks).

Abbildung 21 veranschaulicht die Funktionsbereiche der Leistungsdiagnostik im Komplex des Leistungssystems Fußball.

Zur Durchführung der leistungsdiagnostischen Erhebungen im Fußball werden zwei Methoden eingesetzt, **Beobachtung** und **Tests**.

Bei der **Spielbeobachtung** (und Trainingsbeobachtung) stellt sich das Problem, die vielfältigen Spielaktionen und die komplexe motorische Beanspruchung systematisch zu erfassen und zur Leistungsbewertung die zahlreichen in- und externen Einflussgrößen des rasch wechselnden Spielgeschehens angemessen zu berücksichtigen. Hinzu kommt die weite räumliche Ausdehnung des Spielfeldes, die bei Videomitschnitten technische Schwierigkeiten aufwirft durch Begrenzung des Bildausschnitts und perspektivische Verzerrungen.

Bei der punktuellen Leistungserfassung durch **sportmotorische Tests** oder Testbatterien liegt die Problematik ebenfalls im Komplexitätsgrad und in der Verflechtung der verschiedenen Leistungsbereiche und -komponenten, die zur Messung aus dem Gesamtzusammenhang herausgelöst werden.

Spezielle **konditionelle Leistungstests** (Ausdauer, Schnelligkeit, Sprungkraft) gehören heute zum Standardrepertoire von Mannschaften im hohen Leistungsbereich.

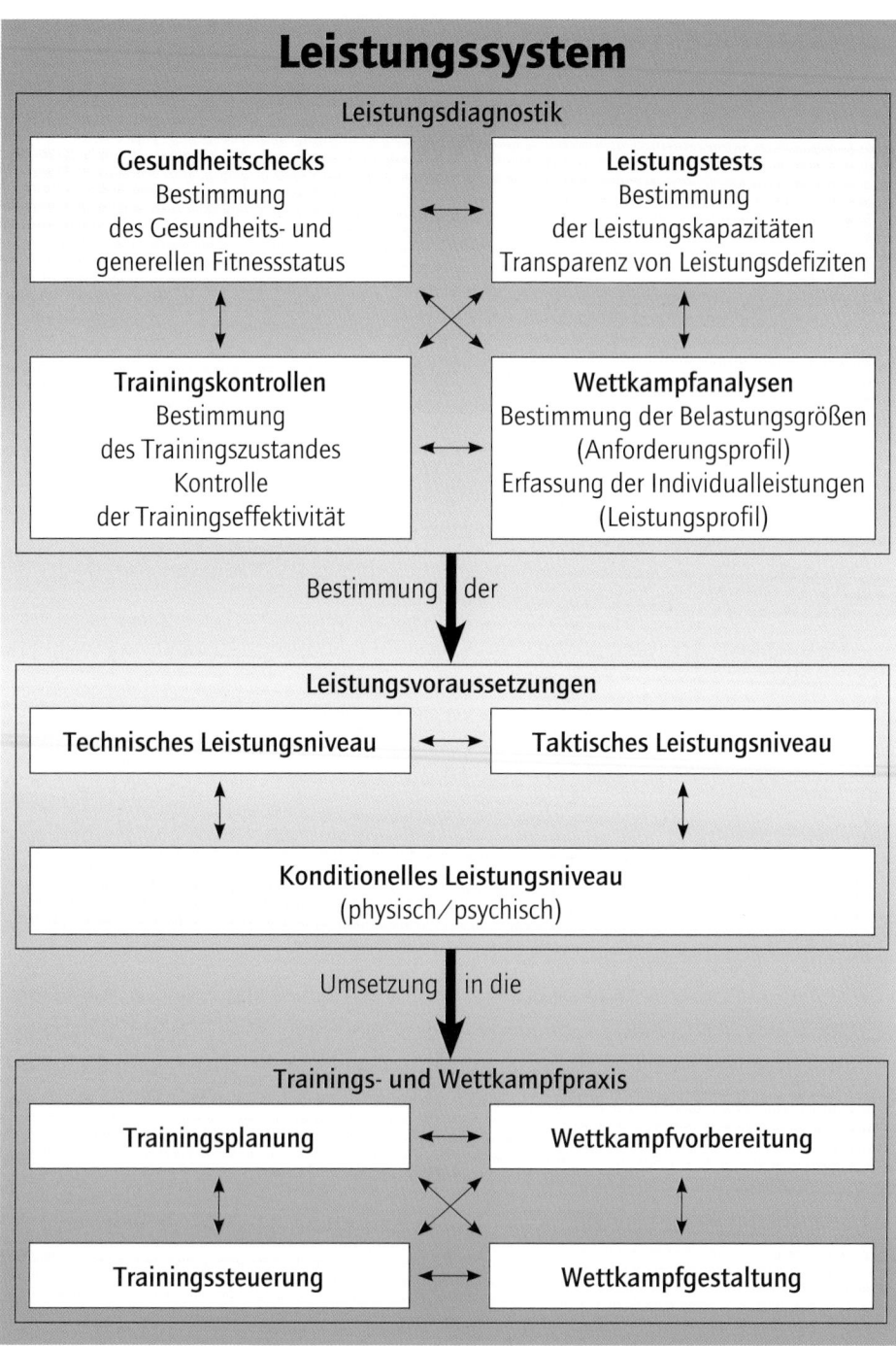

Leistungssystem

Leistungsdiagnostik

Gesundheitschecks
Bestimmung
des Gesundheits- und
generellen Fitnessstatus

Leistungstests
Bestimmung
der Leistungskapazitäten
Transparenz von Leistungsdefiziten

Trainingskontrollen
Bestimmung
des Trainingszustandes
Kontrolle
der Trainingseffektivität

Wettkampfanalysen
Bestimmung der Belastungsgrößen
(Anforderungsprofil)
Erfassung der Individualleistungen
(Leistungsprofil)

Bestimmung der

Leistungsvoraussetzungen

Technisches Leistungsniveau ←→ Taktisches Leistungsniveau

Konditionelles Leistungsniveau
(physisch / psychisch)

Umsetzung in die

Trainings- und Wettkampfpraxis

Trainingsplanung ←→ Wettkampfvorbereitung

Trainingssteuerung ←→ Wettkampfgestaltung

Abb. 21: Struktur des Leistungssystems im Fußball

Spielbeobachtung und Spielanalyse

Das breite Spektrum der Spielbeobachtung erstreckt sich von mehr oder minder unsystematischen subjektiven Eindrucksanalysen und Leistungseinschätzungen über die typisierten, kategorisierten und kodierten Aufzeichnungen mithilfe von Tonband, Beobachtungsbogen und Spielfeldgrafik bis hin zur computergesteuerten elektronischen Datenerfassung auf der Grundlage von Videoaufzeichnungen.

Verfahren der Spielbeobachtung

Folgende Verfahren werden zur Spielanalyse eingesetzt:

- freie Spielbeobachtung,
- Aufnahmeprotokolle auf Formblättern,
- Beobachtungsbögen mit vorgegebenen Kategorien und Symbolen sowie Rastern für grafische Darstellungen,
- Tonbandnotizen mittels Diktiergerät,
- Videoaufzeichnungen,
- computergestützte Analysesysteme der ersten Generation (Vicas u. a.),
- multimediale Analysesysteme (SIMI-Scout, MasterCoach, Amisco Pro, Dartfish-Teampro u. a.).

Die verschiedenen Formen der Spielbeobachtung unterscheiden sich hinsichtlich ihrer Systematik, Präzision, Praktikabilität und Ökonomie, insbesondere in Bezug auf ihren Material- und Zeitaufwand sowie ihren Informationsgehalt. Die aktuelle Entwicklung der computergestützten Spielanalyse eröffnet im Fußball neue Perspektiven. Diese Verfahren ermöglichen eine detaillierte, praxisbezogene Datenaufbereitung und -auswertung und teilweise eine unmittelbare Datenverwertung für die Sofortinformation.

Professionelle Spielanalysesysteme

Zeitgemäße Spielanalysesysteme arbeiten nach dem Prinzip interaktiver Vernetzung von Computer- und Videotechnik. Diese Systeme gewährleisten eine komplette Erhebung, Verarbeitung und Auswertung der praxisrelevanten Daten. Damit stehen den Trainern auf hoher Leistungsebene kurzfristig präzise, selektiv aufgearbeitete Informationen zur Trainingsgestaltung und zur Spielbesprechung zur Verfügung.

Aktuell im Einsatz befindliche Systeme sind **SIMI-Scout, MasterCoach, Amisco Pro und Dartfish-Teampro**.

SIMI-Scout bietet ein Analysesystem für Spielszenen und für die Spielhandlungen einzelner Spieler durch das Zusammenwirken von Fernsehaufzeichnung, Beobachtungsbogen und Computer. Der Trainer kann jederzeit einzelne Spielszenen und die Spielhandlungen bestimmter Spieler abrufen und zudem auf Statistiken und Grafiken zurückgreifen.

Die Nutzung dieses Systems erfordert einen erheblichen personellen, technischen und finanziellen Aufwand.

MasterCoach bietet ein differenziertes Angebot für den Profifußball und für den Amateur- und Nachwuchsfußball. Die Softwareprogramme Amisco Pro und Video Pro ermöglichen auf professioneller Ebene eine synchrone Wiedergabe von Spielszenen im realen Videobild und im Zwei-D-Format. Zudem wird von einer externen Auswertungszentrale statistisches Material in Form von Tabellen und Abbildungen geliefert.

Der Trainer kann präzise Vorgaben machen, um komprimierte Informationen mit entsprechendem Videomaterial für seine Analysen, für Einzelkritiken und für die Mannschaftssitzungen zu erhalten. Auf höchstem Leistungsniveau, z. B. der Champions League mit phasenweise Spielen im Drei-Tage-Rhythmus und bei großen Turnieren, benötigt der Trainerstab schnelle, komprimierte Analysen.

Das **Amisco Pro-System** ist technisch anspruchsvoll und erfordert durch die Installation von acht Kameras im Stadion und für die fortlaufenden Auswertungen erhebliche materielle Aufwendungen. Die Auswertungen erfolgen extern und bedingen somit kein eigenes Personal.

Dartfish-Teampro ermöglicht dem Trainer eine seinen individuellen Vorstellungen gemäße Kategorisierung (Indexierung) spielentscheidender Szenen (offensive/defensive Zweikämpfe, Dribblings, Torschüsse, Konter u. a.). Als besondere Leistung bietet das System eine sofortige Wiedergabe bestimmter Ereignisse im Wettkampf (und Training), die ein unmittelbares Feedback zulassen.

Weiterhin lassen sich mit Dartfish statistische Datenbanken erstellen und synchronisieren sowie eine Vielzahl von Bildbearbeitungsmöglichkeiten nutzen. Damit ist der Trainer in der Lage, räumliche Dimensionen (Entfernungen, Positionen der Spieler, Verlaufswege u. a.) aufzuzeigen.

Hinsichtlich der Praktikabilität geht die Weiterentwicklung dahin, die Einarbeitungszeit zu verkürzen und bezüglich der Verwendung verschiedener Dateiformate eine Vereinfachung für die praktische Arbeit des Trainers zu bewirken.

Im Spitzenhockey hat sich das Analysesystem **utilus VS** der Firma Campus-Computer-Center bewährt. Das Besondere dieses Systems ist der Onlineeinsatz während des Wettspiels oder Trainings.

Die Analyseergebnisse werden in einer Datenbank gespeichert. Über einen Explorer sind Datenanalysen schnell abrufbar. Durch spezielle Videoschnittfunktionen können vielseitige Präsentationen mit Standbildern, Zeitraffer, Wiederholungen und zusätzlichen Zeichenfunktionen erstellt und zur Archivierung auf Band festgehalten werden. Im Hockey benötigt das System nur eine Kamera und ist dementsprechend kostengünstig.

Ziele der Spielbeobachtung

Die Ziele der Spielbeobachtung sind sowohl mannschaftlich als auch individuell ausgerichtet:

- Leistungsanalyse gegnerischer Mannschaften (Scouting: Mannschaftsbesprechung),
- Leistungsanalyse der eigenen Mannschaft in Bezug zum Wettkampfgegner (Spielanalyse, Trainingsausrichtung),
- Beobachtung einzelner Spieler anderer Mannschaften (Scouting: Spielerzugänge, Talentsichtung).

Leistungsanalyse von Mannschaften

Spielbeobachtung und Spielanalyse dienen vorrangig der gezielten Trainings- und Wettkampfsteuerung. Unter diesem Gesichtspunkt richtet sich die Beobachtung zukünftiger Spielgegner auf die Grundformation und das Spielsystem sowie auf typische Merkmale der Spieltaktik, wie Spielgestaltung in Offensive und Defensive, Konterspiel, Abseitsfalle, Pressing u. a.

Weiterhin ist das Angriffs- und Abwehrverhalten bei Standardsituationen von Bedeutung.

Ein besonderes Augenmerk richtet sich auf die Spieler, die als Leistungsträger und Spielerpersönlichkeiten ihrer Mannschaft Profil geben und in motivationaler und spielerischer Hinsicht Akzente setzen. Vor allem Durchsetzungsfähigkeit in den Zweikämpfen wird von den Trainern als aussagestarkes Kriterium für die Bewertung individueller Angriffs- und Abwehraktionen eingestuft.

Weiterhin finden Merkmale wie taktische Disziplin und Emotionalität Beachtung.

In der folgenden Übersicht sind die Ergebnisse einer Befragung von Trainern im Profifußball nach verwertbaren Beobachtungskriterien zur Leistungsbeurteilung des einzelnen Spielers zusammengestellt.

Leistungsbeurteilung von Spielern, differenziert nach
individualtaktischen und gruppentaktischen Aufgabenfeldern

Spieler-Leistungscheck

Angriffsverhalten	**Abwehrverhalten**
Individualtaktisch	**Individualtaktisch**

Stürmer
- Tordrang und Torgefährlichkeit
- Entschlossenheit und Risikobereit-
  schaft
- Durchsetzungvermögen im Strafraum
  (Dribbling, Kopfball)
- Antrittsschnelligkeit
  und Gewandtheit

Stürmer
- Spielaufbau des Gegners stören
- Schließen von Passwegen
- Laufbereitschaft
- Stellungsspiel

Mittelfeldspieler
- Schnelles Umschalten
  von Abwehr auf Angriff
- Spielgestaltung, Kombinations-
  sicherheit (Tempo- und Rhythmus-
  variationen)
- Bälle fordern, Bälle verteilen
- Druckvoll offensiv spielen
  (Gegner unter Druck setzen)
- Zweikampfstärke
- Torgefährlichkeit

Mittelfeldspieler
- Schnelles Umschalten auf Abwehr
- Zweikampfverhalten
- Stellungsspiel im Block,
  Absichern der Räume
- Gegenseitiges Helfen (Verschieben)
- Laufbereitschaft
- Willenseigenschaften

Verteidiger
- Schnelles Umschalten auf Angriff
- Einschalten in den Angriff
  zum richtigen Zeitpunkt
- Angriffsabschluss
  (Flanken, Torschuss)
- Stete Anspielbereitschaft

Verteidiger
- Zweikampfverhalten am Boden
  und in der Luft
- Stellungsspiel, in Linien abwehren,
  Absichern der Räume
- Abschirmen des direkten Wegs
  zum Tor
- Aggressivität/Willenseigenschaften
- Antrittsschnelligkeit
- Gegenseitiges Unterstützen
- Antizipation

Gruppentaktisch	Gruppentaktisch
• Gegenseitiges Helfen durch Anbieten und Positionsspiel • Freilaufen, Bälle fordern zum richtigen Zeitpunkt • Nach dem Abspiel wieder anspielbereit sein • Im Zusammenspiel richtige Entscheidungen treffen • Spiel- und Handlungsschnelligkeit (Entschlossenheit – Druck machen) • Selbstbewusstsein im Fordern und Annehmen von Bällen • Schnelles und sicheres Passen	• Stellungsspiel im Verband (Linienabwehr – Mittelfeldblock), Absichern der Räume • Gegenseitige Unterstützung bei Rückeroberung des Balls • Raumaufteilung – ballorientiert • Pressing • Aufmerksamkeit, wach sein • Willenseigenschaften: den Gegner nicht zur Entfaltung kommen lassen, den Gegner unter Druck setzen

Beobachtung einzelner Spieler, insbesondere im Rahmen der Talentsichtung

Eine weitere Zielsetzung der Spiel- bzw. Spielerbeobachtung liegt in der Ergänzung bzw. Verstärkung des bestehenden Spielerkaders, insbesondere im Rahmen der Talentsuche und Talentsichtung. Dabei sind Trainer, Assistenztrainer und Scouts im Einsatz, um sich ein Bild von den technischen, taktischen und konditionellen Fähigkeiten sowie von den Persönlichkeitsmerkmalen der in Frage kommenden Spieler zu machen.

Diese Beobachtung orientiert sich an folgenden Leitfragen:

• Entspricht der Spieler hinsichtlich seiner Leistungsmerkmale den Anforderungen im mannschaftstaktischen Grundkonzept?

• Passt der Spieler vom Typ und Charakter her zur Mannschaft?

• Zeichnet sich ab, dass er eine echte Verstärkung ist oder eher eine Alternative?

• Ist der Spieler nur auf einer Position oder ist er vielseitig einsetzbar?

• Ist das Leistungsprofil des Spielers noch ausbaufähig oder hat er seinen Leistungshöhepunkt bereits erreicht bzw. überschritten?

• Wird die Mannschaft voraussichtlich den Spieler und die ihm zugedachte Rolle akzeptieren oder ist eher mit Spannungen und Konflikten zu rechnen?

• Kann eine Verpflichtung des Spielers leistungsfördernde Konkurrenz bewirken?

• Wie sieht die Kostenkonstellation vor dem Hintergrund der finanziellen Möglichkeiten des Vereins aus?

Diese und je nach Sachlage weitere Fragen bedürfen einer sorgfältigen Prüfung, ehe eine Entscheidung zur Übernahme eines Spielers getroffen wird.

Die aktuelle Entwicklung der Spielanalysesysteme eröffnet dem Trainer im Profifußball ein immenses Spektrum an Informationsmöglichkeiten. Aber trotz aller Technologie hat der triviale Satz weiter Bestand: „Entscheidend ist auf dem Platz."

In den Ausführungen zum Schnelligkeitstraining befassen wir uns eingehend mit der Umsetzung von Analysedaten eines der technologisch führenden Systeme, dem Amisco Pro.

Ein Aspekt darf bei der Spielanalyse, vor allem bei der Einzelanalyse, trotz aller technologischer Fortschritte, nicht außer Acht gelassen werden – der Einfluss subjektiver Bewertungsmaßstäbe.

Pädagogisch-psychologische Einflüsse bei der Leistungsbewertung

Trotz zunehmender Verwendung hochwertiger Elektronik und Computertechnologie bleibt die Beobachtungsfähigkeit und das Urteilsvermögen des erfahrenen Trainers bei der Leistungsbewertung einzelner Spieler und kompletter Mannschaften der entscheidende Faktor. Diese subjektiv-objektiven Leistungsbeurteilungen haben allerdings eine begleitende pädagogisch-psychologische Komponente. So können Dissonanzen und Konflikte durch unterschiedliche Auffassungen bei der Selbsteinschätzung eines Spielers und bei der Leistungsbewertung durch den Trainer auftreten. In solchen Fällen sind zusätzliches Datenmaterial und Videoaufzeichnungen für beide Seiten von Nutzen, um negative Auswirkungen eines Hallo-Effekts oder einer Self-fulfilling Prophecy zu vermeiden.

Als Hallo-Effekt bezeichnet man die Voreingenommenheit eines Menschen durch negative oder positive Vorurteile.

Der Effekt tritt z. B. in Erscheinung, wenn bei verschiedenen Spielern annähernd gleichwertige Leistungen, in Abhängigkeit von ihrem Status in der Mannschaft, unterschiedlich beurteilt werden, oder wenn die Leistung in einem Bereich (z. B. Durchsetzungsfähigkeit) als Erwartungshaltung und Beurteilungsgrundlage undifferenziert auf die Gesamtspielleistung übertragen wird.

Bei der Self-fulfilling Prophecy verläuft die suggestive Wirkung im Sinne einer Entwicklungsprognose, die, als Vorurteil fixiert, zwangsläufig für ihre Bestätigung sorgt.

Der Prozess der Self-fulfilling Prophecy besagt, dass sowohl die aktuelle Leistungsbereitschaft und Leistungsfähigkeit als auch die gesamte Leistungsentwicklung maßgeblich von den Erwartungen und dem Leistungszutrauen des Trainers sowie der anderen Mannschaftsmitglieder beeinflusst wird und sich in den Gruppenprozessen niederschlägt.

Tests

Tests liefern objektive Daten über Merkmale (Eigenschaften, Reaktionen und Leistungen).

Sportmotorische Tests erfassen konkrete Leistungsmerkmale, die ausgewiesen werden als:

* quantifizierbare Größe im Einzel- und Gruppenvergleich,
* Gradmesser der Realisation der gestellten Aufgabe,
* Qualitätsmaßstab einzelner, aus dem Gesamtrepertoire der Spielhandlungen ausgewählter Handlungen.

Mit der Forderung nach Trennschärfe wird der Praxisbezug durch operational fassbare und differenzierende Leistungsdaten betont.

Die in der Fußball-Leistungsdiagnostik eingesetzten Tests messen vorrangig konditionelle Eigenschaften und sportmotorisch-technische Fertigkeiten.

Diese Tests sind häufig nicht oder nur teilstandardisiert, ohne genormte Leistungsskalen. Es handelt sich deshalb um **informelle Tests**, die eine Einstufung der individuellen Leistungswerte der Spieler jeweils nur in Relation zu den Testergebnissen der eigenen Mannschaft oder anderer Bezugsgruppen zulassen. Das heißt aber nicht, dass diese Tests unbrauchbar wären. Sie ermöglichen Längs- und Querschnittsvergleiche, die Zusammenstellung von leistungshomogenen Trainingsgruppen und die Ableitung trainingssteuernder Maßnahmen.

Für die anspruchsvolleren sportmotorisch-taktischen Fähigkeiten fehlen weitgehend einsatzfähige Testverfahren.

Hier liegt für den DFB im Konzept seiner Eliteförderung eine große Herausforderung. Ein zentrales Ziel muss die Weiterentwicklung und Neukonzeption von Tests zur Leistungsprognose sein, d. h., wir müssen vorhersehbare Kriterien der Leistungsentwicklung in das Zentrum unserer Forschungsarbeiten stellen. Im heutigen Spiel sind spieltaktische Fähigkeiten unter Druck, Spielintelligenz und Kreativität zunehmend von Bedeutung.

Testgütekriterien, Funktion und Bedeutung

Maßstab für die wissenschaftliche Akzeptanz und die praktische Bedeutung eines Tests sind drei Hauptgütekriterien, die wir im Modell zusammen mit drei weiteren Nebengütekriterien in einem strukturellen Zusammenhang dargestellt haben (Abb. 22).

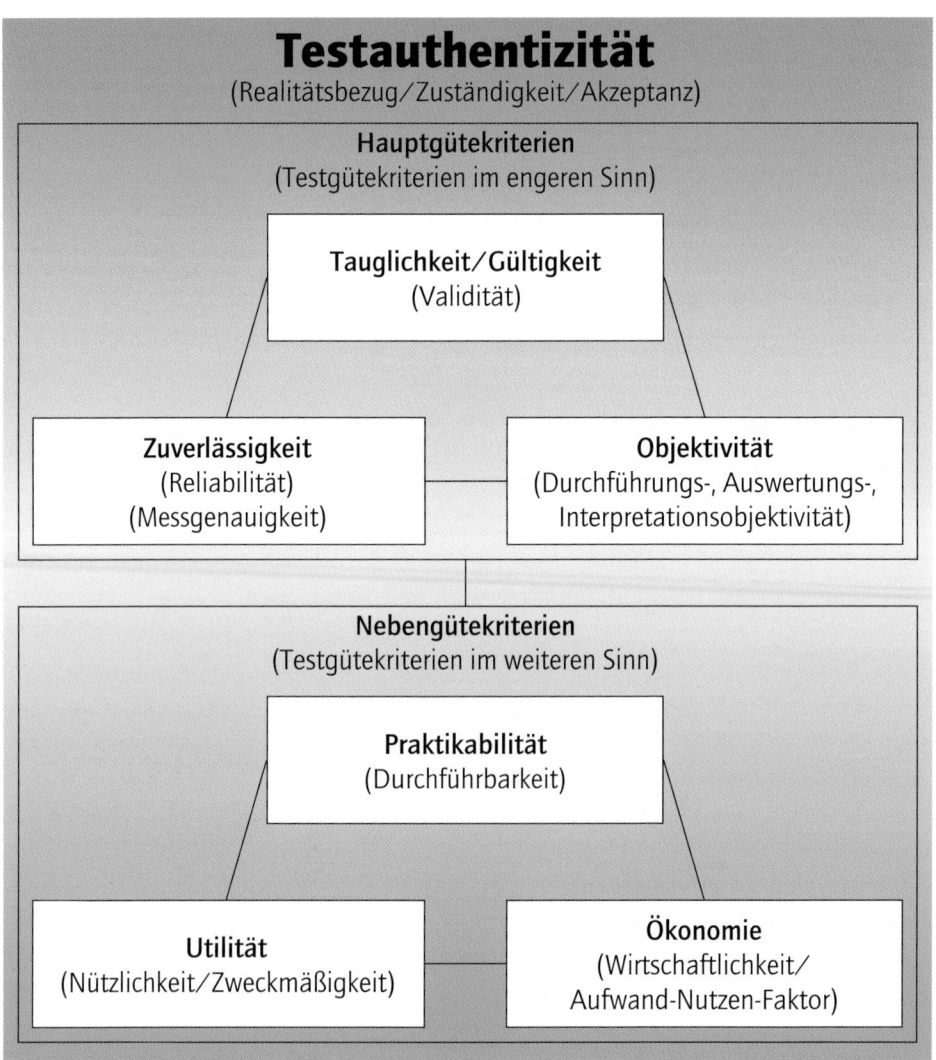

Abb. 22: Testgütekriterien und ihre Wechselbeziehungen

Die Hauptgütekriterien – Gültigkeit, Zuverlässigkeit und Objektivität – besitzen unterschiedliche Funktionen und Bedeutung.

Gültigkeit (Validität)

Das Kriterium **Gültigkeit** (besser: **Tauglichkeit**) legt die Zuständigkeit und Aussagekraft eines Tests fest. Sie ist Maßstab dafür, inwieweit der Test auch tatsächlich die Eigenschaften oder Fähigkeiten misst, für die er ausgewiesen ist. Den Kriterien Zuverlässigkeit und Objektivität übergeordnet, kommt der Gültigkeit die Kernfunktion für die Authentizität eines Tests zu.

Zuverlässigkeit und Objektivität stehen als weitere unverzichtbare Qualitätsmerkmale in einem engen Wechselbezug zur Gültigkeit: Ein hoher Gültigkeitsgrad setzt gleichermaßen hohe Zuverlässigkeit und Objektivität voraus.

Testformen, die den individuellen Ausprägungsgrad motorisch-technischer Elemente des Fußballspiels messen sollen, müssen eine entsprechende Konstruktvalidität aufweisen. Dieser Forderung wird nachgekommen, wenn nachweislich das vom Test erfasste Merkmal in ausreichender Übereinstimmung mit dem theoretischen Konstrukt (Idealbild) der Technikform steht.

Als zusätzliches Außenkriterium für die Validierung motorisch-technischer Tests kann das fachlich fundierte Leistungsurteil kompetenter Experten herangezogen werden.

Zuverlässigkeit (Reliabilität)

Das Kriterium **Zuverlässigkeit** bestimmt die Messgenauigkeit eines Tests, d. h. den Präzisionsgrad zur Erfassung eines bestimmten Merkmals.

Tests erfüllen die Forderung nach Zuverlässigkeit, wenn sie unter annähernd gleich gehaltenen Testbedingungen (Testpersonen, -anweisungen, -organisation, zeitliche Lage, klimatische Verhältnisse u. a.) zu weitgehend identischen Resultaten führen.

Gebräuchliche Verfahren zur Absicherung der Zuverlässigkeit sind Testaufteilung oder Testhalbierung, Testparallelformen oder Wiederholungstests.

Eine akzeptable Reliabilität stellt eine notwendige, aber nicht hinreichende Bedingung für die Validität dar.

Objektivität

Die **Objektivität** ist Indikator für die Eindeutigkeit bzw. intersubjektive Übereinstimmung bei der Testdurchführung, -auswertung und -interpretation.

Den drei Untersuchungsstadien entsprechend kann differenziert werden in:

• Durchführungsobjektivität,

• Auswertungsobjektivität,

• Interpretationsobjektivität.

Durchführung und Auswertung eines Tests sind objektiv, wenn wiederholte Messungen, unabhängig von der Person des Versuchsleiters und anderer Mitarbeiter, zu übereinstimmenden Ergebnissen führen. Die Interpretationsobjektivität ist gewährleistet, wenn bei der Auslegung und Diskussion der gewonnenen Daten verschiedene Personen unabhängig voneinander zu grundsätzlich identischen Aussagen gelangen.

Die drei Hauptgütekriterien werden durch weitere Qualitätsmerkmale ergänzt, deren Bedeutung von der Zielsetzung und den Einsatzbedingungen eines Tests abhängt:

• Praktikabilität (Durchführbarkeit),

• Utilität (Nützlichkeit, Zweckmäßigkeit),

• Ökonomie (Wirtschaftlichkeit).

Alle Haupt- und Nebengütekriterien stehen in Zusammenhang mit der Realitätsnähe eines Tests. Der Begriff **Realitätsnähe** bezieht sich nicht allein auf den vom zu messenden Gegenstand her bestimmten substanziellen Gehalt des Tests, der durch das Kriterium Gültigkeit abgedeckt wird, sondern gleichermaßen auf den erforderlichen Rahmen angemessener zeitlicher, personeller, organisatorischer und finanzieller Bedingungen, den die Durchführung des Tests verlangt.

Sind alle Forderungen hinsichtlich der genannten Gütekriterien in ausreichendem Maß erfüllt, besitzt der Test die erforderliche Authentizität (Sachbezogenheit und Glaubwürdigkeit).

Techniktests

Als Beispiel für Techniktests, die durchgängig vom Juniorenfußball bis zum Seniorenfußball eingesetzt werden können, bieten sich die im Folgenden dargestellten Dribbling-Pass-Tests (Abb. 21) und Pass-Timing-Tests (Abb. 22). an. Die beiden von uns bereits Mitte der 1970er Jahre erstellten Techniktests können nach praktischer Erprobung zur informellen Leistungsbestimmung eingesetzt werden.

Dribbling-Pass-Test

Mit einem Innenabstand von 16 m werden vier jeweils 2 m breite Stangentore aufgestellt.

Testanweisung

Der Kurs ist im schnellstmöglichen Tempo zu absolvieren.

Der Ball muss aus dem Dribbling durch jedes Tor gepasst werden, und jedes Tor muss außen umlaufen werden.

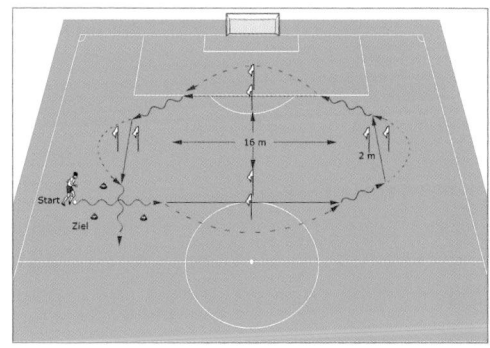

Abb. 23: Aufbau des Dribbling-Pass-Tests

Je zwei Durchgänge rechtsherum und zwei Durchgänge linksherum. Der jeweils beste Lauf wird gewertet.

Bei unkorrekter Ausführung (Tor verfehlt, Laufweg durchs Tor) fällt der Durchgang aus der Wertung.

Die Zeitmessung erfolgt vom ersten Ballkontakt auf der Startlinie bis zur Ballkontrolle nach dem Überlaufen der Ziellinie.

Pass-Timing-Test

Der Pass-Timing-Test ist anspruchsvoller als der Dribbling-Pass-Test.

Testanweisung

Der Kurs ist im schnellstmöglichen Tempo zu absolvieren.

Der Ball muss jeweils direkt (ohne Ballkontrolle) durch die vier Tore gepasst werden, und die Tore müssen jeweils außen umlaufen werden.

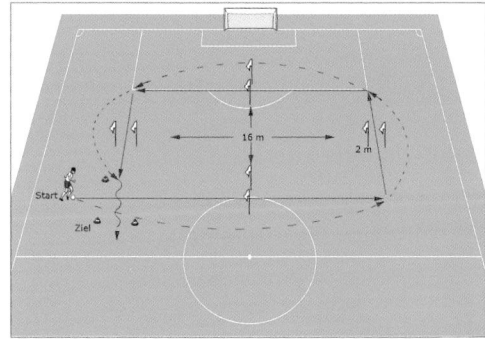

Abb. 24: Aufbau des Pass-Timing-Tests

Durchgänge, Zeitmessung und Wertung werden wie beim Dribbling-Pass-Test gehandhabt.

Die Zeitmessung erfolgt mit dem ersten Pass des auf der Startlinie liegenden Balls bis zur Ballkontrolle nach Überlaufen der Ziellinie.

Für Junioren bis U 17 werden die beiden Tests modifiziert: Der Innenabstand der Tore wird von 16 auf 12 m reduziert und die Torbreite beträgt 1,50 m.

Leistungsdiagnostik: Schnelligkeit, Ausdauer und Kraft

Als fester Bestandteil des Trainings- und Wettkampfsystems liefert die Leistungsdiagnostik im konditionellen Bereich objektive Leistungsdaten, die zusammen mit Erfahrungswerten die Grundlage einer effizienten Trainingsplanung und Trainingssteuerung bilden. Im Hinblick auf die konkreten Ansprüche der Praxis haben wir zu Beginn der 1980er Jahre zusammen mit Professor Karl Weber eine spezielle Fußball-Leistungsdiagnostik im Institut für Sportspiele an der Deutschen Sporthochschule Köln aufgebaut und im Erfahrungsaustausch mit den Trainern der betreuten Vereine weiterentwickelt.

Ausgangspunkt unserer Testkonzeption waren vier Leitgedanken:

1. Fußball ist gekennzeichnet durch ein komplexes Anforderungsprofil technischer, taktischer und konditioneller Fähigkeiten.
2. Das konditionelle Leistungsniveau hat erheblichen Einfluss auf die Technik und Taktik des einzelnen Spielers und somit auf die Spielqualität der gesamten Mannschaft.
3. Das Ziel muss sein, die Ausdauer und die Schnelligkeit so zu verbessern, dass die Leistungsfähigkeit der Mannschaft im Training und im Wettkampf steigt, ohne dabei andere wichtige leistungsbestimmende Faktoren zu vernachlässigen.
4. Dies setzt eine fundierte Steuerung der maßgebenden Leistungskomponenten im Fußball voraus.

Die spezifischen Betreuungsmaßnahmen umfassen folgende Schwerpunkte:

Konditionelle Leistungserfassung
- Schnelligkeit (Sprinttest),
- Ausdauer (Feldstufentest),
- Schnellkraft (Sprungkrafttest).

(Die Testbeschreibungen erfolgen an späterer Stelle.)

Leistungsbeurteilung und Trainingskontrolle
- Individuelle Leistungsbestimmungen der Spieler,
- Vergleiche individueller Leistungswerte mit dem Mannschaftsmittel und mit einem Katalog von Referenzwerten,
- Aufdeckung von Leistungsdefiziten,
- Zusammenstellung homogener Leistungsgruppen.

Bestimmung der Leistungsfähigkeit im Zusammenhang mit der Belastungstoleranz

- CK-Messungen und Harnstoffbestimmungen,
- Auswertung weiterer Blutwerte (Magnesium, Kalium, Kalzium, Hämoglobin u. a.).

Regelmäßige Kontrollen der Blutparameter dienen der Belastungskontrolle zur Vermeidung von Überbeanspruchungen und geben Hinweise bei der Aufdeckung eventueller Infekte.

Ein weiterer wichtiger Aspekt ist die frühzeitige Erkennung ernährungsbedingter Defizite in der Leistungsfähigkeit.

Im Folgenden sind kurze Testbeschreibungen und exemplarische Übersichten mit leistungsdiagnostischen Daten zur Trainingssteuerung in Form von Tabellen und Abbildungen aufgeführt.

Schnelligkeit

Schnelligkeitstests (Abb. 25)

Im Rahmen der Fußball-Leistungsdiagnostik führen wir folgende Schnelligkeitstests durch:
2 x 20-m-Sprint,
2 x 30-m-Sprint,
1 x 40-m-Sprint.

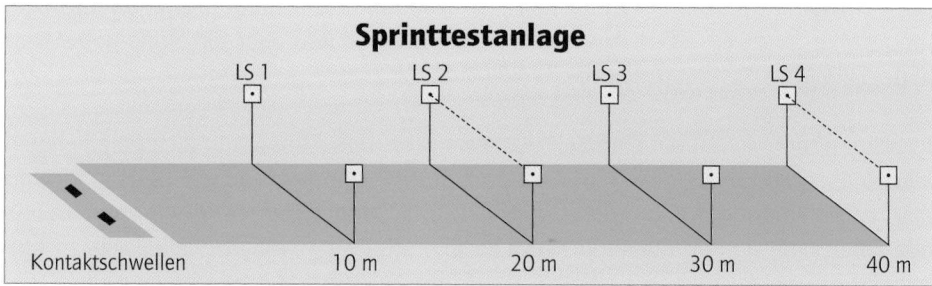

Abb. 25: Sprinttestanlage zur Diagnostik der maximalen Laufschnelligkeit, Antritts- und Beschleunigungfähigkeit (LS = Lichtschranke)

Gestartet wird von einer elektronisch gesteuerten Kontaktschwelle.

Die Zeitmessung erfolgt alle 10 m per Funk.

In der Regel werden Gruppen von jeweils 4-6 Spielern gebildet.

Die Spieler starten von der Kontaktschwelle hintereinander in 10-s-Intervallen. Die Pause zwischen den Sprints beträgt jeweils 90 s.

In der ersten und dritten Erholungsminute nach dem fünften Sprint erfolgt jeweils eine Blutentnahme aus dem Ohrläppchen zur Laktatbestimmung.

Von jedem Spieler wird die Durchschnittszeit und die Bestzeit über 10 m, 20 m, 30 m und 40 m erfasst und in Relation zur absoluten Bestzeit und dem Mannschaftsmittel gesetzt.

Die erfassten Zeiten geben Aufschluss über die Antrittsschnelligkeit, die Beschleunigungsfähigkeit und das Sprint-Stehvermögen jedes Spielers. Zudem wird die Milchsäurekonzentration im Blut vor und nach der Belastung protokolliert.

Die nach dem letzten Lauf gemessene Laktatkonzentration gibt Aufschluss über die Stoffwechselreaktion nach Kurzzeitbelastungen. Bei Spielern mit schlechten Testleistungen lässt sich aus den Laktatwerten ableiten, ob diese auf eine mangelnde Bereitschaft zu maximalem Sprinteinsatz zurückzuführen sind. Als Zusatzservice, der vor allem bei Nachwuchsspielern sinnvoll ist, werden die Sprints mit einer Videokamera aufgezeichnet. Auf diese Weise können ergänzend Defizite beim Antritt und in der Beschleunigungsphase aufgedeckt und für die Trainingssteuerung genutzt werden.

Ausdauer

Feldstufentest

Der Feldstufentest wird auf einer 400-m-Tartanbahn durchgeführt. Zur Temposteuerung stehen in jeweils 50 m Abstand Hütchen als Markierungen, ein Signalgeber wird in der Feldmitte postiert (Abb. 26).

Es werden fünf Läufe über eine Zeit von jeweils ca. fünf Minuten in gleichbleibendem Tempo absolviert. Nach jeder Fünf-Minuten-Stufe, beginnend mit 2,8 (2,4) m/s, wird das Tempo erhöht auf 3,2; 3,6; 4,0 und 4,4 m/s. Bei der Tempostufe 4,4 m/s haben alle Spieler die aerob/anaerobe Schwelle überschritten. Deshalb stellen wir im Einzelfall den Spielern frei, noch die 4,8-m/s-Stufe zu laufen. Hierbei kommen dann vorrangig Anstrengungsbereitschaft und die Fähigkeit, höhere Laktatwerte zu tolerieren, zum Tragen.

Nach jeder Belastungsstufe werden 0,02 ml Blut aus dem Ohrläppchen zur Bestimmung der Laktatkonzentration entnommen. Die Ausdauerleistungsfähigkeit definiert sich über die bei 4 mmol/l Laktat ermittelte Geschwindigkeit.

Die Ausdauerleistungen jedes Spielers werden in Relation zum Mannschaftsmittel (ohne Torhüter) und zu seinen früheren Testergebnissen gesetzt. Weiterhin erfolgt eine Differenzierung durch die Bildung von positionsbezogenen Gruppen: Angriff, Mittelfeld und Abwehr. Es empfiehlt sich zudem, um zu besseren Vergleichsdaten im Längsschnitt zu kommen, die Werte des engeren Stamms (Spieler 1-18) separat aufzulisten.

400-m-Tartanbahn	Feldstufentest		
	Geschw. [m/s]	Strecken-länge [m]	Laufzeit [min]
3,2 4,8	2,4	800	5:33
250 m 200 m 150 m	2,8	1.000	5:57
300 m 100 m	3,2	1.000	5:13
Signalgeber	3,6	1.200	5:33
350 m Start 50 m	4,0	1.200	5:00
(2,4) 2,8	4,4	1.400	5:16
3,6 4,0	4,8	1.400	4:52
Blutentnahme 4,4 5,2	5,2	1.600	5:08

Abb. 26: Konzeption und Richtwerte des Feldstufentests zur Bestimmung der aeroben Ausdauerleistungsfähigkeit

Die Ergebnisse ermöglichen ein leistungsdifferenziertes Ausdauertraining in relativ homogenen Gruppen mit individuellen Tempovorgaben anhand von parallel ermittelten Herzfrequenzwerten für regenerative, extensive und intensive Trainingsintensitäten.

Leistungsdiagnostische Testergebnisse

Anhand einiger ausgewählter Tabellen und Abbildungen soll ein Einblick in die Dokumentation und Interpretation von Ergebnissen der Ausdauer-, Schnelligkeits- und Sprungkrafttests gegeben werden.

Ausdauerleistungen

In Tabelle 2 sind die Ausdauerleistungswerte einer Bundesligamannschaft mit den entsprechenden Pulsfrequenzen zu Beginn der Vorbereitungsperiode aufgeführt.

Tab. 2: Ausdauerwerte (m/s) an der aaS 4 mmol/l Blutlaktat und Pulsfrequenzen einer Bundesligamannschaft zu Beginn der Vorbereitungsperiode

Spieler			Ausdauer (m/s)	
Nr.	Name	Pos.	Laktat 4 mmol/l	Puls (Schl./min)
1		Ab	4,06	183
2		St	3,79	173
3		Ab	3,62	174
4		St	4,06	188
5		Ab	3,70	177
6		St	3,92	180
7		Mf.	3,78	162
8		Ab	4,03	180
9		Ab	4,15	177
10		Mf	4,02	181
11		Mf	4,27	183
12		St	4,23	186
13		Ab	4,08	171
14		St	4,30	177
15		Mf	4,15	175
16		Mf	4,15	173
17		Mf	4,09	193
18		Mf	4,16	173
19		St	3,90	168
20		Ab	4,04	170
23		Ab	4,05	190
24		Ab	4,05	170
25		St	3,64	166
26		St	4,05	195
	$\bar{X}$		4,01	177,7
	s		0,18	8,0

Tabelle 3 gibt einen Überblick über die durchschnittliche Ausdauerleistungsfähigkeit von Mannschaften verschiedener Leistungsklassen zu Beginn und am Ende der Saisonvorbereitung.

Tab. 3: Ausdauerleistungswerte an der aaS 4 mmol/l Blutlaktat und Schnelligkeitsleistungen über 10 m und 30 m von Spielern verschiedener Leistungsklassen

Mannschaften	Ausdauer	Strecken/Schnelligkeit	
	(m/s) x̄ Laktat 4 mmol/l	10 m x̄ s	30 m x̄ s
1. Bundesliga			
Beginn Vorbereitung	4,04	1,65	4,04
Ende Vorbereitung	4,09		
2. Bundesliga			
Beginn Vorbereitung	4,01	1,69	4,10
Ende Vorbereitung	4,05		
Amateure/A-Junioren			
Beginn Vorbereitung	3,86	1,76	4,19
Ende Vorbereitung	3,98		

Einzelne Bundesligamannschaften erreichen am Ende der Vorbereitungsperiode Durchschnittswerte in der Ausdauerleistungsfähigkeit zwischen 4,2 und 4,3 m/s an der aaS, wobei die Gruppe der Stammspieler gegenüber dem Gesamtkader etwas bessere Leistungswerte erbringt.

Abbildung 27 zeigt die Verteilung der Ausdauerleistungswerte von mehr als 100 Profis in der Spannbreite von 3,6 m/s bis über 4,3 m/s an der aaS gegen Ende der Vorbereitungsperiode.

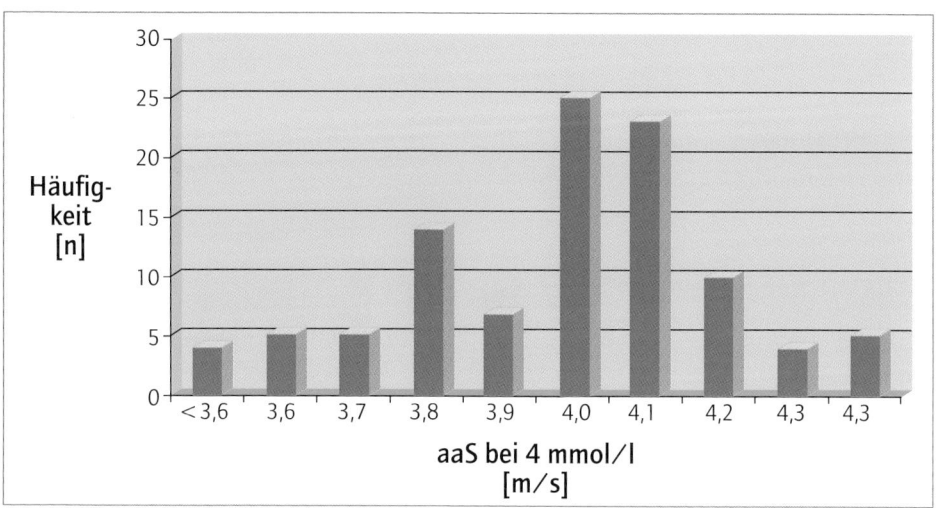

Abb. 27: Verteilung der Ausdauerleistungsfähigkeit an der aaS 4 mmol/l Blutlaktat von über 100 Bundesligaspielern am Ende der Vorbereitungsperiode

Den höchsten Ausdauerleistungswert, den wir im Feldstufentest an der aaS gemessen haben, erzielte ein A-Juniorenspieler mit 4,8 m/s.

Für jeden Spieler wird ein persönlicher Leistungsbogen mit individuell abgestimmten Empfehlungen für regenerative, extensive und intensive Trainingsbelastungen erstellt.

Abbildung 28 veranschaulicht den Bogen des ausdauerleistungsstärksten Spielers der vorweg zur Dokumentation ausgewählten Bundesligamannschaft.

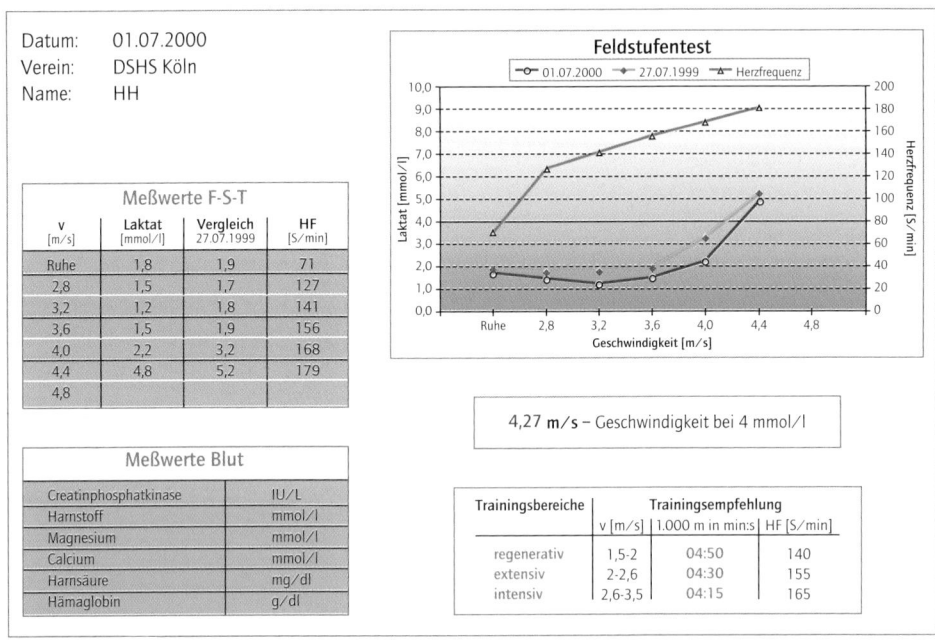

Abb. 28: Ausdauerleistungswerte und Trainingsempfehlungen für einen Bundesliga-spieler zu Beginn der Saisonvorbereitung

Kritische Anmerkungen zum Feldstufentest

Die Unzulänglichkeiten des **Cooper-Tests** für die Bestimmung der Ausdauerleistungs-fähigkeit sind allgemein bekannt, ebenso die Problematik des **Conconi-Tests**. Der **Feldstufentest** ist zurzeit immer noch das Testinstrumentarium erster Wahl, obwohl es mehrfache Kritikpunkte hinsichtlich einer fußballspezifischen Umsetzung der erhobe-nen Daten gibt.

Im Erfahrungsaustausch mit dem Leistungsdiagnostiker und Konditionstrainer Uwe Speidel sind folgende Schwachstellen und Anleitungen zu reflektieren:

Eine ausschließliche Bewertung der Ausdauerleistungsfähigkeit über die im Feld-Stufentest ermittelte anaerobe Schwelle, unabhängig von Belastungsschema und Schwellenkonzept, ist nur bedingt aussagekräftig für die Trainingssteuerung. Eine in der Regel über 3-5 Minuten konstante Laufgeschwindigkeit (Belastung) lässt keine angemessene Interpretation hinsichtlich des Stoffwechselverhaltens bei Belastungen mit ausgeprägtem Intervallcharakter zu.

Selbst wenn die Zielsetzung lediglich in einer Beurteilung der aeroben Leistung besteht, gibt es eine Reihe von Faktoren (u. a. Überlagerung verschiedener Stoffwechselwege, Auf- und Abbau von Laktat während der Belastung), die nicht ausreichend Berücksichtigung finden. Die durch Veränderungen der aeroben Leistung hervorgerufene gegensätzliche Verschiebung der Laktatleistungskurve führt ohne entsprechende Kenntnisse zwangsläufig zu einer Fehlinterpretation. Durch das von Beginn der Vorbereitung an komplexe Training im Fußball kommt es zu einer Verbesserung des wettkampfspezifischen Ausdauerleistungsvermögens. Daraus resultiert unter Umständen eine Linksverschiebung der Laktatleistungskurve, was sogar dazu führen kann, dass trotz Verbesserung im aeroben Bereich ein schlechterer Schwellenwert bestimmt wird. Die oftmals festzustellende „Verbesserung" (Rechtsverschiebung der Laktatleistungskurve) der Ausdauerleistung, bei nachweislich im Urlaub „trainingsfaulen" Spielern, bedeutet in der Realität eine Verschlechterung der wettkampfspezifischen Ausdauer.

In der Praxis häufig beobachtete Fehler sogenannter Leistungsdiagnostiker bei Testdurchführung (Blutabnahme, Analyse und Auswertung) und der komplizierten Interpretation führen zu Fehlbeurteilungen und inadäquaten Ableitungen fußballspezifischer Trainingsempfehlungen.

Die früher häufig propagierte Belastungssteuerung über die **Herzfrequenz** ist ebenfalls aus einer Vielzahl von Gründen im Fußball nur sehr begrenzt und generell nur im Rahmen des Grundlagenausdauertrainings einsetzbar.

Für die Belastungskriterien im fußballspezifischen Ausdauertraining ist die wesentlich aufwändigere und zeitintensivere Steuerung über die **Laufgeschwindigkeit** zu bevorzugen. Im Rahmen hochintensiver Belastungen (intensives Intervalltraining u. a.) sind zeitorientierte Vorgaben auf der Grundlage einer vorherigen umfangreichen Stoffwechseldiagnostik, die fundierte trainingswissenschaftliche Kenntnisse voraussetzt, das Mittel der Wahl.

Momentan favorisieren einige mit der Erfassung von Leistungsdaten im Fußball betraute Diagnostiker die Spiroergometrie, die bereits in der Anfangsphase der Bestimmung physischer Leistungsfähigkeit im Fußball eine maßgebliche Rolle spielte.

Auch an dieser Methode setzen in der fußballspezifischen Leistungsdiagnostik erfahrene Sportmediziner Kritik an, die sich im Wesentlichen auf folgende Punkte bezieht:

- Ungewohnte Laborbedingungen (Laufband, Beklemmungsgefühle durch die Maske),
- ein hoher Gesamtzeitaufwand für den gesamten Spielerkader,
- ein vergleichsweise hoher Kostenfaktor,
- eine größere Abhängigkeit des Trainers von den Diagnostikern.

Andererseits erbringt die VO_{2max}-Bestimmung unter maximaler Belastung (Bruttokriterium der aeroben Ausdauer) aussagekräftige Vergleichswerte bei der Ermittlung der Ausdauerleistungsfähigkeit von Fußballspielern.

Aus der kritischen Betrachtung der aufgeführten leistungsdiagnostischen Verfahren ergibt sich folgende Konstellation an Parametern für eine zukunftsweisende Diagnostik der fußballspezifischen Ausdauer:

- Bestimmung der anaeroben Schwelle,
- Bestimmung der maximalen Laktatbildungsrate (VL_{amax}),
- Bestimmung der maximalen anaerob-alaktaziden Kapazität (Kreatinphosphatspeicher) als leistungslimitierender Faktor für wiederholt auftretende Sprintbelastungen,
- Bestimmung der maximalen Sauerstoffaufnahme (VO_{2max}).

Schnelligkeitstests über Distanzen von 5-30 m und Tests zur Bestimmung der maximalen statischen und dynamischen Kraft und der elementaren Schnelligkeitsfähigkeiten (Bodenkontaktzeit, Bewegungsfrequenz) komplettieren die fußballspezifische Leistungsdiagnostik.

Auf Ansätze zu einer psychologischen Eigenschafts- und Belastungsdiagnostik wird im Coachingteil dieses Buches näher eingegangen.

Der angeführte leistungsdiagnostische Komplex steht konzeptionell als Bindeglied zwischen der übergeordneten höchsten Diagnostikebene, der Spielanalyse und der individuellen Leistungsbestimmung im Wettspiel und der unteren Ebene, der fortwährenden trainingsbegleitenden Diagnostik (durch Beobachtung und Bestimmung von CK-Werten [Trainingsintensitäten] und Harnstoffwerten [Trainingsumfänge] u. a.).

Exkurs: Laktatmittelwerte bei Läufen mit unterschiedlicher Intensität

Abbildung 29 veranschaulicht die Werte der Fußball-Hochschulmannschaft der DSHS Köln (Verbandsliganiveau, n = 10) bei einer Messung der Ausdauerbelastung mit drei unterschiedlich intensiven Laufformen (Regenerationslauf, Fahrtspiel, 150-m-Hügellauf).

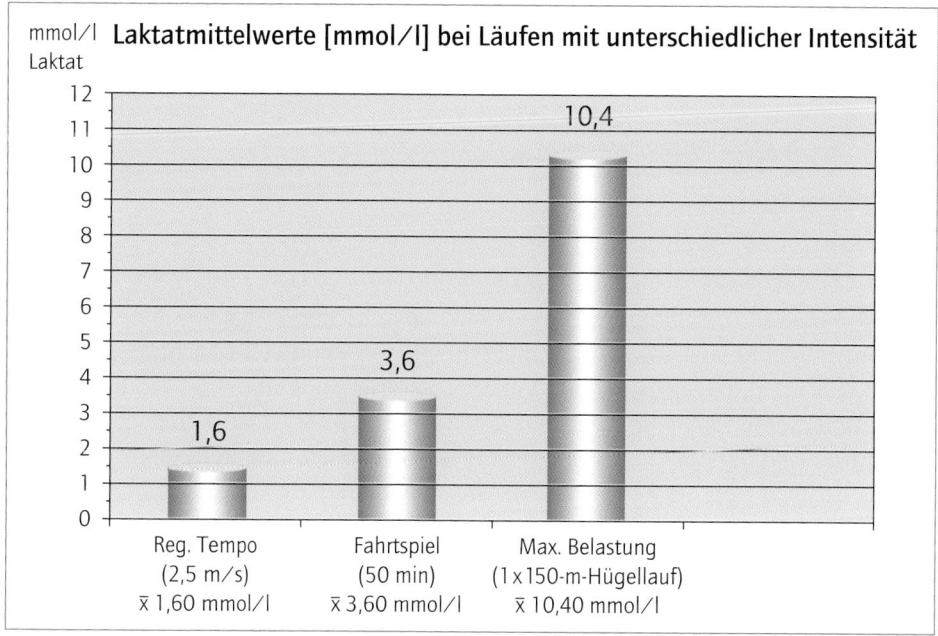

Abb. 29: Laktatkonzentrationen bei drei Laufformen mit unterschiedlicher Intensität

Beim Regenerationslauf lagen die Laktatwerte konstant unter 2 mmol/l.

Beim Fahrtspiel über 50 min wurde ein Durchschnittswert von 3,60 mmol/l ermittelt. Vier Einzelwerte lagen leicht über der aerob-anaeroben Schwelle. Der höchste Wert betrug 4,67 mmol/l.

Der 150-m-Hügellauf in maximalem Tempo verdeutlicht die Extrembelastung in kurzer Zeit. Einzelne Laktatwerte lagen im Bereich von 12 mmol/l bei einem Durchschnittswert von 10,40 mmol/l.

Die Ergebnisse der kleinen Studie unterstreichen die konsequente Beachtung des in der Trainingspraxis angewandten Prinzips der Leistung-(Belastungs-)Differenzierung, wie sie in idealer Weise bei den Trainingsformen des Fahrtspiels gegeben ist.

Laktatbelastungen von durchschnittlich 10,4 mmol/l, bereits nach einem 150-m-Hügellauf, veranschaulichen die negativen Konsequenzen eines Schnelligkeitsausdauertrainings vergangener Epoche.

Die Auswirkungen derartig höchstintensiver Kurzzeitbelastungen sind:
- Hohe Beanspruchung des ZNS und des VNS,
- katabole (abbauende) Stoffwechselsituation, Abbau von Enzymen u. a.,
- Elektrolytverluste,
- kein Superkompensationeffekt,
- Abbau von Ausdauer- und Schnelligkeitsleistungen,
- verlängerte Regenerationszeit,
- nachlassende Trainings- und Spielfreude.

Studie zur Auswirkung von kurzzeitiger intensiver Laufbelastung

Bereits in den 1970er Jahren haben Trainingswissenschaftler nachgewiesen, dass infolge eines häufig wiederholten Techniktrainings bestimmte „Gedächtnisspuren" bestehen bleiben, die allein durch die Vorstellung des eingeprägten Bewegungsablaufs so aktiviert werden können, dass zentralnervöse und vegetative Reaktionen, ähnlich der aktiven Muskelbeanspruchung, hervorgerufen werden. Erfahrene und mental geschulte Leistungssportler können allein über die Vorstellung „eingeschliffene" Bewegungsprogramme aktivieren. Sie sind zudem bei belastungsintensiven Einflüssen wesentlich weniger störanfällig als Sportler auf niedrigerem Leistungsniveau.

In einem kleinen, an Sportstudenten der Schwerpunktausbildung Fußball durchgeführten Test zeigte sich, dass nach vorangegangener Belastung bei selten geforderten Technikleistungen ein wesentlich größerer Leistungsabfall auftrat, im Vergleich zu häufig angewendeten Techniken, wie dem Torschuss. Analog fallen die Ergebnisse in der Gegenüberstellung von „starkem" und „schwachem" Bein aus.
    Es ist festzuhalten: Erheblich erhöhte Blutlaktatwerte infolge kurzzeitiger Maximalbelastungen führen bei anspruchsvollen Technikleistungen zu einem deutlichen Anstieg der Fehlerhäufigkeit.

Bei leistungsstarken Spielern rufen kurzzeitige, intensive Belastungen nicht generell zentralnervöse und periphere Ermüdungssymptome mit einhergehender Beeinträchtigung der technischen Bewegungsabläufe hervor.

Ableitbare Konsequenzen für die Trainingssteuerung sind:
- Ausbildung und Festigung qualitativ hoher technischer Fertigkeiten.
- Auf hohem Ausbildungsstand Bewegungsmuster durch fortwährende Wiederholungen in den Trainingseinheiten „einschleifen".

- Systematische Trainingsreize der technischen Handlungsanforderungen in intensiv belastenden Wettspielsituationen setzen.
- Forciertes Training variabel verfügbarer Handlungsmuster.
- Integration motivationaler und mentaler Leistungselemente, insbesondere anspruchsvoller Konzentrationsleistungen.

Schnelligkeitsleistungen

Im Folgenden werden einige in den Schnelligkeitstests ermittelte Sprintleistungen aufgeführt, die für Trainer und Spieler verschiedener Leistungsklassen als Orientierungsmaßstab dienen können.

In Tabelle 4 sind die im Rahmen der DFB-Stützpunkt-Leistungsdiagnostik an der DSHS (Leitung: Professor Karl Weber) von Timo Knop und Stefan Lottermann ermittelten Schnelligkeitswerte über 10 und 20 m bei U 11- bis U 18-Juniorenspielern aufgelistet.

Tab. 4: Schnelligkeitsleistungen über 10 und 20 m von U 11- bis U 18-Juniorenspielern der DFB-Stützpunkte (Knop/Lottermann/Weber). In Klammern: Die Zeit der schnellsten 10 %

Spieler Junioren	Strecken/Schnelligkeit	
	10 m $\bar{x}$ s (Bestzeit 10 %)	20 m $\bar{x}$ s (Bestzeit 10 %)
U 11 (n = 4.000)	2,17 (2,02)	3,80 (3,56)
U 12 (n = 26.000)	2,12 (1,98)	3,68 (3,46)
U 13 (n = 22.000)	2,07 (1,94)	3,58 (3,36)
U 14 (n = 15.500)	2,01 (1,87)	3,45 (3,22)
U 15 (n = 10.500)	1,95 (1,81)	3,32 (3,10)
U 16 (n = 3.000)	1,89 (1,78)	3,22 (3,03)
U 17 (n = 1.000)	1,87 (1,75)	3,16 (2,97)
U 18 (n = 250)	1,85 (1,73)	3,12 (2,96)

Die im Zeitraum von 2004-2006 erfassten Daten weisen die kontinuierliche Leistungssteigerung im Verlaufe der Altersstufen aus. Die jeweils in Klammern gesetzten Werte dokumentieren den Bereich der Bestleistungen der 10 % schnellsten Junioren jedes Jahrgangs. Einzelne Junioren erzielen Spitzenwerte über 10 m im Bereich von 1,70 s und über 20 m im Bereich von 2,90 s.

Aus dem Datenpool unserer Leistungsdiagnostik sind in Tabelle 5 die Schnelligkeitsleistungen von Spielern verschiedener Alters- und Leistungsklassen zusammengestellt.

Tab. 5: Schnelligkeitsleistungen über 10, 20 und 30 m von Spielern verschiedener Alters- und Leistungsklassen

Spieler	Strecken/Schnelligkeit		
	10 m s	20 m s	30 m s
C-Junioren $\bar{x}$	1,88	3,27	4,61
B-Junioren $\bar{x}$	1,80	3,13	4,34
A-Junioren $\bar{x}$	1,71	2,99	4,17
Verbandsliga $\bar{x}$	1,75	3,03	4,20
2. Bundesliga $\bar{x}$	1,69	2,95	4,10
1. Bundesliga $\bar{x}$	1,65	2,90	4,04
Schnellster Bundesligaspieler	1,55	2,73	3,80
Schnellster* Nationalspieler	1,50	2,69	3,76
Schnellste Nationalspielerin	1,72	2,99	4,23

*Werte: Horst Allmann/Prof. Wilfried Kindermann

Wie gravierend sich individuell unterschiedliche Sprintqualitäten auswirken können, lässt sich aus dem Vergleich der Schnelligkeitswerte von zwei Mittelfeldspielern einer Bundesligamannschaft ableiten (Tab. 6). Die beiden Spieler waren zum Zeitpunkt des Tests Nationalspieler.

Die Leistungswerte verdeutlichen beispielhaft die Bedeutung der Schnelligkeit in Kombination mit der Ausdauerleistungsfähigkeit. Mittelfeldspieler 1 verfügt mit einer Bestzeit von 2,88 s auf 20 m gegenüber Mittelfeldspieler 2 mit einer Bestzeit von 2,96 s über eine wesentlich bessere Antrittsschnelligkeit, die deutliche Vorteile für

Tab. 6: Schnelligkeitswerte (und Ausdauerleistungswerte) im Vergleich von zwei Nationalspielern einer Mannschaft der 1. Bundesliga

Spieler Nationalspieler	Strecke 20 m s	Laktat (mmol/l) 3' nach Sprinttest	Schwelle (m/s)
MF A	2,88	5,2	4,20
MF B	2,96	8,5	3,65

spielentscheidende Zweikämpfe bringt. Beispielsweise würde in einem Sprintduell zu einem Pass in den freien Raum der Schnellere seinen Konkurrenten bereits über die Strecke von 10 m um fast 1,5 m distanzieren, bei 30 m wäre der Abstand über 3 m (Abb. 30).

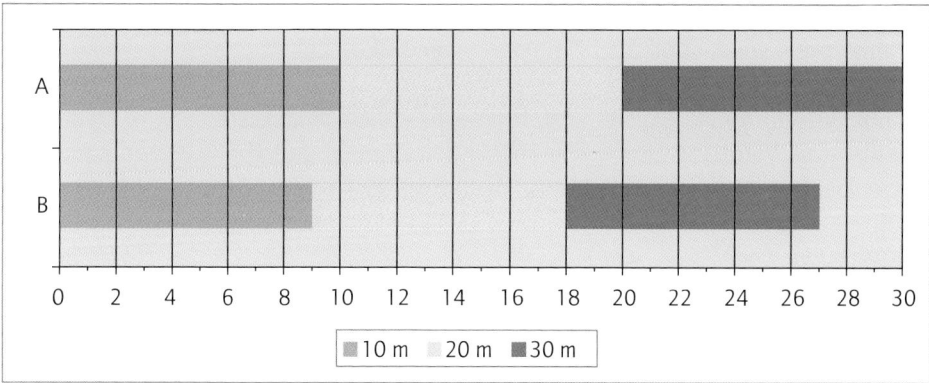

Abb. 30: Schematische Darstellung der Sprintleistungen über 10, 20 und 30 m von zwei Nationalspielern (A/B) einer Mannschaft der 1. Bundesliga

Auch der Vergleich der Laktatwerte von 5,2 mmol/l und 8,5 mmol/l nach Abschluss der Sprinttests ergibt eine wesentlich günstigere Ausgangsposition für Spieler A bei wiederholten Kurzsprintbelastungen oder auch für längere, raumüberwindende Spurts. Die Daten der Grundlagenausdauer mit einem Schwellenwert von 4,20 m/s von Spieler A gegenüber 3,65 m/s von Spieler B belegen zudem, dass der sprintstärkere Spieler auch im Spiel häufiger und in kürzerer Folge seine Schnelligkeit im Angriffsspiel einbringen kann und in der Lage ist, schnell umzuschalten, um Abwehraufgaben zu erfüllen. Das aus diesem Sachverhalt ableitbare Prinzip ist noch von gleichbleibender Bedeutung für das derzeit aktuelle Schnelligkeitstraining. Der Effekt des Schnelligkeitstrainings im Seniorenleistungsfußball liegt nur geringfügig in einer Verbesserung der reinen Sprintleistung, als vielmehr in der Verbesserung der Fähigkeit, die vorhandene Schnelligkeit häufiger, in kürzerer Folge und mit geringerem Energie- und Konzentrationsverlust im Wettspiel einzusetzen.

Ähnliche Rückschlüsse lassen leistungsdiagnostische Ergebnisse der deutschen Fußball-Nationalmannschaft zu, die von Professor Tim Meyer, dem Internisten der deutschen Fußball-Nationalmannschaft, anlässlich eines am 3.12.2007 in Köln gehaltenen Vortrags, vorgestellt wurden. Ein Längsschnittvergleich auf der Grundlage einer umfangreichen Datenbank bis zum Jahr 2002 ergab, dass im Zeitraum von 10 Jahren bei den durchschnittlichen Ausdauer- und Schnelligkeitswerten der Nationalspieler keine nennenswerten Leistungsverbesserungen zu verzeichnen sind. Die Schnelligkeitsanforderungen im heutigen Fußball liegen zudem in zunehmendem Maße in der komplexen Handlungsschnelligkeit, wie im Kapitel „Schnelligkeitstraining" noch ausführlich dargelegt wird.

Größere Effekte bei der Verbesserung der Sprintfähigkeit lassen sich im Einzelfall erzielen, vorrangig mit Spielern, die, infolge von Verletzungen oder unzureichendem Spezialtraining, in keinem optimalen Trainingszustand sind.

Als punktuellen Anhalt für die Einstufung von Schnelligkeitsleistungen im Frauenfußball dient die Vergleichstabelle von Fußballspielerinnen und Sprinterinnen nationaler Spitzenklasse auf höchstem Leistungsniveau (Tab. 7).

Tab. 7: Sprintschnelligkeit von Fußballspielerinnen der internationalen Klasse im Vergleich mit Sprinterinnen auf nationalem Spitzenniveau

Spielerinnen Sprinterinnen	Strecken/Schnelligkeit			
	10 m s	20 m s	30 m s	40 m s
Spielerin A	1,74	3,05	4,26	5,45
Sprinterin B	1,74	2,96	4,18	5,30
Spielerin C	1,84	3,17	4,42	5,69
Sprinterin D	1,84	3,05	4,22	5,33

Der Start erfolgte aus spielnaher Schrittstellung. Aus der Gegenüberstellung wird ersichtlich, dass Fußballspielerinnen auf den entscheidenden ersten 10 m über dieselbe Beschleunigungsfähigkeit verfügen wie Sprinterinnen. Erst im weiteren Sprintverlauf, bei dem Sprintstehvermögen über 30 m und 40 m gefordert ist, setzen sich die Sprinterinnen in der Schnelligkeitsleistung von den Fußballspielerinnen ab.

Die nach unseren Tests schnellste Spielerin der Frauen-Nationalmannschaft erzielte mit 1,72 s und 2,99 s ausgezeichnete Sprintwerte auf der entscheidenden Antritts- und Beschleunigungsphase bis 10 m bzw. 20 m. Mit dieser Schnelligkeit war sie als „Torjägerin" geradezu prädestiniert, nach Pässen die gegnerische Abwehr zu überlaufen oder sich auf Grund ihrer guten Technik im Spiel 1:1 entscheidend durchzusetzen.

Feldstudien zur Belastung in Trainings- und in Wettspielen

In einer **Feldstudie zur Belastungsmessung für die Trainingssteuerung in den Spielformen 1:1, 3:3 und 6:6** mit A-, B- und C-Junioren kamen folgende Testaufgaben zum Einsatz:

1. 1:1, aus 25 m Entfernung Angriff auf das große Tor mit Torhüter
   - mit Abschluss,
   - oder bei Ballverlust Konter auf ein 10-m-Hütchentor
   - oder bei Ballverlust den Konter abwehren und einen zweiten Angriff durchführen. Je Spielerpaar drei Angriffs- und drei Abwehraktionen (= 6 Aktionen).

2. 3:3 im 20 x 40-m-Feld, Dribbling über die 20-m-Seitenlinie
   Vier Spiele von je 1,5 min Dauer und je 3 min Pause.

3. 6:6 im 50 x 70-m-Feld auf ein Tor mit Torhüter, Konter auf zwei Hütchentore von je 8 m Breite, Spielzeit 10 min (es ist sinnvoll, die Spielzeit beim 6:6 von 10 min auf 2 x 5 min mit 2 min Regenerationspause zu verändern).

Für die Auflistung der Belastungen in den drei Spielformen sind die Werte für die getesteten A- und B-Junioren in Tabelle 8 zusammengefasst, da bei diesen Altersstufen die jeweiligen Belastungen nahezu identisch waren. Bei den C-Junioren wurden dagegen deutlich höhere Belastungswerte ermittelt, wie in Abbildung 29 dokumentiert ist.

Tab. 8: Durchschnittliche Belastungen bei A- und B-Junioren in den Spielformen 1:1, 3:3 und 6:6

Juniorenspieler A/B	Spielformen		
	1:1	3:3	6:6
$\bar{x}$	3,8 mmol/l	5,9 mmol/l	4,6 mmol/l

In Abbildung 31 geben die in den vier Serien des Spiels 3:3 erhobenen Laktatwerte Auskunft über die mit zunehmender Spieldauer ansteigende Belastung, bis 6 mmol/l Laktat bei den B-Junioren und über 8 mmol/l Laktat bei den C-Junioren.

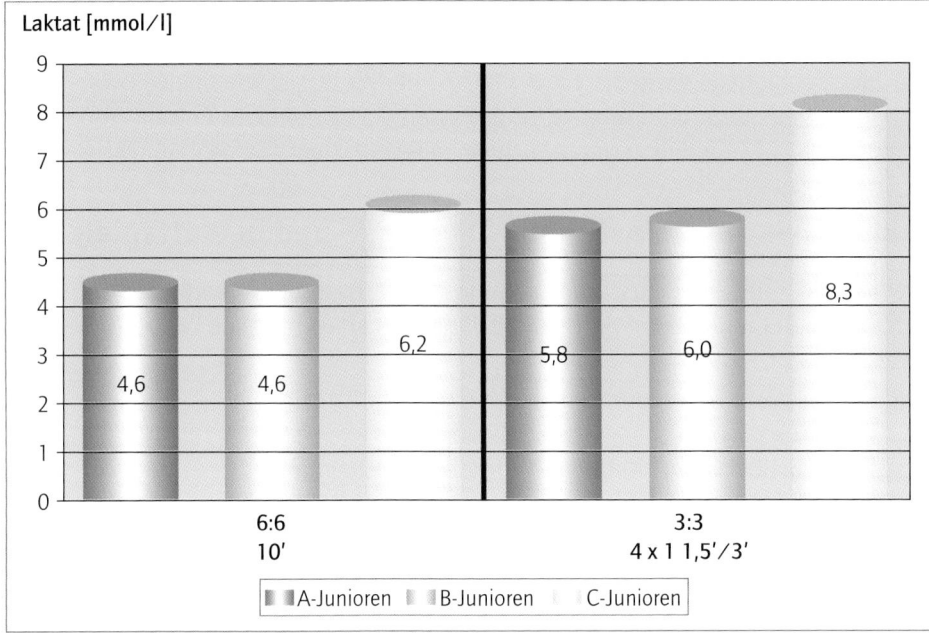

Laktat [mmol/l]

4,6	4,6	6,2

6:6
10'

5,8	6,0	8,3

3:3
4 x 1 1,5'/3'

A-Junioren   B-Junioren   C-Junioren

Abb. 31: Vergleichende Darstellung der Blutlaktatkonzentration von A-, B- und C-Juniorenspielern bei den Trainingsformen 6:6 (10 min) und 3:3 (4 x 1,5 min bei jeweils 3 min Pause)

Die leistungsdiagnostischen Erhebungen in einer **Feldstudie zu Wettspielbelastungen** geben ebenfalls Aufschlüsse über die Trainings- und Wettspielsteuerung. Die in einem Testspiel zwischen einer Bundesligamannschaft und einer Spitzenmannschaft der niederländischen Ehrendivision (3:1 [1:1]) ermittelten Belastungswerte des Bundesligisten bewegen sich im Mannschaftsmittel in der ersten und zweiten Halbzeit zwischen 3,5-4,8 mmol/l Laktat.

Bei einem Abwehrspieler registrierten wir in der zweiten Halbzeit den niedrigsten Wert mit 1,9 mmol/l Laktat. Ein anderer, erst in der 83. Minute eingewechselter Offensivspieler, wies dagegen in der kurzen Spielzeit von sieben Minuten einen Wert von 5,8 mmol/l Laktat auf. Der Abwehrspieler hatte einen im Feldstufentest ermittelten Ausdauerwert von 3,95 m/s, der Offensivspieler einen Wert von 4,14 m/s an der saS. Im vorliegenden Fallbeispiel bestimmten demnach in erster Linie Engagement und Einsatzbereitschaft die Belastungswerte.

Je höher die Ausdauerleistungsfähigkeit ist, desto umfangreichere und intensivere Schnelligkeitsleistungen können im Spiel erbracht werden.

Zum Vergleich:

Die von uns an mehreren anderen Mannschaften **im Wettspiel gemessenen Laktat-werte** liegen im Durchschnitt zwischen 4-7 mmol/l. Je nach Trainingsstand, Spielbe-deutung, Spielverlauf und taktischer Order können diese Werte bei einzelnen Spielern, entsprechend den Laufintensitäten, niedriger, aber auch deutlich höher ausfallen.

Eine ältere, Mitte der 1980er Jahre von uns auf Grund der damals aktuellen Diskus-sion um die **Beanspruchungsunterschiede bei Mann- und Raumdeckung** durchge-führte Studie führte ebenfalls zu dem Ergebnis, dass die durchschnittlichen Laktatwer-te in beiden Testspielen im Bereich von 4-7 mmol/l lagen. Im Spiel mit Manndeckung (Abb. 32) wurden tendenziell etwas höhere Laktatwerte ermittelt.

Die im Vergleich der beiden Mannschaften bei der Hochschulmannschaft höher ausfallenden Laktatwerte resultieren aus einem generell umfangreicheren und in höherem Tempo absolvierten Laufeinsatz.

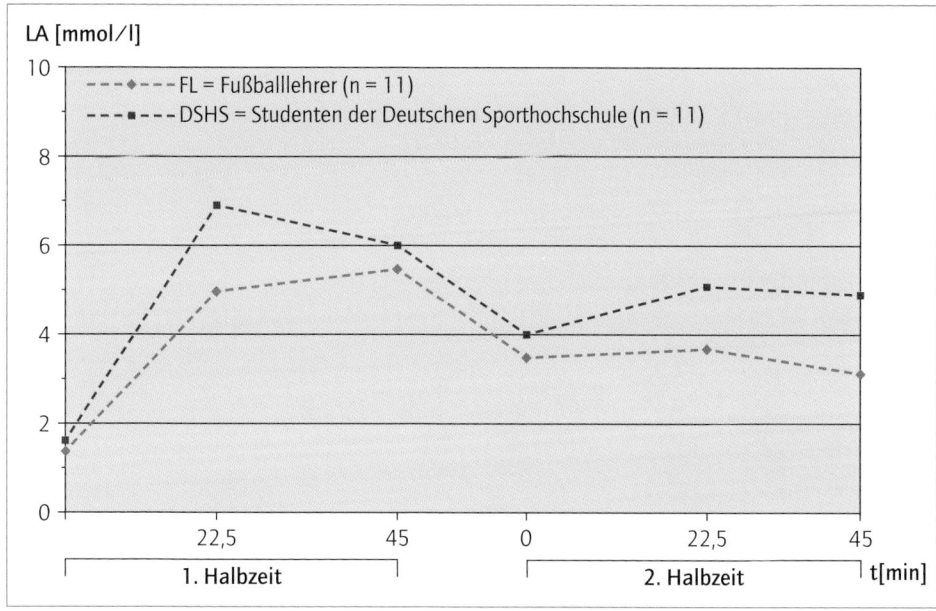

Abb. 32: Blutlaktatwerte bei zwei Auswahlmannschaften im Testspiel mit Mannde-ckung (zwei zusätzliche Spielunterbrechungen nach 22,5 min in jeder Halbzeit)

Vergleichbare Durchschnittswerte ergab die leistungsdiagnostische Analyse von zwei Wettspielen in Mandeckung der Amateuroberliga. In der Einzelanalyse zeigten sich Schwankungen von 2 bis zu 10 mmol/l. So lagen bei einem Libero in beiden Halbzei-ten die Werte bei 2,10 und 1,90 mmol/l, beim gegnerischen Libero wurden dagegen

Werte von 7,10 und 6,45 mmol/l gemessen. Und ein sehr „laufintensiver" Mittelfeld-spieler wies in beiden Halbzeiten Laktatwerte von 9,90 und 9,70 mmol/l auf.

Leistungsmessungen: Kraft (und Schnelligkeit)

Im Rahmen der Leistungsdiagnostik und speziell für die Talentbestimmung im Fußball hat die Frage nach Zusammenhängen zwischen Schnelligkeits- und Sprungkraftlei-stungen große Bedeutung.

Folgende Testformen werden standardmäßig eingesetzt:

Jump and Reach (JR)
Messkriterium: Maximale konzentrische Sprungkraft.

Seitlich neben der Wand stehend, leicht in die Kniebeuge gehen und explosiv mit bei-den Beinen abspringen. Bei maximaler Körperstreckung mit der rechten (linken) Hand an die Wand tippen.

Der Abstand (in cm) zwischen der Sprungmarkierung und einer vorherigen Markierung im Stand wird als Sprungleistung erfasst.

Zwei Sprünge, der bessere Sprung wird gewertet.

Zur korrekten Testdurchführung sind zu beachten:
* Maximale Körper- und Armstreckung bei der Messung im Stand und im Sprung,
* beidbeiniger Absprung,
* als Auftaktbewegung nur die Arme nach hinten führen.

Squat Jump (SJ)
Messkriterium: Maximale konzentrische Sprungkraft.

Aus der Kauerstellung (Kniewinkel 90°) Hände in die Hüften gestützt, Sprung vertikal in die Höhe.

Counter-Movement-Jump (CMJ)
Messkriterium: (Explosive) Maximale konzentrische Sprungkraft.

Aus dem Stand den Körperschwerpunkt in die Kniebeuge (ca. 90°) absenken, Sprung vertikal in die Höhe.

Drop Jump (DJ)

Messkriterium: Reaktivkraft (schnelle DVZ).

Auf einem 30 cm hohen Kasten stehend, ein Bein nach vorne abheben, vom Kasten herunter auf den Boden und mit maximalem Kraftimpuls und möglichst kurzem Bodenkontakt vertikal in die Höhe springen.

Beim Squat Jump und beim Counter-Movement-Jump werden mittels elektronischer Daten von einer Kontaktmatte die Sprunghöhen bzw. die Sprungkraftwerte gemessen. Beim Drop Jump wird die Bodenkontaktzeit (ms) zur Bestimmung der reaktiven Sprungkraft gemessen. Zusätzlich wird die Sprunghöhe erfasst.

Kraftleistungen

Entgegen einer vereinfachten Formel „Kraftzuwachs verbessert die Schnelligkeit" weisen sportwissenschaftliche Untersuchungen bislang keine eindeutigen Ergebnisse hinsichtlich eines linearen Zusammenhangs von Kraft und Schnelligkeit auf. Auch neuere Studien zu konditionellen Leistungsmerkmalen im Leistungsfußball erbrachten keine generell gesicherten Zusammenhänge zwischen elektronisch gemessenen Sprintleistungen und mittels Kontaktzeit und Sprunghöhe erfassten Sprungkraftfähigkeiten.

Eine unter Leitung von Erich Kollath an der Deutschen Sporthochschule Köln durchgeführte Untersuchung zur Frage der Wechselbeziehungen zwischen Schnelligkeit und Kraft bei Juniorenspielern im obersten Leistungsbereich erbrachte folgende praxisrelevante Ergebnisse:

- Zwischen den Sprungleistungen beim Counter-Movement-Test und dem Drop Jump bestehen enge Zusammenhänge mit den Sprintleistungen auf den Distanzen 5-20 m.

- Bei den Sprungleistungen des Squat Jumps besteht ein gesicherter Zusammenhang mit den 20-m-Sprintzeiten.

Aus den Ergebnissen wird abgeleitet, dass die Schnelligkeitsleistungen von Juniorenspielern auf hoher Leistungsebene im Zusammenhang mit konzentrischer und exzentrischer Sprungkraft stehen.

Bei der Messung der horizontalen Sprungkraft liegen die Vergleichswerte für höherklassige Amateure im Durchschnitt im Bereich von 50-60 cm und bei Bundesligaspielern im Bereich von 55-65 cm. Torhüter erreichen Spitzenwerte von annähernd 80 cm.

Subjektive Leistungsbewertung

Neben den objektiven Test- und Analysedaten ist auch das individuelle subjektive Empfinden von Beanspruchungen von Interesse.

Persönliche Belastungsskala	
1	extrem leicht
2	sehr leicht
3	noch leicht
4	etwas anstrengend
5	anstrengend
6	sehr anstrengend
7	extrem anstrengend

Abb. 33: Skala zur persönlichen Einschätzung der Belastungsintensität
(nach BORG-Skala)

BORG-Skala

Zur subjektiven Einschätzung vorangegangener Belastungen eignet sich die BORG-Skala. Sie umfasst ein 15-stufiges Raster, auf dem die Spieler nach ihrem Ermessen einen entsprechenden Belastungswert ankreuzen. Im Folgenden stellen wir eine vereinfachte siebenstufige Form zur persönlichen Belastungseinstufung vor (Abb. 33).

EZ-Skala

Mit der von Professor Jürgen Nitsch entwickelten Eigenzustands-Skala (EZ-Skala) liegt ein Instrumentarium vor, das der Erfassung situationsgebundener Befindlichkeiten, z. B. vor oder nach einem Wettkampf, dient.

Auf einer sechsstufigen Skala (von kaum bis völlig) haben die Sportler ihre subjektive Wahrnehmung hinsichtlich vorgegebener Befindlichkeiten (kraftvoll, energiegeladen, erholungsbedürftig, abgehetzt u. a.) festzulegen.

Die Auswertung des Fragebogens bietet Aufschlüsse zu den übergeordneten Kategorien **Motivation** und **Beanspruchung** mit den jeweiligen Ausprägungen von **Handlungsenergie** und **Handlungsregulation**.

Das Prinzip der Eigenzustandsbestimmung wurde in einigen Variationen weiter entwickelt, z. B. in die „Mentale Befindlichkeitsmessung". Entscheidendes Kriterium für einen Einsatz im Leistungsfußball ist letztlich der Praxisbezug, d. h. ein konkret weiterführender Informationsgewinn für die Spieler und den Trainer.

Ausdauer

Auf der Basis einer guten aeroben Ausdauer können dann sporadisch hochintensive Schnelligkeits- und Schnellkrafteinheiten (z. B. Treppen-Training) durchgeführt werden. Da bei solchen Trainingsmaßnahmen die Willensstruktur eine maßgebliche Rolle spielt, ist besonders bei Nachwuchsspielern mit großem Leistungsehrgeiz Vorsicht geboten, um bei noch nicht gefestigtem Organismus die akute Gefahr einer Überforderung auszuschließen. Unter den angeführten Gesichtspunkten kommt der Leistungsdifferenzierung als wesentlichem Kriterium der Trainingssteuerung große Bedeutung zu. Vor allem die Belastungsgrößen sind auf die individuellen Leistungsvoraussetzungen abzustimmen.

Aus den vorgenommenen Überlegungen halten wir fest:

Grundlagentraining und spezifische Ausbildung der Ausdauerleistungsfähigkeit bewirken strukturelle und funktionelle Anpassungsvorgänge. Vorrangig kommt es zu einer Vergrößerung der Energiespeicher, der Enzymaktivitäten und zu einer komplexen Verbesserung der Stoffwechselprozesse; die Förderkapazität des Herzens nimmt zu und der Sauerstofftransport im Blut. Eine gut ausgebildete Ausdauerleistung gewährleistet eine hohe Effizienz und Ökonomie bei den im Spiel und im Training ablaufenden Prozessen der Energiebereitstellung und -verarbeitung und bei der folgenden Regeneration und Wiederherstellung der Belastungsfähigkeit.

Das heutige Spiel stellt erhebliche Anforderungen an die Schnelligkeit, insbesondere an die intensiven Laufaktivitäten, durch Antritte, Dribblings, Abbrechen und Beschleunigen.

Hinzu kommen Beanspruchungen im taktischen Bereich durch Konter- und Pressingsituationen und erhöhte Konzentrationsleistungen. Die Grundlage zu diesen komplexen Anforderungen bildet die Ausdauerleistungsfähigkeit.

Methodik des Ausdauertrainings

Für die Trainingspraxis im Fußball erweist sich die übergreifende Einteilung der Ausdauer in **Kurzzeit-**, **Mittelzeit-** und **Langzeitausdauer** als wenig nützlich. Wir gehen zunächst von der grundsätzlichen Unterscheidung in **allgemeine** und **spezifische** Ausdauer aus:

Allgemeine Ausdauer	Sie bildet die Basis für eine ökonomische Umsetzung der Wettspiel- und der Trainingsanforderungen.
Spezifische Ausdauer	Aufbauend auf der Grundlagenausdauer, wird die Leistungsfähigkeit ausdifferenziert und stabilisiert für anforderungsspezifische Belastungen auf höchstem Niveau.

Für die allgemeinen und die spezifischen Ausdauerleistungen werden unterschiedliche Systeme der Energiebereitstellung aktiviert:

Aerobe Energiegewinnung	Bei Belastungen von über zwei Minuten Dauer wird die Energie unter Verfügung von ausreichend Sauerstoff (oxidativ) gewonnen. **Praxis:** Ein Spiel dauert „90 Minuten" bei einer effektiven Spielzeit von durchschnittlich 60 Minuten.
Anaerob-alaktazide Energiegewinnung	Bei hochintensiven Belastungen bis ca. 12 Sekunden Dauer erfolgt die Energiebereitstellung ohne Sauerstoffbeteiligung über die „energiereichen Phosphate" ATP und CP (Adenosintriphosphat, Creatinphosphat). **Praxis:** Kurze, explosive Antritte ohne und mit Ball, Antritte und Sprünge des Torhüters.
Anaerob-laktazide Energiegewinnung	Bei hochintensiven Belastungen, die über den Zeitraum von 10-15 Sekunden hinausgehen, erfolgt die Energiebereitstellung ohne Sauerstoff über den Abbau von Kohlenhydraten (Glykogen). **Praxis:** Sprints und schnelle Dribblings über längere Strecken oder in kurzer Abfolge. Antritte mit Richtungsänderungen oder Abbrechen.

Trainingsmethoden

Nach trainingswissenschaftlicher Systematik und dem Anforderungsprofil des Fußballspiels entsprechend wird das Ausdauertraining in vier Methoden untergliedert:

- Dauermethode (kontinuierliche/wechselnde Intensität),
- Intervallmethode (extensive/intensive),
- Wiederholungsmethode,
- Wettspielmethode.

Den einzelnen Methoden kommt, je nach Schwerpunktsetzung im Saisonverlauf, unterschiedliche Bedeutung zu. Weniger die Trainingsinhalte an sich, als die Formen der Trainingsgestaltung, und hier vor allem die Belastungskriterien, werden durch die Methodenwahl bestimmt.

In einem Strukturmodell des Fußballausdauertrainings sind die Ziele, Methoden, Inhalte und Belastungsleitlinien zu einer Gesamtübersicht zusammengestellt (Abb. 34):

Fußball-Ausdauertraining

Allgemeine Grundlagenausdauer	Spezifische Grundlagenausdauer	Wettspielspezifische Ausdauer durch Laufformen	Wettspielspezifische Ausdauer durch Spielformen
Ziele			
• Verbesserung der Ermüdungswiderstands- und der Regenerationsfähigkeit • Basis für die fußballspezifische Ausdauer • Verbesserung der aeroben Kapazität	• Spezifizierung und Stabilisierung der Grundlagenausdauer • Verbesserung der aeroben/anaeroben Kapazität	• Ausbau der wettspielspezifischen Ausdauerleistungsfähigkeit für optimale Schnelligkeitsleistungen • Erhöhung der aerob/anaeroben Kapazität •Verbesserung des Umschaltens zwischen Fett- und Kohlenhydratstoffwechsel und der Laktattoleranz	• Weitergehende Adaption der wettspielspezifischen Ausdauerbelastung für höchste Qualität an Handlungsschnelligkeit und dauerhafte physische und psychische Wettkampfkonstanz • Ausweitung der Laktattoleranz und gute Regenerationsfähigkeit innerhalb und zwischen Wettkampf und Training
Methoden			
Dauermethode kontinuierlich/ diskontinuierlich	Intervallmethode extensiv/intensiv	Wiederholungsmethode	Wettspielmethode
Inhalte			
• Dauerlauf im kontinuierlichen Tempo, • mit Tempowechseln im extensiven Bereich Zum Beispiel: • Waldlauf • Parcours auf dem Platz und im Gelände	• Intervalldauerlauf • mit extensiven Belastungsintervallen • mit intensiven Belastungsintervallen Zum Beispiel: • Fahrtspiel • Crossläufe • Ausdauer-Zirkeltraining • Bergauf-, Treppenläufe	• Tempoläufe mit 100 %iger Intensität Zum Beispiel: • Sprintserien • Bergauflaufserien • Treppenlaufserien	• Spiele in vielfältigen Variationen mit ansteigendem Belastungsgrad Zum Beispiel: • 8:8 bis 1:1 • 1:1 mit vier Anspielstationen • 1:1 Angriff-Abschluss oder Angriff-Konter (und Zusatzball vom Trainer)
Belastungsstruktur			
Intensität: niedrig HF unter 150 Laktat bis 3 mmol/l Dauer: 30-60 min	Intensität: mittel HF 120-160 Laktat 3-7 mmol/l Dauer: 45-60 min	Intensität: submaximal bis maximal HF 140-180 Laktat 4-8 mmol/l Dauer: 60-80 min	Intensität: mittel bis maximal HF 120-180 Laktat 3-8 mmol/l Dauer: 60-90 min Einzelbelastung: ca. 20 s -10 min

Abb. 34: Strukturmodell des Ausdauertrainings im Fußball

Dauermethode

Mit der Dauermethode wird in erster Linie eine Verbesserung der aeroben Ausdauer-kapazität erreicht. Sie wird im Fußballtraining besonders in der Vorbereitungszeit an-gewendet, um die aeroben Stoffwechselvorgänge zu fördern und mit der Verbesserung der allgemeinen Ausdauerleistung eine gute physische Ausgangsbasis im Hinblick auf die spezifischen Wettkampfanforderungen, die Regenerationsfähigkeit sowie für die Belastbarkeit im Training zu schaffen. Zu den Trainingsformen zählen im Wesent-lichen Dauerläufe und Fahrtspiele mit geringen Intensitätsanforderungen. Die Läufe können mit gleichbleibender oder wechselnder Intensität ausgeführt werden.

Bei der **kontinuierlichen Dauermethode** (Abb. 35) wird über einen längeren Zeitraum in gleichmäßigem Tempo gelaufen.

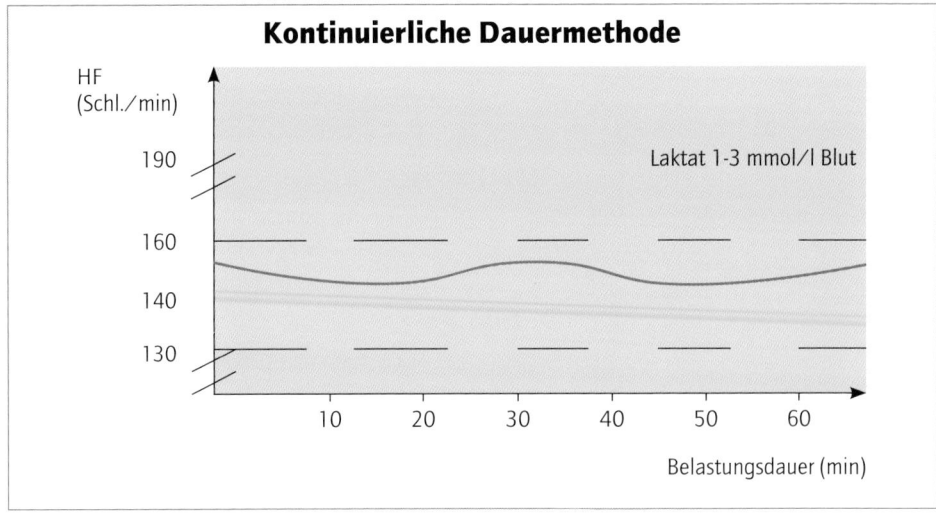

Abb. 35: Schema der kontinuierlichen Dauermethode

Konzept:
Dauerlauf
Intensität: gering/HF unter 160/Laktat 1-3 mmol/l
Umfang: bis 60 min
Ziel: Aufbau, Stabilisierung und Ökonomisierung der Ausdauerleistungs-fähigkeit durch Verbesserung des Fettstoffwechsels und der maxima-len Sauerstoffaufnahme, Schonung der Glykogenspeicher.

Bei der **diskontinuierlichen Dauermethode** (Abb. 36) wird die Intensität abschnitts-weise variiert bzw. nach den Gegebenheiten des Geländes verändert.

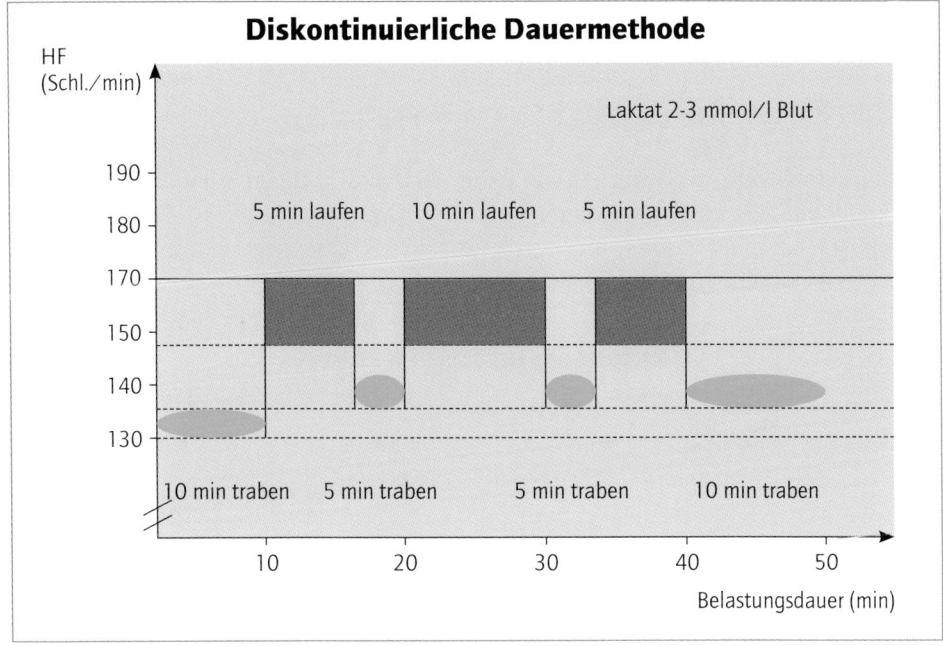

Abb. 36: Schema der diskontinuierlichen Dauermethode

Konzept:
Dauerlauf (im leicht hügeligen Gelände, z. B. als leichte Variante des Fahrtspiels)
Intensität: gering bis mittel/HF bis 170/Laktat 2-4 mmol/l
Umfang: bis 60 min
Ziel: wie bei der kontinuierlichen Dauermethode

Intervallmethoden

Das Charakteristische des Intervalltrainings ist der systematische Wechsel von Belastung und Pause bzw. von Phasen mit hoher und geringer Belastung.

Nach Art der Belastung (Reizintensität, -dauer und -dichte) unterscheidet man eine extensive und eine intensive Form der Intervallmethode.

Mit der **extensiven Intervallmethode** (Abb. 37) wird in erster Linie, ergänzend zur Dauermethode, die aerobe Ausdauer verbessert. Die Intensität dieser Trainingsarbeit bewegt sich bei großem Reizumfang im mittleren bis submaximalen Bereich. Als grobe Richtschnur gelten 60-80 % der Leistungskapazität.

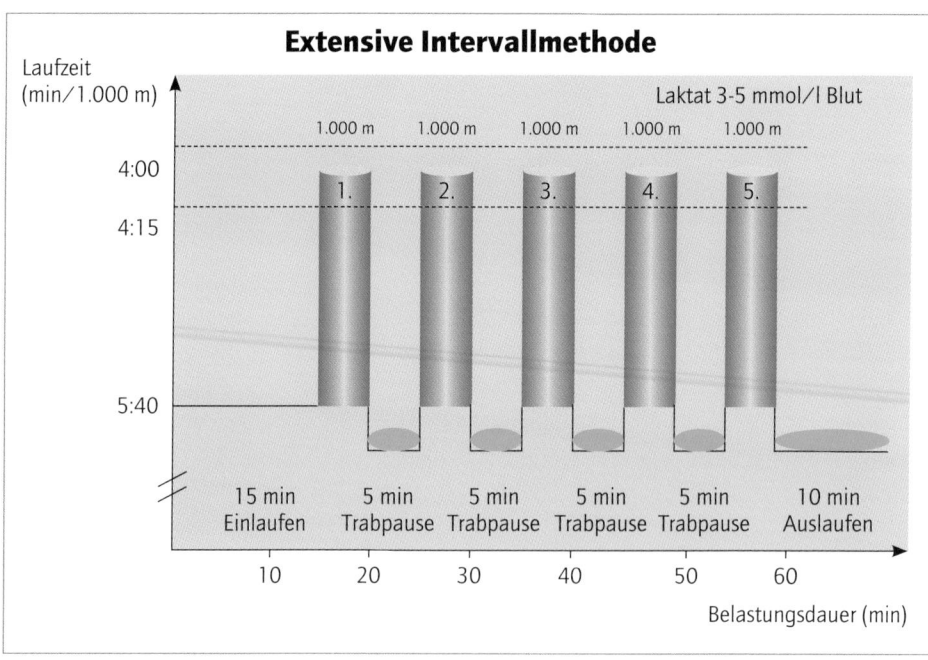

Abb. 37: Schema der extensiven Intervallmethode

Konzept:
Lauf mit regelmäßigem Tempowechsel im Intensitätsbereich um die aerob/anaerobe Schwelle
Intensität: mittel bis erhöht/HF 140-170/Laktat 3-5 mmol/l
Umfang: 45-60 min

Ziel: Ökonomisierung des Herz-Kreislauf-Systems (Kapillarisierung, Herz-minutenvolumen)

Die **intensive Intervallmethode** (Abb. 38) dient vorrangig dem Training der anae-roben Ausdauerleistungsfähigkeit. Die Belastungsintensität ist bei kürzerer Reizdauer erheblich größer. Zudem kommen die Stoffwechselprozesse bei den Kurzzeitintervallen

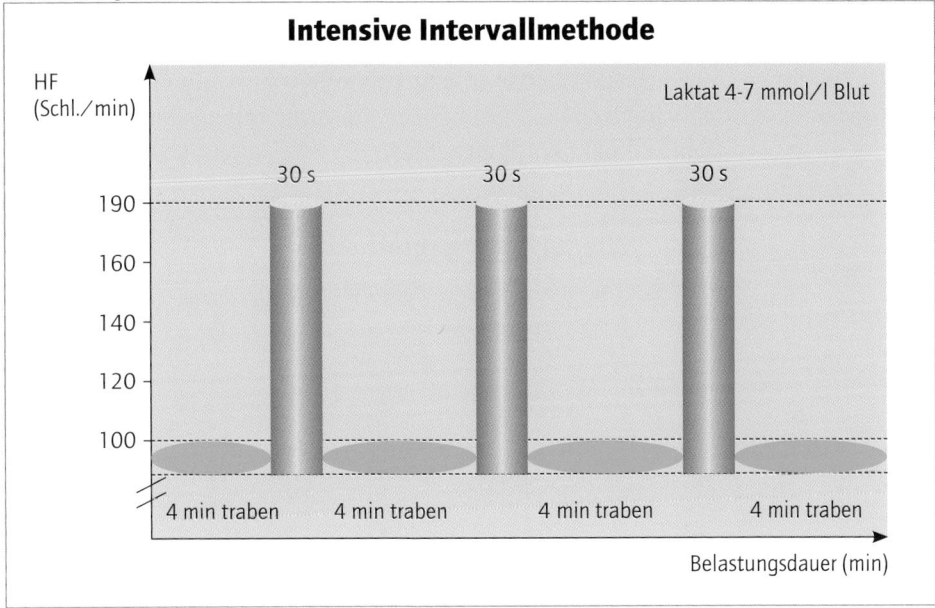

Abb. 38: Schema der intensiven Intervallmethode

der Beanspruchungsstruktur des Fußballspiels sehr nahe.

Konzept:

Lauf mit Tempowechsel im kurzzeitig anaeroben und regenerativ-aeroben Intensitäts-bereich

Intensität: hoch/HF bis 190/Laktat 4-7 mmol/l

Umfang: 35-50 min

Ziel: Erhöhung des Herzschlagvolumens, verbesserte Ausschöpfung der Energiespeicher in wettspieladäquatem Wechsel von anaerob-alak-tazider und anaerob-laktazider Energieversorgung

Bei beiden Intervallmethoden liegen die Belastungen im Bereich um und über der an-aeroben Schwelle mit leistungsspezifischen Auswirkungen auf die Stoffwechselprozes-se zur Energieversorgung und auf das Herz-Kreislauf-System.

Wiederholungsmethode

Mit der **Wiederholungsmethode** (Abb. 39) wird vorrangig die anaerob-alaktazide und anteilig geringer die anaerob-laktazide Kapazität trainiert. Größte Bedeutung hat die Wiederholungsmethode für die Verbesserung der Antrittsschnelligkeit im Zusammenhang mit dem „Sprintstehvermögen".

Auf Grund der im Vergleich zum Wettspiel sehr hohen Belastungsintensitäten ist bei der Wiederholungsmethode noch mehr als bei der intensiven Intervallmethode auf einen dosierten Einsatz im Fußballtraining zu achten.

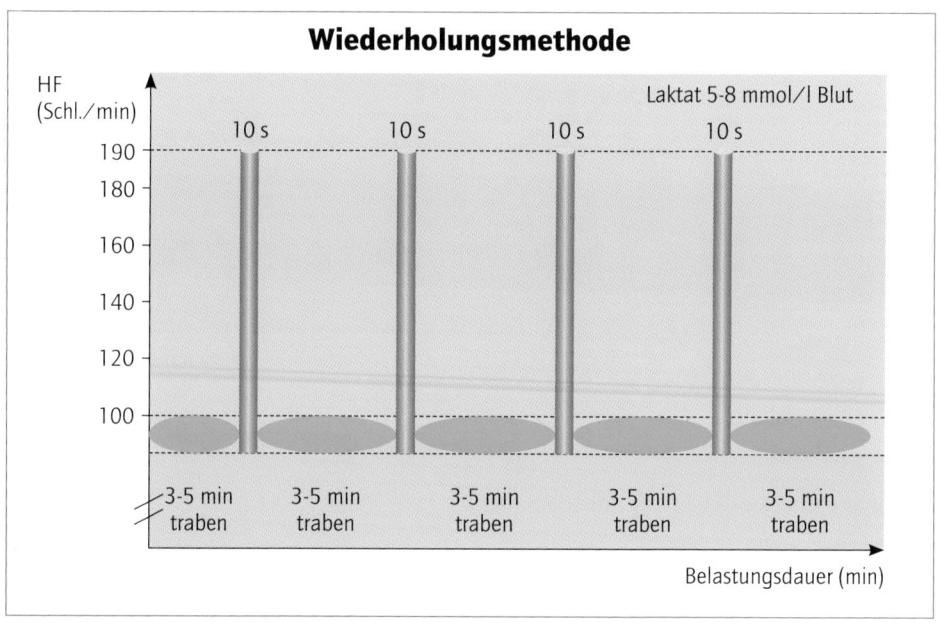

Abb. 39: Schema der Wiederholungsmethode

Konzept:
Laufserien in hohem Tempo im anaeroben Intensitätsbereich
Intensität: sehr hoch (über 90 %), lange, vollständige Pausen/HF bis 190/Laktat 5-8 mmol/l
Umfang: 40-70 min
Ziel: Ausschöpfung der Energiedepots, Verbesserung der Laktattoleranz, physiologisch und psychisch

Wettspielmethode

Die Wettspielmethode vereinigt, wie der Begriff signalisiert, die komplexen physischen und psychischen Komponenten der fußballspezifischen Ausdauerleistungsfähigkeit. Die Spielformen 8:8, bis zur Keimzelle des konditionell-technisch-taktischen Handelns im Fußball, dem 1:1, beinhalten alle spielspezifischen Trainingsinhalte und Belastungselemente, insbesondere die fortlaufenden diskontinuierlichen Intensitätswechsel.

Inhalte der Wettspielmethode:

Spiele:	8:8 (7:7, 6:6 usw.)	Laktat 3-8 mmol/l Blut
	Überzahl gegen Unterzahl	HF 120-190 Schl./min
	Konterspiel	
	Pressing u. a.	
	Bis 1:1	
	In verschiedenen Varianten	

Konzept:
Spielformen, in denen es wie im Wettspiel zu einem permanenten Wechsel zwischen geringen, mittleren und hohen Belastungsphasen mit typischen Spielanforderungen (Antritte-Stopps-Antritte, Abbrechen, Richtungsänderungen, Gegnereinwirkungen u. a.) kommt.

Intensität: mittel bis sehr hoch/HF 120-190/Laktat 3-8 mmol/l

Umfang: 60-90 min mit extrem kurzen (15 s) bis langen Spielphasen (10-20 min)

Ziel: Komplexe wettkampfspezifische Verbesserung der Ausdauerleistungsfähigkeit auf der Grundlage und in Kombination der mit den verschiedenen anderen Methoden erzielten Trainingseffekte

Die wettspielspezifische Ausdauerleistungsfähigkeit bildet die konditionelle Grundlage für hohes Spieltempo, dauerhaften Krafteinsatz und große Konzentration. Sie ist anforderungstypisch, sodass vergleichsweise wesentlich besser ausdauertrainierte Leichtathleten, die u. a. über eine mehr als doppelt so große Laktattoleranzkapazität verfügen, in Spielformen wie 2:2 oder 1:1 gegenüber Fußballspielern bereits in relativ kurzer Zeit „platt" sind. Die Ursache liegt u. a. in der Handlungsökonomie, die auf Grund der unzureichenden technischen Qualitätsmerkmale bei „Ungeübten" stark eingeschränkt ist. Ausschlaggebend sind zudem die ungewohnten, hochintensiven Antritts- und Abbrechmanöver, Richtungswechsel oder Antritte aus seitlich versetzter Rückwärtsbewegung mit Drehung.

Zu den physiologischen Anpassungsprozessen (Intensitätssteigerung, Verbesserung der Laktattoleranz und der maximalen Sauerstoffaufnahme) werden Durchsetzungsfähigkeit, Willensstehkraft und Wettkampfhärte bei der Wettspielmethode mittrainiert.

Ausdauertraining

Waldlauf

Im Rahmen der Fußball-Leistungsdiagnostik werden für die getesteten Mannschaften individuelle Laufbelastungsprofile erstellt, die jedem Spieler Richtzeiten zum Absolvieren der genormten Laufstrecke bieten (Abb. 40).

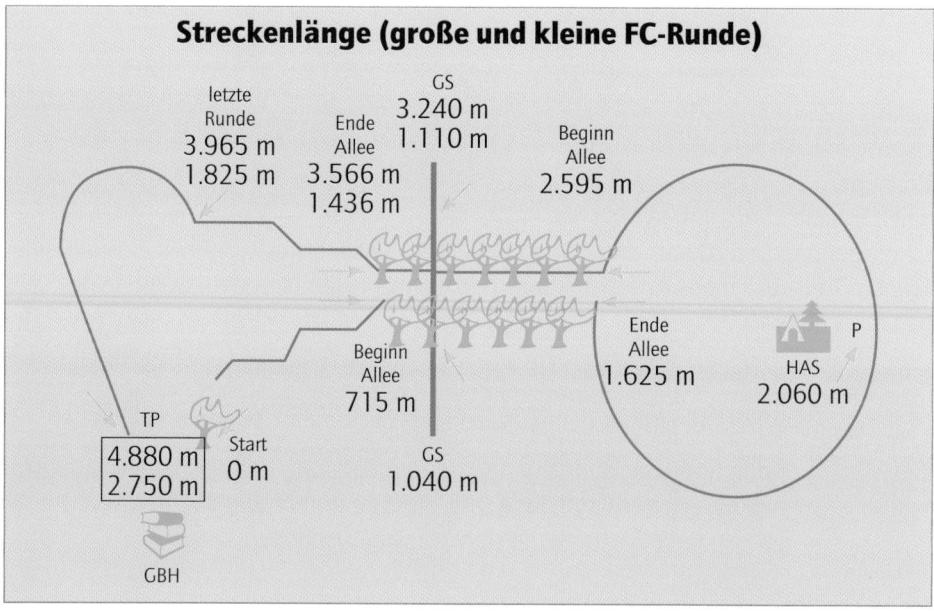

Abb. 40: Streckenprofil für ein Ausdauertraining nach individuell vorgegebenen Richtzeiten

Neben der Funktion der Trainingssteuerung bieten die Angaben zum Lauftempo mit den entsprechenden Herzschlagfrequenzen auch die Möglichkeit zur Überprüfung und gegebenenfalls zur Nachsteuerung.

Die Streckenprofile lassen sich nach den vorhandenen Geländeformationen vielfältig variieren.

Ausdauertraining auf dem Platz

Lauf- und Belastungsvariationen (Abb. 41-53)

Die folgenden Trainingsvariationen sollen zu einem abwechslungsreichen Ausdauertraining auf dem Platz anregen. Mit der Belastungsdosierung, insbesondere den Intensitätsanforderungen, der Serienanzahl und Belastungsdauer, können regenerative, trainingseinleitende, extensive und intensive Trainingsreize gesetzt werden.

Variation 1:

Wechselnde Laufanforderungen
je Bahn entsprechend dem Sprint-ABC.

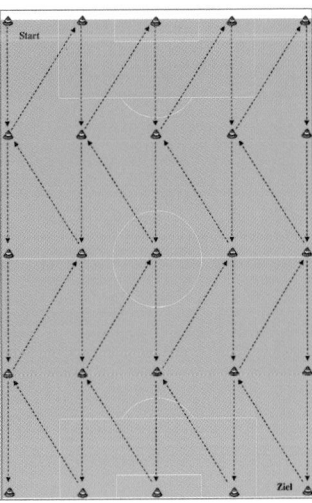

Abb. 41

Variation 2:
Reihenfolge:
1. Hopserlauf
2. Sidesteps
3. Brasilianisch
4. Seitlich anfersen
5. Knie hochschnellen
6. Skippings
Hohe Konzentration durch Wechsel von Signalen
des Trainers und des Co-Trainers (beobachten!).
Signal vom Trainer = sofort die Übungen
in Rückwartsreihenfolge.
Signal vom Co-Trainer = nur jede 2. (3.) Übung
ausführen. Weitere Konzentrationsanforderungen.

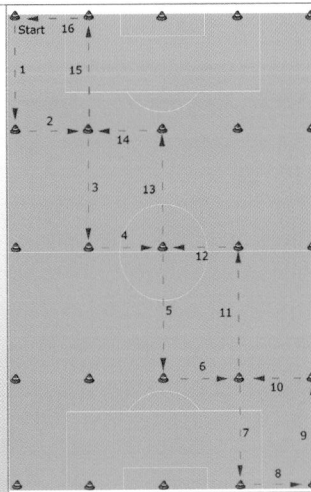

Abb. 42

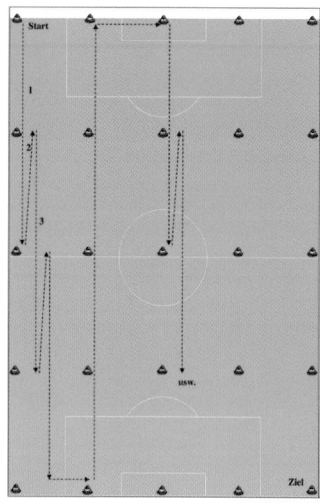

Variation 3:
1. Bahn:
1. Vorwärts, 2. rückwärts, 3. vorwärts usw.
2. Bahn:
Sidesteps links/rechts im Wechsel
3. Bahn:
Hopserlauf im Wechsel
Normal/auf jeden 3. Schritt
4. Bahn:
Brasilianisch vorwärts/rückwärts
5. Bahn:
Wechsel Skippings/Kniehebeläufe

Abb. 43

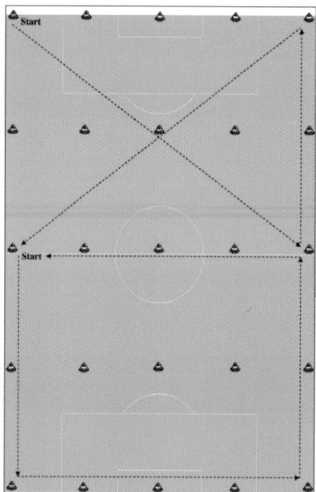

Variation 4:
Streckenvorschläge zum Wechsel
von extensivem und regenerativem Tempo.

Abb. 44

Variation 5:
Das Feld umlaufen mit zwei Antritten,
dann 2 x diagonale Steigerung übers Halbfeld
mit je einer Platzbreite dazwischen traben,
komplette Platzrunde traben. Dann 2. Durchgang.

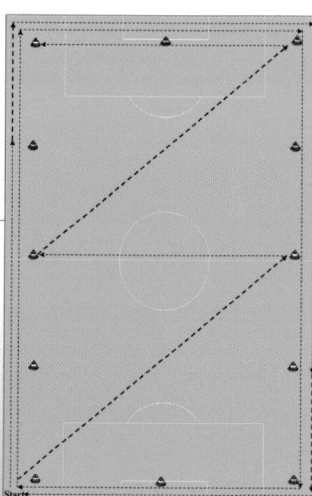

Abb. 45

Variation 6:
Eine Platzrunde traben,
dann jeweils diagonal etwas zügiger
und um die Hütchen ein kurzer Antritt,
wieder eine Runde traben,
dann die Diagonallänge mit Antritten
gegengleich ausführen.

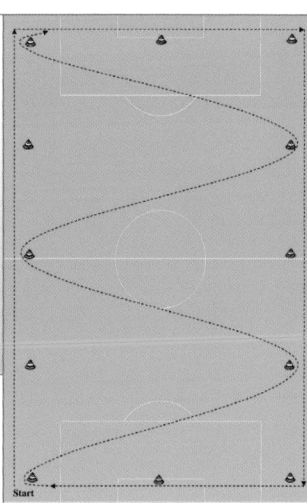

Abb. 46

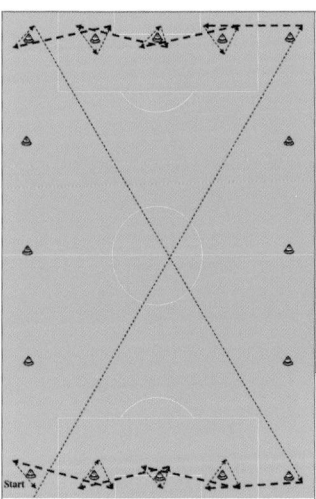

Variation 7:
Zügiger Lauf über die Diagonale, über die Platzbreite
ein Antritt bis zur rechten Seite des 1. Hütchens. Mit
zwei kurzen, dynamischen Sidesteps links um das Hütchen herum, dabei immer mit Front in Laufrichtung.
Antritt zum 2. Hütchen und zwei Sidesteps rechts
um das Hütchen herum. Ständiger Wechsel bis zum
5. Hütchen. Zügiger Lauf über die Diagonale und Fortsetzung der Antritte und Sidesteps über die andere
Platzbreite.

Abb. 47

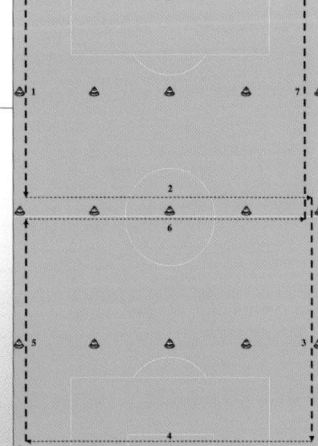

Variation 8:
Wechsel von Steigerungen
mit ca. 5 m Maximalbeschleunigung (1, 3, 5, 7)
und Trabphasen (2, 4, 6, 8) usw.

Abb. 48

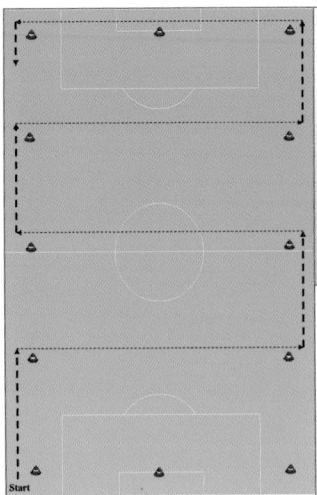

Variation 9:
Jeweils an der Seitenlinie Antritt zum nächsten Hütchen und die Bahn quer über den Platz traben, wieder Antritt zum nächsten Hütchen.

Abb. 49

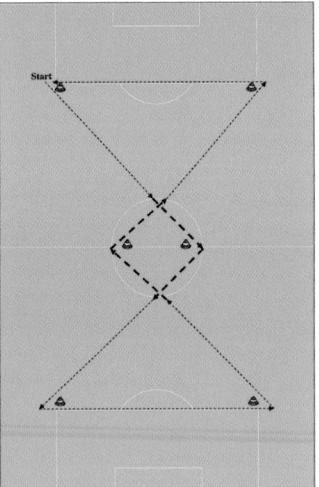

Variation 10:
Jeweils von der 16er Ecke bis zur Mitte traben, ab Mittelkreis ein explosiver Antritt mit einer Richtungsänderung, weitertraben.

Abb. 50

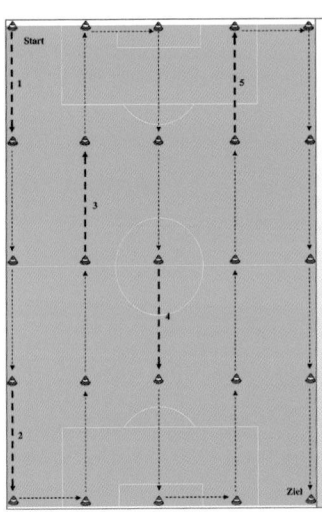

Variation 11:
Start:
1 Hütchenabstand Antritt, bis zum 2. Hütchen
2 Hütchenabstände traben, bis zum 4.
1 Hütchenabstand Antritt, bis zum 5.
3 Hütchenabstände traben, bis zum 8.
1 Hütchenabstand Antritt, bis zum 9.
4 Hütchenabstände traben, bis zum 13.
1 Hütchenabstand Antritt, bis zum 14.
5 Hütchenabstände traben, bis zum 19.
1 Hütchenabstand Antritt, bis zum 20.
5 Hütchenabstände traben, bis zum 25. = Ziel

Abb. 51

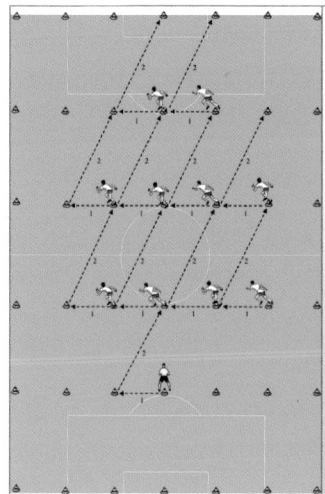

Variation 12:

Die 11 Spieler besetzen die Positionen im
4:4:2-System.
Auf Kommando des Trainers rücken alle eine Position
weiter,

- zur Seite (rechts/links),
- diagonal (vor/zurück),
- gerade (vor/zurück).

Ein Spieler gibt das Kommando.
Im Sinne einer Taktikschulung müssten die Hütchen-
reihen erweitert werden.

Abb. 52

Variation 13:

Auslaufen und Lockern im Hütchenparcours.
Beliebige Streckenwahl, nach jedem 3. Hütchen,
Wechsel zu einer anderen Übung.

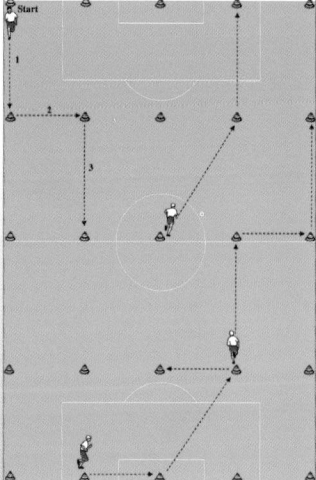

Abb. 53

Fahrtspiel im Gelände und auf dem Platz

Wenn keine Waldlaufstrecke zur Verfügung steht, können Ausdauereinheiten nach dem Prinzip des Fahrtspiels auch auf dem Platz durchgeführt werden (Abb. 55).

Der Parcours wird 8 (10) x durchlaufen. Zwischen jedem Durchgang wird eine Runde getrabt. Zeitdauer insgesamt ca. 50 min.

Ausdauereinheiten auf dem Platz lassen sich auch mit Ball gestalten. Dabei stehen Dribblingvarianten und Finten im Vordergrund. Der Vorteil liegt in der Kombination von Technikschulung und Ausdauertraining, vor allem für Mannschaften mit geringer Trainingshäufigkeit.

Die Gestaltung eines Fahrtspiels im Gelände wird in Abbildung 54 beispielhaft veranschaulicht.

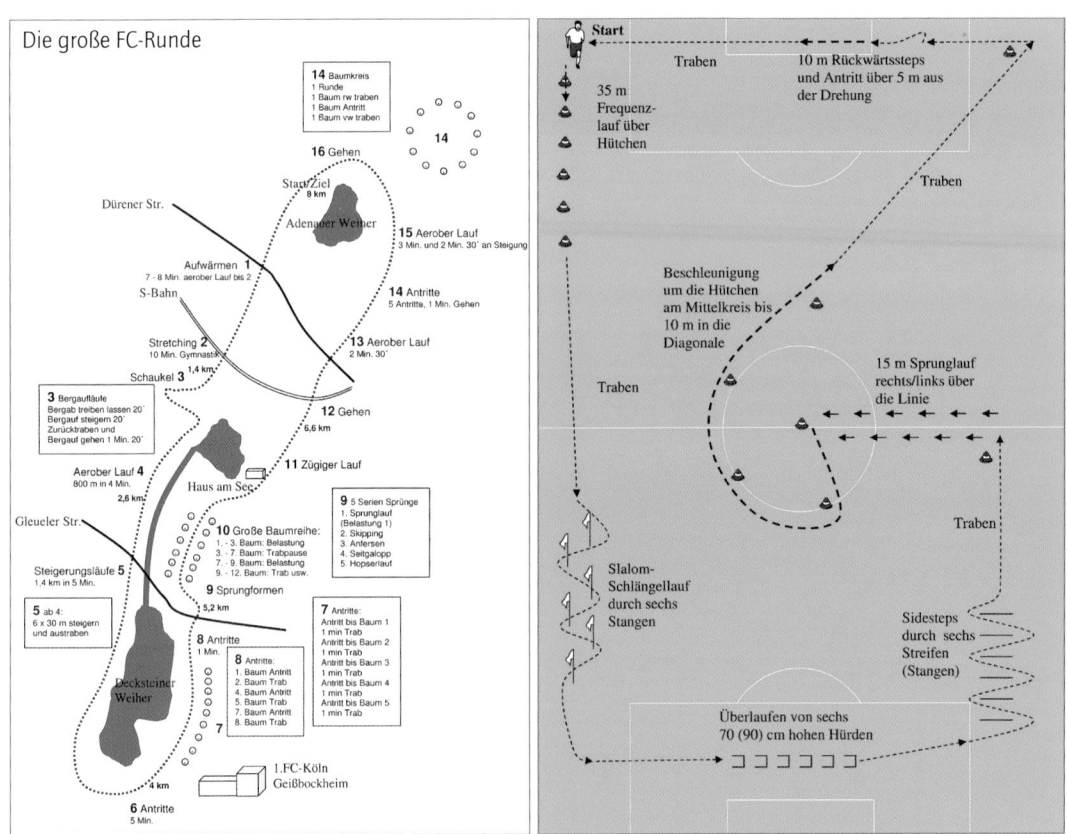

Abb. 54: Fahrtspiel im Gelände: „Große FC-Runde"   *Abb. 55: Fahrtspielparcours auf dem Platz*

Kraft

Jede sportliche Betätigung erfordert Muskelkraft. Im Fußballspiel werden Krafteigenschaften in vielfältiger Form beansprucht. Die Spieler benötigen Kraft im Zusammenhang mit koordinativen Prozessen bei Starts, Sprints, Sprüngen, Dribblings, Schuss- und Kopfballaktionen, bei Tacklings, beim Rempeln und weiteren Zweikampfsituationen. Vor allem die Rumpfmuskulatur ist von zentraler Bedeutung, da sie die erforderliche Stabilität in den Zweikampfaktionen und bei allen Technikanforderungen gewährleisten muss. Gut ausgebildete Kraftfähigkeiten mindern zudem die Verletzungsanfälligkeit. Aus den Wettkampfanforderungen des Fußballspiels lässt sich ableiten, dass nicht das Erreichen einer maximal möglichen Kraftleistung, verbunden mit deutlicher Gewichtszunahme, anzustreben ist, sondern eine Steigerung der relativen Kraft, d. h. der Kraft pro kg Körpergewicht. Dies wird durch ein sportartspezifisches Muskelaufbautraining und speziell durch die Verbesserung der Schnellkraft erreicht.

Im Amateurbereich dient das Krafttraining auf Grund der begrenzten Trainingszeiten und unzureichender Geräteausstattung vorwiegend der Verbesserung bzw. der Erhaltung der Schnellkrafteigenschaften. Trainiert wird möglichst techniknah mit maximaler Geschwindigkeit, d. h. in der Regel mit dem eigenen Körpergewicht und mit Kleingeräten.

Teilweise wird die Schnellkraft bei anderen Trainingsinhalten mittrainiert, zum Beispiel im Rahmen des Technik-Taktik-Trainings (Torschuss, Kopfball, Doppelpass) und generell in allen Zweikampfsituationen.

Anmerkung zu den biologischen Grundlagen

Das individuelle Kraftleistungsniveau bestimmt sich im Wesentlichen durch die anlagebedingte Muskelfaserzusammensetzung, den physiologischen Muskelquerschnitt und die bewegungsspezifisch ausgeprägte intra- und intermuskuläre Koordination.

Die Masse der kontraktilen Elemente in der Muskelfaser ist maßgebend für das potenzielle Kraftniveau eines Muskels, während von der Synchronisation der motorischen Einheiten das realisierbare Kraftniveau abhängt.

Auf Längenänderung reagierende Rezeptoren (Fühler in den Muskelspindeln) sowie auf Spannungsänderung reagierende Rezeptoren in der Sehne (Golgi-Organe) halten Muskeltonus und -länge aufrecht. Kommt es durch erhöhte Gelenkbelastung oder Instabilität zu Schmerzempfindungen, senden die Rezeptoren reflektorisch Hemmimpulse und schränken als Schutzmaßnahme die maximale Kontraktionsfähigkeit des betroffenen Muskels ein. Neben dem Training der Funktionsmuskulatur, d. h. der für die Bewegung maßgeblichen Muskeln, muss deshalb auch die gelenkstabilisierende Haltemuskulatur des Rumpfs, der Beine und der Füße trainiert werden.

Wirkungsformen der Kraft

Entsprechend der Art der muskulären Beanspruchung werden in der Trainingswissenschaft drei Formen von Kraft unterschieden:

Dynamisch-überwindende (isotonische) oder konzentrische Arbeitsweise

- Die Fähigkeit der Muskulatur, durch Verkürzung einen Widerstand zu überwinden. Im Fußball z. B. das eigene Körpergewicht oder ein Fremdgewicht bewegen.

Dynamisch-nachgebende oder exzentrische Arbeitsweise

- Die Fähigkeit der Muskulatur, einem Widerstand bei vorhandener Kontraktion nachgebend entgegenzuwirken. Dabei kommt es zur Längenzunahme (Dehnung) des Muskels.
  Im Fußball z. B. das eigene Körpergewicht (ggfs. mit zusätzlichem Fremdgewicht) nach Sprüngen im Moment des Bodenkontakts abfangen.

Statische (haltende) oder isometrische Arbeitsweise

- Die Fähigkeit der Muskulatur, sich gegen einen unüberwindlichen Widerstand anzuspannen, ohne dass es zu einer Längenveränderung kommt.
  Im Training z. B. sich mit (maximaler) Kraftanstrengung gegen eine Wand stemmen.

Bei den Beanspruchungen im Fußballspiel kommt es zu Kombinationen der angeführten Arbeitsweisen. Die häufige Abfolge von dynamischen und statischen Anforderungen wird als **auxotonische Muskeltätigkeit** bezeichnet. Dieser Wechsel des Muskelkontraktionspotenzials erfordert spezifische Trainingsinhalte.

Hinsichtlich der Wirkungsformen der Muskeltätigkeit erfolgt eine generelle Grundeinteilung in folgende Kraftarten:
- Maximalkraft,
- Schnellkraft,
- Kraftausdauer.

Ausgerichtet auf die Anforderungen im Leistungsfußball, haben wir ein Strukturmodell des Krafttrainings mit den Zielen, Methoden, Inhalten und Belastungskriterien erstellt (Abb. 56).

Fußball-Krafttraining

Stabilisation	(Schnell-)Kraftausdauer	Maximalkraft	
		Schnellkraft	Reaktivkraft

Ziele

• Allgemeiner Kraftaufbau • Stabilität bei dynamischen (und statischen) Kraftanforderungen • Verletzungsvorbeugung	• Fähigkeit, über „90 Minuten" optimale Kraftentfaltung für Sprints, Sprünge und Schüsse zu gewährleisten	• Verbesserung der Antrittsfähigkeit, Sprintbeschleunigung, Sprungkraft, Schusskraft	• Verbesserung der Reaktivkraft und der Schnellkraft

Methoden

• Muskelaufbaumethode mit Elementen der intra- und intermuskulären Koordination	• Wiederholungsmethode	• Methode maximaler Kurzzeitbelastung • Intra- und intermuskuläres Koordinationstraining	• Plyometrisches Trainingsprinzip

Inhalte

• Übungen mit dem eigenen Körpergewicht und mit Kleingeräten	• Zirkeltraining • Kraftraum mit mittelschweren Gewichten • Sprint-, Sprung-, Schussserien • Aquatraining	• Sprints, Sprünge ohne/mit Zusatzgewicht (Gewichtsweste, Klein-hanteln, Zugschlitten) • Aquatraining	• Sprung-Sprint-Kombinationen • Niedersprünge-Übersprünge • Niedersprünge-Übersprünge-5-m-Antritt

Belastungsstruktur

Intensität: mittel	Intensität: mittel	Intensität: submaximal mit maximalem Bewegungstempo	Intensität: maximal
Wiederholungen: 8-20	Wiederholungen: 15-30	Wiederholungen: 2-8	Wiederholungen: 4-8
Serien: 2-6	Serien: 2-4	Serien: 2-6	Serien: 2-4
Pausen: 2 min	Pausen: 3 min	Pausen: 2-4 min	Pausen: 3-5 min

Abb. 56: Strukturmodell des Krafttrainings im Fußball

Methodik des Krafttrainings

Im Hinblick auf die im Fußball so bedeutsame Stabilisationsfunktion ist eingangs anzumerken, dass bei einem überwiegend an Maschinen durchgeführten Krafttraining (z. B. Beinpresse) der in den Handlungsanforderungen so wichtige stabilisierende Effekt vernachlässigt wird. Funktioneller sind Krafttrainingsübungen auf instabilen Unterlagen (Balance-Pad, Airexmatte u. a.).

Stabilisationstraining

Die komplexen physischen und psychischen Belastungen im Leistungsfußball auf Grund der Wettkampfhäufigkeit und -dichte, zudem die gesteigerte Spielschnelligkeit und Zweikampfdynamik erfordern ein umfassendes Kraftgrundlagentraining zur funktionellen Leistungssteigerung und zur muskulären Stabilität, auch im Sinne der Verletzungsvorbeugung.

> **Stabilisation ist gekennzeichnet durch eine vielseitige muskuläre Grundlagenausbildung als Basis der anforderungsspezifischen Kraftleistung und als Schutzfunktion vor Verletzungen.**

Das Stabilisationstraining umfasst den gesamten muskulären Funktionsbereich.

Ein breites Spektrum an Übungen mit dem eigenen Körpergewicht, mit Kleingeräten und Kurzhanteln gewährleistet den soliden Kraftaufbau bereits vom Juniorenfußball an.

Die Arbeitsweise ist größtenteils konzentrisch, teilweise und vor allem in Kombination auch exzentrisch. Entsprechend den Wettspielanforderungen sind auch einige isometrische Kraftakzente in das Training zu integrieren.

Die Belastungskriterien sind:	
Intensität:	bis 50 %
Tempo:	übungsspezifisch variabel
Dauer:	8-20 Wiederholungen
Pausen:	1 min
Serienpausen:	2-4 min
Umfang:	2-4 Serien (bei 8-16 Übungen)

Für den Schwerpunkt *Stabilisation* im konditionellen Grundlagentraining sind folgende Grundsätze zu beachten:

- Das Stabilisationstraining muss dauerhafter Bestand des Mannschaftstrainings sein.

- Schwerpunkte des Stabilisationstrainings sind in die Phase der Wettkampfvorbereitung zu legen. Die damit geschaffenen Grundlagen lassen sich in den Wettspielphasen durch variable Kurzprogramme aufrechterhalten und verbessern. Unter der Zielsetzung einer gesamtkörperlichen Stabilisation bilden, neben der grundlegend rumpfkräftigenden Bauch- und Rückenmuskulatur, die Muskulatur und der Kapsel-Band-Apparat des Fußgelenks und des Kniegelenks die zentralen Ansatzpunkte des Stabilisationstrainings.
- Zur Behebung individueller Defizite sind mit einzelnen Spielern zusätzlich spezifische Übungsprogramme durchzuführen.

Methodische Hinweise zur Integration eines Stabilisationstrainings in das Aufwärmprogramm

Das Stabilisationstraining lässt sich prinzipiell in das Mannschaftstraining im Anschluss an das Aufwärmen und Dehnen integrieren. Spezielle Dehnübungen verbessern den Funktionszustand der Gelenksysteme und der Muskulatur.

In einem 25-minütigen Aufwärmprogramm können ca. 10 min für stabilisationsfördernde Übungen sinnvoll eingeplant werden. Die Wiederholungszahl ist in Abhängigkeit von aktuellen Gegebenheiten (Trainingszustand, Zeitpunkt u. a.) auf 8-12 festzulegen, bei 1-2 Serien. Die Einzelbelastungen pro Bein sollten im Bereich von 20 s liegen.

Mit der Integration des Stabilisationstrainings in das Mannschaftstraining werden zudem durch die Rezeptorenaktivierung verletzungsvorbeugende muskuläre Schutzmechanismen aktiviert, die sich unmittelbar bei den anschließenden Trainingsbelastungen auswirken.

Kraftausdauertraining

Die Anforderungen an die (Schnell-)Kraft-Ausdauer im Fußballspiel liegen im Grenzbereich des Kraftgrundlagentrainings und des Schnellkrafttrainings.

Kraftausdauer bezeichnet die Fähigkeit, dynamische und statische Kraftleistungen auf hohem Niveau über einen längeren Zeitraum gegen auftretende Ermüdung zu erbringen.

Schnellkraftleistungen sind über „90 Minuten" des Wettspiels in häufiger Folge zu absolvieren. Dies erfordert Kraftausdauereigenschaften mit guter Regeneration, die als fußballspezifische „Schnellkraft-Ausdauer" gekennzeichnet sind. Zudem beansprucht die Haltemuskulatur des Rumpfs und der Beine kraftausdauernde Fähigkeiten.

Die Kraftausdauer hängt ab von:
- der intra- und intermuskulären Koordination,
- der aerob-anaeroben Stoffwechselkapazität,
- der Muskelfaserzusammensetzung,
- der Durchblutungsmenge.

Die Belastungskriterien sind:

Intensität:	30-60 %, mittleres Tempo
Dauer:	15-40 Wiederholungen
Pausen:	1-3 min
Umfang:	2-8 Serien
Serienpausen:	2-4 min

Maximalkrafttraining

Die Maximalkraft hängt ab von der hauptsächlich durch Erbfaktoren bestimmten Muskelfaserzusammensetzung, dem physiologischen Muskelquerschnitt sowie der bewegungsspezifisch ausgeprägten intra- und intermuskulären Koordination. Zwischen der Maximalkraft der Beinstreckmuskulatur und der Sprintschnelligkeit auf kurzer Distanz und gleichfalls der Sprungkraft bestehen Zusammenhänge.

Grundsätzlich wird in **dynamische** und **statische** Maximalkraft unterschieden. Bei dynamischer Muskelarbeit wird die Muskulatur innerhalb eines Bewegungsablaufs zur Überwindung eines Widerstands maximal kontrahiert (konzentrisch) bzw. abbremsend (exzentrisch) wirksam, bei statischer Muskelarbeit erfolgt eine maximale willkürliche Anspannung gegen einen Widerstand.

Unter Maximalkraft wird die Fähigkeit der Muskulatur verstanden, willkürliche Kontraktionen mit höchstmöglicher Kraftentfaltung bei überwindbarem Widerstand (dynamisch) und bei unüberwindbarem Widerstand (statisch) auszuführen.

Für die Steigerung der Maximalkraft im Training sind zwei Faktoren maßgebend:
- Die Erhöhung des physiologischen Muskelfaserquerschnitts (Hypertrophie).
- Die Verbesserung der inter- und intramuskulären Koordination, d. h. der Zahl der gleichzeitig kontrahierbaren motorischen Einheiten (Muskelfasergruppe) und der von ihnen momentan maximal verarbeitbaren Nervenimpulse pro Zeiteinheit (Innervationsfrequenz).

Schnellkrafttraining

Die Schnellkraft ist die wichtigste Krafteigenschaft für den Fußballspieler. „Schusskraft" (beim Torhüter und Einwurf auch „Wurfkraft"), Sprungkraft und Antrittsschnelligkeit werden maßgeblich durch sie bestimmt.

> **Schnellkraft bezeichnet die Fähigkeit der Muskulatur, Widerstände mit hoher Kontraktionsgeschwindigkeit zu überwinden.**

Leistungsbestimmende Faktoren der Schnellkraft sind die Kontraktionsstärke und die Kontraktionsgeschwindigkeit der aktivierten Muskelfasern im Zusammenhang mit den intra- und intermuskulären Koordinationsprozessen. Aus den Bezugspunkten zur Maximalkraft und besonders zur Reaktivkraft leitet sich die Spezialform des Schnellkrafttrainings im Fußball, das plyometrische Training, ab. Die Komponenten der Schnellkraft sind in Abbildung 57 dargestellt.

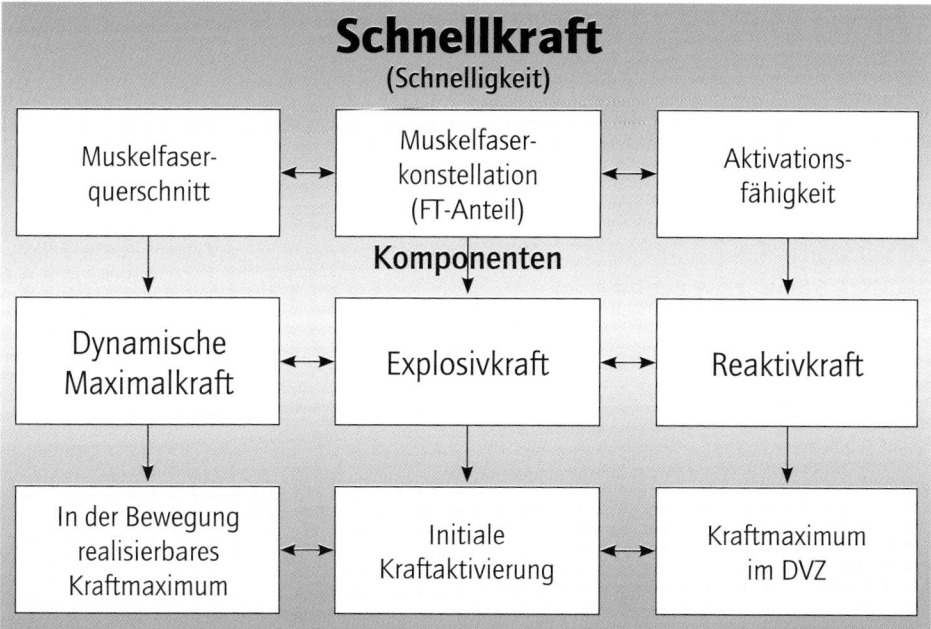

Abb. 57: Strukturmodell der Schnellkraft

Die Schnellkraft ist demnach abhängig von der Fähigkeit des neuromuskulären Systems, in kürzester Zeit große Kraftimpulse freizusetzen („Explosivkraft"), und zwar durch Aktivierung der schnellen Muskelfasern (FT [Fast Twitch]-Fasern) und durch die optimale Abstimmung der Teilimpulse in den beteiligten Muskeln.

Der Zusammenhang zwischen Schnellkraft und Maximalkraft wirkt sich umso stärker aus, je größer der zu überwindende äußere Widerstand ist. So hat beispielsweise die Maximalkraft beim Gewichtheben oder für den kurzen, explosiven Antritt in der Startphase des Bobfahrens einen wesentlich höheren Stellenwert als für die Antritte im Fußballspiel.

Ziel des Schnelligkeitstrainings im Fußball ist die Erhöhung der Kontraktionsgeschwindigkeit und die Abstimmung der Kontraktionsstärke (zentralnervöse/neuromuskuläre Steuerung) in den Lauf- und Sprungformen in Kombination mit den vielfältigen Techniken.

Das intra- und intermuskuläre Koordinationstraining als Basis des Schnellkrafttrainings im Fußball bewirkt, dass der Muskel gleichzeitig einen großen Anteil seiner motorischen Einheiten aktivieren und dadurch eine hohe Kraft entfalten kann. Die Reizschwelle liegt dabei im hohen Intensitätsbereich.

Die Belastungskriterien sind:	
Intensität:	80-95 %
Tempo:	maximal
Dauer:	2-6 Wiederholungen
Pausen:	vollständig (2-6 min)
Umfang:	2-6 Serien (bei 2-6 Übungen)
Serienpause:	4-6 min

Aufbauend auf dem intra- und intermuskulären Koordinationstraining, wird das **Schnellkrafttraining** nach dem methodischen Prinzip der maximalen Kurzzeitbelastung auf die spezifischen Belange des Fußballspiels hin durchgeführt. Hier werden Sprint- und Sprungübungen gegen Widerstand (leicht bergauf, an Treppen, mit dem Deuserband, Thera-Band, Zugschlitten, Zugfallschirm u. a.) durchgeführt.

Die Belastungskriterien sind:	
Intensität:	maximales Tempo
Dauer:	2-10 Wiederholungen
Pausen:	1-3 min
Umfang:	2-6 Serien (bei 2-10 Übungen)
Serienpausen:	2-4 min

Reaktivkrafttraining

Eine Sonderform des Schnellkrafttrainings ist das **Reaktivkrafttraining** bzw. das **plyometrische Training**, dem das Prinzip exzentrisch/konzentrisch bzw. im „Dehnungs-Verkürzungs-Zyklus" (DVZ) zu arbeiten, zugrunde liegt.

Die Reaktivkraft, als Variante der Schnellkraft, tritt vor allem bei Antritt- und Abbrechaktionen sowie bei Antritt-Sprung-Kombinationen in Erscheinung.

Beim Training der Reaktivkraft kommt es zu einem „explosiv-schnellen" Wechsel von exzentrischer und konzentrischer Muskelaktivität im höchsten Intensitätsbereich. Die damit einhergehende extreme Beanspruchung der Muskeln, Sehnen und Bänder erfordert eine gute Kraftgrundlage und Trainingsvorbereitung sowie die konsequente Beachtung einer ausreichenden Pausengestaltung.

Trainingsprogramme mit verschiedenen Nieder-Hoch-Sprüngen in Kombinationen mit Antritten werden im anschließenden Praxisteil aufgeführt. Vorbereitende Übungen sind z. B. Formen des Beintappings, Prellsprünge und Schrittwechselsprünge mit explosivem Kraftimpuls.

Die Belastungskriterien sind:	
Intensität:	maximal-explosiv
Dauer:	4-10 Wiederholungen
Pausen:	1-2 min
Umfang:	2-6 Serien (bei 2-6 Übungen)
Serienpausen:	2-4 min

Das Reaktivkrafttraining zielt im Leistungsfußball über die Verbesserung der intra- und intermuskulären Koordination speziell auf eine erhöhte Kontraktionsgeschwindigkeit ab.

Krafttraining und Beweglichkeit

Befürchtungen, dass sich ein fußballspezifisches Krafttraining nachteilig auf die Beweglichkeit der Spieler auswirken könnte, sind unbegründet. Die Muskelstruktur, vor allem aber Muskeltonus und Entspannungsfähigkeit, bestimmen die Beweglichkeit und Funktionalität. Einschränkungen können durch häufiges und intensives Torschuss-, Freistoß- und Flankentraining bei den so beanspruchten und zur Verkürzung neigenden Hüftbeugemuskeln auftreten. In diesem Fall ist durch Trainingsreduzierung und ausgleichende Übungen und Maßnahmen Überbeanspruchungen entgegenzuwirken.

Gleiches gilt nach intensiven Sprung-Sprint-Belastungen z. B. durch Sprungserien mit Antritten, um einem Elastizitätsverlust der Muskulatur mit eingeschränkter Gelenkbeweglichkeit entgegenzuwirken.

Einseitige Belastungen oder unzureichende Erholungspausen und Regenerationsmaß-nahmen nach Sprint- und Sprungkrafttrainingseinheiten können zu chronisch verkürz-ten Muskeln führen. Deshalb sind im Kraft- und Schnellkrafttraining, ausgleichend zu den unmittelbar leistungsbestimmenden Muskeln (Agonisten), immer auch angemes-sen die Gegenspieler (Antagonisten) zu kräftigen.

Zudem sind nach Kraft- und Schnelligkeitstrainingseinheiten abschließende Locke-rungs- und Entspannungsübungen durchzuführen.

Praxis des Krafttrainings

Stabilisationstraining

Im Folgenden haben wir zunächst einen Katalog von Einzelübungen zu den verschie-denen Stabilisationsfunktionen im Fußballspiel erstellt. Neben einem Großteil an Trai-ningsformen ohne Gerät kann der Trainer aus einem Übungsangebot mit dem Deu-serband (Thera-Band), dem Sprungseil, dem Medizinball und dem Fußball auswählen. Bei dem umfangreichen Übungsangebot, vor allem bei den Übungsformen mit dem Sprungseil und mit dem Fußball, sind Überschneidungen von Stabilisationsfunktionen und koordinationsschulenden Wirkungen gegeben. Bei guter Belastungsdosierung las-sen sich die Trainingseffekte problemlos kombinieren. Einige der Übungen eignen sich bei entsprechender Übungsdauer bzw. explosiver Ausführung auch für das Kraftaus-dauertraining bzw. das Schnellkrafttraining.

Im zweiten Abschnitt haben wir einige Kompaktprogramme mit verschiedenen Schwerpunkten des Stabilisationstrainings zusammengestellt.

Konditionelles Grundlagentraining ohne Gerät

Allgemeine Kräftigung der Fuß- und Beinmuskulatur

Im Stand
1. Aus dem Stand in den Hochzehenstand, jeweils kurz verharrend.
2. Wechsel von Hochzehenstand und Fersenstand.
3. Wie 2., aber jeweils nur auf einem Fuß stehend.
4. Auf einem Absatz (Treppe) mit beiden Füßen in den Hochzehenstand gehen und absenken.
5. Wie 4., aber jeweils auf einem Fuß stehend.

Partnerübungen

1. Stand Rücken an Rücken. Leichte Kniebeugen bei aufrechtem Oberkörper. (Foto 1)

2. Wie 1., aber mit Medizinball (Kurzhanteln).

3. Stand mit Abstand gegenüber. Mit jeweils Handwechsel über Kreuz leichte Kniebeugen und durch Zug wieder aufrichten. (Foto 2)

4. Stand Rücken an Rücken. Beine leicht gebeugt, Arme mit dem Partner verschränkt. Synchrone Kreisbewegungen.

5. Wie 4., aber mit freier Armhaltung.

Im Lauf und Sprung

1. Im Trab jeweils Sprünge mit ganzer Drehung rechts- und linksherum und kurzen Antritten einfügen.

2. Hopserlauf.

3. Hopserlauf mit kräftigem Absprung und Schwungbeineinsatz.

4. Hopserlauf, dabei jeweils das Knie des Schwungbeins diagonal zur Brust führen und im Oberkörper gegendrehen.

5. Hopserlauf mit Zwischenschritten.

6. Kniehebelauf.

7. Sprunglauf.

8. Sprunglauf mit energischem Knieanreißen des Schwungbeins.

9. Kopfballimitationen zur rechten und linken Seite nach Absprung aus dem Lauf.

Kräftigung der Adduktoren und der Abduktoren

1. Seitlage, unteres Bein gestreckt, Stütz auf dem Ellbogen, Kopf dabei frei oder aufgestützt. Das obere Bein gestreckt mit angezogenen Fußspitzen anheben.

   • Zügig, großer Ausschlag. (Foto 3)

   • Schnell, kleiner Ausschlag.

   • Wechsel von großem Ausschlag (jeweils 6 x) zu kleinem Ausschlag (jeweils 3 x).

2. Wie 1., aber das untere Bein gestreckt anheben. Dabei ist der Bewegungsausschlag geringer. (Foto 4)
3. Wie 1., aber beide Beine seitlich anheben. (Foto 5)
4. Seitliegestütz auf dem Ellbogen, freie Hand auf der Hüfte, das obere Bein seitlich abspreizen. (Foto 6)

5. Seitliegestütz mit gestrecktem Stützarm, die Hand des anderen Arms innen unterstützend aufsetzen, das obere Bein seitlich abspreizen. (Foto 7)
6. Wie 5., aber ohne abzustützen. (Foto 8)
7. Seitliegestütz mit gestrecktem Stützarm, das untere Bein abheben. (Foto 9)

8. Seitliegestütz, das obere Bein nach vorn und nach hinten schwingen. (Foto 10)
9. Wie 8., aber das Bein angewinkelt zur Brust und zurück führen. (Foto 11)
   Mit den Übungen 4. bis 9. werden gleichzeitig die Hüft- und die Rumpfstabilisatoren trainiert.
10. Grätschstand, in den Knien leicht gebeugt, Gesäß etwas abgesenkt, Arme seitlich gestreckt, Rücken gerade. Dosierte Gewichtsverlagerung im Wechsel von einer zur anderen Seite. (Foto 12)

11. Langsitz, die Hände (Ellbogen) hinter dem Gesäß abstützen, Bauchmuskulatur anspannen, gerader Oberkörper. Die Beine

- strecken und anziehen, (Foto 13)
- wechselseitig strecken und anziehen, (Foto 14)
- grätschen und schließen, (Foto 15)
- grätschen und überkreuzen, (Foto 16)
- mit leicht angezogenen Knien zueinander kreisen (und gegengleich),
- parallel im Uhrzeigersinn kreisen (und gegen den Uhrzeigersinn),
- mit leicht angezogenen Knien geschlossen nach rechts und links „kippen", (Foto 17)
- wechselseitig die Knie gebeugt zur entgegengesetzten Schulter führen. (Foto 18)

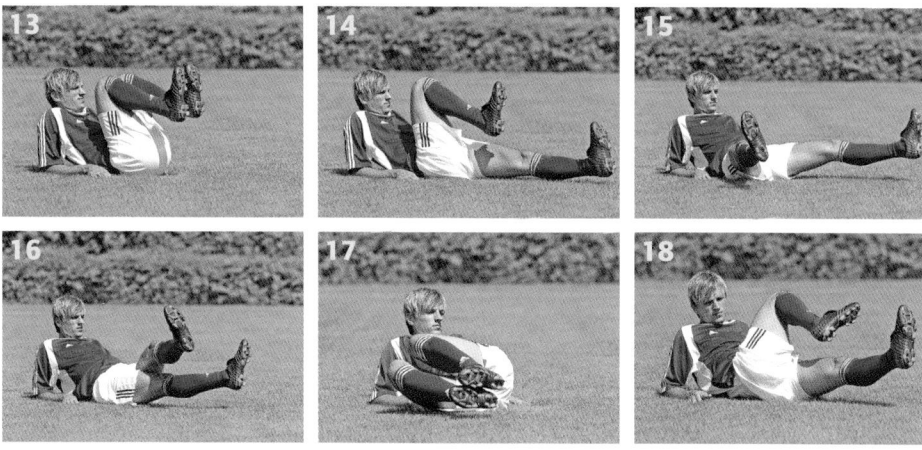

Kräftigung der Abduktoren und der Gesäßmuskulatur

1. Einbeinstand. Unterschenkel anheben und zur Seite drehen, halten und zurück.

- Als Serie.
- Mit stetem Beinwechsel.

2. Einbeinstand, im Knie leicht gebeugt. Das freie Bein im Wechsel gestreckt nach hinten und gebeugt mit dem Oberschenkel zur Brust führen. (Foto 19)

3. Wie 2., aber im Wechsel nach vorne und nach hinten strecken. (Foto 20)

4. Wie 2., aber hoch- und runterschwingen. (Foto 21)

5. Wie 2., aber vor und hinter dem Standbein vorbeischwingen. (Foto 22)

6. Wie 2., aber Achtertouren. (Foto 23)

7. Seitsprünge aus leichter Beugestellung weich abfedern. (Foto 24)
   - Schneller Wechsel.
   - Mit jeweils kurzem Verharren.

8. Wie 7., aber das freie Bein jeweils hinter das Standbein schwingen. (Foto 25)

9. Kniestandwaage. Ein Bein gebeugt seitlich anheben, halten und zurück.
   - Als Serie.
   - Mit stetem Beinwechsel.

10. Kniestandwaage. Rechtes Bein mit angezogener Fußspitze nach hinten und linken Arm nach vorne strecken und zurück, dabei den Oberkörper rund machen (einrollen). Kopf in Verlängerung der Rückenachse, Handfläche nach vorn und Ferse nach hinten herausschieben. (Foto 26)

11. Wie 10., aber einrollen und dabei das Knie zur Brust führen. (Foto 27)

12. Seitliegestütz, das angewinkelte obere Bein seitlich hochführen und senken. (Foto 28)

Kräftigung der Hüftstrecker

1. Rückenlage, Beine angestellt, Arme angewinkelt, Fingerspitzen am Kopf, Bauchmuskeln anspannen und Becken aufrichten, Hüfte anheben, dabei Kinn auf die Brust und Fersen flach auf den Boden drücken. Langsam Wirbel für Wirbel in die Ausgangslage absenken (zusätzlich Kräftigung der Rumpfstabilisatoren, Oberschenkel-, Gesäß- und Rückenmuskulatur = Ganzkörperübung).

2. Wie 1., aber mit Erreichen der Endposition ein Bein bis zur Verlängerung der Körperachse anheben, Zehen anziehen (Ferse herausschieben).

3. Wie 2., aber mit Erreichen der Endposition das gestreckte Bein leicht seitlich herausschieben, kurz die Position halten, schließen und absenken.

4. Rückenlage, ein Bein angestellt und ein Bein gestreckt. Den Körper in Verlängerung mit dem gestreckten Bein in die Endposition hochdrücken, halten und absenken.

Kräftigung der Oberschenkel-, Hüft- und Rückenmuskulatur und der Rumpfstabilisatoren

1. Kniestandwaage, Ellbogen und Knie gegengleich nach Streckung unter dem Körper zusammenführen. Betonte Streckbewegung ohne Hohlkreuz!

2. Sitz, Beine angestellt, Hände hinter dem Körper aufgestützt, Arme gestreckt. Hüfte anheben, bis die Oberschenkel mit dem Oberkörper und dem Kopf eine Linie bilden.

3. Kniestand, Arme seitlich gestreckt, leichte Vorneigung des geraden Rumpfs. Oberkörper mit dem Kopf im Wechsel weich zur rechten und linken Seite drehen.

4. Rückenlage, Beine angewinkelt, Knie zur Brust. Durch Anspannung der Bauchmuskulatur die Wirbelsäule kräftig auf den Boden drücken, nachlassen, Körperstreckung und jetzt Schulterblätter und Fersen auf den Boden drücken und den Körper ein wenig vom Boden abheben (auch Bauchmuskulatur und rückseitige Beinmuskulatur).

5. Wie 4., aber in der Streckphase ein Bein über das andere legen.

6. Beckenlift: Rückenlage, Beine angestellt, ein Bein gestreckt in Verlängerung der Körperachse anheben, Kinn auf die Brust, Fußspitzen angezogen. (Fotos 29, 30)

7. Wie 6., aber im Unterarmstütz. (Fotos 31, 32)

8. Rückenlage, Beine angestellt. Das rechte Bein mit dem Knie zur Brust ziehen, das Gesäß vom Boden anheben, sodass Rumpf und Oberschenkel des Stützbeins eine Linie bilden.

Kräftigung der Bauchmuskulatur

Gerade und schräge Bauchmuskulatur, seitliche Rumpfmuskulatur und der Rückenstrecker sind zentrale Zielpunkte des konditionellen Aufbautrainings. Bei den Hüftbeugern steht eine funktionelle Dehnung im Vordergrund.

Eine generelle Kräftigung der Hüftbeuger ist auf Grund der anatomischen und der sportartspezifischen Gegebenheiten nicht angebracht. Häufig ist bei Fußballspielern die Bauchmuskulatur unzureichend ausgebildet, teilweise in Kombination mit einer schwachen Rückenmuskulatur. Die Hüftbeuger sind verkürzt. Als Auswirkungen kommt es zu Beckenkippung, Rundrücken und Hohlkreuz mit erhöhter Belastung der Lendenwirbelsäule. Die Schwachstelle liegt im Bereich von viertem und fünftem Lendenwirbel. Deshalb ist großer Wert auf eine umfassend gekräftigte Rumpfmuskulatur zu legen.

Gerade Bauchmuskulatur

1. Rückenlage, Beine angestellt, Fußspitzen angezogen, Gesäß angespannt, Arme neben dem Körper. Durch starkes Anspannen der Bauchmuskulatur die Wirbelsäule an den Boden drücken und 4 s halten.

2. Sit-ups (Crunches). Wie 1., aber Arme neben dem Körper nach vorn schieben und den Oberkörper langsam aufrichten (bis zum Winkel von 20-30°).

3. Wie 2., aber Sit-up und Rückführung jeweils in drei Etappen.

4. Wie 2., aber
   - Hände hinter dem Kopf. (Foto 33)
   - Hände vor der Brust verschränkt. (Foto 34)
   - ein Bein aufgestellt, das andere angewinkelt auf dem Oberschenkel abgelegt. (Foto 35)
   - mit schräg nach vorn gestreckten Armen.

5. Sit-ups. Rückenlage, Beine rechtwinklig angezogen, Fußspitzen angezogen. Die Handflächen mit gestreckten Armen am Körper vorbeischieben und den Oberkörper abheben.

6. Wie 5., aber Hände hinter dem Kopf.

7. Rückenlage, das rechte Bein angewinkelt angehoben und fixiert. Mit der linken Handfläche gegen das angehobene Knie drücken.

8. Wie 7., aber mit beiden Händen Druck auf das Knie ausüben.

9. Wie 7., aber jetzt beide Beine angewinkelt anziehen und mit beiden Händen Druck auf die Knie ausüben.

10. Beckenlift. Rückenlage, Beine rechtwinklig angehoben. In dieser Position die Knie und die Hüfte nach oben bewegen. (Foto 36)

11. Rückenlage, Beine rechtwinklig angehoben. Die Wirbelsäule „in den Boden" drücken und die Beine nach oben strecken. Die Lendenwirbelsäule behält immer Bodenkontakt. (Foto 37)

12. Sitz, Arme stützen hinter dem Körper ab. Im Wechsel die Beine strecken und anziehen.

13. Wie 12., aber ohne Abstützen des Körpers. (Foto 38)

14. Rudern. Sitz. Im Wechsel Arme anziehen und Beine strecken, Beine anziehen und Arme strecken. (Foto 39)

Schräge Bauchmuskulatur

1. Rückenlage. Sit-ups in der Diagonalen nach rechts und links wechselnd, Hände am Kopf angelegt. (Foto 40)

2. Wie 1., aber die Hände beidseitig an der jeweiligen Knieaußenseite vorbeiführen. (Foto 41)

3. Wie 1., aber diagonale Aufzüge mit den Händen vor der Brust. (Foto 42)

4. Wie 3., aber mit den Ellbogen Richtung Knie der Gegenseite.

5. Schräge Chrunches. Rückenlage, Beine rechtwinklig angehoben. Beide Hände an der jeweiligen Knieaußenseite vorbeiführen.

6. Wie 5., aber mit den Händen hinter dem Kopf.

7. Rückenlage, Beine rechtwinklig angehoben. Kreisende Bewegungen mit den geschlossenen Oberschenkeln an der Brust vorbei.

8. Sitz, Beine angezogen angehoben. Den Oberkörper zusammen mit den Armen und die geschlossenen Beine jeweils gegengleich nach rechts und links schwingen.

Kräftigung der Rückenmuskulatur und des Schultergürtels

1. Stand, Oberarme angehoben, Unterarm mit den Handflächen auf der Brust. Ellbogen nach oben hinten führen und Spannung halten.

2. Stand, Arme rechtwinklig angehoben, Handflächen nach vorn (hinten). Arme synchron im Wechsel zur rechten und zur linken Seite „schwingen".

3. Stand. Wechselseitig einen Arm seitlich gestreckt hinter den Körper führen, den anderen gleichzeitig zur Brust.

4. Stand, Arme seitlich gestreckt. Die Handflächen synchron nach oben und unten drehen.

5. Butterfly-Imitationsübung. Im Wechsel mit Betonung des Kraftimpulses beim Zusammenführen der Handflächen und dann beim Nachhintenführen der angewinkelten Arme.

6. Stand. Wechselseitig die gestreckten Arme neben dem Körper nach oben und unten führen.

7. Wie 6., aber mit stetem Wechsel der Handflächen nach vorn und hinten.

8. Bauchlage gestreckt. Leichtes Anheben von Oberkörper und Beinen, bei intensiver Körperstreckung nach vorn greifen. (Foto 43)

9. Wie 8., aber im Wechsel mit leichten links-rechts Streckbewegungen.

10. Wie 8., aber mit leichtem Andrehen um die Körperachse, im Wechsel nach rechts und nach links.

11. Wie 10., aber die Arme seitlich im Ellbogen abgewinkelt.

12. Wie 8., aber wechselseitiges diagonales Anheben eines Arms und des gegengleichen Beins. Die Hände sollten nach vorn geschoben und Fußspitzen angezogen sein. (Foto 44)

13. Wie 8., aber mit den Handflächen und den Fußspitzen auf den Boden „trommeln".

14. Wie 8., aber den Oberkörper mit parallel gestreckten Armen flach im Wechsel zur rechten und zur linken Seite schwingen. (Foto 45)

15. Hampelmann in Bauchlage. (Foto 46)

16. Brustschwimmbewegungen nur mit den Armen. (Foto 47)

17. Wie 16., aber Arme und Beine synchron bewegen.

Anmerkung: Grundsätzlich sind alle Übungen in Bauchlage mit geringem Anheben des Oberkörpers und der Beine – flach über den Boden – durchzuführen, unter Beibehaltung des normalen Atemrhythmus. Der Kopf bleibt in Verlängerung der Wirbelsäule. Die Bewegungen sind weich und fließend. Gesamtkörperspannung bei den Übungen schützt zudem die Wirbelsäule.

Kräftigung der Muskulatur des Rückens, Schultergürtels und der Arme

1. Rückenlage, Beine angezogen, Arme rechtwinklig am Boden. Ellbogen „in den Boden" drücken.

2. Liegestütz rücklings. Körper angespannt gestreckt, die Hüfte vorgeschoben. Kleine Beuge- und Streckbewegungen in den Armen.

3. Wie 2., aber im Ellbogenstütz. Nur Körperspannung halten.

4. Stand. Die seitlich am Körper hängenden Arme beugen und die Ellbogen nach oben hinten auf Schulterhöhe ziehen und Spannung halten.

5. Stand, Oberarme angehoben, Unterarm mit den Handflächen auf der Brust. Ellbogen nach oben hinten führen und Spannung halten.

6. Stand, Arme rechtwinklig angehoben, Handflächen auf der Brust. Drehen des Oberkörpers im Wechsel zur rechten und zur linken Seite.

7. Stand, die seitlich gestreckten Arme nach oben führen, im Ellbogen abbeugen und unter Spannung weich nach hinten führen.

8. Stand, Arme seitlich gestreckt, Handflächen nach oben. Ellbogen und Handgelenke beugen und mit den Fingerspitzen auf die Schulter tippen.

9. Stand. Wechselseitig die gestreckten Arme neben dem Körper nach oben und unten führen.

10. Wie 9., aber mit stetem Wechsel der Handflächen nach vorn und hinten.

11. Dips: Im Liegestütz rücklings die Hände auf einem Absatz (Kasten, Bank) aufgestützt, Fersen aufgesetzt, den gestreckten Körper absenken und wieder hochdrücken.

Kräftigung der Muskulatur der Brust, des Schultergürtels und der Arme

1. Liegestütz im Kniestand.

2. Wie 1., aber die Gewichtsverlagerung weit nach vorn.

3. Liegestütz:
   - schulterbreite Fassung, (Foto 48)
   - überschulterbreite Fassung,
   - enge Fassung,
   - auf den Fingerspitzen,
   - mit Anheben eines Beins. (Foto 49)

4. Liegestütz mit einarmigem Druck, im Wechsel vom rechtem zum linken Arm.

5. Liegestütz-Wechselschnellen. Jeweils mit explosivem Druck vom rechten, dann vom linken Arm den Körper hochdrücken.

6. Einarmiger Liegestütz. (Foto 50)

7. Seitlicher Liegestütz. (Foto 51)

8. Seitlicher einarmiger Liegestütz. (Foto 52)

9. Stand. Hände vor dem Körper intensiv „zusammendrücken", dann Hände ineinandergreifen und intensiv „auseinanderziehen".

10. Stand, Fingerspitzen auf den Schultern. Die Ellbogen intensiv im Wechsel nach vorn und hinten ziehen.

Anmerkung: Bei allen Liegestützübungen ist auf Körperspannung mit geradem Rükken zu achten!

Kräftigung der Hand- und Armmuskulatur

1. Kniestandwaage, Gewichtsverlagerung auf
   * die Handflächen,
   * die Fingerspitzen.
   (Handgelenke stabil halten!).

2. Wie 1., aber im Kniestand mit Gewichtsverlagerung nach vorn.

3. Tennisbälle (Vollgummibälle u. a.) in den Händen kneten.

Übungen der vorgestellten Programme zur Kräftigung der Arm- und Schultermuskulatur können unterstützend auch mit Kurzhanteln durchgeführt werden, z. B.

* Hampelmann. (Foto 53)
* Hampelmann mit explosivem Absprung. (Foto 54)

Basisprogramm Rumpfstabilisation

Je nach Leistungsstand und Beanspruchung der einzelnen Übungen sind 6-20 Wiederholungen und 2-4 Serien durchzuführen.

Bauch

1. Rückenlage, Kopf leicht angehoben, Arme zur Stabilisation seitlich neben dem Körper mit den Handflächen am Boden. Im Wechsel ein Bein anwinkeln, das andere flach über den Boden strecken. Der Rücken bleibt am Boden!
   12-20 Wiederholungen

2. Sit-ups
   10-20 Wiederholungen

3. Diagonal-Sit-ups
   Rückenlage, Beine im rechten Winkel angehoben. Den Oberkörper anheben und im Wechsel beide Hände seitlich am rechten und am linken Knie vorbeiführen. Schulterblätter im Wechsel nicht ablegen.
   8-14 Wiederholungen

4. Diagonal Sit-ups
   Rückenlage, Beine im rechten Winkel angehoben. Den Oberkörper anheben und im Wechsel beide Hände kräftig frontal (seitlich innen/außen) gegen das rechte und das linke Knie drücken.
   8-14 Wiederholungen

5. Clim-Sit-ups
   Rückenlage, Beine angestellt, Fersen auf den Boden drücken. Wie beim Klettern am Seil fortlaufend mit einer Hand über die andere greifen und den Oberkörper dabei immer weiter anheben. Am Scheitelpunkt Griff für Griff wieder senken.
   6-10 Wiederholungen

Rücken

1. Rückenlage, Beine angestellt, Fußspitzen angezogen, Arme angewinkelt locker am Körper, Bauchmuskeln kräftig anspannen, Wirbelsäule „an den Boden drücken" und 5 s die Spannung halten.
   10 Wiederholungen

2. „Kniestandwaage", rechtes Bein und linken Arm strecken; dann linkes Bein und rechten Arm strecken, jeweils mit „Einrollen".
   Je 5-10 Wiederholungen

3. Rückenlage, Bein auf einer Unterlage (Stuhl) ablegen, den
   • Oberkörper leicht anheben, Arme dabei neben den Oberschenkeln.
   • Oberkörper leicht nach rechts/links anheben.
   Jeweils 20 Wiederholungen

4. Beckenlift, ein Bein anheben, 2 s halten, Beinwechsel.
   Je 5-10 Wiederholungen

5. Bauchlage, komplett gestreckt, Arme und Beine leicht vom Boden abgehoben ausbreiten und schließen.
   10 Wiederholungen

6. Kniestand-Liegestütz, Arme schulterbreit aufsetzen.
   15 Wiederholungen

7. Rückenlage, Knie an den Körper gezogen, rechts- und linksherum kreisen.
   20 Wiederholungen

8. Beinlift
   Seitlage rechts mit dem rechten Unterarm abstützen, die linke Hand stützt am Boden ab. Das linke Bein angewinkelt aufstellen, das rechte Bein strecken und anheben/senken, der Fuß ist dabei angezogen.
   Je 10-20 Wiederholungen

9. Vierfüßler-Stand
   • Bein anziehen und strecken.
   • Bein abspreizen und zurückführen.
   Je 10 Wiederholungen

10. Unterarm-Liegestütz
    Schulterbreiter Stütz, Handflächen zeigen nach innen, Zehen sind aufgestellt, Grundkörperspannung. Kopf in Verlängerung der Wirbelsäule. Im Wechsel das rechte und das linke Bein gestreckt anheben.
    6-10 Wiederholungen pro Bein

Kompaktprogramme

Kompaktprogramm I:
Stabilisationstraining der Bein- und Rumpfmuskulatur

1. Ausfallschritt-Rumpfgegendrehen mit Zwischenfedern am Ort.

2. Ausfallschritt-Rumpfgegendrehen in der Bewegung.
   Wie 1., aber im Wechsel aus der zügigen Vorwärtsbewegung.

3. Ausfallschritt, rechtes Bein vor dem Körper absenken, mit der linken Hand am Boden abstützen, den rechten Arm gestreckt zwischen Körper und Stützarm durchführen und seitlich mit Körperverwringung hochschwingen.

4. Ausfallschritt seitlich.
   Fußsohlen am Boden, Gewichtsverlagerung und Absenken des Oberkörpers auf das rechte Bein, das linke Bein seitlich gestreckt, Hände vor der Brust, zurück in die Ausgangsposition.

5. Wie 4., aber flüssiger Wechsel über die Hockstellung von der rechten Seitschritt-position in die linke usw.

6. Standwaage.
   Im Stand auf einem Bein den Oberkörper vorbeugen und in die gestreckte Arm-Kopf-Rumpf-Bein-Position gehen, zurück in die Ausgangsposition, mit Zwischen-schritten zum Beinwechsel.

7. Wie 6., aber in der Streckphase die Arme seitlich ausbreiten.

8. Wie 6., aber nach der Streckung den Oberkörper einrollen und den Oberschenkel zur Brust führen, dann erneut strecken.

9. Standwaage aus dem Sprung.
   Wie 6., aber in die Standwaageposition springen.

10. Aus dem Liegestütz hochschnellen über den Hock-stand in den Strecksprung. (Foto 55)
    6-10 Wiederholungen.

Kompaktprogramm II: Stabilisationstraining der Bein- und Rumpfmuskulatur

1. Sitzsprung.
   Vordere Oberschenkelmuskulatur
   Aus der Sitzposition Arme nach vorne gestreckt, Gesäß nach hinten geschoben, explosiv mit beiden Beinen abspringen und strecken, Armposition dabei beibe-halten. Auf den Zehen landen und abfedern.
   10 Wiederholungen, zwei Sätze

2. Wie 1., aber mit einem Bein abspringen.
   Jeweils vier Wiederholungen, zwei Sätze

3. Seitwechselsprünge mit jeweils kurzer Haltephase.
   Vordere Oberschenkelmuskulatur und Wadenmuskulatur
   Das „freie" Bein ist dabei nach vorne gestreckt.
   Kräftigung der vorderen und seitlichen Oberschenkelmuskulatur
   Wechselsprünge mit Körperspannung.
   Je 8 Wiederholungen

4. Einbeinstand.
   Vordere Oberschenkelmuskulatur
   Mit leichter Bewegung im Standbein das freie Bein nach vorne strecken.
   Je Bein sechs Wiederholungen

5. Sprung in die Standwaage nach Schrittkombinationen. (Foto 56)
Vordere Oberschenkel- und Rückenmuskulatur
In die Standwaage mit zur Seite gestreckten Armen springen nach Schrittkombinationen am Ort: rechts/links/rechts, dann links/rechts/links im steten Wechsel.
Je vier Sprünge = acht Sprünge, zwei Sätze

6. Sit-ups.
Gerade (und schräge) Bauchmuskulatur
Rückenlage, Beine angestellt, Hände hinter dem Kopf verschränkt. Den Kopf leicht in die Hände drücken, Schultern und Kopf langsam einige Zentimeter anheben und wieder senken (diagonal anheben).
15-20 Wiederholungen, zwei Sätze

7. Bauchlage Hampelmann.
Rücken- und Schultermuskulatur
Bauchlage, Körper durchgestreckt, Arme und Beine wenige Zentimeter vom Boden abgehoben synchron auseinander- und zusammenführen.
10 Wiederholungen

8. Einbeiniger Beckenlift.
Gesäßmuskulatur
Rückenlage, Beine angestellt, Arme neben dem Oberkörper. Ein Knie Richtung Brust ziehen, die Ferse des anderen Beins gegen den Boden stemmen und die Hüfte leicht vom Boden abheben und wieder senken.
Je vier Wiederholungen, dann Beinwechsel. Drei Sätze

9. Becken-Brücke.
Beckenmuskulatur
Rückenlage, Beine angestellt, Becken heben und ein Bein in Verlängerung der Körperachse nach oben strecken, kurz halten und in die Ausgangsposition zurück.
Je vier Wiederholungen, dann Beinwechsel. Drei Sätze

10. Ausfallschritt-Wechselsprünge.
Vordere Oberschenkel- und Wadenmuskulatur
Im Ausfallschritt mit zur Seite gestreckten Armen schnellkräftig hochspringen mit Schrittwechsel. Das vordere Stützbein dabei etwa bis zur Waagerechten absenken.
Je Bein sechs Sprünge = 12 Sprünge, zwei Sätze

11. Ausfallschritt mit Einarmstütz.

Ganzkörperübung

Im Ausfallschritt mit dem rechten Arm abstützen, das linke Bein vorne aufgestellt, das rechte Bein nach hinten gestreckt. Den freien linken Arm unter dem Stützarm durchführen und dosiert zurück nach links oben bis zur Streckung schwingen. Den Oberkörper dabei mitdrehen.
10 Wiederholungen, dann Armwechsel

Kompaktprogramm III:
Stabilisationstraining und Schnellkrafttraining der Beinmuskulatur in Kombination mit Gewandtheit

1. Einbeinsprünge über eine Linie (zwei 20 cm hohe Zauberschnüre):
    *   rechter und linker Fuß im Wechsel,
    *   mit einem Fuß.

2. Schlusssprünge über eine Linie.

3. Seitlicher Sprunglauf mit jeweils kurzer Haltephase nach der Landung.

4. Dreiersprung mit Einbeinlandung und kurzer Standphase. Rechts-links-rechts-Sprung, Stand, Links-rechts-links-Sprung, Stand.

5. Treppensprünge.

6. Sprung aus der Startstellung.

7. Hockstrecksprung.
    Knie beugen, Gewicht nach vorn verlagern und kräftiger Absprung, dabei Körper und Arme strecken.

8. Weiter Schlusssprung, Strecksprung mit voller Drehung rechtsherum, weiter Schlusssprung, Strecksprung mit voller Drehung linksherum.

9. Tuck Jump
    Knapp 90°-Beugestellung, Oberkörper leicht vorgebeugt, Arme nach vorn gestreckt, kraftvoller Absprung und Landung in Grätschstellung. Absprung zurück in die Ausgangsstellung.

10. Zwei Spieler laufen nebeneinander, Rempeln im Sprung.

11. „Tai-Chi"-Übung: Im Grätschstand die Beine leicht gebeugt, die Füße zeigen schräg nach außen, das Gesäß abgesenkt und nach hinten geschoben, gerader Oberkörper, die Hände übereinander auf die Brust gelegt. Durch Gewichtsverlagerung und leichte Drehbewegung Achtertouren ausführen.

12. Seitsprünge mit Zwischenfedern frontal zum Partner. Im höchsten Punkt die Handflächen gegeneinanderprellen.

Kompaktprogramm IV:
Stabilisationstraining der Bauchmuskulatur

1. Rückenlage, Arme angewinkelt, Bauchmuskulatur leicht angespannt, Wirbelsäule am Boden, die Beine angewinkelt leicht vom Boden abheben und geschlossen im Wechsel nach rechts und links schwenken.

2. Rückenlage, Beine angewinkelt Richtung Brust gezogen, leicht rechtsherum kreisen, dann linksherum.

3. Rückenlage, im Wechsel jeweils gegengleich das rechte Bein und den linken Arm strecken, dann das linke Bein und den rechten Arm strecken.

4. In der Seitlage das obere rechte Bein anwinkeln und den Fuß auf das Knie des am Boden ausgestreckten linken Beins legen, das rechte Knie mit der linken Hand Richtung Boden drücken und gleichzeitig den rechten Arm gestreckt seitlich zum Boden führen, den Kopf dabei mitdrehen. Seitlage wechseln.

5. Katzenstellung. Die Wirbelsäule im Wechsel nach oben und nach unten drücken.

6. Wie bei 5., aber jetzt den Oberkörper weit nach vorn absenken und flach über den Boden zurückführen, Katzenbuckel und wieder nach vorn senken. Dann gegengleich.

7. Rückenlage, Beine angewinkelt abgehoben. Den Oberkörper aufrollen und die Arme an den Beinen vorbeiführen und zurück, den Kopf dabei nicht ablegen.

8. Rückenlage, Beine angestellt, den rechten Fuß auf den linken Oberschenkel legen und die linke Schulter zum rechten Knie führen. Dann gegengleich.

Kompaktprogramm V:
Stabilisationstraining der Rückenmuskulatur

Basistraining

Das folgende Trainingsprogramm wird von Rückenspezialist Prof. Dietrich Grönemeyer und Rückentrainer Andy Fumola (Techniker Krankenkasse) zum allgemeinen Kraftaufbau des Rückens empfohlen. Die Übungen eignen sich auch für den Leistungssport. Sie sind zum Teil Bestandteil des fußballspezifischen Stabilisationstrainings, wie z. B. „Rückentrainer" und „Bauchtrainer". Aber auch die anderen Übungen können sinnvoll integriert werden.

1. Schulterkreisen
   Mit im Ellbogen leicht angewinkelten Armen werden die Schultern parallel kreisend hochgezogen nach hinten – unten – wieder hochgeführt.

2. Nackenzieher
   Den Kopf gerade halten, leicht zur Seite neigen und dabei den Gegenarm gestreckt mit der Handfläche Richtung Boden drücken. Die Schultern nicht hochziehen!

3. Brusttrainer
   Die angewinkelten Arme nach hinten führen, der Rücken bleibt dabei gerade.

4. Windmühle rückwärts
   Die gestreckten Arme windmühlenartig versetzt rückwärts kreisen.

5. Rückentrainer
   Im Kniestand das rechte Bein mit angezogener Fußspitze wegstrecken und gleichzeitig den linken Arm in Verlängerung der Körperachse nach vorne strecken, kurz halten und dann Knie und Ellbogen unter dem Körper zusammenführen.

6. Schulterdrücker
   Eine Fußlänge entfernt mit dem Rücken zur Wand stehen, die Arme in den Ellbogen abgewinkelt schulterhoch anheben, anspannen und den Oberkörper von der Wand wegdrücken.

7. Bauchtrainer
   In Rückenlage die angewinkelten Beine auflegen, den Oberkörper leicht anheben und dabei die Arme mit den Handflächen nach vorne zu den Füßen strecken.

Rückenmuskulatur

1. Schulternrollen rückwärts
   Im Stand die Schultern hochziehen und nach hinten rollen.

2. Im Stand im Wechsel mit dem rechten/linken Arm senkrecht nach oben greifen. Dabei das Gewicht von einem Bein auf das andere verlagern.

3. Im leichten Grätschstand, die Hände vor dem Körper mit angewinkelten Armen geschlossen, den Rumpf im Wechsel weich nach rechts und nach links drehen.

4. Im leichten Grätschstand im Wechsel die Arme, so weit es geht, nach oben strecken und dabei möglichst zur Gegenseite neigen.

5. In Rückenlage mit aufgestellten Beinen, Arme seitlich gestreckt, die Beine geschlossen anheben und im Wechsel zur rechten und zur linken Seite auf dem Boden ablegen. Die Schultern halten Bodenkontakt.

6. Im Stand die Schultern mit dem Einatmen kräftig hochziehen und mit dem Ausatmen wieder fallen lassen.

7. Im Stand (Sitz) den Rücken strecken, das Kinn im Wechsel auf das Brustbein senken und zur rechten und zur linken Seite führen.

Bauchmuskulatur

1. Rückenlage, Beine angewinkelt, Oberkörper anheben, Arme dabei gestreckt, mit den Handflächen zu den Füßen zeigen.

2. Rückenlage, Beine leicht angewinkelt und geöffnet, im Wechsel die Knie schließen und öffnen.

3. In Seitlage mit überkreuzten Beinen auf dem Unterarm aufgestützt, das Becken nach oben anheben und senken.

Anmerkung: Bei allen Übungen auf regelmäßige und ruhige Atmung achten!

Konditionelles Grundlagentraining mit Gerät

Kompaktprogramm I: Mit dem Deuserband

Zwei Deuserbänder werden miteinander verknotet, um eine günstigere Bandlänge und größere Elastizität zu erreichen.

1. Lauf- und Sprungvariationen gegen Widerstand

Partnerübungen

Jeweils ein Partner hält das Band auf Zug, der andere führt die Übungen aus.

1. Skippings.

2. Kniehebeläufe. (Foto 57)

3. Wechsel von 1. und 2.

4. Tappings.

5. Sidesteps rechts.

6. Sidesteps links.

7. Sidesteps im Wechsel rechts-links.

8. Kreuzschrittläufe.

9. Hampelmann, rechte Seite vorn/linke Seite vorn.

10. Hopserläufe mit hohem Knieeinsatz.

11. Wie 10., aber Knieeinsatz jeweils zur Gegenschulter mit Verwringung.

12. Sprunglauf.

13. Seitlicher Sprunglauf.

14. Wie 13., aber jeweils mit kurzer Haltephase. (Foto 58)

15. Antritte.

16. Rechts-links-rechts-Sprung. Mit der Landung auf dem rechten Bein kurz stehen und die Balance halten, dann Links-rechts-links-Sprung.

2. Stabilisationsübungen im Stand und am Boden

Die Deuserbänder sind an einer Halterung (Barriere, Pfosten, Sprossenwand u. a.) befestigt, ggfs. werden sie von einem Partner gehalten.

1. Seitlich stehend, leichte Grätschstellung, Blick zur Halterung.
   Mit beiden Armen das Deuserband im Wechsel rechts und links zur Hüfte ziehen.

2. Wie 1., aber mit gestreckten Armen seitlich auf Hüfthöhe ziehen.

3. Wie 1., aber auf einem Bein stehend, die Balance halten.

4. Wie 1.-3., aber mit dem Rücken zur Halterung stehen.

5. Auf einem Bein stehend, mit dem Deuserband in den Händen, gegen einen Widerstand des in verschiedene Richtungen ziehenden Partners die Balance halten.

6. Beidarmige Stoßbewegungen gegen den Bandwiderstand nach links und rechts.

7. Einarmige Stoßbewegungen.

8. Ganzkörperübung: Mit beiden Armen aus der leichten Drehung heraus das Band bis zur kompletten Körperstreckung schräg nach oben stoßen, im Wechsel zur rechten und zur linken Seite.

9. Zug-Crossovers: Zwei miteinander verknotete Deuserbänder sind jeweils seitlich oben rechts und links an der Sprossenwand (Torwinkel u. a.) befestigt. In leichtem Ausfallschritt die Deuserbänder mit gestreckten Armen auf Spannung halten. Arme leicht gestreckt nach unten führen und etwas überkreuzen. Position 1-2 s halten und langsam zur Ausgangsposition zurück.

10. Auf einem Bein stehend, mit dem Deuserband in den Händen, gegen einen Widerstand des in verschiedene Richtungen ziehenden Partners die Balance halten.

11. Deuserband in ca. 50 cm Höhe befestigt oder vom Partner gehalten. In Rückenlage mit gestreckten Armen, der Kopf zeigt zur Befestigung, das Band auf Spannung bringen. Gerades Aufrichten des Oberkörpers gegen den Zugwiderstand. (Foto 59)

12. Wie 11., aber seitlich an den Knien der gestreckten Beine vorbei aufrichten.

13. In Bauchlage, der Kopf zeigt zur Befestigung, das Band auf Spannung bringen und gegen den Zugwiderstand den minimal vom Boden abgehobenen Oberkörper im Wechsel zur rechten und zur linken Seite führen. Der Kopf bleibt in Verlängerung des Rumpfs.

14. Wie 11., aber in der gestreckten Position unter Zugwiderstand im steten Wechsel von der Rückenlage in die Bauchlage rollen.

Kompaktprogramm II:
Schnellkrafttraining für die Beinmuskulatur
mit dem Deuserband (Thera-Band)

Die folgenden Übungen wurden größtenteils von Marc Verstegen im kraftaufbauenden Konditionstraining der deutschen Fußball-Nationalmannschaft anlässlich der WM 2006 durchgeführt.

Zur spezifischen Funktionswirkung und Intensitätssteigerung wird das zusammengelegte Deuserband (Thera-Band) um die Oberschenkel geschlungen.

1. Im Stand, in den Knien leicht gebeugt, Spannung aufbauen und Gewichtsverlagerung im Wechsel nach rechts und links.

2. Aus der leichten Hockstellung seitliche Gewichtsverlagerung durch wechselseitiges Abheben der Beine.

3. Aus der leichten Hockstellung intensive Schlusssprünge in kurzer Folge.

4. Wie 3., aber unter Spannung diagonale Wechselsprünge.

5. Übungen 1.-4., aber das Band um die Fußgelenke legen.

6. Gehen mit dem Band in leichter Kniebeuge. Im Schritt jeweils die Hüfte gegen die Schrittbewegung seitlich wegdrücken.

7. Wie 6., aber mit stärkerem Widerstand (festeres Band, intensiverer Druck der Beine nach außen).

8. Split Jump.

9. Strecksprung aus der Hocke.

10. Strecksprung aus der Hocke im Wechsel zur rechten und zur linken Seite.

11. Ausfallschritt-Wechselsprünge.

Kompaktprogramm III: Mit dem Sprungseil

Am Ort

1. Laufschritte auf der Stelle mit jeweiligem Durchschlag.

2. Schlusssprünge mit jeweiligem Durchschlag.

3. Wie 2., aber mit Überkreuzen der Arme. (Foto 60)

4. Wie 2., aber mit jeweiligem Zwischenfedern.

5. Wie 2., aber dabei „Beckendrehen" jeweils nach rechts und links. (Foto 61)

6. Sprünge auf einem Bein mit jeweiligem Durchschlag. (Foto 62)

7. Wie 5., aber auf jeden zweiten (dritten, vierten) Sprung Beinwechsel.

8. Wie 5., aber mit jeweils leichter Drehbewegung des Sprungbeins.

9. Schlusssprünge mit doppeltem Durchschlag. (Foto 63)

10. Schlusssprünge mit Überkreuzen der Arme. (Foto 64)

11. Einige der vorherigen Übungen mit Durchschlag rückwärts.

12. Schlusssprünge und Grätschsprünge wechselnd mit jeweiligem Durchschlag.

13. Schlusssprünge vor und zurück über das kurzgefasste Seil. Das Seil dabei nur mit den Fingerspitzen fassen und jeweils schnell unter den Füßen durchführen.
    - Mit Zwischenfedern.
    - Ohne Zwischenfedern. (Foto 65, 66)

14. Ausfallschritt, „Wipp-Schritte", jeweils im Wechsel vom vorderen auf den hinteren Fuß mit jeweiligem Durchschlag.

15. Lauf-Sprung-Kombinationen mit jeweiligem Durchschlag am Ort. (Foto 67)

In der Fortbewegung

1. Freier Lauf mit beliebigem Durchschlag. (Foto 68)

2. Lauf mit Durchschlag auf jeden zweiten (dritten, jeden) Schritt. (Foto 69)

3. Schnelle, kurze Laufschritte mit jeweiligem Durchschlag. (Foto 70)

4. Lange Schritte mit jeweiligem Durchschlag. (Foto 71)

5. „Wipp-Schritte" in der Vorwärtsbewegung mit jeweiligem Durchschlag.

6. Hopserlauf mit Durchschlag.

7. Hopserlauf mit Durchschlag und jeweiligen Zwischenschritten.

8. Sprunglauf mit jeweiligem Durchschlag. (Foto 72)

9. Seitgalopp mit jeweiligem Durchschlag. (Foto 73)

10. Seit-Überkreuzsprung mit jeweiligem Durchschlag.

11. Lauf mit wechselseitigem Knieanreißen und Zwischenfedern mit jeweiligem Durchschlag. (Foto 74)

12. Lauf-Schritt-Wechsel (ohne und mit Zwischenfedern) mit Durchschlag. (Foto 75)

13. Lauf-Sprung-Kombinationen mit Durchschlag. (Foto 76)

14. Sprint mit Durchschlag.

Kompaktprogramm IV: Mit dem Medizinball

Stabilisation

Einzelübungen

1. Langsitz, Arme hinter dem Gesäß aufgestützt, Beine angezogen, den Ball zwischen die Füße klemmen und im Wechsel rechts und links zur Seite führen.

2. Sitz, Beine angestellt, aufrechter Oberkörper. Den Ball hinter den Kopf führen und zurück, dabei die Ellbogen nach hinten ziehen. (Foto 77)

3. Wie 2., aber den Ball über den Kopf im Wechsel von einer zur anderen Seite führen:
   • mit großen Amplituden, (Foto 78)
   • mit kleinen Amplituden, (Foto 79)
   • beidarmig. (Foto 80)

4. Wie 3., aber im Stand.

5. Wie 4., aber der Medizinball wird über den Kopf geworfen.

6. Rumpfkreisen mit dem Medizinball. (Foto 81)

7. Stand, aufrechter Oberkörper. Den Ball bei gestreckten Armen vor dem Körper im Wechsel von einer zur anderen Hand übergeben.

8. Wie 7., aber den Ball von einer Seite zur anderen schwingen. (Foto 82)

9. Stand, aufrechter Oberkörper. Den Ball vor der Brust beidarmig nach vorn stoßen und zur Brust zurückführen.

10. Stand, Knie leicht gebeugt. Den Ball auf dem seitlich ausgestreckten Arm im fortlaufenden Griffwechsel durch schnelles Drehen der Hand „fangen". Dabei unterstützendes Abfedern aus den Knien.

11. Stand, den Ball mit möglichst gestreckten Armen auf der rechten Seite leicht hochwerfen, schnelle Körperdrehung um 180° und wieder fangen, dann auf der linken Seite hochwerfen. (Foto 83)

12. Wie 11., aber mit einem Arm hochwerfen und fangen.

13. Den Ball zwischen die Fußgelenke klemmen und durch Hochschnellen der Beine nach hinten den Ball hochspielen und fangen.

14. Grätschstand, den Ball in Achtertouren durch die gespreizten Beine führen. Jeweils nach Wechsel der Führungshand dynamisches Aufrichten des Oberkörpers. (Foto 84)

15. Stand, Knie leicht gebeugt. Den Ball in Hüfthöhe im Wechsel mit der rechten und der linken Hand zur jeweiligen Gegenseite schwingen.

16. Wie 15., aber Fassung mit beiden Händen, den Schwung weich abbremsen.

17. Den Medizinball in breiter Grätschstellung mit gestreckten Armen vor dem Körper halten und tiefe Gewichtsverlagerungen im Wechsel zur rechten und zur linken Seite ausführen. Den Ball immer in zentraler Position vor dem Körper halten!

18. Aus leichter Hockstellung den Medizinball mit beiden Händen hochwerfen, im Sprung fangen und bei der Landung leicht abfedern (nicht über 90°).

Partnerübungen

1. Partner A wirft den Ball hoch, Partner B startet dem Ball entgegen und fängt ihn im Sprung mit weicher Landung.

2. Stand gegenüber, beidarmiges Zustoßen und weiches Auffangen des Balls vor der Brust. (Foto 85)

3. Wie 2., aber einarmiges Zustoßen mit kurzem Ausfallschritt. (Foto 86)

4. Wie 3., aber auch einarmig fangen. (Foto 87)

5. Aus dem Stand Schleuderwürfe über die Hüfte zum Partner.

6. Beide Partner liegen sich in Bauchlage gegenüber und rollen sich den Ball über eine Entfernung von ca. 2 m zu.

7. Mit Auftaktschritt den Ball zum Partner flach über den Boden rollen („kegeln").

8. Die Partner liegen sich in der Bauchlage gegenüber und umfassen mit gestreckten Armen den Ball. Im Wechsel drehen sie sich in die Rückenlage und zurück in die Bauchlage, ohne dass der Ball den Boden berührt. (Foto 88)

9. Die Partner stehen in geringem Abstand Rücken an Rücken. Die Ballübergabe erfolgt in Achtertouren. Beide Partner drehen jeweils zugleich zu ihrer rechten bzw. zu ihrer linken Körperseite.

10. Wie 9., aber den Abstand erweitern und den Ball zur Übergabe werfen. Einwurf mit kurzer Ausholbewegung zum Partner.

11. Einwurf mit kurzer Ausholbewegung zum Partner.

12. Den Medizinball mit seitlicher Ausholbewegung beidhändig zum Partner schleudern.

13. Partner A im Grätschsitz mit angestellten Beinen, B wirft A den Medizinball auf Brusthöhe zu. A fängt den Ball, rollt ab und wirft ihn im Hochführen des Rumpfs wieder zu B zurück.

14. Wie 13., aber B wirft den Ball dosiert zur rechten und zur linken Seite:
    • Fangen und zurückwerfen.
    • Fangen, abrollen und zurückwerfen.

15. Partner A läuft im Halbkreis im Wechsel von rechts nach links, B wirft ihm den Medizinball leicht zu, A fängt und wirft ihn mit Richtungswechsel zu B zurück.

Kompaktprogramm V: Mit dem Fußball

Stabilisation und Koordination

Einzelübungen

1. Den Ball im Lauf prellen.

2. Wie 1., aber mit vorgegebenem Handwechsel auf jeden (zweiten, dritten, vierten) Schritt prellen.

3. Den Ball im Lauf kräftig aufprellen und im Sprung fangen.

4. Den Ball am Ort vor dem Körper mit jeweiligem Einbeinsprung nach rechts und links prellen.

5. Den Ball am Ort prellen und im Schersprung jeweils im Wechsel nach rechts und links überspringen.

6. Den Ball hinter dem Körper im Wechsel von einer Hand zur anderen prellen.

7. Den Ball mit wechselnden Ausfallschritten und wechselnder Spielhand prellen.

8. Im Stand, Knie leicht gebeugt, auf den Fußballen hüpfend, den Ball beidhändig prellen.

9. Wie 8., aber immer mehr aufrichten bis zu Strecksprüngen und zurück.

10. Den Ball im Lauf hochwerfen und im Sprung fangen.

11. Den Ball am Ort in Achtertouren durch die Beine führen.

12. Im Grätschstand den Ball hinter dem Kopf fallen lassen und durch schnelles Abbücken durch die gegrätschten Beine fangen.

13. Den Ball mit seitlich ausgestrecktem Arm leicht federnd anwerfen, den Arm um seine Längsachse (360°) drehen und den Ball wieder auffangen usw.

14. Den Ball mit seitlich ausgestrecktem rechtem Arm leicht federnd anwerfen und nach einer halben Körperdrehung (180°) rückwärts mit der Hand des ausgestreckten linken Arms fangen usw.

15. Den Ball im Lauf schräg seitlich nach vorn hochwerfen und im Sprung fangen.

16. Wie 15., aber den Ball weiter werfen und mit jeweils zwei (drei) Schritten fangen.

17. Den Ball im Lauf um den Körper rechts-/linksherum führen.

18. Den Ball im Lauf im Bogen über den Kopf nach rechts/links werfen.

19. Den Ball im Lauf durch die Beine von innen nach außen schwingen.

20. Wie 19., aber mit Zwischenhupf.

21. Wie 19. und 20., aber von außen nach innen.

22. Den Ball im Lauf von hinten jeweils seitlich über die rechte/linke Schulter nach vorn werfen, fangen und wieder nach hinten führen.

23. Den Ball im Lauf jeweils über Kopf von hinten nach vorn über den Kopf werfen, fangen und wieder von vorn nach hinten werfen.

24. Den Ball im Lauf hochwerfen und vor dem Fangen 2 x (bis 8 x) in die Hände klatschen.

25. Wie 24., aber abwechselnd vor und hinter dem Körper in die Hände klatschen.

26. Wie 24., aber die Oberschenkel gegen die nach vorn gehaltenen Handflächen schnellen.

27. Wie 24., aber mit Armkreisen (vorwärts/rückwärts/gegengleich).

28. Jonglieren mit zwei Bällen im Lauf.

29. Einen Ball hochwerfen und einen zweiten Ball zugleich mit dem Fuß spielen.

30. Liegestütz auf einer Hand, den Ball mit der anderen Hand hochwerfen und fangen.

31. Wie 30., aber mit jedem (zweiten, dritten) Wurf Handwechsel.

32. Liegestütz auf einer Hand, den Ball mit der anderen Hand prellen.

33. Wie 32., aber mit jedem (zweiten, dritten) Prellen Handwechsel.

34. Bauchlage, Körperstreckung. Den Ball zwischen den ausgestreckten Armen im Wechsel von der rechten zur linken Seite rollen.

35. Wie 34., aber den Ball vorn flach über den Boden schwingend von Hand zu Hand übergeben.

36. Wie 35., aber flaches Schwingen mit beidhändiger Fassung im Wechsel zur rechten und zur linken Seite.

37. Sprungkopfstoß aus der leichten Beugestellung nach zugeworfenem Ball vom Partner.

Partnerübungen

1. Im Liegestütz paarweise gegenüber den Ball über 3 m (4, 5 m) zuwerfen und fangen.

2. Wie 1., aber den Ball mit kurzem Handkontakt direkt zurückwerfen.

3. Wie 1., aber zuprellen.

4. A im Sitz, Beine angestellt, mit dem Rücken zu dem hinter ihm stehenden B. Den von B seitlich zugeworfenen Ball fängt A mit Körperdrehung und wirft ihn zur anderen Seite drehend zu B zurück.

5. A im Sitz, Beine angestellt, B wirft den Ball frontal zur rechten und zur linken Seite zu, A fängt und wirft den Ball zurück:
   - Ohne abzurollen.
   - Nachdem er abgerollt ist.

6. Wie 5., aber B prellt den Ball zu.

7. Wie 5. und 6., aber mit Fintieren (kurz/lang, rechts/links).

8. Die Partner stehen sich im Abstand von ca. 2 m gegenüber. A hat den Ball in der rechten, B in der linken Hand. Die beiden Bälle synchron zwischen den beiden Partnern hin- und herwerfen.

9. Wie 8., aber die Bälle synchron hin- und herprellen.

10. Wie 8., aber Partner A wirft Partner B den Ball hoch zu. B spielt den Ball im Sprung mit kurzem Ballkontakt zu A zurück.

11. Wie 10., aber der Ball wird bei verkürztem Abstand direkt im Sprung zwischen Partner A und B hin- und hergespielt.

(Schnell-)Kraftausdauertraining

Das fußballspezifische Kraftausdauertraining wird häufig auch in Form eines Zirkeltrainings durchgeführt.

Ein Musterbeispiel ist unter dem entsprechenden Kapitel aufgeführt (S. 277). Weitere Trainingsinhalte zur Kraftausdauer lassen sich aus den Übungsprogrammen zum Stabilisationstraining ableiten, indem bei geeigneten Übungen (z. B. bei allen Sprungformen) durch die Erhöhung der Übungsdauer entsprechende Trainingsreize gesetzt werden. Die prinzipiell gleiche Reduzierung der Belastungsintensität trifft für das beim Schnellkrafttraining dargestellte „Kompaktprogramm im Kraftraum für die Bein- und Gesäßmuskulatur" zu (S. 164f.). Hier müssen die Intensitätsbereiche (z. B. Trainingsform mit der Langhantel) unter 60 % festgelegt werden.

Analog gilt für das folgende Kompaktprogramm im Kraftraum, dass bei einer Reduzierung der Wiederholungszahlen die Trainingseinheit auch für das Muskelaufbautraining eingesetzt werden kann.

Kompaktprogramm im Kraftraum: Kräftigung der Muskulatur des Oberkörpers

1. **Liegestütz mit enger Armstellung**
   Arme beim Hochdrücken nicht voll durchstrecken!
   M. triceps, Brustmuskulatur, vorderer Teil Deltamuskel
   15 Wiederholungen
   Zwei Sätze

2. **Käfer-Sit-ups**
   Beine vom Boden abgehoben wechselseitig zur Brust ziehen, Arme seitlich am Körper gestreckt.
   Gerade und schräge Bauchmuskulatur
   20 Wiederholungen
   Zwei Sätze

3. **Reverse Flys mit Kurzhanteln**
   Mit dem Bauch auf der Hantelbank liegend, die Arme mit Kurzhanteln maximal anheben. Arme im Ellbogen leicht gebeugt lassen!
   Obere Rückenmuskulatur, Deltamuskel
   15 Wiederholungen
   Zwei Sätze

4. **Latziehen zur Brust**
   Im Sitz auf der Hantelbank, Beine angestellt vor dem Zugapparat, Handinnenseite nach oben, Zuggriffe zur Brust ziehen.
   M. biceps, M. latissimus, M. pectoralis
   15 Wiederholungen
   Zwei Sätze

5. Wechselseitiges Nackendrücken mit Kurzhanteln
Im Sitz auf der Hantelbank wechselseitig Kurzhanteln gerade nach oben führen.
M. triceps, Deltamuskel, M. trapezius
16 Wiederholungen (rechts/links je acht)
Zwei Sätze

6. „Langhantel-Rudern"
Im stabilen Stand, Oberkörper vorgeneigt, in den Knien leicht gebeugt bei geradem Rücken die Arme nach unten strecken, dabei Bauchmuskeln anspannen. Mit dem Ausatmen die Hantel nah an den Oberschenkeln entlang zum Bauch ziehen.
M. latissimus, M. rhomboideus, Deltamuskel
10 Wiederholungen
Zwei Sätze

7. Bizeps-Curl mit Kurzhanteln
Im Stand, Handrücken nach vorne, wechselseitig die Arme zur Schulter anheben und dabei jeweils die Kurzhantel nach innen drehen.
M. biceps, M. brachialis
16 Wiederholungen (rechts/links je acht)
Zwei Sätze

8. Rückentrainings-Gerät
Ellbogen angewinkelt, Hände am Kopf, den Oberkörper aufrollen bis zur Streckung (nicht überstrecken!), im oberen Fixpunkt kurz mit Spannung verharren.
Rückenstrecker, M. glutaeus
Gerade aufrollen 10 Wiederholungen
Diagonal aufrollen 10 Wiederholungen (rechts/links je fünf)
Je zwei Sätze

9. Bankdrücken
Rückenlage auf der Hantelbank, Beine angestellt. Die Langhantel zügig nach oben führen und wieder zur Brust senken.
M. pectoralis, M. triceps
15 Wiederholungen
Zwei Sätze

10. Rumpf-Rotationszug
Seitlich zum Zugapparat stehend, in den Knien leicht gebeugt. Mit beiden Händen die Zugschlaufe fassen und von oben schräg (diagonal) nach unten eng am Körper vorbeiziehen.
Schräge Bauchmuskulatur, M. triceps
20 Wiederholungen (rechts/links je 10)
Zwei Sätze

Schnellkrafttraining

Eine Reihe von Übungsformen des Stabilisationstrainings liegt auf der Schnittstelle eines Muskelaufbautrainings und Schnellkrafttrainings (z. B. das Übungsprogramm mit dem Sprungseil).

Beispielhaft werden im Folgenden zwei Kompaktprogramme im Kraftraum zum Schnellkrafttraining der Bein- und Gesäßmuskulatur und der Oberkörpermuskulatur aufgeführt. Als Beispiel für ein Schnellkrafttraining im Freien werden danach einige Programme mit Treppensprints und -sprüngen vorgestellt.

Kompaktprogramm im Kraftraum für die Bein- und Gesäßmuskulatur

1. **Kniebeugen mit der Langhantel**
   Vordere Oberschenkelmuskulatur, Rumpfmuskulatur
   Stand schulterbreit, Knie leicht gebeugt, Fersen haben steten Bodenkontakt. Langhantel (mittelschweres Gewicht) auf den Schultern, Gesäßmuskulatur anspannen, Bauchmuskeln einziehen, Rücken gerade.

2. **Leg-Curls liegend mit dem Deuserband**
   Gesäßmuskulatur, hintere Oberschenkelmuskulatur
   Bauchlage auf einer gepolsterten Bank (Kasten), Oberschenkel auf der Polsterung, das Deuserband wird, knapp über dem Boden befestigt, um die Fußgelenke gelegt. Beugen bis zu einem Winkel von ca. 90° zwischen Ober- und Unterschenkel, nicht ganz durchstrecken, den Körper nach vorn ziehen und Hohlkreuzbildung vermeiden.

3. Wie 2., aber einbeinig rechts, dann links.

4. Wie 2., aber wechselseitig einbeinig.

5. **Good Mornings**
   Gesäßmuskulatur, Knie, untere Rückenmuskulatur
   Stand schulterbreit, Knie leicht gebeugt, Fersen steter Bodenkontakt. Langhantel, kleines Gewicht, auf den Schultern mit breiter Fassung. Oberkörper gerade, Bauchmuskeln anspannen, Brust herausdrücken. In den Hüften langsam nach vorn beugen, Blick dabei nach vorn gerichtet, dann langsam wieder aufrichten.

6. **Beckenlifts**
   Gesäßmuskulatur, Knie, untere Rückenmuskulatur
   In Rückenlage den rechten Fuß schräg gegen einen kleinen Kasten (Sprossenwand u. a.) stellen. Das linke Bein liegt angewinkelt über dem rechten Knie. Die Arme befinden sich seitlich gestreckt neben dem Körper mit den Handflächen am

Boden. Bauch- und Rückenmuskulatur anspannen und das Becken aufrichten, d. h. langsam vom Boden heben, bis Oberkörper und Oberschenkel eine gerade Linie bilden. Position kurz (2-4 s) halten und Becken langsam senken. Kurz vor Bodenberührung erneute Aufwärtsbewegung.

7. Einbeinige Kniebeugen mit Kurzhanteln
Gesäßmuskulatur, vordere Oberschenkelmuskulatur
Leichter Ausfallschritt, Arme gestreckt neben dem Körper, in jeder Hand eine Kurzhantel. Das Knie des vorderen Beins beugen, Oberschenkel bis zur Waagerechten, dann schnellkräftig wieder strecken.
Nach jedem Satz Beinwechsel.

8. Wie 7., aber der Rist des hinteren Beins wird auf einem kleinen Kasten (Medizinball u. a.) aufgelegt.

9. Kreuzheben mit der Langhantel
Gesäßmuskulatur, vordere Oberschenkelmuskulatur
Stand schulterbreit, Oberschenkel parallel zum Boden, etwas über schulterbreite Handfassung, Stange an den Schienbeinen. Gesäß-, Bein-, Bauchmuskulatur anspannen. Beine strecken, Stange über Kniehöhe, Aufrichten des Oberkörpers, Hüfte dabei nach vorn drücken. Dann den Oberschenkel wieder abbeugen.

> Für alle Übungen:
> 4-8 Wiederholungen
> 2-4 Sätze
> Pause nach jedem Satz 2-4 min

Kompaktprogramm im Kraftraum mit Kurzhanteln (1-3 kg) für die Oberkörpermuskulatur

1. Schwung-Curl im Stehen
Arm- und Brustmuskulatur
Offene Stellung in leichter Kniebeuge, Oberkörper etwas nach vorn gebeugt, Arme mit den Kurzhanteln seitlich neben dem Körper, Handrücken nach außen. Die Hanteln zu den Schultern hochführen, dabei gleichzeitig die Hüfte vorschieben und die Beine strecken, Hanteln langsam wieder senken.

2. Hanteldrücken in Rückenlage
Arm- und Brustmuskulatur
Mit dem Rücken auf einer Hantelbank (Kasten u. a.), die Beine aufgestellt, Füße auf dem Boden. Die Kurzhanteln, Handrücken zeigen zum Kopf, aus der

Beugeposition schulterbreit gleichmäßig nach oben strecken und wieder langsam senken.

3. **Hanteldrücken vor der Brust in Rückenlage**
Arm- und Brustmuskulatur
Wie 2., aber die Kurzhanteln eng vor der Brust nach oben stoßen.

4. **Hantel-Flys in Rückenlage**
Brustmuskulatur
Wie 2., aber die Arme im Ellbogen leicht gebeugt seitlich ausgebreitet, Handrücken zeigen nach unten. Die Arme gestreckt oben zusammenführen und wieder seitlich senken bis maximal zur Waagerechten.

Variation: Mit der Aufwärtsbewegung Handflächen nach vorne, zueinander und nach hinten drehen.

5. **Einarmiges Stütz-Rudern**
Obere Rückenmuskulatur
Rechtes Knie und rechte Hand auf der Hantelbank abstützen. Mit dem linken nach unten gestreckten Arm die Kurzhantel nah am Körper zur Brust ziehen und wieder langsam absenken.

6. Wie 5., aber beim Absenken das Handgelenk nach außen von der Bank wegdrehen.

7. **Einarmiges Seitheben**
Arm- und Brustmuskulatur
In offener Stellung die Kurzhantel mit gestrecktem Arm bis zur Waagerechten heben.

8. **Einarmige Curls im Sitzen**
Unterarmmuskulatur
Im Sitz auf der Hantelbank, Beine aufgestellt, mit der linken Hand auf dem linken Oberschenkel abgestützt, den rechten Unterarm mit der Kurzhantel vor dem Körper von unten nach oben führen und wieder zurück.

Für alle Übungen:
6-8 Wiederholungen
4-6 Sätze
Pause nach jedem Satz 2-4 min

Kompaktprogramm im Kraftraum für die Schultermuskulatur mit Geräten

(Kurzhanteln, Deuserband [Thera-Band, Zuggerät], Langhantel)

1. **Nackendrücken**
    In leicht offener Stellung die Kurzhanteln mit nach innen zeigenden Handflächen fassen und die Arme gleichzeitig nach oben strecken, dann jeweils auf Schulterhöhe zurückführen.

2. Wie 1., aber jetzt die Kurzhanteln wechselseitig nach oben führen.

3. **Beidarmiges Seitheben**
    Die Kurzhantel mit den seitlich am Körper herabhängenden Armen gleichzeitig schnell bis auf Schulterhöhe führen.

4. **Frontheben**
    Ausgangsstellung wie 3., aber jetzt die Kurzhanteln gleichzeitig mit gestreckten Armen nach vorn bis auf Schulterhöhe führen.

5. Wie 4., aber jetzt die Kurzhantel wechselseitig vor dem Körper nach oben führen.

6. **„Gerade" und „Haken"**
    Mit den Kurzhanteln in Brusthöhe vor dem Körper Boximitationen durch wechselseitige „Gerade" und am Körper hochgezogene „Haken" durchführen. Den Schwung jeweils kurz vor Bewegungsende abbremsen.

7. **Schulterrotation**
    Die Kurzhanteln mit den vor dem Körper bis Hüfthöhe gestreckten Armen dicht am Oberkörper bis zur Waagerechten hochziehen und dann die Unterarme mit den Hanteln bis auf Kopfhöhe nach oben führen.

8. **Seitzug**
    In leicht offener Stellung das in Kniehöhe befestigte Deuserband (2 Bänder aneinandergebunden) seitlich stehend auf Spannung mit einer Hand in Hüfthöhe fassen und den Arm seitlich gestreckt bis auf Schulterhöhe heben.
    Armwechsel nach jedem Satz.

9. **Doppelter Seitzug**
    Zwei auf Schulterhöhe befestigte Deuserbänder (je 2 Bänder aneinandergebunden) mit nach schräg oben gestreckten Armen auf Zug fassen und gleichzeitig mit den gestreckten Armen vor dem Körper kreuzend nach unten führen.

10. Wie 9., aber mit Innen- und Außenrotationsbewegungen.

11. Bankdrücken mit der Langhantel

In Rückenlage auf der Langbank, die Beine angestellt, die Langhantel schulterbreit vor der Brust nach oben drücken und zurück zur Brust führen.
Der Rücken liegt flach auf!
Wenn möglich, die Rückenlehne im leichten Winkel hochstellen.

12. Langhanteldrücken

In offener Stellung mit leicht gebeugten Knien die Langhantel, Handflächen nach oben, schulterbreit oberhalb der Brust halten und durch Streckung der Arme und Beine nach oben stoßen, dann zurückführen.

> Für alle Übungen:
> 4-8 Wiederholungen
> 2-4 Sätze
> Pause nach jedem Satz 3-4 min

Schnellkrafttraining an der Treppe

Die folgenden Trainingseinheiten zeigen Möglichkeiten, unter Einsatz natürlicher Hilfsmittel (Treppe, Steigung, Rindenmulchbahn, Sandboden) gezielt und effektiv Schnellkraft und Schnelligkeit zu verbessern. Zudem werden durch spezielle Belastungsvarianten dieser Trainingsformen auch Willenseigenschaften mit trainiert.

Holztreppe: 108 Stufen
Sechs Plateaus (5 x 18 Stufen und oben 1 x 12 Stufen)
Sechs breite Stufen am Fuß der Treppe

1. TE: 14 Treppensprints mit Längen-Häufigkeitswechsel

2 x bis zum sechsten Plateau, je 4 min Pause (= 8 min)
3 x bis zum vierten Plateau, je 3 min Pause (= 9 min)
4 x bis zum dritten Plateau, je 2 min Pause (= 8 min)
5 x bis zum zweiten Plateau, je 1 min Pause (= 5 min)

Pausengestaltung (bei allen Trainingseinheiten):
Lockeres Laufen auf weichem Boden und Dehnung.
Lockerung der Bein- und Rumpfmuskulatur (vorrangig Gesäß, Oberschenkel, Waden und Rücken).

2. TE: 7 Treppensprints nach dem Pyramidensystem

Je 1 x bis zum
sechsten Plateau, 4 min Pause
vierten Plateau, 3 min Pause
dritten Plateau, 2 min Pause
zweiten Plateau, 1 min Pause
dritten Plateau, 2 min Pause
vierten Plateau, 3 min Pause
sechsten Plateau, 4 min Pause
Zwei Serien

3. TE: Treppensprints mit betontem Abdruck

Die Trainingseinheiten 1 und 2 werden mit je zwei Stufen pro Schritt absolviert. Dabei verringert sich die Frequenz, aber der Abdruck wird erheblich erhöht.

4. TE: 20 Treppensprints mit Schrittwechsel

Nach jedem Plateau Wechsel von Stufe für Stufe und je zwei Stufen pro Schritt:
2 x bis zum vierten Plateau, je 3 min Pause
4 x bis zum dritten Plateau, je 2 min Pause
8 x bis zum zweiten Plateau, je 1 min Pause
4 x bis zum dritten Plateau, je 2 min Pause
2 x bis zum vierten Plateau, je 3 min Pause

5. TE: 10 Treppensprints mit Schrittwechsel pro Sprint

Im Wechsel je ein Sprint Stufe für Stufe und danach je zwei Stufen pro Schritt:
2 x bis zum sechsten Plateau, je 4 min Pause
2 x bis zum fünften Plateau, je 3,5 min Pause
2 x bis zum vierten Plateau, je 3 min Pause
2 x bis zum dritten Plateau, je 2 min Pause
2 x bis zum zweiten Plateau, je 1 min Pause

Varianten in der Art von Sprungläufen und Stepps verstärken den Schnellkrafttrainingseffekt.

Nach demselben Prinzip der intensiven Kurzzeitbelastung lassen sich Schnellkraft- und Schnelligkeits-Trainingseinheiten auch mit Hilfsgeräten (Deuserband, Thera-Band, Gewichtsweste, Gewichtsschlitten, Bremsfallschirm, Kleinhanteln) durchführen.

Trainingsformen des **plyometrischen Trainings** sind in die Programme zum Schnelligkeitstraining integriert.

Im Folgenden werden spezielle Übungsprogramme des Stabilisationstrainings unter dem Gesichtspunkt der Verletzungsprophylaxe angeführt.

Sensomotorisches Training zur Verletzungsvorbeugung

Anforderungsspezifische sensomotorische Trainingsprozesse bilden eine wichtige Grundlage im Aufbautraining der Spieler. Die folgenden Ausführungen nehmen Bezug auf Beiträge von Klaus Eder und Helmut Hoffmann im Rahmen von Lehrdemonstrationen beim Fußball-Lehrer-Lehrgang und bei Symposien.

Sensomotorisches Training, in der Literatur häufig als **propriozeptives** Training bezeichnet, wird im Fußball bislang vorwiegend im Rahmen von Rehabilitationsmaßnahmen durchgeführt. Das folgende Konzept hat vorrangig die Verletzungsvorbeugung zum Ziel.

Die Gelenkstabilität hängt von der Haltefunktion der gelenkumgebenden Muskeln und Bänder und von der Kontraktionsgeschwindigkeit bei der Gelenkbelastung ab. Eine schnelle Kontraktion ist im Spiel erforderlich, um in den zahlreichen Zweikampfaktionen plötzlich auftretenden Schub- und Scherkräften entgegenzuwirken, zudem bei Schüssen für einen stabilen Stand bei den auftretenden „Schusskräften". Beispielsweise erfolgt der Spannstoß durch Streckung des Schussbeins (M. quadriceps femoris) bei gleichzeitiger Hemmung der Muskulatur der Oberschenkelrückseite (ischiocrurale Muskelgruppe). Dieses Zusammenspiel gewährleistet, dass über die Kniestreckmuskulatur der Unterschenkel zur Schlagausführung maximal schnellkräftig beschleunigt wird.

Diese Steuerungsmechanismen werden ausgelöst über Propriorezeptoren (Mechanorezeptoren) in Muskeln, Sehnen und Gelenken, die eine aktuelle Raum- und Lagebestimmung des Körpers vornehmen.

Sensomotorisches Training wird zum Zweck der Verletzungsvorbeugung eingesetzt und nach Verletzungen hat es vorrangig die Funktion, die verletzungsbedingten Ausfallerscheinungen im Reizleitungssystem des ZNS abzubauen.

Eine für den Fußballspieler maßgebliche Rolle in diesem Trainingskonzept spielen die Propriorezeptoren der Fußsohle, da sie stabilisierend über die Beinachse auf den gesamten Haltungsapparat des Rumpfs wirken.

Mit stabilisationsverbessernden Übungen, die auf die Füße und Beine ausgerichtet sind, lassen sich die neuromuskulären Reaktionsfunktionen gezielt verbessern. Präventiv und in der Rehabilitation werden dazu vielfach gleichgewichtsverbessernde Übungen auf instabilen Standflächen (Matten, Balance-Pad, Minitrampolin, Therapiekreisel, Posturomed u. a.) ausgeführt. Zur Steigerung der Trainingsintensität werden Zusatzgeräte wie Bälle, Deuserband und Thera-Band eingesetzt.

Schwierigkeitsgrad und Belastungsintensität müssen so gewählt werden, dass immer eine sichere Haltungsstabilität gewährleistet ist.

Der Trainingseffekt der Stabilisationsübungen zeigt sich in effektiveren Reiz-Reaktions-Prozessen (Reflexmechanismen), vor allem in sehr disponierten Situationen, wie beim Umknicken des Fußgelenks. Sowohl die gegensteuernde Reaktion als auch die schützende Kraftentfaltung laufen in Sekundenbruchteilen schneller ab.

Grundsätzlich gelten die angeführten Maßnahmen auch für das Rehabilitationstraining der entsprechenden Körperregionen. Damit nach Verletzungen die funktionelle Gelenkstabilität nicht dauerhaft beeinträchtigt bleibt, muss der Heilungs- und Rehabilitationsprozess konsequent abgeschlossen werden. Ein zu früher Wiedereinstieg ins Mannschaftstraining bzw. in den Wettspielbetrieb kann zu Langzeitschäden am Gelenkapparat, häufig an den Knorpelflächen, führen.

Ansatzpunkte des Stabilisationstrainings zur Verletzungsprophylaxe

Der Leistungsfußball erfordert eine umfassend und grundlegend gut ausgebildete Muskulatur. Da muskuläre Defizite und koordinative Einschränkungen eine wesentliche Ursache für Sprunggelenk- und Knieverletzungen sind und damit langfristige Leistungseinbußen nach sich ziehen, müssen die Akzente im Stabilisationstraining auf Muskelaufbau, kombiniert mit Koordination, insbesondere Gleichgewichtsschulung, gelegt werden. Generell ist beim Stabilisationstraining Wert auf Präzision zu legen.

Basistraining zur Verletzungsprophylaxe

Bei den Basisübungen ist auf eine funktionsgerechte Haltung zu achten:

Im Stand, Oberkörper etwas vorgebeugt, Beckenachse stabil, Kniegelenke leicht gebeugt, Beinachse zentral und stabil.

Gleichgewichtsübungen (auf Boden, Matte, Balance-Pad, Minitrampolin) im Einbeinstand:

1. Das freie Bein beugen und strecken.
2. Seitlich spreizen und anziehen.
3. Vor- und zurückschwingen.
4. Wie 3., aber alle drei Übungen auf dem Standbein federnd.
5. Einen zugeworfenen Ball mit dem Spann/der Innenseite zurückspielen.
6. Wie 5., aber nach Ballkontrolle.
7. Alle Übungen mit Ball mit fortlaufendem Beinwechsel.
8. Erhöhte Konzentrationsleistung durch zugeprellte Bälle.
9. Zugeworfene Bälle zurückköpfen.
10. Alle bisherigen Übungen auf dem Boden stehend mit zusätzlichem Widerstand (u. a. Thera-Band). Durch Zugeinflüsse mit dem Thera-Band werden erhöhte Anforderungen an die Gleichgewichtsstabilität gestellt.
    Weitere Trainingseffekte, speziell der Fußmuskulatur, lassen sich durch ein Training auf Sandboden und durch barfuß auf dem Rasen durchgeführte Übungen erzielen.

Leistungsaufbautraining zur Verletzungsprophylaxe

Die folgenden Übungen dienen vorrangig dem Leistungsaufbau im Sinne der Wettspielanforderungen und der Verletzungsprophylaxe:

1. **Standwaage**
   Im Einbeinstand mit gestreckten Armen den Oberkörper nach vorn bis zur Waagerechten beugen und gleichzeitig das freie Bein durch Anspannen der Gesäß- und Rückenmuskulatur mit dem Oberkörper auf eine Linie bringen. Die Fußspitze dabei anziehen, Bauch- und Schultermuskulatur anspannen.
   • Im Wechsel das freie Bein nach vorn strecken und zurückführen.
   • Im Wechsel das gestreckte Bein beugen und an die Brust ziehen.
   Je acht Wiederholungen

2. **Wie 1., aber in der Streckphase die Arme seitlich ausbreiten**
   Je acht Wiederholungen

3. **Einbeinstand, Außen-innen-Rotation des freien Beins** (Foto 89)
   Je 4 = 8 Wiederholungen

4. **Unterarmliegestütz gegengleich auf einem Arm und einem Fuß**
   Im Unterarmliegestütz ein Bein und den Arm auf der anderen Seite bis zur Waagerechten abheben, Fußspitze angezogen. Dabei Anspannung der Schulter-, Rücken- und Gesäßmuskulatur.
   - Im Zwei- (bis Vier-) Sekunden-Takt Arm- und Beinwechsel.
   - Im direkten Rhythmus Arm- und Beinwechsel.
   Armstütz schulterbreit (breitere Armstellung = höherer Schwierigkeitsgrad)
   Je 4 = 8 Wiederholungen

5. **Sit-ups**
   Rückenlage, Beine angestellt, Hände hinter dem Kopf verschränkt. Den Kopf leicht in die Hände drücken, Schultern und Kopf langsam einige Zentimeter anheben und wieder senken. (Foto 90)
   16 Wiederholungen

6. **Sitz, Beine angehoben, Gegenrotation von Oberkörper und angewinkelten Beinen**
   (Foto 91)
   10 Wiederholungen

7. **Beckenlift**
   Rückenlage, Beine angewinkelt, Becken heben und ein Bein in Verlängerung der Körperachse strecken, Fußspitze dabei angezogen. In die Ausgangsposition zurück. (Foto 92)
   Je 4 = 8 Wiederholungen mit jeweiligem Beinwechsel

8. **Seitliegestütz-Beinabspreizen**
Im Seitliegestütz das obere Bein abspreizen und schließen. (Fotos 93, 94)
Je 4 = 8 Wiederholungen

9. **Bauchlage, Spreizen und Zusammenführen von Armen und Beinen flach über dem Boden** (Foto 95)
12 Wiederholungen

10. **Brücke mit Anheben eines Beins**
Im Liegestütz auf den Unterarmen und Fußspitzen im Wechsel das rechte und das linke Bein gestreckt anheben.

11. **Im Stand (wenn möglich im Sitz) mit den Fußballen schnellstmögliche Bodenkontakte ausführen**
Vier Wiederholungen

12. **Schrittwechselsprünge mit voller Beinstreckung auf einem Absatz**
(kleiner Kasten, Stufe, ca. 30 cm hoch)
Je 4 = 8 Wiederholungen

13. **Sprunglauf (15 m)**
10 Sprünge, zwei Wiederholungen

14. **Anlauf im Zwei-Schritt-Rhythmus und Sprung**
(auf Matte, Balance-Pad, Minitrampolin) mit der Landung das Gewicht leicht abfedern.
Je vier Sprungkombinationen, zwei Wiederholungen

15. **Seilspringen mit kurzem Bodenkontakt**
10 Sprünge, vier Wiederholungen

16. **Sprünge über sechs Hürden**
   • Schlusssprünge, 90 cm hoch.
   • Einbeinsprünge, 70 cm hoch.
   Je zwei Wiederholungen

17. **Seitliche Steps über vier 90 (70) cm hohe Hürden**
Zwei Wiederholungen

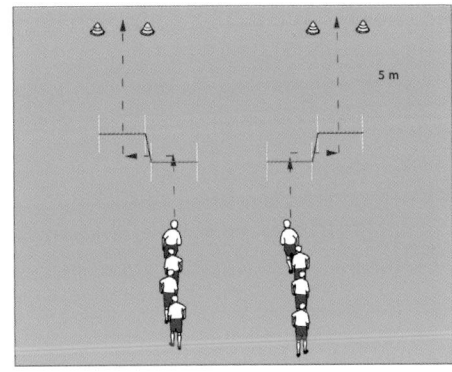

18. **Beidbeiniger Niedersprung von einem 30 cm hohen Kasten und sofortiges Überspringen einer 90 (70) cm hohen Hürde und 5 m Antritt**
Sechs Wiederholungen

Abb. 58

19. **Schlusssprünge über drei 70 cm hohe Hürden mit 5 m Antritt**
(Abb. 58)
Sprungfolge: Vorwärts, seitwärts, vorwärts, Antritt.

Komplexes Stabilisationsprogramm für die Fuß- und Beinmuskulatur zur Verletzungsprophylaxe

1. **Sprung in die Standwaage im Wechsel auf das rechte und auf das linke Bein**
Bein- und Rückenmuskulatur
Je 5 = 10 Wiederholungen

2. **Hochzehenstand**
Bein- und Fußmuskulatur
Im Stand, hüftbreit die Hände in den Hüften gestützt, schnellkräftig in den Hochzehenstand gehen und zurück.
10 Aktionen

3. **Pinguin (Vogelbach)**
Bein- und Fußmuskulatur
Zehenspitzenstand, Ferseninnenseiten zusammen, Kniegelenke gestreckt. Gewicht auf das rechte Bein verlagern. Fersen halten Kontakt, Fußspitzen anziehen, Wechsel.
• Mit dem Fußball in der Hochhalte.
• Mit geschlossenen Augen.
Als Vorübung: A übt. B hilft, mit dem Ball in Vorhalte die Balance zu halten.
8 Aktionen

4. **Seitlich versetzte Schlusssprünge mit Antritt**
   Bein- und Fußmuskulatur
   6 Schlusssprünge im Wechsel nach rechts und links und dann Antritt über 5 m.
   Zwei Durchgänge

5. **Hock-Strecksprünge seitlich**
   Bein-, Fuß- und Gesäßmuskulatur
   Beidbeiniger Sprung aus der Hocke (Oberschenkel parallel zum Boden) im Wechsel
   nach rechts und links, die Hände dabei seitlich am Kopf. Aus der gestreckten Positi-
   on den Sprung durch Beugen in den Knie- und Fußgelenken weich abfangen.
   Acht Sprünge, zwei Serien

6. **Wechselsprünge seitlich am Ort, dabei das freie Bein seitlich gestreckt hochhalten**
   Bein- und Fußmuskulatur
   Seitlich im Wechsel von einem Bein auf das andere springen.
   12 Sprünge, zwei Serien

7. **Einbeinsprünge über eine Linie**
   Bein- und Fußmuskulatur
   Schnellstmöglich mit einem Bein seitlich über eine Linie springen.
   10 Sprünge, zwei Serien mit jedem Bein

8. **Seitlich versetzte Einbeinsprünge mit kurzer Haltephase (ca. 2 s)**
   Bein- und Fußmuskulatur
   Mit höchstmöglichem Kraftimpuls abspringen, den Sprung weich und stabil in
   der Landung abfedern.
   10 Sprünge, zwei Serien

9. **Tempo-Wechselsprünge seitlich**
   Bein- und Fußmuskulatur
   Wie 6., aber in schnellstmöglichem Tempo im Wechsel seitlich von einem Bein
   auf das andere springen.
   12 Sprünge, zwei Serien

10. **Einbeinsprünge in explosiver Form im Zweier-(Dreier-)Rhythmus federnd und
    leise**
    Bein- und Fußmuskulatur
    10 Sprünge, zwei Serien

11. Ausfallschritt-Wechselsprünge
Bein- und Fußmuskulatur
Aus dem Ausfallschritt mit gleichzeitigem Hochschwingen der Arme hochschnellen und Schrittwechsel.
Acht Sprünge, zwei Serien

12. Federn mit leichtem Ausfallschritt
Bein- und Fußmuskulatur
Nach jeweils drei Aktionen Wechsel und höher federn.
12 Aktionen

13. Ausfallschritt-Wechselsprünge mit dreimaligem Federn auf dem Fußballen
Bein- und Fußmuskulatur
- Arme dabei seitlich gestreckt.
- Mit dem Fußball in der Vorhalte.
- Den Ball hinter dem Rücken halten.
- Für Kinder mit Überkopfwerfen.
Je Übungsform sechs Sprünge

14. Ausfallschritt partnerweise
Bein- und Fußmuskulatur
- Mit nach vorn gehaltenen Fußbällen den Partner aus der Balance bringen.
- Den Partner Ball gegen Ball über eine Linie drücken.
Je Übungsform sechs Aktionen

15. Versetzter Stangenlauf über 10 m
Bein- und Fußmuskulatur
Mit kurzen Bodenkontakten seitlich über die Stangen laufen:
- Hin und zurück.
- 4 m hin und 2 m zurück, wieder 4 m hin usw.
Acht Laufaktionen, zwei Serien

FIFA-Trainingsprogramm zur Verletzungsprophylaxe

Ergänzend stellen wir das von der FIFA in einer Gemeinschaftskampagne mit der Schweizerischen Unfallversicherungsanstalt (Suva) entwickelte „F-MARC-11-Präventionsprogramm" dar, das auf die Ausbildung der statischen, dynamischen und reaktiven neuromuskulären Kontrolle der Bein- und Rumpfmuskulatur abzielt. Mit 10 ausgewählten Übungen sollen bei den Nachwuchsfußballspielern Balancefähigkeit, Stabilisation und Koordination leistungswirksam und verletzungsvorbeugend ausgebildet werden. Kernziel ist die jeweils optimale Koordination der Körperpositionen im Bewegungsablauf.

1. **Unterarmstütz**
   Auf dem Bauch liegend, Fußspitzen aufstellen und den Oberkörper mit angewinkelten
   Armen abstützen. Gerade Linie! Ein Bein anheben.
   15 s halten, 2 x pro Bein.

2. **Unterarmstütz in Seitlage**
   Unteres Bein im rechten Winkel, oberes Bein
   bis Schulterhöhe anheben. Gerade Körperachse, Hüfte „anspannen"!
   15 s halten, 2 x je Seite.

3. **Hamstrings**
   Im hüftbreiten Kniestand, Arme vor der Brust
   gekreuzt, der Partner fixiert die Fußgelenke
   am Boden. Langsam nach vorn lehnen. Gerade Oberschenkel-Körperachse. Körpergewicht
   mit den Händen abfangen. Beanspruchung
   der ischiocruralen Muskulatur.
   Sechs Wiederholungen.

4. **Skilanglaufbewegung**
   Im Knie leicht gebeugt auf einem Bein
   stehend, strecken und beugen, die Arme
   schwingen im Rhythmus mit. Ganze Fußflä-
   che aufgesetzt.
   16 Wiederholungen je Bein.

5. **Einbeinstand mit Zuwerfen des Fußballs**
   Die Partner stehen sich jeweils auf dem
   rechten Bein im Abstand von ca. 3 m einan-
   der gegenüber, in Knie und Hüfte leicht ge-
   beugt, Gewicht auf den Ballen.
   Einen Fußball schnell mit der linken Hand
   hin und zurück werfen.
   Den Ball mit beiden Händen fangen.
   Den Ball mit der Gegenhand fangen.
   Den Ball mit der Wurfhand, nur mit kurzem Kontakt „fangen".
   Je 10 Wiederholungen pro Standbein.

6. Einbeinstand mit Rumpfvorbeuge
Wie 5., aber vor dem Wurf mit dem Fußball in der Hand den Boden berühren, ohne sich dabei abzustützen.
10 Wiederholungen.

7. Einbeinstand mit Ballführung in Achter-touren
Wie 5., aber vor dem Werfen den Fußball in Achtertouren um das Standbein führen, ge-bückt und aufrecht.
10 Wiederholungen.

8. Beidbeiniges Springen
Über eine 20 cm breite Zone mit leicht nach vorn geneigtem Oberkörper, Arme am Kör-per leicht gebeugt. Schnelle Sprünge Seit-wärts rechts/links.
Vor und zurück.
Je 10 Sprünge.

9. Zickzack-Shuffle
Sechs Markierungen (Hütchen) auf 10 x 20 m. Sprungbereit, mit leicht vorgebeugtem Ober-körper seitlich zur Laufrichtung stehend, den Parcours mit seitlichen Sprüngen schnellst-möglich absolvieren. Absprung und Lan-dung auf dem Vorderfuß.
Zwei Durchgänge (rechte/linke Seite vorn).

10. Hoch-Weitsprünge über 30 m auf einem Bein
Kräftiger (weiter und hoher) einbeiniger Ab-sprung, Landung auf dem Sprungbein.
Zwei Durchgänge.

Fair Play-Appell

Durch Fouls wird ein Großteil der Verletzungen im Fußball verursacht. Deshalb appelliert die FIFA an die Einhaltung der Spielregeln und an Fair Play.

Mit diesem Programm will die FIFA einen positiven Akzent für das Aufbautraining im Juniorenfußball setzen. Nach praktischer Erprobung erscheinen jedoch einige Modifikationen sinnvoll. So empfiehlt es sich, z. B. die Übung „Hamstrings" so auszuführen, dass der Übende in Bauchlage mit leicht angewinkelten Knien die Unterschenkel gegen den Widerstand des Partners Richtung Gesäß zieht. Beim „Zickzack-Shuffle" erscheint es angemessen, die Distanz auf die Hälfte zu kürzen, mit maximal vier Richtungsänderungen.

Anmerkung zum Kraftaufbautraining nach Verletzungen

Abschließend erfolgen einige Anmerkungen zur verletzungsbedingten Wiederherstellung der Leistungsfähigkeit.

Grundsätzlich gelten die angeführten Maßnahmen zur Verletzungsprophylaxe auch für das Rehabilitationstraining nach Verletzungen. Damit als Folgeerscheinung die funktionelle Gelenkstabilität nicht dauerhaft beeinträchtigt bleibt, muss der Heilungs- und Rehabilitationsprozess konsequent abgeschlossen werden. Ein zu früher Wiedereinstieg ins Mannschaftstraining bzw. in den Wettspielbetrieb kann zu Langzeitschäden am Gelenkapparat führen, häufig sind die Knorpelflächen betroffen.

Im Folgenden stellen wir aus unseren Aufzeichnungen ein Kurzprogramm an Kraftgeräten vor, das zeitgleich mit zwei Spielern nach ausgeheilter Sprunggelenkverletzung und behobener Innenbandzerrung unter Anleitung des Konditionstrainers über den Zeitraum von sechs Wochen durchgeführt wurde. Das separate, individuell auf den Leistungsstand abgestimmte Aufbautraining umfasste neben dem Kraftaufbau eine Laufschule, Sprung-Lauf-Variationen sowie Balltechniken.

- **Leg Extension (beidbeinig / einbeinig)**
  Kräftigung der vorderen Oberschenkelmuskulatur des vorderen Schienbeinmuskels. Mit geradem, an die Lehne gedrückten Rücken, Fußpolster am Fußgelenk, die Kniegelenke strecken und wieder beugen.

- **Leg Curl (beidbeinig / einbeinig)**
  Bei guter Fixierung des Körpers, achsengerechter Positionierung des Hüftgelenks zur Vermeidung starker Belastung im Bereich der Lendenwirbelsäule hat die

Übung eine multifunktionelle Wirkung auf das bedeutende Muskelsystem der Körperrückseite (unterer Teil des Rückenstreckers, großer Gesäßmuskel, hintere Oberschenkelmuskulatur).

Ausgangsposition: Fußpolster am Wadenende, leicht gebeugte Kniegelenke.

Die Übung wird beidbeinig und einbeinig durchgeführt. Bei einbeiniger Ausführung wird das inaktive Bein neben der Auflage angezogen unter dem Körper auf den Boden gestellt, um mit aufgerichtetem Becken die Zugwirkung auf den unteren Rücken etwas zu reduzieren.

- **Leg Press (beidbeinig/einbeinig)**
  Aktiviert die komplette Oberschenkelmuskulatur.

  Technisch einfache Ausführung: Schulterbreite Fußstellung, Knie auf Höhe des Vorderfußes, ganze Sohle belasten.

- **Standing Gluteus (rechts/links)**
  Mit dieser Übung wird der Komplex der Muskulatur des unteren Rückenstreckers, des großen Gesäßmuskels und der hinteren Oberschenkelmuskulatur trainiert.

  Im Stand, leicht gebeugt mit geradem Rücken, wird gegen den Widerstand das Bein bis zur vollen Streckung des Hüftgelenks nach hinten gedrückt.

  Bei der Einstellung darauf achten, dass die Hüftachse auf Höhe der Drehachse der Maschine liegt.

- **Fersenheben im Stand mit der Langhantel**
  Kräftigung der Wadenmuskulatur.

  Fersen maximal anheben und kontrolliert wieder absenken.

- **Kniebeuge mit der Langhantel**
  Unter Anleitung trainiert, ist dies die koordinativ anspruchsvollste und effektivste Kräftigung für die Beinmuskulatur, vorrangig der Oberschenkelvorderseite, mit komplexer Wirkung auf den großen Gesäßmuskel und die Stabilisationskräfte im unteren Bereich des Rückenstreckers.

  Die Übung in schulterbreiter, parallel leicht nach außen gerichteter Fußstellung, das Gewicht auf dem ganzen Fuß, mit geradem Rücken ausführen. Die Rumpfmuskulatur ist dabei stabilisierend angespannt. Die komplette Muskelanspannung bleibt während der gesamten Übungsausführung erhalten.

Schnelligkeit

Die Schnelligkeit hat unter den konditionellen Leistungsvoraussetzungen im Fußball die größte Bedeutung. Ihr Stellenwert wird noch dadurch verstärkt, dass anlagebedingt einer Leistungssteigerung wesentlich engere Grenzen gesetzt sind als im Ausdauer- oder Kraftbereich.

Global bezeichnet man mit Schnelligkeit im Fußball die Fähigkeit, zyklische und azyklische Bewegungen in maximaler Geschwindigkeit auszuführen.

Verfolgt man die Entwicklung des Fußballspiels in den letzten 30 Jahren, so sind deutliche Fortschritte hinsichtlich Athletik, Dynamik und Tempoausprägung festzustellen. Auch die leistungsstarken Mannschaften in der Champions League dokumentieren eine exzellente Spielweise auf dem Qualitätsniveau von hohem Tempo und zugleich großer Präzision.

Die leistungsbestimmenden Schnelligkeitsanforderungen im Fußball sind:

- Starts, Beschleunigungen, Sprints,
- Antritte mit Abbrechen,
- Sprints mit Richtungsänderungen,
- Sprünge,
- Sprünge in Kombination mit Antritten,
- koordinative Fähigkeiten,
- Einzelaktionen mit Ball,
- komplexe Spielhandlungen.

Physiologische Grundlagen des Schnelligkeitstrainings im Fußball

Das fußballspezifische Schnelligkeitstraining orientiert sich an den aufgeführten Handlungsabläufen und an den konditionellen Anforderungen des Wettspiels. Eine allseitig gut ausgebildete Muskulatur bildet die Grundlage für die Verbesserung der Schnellkraft und der Schnelligkeit.

In absoluten Zahlen gemessen, erscheint der durch muskuläre und neuronale Anpassungsprozesse des Schnelligkeitstrainings erreichbare Leistungszuwachs gering, in Relation gesehen können die erzielten Resultate jedoch spielentscheidend sein.

Schnelligkeitseigenschaften werden im Wesentlichen von folgenden biologischen Voraussetzungen bestimmt:

- Muskelfaserkonstellation,
- intramuskuläre und intermuskuläre Koordination,
- aerob-alaktazide Energiebereitstellung,
- motivationale Steuerung.

Die trainierbaren grundlegenden Kriterien der Schnelligkeit sind folglich:

- Funktionszustand des neuromuskulären Systems,
- schneller und optimaler Krafteinsatz aller am Bewegungskomplex beteiligten Muskeln,
- Niveau der Gelenkbeweglichkeit,
- Qualität der Fußballtechnik,
- Ausprägung der Willenseigenschaften,
- Konzentrationsfähigkeit.

Traditionell wird Schnelligkeit differenziert in:

- Reaktionsschnelligkeit (Reizaufnahme, -verarbeitung, Bewegungsauslösung),
- Laufschnelligkeit (zyklische Bewegungsschnelligkeit),
- Bewegungsschnelligkeit (azyklische Bewegungsschnelligkeit),
- Handlungsschnelligkeit (komplexe geistig-motorische Spielhandlung).

Abbildung 59 veranschaulicht die Wechselbeziehungen der Schnelligkeitskomponenten in einem Strukturmodell.

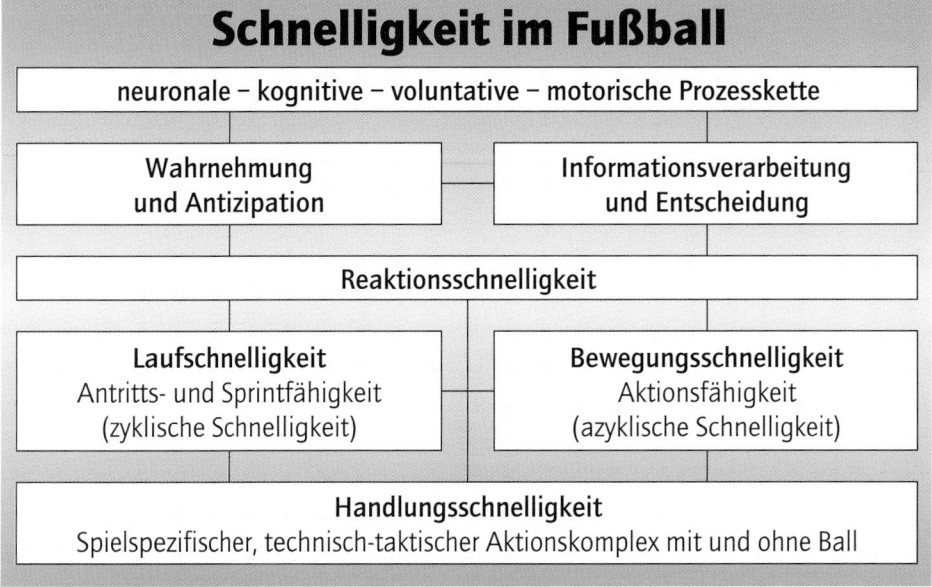

Abb. 59: Strukturmodell der Schnelligkeit im Fußball

Reaktionsschnelligkeit

Die **Reaktionsschnelligkeit** ist biologisch limitiert. Sie ist auslösendes Element beim Antritt (Laufschnelligkeit) und mit entscheidend bei der Aktionsschnelligkeit (Bewegungsschnelligkeit). Zudem spielt sie eine zentrale Rolle im Komplex der Handlungsschnelligkeit, bei der Reizwahrnehmung und Informationsverarbeitung bis zur motorischen Reaktion.

Entsprechend den Anforderungen wird in **Einfach-** und **Mehrfach-** bzw. **Wahlreaktionen** unterschieden. Im Fußball treten in der Regel komplexe Reiz-Reaktions-Situationen auf, die zu anspruchsvollen Wahlreaktionen führen. Dazu sind Wahrnehmungsschnelligkeit und Wahrnehmungsqualität, wie Diskriminanzvermögen, erforderlich. In diesem Zusammenhang spielt die Konzentrationsfähigkeit im heutigen Fußball eine maßgebliche Rolle, und zwar die Reizwahrnehmung und -selektion mit den zentralen Schaltvorgängen und Nervenimpulsen.

Wahrnehmungs- und Entscheidungsschnelligkeit

Hochklassige Fußballspieler verfügen über eine ausgeprägte **Wahrnehmungsschnelligkeit**, **Wahrnehmungsqualität** und **Entscheidungsschnelligkeit**. Sie erkennen auf einen Blick die Situation, behalten auch in Stresssituationen die Übersicht und treffen situationsgerechte Entscheidungen. Bei Spielern dieser Klasse laufen die mentalen und motivationalen Prozesse und insbesondere die konzentrationsbedingte Anspannung auf höchstem Niveau ab. Man spricht in diesem Zusammenhang auch von „Antizipationsschnelligkeit". Auf langjähriger Spielerfahrung und unzähligen Trainingsprozessen beruhende Antizipationsfähigkeit ermöglicht es den Spielern, sich auf Situationen und Anforderungen vorausblickend einzustellen und adäquate Handlungsprogramme abzurufen. Diese Spieler verfügen zudem über eine wettspielkonstante Konzentrationsfähigkeit mit schneller Reaktionszeit. Allerdings gibt es auch auf diesem Leistungsniveau erhebliche interindividuelle Unterschiede.

Im Idealfall komplettiert eine ausgeprägte Leistungsmotivation das persönliche Fähigkeits- und Leistungsprofil, denn die erforderliche maximale Ausbelastung und Mobilisation der verfügbaren Energiereserven beim Schnelligkeitseinsatz sowohl im Wettkampf als auch im Training lassen sich nur über höchste Leistungsbereitschaft und absoluten Willenseinsatz erreichen.

Als Ausgangspunkt für die Trainingsplanung ist zu berücksichtigen:

- **Reaktionsschnelligkeit**
  Eine minimale Verbesserung der anlagebedingten Voraussetzungen lässt sich durch Konzentrations-Reaktions-Übungen erzielen. Z. B. durch verdeckt zugewor-

fene Bälle zum Torschuss oder reflexartige Abwehrhandlungen des Torhüters bei Schüssen aus kurzer Distanz.

- **Wahlreaktionsschnelligkeit**
  Ein Training der Wahlreaktionsschnelligkeit lässt einen größeren Entfaltungsspielraum zu, wie es beispielsweise Toni Schumacher bei Bayer 04 Leverkusen mit einem speziellen „Barriere-Training" für die Torhüter durchführte. Vier 1 m breite, flache Rampen wurden vor dem Tor im 16-m-Raum verteilt. Die flachen Torschüsse gingen entweder durch die Lücken oder wurden von den Rampen hochgelenkt.

  Da die Wahlreaktionsschnelligkeit wesentlich abhängig ist von der Antizipationsfähigkeit und dem technomotorischen Können, zeigten sich deutliche Qualitätsunterschiede zwischen dem hochklassig erfahrenen Torhüter und den talentierten Nachwuchstorhütern. Der erfahrene Torhüter „pflückte" die durch die Barriere hochschnellenden Bälle sicher herunter, die noch nicht so gut ausgebildeten Torhüter waren nur in der Lage, diese Bälle mit der Hand abzulenken.

Alternativ können Trainingsformen, wie die beiden folgenden, durchgeführt werden.

1. Im 16-m-Raum sind Puppen (Dummys) versetzt aufgestellt (Abb. 60). Der Trainer (Spieler) bewegt sich mit einem Ball auf Höhe des Strafraums. Der Torhüter verfolgt konzentriert den Lauf des Trainers und stellt sich in seinem Abwehrverhalten auf die jeweilige Schussposition ein. Die Bälle können durch die jeweiligen Lücken geschossen oder aber auch abgefälscht werden.

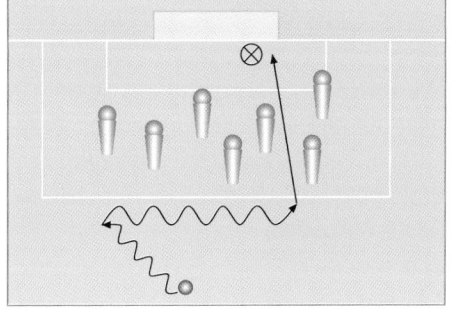

Abb. 60: Torhüterreaktionstraining mit Dummys

2. Wie 1., aber die Bälle werden vom Trainer aus der Hand als Aufsetzer oder als Dropkick geschossen.

Bei Feldspielern zeigt sich die Wahlreaktionsschnelligkeit in der Auswahl der situationsgerecht zweckmäßigsten motorischen Lösung, z. B. wenn ein Angriffsspieler in der 1:1-Situation in hohem Tempo auf den Torhüter zudribbelt. Für beide Akteure ist Wahlreaktionsschnelligkeit gefordert.

Gegenüber der Reaktionsschnelligkeit lässt sich bei der Wahlreaktionsschnelligkeit eine erhebliche Leistungsverbesserung erreichen. In Abhängigkeit von langjähriger Wettkampfpraxis und häufigem Training kann ein über 20 %iger Leistungszuwachs erzielt werden.

Laufschnelligkeit

Die Laufschnelligkeit zeigt sich im Spiel in Form von:

- Starts,
- Antritten,
- Sprints,
- Antritten und Richtungsänderungen,
- Antritten und Abbrechen mit erneutem Antritt,
- Tempodribblings,
- schnellem Kombinationsspiel,
- Torhüteraktionen.

Die individuelle Laufschnelligkeit lässt sich durch leistungsdiagnostische Tests präzise erfassen (siehe Schnelligkeitstest).

Trotz ihrer biologischen Bedingtheit sind durch regelmäßige Koordinationsschulung und systematisches Sprinttraining wirksame Leistungseffekte zu erzielen.

Bewegungsschnelligkeit

Die **Bewegungsschnelligkeit** kommt in den meisten Zweikampfsituationen und vor allem in den spielentscheidenden Angriffs- und Abwehrsituationen vor dem Tor zum Tragen. Trainiert wird sie individuell, z. B. beim Torschuss- oder beim Torhütertraining und zudem als Begleiteffekt in vielfältiger Form bei gruppen- und mannschaftstaktischen Aufgaben.

Handlungsschnelligkeit

Handlungsschnelligkeit und **-präzision** sind Maßstäbe des spielerischen Leistungsniveaus im Fußball. Handlungsschnelligkeit kennzeichnet das schnelle Registrieren (Wahrnehmen, Erkennen) von Situationen und das neuronale Umsetzen der Informationen bis zur motorischen Aktivität.

Im Fußballspiel kommt es permanent zu unterschiedlich komplexen Prozessketten, an denen visuelle, neuronale, gedankliche, motivationale und motorische Impulse beteiligt sind. Daraus ergibt sich folgende Begriffsbestimmung:

Als Handlungsschnelligkeit im Fußball bezeichnen wir die Fähigkeit, auf Grund von visuellen, gedanklichen, technisch-taktischen und konditionellen Möglichkeiten situationsspezifisch schnellstmöglich und genau zu handeln.

Die Handlungsschnelligkeit ist auf Grund der Informationsaufnahme und -verarbeitung, des Einsatzwillens und des situationsadäquaten motorischen Handlungsvollzugs die komplexeste Form der Schnelligkeit. Sie umfasst Reaktionsschnelligkeit, Laufschnelligkeit und Bewegungsschnelligkeit mit den Komponenten:
- Wahrnehmungsschnelligkeit,
- Antizipationsschnelligkeit,
- Entscheidungsschnelligkeit.

Die Handlungsschnelligkeit unterliegt zwei Qualitätskriterien. Zum Ersten dem aus dem Begriff ableitbaren, schnellen Handeln und zum Zweiten der Präzision (neuromuskuläre Steuerung, intra- und intermuskuläre Koordination) der situationsadäquaten Technik (Abb. 61). Als Leitsatz formuliert, bedeutet das:

Qualität bzw. Effektivität im Spiel-Handeln resultiert aus dem Zusammenwirken von Schnelligkeit und Genauigkeit.

Auf die Wettspielpraxis bezogen, lautet die eindeutige Forderung an die Spieler:

Genauigkeit geht vor Schnelligkeit!

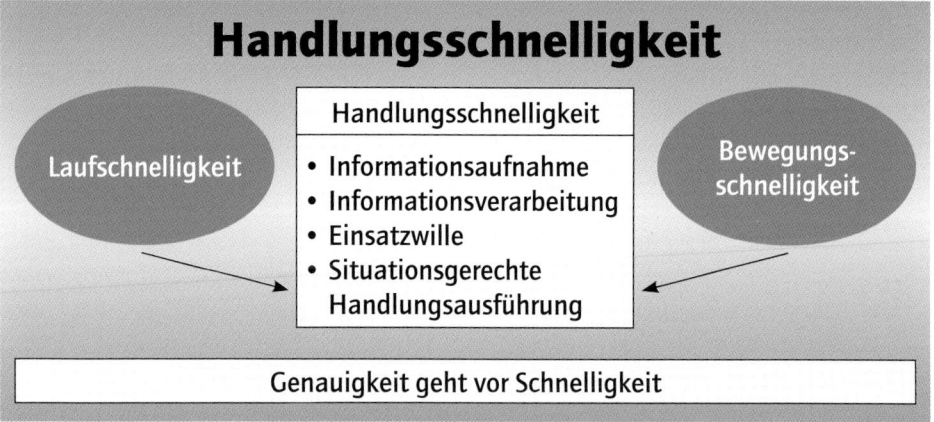

Abb. 61: Handlungsschnelligkeit im Fußball

Handlungsschnelligkeit hängt im heutigen Spitzenfußball in hohem Maße von der Konzentration ab. Der Trainer muss deshalb von seinen Spielern immer wieder verlangen, hellwach zu sein, mitzudenken, vorauszusehen und fortwährend schnellstmöglich gedanklich und physisch umzuschalten. Dazu gehört, frühzeitig die beste Position für Abwehr- und Angriffshandlungen zu erkennen und sich dann mit höchstem Willenseinsatz durchzusetzen.

Damit sind gedankliche Auseinandersetzung und Konzentration wichtige Bestandteile des Schnelligkeitstrainings, auch im Zusammenhang mit der Eigenverantwortung. Deshalb sollen Trainer und Spieler sich im Training (und Wettspiel) immer wieder die Frage stellen: Hast bzw. hattest du die beste Position? Unterbrechung und Korrektur sind Orientierungspunkte des Trainings. Bei richtigem, d. h. erfolgreichem Verhalten sollen kurze Hinweise an die Spieler zur Verstärkung und bei fehlerhaftem Verhalten zur Einzelkorrektur und zur Vermeidung zukünftiger Wiederholung erfolgen. Wir müssen uns als Trainer bewusst sein:

Wird falsches Verhalten im Training toleriert, übertragen sich die Fehler ins Wettspiel.

Gedankliche Schnelligkeit muss genauso trainiert werden wie die physische Schnelligkeit, um bei den Spielern Fähigkeiten zu entwickeln und Bewusstseinsprozesse auszulösen, sich nicht überraschen zu lassen, weil sie zwischenzeitlich abschalten, gedanklich nicht mitspielen, „nicht damit gerechnet" haben. Um diese anspruchsvolle Zielsetzung zu realisieren, sind im Training immer wieder Spielformen einzubauen, die, dem jeweiligen Leistungsniveau entsprechend, höchste Anforderungen an die Handlungsschnelligkeit der Spieler stellen.

Dabei kommt vor allem dem schnellen, vorausschauenden Verhalten ohne Ball große Bedeutung zu, denn weitaus mehr als 90 % ihrer Zeit und Aktionen auf dem Spielfeld absolvieren die Spieler ohne Ball. Deshalb ist bei den Aktionen mit Ball höchste Konzentration und Präzision gefordert.

Verdeutlichen wir dies am Beispiel des Torschusses. Analysen von Welt- und Europameisterschaften belegen, dass ca. 90 % der Tore innerhalb des Strafraums erzielt werden. Zudem fallen die meisten Tore nach einem direkten Torschuss oder nach zwei Ballkontakten. Der Distanzschuss wird in erster Linie von Freistoßspezialisten genutzt, ansonsten werden relativ wenig Tore aus größerer Entfernung erzielt. Somit ist die technische Perfektion des direkten Torschusses oder des Torschusses nach schnellstmöglicher An- und Mitnahme innerhalb des Strafraums ein zentrales Ziel des Trainings der Handlungsschnelligkeit. Die Reaktionsschnelligkeit ist durch die reine Nervenleitungsgeschwindigkeit limitiert, bei der Handlungsschnelligkeit lässt sich dagegen durch den komplexen Prozess der Informationsaufnahme, -verarbeitung und Handlungsausführung ein beträchtlicher Trainingseffekt erzielen. Deshalb ist Handlungsschnelligkeit regelmäßig von einfachen zu komplexen Spielsituationen unter wettspieltypischen Bedingungen zu trainieren. Im Praxisteil wird eine umfassende Auswahl entsprechend zielbezogener Trainingseinheiten vorgestellt.

Die zunehmenden Wettkampf- und Trainingsbelastungen, von denen in besonderem Ausmaß talentierte Nachwuchs- und Auswahlspieler betroffen sind, stellen hohe Anforderungen an die mentalen Prozesse und an die Willenseigenschaften im Zusammenhang mit der Handlungsschnelligkeit und der Konzentrationsfähigkeit. Nach dem angeführten Prinzip des Spielhandelns, „Genauigkeit vor Schnelligkeit", ist vor allem bei jungen Spielern Wert auf die entsprechenden Qualitätsmerkmale der Technik zu legen:

* Bewegungspräzision,
* Bewegungsdynamik,
* Bewegungsrhythmus,
* Bewegungskopplung.

Verantwortung und Willensaktivierung

Die Qualität des Spiel-Handelns ist nicht allein von den angeführten physischen Bedingungen abhängig. In jüngster Zeit hat sich „Druck" zu einem Schlagwort im Fußballsport entwickelt. Sporadisch zunehmende emotionale Entgleisungen von Spielern, ein teilweise unkontrolliert auftretendes Aggressionspotenzial erfordern Maßnahmen zu individueller Stresskontrolle und zu größerer sozialer Kompetenz. Starker Erfolgszwang, Versagensängste und Misserfolgsfurcht beeinträchtigen die kognitiven Regulationsprozesse, führen zu Entscheidungsunsicherheiten, verzögerten Reaktionen und gehäuften Fehlern. Dazu zählen auch unkontrollierte und überharte Fouls. Zudem wird die Kreativität eingeschränkt.

Auch in diesem Bereich kann der Trainer durch Aufbau und Stabilität physischer Belastbarkeit und durch Bewusstseinsprozesse und mentale Schulung seiner Spieler gute Voraussetzungen für Leistungskonstanz auch in kritischen Situationen schaffen.

Schnelligkeit und Kreativität

Die Entfaltung körperlicher und koordinativer Fähigkeiten dient auch der Förderung geistiger Fähigkeiten. Je vielfältiger das Bewegungsspektrum ist, desto mehr Vernetzungen entstehen im Gehirn.

Kreativität wird im Zusammenhang mit Schnelligkeit bzw. Handlungsschnelligkeit in vielen Spielsituationen gefordert. Beispielsweise in der 1:1-Situation. Aufschlussreich sind die Erklärungen eines ehemaligen Nationalspielers, wenn er allein mit dem Ball auf das gegnerische Tor bzw. auf den gegnerischen Torhüter zuläuft. „Wenn der Keeper mir etwas anbietet oder sich z. B. mit dem Körper vor den Ball wirft, dann lupfe ich den Ball. Wenn ich aber mit hohem Tempo auf den Torwart zudribble und der Abwehrspieler eine gewisse Distanz aufweist, dann versuche ich, den Torhüter mit einem Übersteiger, je nach Situation nach links oder nach rechts, auszuspielen. Bei einem langsamen Dribbling versuche ich, den Ball am Keeper vorbeizuschnipsen."

Schnelligkeitstraining: Planungsgrundlagen aus wissenschaftlichen Erkenntnissen und Erfahrungswerten

In jüngster Zeit wird der Schnelligkeit im Fußball erhöhte Aufmerksamkeit auch auf wissenschaftlichem, insbesondere leistungsdiagnostischem Sektor gewidmet. Bei einem Überblick über die einzelnen Studien stellen sich für den Trainer die Schlüsselfragen:

- Sind die Ergebnisse aussagekräftig und repräsentativ?
- Sind die Ergebnisse anwendbar?
- Letztlich lautet die Kernfrage:
  Sind die Tests (Untersuchungen) für meine Mannschaft von praktischem Nutzen?

Ende der 1990er Jahre hat der niederländische Bewegungswissenschaftler Raymond Verheijen einige grundlegende Untersuchungsergebnisse zu Schnelligkeitsleistungen von Profis und A-Junioren der höchsten niederländischen Leistungsklasse veröffentlicht. Obwohl die Spielleistungen und die Genauigkeit der Analysesysteme sich seit dieser Untersuchung weiterentwickelt haben, bieten die Untersuchungsergebnisse eine aussagekräftige Basis für Vergleichszwecke mit eigenen Erkenntnissen und als Anhaltspunkt für die Trainingssteuerung.

Seit 2004 liegen uns durch das Amisco Pro-Analysesystem der Firma MasterCoach exakte aktuelle Werte vor. Dieses System kann durch eine Installation von acht Videokameras um

Tab. 9: Sprintdistanzen und -aktionen im Wettspiel von niederländischen Profis und A-Junioren nach Verheijen

Spieler ↓/Sprintdistanzen u. -aktionen →	1-5 m	6-10 m	11-20 m	21-30 m	31-40 m	< 40 m	Höchstdistanz (m)	Gesamte Anzahl Aktionen	Sprintstrecke (km)	Gesamtstrecke (km)
Verteidiger										
Profis	83	47	18	8	4	2	56	162	1,4	8,4
A-Junioren	54	24	12	6	3	3	54	102	0,9	8,0
Mittelfeldspieler										
Profis	70	31	11	6	6	3	63	127	1,1	10,9
A-Junioren	57	14	11	6	4	2	66	94	0,8	10,7
Stürmer										
Profis	76	59	28	14	4	2	53	183	1,8	9,8
A-Junioren	54	47	21	8	3	1	51	134	1,3	9,3
Profis x̄	76,3	45,7	19,0	9,3	4,7	2,3	57	157	1,4	9,7
A-Junioren x̄	55,0	28,3	14,7	6,7	3,3	2,0	57	110	1,0	9,3

das Spielfeld und mittels eines speziellen Computerprogramms alle Aktionen eines Spielers mit der exakten Bewegungsgeschwindigkeit in jeder Spielsituation analysieren.

In Tabelle 9 sind in einem Überblick die von Verheijen ermittelten anteiligen Sprint-strecken an den Gesamtlaufstrecken in Wettspielen von Profis und A-Junioren, unter-teilt nach Positionen, aufgeführt.

Ins Gewicht fällt der deutliche Unterschied zwischen den Profis und den A-Junioren in der Gesamtsprintstrecke, dagegen ist der Unterschied im Bereich der gesamten Lauf-strecke unbedeutend. Die Sprintleistungen sind bei den Profis gegenüber den A-Juni-oren um etwa 40 % höher.

Stürmer legen im Vergleich zu Abwehr- und Mittelfeldspielern im Sprint die längste Gesamtstrecke zurück.

Aufschlussreicher und von grundlegender Bedeutung für das Schnelligkeitstraining sind die in Tabelle 9 aufgeschlüsselten einzelnen Sprintdistanzen.

Bei den erbrachten Sprintleistungen unterscheiden sich Profis und A-Junioren deut-lich hinsichtlich der Anzahl und der differenzierten Gesamtsprintdistanzen. Im Mann-schaftsmittel leisten die Profis 157 Schnelligkeitsaktionen im Spiel, die A-Junioren kommen dagegen nur auf eine Durchschnittsquote von 110 Aktionen.

Differenziert nach Mannschaftsteilen, sprinten die Stürmer am häufigsten, die Mittel-feldspieler verzeichnen mit deutlichem Abstand den geringsten Anteil.
Abbildung 62 veranschaulicht die für die Trainingssteuerung maßgeblichen Anteile der Sprintdistanzen im Wettspiel.

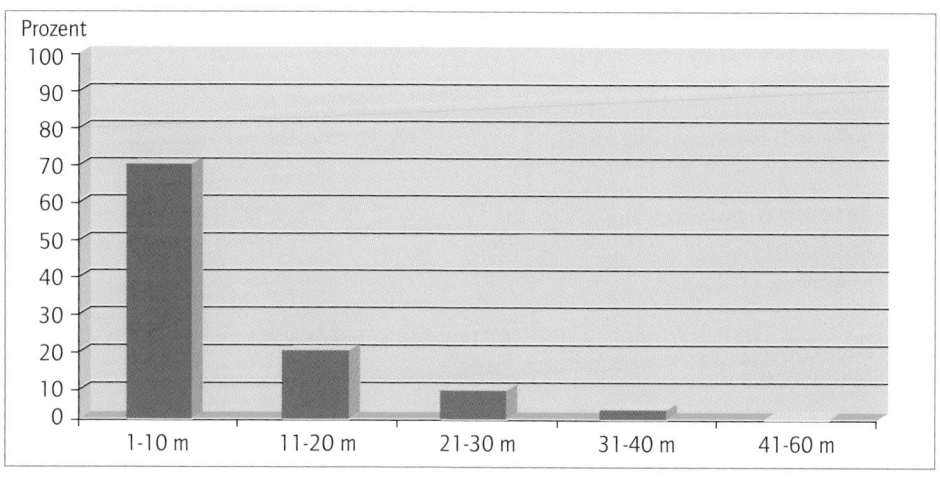

Abb. 62: Prozentuale Anteile der Sprintdistanzen im Wettspiel von niederländischen Profis und A-Junioren nach Verheijen

Aufgeschlüsselt nach Streckenlängen, lässt sich erkennen, dass die meisten Sprints im Wettspiel im Bereich bis zu 10 m absolviert werden:

- Sprints von   1-10 m   ca.   70 %
- Sprints von   11-20 m   ca.   20 %
- Sprints von   21-30 m   ca.   7 %
- Sprints von   31-40 m   ca.   2,5 %
- Sprints von über 40 mca.   0,5 %

Unsere Untersuchung im Spitzenfußball (Bundesliga und Champions League) ergab einen Anteil der Sprintdistanzen bis 20 m von nahezu 90 % (Tab. 10).

Tab. 10: Schnelligkeitsleistungen in einem exemplarischen Vergleich von Bundesliga und Champions League

Sprintleistungen	Bundesliga	Champions League
Distanz bis 20 m	80-90 %	90 %
Anzahl der „Maximalsprints"	10-30	20-40
Sprintaktionen mit Gegnereinwirkung		
Zu Beginn	10 %	5 %
In der Endphase	40 %	65 %

Es handelt sich bei den vorliegenden Daten um Stichproben und nicht um repräsentative Werte. Im Einzelnen sind folgende weitere Trends ableitbar:

- Hinsichtlich der Anzahl der Sprints, vor allem im Zusammenhang mit Gegnerkontakt, bestehen erhebliche Unterschiede zwischen Bundesliga und Champions League.

- Die Anzahl der „Maximalsprints" im Spiel schwankt bei den Feldspielern zwischen 10 m und 40 m.

- Hinsichtlich der Ausgangssituation der Sprints ist festzustellen, dass sie größtenteils aus der Bewegung eingeleitet werden, wobei anteilig „zügiger Lauf" gegenüber Trab und Gehen dominiert.

- Bei den Sprintaktionen mit Gegnereinwirkung fallen die größten Anteile auf die Endphase des Sprints.

Tab. 11: Gesamtlaufleistungen und anteilige Sprintstrecken im Spitzenfußball. Eine Gegenüberstellung von Ergebnissen Verheijens (1996) und Amisco Pro (2004) aus Spielen der ersten Ligen in Spanien, Frankreich und England

Spieler/Lauf-distanzen	Verheijen (1996)		Amisco-system (2004)	
	Ges. Laufstrecke	Ges. Sprintstrecke	Ges. Laufstrecke	Ges. Sprintstrecke
Verteidiger	8.400 m	1.356 m	10.600 m	1.650 m
Mittelfeldspieler	10.900 m	1.117 m	11.400 m	1.450 m
Stürmer	9.800 m	1.752 m	10.000 m	2.180 m
Mannschaftsmittelwert	9.700 m	1.408 m	10.700 m	1.760 m

Ein Vergleich der Sprintleistungen in der ersten mit denen der zweiten Halbzeit zeigt bei Verheijens Untersuchung, dass die Sprintleistungen in der zweiten Halbzeit erheblich abfallen. Von Amisco Pro liegen uns konträre Ergebnisse vor, sodass davon auszugehen ist, dass spielspezifische Gegebenheiten (Spielstand, Bedeutung u. a.) und offensichtlich nichtkonditionelle Faktoren eine maßgebliche Rolle spielen.

Die Daten von Amisco Pro lassen zudem erkennen, dass die Laufbelastungen seit der 1996er Studie insgesamt, und entscheidend, speziell im Sprintbereich, erheblich zugenommen haben (Tab. 11).

Für die Trainingssteuerung ist in erster Linie die Erhöhung der durchschnittlichen Gesamtsprintleistung im Wettspiel von 1.408 m auf 1.760 m in Bezug auf die Gesamtlaufstrecke von Bedeutung. Zudem bestätigen die Daten, dass die Stürmer mit durchschnittlich 2.180 m Sprintstrecke gegenüber den Abwehrspielern und vor allem den Mittelfeldspielern ($\bar{x}$ 1.450 m) den größten Anteil an den oft zweikampf- und spielentscheidenden Sprintleistungen im Wettspiel erbringen.

Der aktuelle Auszug aus dem Amisco Pro-Datensatz in Bezug auf zwei Spieler eines Bundesligaspiels zwischen zwei Spitzenmannschaften (Champions League-Teilnehmer) verdeutlicht die Bedeutung der Leistungsdifferenzierung für den Trainer (Tab. 12).

Tab. 12: Gesamte Laufleistungen und Sprintleistungen im Vergleich von zwei Spielern (Innenverteidiger und Mittelfeldspieler) einer Bundesligamannschaft im Meisterschaftsspiel

Laufleistungen	IV	MF (außen)
Laufdistanz insgesamt	8,9 km	11,7 km
Durchschnittliche Geschwindigkeit	5,9 km/h	7,8 km/h
Laufdistanz in hoher Intensität	331 m	1.226 m
Durchschnittliche Zeitabstände zwischen den Sprints	4:58 min	1:18 min

Schnelligkeitsaktionen in Bundesliga- und Champions League-Spielen

Schnelligkeitsstudien an der DSHS Köln von Spielen der Fußball-Bundesliga und der Champions League haben zu folgenden Ergebnissen geführt:

- Bei Feldspielern werden im Durchschnitt etwa 60-80 Sprints pro Spiel registriert.
- Stürmer absolvieren im Vergleich zu Abwehr- und Mittelfeldspielern die höchste Anzahl an Sprints.
- Mittelfeldspieler sprinten im Positionsvergleich am wenigsten, ihre Sprintstrecken sind im Durchschnitt am längsten.
- Im Vergleich der Sprintleistungen zwischen erster und zweiter Halbzeit sind die Ergebnisse uneinheitlich. In einer Studie werden durchschnittlich etwa 5 % höhere Werte in der ersten Halbzeit ermittelt. Neue Ergebnisse von Amisco Pro zeigen hingegen einen Anstieg aller Laufleistungen in der zweiten Halbzeit.
- Nahezu 90 % der Sprintdistanzen liegen im Bereich von 5 m bis maximal 20 m, davon ca. 60 % im Bereich bis zu 10 m.
- Nur wenige Sprints liegen im Bereich von mehr als 40 m Länge.
- Ca. 60 % der Sprints werden aus der Laufbewegung (Gehen, Trab, Lauf) heraus absolviert.
- Nahezu 85 % der Sprints verlaufen geradlinig.
- Richtungsänderungen werden explosiv, meist in kleinem Winkel (unter 90°) durchgeführt.
- Dem Sprint vorausgehende Aktionen sind hauptsächlich Pass (ca. 50 %) und Dribbling (ca. 40 %). Die restlichen Aktionen (ca. 10 %) entfallen u. a. auf Kopfbälle.
- Bei ca. 75 % der Sprintaktionen kommt es zur Bedrängnis durch Gegner, davon wiederum deutlich über 40 % am Ende der Sprintaktionen.
- Letztlich hängen die Sprintleistungen vom Leistungsniveau, von Spielsystem und Spielweise, der Bedeutung des Spiels und dem Spielverlauf und Spielstand ab.

Zieht man die Erkenntnisse aus der WM 2006 hinzu, so wird deutlich, dass die Schnelligkeit im Spitzenfußball weiter an Bedeutung gewonnen hat. Eine exzellente Fitness ist die Basis für alle weiteren Spielelemente im Leistungsfußball. Deshalb müssen in häufiger Folge explosive Bewegungen auf allen Spielpositionen und Verbindungen von Handlungsschnelligkeit und Durchsetzungsvermögen in das Technik- und Taktiktraining einfließen. Die technischen Fähigkeiten, das Beherrschen des Balls, sind nach wie vor oberstes Gebot, aber die Verbindung zur Schnelligkeit und Handlungsschnelligkeit unter Einbeziehung mannschaftstaktischer Prinzipien sind die Grundvoraussetzungen für einen zeitgemäß erfolgreichen Fußball.

Etwa ein Drittel aller Sprintaktionen erfolgt als Tempodribbling. Sprintaktionen mit Ball stellen deshalb ein wichtiges taktisches Mittel dar, sie müssen im Training immer wieder eingeplant werden. Das Beherrschen des individuellen Durchbruchs ist notwendig, um die elastischen Abwehrformationen auseinanderzuziehen und Lücken zu reißen.

Methodik des Schnelligkeitstrainings

Für das Schnelligkeitstraining im Fußball kommen zwei Methoden zur Anwendung (Abb. 63):

1. Wiederholungsmethode:
Ziel: Maximale Schnelligkeit
Kurze, hochexplosive Belastungen über 5-35 m (Pausen 1-2 min)
6-8 Wiederholungen, 2-4 Serien (Serienpause 4 min).

2. Wettspielmethode:
Ziel: Bewegungs-/Handlungsschnelligkeit
Technisch-taktische Spielhandlungen in wettkampfgemäßen Situationen mit größtmöglichem Handlungsdruck.
Belastungsgestaltung in Abhängigkeit von der speziellen Zielsetzung, dem Trainingszustand und dem Zeitpunkt.

Sporadisch werden Trainingsinhalte nach dem Prinzip der intensiven Intervallmethode durchgeführt, um das „Sprintstehvermögen" der Spieler zu aktivieren. Dabei wird im höchsten Intensitätsbereich aber mit Pausen, die eine hohe Laktatbildungsrate verhindern, trainiert.

Intensive Intervallmethode:
Ziel: Sprintausdauer („Sprintstehvermögen")
Gegenüber der Wiederholungsmethode wird mit höherer Wiederholungszahl (bis 12) und kürzeren Pausen gearbeitet.

Fußball-Schnelligkeitstraining

Bewegungsschnelligkeit		Reaktionsschnelligkeit		Handlungsschnelligkeit	
Zyklisch	Azyklisch	Einfache Reaktion	Wahlreaktion	Aktions-schnelligkeit	Kombinations-schnelligkeit
Ziele					
Optimales Bewegungstempo • Ohne Ball • Mit Ball		Optimal schnelle Bewegungsauslösung • Auf vorhersehbare (antizipierte) Spielerfordernisse • Auf unvorhersehbare Spielerfordernisse		Optimal schnelle Handlungsausführung bei • Einzelaktionen (z. B. Torschuss im 16er) • Taktisch komplexe Situationsanforderungen	
Methoden					
Wiederholungsmethode		Wiederholungsmethode (Wettspielmethode)		Wettspielmethode	
Inhalte					
• Laufkoordinationsschulung • Sprintserien in variabler Form • Antritte mit und zum Ball mit Anschlusshandlung in maximalem Tempo		• Trainingsformen mit maximaler Bewegungsgeschwindigkeit als einfache Reaktion und als Auswahlreaktion im komplexen Zusammenhang		• Komplexe technisch-taktische Spielanforderungen mit maximaler Handlungsschnelligkeit und unter Wettkampfstress (Zeitdruck, Gegnerdruck, Raumbegrenzung)	
Belastungsstruktur					
Intensität: 100 % Lange Pausen zur Regeneration		Intensität: 100 % Lange Pausen zur Konzentrationsanspannung		Intensität: 100 % Unterschiedlich lange Pausen, auch Aktionsanforderungen in kurzer Abfolge und variablem Wechsel zur Aufmerksamkeitslenkung, Willensanspannung und Verbesserung des Präzisionspotenzials	
Dauer: Komplette Trainingseinheiten		Dauer: 30-45 min		Dauer: Komplette Trainingseinheiten	

Abb. 63: Strukturmodell des Schnelligkeitstrainings im Fußball

Schnelligkeit und Schnellkraft

Maßgeblich für die Schnelligkeit ist die Fähigkeit zu explosiver Kraftentfaltung.

Komponenten des explosiven Krafteinsatzes sind:

- Startkraft (schneller Krafteinsatz im Anfangsmoment der Anspannung),
- Explosivkraft (schnelle Aktivierung des Maximums an Krafteinsatz),
- absolute Muskelkraft (Maximum an Kraftentfaltung).

Explosivkraft und Maximalkraft stehen in enger Wechselbeziehung. Explosivkraft lässt sich durch das Training der Maximalkraft verbessern.

Eine Verbesserung der Kontraktionszeit der Muskulatur ist umstritten. Hochleistungstrainierte Sportler weisen allerdings gegenüber untrainierten Sportlern wesentlich bessere Werte auf.

Zwischen Schnelligkeit und Kraft bestehen Zusammenhänge, im Detail sind die wissenschaftlichen Befunde aber nicht eindeutig. Nach unseren aus der Fußball-Leistungsdiagnostik gewonnenen Erkenntnissen und praktischen Erfahrungen bestehen Wechselbeziehungen zwischen der fußballspezifischen Laufschnelligkeit und der im Wettspiel erforderlichen Sprungkraft.

Die schnellsten Spieler erweisen sich in der Regel auch als überdurchschnittlich sprungstark. Dagegen fehlt bei Spielern, deren Sprintfähigkeit weniger ausgebildet ist, häufig bei Sprunganforderungen die entscheidende Explosivität, die u. a. ihre Kopfballstärke limitiert.

Allerdings spielen beim Kopfball im Sprung auch noch andere Faktoren eine Rolle, wie das Timing und insbesondere die Reaktionsfähigkeit und die Sprunggewandtheit (Koordination), manchmal auch Cleverness.

Für ein kombiniertes Sprungkraft-/Schnelligkeitstraining sind einige Punkte zu beachten:

- Eine beidbeinige Sprungausbildung ist frühzeitig anzustreben. Trotzdem werden die Spieler bevorzugt ihr sprungstärkeres bzw. sprunggewandteres Bein einsetzen. Deshalb steht es beispielsweise beim Sprungkopfball aus der Drehung dem Spieler frei, ob er mit dem etwas „günstigeren", bogeninneren Bein abspringt, oder ob er vorrangig das bogenäußere Bein einsetzt.

- Mit Kombinationen von Sprint-Sprung- und von Sprung-Sprint-Übungen wird fußballspezifischen Anforderungen entsprochen.

- Es ist verstärkt Wert auf Trainingsinhalte zu legen, die den häufiger unzureichend ausgebildeten Wechseleffekt von Antritt-Abbremsen-Antritt oder das Abfangen der Sprungenergie bei der Landung und die erneute Aktivierung gezielt verbessern. Dieser Effekt von überwindender nachgebend-aktiver und erneut überwindender Muskelaktivität wird mittels plyometrischem Training erzielt.

- Die Niedersprunghöhen sind dabei auf einem leistungsdifferenzierenden Niveau festzulegen (Junioren 20-30 cm, Leistungsfußballspieler 30-50 cm).
- Trainingsinhalte zur Verbesserung der Sprungkraft sind häufig mit Sprunggewandtheit (Koordination) zu verbinden.

Methodische Grundsätze und Richtlinien zur Gestaltung des Schnelligkeitstrainings

Aus trainingswissenschaftlichen Grundlagen, den Erkenntnissen vorliegender Studien und praktischen Erfahrungen leiten wir folgende Richtlinien zur Gestaltung des Schnelligkeitstrainings im Leistungsfußball ab:

- Körperliche und geistige Frische und 100 %ige Anstrengungsbereitschaft sind Grundvoraussetzungen.
- Auf ein beanspruchungsspezifisches Aufwärmen (Laufschule, kurz ausgeführte Dehnungen, Aktivierung) ist Wert zu legen.
- Grundsätzlich hat sich das Schnelligkeitstraining an der Dynamik und Belastungsstruktur des Spiels zu orientieren und so weit möglich den Wettkampfcharakter aufzunehmen.
- Das Schnelligkeitstraining ist gekennzeichnet durch kurze Reizdauer von maximaler Intensität über Strecken von 5-20 (35) m in Serien.
- Sporadisch sind auch längere Sprints bis zu 40 m zu trainieren, um die individuell unterschiedliche Maximalgeschwindigkeit zu erreichen und der Bildung von Geschwindigkeitsbarrieren vorzubeugen (Pausengestaltung beachten!). In größeren Abständen können auch einzelne Sprints bis zu 60 m durchgeführt werden.
- Bevorzugung des Serienprinzips: 2-4 Serien mit jeweils 6-8 Sprints, einerseits, um einen relativ hohen Reizumfang zu ermöglichen, andererseits, um eine komplette Regeneration zu gewährleisten.
- Serien sind größtenteils mit unterschiedlichen Streckenlängen zu gestalten (z. B. 15 m, 25 m, 5 m, 10 m, 20 m, 10 m), um motorische Stereotype zu verhindern und wettspielspezifische Anpassungsreaktionen herbeizuführen.
- Innerhalb der Serien sind nicht nur die Streckenlängen zu variieren, sondern auch Stopps und Richtungsänderungen einzubauen, um dem intervallartigen Belastungswechsel des Fußballspiels zu entsprechen.
- Reizumfang und Pausengestaltung sind so abzustimmen, dass eine vollständige Erholung und Wiederherstellung der energiereichen Phosphate auf oxidativem Wege gewährleistet ist.

- Pause zwischen den Läufen: so kurz wie möglich (Trainingsökonomie/Spielnähe), aber so lang wie zur Regeneration notwendig (1-3 min).
- Pause zwischen den Serien in Form aktiver Regeneration (Traben, Dehnen, Lockern bis zu 5 min).
- Die Starts zu den Sprints erfolgen überwiegend aus der Bewegung, häufig aus dem Trab oder nach kurzer Drehung.
- Variation der Startposition: Leicht gebeugte Schrittstellung, mit dem Rücken zur Laufrichtung, aus seitlicher Steppbewegung u. a.
- Neben geradlinigen Sprints sind Antritte mit einem Richtungswechsel, in der Regel bis maximal 90°, zu trainieren. Mehrmalige Richtungsänderungen bilden die Ausnahme.
- Sprints sind mit Gegnereinwirkung durchzuführen. Vor allem in der Endphase der Laufaktionen mit und ohne Ball sind Gegnerkontakte bis hin zu Zweikampfsituationen einzubauen.
- Gekoppelt an das Technik-/Taktiktraining sind Sprints zum und mit Ball gezielt auf den Außenpositionen zu trainieren, zudem Tempodribblings zentral mit Torabschluss.
- Sprints sind häufig als Handlungsschnelligkeit im Zusammenhang mit einer schnellstmöglichen Ballan- und -mitnahme und Anschlushandlung zu trainieren.
- Für das Training der Handlungsschnelligkeit sind die meisten Sprints und Spielhandlungen mit Ball unmittelbar im und um den Strafraum herum durchzuführen.
- Für Abwehrspieler sind spezielle kurze Sprints mit dem Ziel zu trainieren: Stellen des Gegners, Erkennen und Schließen der Passwege und Abfangen der Pässe.
- Bezüglich eines speziellen „Sprint-Tackling"-Trainings ist den Spielern bewusst zu machen, dass einem Tackling häufig ein Stellungsfehler vorausgeht. Deshalb sollte das Tackling immer das Mittel letzter Wahl sein.
- Die Reaktionsschnelligkeit ist vorrangig durch optische (teilweise auch durch akustische) Reize zu trainieren.
- Beim Reaktionstraining sind ausreichende Konzentrationspausen einzuhalten (kein Powertraining wie in früherer Zeit häufig mit den Torhütern).
- Als Grundlage für das Schnelligkeitstraining sind Schnellkraft, allgemeine koordinative Fähigkeiten und die Beweglichkeit zu verbessern. Und parallel ist die technische Präzision auszubilden.
- Um Abwechslung in das Lauf-Schnelligkeitstraining zu bringen, empfiehlt es sich, sporadisch Wettkampfformen (Staffeln, Slalomläufe, Verfolgungsrennen u. a.) auszutragen.
- Unter derselben Zielsetzung haben Sprints zum Ball oder hinter einem gespielten Ball her, z. B. um diesen vor einer Linie durch Tackling seitlich wegzuspielen oder als Zweikampf mit abschließendem Torschuss, einen hohen Aufforderungscharakter.

- Mehrfachantritte zwischen Torauslinie und 5-m-Raumlinie, Sprints an leichten Steigungen und gegen Widerstand (Deuserband, Zugschlitten) sowie Steigerungs- und kurze Tempowechselläufe runden das Trainingsprogramm ab.

- Eine gut ausgebildete Lauf- und Handlungsschnelligkeit muss in den Entscheidungsprozessen des Spiels, vor allem in den komplexen Spielhandlungen, wirkungsvoll zum Einsatz gebracht werden. In kleinen Spielen (1:1 bis 6:6) sind deshalb durch wettspieladäquate technisch-taktische Aufgabenstellungen, Schnelligkeit in Verbindung mit den fußballspezifischen Bewegungsqualitäten sowie mit den Entscheidungsprozessen im Spielhandeln, auszubilden und weiterzuentwickeln. Dabei ist auf die Belastungsdosierung zu achten.

- Im oberen Leistungsbereich sollte während der Wettspielphase ein Schnelligkeitstraining 2 x in der Woche von etwa 20-60 min Dauer durchgeführt werden. Als grober Anhaltspunkt sind dabei 10-30 Sprints zu absolvieren.

- Im Amateurfußball und bei Juniorenmannschaften mit wesentlich geringerem Trainingsvolumen sind möglichst häufig Akzente des Schnelligkeitstrainings, z. B. kombiniert mit Torschuss- oder Taktiktraining, in die Trainingseinheiten zu integrieren.

Bei den angeführten Forderungen spielen Erfahrungswerte eine maßgebliche Rolle, die sich im Vorausschauen von Spielentwicklungen auswirken.

Ein optimales konditionelles Leistungsniveau bildet die Grundlage für die technisch-taktische Ausbildung bei jeder Form von schnellem gedanklichen und motorischen Umschalten, beim Konterspiel, beim genauen Direktspiel, beim Torschuss unter Gegnereinwirkung und Zeitdruck und beim Pressing. Hierbei kommt es zu Wechselwirkungen von technischer Präzision mit minimaler Fehlerquote, Ermüdungswiderstandsfähigkeit, Konzentrationsfähigkeit und Spielintelligenz. Die psychischen und physischen Belastungen stellen hohe Anforderungen an das zentrale Nervensystem. Insofern spielt Handlungsschnelligkeit auf einer guten allgemeinen konditionellen Grundlage auch für die Verletzungsprophylaxe eine wichtige Rolle.
Die Handlungsschnelligkeit muss als komplexer Prozess psychomotorisch gesteuerter, technisch-taktischer Spielhandlungen trainiert werden, mit Schwerpunktlegung auf:

- Wahrnehmungsschnelligkeit und Antizipationsschnelligkeit (Informationsaufnahme und -verarbeitung),
- Entscheidungsschnelligkeit und Durchsetzungsvermögen,
- Mut und Risikobereitschaft,
- Verantwortung und Kreativität.

Generell kommt es darauf an, wie der Trainer mit dem einzelnen Spieler und der gesamten Mannschaft Lösungsmöglichkeiten erarbeitet, die dann durch häufige Wiederholungen eingespielt werden, und wie er dabei gleichzeitig einen Freiraum für kreative, überraschende Aktionen zulässt. Grundlage dieser Trainingssteuerung sind präzise Informationen über das Leistungsniveau und die individuellen Fähigkeiten der Spieler.

Die Informationsbasis bilden:

- Beobachtungen,
- Spiel- und Trainingsanalysen,
- Erfahrungen,
- Expertenurteil,
- Gespräche mit den Spielern
- sowie objektive Daten der Spielanalyse und der Leistungsdiagnostik.

Anmerkung:
Im Juniorenfußball lassen sich sowohl über die Koordination als auch über die Kraftkomponente erhebliche Verbesserungen in der Schnelligkeit erzielen.

Im Seniorenfußball besteht der Haupteffekt des Schnelligkeitstrainings dagegen weniger in einer Verbesserung der Grundschnelligkeit, hier wird die Leistungsverbesserung vorrangig dadurch erzielt, dass die Spieler in der Lage sind, ihre Schnelligkeit auf höchstem Niveau über die gesamte Spieldauer konstant zu halten.

Schnelligkeitstraining

Basisübungen zum Sprinttraining

Die Durchsetzungsfähigkeit und speziell die Überlegenheit in vielen Zweikampfsituationen hängt in starkem Maße von der Antritts- und Beschleunigungsfähigkeit der Spieler ab. Defizite können durch gezielte Trainingsformen behoben, zumindest reduziert werden.

Die Grundausbildung der Schnelligkeit wird durch ein vielfältiges Übungsangebot in Form einer allgemeinen Lauf- und Sprungschule unterstützt.

Koordination
Bei einem Großteil der Spieler lässt sich über die Verbesserung der Sprinttechnik eine höhere Geschwindigkeit erzielen.

Fußgelenkarbeit
Kleine, schnelle Schritte mit aktivem Einsatz der Fußgelenke. Wichtig ist die dynamische Fußstreckung.

Skipping
Kleine Schritte auf den Fußballen mit hoher Frequenz. Der Körperschwerpunkt befindet sich immer über dem Stützbein.

Skipping gegen Widerstand
Beim Skipping gegen Widerstand (z. B. zwei Deuserbänder) muss der Spieler kraftvoll nach vorne beschleunigen, mit betontem Abdruck.

Kniehebelauf
Kurze Schritte, bei denen die Oberschenkel dynamisch bis über die Waagerechte gebracht werden, die Arme unterstützen die Bewegungsdynamik.
Auch mit Zwischenhupf.

Kniehebelauf mit Nachvornschnellen des Unterschenkels
Mit Zwischenhupf das jeweilige Knie hochziehen und dann den Unterschenkel aktiv nach vorne schnellen. Der Abdruck erfolgt aus dem Fußgelenk, die Landung federnd auf dem Vorderfuß. Variationen mit geringem/großem Raumgewinn.

Anfersen
Im Lauf die Beine im Wechsel schwungvoll zum Gesäß führen, der Rumpf bleibt dabei ruhig, der Körperschwerpunkt über dem Stützbein.
Anfersen im Wechsel mit jedem Schritt oder je 2 x mit Zwischenschritt.

Kniewechselschnelle
Im Lauf auf den Fußballen im Wechsel das rechte und linke Knie explosiv zur Waagerechten hochschnellen und mit der Handfläche auf den Oberschenkel schlagen.

Hürdensprünge
Beidbeinige und einbeinige Sprünge über 40-90 cm hohe Hürden.

Übungskombinationen
Mit variabel aneinandergereihten Übungen erhöhen sich die koordinativen Anforderungen.

Zum Beispiel:
Fußgelenkarbeit – Skipping – Kniehebelauf im steten Wechsel.
Anfersen – Kniehebelauf mit Nachvornschnellen des Unterschenkels – Fußgelenkarbeit.

Skipping – Anfersen – Kniewechselschnelle.
Kniehebelauf – Skipping – Übergang in den Sprint.

Bei allen Übungen ist auf die technisch korrekte Ausführung zu achten. Auch hier geht zunächst Präzision vor Dynamik und Tempo. Bei Juniorenspielern und Nachwuchstalenten ist frühzeitig auf den richtigen Bein- und Armeinsatz und die dynamisch in den Körper fortlaufende Streckbewegung zu achten.

„Sprint-ABC"

Weitere Kernübungen der Laufschule sind in einem „Sprint-ABC" zusammengefasst, das die Leichtathletiktrainerin Hannelore Keydel Ende der 1980er Jahre erstellt hat. Das systematisch zusammengestellte Übungsprogramm beinhaltet zur schnellen Orientierung für den Trainer jeweils Ausführungshinweise und Korrekturansätze.

Programmerstellung und -gestaltung folgen den methodischen Leitlinien:
* Ansteigende Schwierigkeit und Belastung.
* Konditionelle Verbesserung mit koordinativ-technischem Leistungszuwachs.
* Unmittelbare Korrektur, abgestimmt auf das Leistungsniveau.
* Streckenabschnitte 20-40 m, Wiederholungen 2-4.

Sprint-ABC

	Übungsformen	Ausführung	Korrektur
1	Federnder Lauf auf den Fußballen	• Aktives Aufsetzen des Fußballens • Mittlere Frequenz	• Bei unzureichender Bein- und Hüftstreckung
2	Federnde Sprünge auf den Fußballen	• Leichter Kniehub • Aktives Aufsetzen des Schwungbeins	• Bei unzureichender Streckung in den Bein- und Hüftgelenken
3	Federnder Lauf und federnde Sprünge auf den Fußballen mit ein- und beidarmigem Kreisen vorwärts/rückwärts	• Armkreisen nur aus dem Schultergelenk • Keine horizontale Verwringung im Hüftgelenk	• Kreisen der Arme in Laufrichtung, nicht in unmittelbarer Nähe des Körpers

	Übungsformen	Ausführung	Korrektur
4	Federnder Lauf und Sprünge auf den Fußballen mit wechselseitigem Armkreisen vorwärts/rückwärts	• Koordinierte Übereinstimmung der Beine und Arme (Lockerheit) • Aktive Übereinstimmung der Bewegungen von Beinen und Armen ohne horizontale Verwringung	• Bei unzureichender Streckung der Beine • Bei Armführung quer zur Laufrichtung
5	Fußgelenkarbeit (FGA) • Normale Frequenz • Steigernde Frequenz • Höchste Frequenz	• Geringer Knieschub bei aktivem Aufsetzen des Fußballens	• Bei fehlender Dynamik • Bei zu hohem Kniehub • Bei mangelnder Streckbewegung
6	Fußgelenkarbeit mit wechselseitigem Anheben des Oberschenkels (rechts/links)	• Aktives Aufsetzen des Fußballens • Aktive Unterstützung durch koordinierte Armführung	• Bei unzureichender Streckbewegung • Bei zu geringer Dynamik
7	Skipping (SK) • Normale Frequenz • Steigernde Frequenz • Höchste Frequenz	• Schneller Kniehub • Aktives Aufsetzen des Fußballens • Streckung in den Beinen und im Hüftgelenk	• Bei mangelnder Streckung • Bei unzureichender Dynamik
8	Wechsel von Fußgelenkarbeit und Skipping • Normale Frequenz • Steigernde Frequenz • Höchste Frequenz	• Unmittelbarer Übergang von FGA und SK	• Bei unzureichender Koordination beider Elemente
9	Kniehebelauf (KHL) im Gehen • Hoher Kniehub • Hoher Kniehub mit ausschlagendem Unterschenkel nach vorn • Frequenz variieren	• Körpervorlage, Streckung • Aktives Aufsetzen des Fußballens • Bein-Arm-Koordination	• Bei unzureichendem Kniehub • Bei zu geringer Streckung
10	Skipping mit Übergang in den Lauf	• Flüssiger Übergang	• Bei unzureichender Koordination

Übungsformen	Ausführung	Korrektur
11 Anfersen • Einseitig • Wechselseitig • Wechselseitig mit Übergang in den Lauf	• Hohe Frequenz • Aktives Aufsetzen des Fußballens	• Bei unzureichender Koordination • Bei zu geringer Dynamik
12 Hopserlauf • Mit Übergang in den Lauf	• Streckung in den Beingelenken und im Hüftgelenk • Koordinative Unterstützung durch die Arme • Aktives Aufsetzen des Fußballens	• Bei unzureichender Streckung • Bei zu geringer Dynamik
13 Einbeinwechselsprünge mit Übergang in den Lauf • Vertikal • Horizontal	• Aktives Aufsetzen des Fußballens	• Bei unzureichender Streckung • Bei zu geringer Dynamik • Bei unkoordiniertem Übergang in den Lauf
14 Laufsprünge • Mit hoher Frequenz • Mit Übergang in den Lauf	• Aktives Aufsetzen des Fußballens • Hoher Schwungbeineinsatz • Koordinierte Gesamtbewegung	• Bei unzureichender Streckung des Absprungbeins • Bei zu geringer Aktivität • Bei unzureichend koordinierter Armführung

Ein leistungsaufbauendes Grundlagentraining ist heutzutage, bedingt durch eine unzureichend ausgebildete Allgemeinmotorik der Schüler und Jugendlichen, unverzichtbar.

In unserem Grundlagentraining zur Sprintschnelligkeit setzen wir folgende Kernübungen ein:

Laufschule und sprintvorbereitende Übungen

Fußgelenkarbeit
Leichtes Laufen „aus den Fußgelenken"

Anfersen
Leichte Vorlage des Oberkörpers mit Armarbeit

Kniehub
Im Gehen, mit Armarbeit

Kniehebetrab
Trab, aufrechter Oberkörper
Kniehub nur jeweils mit dem rechten/linken Bein

Kniehebetrab mit Beinschlag
Trab, leichte Oberkörpervorlage
Kniehub nur jeweils mit dem rechten/linken Bein
Das hintere Bein nach hinten wegschlagen

Kniehebelauf
Aufrecht, mit Armarbeit
Kniehub beidseitig auf jeden Schritt

Hopserlauf mit aktivem Herunterschlagen des hochgeführten Schwungbeins
Ausführung ähnlich wie beim Kniehebelauf, aber mit aktiver Beinbewegung („Greifen") nach hinten unten

Ausfallschritt-Gehen
Ausfallschritte mit Armarbeit. Beim Aufsetzen Bein wieder nach oben drücken

Ausfallschritt-Gehen mit Zwischenfedern

Steigerungsläufe (Streckenlänge etwa 50 m)

Kurze Tempowechselläufe

Mehrfach kurze Steigerungen und dazwischen im Tempo „treiben lassen"

Kombinationsübungen
- Aktive Fußgelenkarbeit mit hoher Frequenz
- Fußgelenkarbeit – Anfersen
- Fußgelenkarbeit – Kniehebelauf
- Anfersen – Kniehebelauf mit Zwischenschritten
- Fußgelenkarbeit – Anfersen – Kniehebelauf
- Skippings – Kniehebelauf – Anfersen

Spezialübungen zum Sprinttraining

- Antritte aus dem Trab

- Antritte aus dem Hopserlauf

- Antritte nach Kniehebelauf

- Antritte nach Hockschlusssprüngen

- Antritte nach Prellsprüngen

- Antritte nach Tapping

- Antritte nach schneller halber Drehung

- Antritte nach Rückwärtssteps und halber Drehung

- Antritte mit Fallstart

- Tempowechselsprints (Ins and outs)

- Windsprints

- Bergabsprints (leichtes Gefälle)

- Bergaufsprints (leichte Steigung)

- Sprints mit Vorgabe der Schrittlänge durch Bodenmarkierungen

- Sprints mit Richtungsänderung

- Antritt – Abbrechen – Antritt

- Sprints gegen Widerstand (Deuserband, Thera-Band, Gewichtsschlitten, Bremsfallschirm)

- Sprint-Sprung-Kombinationen gegen Widerstand (Deuserband)

- Kombination Sprung – Sprints
  Sprünge vor, zurück, seitlich, mit unterschiedlichen Höhen und Abfolgen und anschließendem Antritt

- Prellschritte über Hürden

- Prellschritte über Hürden mit Zwischensteps

- Schlusssprünge über zwei 70 cm hohe Hürde mit 5 m Antritt
  Sprungfolge: Vorwärts, seitwärts, vorwärts, Antritt (Abb. 64)

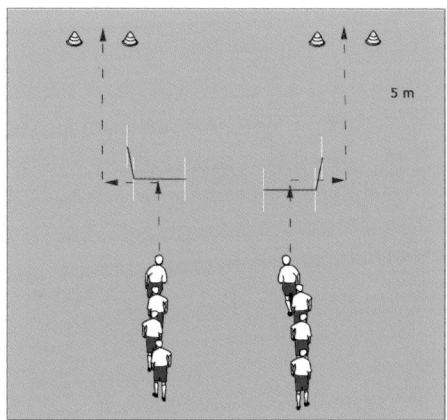

Abb. 64: Sprung-Sprint-Kombinationen

Sprints nach Niedersprüngen (20-30 cm Höhe)

- Komplexe Koordinationsübungen
- Richtungswechselsprints nach Mehrfachreaktionen
  (z. B. „Italienisches Quadrat", S. 218)

Trainingseinheiten Schnelligkeit

Vorbemerkungen

Die nachfolgend aufgeführten Trainingseinheiten sind Ausschnitte aus dem realen Schnelligkeitstraining im Profifußball. Die Belastungsintensitäten richten sich nach dem Leistungs- und Trainingszustand der Spieler und nach dem Saisonzeitpunkt. Hauptsächlich wurden die Trainingseinheiten in der Saisonvorbereitung durchgeführt. In der Wettspielphase werden einzelne Akzente des Schnelligkeitstrainings in das Gesamttraining eingebaut und besonders im Zusammenhang mit der komplexen Handlungsschnelligkeit auch die Konzentration geschult.

Kernziel ist es, die Spieler in die Lage zu versetzen, entsprechend ihrem Erfahrungs- und Könnensstand, situationsangemessen schnellstmöglich zielgenau zu handeln. Damit sind hohe Konzentrationsanforderungen verbunden, die Christoph Daum mit dem Grundsatz einfordert:

Immer – alle Spieler – kompakt – vorausschauend – im Spiel!

Wir müssen den Spielern bewusst machen, dass nur „anwesend sein" nicht einmal den minimalen Ansprüchen genügt, sondern dass im heutigen Leistungsfußball gedankliches Mitspielen, Spielintelligenz und Konzentrationsfähigkeit unabdingbare Qualitätskriterien sind.

Immer im Spiel sein bedeutet:

- Umschalten statt abschalten, immer agieren, Initiative ergreifen.
- Ständiges Umorientieren, um immer die beste Position zu besetzen.
- Nachrücken, verschieben, ohne dabei offen zu werden, d. h. „hinten Augen haben".
- Permanentes Öffnen und Schließen, das Sehen und Nutzen des freien Raums bzw. das Sichern des freien Raums in der Abwehr.
- Miteinander sprechen.
- Verantwortlichkeit für den Mannschaftserfolg bewusst machen, d. h. ständiges Überprüfen und Korrigieren der jeweiligen Aufgaben auf Grund der Spielveränderung.
- Diszipliniertes Verhalten, Zurückstellen des Lustprinzips und der Ich-Verwirklichung gegenüber der Mannschaftsverantwortlichkeit.

Mit dem Beispiel einer Trainingseinheit „Startkraft/Explosivität" wird ein individuelles Schnelligkeitstraining für einen Spieler dokumentiert.

Als Beispiel für ein Trainingsprogramm zur Schulung der Reaktionsschnelligkeit wird eine Torhüter-Trainingseinheit angeführt.

1. TE „Startkraft/Explosivität" (40 min)

1. Sechs Sprung-Sprint-Kombinationen über vier 70 cm hohe Hürden und unterschiedlich lange Laufstrecken (z. B. 10, 25, 5, 20, 15, 10 m).
   Zwei Durchgänge. Nach jedem Sprint zwei Platzlängen Trabpause.

2. Sprung frontal von einem 30 cm hohen Kasten, Landung in Schrittstellung mit sofortigem explosiven Antritt.

3. Wie 2., aber Sprung seitlich nach rechts/links.

4. Sprung vom Boden auf den Kasten, Niedersprung mit sofortigem explosiven Antritt.

5. Vom Kasten mit dem Rücken zur Laufrichtung schräg-seitlich niederspringen und mit sofortiger „halber" Drehung Antritt.

6. Auf einem 50 cm hohen Kasten sitzend, explosiv aufspringen und Antritt. Alle Antritte über 8 m.

2. TE Laufschnelligkeit

1.	Einlaufen: 2 Platzrunden	(4 min)
	Kurzes Stretching	(5 min)
	Koordinationsformen und sprintvorbereitende Übungen	(16 min)
2.	Hauptteil	(60 min)

1. Slalom-Sprint

Jeweils im Höchsttempo mit abschließend 5 m Linearsprint ins Ziel.
Start auf optische und akustische Signale.

Durch Parcours A (weit gestreckt, Abb. 65)

* vorwärts,
* rückwärts,
* seitlich.

Durch Parcours B (eng gesteckt, Abb. 66)

* vorwärts mit kleinen Schritten,
* vorwärts mit Steppschritten,
* rückwärts mit Steppschritten.

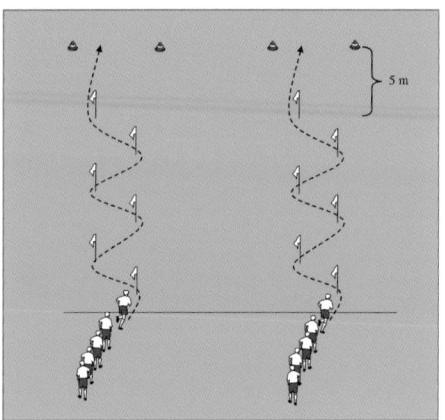

Abb. 65: Slalom-Parcours A

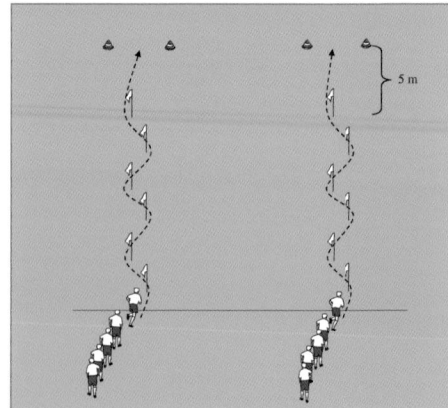

Abb. 66: Slalom-Parcours B

2. Sprintprogramm

Zwei Spielergruppen vor der Startlinie
Sprintserien mit unterschiedlichen Strek-
ken:
z. B.: 10 m/25 m/5 m/20 m/5 m/15 m
Vier Serien mit je sechs Sprints
Pause zwischen den Sprints bis zum Platz-
ende traben und zurück
Pause zwischen den Serien: 3-4 min

Variante: Mit Kreuzen der Laufwege
(Abb. 67).

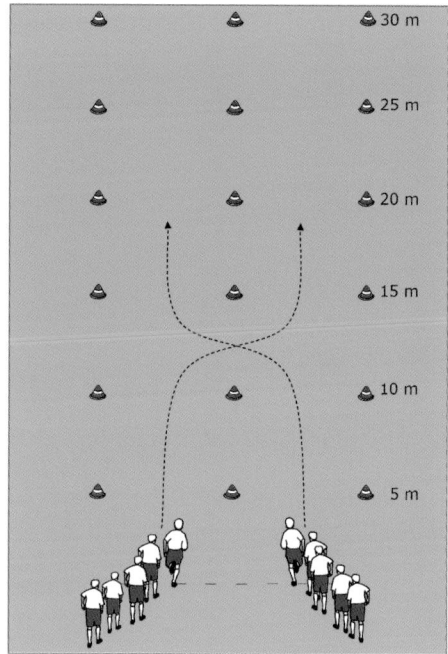

Abb. 67: Sprint-Parcours mit Kreuzen

3. 15-m-Sprints mit Richtungsänderung (Abb. 68)

Zwei Serien mit je vier Sprints

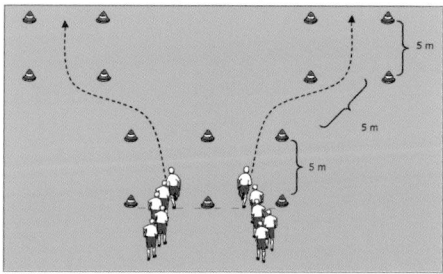

*Abb. 68: Sprint-Parcours mit Richtungs-
änderung*

4. Sprint-Zweikampf (Abb. 69)

Start von jeweils zwei Spielern auf Kommando mit Sprint durch einen Engpass in
der Mitte und dann durch ein Hütchentor
auf der Seite der Ausgangsposition.
Vier Sprints

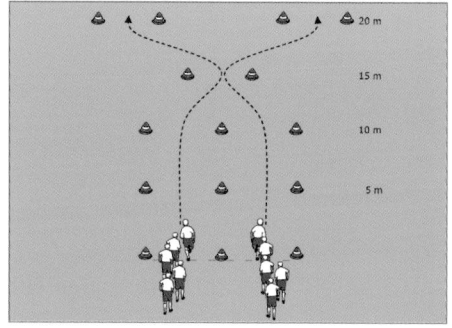

*Abb. 69: Sprint-Parcours für Sprint-Zwei-
kampf*

5. Pendelstaffel (mit Hemdchenübergabe) über 15 m (Abb. 70)

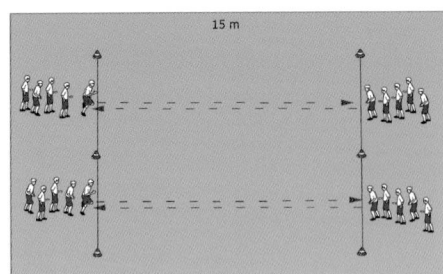

Abb. 70: Pendelstaffel

6. Abschluss Sprint-Wettkampf

Freie Partnerzusammenstellung der beiden (vorherigen) Mannschaften
Je zwei Sprints aus dem Antraben auf optisches Signal des Trainers über ca. 10 m.

3. Auslaufen, lockern, leichtes, kurzes Entspannungsdehnen   (5 min)

3.   TE Laufschnelligkeit

1. **Einlaufen: 4 Platzrunden**   (8 min)
2. **Stretching und Aktivierung (Wechsel von Dehnübungen und
    intensiven, kurzen, sprintvorbereitenden Übungen)**   (17 min)
3. **Hauptteil**   (60 min)

Einteilung der Mannschaft in zwei (vier) Gruppen vor den 30-m-Bahnen (Abb. 71).

(1) Antraben bis zum 3. Hütchen und Antritt bis zum 6. Hütchen.

(2) Rückwärts antraben bis zum 2. Hütchen, Drehung und Antritt bis zum 5. Hütchen.

(3) Sidesteps bis zum 2. Hütchen, Drehung und Antritt bis zum 5. Hütchen.

(4) Antraben bis zum 2. Hütchen und Antritt zum 5 m seitlich versetzt stehenden Hütchen und zurück zwischen 3. und 4. Hütchen die Laufbahnen kreuzend und dann bis zum 6. Hütchen ins Ziel.

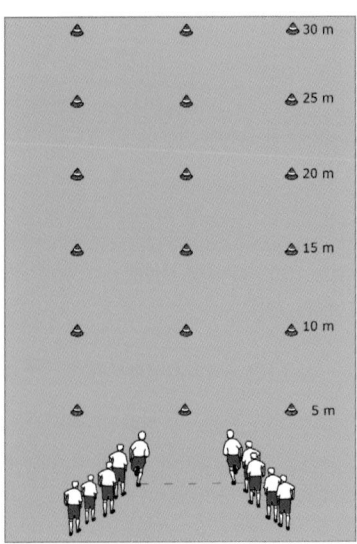

Abb. 71: Aufbau Sprintbahnen

Abb. 72

(5) Von einem Hütchen auf der 16-m-Linie auf Kommando Sprint zum Torpfosten und kreuzend zurück zum anderen Hütchen auf der 16-m-Linie. (Abb. 72)

Abb. 73

(6) Wie 5., aber vorher um ein 3 m schräg seitlich stehendes Hütchen herum – der auf der rechten Seite gestartete A nach links, der auf der linken Seite gestartete B nach rechts, dann kreuzend zum Torpfosten und kreuzend zum Elfmeterpunkt zurück. (Abb. 73)

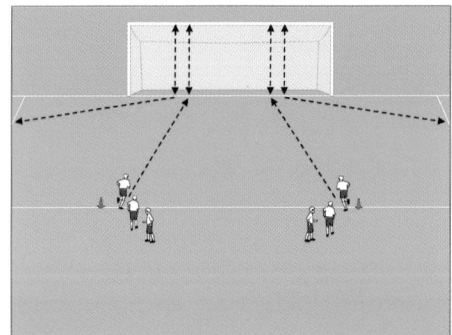

Abb. 74

(7) Von der 5-m-Linie auf Kommando Antritt zum Tor, 2 x beidbeiniger Sprung, dabei mit den Handflächen die Oberseite der Latte berühren und Antritt seitlich bis zur 5-m-Linie. (Abb. 74)

(8) Wie 7., aber einbeiniger Sprung und mit einer Hand auf die Oberseite der Latte tippen.

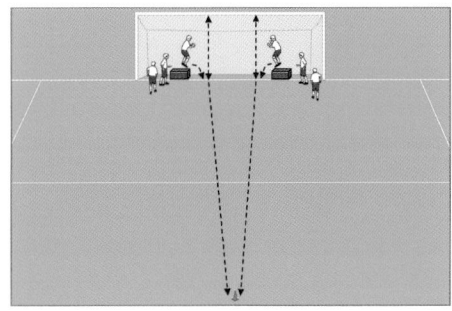

Abb. 75

(9) Niedersprung von einem 30 cm hohen Kasten, Strecksprung zur Latte, mit der Innenhand auf die Oberseite der Latte tippen, Sprint zum Elfmeterpunkt (überlaufen). (Abb. 75)

(10) Niedersprung vom 30 cm hohen Kasten, Sprung über eine 40 cm hohe Hürde und Antritt bis zum 11-m-Punkt. (Abb. 76)

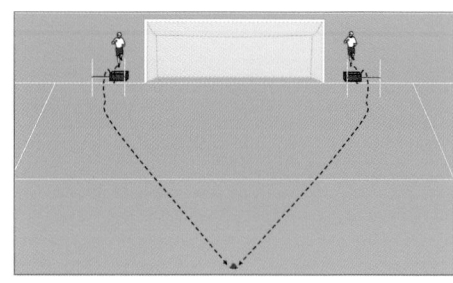

Abb. 76

(11) Zwei Schlusssprünge über zwei 40 cm hohe Hürden im Abstand von 1 m, Sprint zum seitlich versetzten Hütchentor an der 16-m-Linie. (Abb. 77)

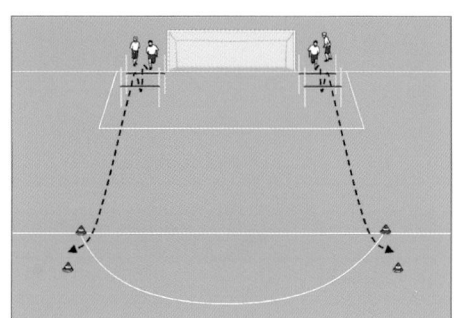

Abb. 77

(12) Drei einbeinig seitlich versetzte Sprünge über 1 m breite Markierungen und 10 m Antritt ins Ziel (Abb. 78) Seitenwechsel.

(13) Wie 12., aber Sprünge rückwärts, mit Drehung nach außen und Sprint.

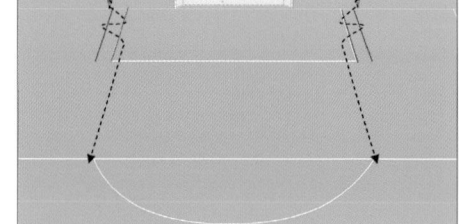

Abb. 78

(14) Pendelstaffel: Zwei Mannschaften zur Hälfte aufgeteilt an den 16 m entfernten Markierungen, Hemdchen als Staffelstab (Abb. 79). Zwei Durchgänge.

4. **Auslaufen, lockern, leichtes Stretchen in der Bewegung** (5 min)

Abb. 79

4. TE Schnelligkeitsparcours: Sprungkraft und Antrittsschnelligkeit (90 min)

1. Einlaufen: 4 Platzrunden	(8 min)
2. Stretching	(10 min)
3. Koordination (Abb. 80)	(22 min)

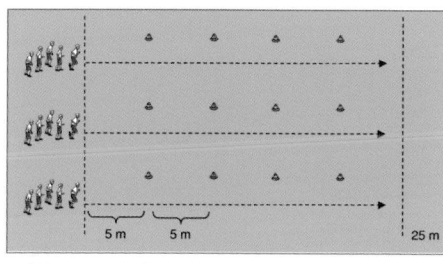

Abb. 80: Aufbau Koordinationsbahnen

Laufschule und sprintvorbereitende Übungen aus den vorangestellten Übungsprogrammen mit zusätzlichen kurzfrequentigen „Kickbewegungen" (explosives Wegschlagen) der Füße aus Knie- und Fußgelenk zur Seite, nach vorn, über Kreuz, u. a.).

4. Sprung-Sprint-Parcours (Abb. 81) (50 min)

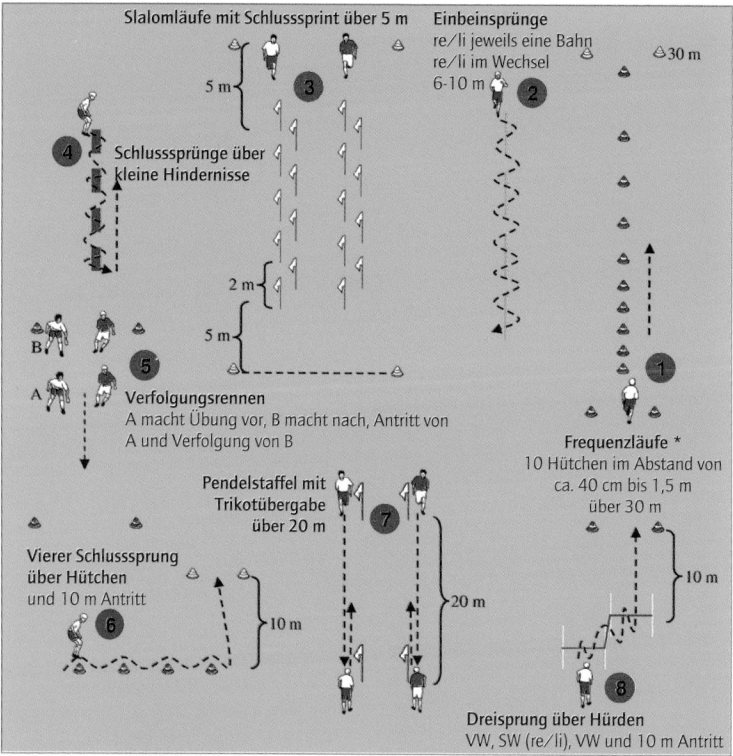

Abb. 81: Sprung-Sprint-Parcours

Maximalen Abstand so wählen, dass die Spieler ihre Schrittlänge nicht zu sehr „ziehen" müssen.

5. TE „Sprintstehvermögen"　　　　　　　　　　　　(90 min)
1. **Einlaufen: 4 Platzrunden**　　　　　　　　　　　　(8 min)
2. **Stretching und Aktivierung**　　　　　　　　　　　(20 min)
3. **„Sprintstehvermögen"** (Abb. 82)　　　　　　　　(62 min)

Sechs Sprints nach Überspringen von zwei 90 cm (70 cm) hohen Hürden in der Abfolge:

Ein Sprung	60 m, zwei Runden traben
Zwei Sprünge	10 m, eine Runde traben
Ein Sprung	50 m, zwei Runden traben
Zwei Sprünge	20 m, eine Runde traben
Ein Sprung	40 m, zwei Runden traben
Zwei Sprünge	30 m, eine Runde traben

Zwei Serien
Pause zwischen den Serien 6 min

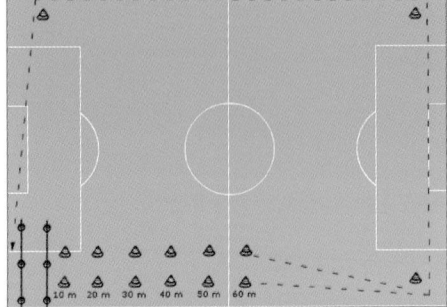

Abb. 82: Aufbau Sprint-Parcours

6. TE Schnelligkeitsparcours: Antrittsschnelligkeit und Explosivität

(Original-Trainingseinheit von Co-Trainer Roland Koch bei Fenerbahce Istanbul).

1. Einlaufen: 3 Platzrunden — (6 min)
2. Kurzes Stretching und ausführliche Aktivierung — (14 min)
3. Schnelligkeitsparcours — (70 min)

3. Schnelligkeitsparcours (Abb. 83)

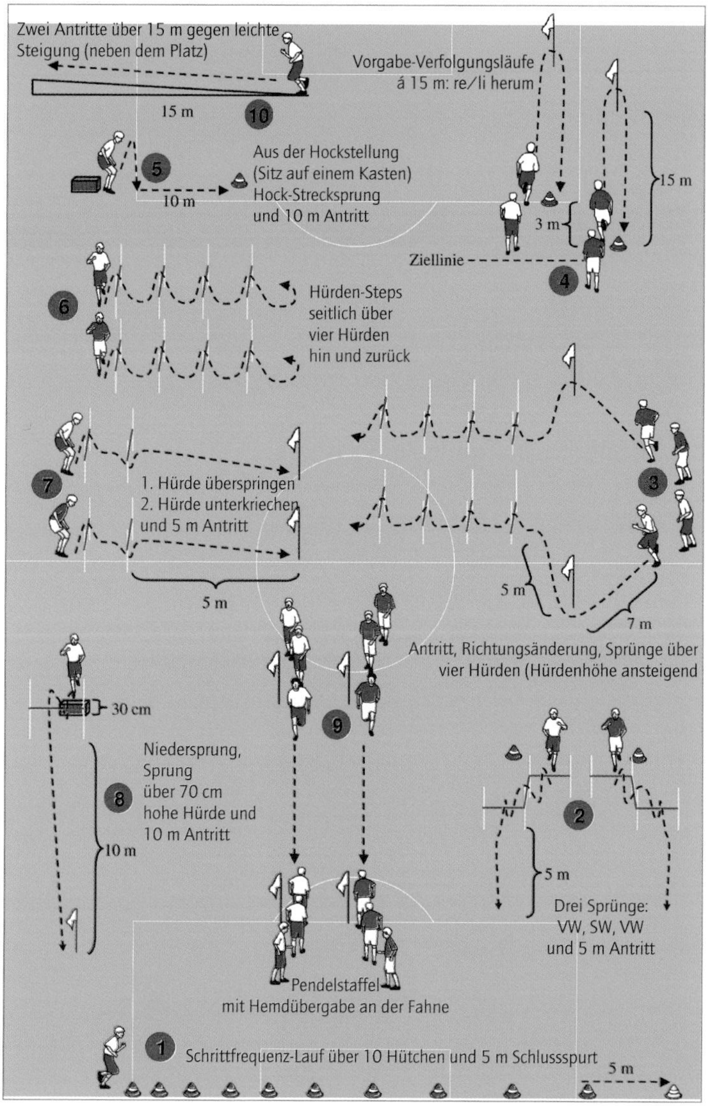

Zwei Antritte über 15 m gegen leichte Steigung (neben dem Platz)

Vorgabe-Verfolgungsläufe: á 15 m: re/li herum

15 m

10

15 m

Aus der Hockstellung (Sitz auf einem Kasten) Hock-Strecksprung und 10 m Antritt

5

10 m

3 m

Ziellinie

4

6

Hürden-Steps seitlich über vier Hürden hin und zurück

3

7

1. Hürde überspringen
2. Hürde unterkriechen und 5 m Antritt

5 m

5 m

7 m

30 cm

Antritt, Richtungsänderung, Sprünge über vier Hürden (Hürdenhöhe ansteigend)

9

Niedersprung, Sprung über 70 cm hohe Hürde und 10 m Antritt

8

10 m

2

5 m

Drei Sprünge: VW, SW, VW und 5 m Antritt

Pendelstaffel mit Hemdübergabe an der Fahne

1 Schrittfrequenz-Lauf über 10 Hütchen und 5 m Schlussspurt — 5 m

Abb. 83: Schnelligkeitsparcours

7. TE Antritte/Ballkontrolle/Torschüsse (90 min)
1. **Aufwärmen und Stretching** (20 min)
2. **Schnelligkeits-Impulstraining** (70 min)

1. Antritte/Ballkontrolle/Torschüsse (Abb. 84)

Zwei Spielergruppen mit je einem Torhüter in einer Spielfeldhälfte.
Die Trainer passen die Bälle in den Lauf der Spieler. Diese schießen
a) nach Ballkontrolle,
b) direkt auf das Tor.

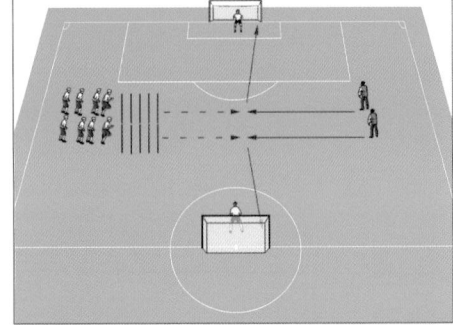

Abb. 84

(1) Antritt, über Streifen (Seile, Stäbe)
    kleine, schnelle Schritte, Antritt, Ballkontrolle und Torschuss.

(2) Antritt, seitlich über die Streifen, Ballkontrolle, Torschuss.

(3) Wie (2.), aber ab Mitte Wechsel der Führungsseite (rechts/links vorn).

(4) Neben den Streifen 10 m Antritt, 5 m rückwärts, erneuter Antritt zum Ball, Ballkontrolle, Torschuss.

(5) Drei Schritte Antritt, zurück, erneuter Antritt, Ballkontrolle, Torschuss.

(6) Rückwärts, vorwärts in die Gegenrichtung, Drehung, Antritt, Ballkontrolle, Torschuss.

(7) Start neben den Streifen, Höchsttempo, Ballkontrolle, Torschuss.

(8) Start, Anfersen, Ballkontrolle, Torschuss.

(9) Seitlich versetzte Sprünge, Antritt, Ballkontrolle, Torschuss.

(10) Seitliche übersetzte „Stechschritte", Antritt, Ballkontrolle, Torschuss.

8. TE „Italienisches Quadrat": Reaktions-/Konzentrationstraining

1. Einlaufen: 3 Platzrunden (6 min)
2. Stretching und Aktivierung (24 min)
3. Hauptteil (60 min)

Zwei durch vier verschiedenfarbige Hütchen identisch markierte, 8 x 8 m große Quadrate sind im Abstand von 2 m nebeneinander aufgebaut (Abb. 85).

In der Mitte der Quadrate steht ein weiteres Hütchen. Von dieser Position aus starten die Spieler zu den verschiedenfarbigen Hütchen und jeweils wieder zum Ausgangshütchen zurück.

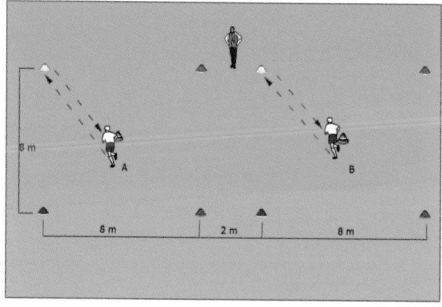

Abb. 85

(1) Der Trainer ruft die Farbe der Hütchen. Zwei (ein) Spieler starten mit einem schnellen Antritt zum jeweils genannten Hütchen und wieder zur Ausgangsposition zurück.

(2) Der Trainer gibt mehrere Farben vor (z. B. rot, blau, grün, orange).

(3) Der Trainer gibt Spieler A die Farben vor, Spieler B muss durch Blickkontakt die gleiche Reihenfolge sprinten.

(4) Der Trainer gibt eine Farbe vor, nach erfolgtem Start der Spieler gibt er eine neue Farbe an, um eine schnelle Richtungsänderung zu provozieren.

(5) Schattenlaufen, Spieler A sprintet eine individuelle Reihenfolge, Spieler B muss entsprechend folgen. Auf Kommando des Trainers wechselt die Aufgabenverteilung.

(6) Der Trainer gibt eine Farbe vor, die Spieler müssen jeweils zum gegenüberliegenden Hütchen starten.

(7) Der Trainer gibt vier (fünf, sechs) Farben vor, die in umgekehrter Reihenfolge ersprintet werden müssen.

(8) Spieler A läuft vier Farben an, Spieler B erläuft die Farben in der gleichen Reihenfolge, er startet aber erst, wenn A von der Mitte des Kreises zum zweiten Hütchen unterwegs ist.

(9) Trainer und Co-Trainer haben jeder zwei Hütchen in der Hand. Durch Hochhalten eines farbigen Hütchens wird jeweils die nächste Richtung angezeigt.

(10) Die Trainer halten drei Hütchen hoch, die Spieler müssen zum fehlenden Hütchen sprinten.

(11) Wie vorher, aber bei Drehung der Hand (Handrücken) müssen die Spieler die folgende Bahn rückwärts laufen.

(12) Die Spieler stehen zu zweit hintereinander in der Mitte des Quadrats, der vordere Spieler läuft ein Hütchen an, der andere folgt dicht auf, Drehung und jetzt führt der andere Spieler zur Mitte zurück und zu einem neuen Hütchen, Drehung usw.

Weitere Variationen:

(1) Die Hütchen im zweiten Quadrat sind farbig anders angeordnet.

(2) Unterschiedliche Laufformen zu den Hütchen und zurück (z. B. rückwärts, Sidesteps, Skippings).

(3) Die Farben der Hütchen werden mit Zahlen gleichgesetzt (z. B. 2, 5, 6, 9) oder mit Buchstaben (z. B. C, L, K, P).

(4) Der Schwierigkeitsgrad der Konzentration und Reaktion wird erhöht, z. B. durch Zuruf einer dreistelligen Zahl, in der eine der vier Einzelzahlen vorkommt (z. B. 153) oder eines kurzen Worts, in dem einer der vier Buchstaben enthalten ist (z. B. Luft).

(5) Läufe in Verbindung mit anschließenden Torschüssen bei ruhendem (und zugespieltem) Ball.

9. TE Torhütertraining: Konzentration und Reaktionsschnelligkeit

Vorbemerkungen

Bei den vielfältigen Handlungsaktionen des Torhüters spielt Schnelligkeit in verschiedener Form eine maßgebliche Rolle.

Spiele werden zu einem großen Teil im Kopf gewonnen. Dieser Grundsatz gilt in besonderer Weise für den Torhüter. In seiner absoluten Schlüsselposition wirken sich psychische Faktoren oft spielentscheidend aus. Der Torhüter muss im entscheidenden Moment nervlich robust, situationsangemessen handeln. Versagensängste oder Enttäuschungen beeinträchtigen die Leistungsfähigkeit ebenso wie überschießende Emotionen oder unkontrollierte Aggression. Damit die Wahrnehmungs-, Denk- und

Reaktionsprozesse trotz Wettkampfstress zielgerichtet und effektiv ablaufen, vermitteln wir dem Torhüter folgende Grundeinstellung:

- Denke positiv!

- Gehe mit Selbstvertrauen und Leistungszuversicht ins Spiel!

- Demonstriere dein Selbstbewusstsein durch Körpersprache und Auftreten!

- Du bist der erste Erfolgsgarant der Mannschaft!

- Konzentriere dich nur auf die kommenden Aufgaben!

- Beschäftige dich nicht mit vergangenen Fehlern!

- Gib nie auf, solange das Spiel läuft!

- Bewahre bei aller Anspannung innere Ruhe! (Provokationen prallen an dir ab!)

- Konzentriere dich im Spiel von der ersten bis zur letzten Minute!

In der Zusammenarbeit von Torhütertrainer und Torhüter werden hierzu die entsprechenden Grundlagen geschaffen.

Nachfolgend stellen wir einen Ausschnitt aus dem Training des ehemaligen Torhütertrainers von Bayer 04 Leverkusen, Toni Schumacher, mit Hans-Jörg Butt vor. Der Schwerpunkt liegt auf der Kombination der Festigung technischer Bewegungsabläufe mit Schnelligkeit.

Dabei ist grundsätzlich festzuhalten:

- **Kraft, Schnelligkeit, Beweglichkeit und Koordination sind, als Einheit betrachtet, an allen Trainingsinhalten der Torhüterausbildung beteiligt.**

- **Ein gutes Torhütertraining wird nicht eindimensional vorgegeben, sondern lebt viel stärker als das Mannschaftstraining vom Dialog, d. h. vom Gedankenaustausch zwischen Torhüter und Trainer. Dabei spielen die individuelle Persönlichkeit und das Leistungsprofil des Torhüters eine Rolle, zudem Erfahrung und die Art und Dauer der Zusammenarbeit.**

Praxisteil

1. Aufwärmen

Das Aufwärmprogramm wurde in der Regel mit zwei (drei) Torhütern (Hans-Jörg Butt, Frank Juric, Tom Starke) durchgeführt.

(1) Im Dreieck (Viereck) stehend, wird der Ball flach (als Dropkick, volley u. a.) zuge-spielt, an- und mitgenommen.

Einzeltraining:

(2) Den zugespielten Ball fangen, aufnehmen oder fausten.

(3) Den als Aufsetzer vom Boden wegspringenden Ball mit beiden Händen fangen.

(4) Zugespielte Bälle im Wechsel mit der rechten und der linken Hand fangen.

(5) Der Ball wird durch die gegrätschten Beine des Torhüters geworfen und von die-sem nach Drehung (rechts-/linksherum) gefangen.

(6) Der Ball wird am Körper des Torhüters vorbeigeworfen. Der Torhüter muss nach Drehung und Streckung den Ball hinter dem Körper erhechten.

(7) In 6 m Abstand zum Tor steht der Trainer mit vier Bällen (vor jedem Fuß und in jeder Hand einen Ball). Der Torhüter muss situationsgerecht, reaktionsschnell die rechts und links geschossenen oder geworfenen Bälle abwehren.
Erschwernis: Der Torhüter muss vor dem Schuss/Wurf auf Kommando des Trai-ners einen Ausfallschritt nach rechts/links ausführen.

(8) Der Torhüter steht mit dem Rücken zum Trainer im Tor. Der Trainer spielt/wirft nach Kommando den Ball flach/hoch aufs Tor. Der Torhüter muss nach schnel-ler Drehung den Ball reaktionsschnell abwehren.

(9) Der Torhüter führt mit Blickkontakt zum Trainer schnelle Schritte im Sla-lom durch vier vor der Torlinie aufge-stellte Hütchen aus, und wehrt den vom Trainer hoch in die rechte Ecke geworfenen oder flach in die linke Ecke gespielten Ball ab (Abb. 86).

Abb. 86: Torhüterreaktion nach Slalom-lauf

2. Hauptteil

(1) Aus 11-16 m werden flache Schüsse in die Ecke gefangen bzw. abgewehrt.

(2) Wie 1., aber jetzt wird der Ball nach hohen Schüssen mit einer Hand abgewehrt.

(3) **Abwehraktionen mit Anforderungs-varianten (Rampen)** (Abb. 87).

Abb. 87: Torhüterreaktionen nach abgelenkten Bällen

Flache Schüsse werden durch sechs, in verschiedenen Entfernungen (4-16 m) vor dem Tor positionierte Rampen hochgelenkt. Der Torhüter soll die Bälle mit beiden Händen reaktionsschnell fangen, gegebenenfalls mit einer Hand übers Tor lenken.

Die Bälle werden

- flach gegen die Rampe gespielt und prallen nach oben ab,
- flach zwischen den Rampen hindurchgespielt,
- so aus der Hand gespielt, dass sie vor, auf oder hinter den Rampen auftreffen. Diese Bälle sollen immer gefangen werden.

Alternativen zu den Übungen mit Rampen sind Schüsse durch aufgestellte Puppen (Dummys), ruhend, aus dem Dribbling und aus der Hand „volley" oder als Aufsetzer.

(4) Mehrfachreaktionen im Abwehrverhalten

Der 5-m-Raum wird auf 10 m Breite verdoppelt und in acht Felder unterteilt. Die Felder sind mit drei Symbolen (O/X/⊗) versehen. In 5 m Entfernung vor der Mittellinie steht an jeder Seite ein weiteres Tor (Abb. 88).

Der Trainer schlägt aus ca. 30 m Entfernung, auf einer Kreisbahn verteilt, Bälle aufs Tor:

- flach,
- halbhoch,
- als Aufsetzer.

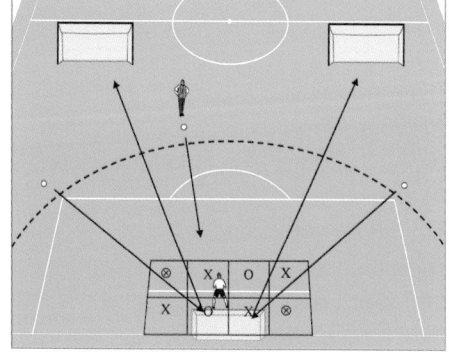

Abb. 88: Torhüter-Mehrfachreaktion

Der Torhüter muss die Bälle entsprechend dem letzten Ballkontakt in den Feldern

O = fangen und in das rechte Tor vor der Mittellinie abwerfen (fausten),

X = fangen und in das linke Tor vor der Mittellinie abwerfen (fausten),

⊗ = fangen und mit dem Fuß über die rechte/linke Seite abschlagen.

(5) Abwehraktionen bei verdeckten Bällen
In 8 (10) m Entfernung ist vor dem Tor eine 1 m breite Plane gespannt (Abb. 89).

Die Bälle werden vom Trainer aus verschiedenen Entfernungen unter/über die Plane verdeckt aufs Tor geschossen (geworfen).

- Flache Bälle aus 10-16 m Entfernung.
- Hohe Bälle aus 12-18 m Entfernung.

Der Torhüter sieht die Bewegungen des Trainers, den Flug des Balls aber erst nach Passieren der Plane.

Abb. 89: Torhüterreaktionen nach verdeckt aufs Tor gespielten Bällen

10. TE Schneller Torabschluss

1. Aufwärmen: Laufen mit Ball	(15 min)
2. Stretching	(10 min)
3. Hauptteil	(65 min)

(1) Torschuss nach Zuspiel unter Zeitdruck (Abb. 90)

Drei Stürmer mit farblich unterschiedlichen Hemden bewegen sich in einem 10 x 20 m großen Feld vor dem Strafraum.

Nach Zuspiel von A und schnellstmöglicher Ballkontrolle passt B zu dem Stürmer, den der Trainer durch Zuruf (Farbe) benennt.

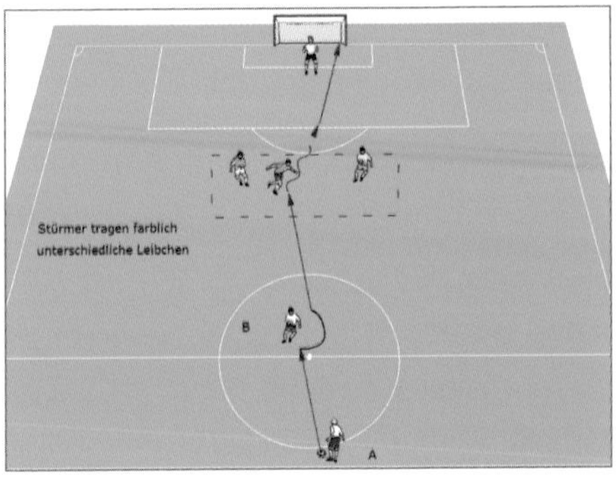

Erhöhung des Zeitdrucks für den Anspieler B, indem A dem gespielten Ball hinterherläuft und für den jeweiligen Stürmer, indem ein Abwehrspieler eingebaut wird.

(2) Torschuss nach Zuspiel auf einen freien Spieler (Abb. 91)

Abb. 90

Abb. 91

In dem abgesteckten Feld bewegen sich drei Angreifer und zwei Abwehrspieler (raumorientiert).

Spieler B kontrolliert das Zuspiel von A innerhalb eines kleinen Raums am Mittelkreis und spielt nach Ballkontrolle zielgerichtet und druckvoll den freien Stürmer an, der mit der Ballannahme schnellstmöglich den Torabschluss sucht.

Die frei anspielbaren Spieler wechseln situationsbedingt.

(3)   **Torabschluss nach Zuspiel vom Flügel** (Abb. 92)

2:1-Situation im Strafraum nach Flanke. Nach Kombinationsform am Flügel zu einem freien Stürmer flanken und Torabschluss.

Der Verteidiger soll sein Deckungsverhalten auf den angespielten Stürmer ausrichten.

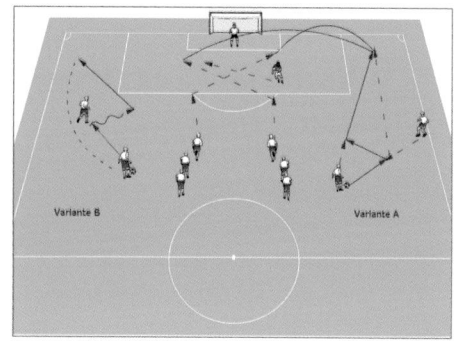

Abb. 92

(4)   **Spiel 8:8 auf auf sechs 2 m große Tore im 40 x 40 m Feld** (Abb. 93)

Tore werden als Zuspiel durch das Hütchentor (Stangentor) und Ballkontrolle eines Mitspielers erzielt. Nach Torerfolg muss ein anderes Tor angesteuert werden. Die Tore dürfen nicht durchlaufen werden.

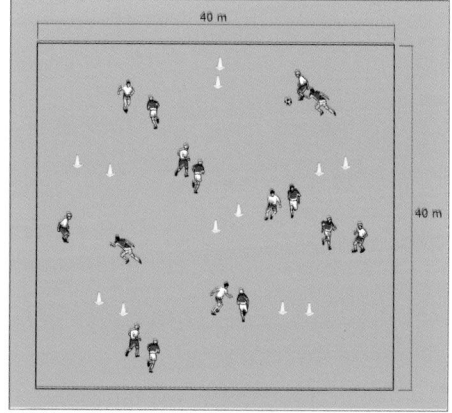

Abb. 93

(5) **Spiel 4+4:4+4 im 40 x 30-m-Feld auf zwei Tore mit Torhütern** (Abb. 94)

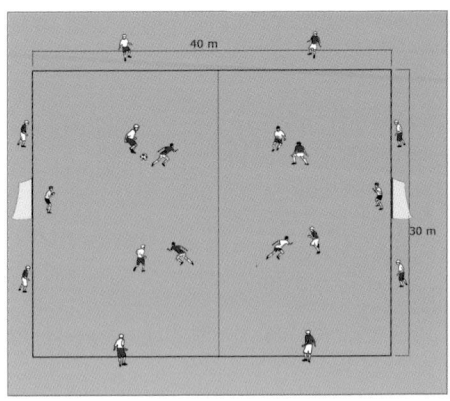

Spiel 4:4 unter Einbeziehung der vier An-spielstationen an den Außenseiten bzw. neben dem Tor.

Abb. 94

11. TE Koordination und Handlungsschnelligkeit (90 min)

1. Einlaufen: 4 Platzrunden	(8 min)
2. Stretching	(10 min)
3. Koordination	(17 min)

Auf vier Bahnen, im Abstand von 50 cm, sind jeweils vier 70 cm hohe Hürden auf-gebaut (Abb. 95)

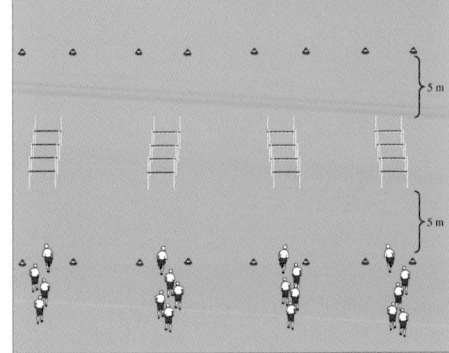

Auf den ersten 5 m vor sowie auf den letz-ten 5 m hinter den Hürden werden ver-schiedene Laufformen, (Anfersen, Kreuz-schritte, Skippings vorwärts/seitwärts u. a.) durchgeführt.

Mit dem Erreichen der ersten Hürde wer-den folgende Aufgaben absolviert:

Abb. 95

(1) Stechschritt über die Hürden und Skippings zwischen den Hürden.

(2) Skippings seitlich neben den Hürden und jeweils das rechte Bein seitlich über die Hürden schwingen, bei der zweiten Bahn das linke Bein.

(3) Im Rückwärtslauf die Hürden übersteigen.

(4) Fußgelenksprünge mit hinter dem Rücken gehaltenen Armen zu den Hürden, über die

(5) Hürden jeweils im Wechsel mit dem rechten und linken Schwungbein, zwischen den Hürden Skippings und auf den letzten 5 m Antritt.

(6) Seitlich bis auf Höhe der jeweiligen Zwischenräume laufen und dann mit kurzen, schnellen Schritten in jeden Zwischenraum hinein- und zurücklaufen.

(7) Neben den Hürden bis auf Höhe der dritten Hürde sprinten, rückwärts zur ersten Hürde zurück, den Boden berühren und Antritt bis zum Erreichen der Ziellinie.

(8) Auf Kommando Sprint zwischen den Hürden bis zum Erreichen der Ziellinie.

4. Taktische Spielformen: Handlungsschnelligkeit (55 min)

(1) **Spiel 5:5 im abgegrenzten Feld auf zwei große Tore
mit Torhütern** (Abb. 96) (16 min)

(3/4 Spielfeld, vier Mannschaften, zwei spielen, zwei haben Pause, nach 4 min Wechsel)
- Freies Spiel. (8 min)
- Direktes Spiel. (8 min)

Abb. 96

Abb. 97

(2) **Spiel 5:5 durch drei je 3 m breite Hütchentore über das 3/4 Spielfeld
auf zwei große Tore mit Torhütern** (Abb. 97) (24 min)

Fünf Spieler erspielen sich gegen gegnerische Spieler Möglichkeiten, den Ball durch eins der drei Hütchentore auf den Mitspieler in der anderen Spielfeldhälfte zu passen. Mit dem Pass starten 2-3 Spieler und die Gegenspieler in die andere Spielfeldhälfte. Ziel ist ein schneller Torabschluss.

Mannschaft A greift 3 x an und Mannschaft B verteidigt, dann greift Mannschaft B 3 x an und Mannschaft A verteidigt.
Zwei Serien

(3) Spiel 4+1:5 mit einer 10 m breiten Tabuzone auf zwei große Tore
     mit Torhütern (Abb. 98)   (15 min)

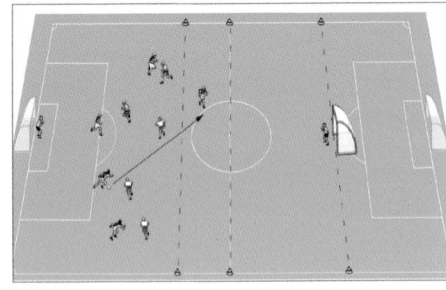

Abb. 98

Vier Angriffsspieler (A) sollen sich gegen fünf Abwehrspieler (B) durchsetzen und einen flachen Pass auf einen Mitspieler in der Tabuzone spielen. Mit dem Pass starten die vier Angreifer (und vier Gegenspieler) in die Angriffszone, um zum Torabschluss zu kommen. Gelingt der schnelle Torabschluss nicht bzw. erobern die Abwehrspieler den Ball, soll durch geschlossenes Zustellen der Ballwege der Spielaufbau von Mannschaft B verhindert und der Ball möglichst wieder erobert werden (Pressing). Mannschaft A verfolgt dann das Ziel, über den zurückgebliebenen Mitspieler (in der Tabuzone) zu kontern.

Mannschaft A drei Angriffseinleitungen, dann Mannschaft B.

12. TE Handlungsschnelligkeit   (90 min)

1. Einlaufen: 4 Platzrunden   (8 min)
2. Stretching   (10 min)
3. Koordination   (12 min)

Organisationsform: 10 Stangen liegen in 1 m Abstand und nach 5 m stehen sechs Slalomstangen (Abb. 99).

(1) Skippings über die Stangen, Slalom durch die Fahnen, 5-m-Sprint.

(2) Auftakt: Zwei Hocksprünge, Skippings über die Stangen, seitlich durch den Slalom, 5-m-Sprint.

(3) Auftakt: Zwei Hocksprünge, Skippings über die Stangen, vorwärts durch den Slalom, 5-m-Sprint.

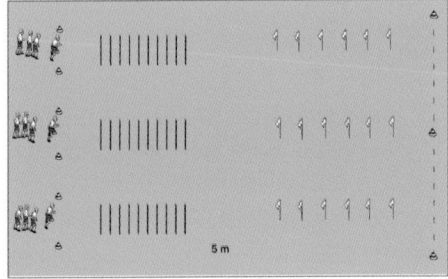

Abb. 99

(4) Seitlich versetzte Sprünge über die Stangen, Slalom, 5-m-Sprint.

(5) Skippings über die Stangen, rückwärts durch den Slalom, halbe Drehung, 5-m-Sprint.

(6) Skippings über die Stangen, seitlich an den Slalomstangen vorbei Antritt bis zur vierten Fahne, rückwärts zurück bis zur zweiten Fahne und erneuter Antritt bis zur Ziellinie.

(7) Antraben seitlich an den Stangen vorbei bis zur ersten Slalomstange, Antritt bis zur dritten Stange, rückwärts zurück bis zur zweiten Stange, Antritt bis zur fünften Stange, rückwärts zurück bis zur vierten Stange und erneuter Antritt bis zur Ziellinie.

4.   Taktische Spielformen: Handlungsschnelligkeit   (60 min)

(1) **Spiel 9:8 über das halbe Spielfeld auf zwei große Tore mit Torhütern**
     Auf der gegenüberliegenden Feldseite 3:2 im 32 x 40-m-Feld auf zwei große
     Tore mit Torhütern (Abb. 100)   (36 min)

Abb. 100

Abb. 101

- Freies Spiel mit Abseits.
- Nach 9 min wechselt ein Spieler zur anderen Mannschaft (Überzahlwechsel).

(2) **Spiel 6:5 über das halbe Spielfeld auf zwei große Tore mit Torhütern**
     (14 min)
     5:4 im 32 x 40-m-Feld auf zwei große Tore mit Torhütern (Abb. 101)

Abb. 102

- Freies Spiel mit Abseits.
- Nach 7 min wechselt ein Spieler zur anderen Mannschaft (Überzahlwechsel).

(3) **Spiel 10:10 über das 3/4 Spielfeld auf zwei große Tore mit Torhütern**
     (Abb. 102)   (10 min)

- Freies Spiel mit Abseits und Eckbällen, Abstößen und Einwürfen.

13. TE Handlungsschnelligkeit

Mit der folgenden Trainingseinheit setzte Cheftrainer Christoph Daum als besonderen Schwerpunkt der Handlungsschnelligkeit hohe Konzentration und Flexibilität bei schnell wechselnden Wettspielanforderungen.

1. Einstimmung

(1) Einlaufen: Zwei Platzrunden (4 min)

(2) Schnelles Passspiel und schnelle Situationsanpassung (26 min)

Spielformen:
* 4:2 (drei Zweiergruppen) im 10 x 15-m-Feld
* 6:3 (drei Dreiergruppen) im 15 x 30-m-Feld
* 8:4 (drei Vierergruppen) im 20 x 40-m-Feld
* 10:5 (drei Fünfergruppen) im 25 x 50-m-Feld.

In allen vier Spielformen wird nur direkt gespielt (auf niedrigem Leistungsniveau auch mit zwei Kontakten).

Die Spielzeit beträgt zwischen vier (bis 10) Minuten.

Das Ziel bei diesen Spielformen besteht darin, dass jeder Spieler sofort „hellwach" ist. Die mittlere Gruppe muss den Ball immer erobern, bloßes Berühren oder ins „Aus" lenken bringen keinen Ballbesitz. Der den Ball erobernde Spieler hat bis zu seinem Abspiel freies Spiel, d. h. er kann sich freidribbeln. Erst nach seinem Pass wird wieder direkt gespielt, wobei der Ballbesitzer sich orientieren muss, von welcher Gruppe er den Ball erobert bzw. den Pass abgefangen hat. Diese Gruppe darf er nicht anspielen. Außer bei der Spielform 4:2 wird immer verlangt, dass sich 1-2 Spieler in der Mitte des Feldes aufhalten. Vier (sechs) Bälle liegen um das Spielfeld verteilt, damit das Spiel bei Bällen im „Aus" sofort weiterläuft.

Ein Nebeneffekt dieser Spielformen liegt in der taktischen Planung. Die Zusammenstellung der Gruppen erfolgt unter dem Gesichtspunkt, welche Spieler im Wettspiel miteinander agieren und sich aufeinander abstimmen sollen: z. B. die beiden Innenverteidiger, die beiden Spitzen, die beiden Spieler der rechten/linken Seite oder entsprechende Gruppen wie drei Abwehrspieler, drei Mittelfeldspieler, drei Angreifer.

2. Hauptteil (70 min)

Die beiden ersten Übungen sind sehr effektive Trainingsformen zur Einführung der Handlungsschnelligkeit in Verbindung mit dem Torschuss.

(1) **Flacher Pass von außen in den 16er** (Abb. 103)
Der Passgeber spielt zum linken (rechten) Eckpunkt des 16ers einen flachen Pass in die Laufrichtung des Torschützen, der auf das Tor schießt.

Der Abwehrspieler (auf der Höhe des ersten Pfostens) soll den Pass abfangen. Auch der Torhüter startet situativ zu Abwehraktion raus. Startkommando ist jeweils der Moment des Passspiels.

Bei dieser Übung werden Dreiergruppen gebildet. Jeder Spieler ist 3 x Passgeber, 3 x Torschütze, 3 x Abwehrspieler. Jeweils nach Abschluss aller Aktionen wechseln die Gruppen geschlossen zur nächsten Station.

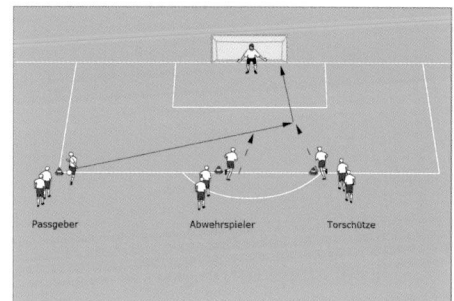

Um eine Wertung bzw. Leistungsüberprüfung mit Wettkampfcharakter einzubringen, gibt Christoph Daum den Profis beispielsweise folgenden Erfolgsmaßstab vor:

3 Tore = Weltklasse
2 Tore = nationale Klasse
1 Tor = entwicklungsfähig
kein Tor = Zusatztraining

Abb. 103

(2) **Pass in den Raum mit Torabschluss** (Abb. 104)
Spieler A spielt aus dem Rückraum einen Diagonalpass in die Laufrichtung von Spieler B am 16er, Spieler C hat die Aufgabe, den Torschuss zu blocken. Startkommando für die Spieler B und C ist der Moment des Passspiels von A.

Abb. 104

(3) **Spielform 1:1+1 Konterspieler oder 2:2+1 Konterspieler** (Abb. 105)
Spielfeld: 40 x 32 m
Mannschaft Weiß hat den Ball und versucht einen Torabschluss, erobert ein Spieler Rot den Ball, so schaltet sich sofort darauf der in der anderen Spielhälfte stehende Konterspieler A mit in den Gegenangriff ein.

Abb. 105

(4) **Pressing und „Konter"** (Abb. 106)
Spielfeld: 40 x 32 m
Spiel 3:4 mit Anspielpartner im Taburaum und anschließendem Nachrücken der Spieler, Aufbauspiel über
die nachrückenden Flügelspieler.
Spielzeit: 3,5-4,5 min

Abb. 106

(5) **Spielform 4:4 bis 7:7 + jeweils zwei
Flügelspieler** (Abb. 107)
(10 min)
Spielfeld: 40 x 40 m

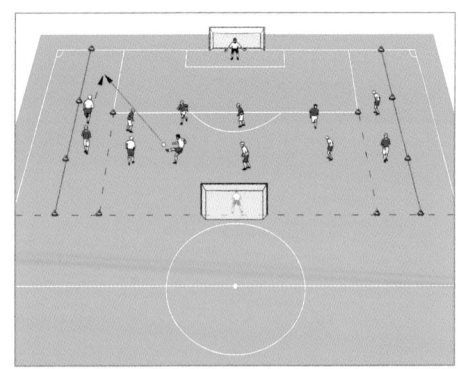

Abb. 107

(6) **Spiel 3:4 mit Anspielpartner im
Taburaum und anschließendem
Nachrücken der Spiele**r (Abb. 108)
Das Anspiel darf nur durch eins der
drei Hütchentore erfolgen.
Spielfeld: 40 x 40 m

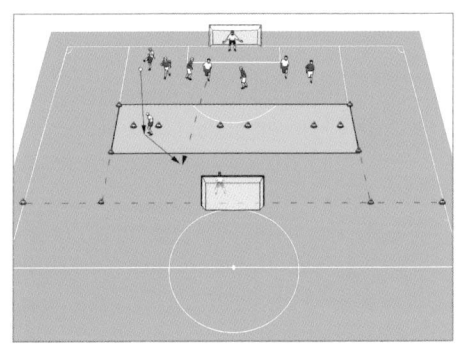

Abb. 108

(7) **Spielform 2:2 auf 2:2** (Abb. 109)
(je 1,5 min)
Spielfeld: 36 x 20 m
- Frei, zwei Kontakte, direkt
- Ohne Felderwechsel
- Mit Felderwechsel
Serien: 2-4

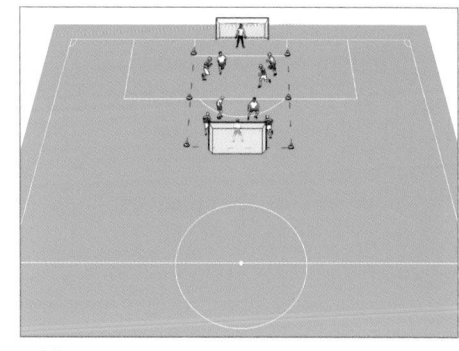

Abb. 109

(8) **Spiel 3:3 auf 1:1 im Strafraum** (Abb. 110)
Spielfeld: 72 x 42 m
- Ballzonen für die abwehrende Mannschaft tabu
- Einschalten zur Überzahl 2:1
- Pass auf den Dritten
- Torschuss direkt oder nach Querpass/Rückpass

(9) **Spielform 10:7 mit Positionswechsel** (Abb. 111)
Spielfeld: 72 x 42 m
- Diagonale Verlagerung
- Doppelpass
- Spiel auf den Dritten
- Weitere taktische Schwerpunkte

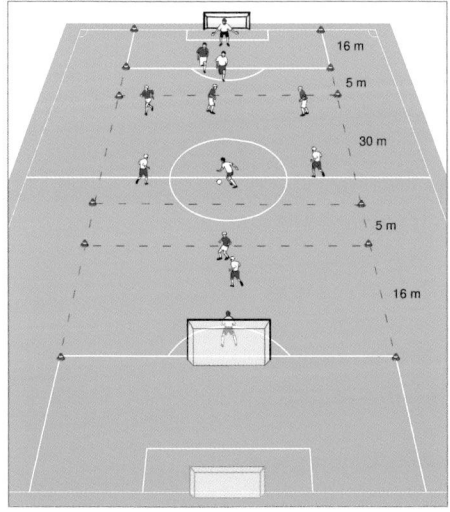

Abb. 110

Abb. 111

14. TE Handlungsschnelligkeit (90 min)
1. Einlaufen: 4 Platzrunden (8 min)
2. Stretching (17 min)
3. Handlungsschnelligkeit (65 min)

(1.) **Schnelles Spiel in die Tiefe, nachrücken** (Abb. 112)
Spielfeld: 72 x 40 m
Ausgangssituation in den drei Spielzonen: 2:1, 2:2, 2:1

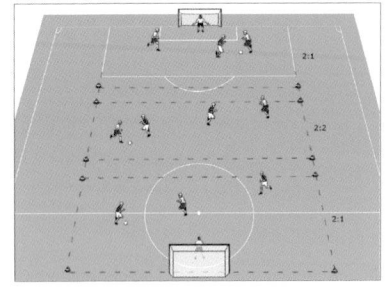

Abb. 112

Das Anspiel erfolgt auf einen Spieler in dem Feld zwischen den beiden 8-m-Zonen. Der Spieler, der den Pass gespielt hat, darf in/über die 8-m-Zone nachrücken und erzeugt so eine Überzahl seiner Mannschaft im Mittelfeld. Die gleiche Situation ergibt sich beim Anspiel in die Zone vor dem gegnerischen Tor. Wieder darf ein Spieler in/über die 8-m-Zone nachrücken, sodass eine 3:1-Überzahl vor dem Tor entsteht. Sollte der Spielaufbau durch die gegnerische Mannschaft abgefangen werden, muss der Spieler, der mit nachgerückt ist, schnellstmöglich wieder in seine Zone.

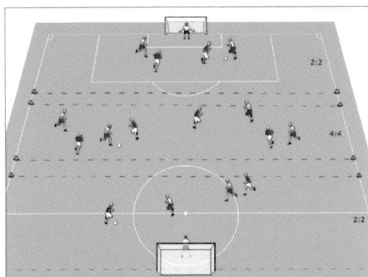

Abb. 113

(2.) **Schnelles Spiel in die Tiefe mit Flügelspiel** (Abb. 113)
Spielfeld: 72 x 68 m
Ausgangssituation in den drei Spielzonen: 2:2, 4:4, 2:2

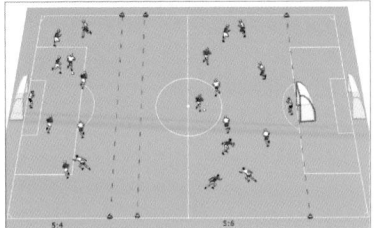

Abb. 114

Wie Spielform (1), aber über die ganze Spielfeldbreite und Einschalten eines Flügelspielers und eines weiteren Spielers (Flügel oder Mf) zum 4:2 vor dem Tor.
- Freies Spiel
- Zwei Kontakte
- Nur direkt

(3.) **Spiel 5:4 und 5:6 mit Einschalten jeweils eines Angriffsspielers** (Abb. 114)
Spielfeld: 90 x 68 m
Überspielen der Zone und sofortiges Nachrücken, um Gleichzahl herzustellen.
- 2 Kontakte
- Freies Spiel

Koordination

Koordinative Fähigkeiten basieren auf komplexen Aktivierungs- und Steuerungsvorgängen. Im Fußball definieren wir **Koordination** wie folgt:

> **Koordination ist die Fähigkeit, technische Handlungen mit und ohne Ball zielgerichtet, schnell, präzise und ökonomisch durchzuführen.**

Vorbemerkungen

Jedes Sportspiel beansprucht spezifische koordinative Merkmalsausprägungen. Koordinative Grundfähigkeiten bestimmen das Niveau der Fußballtechnik und damit des gesamten fußballspezifischen Handlungsspektrums. Sie bilden die Grundlage für einen souveränen Umgang mit dem Ball, – auch in hohem Tempo unter Druck – für Spielübersicht und eine anspruchsvolle taktische Spielgestaltung. Zudem ermöglichen sie einen ökonomischen Energieeinsatz im Wettkampf und im Training und haben einen verletzungsvorbeugenden Effekt.

In Anlehnung an die trainingswissenschaftliche Systematik von Meinel und Schnabel beziehen wir das Spektrum der koordinativen Anforderungen im Fußball auf sieben Merkmalsausprägungen (Abb. 115).

Koordinative Anforderungen im Fußball						
Elementar-sportmotorische und fußballspezifische Bewegungen und Bewegungskomplexe						
Bewegungsausführung			Bewegungskontrolle			
Steuerung	Präzision	Tempo	Kombination		Variabilität	
Differen-zierungs-fähigkeit	Reaktions-fähigkeit	Umstellungs-fähigkeit	Kopplungs-fähigkeit	Rhythmus-fähigkeit	Gleich-gewichts-fähigkeit	Orientie-rungs-fähigkeit
Training fußball-spezifischer Lauf- und Sprung-formen Balltechnik	Training schneller, situations-gerechter Bewegungs-aktivierung	Training schneller Bewegungs-anpassung an sich verändernde Bedin-gungen	Training von Bewegungs-verbin-dungen und Bewegungs-kombina-tionen	Training des Bewegungs-flusses	Training der Bewegungs-balance	Training spiel-taktisch-bewegungs-situativer Anpassung

Abb. 115: Spektrum der koordinativen Anforderungen im Fußball

Im Training sind entsprechend den einzelnen Anforderungsmerkmalen folgende Schwerpunkte zu setzen:

- **Differenzierungsfähigkeit**
  Trainiert wird die Feinabstimmung des gesamten Bewegungsrepertoires, die jeweils erforderlichen Kraftimpulse, die Bewegungskontrolle und die Ballbehandlung. Dazu gehören alle fußballspezifischen Lauf- und Sprungformen sowie Balltechniken.

- **Reaktionsfähigkeit**
  Trainiert werden die Wahrnehmungsfähigkeit und die schnelle, situationsgerechte Bewegungsauslösung, z. B. bei Laufduellen zum und mit Ball auf optische und akustische Signale hin, gekoppelt mit Zweikampfaktionen.

- **Umstellungsfähigkeit**
  Trainiert wird analog zur Reaktionsfähigkeit das schnelle Umsetzen der rasch wechselnden spielsituativen Bewegungsanforderungen in Form von Abbruch bzw. Korrektur von Teilbewegungen und Bewegungsneuaufbau, z. B. bei der Torschussfinte oder bei der angetäuschten Flanke und generell beim Angriffs- und beim Abwehrverhalten in der 1:1-Situation.

- **Kopplungsfähigkeit**
  Trainiert wird die Verbindung von erlernten Bewegungsmustern, z. B. der reibungslose Übergang von Drehungen und Antritten, das Dribbling mit anschließender Flanke bzw. Torschussaktion oder der Anlauf und Absprung zum Kopfball in der Luft mit präziser Stoßbewegung.

- **Rhythmusfähigkeit**
  Trainiert wird ein gut getimter Bewegungsrhythmus (Bewegungsfluss), z. B. beim Sprungkopfball, beim Torschuss aus „vollem Lauf" oder beim Hüftdrehstoß, weiterhin auch Rhythmuswechsel, z. B. bei Übersteigerfinten im Lauf.

- **Gleichgewichtsfähigkeit**
  Trainiert werden die Aufrechterhaltung und Wiederherstellung des Gleichgewichts in vielfältigen Spielszenen (Lauf, Sprung, Zweikampf) nach Richtungsänderungen und Drehungen. Hierbei stehen vor allem Zweikampfduelle mit Sprints, Sprüngen und Körperkontakten im Vordergrund.

- **Orientierungsfähigkeit**
  Trainiert wird die räumliche Orientierung im Aktionsfeld des Spiels mit bewegungssituativen Anpassungen im spieltaktischen Konzept: z. B. die Abstimmung im Abwehrsystem mit Viererkette oder beim Pressing. Dabei werden andere koordinative Teilfähigkeiten einbezogen.

Trainingsmethodische Hinweise

Koordinationstraining beginnt bereits im Schüleralter in kind- und spielgemäßer Form. Im Juniorenfußball werden in aufbauenden Schritten die Präzisionsanforderungen

erhöht, dazu das Tempo und die Komplexität der Übungen. Variation der aufeinanderfolgenden Bewegungsaufgaben und dosierte Änderungen innerhalb einer Bewegungsaufgabe erhöhen den Schwierigkeitsgrad und Trainingseffekt ebenso wie Tempovariationen und Kombinationen synchroner und asynchroner Bewegungsabläufe. Bei gefestigten Bewegungsmustern sind die Umfeldbedingungen zu variieren und Übungen auch unter konditionellen Vorbelastungen durchzuführen. Ein weiterer Trainingsimpuls wird durch die Kombination konditionell beanspruchender Trainingsinhalte mit Koordinationsübungen gesetzt, und schließlich stehen reaktive Bewegungsaufgaben und die situationsgerechte, variable Anwendung des gesamten fußballspezifischen Bewegungsrepertoires im Mittelpunkt eines wettkampforientierten Trainings.

Im Wesentlichen sind folgende methodische Leitgedanken beim Koordinationstraining zu beachten:

- Das Koordinationstraining soll frühzeitig beginnen. In kindgemäß-spielerischer Form können bereits im Alter von sechs Jahren und früher koordinative Bewegungsaufgaben gestellt werden.
- Grundsätzlich sind unterschiedliche Lern- und Leistungsvoraussetzungen zu berücksichtigen.
- Die Übungsanforderungen sind auf den Leistungsstand der Spieler abzustimmen.
- Das Übungsprogramm soll einen hohen Aufforderungscharakter besitzen.
- Trainiert werden intra- und intermuskuläre Koordinationskomponenten.
- Über das ZNS werden die optimale Aktivierung und Ansteuerung einzelner Muskeln oder Muskelgruppen hinsichtlich Bewegungsausführung und Krafteinsatz vollzogen. Zyklische, vorrangig aber azyklische Bewegungen sind im Fußballsport präzise, tempoverschärfend und variabel zu trainieren, zudem ist der Komplexitätsgrad zu steigern.
- Die Bewegungsvorstellungen müssen durch klare Beschreibungen und prägnante Demonstrationen vermittelt werden. Fortwährende Kontrolle und unmittelbare Fehlerkorrektur sind weitere Voraussetzungen einer präzisen Bewegungsausführung.
- Mit zunehmender Bewegungspräzision werden Schwierigkeitsgrad und Ausführungstempo erhöht.
- Einzelne Aufgaben werden kombiniert und variiert. Die komplexen Anforderungen beinhalten Tempovariationen, Lauf- und Sprungkombinationen, Richtungswechsel und Drehungen mit und ohne Ball.
- Bei den Lauf- und Sprungformen wird der Schwierigkeitsgrad vorrangig durch Temposteigerung und Tempowechsel, Rhythmusvariationen, Richtungsänderungen und Drehungen erhöht.
  Für die Übungen mit Ball sind die Anforderungen hinsichtlich Präzision, Schnelligkeit und Störeinflüssen zu erschweren.

- Kurze, aber intensive Übungseinheiten bedingen generell eine hohe Konzentrationsbeanspruchung. Dies ist bei der Belastungsdosierung und dem Trainingsumfang zu berücksichtigen.
- In den Aufwärmprogrammen für das Training und den Wettkampf sind funktionelle Koordinationsübungen obligatorisch.

Übungsprogramme

Im Folgenden wird ein Übungsangebot für ein vielseitiges Koordinationstraining im Fußball erstellt.

Lauf- und Sprungformen

1. Hopserläufe
2. Fußgelenkläufe
3. Sidesteps
4. Überkreuzläufe
5. Hopserläufe mit Anreißen des Schwungbeinknies
6. Schrittsprünge
7. Prellsprünge
8. Schrittsprünge mit energischem Knieanreißen

Laufformen mit Bewegungskombinationen

1. Im Trab fortwährendes, kurzes Hochschnellen des rechten (danach linken) Oberschenkels.
2. Wie vorher, aber jetzt Hochschnellen des linken und rechten Oberschenkels im Wechsel, jeweils mit beidhändigem „Klatschen" auf die Oberschenkel.
3. Trab, linken Oberschenkel anreißen, rechtes Bein seitlich rausschwingen, dann umgekehrt. Jeweils mit Handklatsch auf den Oberschenkel bzw. seitlich auf den Schuh.
4. Trab, linken Oberschenkel anreißen, linkes Bein seitlich rausschwingen, dann rechten Oberschenkel anreißen und rechtes Bein seitlich rausschwingen. Jeweils mit Handklatsch.
5. Trab, linken Oberschenkel anreißen, rechten Oberschenkel innen hochschwingen, dann rechten Oberschenkel anreißen, linken Oberschenkel innen hochschwingen. Jeweils mit Handklatsch.
6. Trab, linken Oberschenkel anreißen, linken Unterschenkel innen hochschwingen, dann rechten Oberschenkel anreißen und rechten Unterschenkel innen hochschwingen. Jeweils mit Handklatsch.
7. Trab, jeweils mit Zwischenschritten linkes Bein, rechtes Bein nach vorne schwingen, zur Seite schwingen und nach hinten schwingen.

Laufformen mit Anpassung und Umstellung

Als Hilfsmittel dienen Stangen (Streifen, Seile) und Trainingshürden.
Sechs Stangen liegen parallel im Abstand von 2 m.

1. Durchlaufen der Stangenzwischenräume mit kleinen, schnellen Schritten im Wechsel an jeder Stange vorwärts, rückwärts. (Abb. 116)

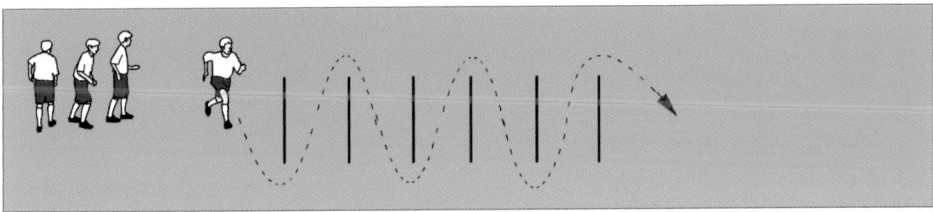

Abb. 116

2. Hopserlauf im Wechsel mit Seitgalopp.

3. Skippings vorwärts im Wechsel mit Kniehebelauf.

4. Überlaufen der Stangen mit zwei Bodenkontakten in den Zwischenräumen.

5. Laufen vorwärts mit drei Bodenkontakten.

6. Laufen rückwärts mit zwei Bodenkontakten.

7. Laufen rückwärts mit drei Bodenkontakten.

8. Laufen vorwärts im Wechsel mit zwei und drei Bodenkontakten.

9. Laufen rückwärts im Wechsel mit zwei und drei Bodenkontakten. (Abb. 117)

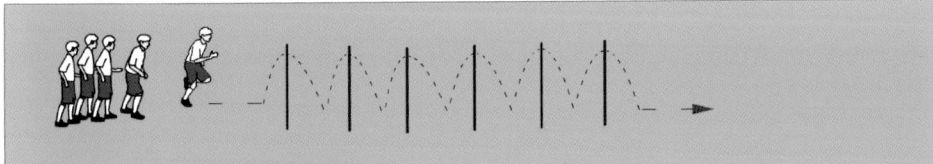

Abb. 117

10. Überlaufen der Stangen seitlich mit verschiedenen Aufgabenstellungen wie bei den vorherigen Übungen.

11. Überlaufen der Stangen mit 2 x je zwei Kontakten vorwärts, dann 1 x zwei Kontakten rückwärts.

12. Überlaufen der Stangen mit zwei Kontakten vorwärts, drei Kontakten rückwärts.

13. Die vorherigen Übungen werden auch mit Jonglieren eines Fußballs im Wechsel auf der Handfläche und dem Handrücken ausgeführt (auch mit zwei Bällen).

14. Umlaufen jeder zweiten Stange linksherum. Die nächste Bahn rechtsherum. (Abb. 118)

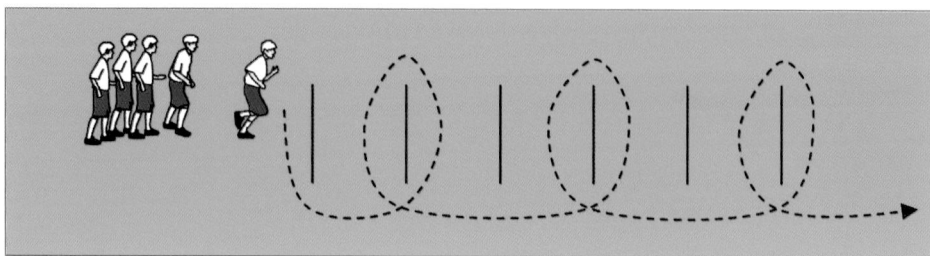

Abb. 118

15. Umlaufen der zweiten Stange linksherum, dann an der vierten Stange rechtsherum usw. (Abb. 119)

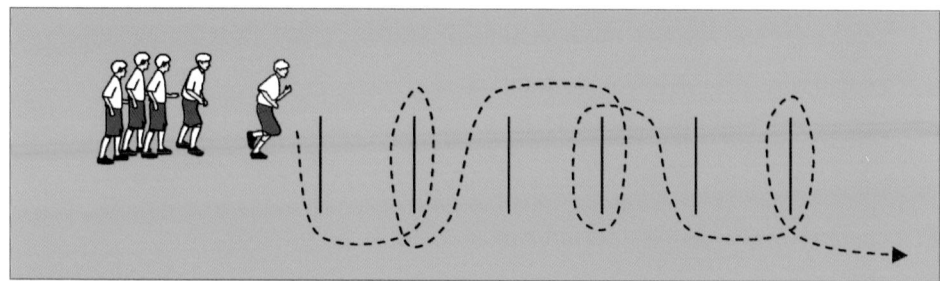

Abb. 119

16. Shuffle im Wechsel mit linker und rechter Hüfte vorn diagonal durch die Stangen. (Abb. 120)

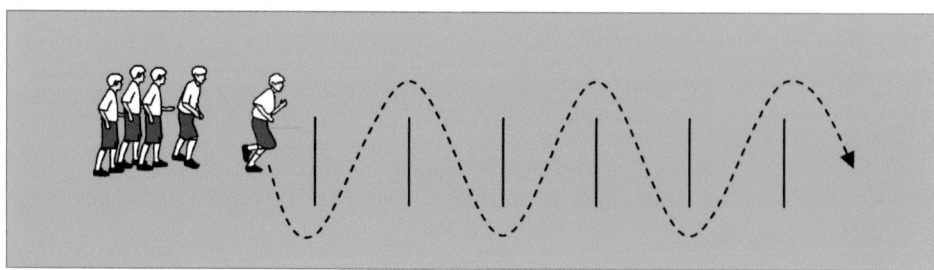

Abb. 120

17. Überlaufen der Stangen und jeweils Schrittsprung rückwärts über die Stange, weiterlaufen. Abschließend 5-m-Sprint über die Ziellinie. (Abb.121)

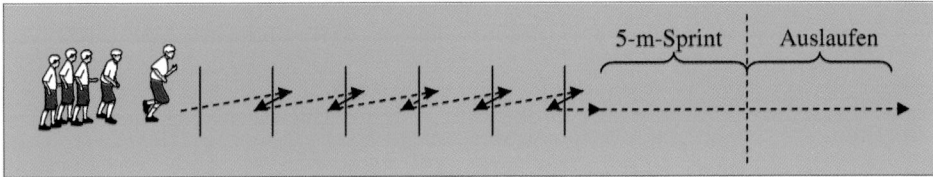

Abb. 121

18. Durchlaufen der Zwischenstangenräume mit kleinen, schnellen Schritten im Wechsel vorwärts, rückwärts und abschließender Sprint über eine 10 m entfernte Ziellinie mit Auslauf. (Abb. 122)

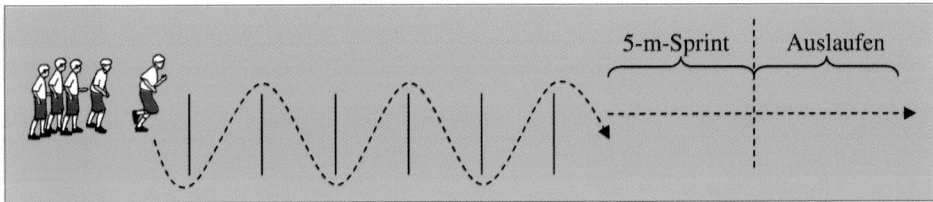

Abb. 122

19. Die Stangen im Vorwärtslauf mit jeweils einer schnellen Drehung zwischen den Stangen durchlaufen.

Laufformen mit Reaktions- und Umstellungsfähigkeit

1. Die vorherigen Übungen werden mit einem kurzen Sprint abgeschlossen. Der Sprint erfolgt mit Überlaufen der letzten Stange auf Zuruf zum entsprechenden farbigen Hütchen. (Abb. 123)

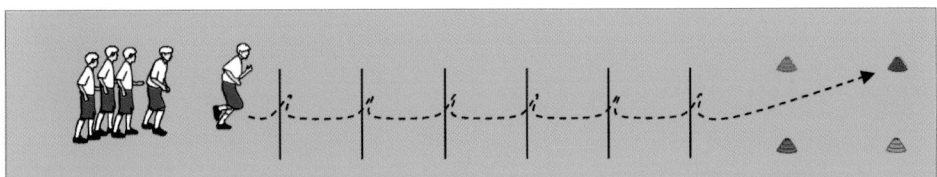

Abb. 123

Die farbigen Hütchen werden nach zwei Durchgängen umgestellt!

2. „Italienisches Quadrat" (S. 218).

Laufformen mit erhöhter Belastungsintensität zur Umstellungs- und Kopplungsfähigkeit

1. Dreieck-Hütchenparcours, Abstand jeweils 5 m. (Abb. 124)

    Sprint vom Mittelhütchen (1) zum Hütchen (2), seitlich (mit dem Rücken zum Mittelhütchen weisend) zum Hütchen (3), Sprint zum Mittelhütchen (1) und weiter zu Hütchen (4), seitlich (mit dem Rücken zum Mittelhütchen (1) weisend) zu Hütchen (5) und Sprint zurück zum Mittelhütchen (1). Laufstrecken (1) bis (6) jeweils 5 m.

    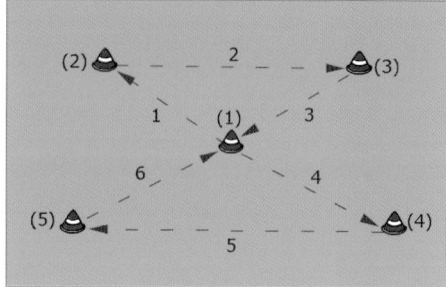

    Abb. 124

2. Zickzacksprints um Hütchen partnerweise über 20 m (15, 10 m) mit Kreuzen der Laufwege. (Abb. 125)

3. Zickzacksprint von Spieler A über 20 m. Spieler B startet gegenüber in der Mitte des Hütchenparcours und muss die Strecke hin- und zurücklaufen. (Abb. 126)

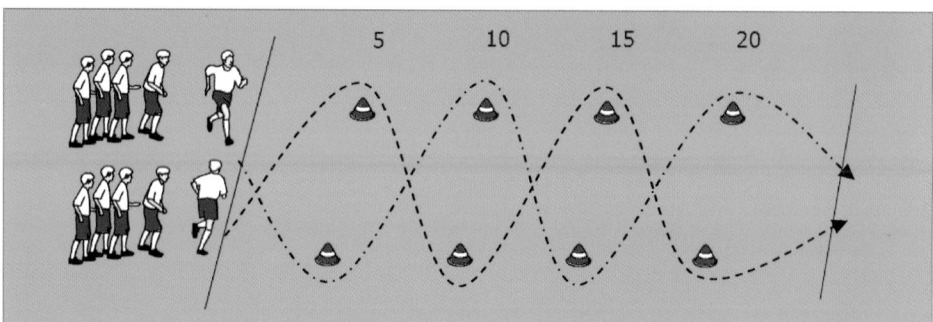

Abb. 125

Hürden-Laufformen zur Kopplungs- und Gleichgewichtsfähigkeit

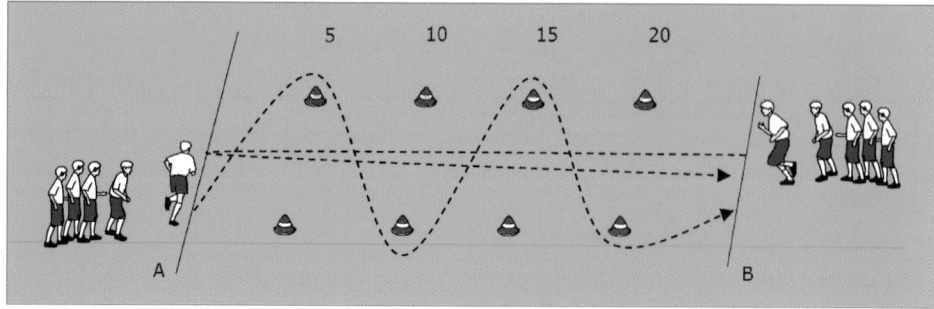

Abb. 126

1. Sechs 90 cm hohe Hürden mit dem gleichen „Schwungbein" überlaufen.

2. Wie 1., aber im Wechsel mit dem rechten und dem linken „Schwungbein" überlaufen.

3. Die Hürden seitlich überlaufen (rechte Seite vorn, dann linke Seite vorn).

4. Die Hürden stets die Seite wechselnd überlaufen.

5. Vier 90 cm hohe, eng zusammengestellte Hürden seitlich in maximalem Tempo, mit jeweils dynamischem Abdruck überschreiten (linke Seite vorn, dann rechte Seite vorn). Jeweils nach Überschreiten der ersten, zweiten, dritten und vierten Hürde
   - eine Hürde zurück,
   - alle Hürden zurück.

Laufformen mit Rhythmus- und Kopplungsfähigkeit (brasilianisches Aufwärmen)

In Zweiergruppen laufen die Spieler in gleichen Abständen hintereinander über eine Strecke von 25 m. Lauf-, Hopserlauf- und Sprungvariationen werden durch rhythmisches Klatschen (brasilianischer Sambarhythmus) begleitet. Auf Kommando werden Seitschwenks, halbe und vollständige Drehungen sowie Tempovariationen durchgeführt.

1. Trab, Hände vor und hinter der Hüfte zusammengeschlagen.

2. Trab, linke Hand auf den linken Oberschenkel und die rechte Hand auf den rechten Oberschenkel schlagen.

3. Kniehebelauf, dabei abwechselnd die linke und die rechte Hand auf den Oberschenkel schlagen.

4. Trab, anfersenden Fuß mit der Hand anschlagen.

5. Trab, linke Hand auf linken Oberschenkel, rechts anfersen und den Fuß anschlagen, links anfersen und den Fuß anschlagen.

6. Wechsel von Kniehebelauf und Anfersen.

7. Seitgalopp, vor/hinter der Hüfte klatschen.

8. Hopserlauf, vor/hinter der Hüfte klatschen.

9. Sprunglauf, rechter Oberschenkel hoch, mit beiden Händen auf den Oberschenkel schlagen, dann linker Oberschenkel hoch, im steten Wechsel.

10. Aus der Vorwärtsbewegung in die Rückwärtsbewegung schwenken, im steten Wechsel.

11. Das rechte Bein hochschwingen, auf dem rechten Fuß landen und Hüpfer, das linke Bein hochschwingen, auf dem linken Fuß landen und Hüpfer.

12. Weitere Variationen: eng, weit hochschwingen, vor dem Körper, seitlich, nah an der Brust vorbei, in der Vorwärtsbewegung, in der Rückwärtsbewegung, im Wechsel von Vorwärts- und Rückwärtsbewegung.

Partnerübungen mit dem Fußball

Partner A und B stehen sich mit je einem Ball gegenüber. Die Bälle werden zugleich:

1. Geworfen und gefangen.

2. Geworfen und nach einer schnellen Drehung gefangen.

3. Ein Ball geworfen und gefangen und der andere mit dem Fuß gespielt.

4. Ein Ball geworfen und zurückgeköpft und der andere mit dem Fuß gespielt.

5. Um 4 (6) m versetzt direkt mit dem Fuß gespielt. Jeweils schneller Platzwechsel und Pass. (Abb. 127)

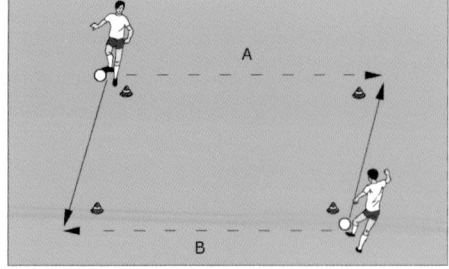

Abb. 127: Pass-Laufübung

Koordinationstraining im Gruppenverband mit und ohne Ball

Auf jeder Seitenlinie eines Quadrats von ca. 20 m Seitenlänge steht eine Spielergruppe von sechs (fünf, sieben) Spielern nebeneinander (Abb. 128).

Die Zusammenstellung des Trainingsprogramms und die Belastungsintensität und -dauer richten sich nach der jeweiligen Zielsetzung im Rahmen der Trainingseinheit.

Jeweils die beiden gegenüberstehenden Gruppen führen die Übungen zusammen durch. Alle Gruppen sollen in Bewegung bleiben, deshalb müssen die Spieler ihr

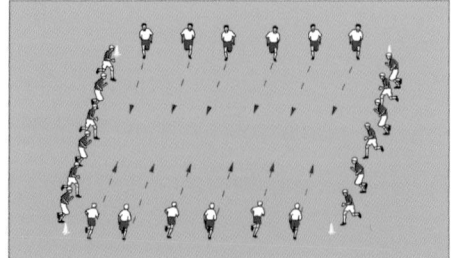

Abb. 128: Organisation zum Koordinationstraining im Gruppenverband

Lauftempo abstimmen und ggfs. vor der Wende etwas über die Seitenlinie hinaus-laufen.

Die Übungen erfordern Aufmerksamkeit, Abstimmung des Tempos und der Bewegungsabläufe, Rhythmus- und Körpergefühl.

Übungen ohne direkten Partnerkontakt

1. Traben (wird immer wieder eingefügt).

2. Laufen mit Durchschwingen der Arme vorwärts/rückwärts.

3. Hopserlauf.

4. Lauf mit hohem Knieeinsatz.

5. Lauf mit seitlichem Anfersen.

6. Hopserlauf mit kräftigem Absprung und hohem Knieeinsatz nach innen vor den Körper, Arme dabei vor der Brust fixieren.

7. Lauf, dabei Unterschenkel rechts und links im Wechsel innen hochschwingen mit jeweiliger Handberührung.

8. Skipping.

9. Leichter Sprunglauf.

10. Lauf mit energischem Knieanreißen rechts und links im Wechsel.

11. Lauf mit kurzen Drehungen rechtsherum/linksherum.

12. Sidesteps.

13. Rückwärtslauf.

14. Rückwärtslauf mit weit ausholenden Schritten.

15. Lauf mit kurzer halber Drehung nach rechts und sofortigem „Konter" in die Gegenrichtung, weiterlaufen, halbe Drehung nach links.

16. Rückwärtslauf seitlich steppend nach links und rechts.

17. Lauf mit Abrollen über die Schulter.

18. Lauf, Drehung links, Lauf, Drehung links, Lauf, Drehung rechts, Lauf, Drehung rechts.

19. Lauf mit nach vorn schleudern der Unterschenkel (Traberlauf).

20. Hampelmann seitlich mit halben Drehungen.

21. Lauf mit Sprung-Kopfball-Imitationen.

22. Überkreuzläufe.

23. Verschiedene Lauf- und Bewegungsformen im brasilianischen Sambarhythmus.

Übungen mit Partnerkontakt

Der „Partnerkontakt" erfolgt jeweils in der Mitte des Quadrats.

1. Laufen, Rücken an Rücken seitlich aneinander vorbeigleiten, halbe Drehung und zum Ausgangspunkt zurücklaufen.

2. Laufen, Rücken an Rücken aneinander vorbei und in der ursprünglichen Laufrichtung weiterlaufen.

3. Laufen, Rücken an Rücken aneinander vorbei und rückwärts zum Ausgangspunkt zurücklaufen.

4. Laufen, im Aneinanderlaufen mit angelegten Armen rempeln, möglichst ohne Gleichgewichtsverlust weiterlaufen. Hin mit der rechten Schulter, zurück mit der linken Schulter.

5. Wie 4., aber im Sprung rempeln.

6. Laufen, rechte Schulter gegen rechte Schulter rempeln, halbe Drehung, linke Schulter gegen linke Schulter rempeln und zurück.

7. Im Seitgalopp bis zur Mitte, am Partner vorbei zurück zum Ausgangspunkt.

8. Auf den Partner zulaufen, kurze Körperverlagerung rechts-links (Finte).
   • Nach Ansage des Trainers konstant rechts-links (dann links-rechts) in regelmäßigem Wechsel.
   • Nach Ansage der Spieler von Gruppe A (B passt sich an) und von Gruppe C (D passt sich an). Wechsel.
   • Nach Zuruf des Trainers kurz vor der Begegnung.
   • Nach Abstimmung der jeweiligen Partner ohne vorherige Festlegungen oder Kommandos.

9. Auf den Partner zulaufen, beidbeiniger Absprung und bei voller Streckung mit den Handflächen gegeneinander klatschen, aufkommen und weiterlaufen.

10. Wie 9., aber nach dem Frontalsprung zwei weitere Sprünge rechts/links (links/rechts).

11. Im Vorbeilaufen einbeiniger Absprung und im höchsten Punkt mit der Innenhand des Partners klatschen und im Aufkommen weiterlaufen (Körperspannung und Balance). Handwechsel.

12. Brasilianische Varianten:
Läufe im Sambarhythmus in der Vorwärtsbewegung:
- Kreisförmig um den Partner herum.
- Rücken an Rücken zur Seite aneinander vorbei, Innendrehung und zurück.
- Rücken an Rücken seitlich aneinander vorbei und rückwärts zurück.
- Alle Übungen mit hoher Knieführung.
- Weitere Variationen und Kombinationen.

Übungen mit dem Fußball

Jeweils zwei gegenüberstehende Gruppen sind aktiv, davon eine Gruppe mit Ball.

1. Dribbling, Pass in den Fuß des Partners.

2. Dribbling, Übernehmen des Balls.

3. Dribbling, Körperfinte und mitnehmen, zurückpassen.

4. Dribbling, Rücken an Rücken, aneinander vorbei, dabei Ballübergabe und zurückdribbeln.

5. Dribbling, frontal umeinander herum und zurückdribbeln. Pass zum Partner.

6. Passfolgen im direkten Spiel.

7. Zuwurf, Kopfball im Sprung.

8. Ball seitlich mit der Sohle mitnehmen, Übergeben des Balls.

9. Ball dribbeln und mit der Sohle zurückziehen, Übernehmen des Balls.

10. Zupassen in den Lauf, ablegen, die Passgeber nehmen den Ball im Lauf wieder mit.

11. Die Gruppen A und B köpfen sich den Ball zu, zugleich passen sich die Gruppen C und D den Ball zu.

Koordinationstraining als Techniktraining

Einzelübungen (beidfüßig trainieren)

1. Den Ball seitlich mit der Sohle mit kurzen Ballkontakten führen.

2. Im Rückwärtslauf den Ball mit der Sohle zurückziehen, 3 x mit rechts, dann 3 x mit links (abwechselnd rechts/links).

3. Mit der Innenseite des rechten Fußes den Ball diagonal nach links mitnehmen, dann mit der Innenseite des linken Fußes diagonal nach rechts.

4. Mit der Außenseite des rechten Fußes den Ball diagonal nach rechts mitnehmen, dann mit der Außenseite des linken Fußes diagonal nach links.

5. Dribbling, den Ball mit der Sohle stoppen, drehen und weiterdribbeln.

6. Mit der Innenseite des Fußes den Ball führen, mit der Sohle stoppen, mit der Außenseite des Fußes den Ball führen, mit der Sohle stoppen.

7. Den Ball in der Vorwärtsbewegung rechts, links jonglieren.

8. Den Ball in der Rückwärtsbewegung rechts jonglieren, dann links jonglieren.

9. Den Ball in der Rückwärtsbewegung im Wechsel rechts, links jonglieren.

10. Den Ball in der Vorwärtsbewegung zwischen den Füßen prellend nach vorne bewegen.

11. Den Ball führen und mit einer schwunghaften Drehung rückwärts mit der Sohle mitziehen, weiterdrehen in die alte Laufrichtung und weiterdribbeln. Mit dem rechten Fuß rechtsherum, mit dem linken Fuß linksherum drehen.

12. Im Dribbling Übersteiger nach außen, mit der Innenseite des anderen Fußes den Ball mitnehmen. Dann mit diesem Fuß übersteigen und mit dem Gegenfuß mitnehmen.

13. Im Dribbling Übersteiger, mit der Außenseite des anderen Fußes den Ball mitnehmen.

14. Im Dribbling Übersteiger, mit der Innenseite des gleichen Fußes den Ball mitnehmen.

15. Im Dribbling den Ball mit der Sohle zurückziehen und mit der Innenseite desselben Fußes mitnehmen.

16. Im Dribbling den Ball mit dem Außenspann körpernah in enger Drehung um die Längsachse führen (Beckenbauer-Finte) und weiterdribbeln. Im Wechsel linksherum, rechtsherum.

Den Ball vorspielen, mit einem Bein überlaufen und den Ball an die Hacke des anderen Beins ziehen und über den Kopf schneppen. Ballkontrolle.

Trainingsprogramm komplexer koordinativer Fähigkeiten in Kombinationsform

Orientierungsfähigkeit

1. Schattendribbling: Der vordere Spieler dribbelt mit Richtungsänderungen, Tempovariationen und Finten, der Partner verfolgt ihn und dribbelt synchron.

2. Im Kreis passen sich sechs Spieler zwei Bälle direkt zu. Der Ball darf nicht zum „Zuspieler" zurückgepasst werden.

3. Dribbling (Prellen) des Balls zur gegenüberliegenden Seite durch einen Engpass in der Feldmitte.
   - Aufgabe: Den eigenen Ball zu sichern und die Bälle der entgegenkommenden Spieler wegzuschlagen.
   - Variation: Die Gasse verkleinern. (Abb. 129)

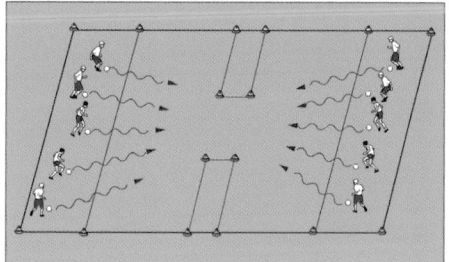

Abb. 129

4. Dribbling zur gegenüberliegenden Seite ohne Kollision/Ballverlust:
   - Mit höherem Tempo
   - Durch einen Engpass in der Feldmitte

5. Auf den vier Eckpunkten eines Quadrats stehen jeweils zwei Spieler. Nach kurzem Andribbeln, Langpass, Rückpass aus dem Lauf, Diagonalpass, jeweils Lauf zum nächsten Hütchen (Abb. 130):
   - Mit zwei Kontakten
   - Direkt

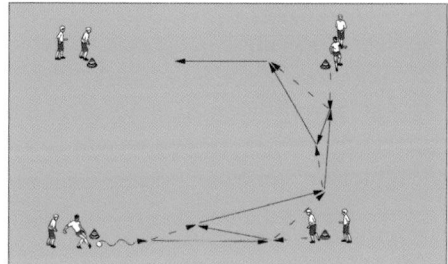

Abb. 130

6. Langpass, Rückpass, aus dem Lauf Diagonalpass, Positionswechsel beider Akteure. (Abb. 131)

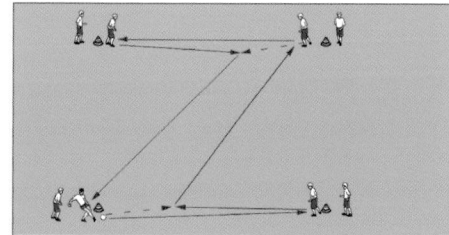

Abb. 131

7. Langpass, Rückpass, Kurzpass in den Lauf, Diagonalpass, Platzwechsel. (Abb. 132)

8. Diagonalpass, Querpass, Diagonalpass, Querpass. (Abb. 133)
   - Mit Ballkontrolle
   - Direkt
     - Ohne Platzwechsel nach dem Pass
     - Mit Platzwechsel in Passrichtung
     - Diagonal spielen und quer laufen, quer spielen und diagonal laufen.

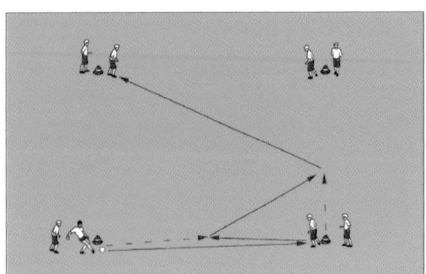

Abb. 132

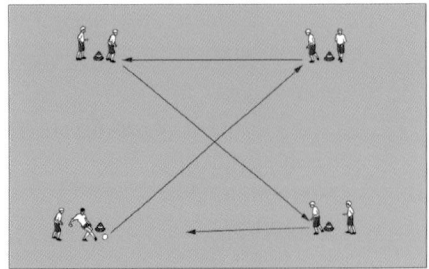

Abb. 133

Spielformen

Spielformen stellen die komplexesten koordinativen Anforderungen. Im Folgenden sind aus dem großen Pool an Kleinen Spielen vier exemplarisch ausgewählt.

1. Spiel 2:2 auf zwei kleine Tore im 20 x 20-m-Feld
   Jede Torschussmöglichkeit nutzen. Die Abwehrspieler müssen schnell reagieren, blocken und den Ball zurückerobern.
   Spielzeit: 1,5 min, dann Wechsel (mit je zwei Partnern hinter dem Tor).

2. Spiel 4:4 im 30 x 30-m-Feld auf zwei kleine Tore mit zwei neutralen Mitspielern, die jeweils die ballbesitzende Partei unterstützen.

3. Spiel 4:4 im 30 x 30-m-Feld auf zwei große Tore mit Torhütern
   - Jede Torschussmöglichkeit nutzen
   - Schnell umschalten

4. Spiel 5:5 im 40 x 40-m-Feld
   - Auf je zwei Tore auf beiden Seiten. (Abb. 134)
   - Auf je zwei Tore auf den Eckpunkten
   - Auf je zwei Tore diagonal
   - Auf zwei große Tore mit Torhütern

Abb. 134

Beweglichkeit

Die vielfältigen motorischen Beanspruchungen im Fußball, vor allem das komplexe technische Handlungsrepertoire, erfordern von den Spielern eine spezifisch ausgebildete Beweglichkeit .

Als Definitionsansatz lässt sich feststellen:

Die Qualität der Beweglichkeit wird durch die Struktur und Funktionalität der Gelenksysteme und durch die Elastizität der Muskulatur bestimmt.

Die individuell optimal ausgeprägte fußballspezifische Beweglichkeit gewährleistet Bewegungsökonomie und einen Schutzeffekt vor Verletzungen. Sie steht im Zusammenhang mit vielfältigen anderen Leistungsfaktoren des Fußballspiels:
- speziell der Entwicklung und des Einsatzes von Kraft und Schnelligkeit und
- der Qualität der Spielhandlungen, insbesondere der Techniken.

Defizite in der Beweglichkeit wirken sich auf die gesamte konditionelle Leistungsstruktur aus. Verkürzte oder verspannte Muskeln verhindern eine optimale Kraftentfaltung. Gleiches gilt für die Schnelligkeit, die einen freien Gelenkspielraum und schnell innervierende Muskeln ohne antagonistische Beeinträchtigungen verlangt. Bei länger dauernden Belastungen sind störungsfreie, ökonomische Bewegungsabläufe zudem energiesparend.

Für die Qualität der technischen Bewegungsabläufe sind eine ausgeprägte Bewegungsfreiheit in den Gelenken und eine elastische Muskulatur erforderlich. Vollspannstöße setzen eine gute Streckfähigkeit des oberen Sprunggelenks voraus, Hüftdrehstöße eine optimale Beweglichkeit im Hüftgelenk, ebenso die Ballannahme mit der Innenseite in der Luft. Die Beispiele lassen sich für Dribblings, Sprungkopfbälle und Abwehrtechniken fortsetzen.

Die Leistungsfähigkeit des Torhüters ist maßgeblich von seiner Beweglichkeit abhängig.

Methodik und Funktionen des Beweglichkeitstrainings

Die Grundlagen zu der spezifischen Beweglichkeit im Fußball werden durch eine breit gefächerte Schulung der allgemeinen Beweglichkeit im Kindes- und Jugendalter geschaffen.

Die Auswahl der Trainingsinhalte zu Ausbildung und Verbesserung der Beweglichkeit zielt im Wesentlichen darauf ab, die Bewegungsqualität und –effizienz zu verbessern durch

- einen ökonomischen Bewegungsablauf
- einen optimalen Aktionsradius der Bewegungen
- eine hohe Bewegungsgeschwindigkeit („Bewegungsfluss").

Begleiteffekte einer beanspruchungsgemäß gut ausgebildeten Beweglichkeit zeigen sich in einer geringeren Ermüdung und in einem vorbeugenden Verletzungsschutz.

Stretching deckt einen Teilbereich des Beweglichkeitstrainings ab.

Die wesentliche Funktion des Stretchings liegt in der Regulierung des Muskeltonus. Insofern können bei Verspannungen der Muskulatur am Folgetag nach intensiven Trainings-/Wettspielbeanspruchungen durch gezielte Dehnübungen die Beweglichkeit verbessert und der Regenrationsprozess unterstützt werden.

Vor Wettkampf- und Trainingsbeanspruchungen ist Stretching nicht sinnvoll, isolierte Stretchingübungen zu diesem Zeitpunkt können sogar negative Auswirkungen auf Schnelligkeits- und Schnellkraftleistungen haben.

Neuere trainingswissenschaftliche Untersuchungen weisen darauf hin, dass grundsätzlich von statischem Stretching, insbesondere im Aufwärmprogramm, keine Verletzungsprophylaxe zu erwarten ist. Beim Stretching soll die Konzentration ohne Ablenkungen auf die Übungsausführung und ihren Körper gerichtet sein. Deshalb sind eine störungsfreie Stelle auf dem Platz auszuwählen und Unterhaltungen zu unterbinden.

Fazit

Eine gute Beweglichkeit ist ein wichtiges Bindeglied im motorischen Funktionssystem des Fußballspielers. Regelmäßige Trainingsreize halten die Beweglichkeit auf einem anforderungsgerechtem Niveau. Unter dieser Voraussetzung bilden Muskulatur, Bindegewebe, Gelenkkapseln und Gelenkflächen eine funktionelle Einheit für die körperliche Leistungsfähigkeit. Die durch ein systematisches Beweglichkeitstraining erzielte Elastizität und Entspannungsfähigkeit der Muskulatur wirkt sich positiv auf die Trainings- und Wettspielvorbereitung sowie auf die Verletzungsanfälligkeit aus. Stretching trägt durch seine vorrangige Funktion, den Muskeltonus zu regulieren, zu einer guten Beweglichkeit bei. Es reduziert am Tag nach intensiven körperlichen Belastungen das als erhöht empfundene Spannungsgefühl in der Muskulatur und fördert die Regeneration.

Stretching

Einzelübungen

Fuß

1. Sitz, ein Bein angestellt, das andere angezogen darübergelegt. Fußknöchel festhalten und mit der anderen Hand die Zehen zum Rist und zur Sohle dehnen. (Foto 96)

2. Wie 1., aber leicht kreisende Bewegungen ausführen.

3. Ausfallschritt, in den Knien leicht gebeugt, Fußrist des hinteren Beins auf den Boden drücken. (Foto 97)

Wade

1. Schrittstellung, vorderes Bein gestreckt mit der Ferse aufgestellt, hinteres Bein leicht gebeugt. (Foto 98)

2. Wie 1., aber mit Vorbeugen des geraden Oberkörpers. (Foto 99)

3. Ausfallschritt, hinteres Bein gestreckt. (Foto 100)

4. Wie 3., aber mit Aufstützen auf dem Oberschenkel des vorderen Beins.

5. Wie 3., aber gegen die Wand (Pfosten u. a.) gestützt.

6. Liegestütz, ein Bein liegt auf dem anderen. Ferse nach unten drücken. (Foto 101)

7. Liegestütz, kleine Schrittstellung:
   • Beide Waden gleichzeitig dehnen.
   • Die Waden wechselseitig dehnen. (Foto 102)
   • Schnell wechselnde Dehnung.

8. Auf einer Stufe (Absatz, Erhöhung) mit Halt stehend, die gestreckten Beine weich durch das Körpergewicht absenken bis zur optimalen Dehnposition.

Oberschenkelvorderseite (Kniestrecker)

1. Einbeinstand, das andere Bein am Gelenk fassen und dicht neben dem Standbein nach hinten abgewinkelt hochziehen. Gesäß dabei anspannen.

   Achtung: Gerader Oberkörper, Hüfte vor (kein Hohlkreuz).
   * An einer Haltemöglichkeit
   * An der Schulter eines Partners
   * Frei stehend (Foto 103)

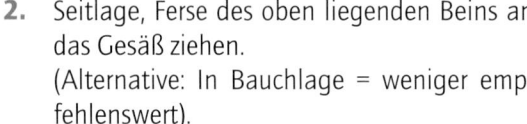

2. Seitlage, Ferse des oben liegenden Beins an das Gesäß ziehen.
   (Alternative: In Bauchlage = weniger empfehlenswert).

3. Kniestand-Ausfallschritt. Fußgelenk fassen, ans Gesäß ziehen und Gewicht dabei nach vorn verlagern, die Hüfte strecken. (Foto 104)

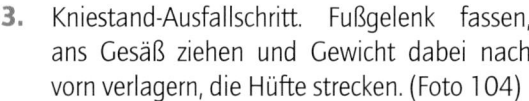

Oberschenkelrückseite (Kniebeuger)

1. Einbeinstand, Ferse auflegen (Barriere, Halterung, Kasten, Partner). Den Oberkörper leicht in Richtung Oberschenkel bewegen. Abknicken in der Hüfte vermeiden. (Foto 105)

2. Grätschsitz mit gestreckten Beinen, Oberkörper aufrecht zu einem Bein hindrehen und leicht zum Oberschenkel neigen (Blick oben lassen). (Foto 106)
   (Dehnung von Adduktoren und Rückenmuskulatur)

3. Wie 2., aber den Fuß fassen und das Knie mit der anderen Hand zum Boden drücken. (Zusätzliche Dehnung der Wadenmuskulatur)

4. Langsitz, seitlich abstützen, mit der anderen Hand das Fußgelenk fassen und das Bein nach oben strecken. (Foto 107)

5. Wie 4., aber in der Rückenlage. (Foto 108)

6. Einbeinstand, gestrecktes Bein mit dem Fuß auf eine Halterung legen. Mit geradem Rücken im Wechsel zum Oberschenkel des aufgelegten Beins und des Standbeins neigen.

7. Ausfallschritt, hinteres Bein leicht gebeugt, Gesäß nach hinten, Gewicht weich zum vorderen Bein verlagern. (Foto 109)

8. Wie 7., aber mit größerem Ausfallschritt und stärkerer Beugung des hinteren Beins.

9. Kniestand-Ausfallschritt.

Oberschenkelinnenseite (Adduktoren)

1. Grätschstand auf den Boden gestützt, das Gewicht weich im Wechsel auf das rechte und das linke Bein mit leichtem Abbeugen verlagern. (Foto 110)

2. Wie 1., aber Handflächen vor der Brust gegeneinander gepresst. Oberköper bleibt aufrecht. (Foto 111)

3. Langsitz, mit den Ellbogen hinter dem Körper abgestützt, ein Bein gestreckt, das andere angewinkelt mit der Fußsohle am Knie des gestreckten Beins. Oberkörper weich nach hinten legen.
Gegebenfalls das angelegte Bein leicht auf- und abbewegen.

4. Hock-Ausfallschritt, im Wechsel ein Bein seitlich wegstrecken und auf die Ferse setzen. (Foto 112)

5. Im Sitz, ein Bein angestellt, das andere am Fußgelenk greifen und zur gegenüberliegenden Schulter ziehen (Gesäßmuskulatur).

6. Wie 5., aber leicht drehende Bewegung mit dem gefassten Bein ausführen (Gesäßmuskulatur). (Foto 113)

7. Grätschstand, nach vorn abgebeugt mit den Händen am Boden. (Foto 114)
- Gesäß nach hinten schieben. (Foto 115)
- Gesäß im Wechsel zu einer Seite nach hinten schieben und Gewicht zur anderen Seite verlagern.

8. Grätschsitz, Füße fassen und den Oberkörper wechselseitig nach rechts und nach links zum Oberschenkel senken. (Foto 116)

9. Wie 8., aber weiter grätschen. Drehung des Oberkörpers, ihn zum Bein und zum Oberschenkel absenken.

10. Sitz, Bein hochführen. (Foto 117)

11. Wie 10., aber in Rückenlage. (Foto 118)

12. Grätschstand, ein Bein gebeugt, das andere gestreckt, Fußsohle auf dem Boden abstützen, Oberkörper aufrecht. Gewicht zum gestreckten Bein verlagern.

13. Im Sitz, ein Bein gestreckt, das andere auf dem Boden liegend angewinkelt mit der Fußsohle auf Kniehöhe, in die Rückenlage absenken. Beinwechsel. (Foto 119)

14. Ausfallschritt, Oberkörper nach vorn geneigt in Verlängerung der Körperachse. (Foto 120)

15. Wie 14., aber mit Verwringung des Oberkörpers zum Stützbein. (Foto 121)

Oberschenkelaußenseite (Abduktoren, Gesäß)

1. Rückenlage, Beine gestreckt, Arme seitlich ausgebreitet. Ein Bein anheben und zum gegenseitigen Arm führen. Schultern halten Bodenkontakt. Beinwechsel. (Foto 122)

2. Sitz, ein Bein gestreckt, das andere angestellt darübergesetzt. Druck mit dem Ellbogen gegen die Außenseite des Knies des angestellten Beins. (Foto 123)

3. Langsitz, ein Bein ausgestreckt, das andere mit dem Fuß außen neben dem gestreckten Knie aufsetzen. Das gebeugte Knie Richtung Schulter ziehen.

Hüftbeuger

1. Kniestand-Ausfallschritt, auf dem Oberschenkel abstützen. (Foto 124)
Hüfte vorschieben und den geraden Oberkörper leicht nach vorne neigen.

2. Wie 1., aber hinteres Bein gestreckt. (Foto 125)

Hüftstrecker

1. Rückenlage, ein Bein gestreckt, Oberschenkel des anderen Beins zur Brust ziehen. (Foto 126)

2. Wie 1., aber Oberschenkel seitlich über die Brust ziehen. (Foto 127)

Rumpfseite

1. Stand, Arme hängen neben dem Körper. Eine Hand zieht leicht Richtung Fuß. (Nicht aus der Körperachse drehen!)

2. Stand, ein Arm kann in der Hüfte abstützen, den anderen Arm nach oben strecken und den Oberkörper zur Seite ziehen. (Foto 128) (Nicht in der Hüfte abknicken!)

3. Stand, Beine überkreuz. Den Arm auf der Seite des vorderen Beins nach oben strecken mit leichtem Zug nach hinten. (Foto 129) (Keine starke seitliche Rumpfneigung, da hohe Belastung der Bandscheiben und reduzierter Dehneffekt!)

4. Wie 3., aber mit angewinkeltem Arm. (Foto 130)

5. Kniestand, Oberkörper aufrecht, im Wechsel zur rechten und zur linken Seite drehen. (Foto 131)

6. Wie 5., aber im Fersensitz. (Foto 132)

Schultergürtel

1. Stand, mit einer Hand Richtung gegenüberliegende Schulter greifen, mit der anderen Hand den Unterarm greifen und die Schulter weiter zur Gegenseite ziehen.

Rücken (Gesäß)

1. Kniestandwaage, Blick schräg nach vorn zum Boden. Im Wechsel Rücken nach oben drücken und senken.

2. Fersensitz, Arme hinter die Füße schieben und zusammenrollen, in den Kniesitz aufrichten.

3. Rückenlage, mit den Händen die Knie umfassen, Oberkörper rund machen und Kopf an die Knie führen. (Foto 133)

4. Grätschstand, Oberkörper nach vorne geneigt. Mit den vorn am Boden abstützenden Händen Stück für Stück nach hinten durch die gestreckten Beine greifen.

5. Grätschstand, mit den Händen vorn am Boden abstützen. Das Gesäß nach hinten/unten führen.

6. Wie 5., aber das Gesäß im Wechsel zur rechten und zur linken Seite hinführen. Dabei gleichzeitig das belastete Bein beugen, das andere strecken.

7. Rückenlage, rechter Arm schräg seitlich nach oben gestreckt. Mit der linken Hand das rechte Bein am Knie fassen und diagonal über den Körper in Richtung Hüfte ziehen.

8. Rückenlage, die angezogenen Beine werden geschlossen im Wechsel zur rechten und zur linken Seite abgelegt.

9. Kniesitz. Mit der rechten Hand zur linken Ferse greifen, mit der linken Hand zur rechten Ferse.

10. Sitz, der Fuß des rechten Beins wird angewinkelt außen über das Knie des linken gestreckten Beins gestellt. Der Oberkörper dreht behutsam zur rechten Seite, wobei der linke Ellbogen außen gegen das rechte Knie drückt.

11. Kniestandwaage, beide Arme nach vorne strecken, Oberkörper nach hinten schieben, Gesäß auf die Waden.

12. Kniestandwaage, mit dem rechten Arm unter dem linken Stützarm durchgreifen und die rechte Schulter auf dem Boden ablegen. (Foto 134)

13. Kniestandwaage, den rechten Arm gestreckt seitlich auf den Boden legen, den Kopf zur anderen Seite wenden, den Oberkörper zum aufgesetzten linken Arm mitdrehen. (Foto 135)

14. Grätschstand, Arme angewinkelt mit den Handflächen nach vorn, den Rumpf im Wechsel zur rechten und zur linken Seite drehen. (Foto 136)

15. Grätschstand, den rechten Arm angewinkelt mit der Handfläche auf die rechte Schulter legen, mit der linken Hand den Ellbogen zur linken Schulter ziehen. (Foto 137)

16. Wie 15., aber den Oberkörper mitdrehen. (Foto 138)

17. Grätschstand, mit der rechten Hand hinter dem Kopf den Ellbogen des linken Arms fassen und nach hinten unten ziehen. (Foto 139)
Den Rumpf zur rechten/linken Seite drehen.

18. Grätschstand, Hände hinter dem Rücken fassen, Arme nach hinten strecken und behutsam nach oben führen. Der Oberkörper bleibt gerade!

19. In Vorseitbeuge mit gestreckten Armen an einer Barriere (Wand) abstützen und den Oberkörper leicht absenken.

Partnerübungen

Partnerübungen können ergänzend sehr effektiv eingesetzt werden. Sie erfordern aber Erfahrung und behutsames Vorgehen, wie bei den folgenden Übungsbeispielen nachvollziehbar ist.

Oberschenkelrückseite (Kniebeuger)

1. Spieler A in Rückenlage, Beine gestreckt. B führt das linke Bein von A gestreckt Richtung Schulter. Die Hüfte und das rechte Bein von A sollen dabei Bodenkontakt halten (ggfs. durch Fixieren des am Boden liegenden Beins). (Foto 140)

2. Wie 1., aber Spieler B hockt vor A und legt sich das linke Bein auf die Schulter. Durch Körperdruck führt B behutsam den Oberschenkel von A in Richtung dessen Schulter. (Foto 141)

Rumpfseite, Brust, Schultergürtel und Arme

1. Spieler A im Langsitz, angewinkelte Arme mit den Händen am Kopf. B steht hinter A und gibt mit den Beinen dessen Wirbelsäule Halt. B zieht die Ellbogen von A weich nach hinten unten. (Foto 142)

2. Spieler A im Schneidersitz, die Arme hinter dem Kopf verschränkt. Weiterer Übungsverlauf wie 1. (Foto 143)

Mobilisation und Aktivation

Abgesehen von ihren primär eigenständigen Ausrichtung auf Mobilisation und Aktivierung eignen sich Übungsformen dieser beiden Funktionsbereiche für die unmittelbare Trainings- und Wettkampfvorbereitung. Darüber hinaus beinhalten die Übungsangebote auch einige kräftigende und koordinationsschulende Anteile.

Mobilisation

1. Langsitz, Fußspitzen gleichzeitig anziehen und strecken, dann wechselseitig.

2. Langsitz, Fußspitzen zueinander kreisen, dann voneinander weg.

3. Langsitz, Füße parallel im Uhrzeigersinn drehen, dann gegen den Uhrzeigersinn.

4. Langsitz, Beine leicht angestellt. Im Wechsel Fersen und Zehenspitzen auf den Boden tippen.

5. Wie 4., aber wechselseitig.

6. Im Stand, Füße von den Fersen auf die Zehenspitzen rollen.

7. Wie 6., aber einbeinig.

8. Auf einem Bein stehend, den Fuß nach außen kreisen, dann nach innen.

9. Einbeinstand, das freie Bein vor und zurück pendeln.

10. Einbeinstand, das freie Bein vor dem Körper kreuzend hin- und herschwingen.

11. Wie 10., aber das freie Bein vor dem Körper aus Hüfte und Kniegelenk nach vorn schwingen.

12. Wie 11., aber in Achtertouren neben dem Körper schwingen.

13. Im Stand das Knie zu den vorgehaltenen Händen hochschwingen, mit Eindrehen des Knies nach innen, dann nach außen.

14. Wie 13., aber mit stetem Beinwechsel.

15. Einbeinstand, freies Bein rechtwinklig anheben:
    - Fuß im Sprunggelenk kreisen
    - Unterschenkel kreisen
    - Bein im Hüftgelenk kreisen.

Jeweils von innen nach außen, dann von außen nach innen.

16. Aus dem Stand mit kleinem Absprung in die Standwaage schwingen. Kurz verharren und die Balance halten. Dann Beinwechsel.

17. Liegestütz, ein Bein rechts/links im Wechsel unter dem Körper angewinkelt nach vorn schwingen und zurück zur Streckung. Fußspitze angezogen.

18. Wie 17., aber das Bein im Anwinkeln seitlich mit dem Knie zum Ellbogen hin- und zurückschwingen.

19. Im Stand den Kopf langsam auf die Brust führen, den Oberkörper weiter absenken und dabei Wirbel für Wirbel nach unten „abrollen", bis die Fingerspitzen den Boden berühren. Von unten Segment für Segment wieder aufrichten, Schultern nach hinten ziehen, Kopf strecken.

20. Kniestandwaage, Katzenbuckel:
    • Rund weit nach vorne und flach am Boden zurück
    • umgekehrt. (Foto 144)

21. Kniestandwaage, auf die Fersen setzen und wieder hochschwingen. (Fotos 145, 146)

22. Kniestandwaage, Arme durchstrecken, Oberkörper absenken, und das Gewicht im Wechsel weich auf den rechten und den linken Arm verlagern. (Fotos 147, 148)

23. Liegestütz, Schrittwechselsprünge.

24. Wie 23. aber jeweils das Schwungbein außen neben den Händen aufsetzen.

25. Rückenlage, Beine wechselseitig anziehen und strecken.

26. Wie 25., aber mit gegrätschten Beinen.

27. Rückenlage, Beine angezogen, im Wechsel zur rechten und zur linken Seite führen. (Foto 149)

28. Wie 27., aber mit zusätzlichem Drehen der Schultern in die entgegengesetzte Richtung.

29. Rückenlage, Arme neben dem Körper heben und senken.

30. Seitlage, Kopf in die Hand gestützt. Das freie Bein seitlich aus Hüft- und Kniegelenk leicht vor- und zurückschwingen.

31. Wie 30., aber das Bein angewinkelt zur Brust schwingen und strecken.

32. Rückenlage, Radfahren.

33. Wie 32., aber andersherum treten („Leerlaufbewegung").

34. Rückenlage, mit nach oben gestreckten Beinen Scheerbewegungen ausführen.

35. Offener Stand in den Knien leicht gebeugt , Hände in die Hüften gestützt.
    - Mittelgroße, weiche Bewegungen
    - Kleine, schnelle Bewegungen.

36. Kopf jeweils im Wechsel sanft zur rechten und zur linken Schulter drehen (nicht kreisen).

37. Kopf jeweils im Wechsel nach rechts und links zur Schulter ablegen.

38. Stand, Arme gestreckt rechts/links nach oben recken/greifen und dabei in den Zehenstand gehen.

39. Stand, Arme entspannt neben dem Körper. Die Wirbelsäule langsam „abrollen", Kopf auf die Brust, Oberkörper absenken bis die Hände den Boden berühren und dann von unten – Segment für Segment – wieder aufrichten. Schultern nach hinten ziehen, Kopf nach oben strecken.

40. Stand, die Arme seitlich neben dem Körper vor- und zurückschwingen und dabei weich in die Knie gehen.

41. Wie 40., aber die Arme rhythmisch gegengleich neben dem Körper vor- und zurückpendeln und dabei in den Knien weich mitschwingen.

42. Stand, Arme seitlich gestreckt. Armkreisen vorwärts, dann rückwärts.

43. Stand, Schulterkreisen vorwärts, dann rückwärts.

44. Stand, Schulterkreisen im gegenläufigen Wechsel vorwärts/rückwärts.

45. Stand, Schulter kreisen. Arme anwinkeln, Fingerspitzen auf die Schultern legen. Kreisbewegungen vorwärts, dann rückärts.

46. Grätschstand, den rechten und den linken Arm im Wechsel gestreckt zur Seite schwingen, die Hand des anderen Arms schwingt zur Schulter mit.

47. Wie 46., aber jeweils schräg nach oben schwingen.

48. Wie 47., aber den gestreckten Arm jeweils schräg nach unten Richtung Boden schwingen.

49. Stand, die nach oben gestreckten Arme gegengleich am Körper vorbeischwingen. Richtungswechsel.

50. Wie 49., aber mit Richtungswechsel nach jedem dritten (zweiten) Schwung.

51. Hürdensitz mit jeweiligem Positionswechsel schwungvoll über die Bauchlage.

52. Rückenlage, Beine eng an den Körper gezogen. Leicht nach hinten rollen und mit Schwung nach vorn aufstehen.
    • über ein Bein (rechts/links im Wechsel)
    • über beide Beine.

53. Vorwärtsbewegung in Ausfallschritten. Dabei jeweils den Oberkörper abbeugen und mit dem Ellbogen des Gegenarms am nach vorn gestellten Knie vorbei schwingen.

54. Kombinationen von verschiedenen Übungen.

Aktivation

Am Ort

1. Beidbeiniges Hüpfen mit jeweiliger Hüftdrehung nach rechts und links.

2. Hüpfen mit imaginärem Seilschlag.

3. Wie 2., aber mit jeweiliger Hüftdrehung nach rechts und links.

4. Hüpfen auf einem Bein mit Ein- und Ausdrehen des anderen Beins.

5. Hopserlauf mit Knie heben.

6. Wie 5., aber das Knie jeweils nach innen vor den Körper ziehen.

7. Schrittwechselsprünge.

8. Hampelmann.

9. Schlusssprünge, dabei die Knie zur Brust ziehen.

10. Seitwechselsprünge.

11. Wie 10., aber mit kurzer Haltephase.

12. Wechselsprünge mit Nachvornschlagen des rechten/linken Beins.

13. Wie 12., aber mit jeweiligem Übergreifen der Hand zum Knie.

14. Skippings mit wechselseitigem Knieanreißen. (Foto 150)

15. Skippings mit wechselseitigem Anfersen.

16. Skippings mit Knieanreißen und rechts/links anfersen. Wechsel.

17. Wie 16., aber mit steten Wechsel (Knie rechts, Fersen links, Knie links, Ferse rechts usw.).

18. Schrittwechselsprünge mit jeweils seitlichem Hochschwingen des rechten und des linken Beins:
    • Beine angezogen
    • Beine gestreckt.

19. Wie 18., aber die Beine im Wechsel nach vorn schwingen.

150

20. Wie 19., aber mit kurzer Kickbewegung. (Foto 151)

21. Aus dem Federn Kniehub mit Außenrotation. (Foto 152)

22. Sidesteps (S.153)
- kurz und schnell
- weit und mit kurzem Verharren.

23. Überkreuzschwingen von Arm und Bein vor dem Körper. (Foto 154)

24. Brasilianischer Stepp-Schwung. Im Sambarhytmus die Beine wechselseitig
- Körpernah hochschwingen mit Innenrotation
- Körpernah hochschwingen mit Außenrotation
- Gestreckt Hochschwingen
- Alle Übungen auch in der Rückwärtsbewegung
- Im Wechsel von Vorwärts- und Rückwärtsbewegung
- Alle Übungen auch mit Handklatschen. (Foto 155)

25. „Schuhplattlern", rechts vorne, links hinten und umgekehrt.

26. Wie 25., aber in stetem Wechsel.

27. Tappings.

28. Wie 27., aber mit Handklatschen.

29. Sidesteps rückwärts, jeweils mit den Händen im Wechsel an die Innenseite des rechten und des linken hochschnellenden Fußes schlagen.

30. Rhythmischer Zweierschritt nach rechts und nach links mit jeweiligem Hochschwingen/Wegschlagen eines Beins.

31. Kombination von verschiedenen Übungen.

Aufwärmprogramm vor einer Trainingseinheit

Koordinationsläufe (14 min)

Organisationsform: 20-m-Strecke, in 5-m-Abstände unterteilt (Abb. 135)

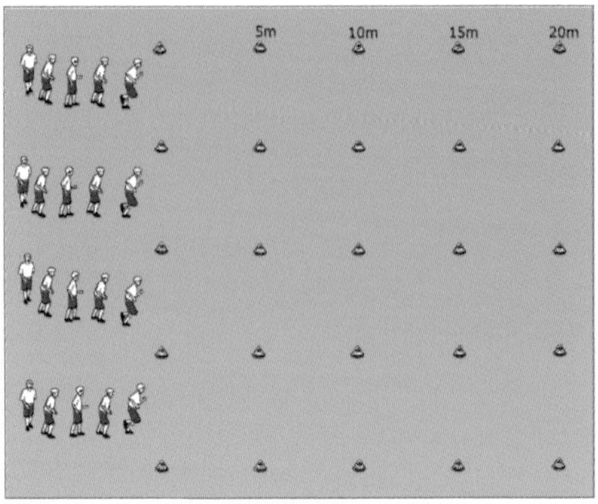

1. Skippings mit Armeinsatz vorwärts, am zweiten Hütchen halbe Drehung und Rückwärtslauf, am dritten Hütchen halbe Drehung und Skippings.

2. Skippings, ab zweiten Hütchen Kniehebelauf, ab dritten Hütchen Skippings.

3. Seitgalopp, an jedem Hütchen Kopfballsprung rechts/links.

4. Anfersen, Hände am Gesäß.

Abb. 135

5. Die Fußsohlen innen mit den Händen berühren rechts/links, ab dem zweiten Hütchen rückwärts.

6. Überkreuzlauf, ab dem zweiten Hütchen Wechsel der Führungsseite.

7. Im Wechsel Außenfuß und Knie berühren, rechts/links.

8. Im Wechsel Fußsohle innen und Knie berühren.

9. Dreierkombination: Außenfuß, Knie, Innenfuß.

10. Anfersen, ab dem zweiten Hütchen Beine nach außen schlagen.

11. Seitgalopp, an jedem Hütchen die Führungsseite wechseln.

12. Hopserlauf, kontinuierlich in der Höhe steigernd.

13. Hopserlauf, Knie innen vor dem Körper hochschwingen, Arme angewinkelt, Schultern fixiert.

14. Beine nach vorne schlagen.

15. Kniehebelauf in Kombination mit Skippings und Rückwärtslauf.

16. Steigerungsläufe.

17. Sidesteps rückwärts, 5 m rechts, dann 5 m links, dann Drehung und Antritt.

Mobilisation und Aktivierung

1. Liegestütz, ein Bein rechts/links im Wechsel unter dem Körper   (10 min)
    angewinkelt nach vorn schwingen und zurück zur Streckung.
    Fußspitze angezogen.

2. Wie 1., aber das Bein im Abwinkeln seitlich mit dem Knie zum Ellbogen hin- und
    zurückschwingen.

3. Liegestütz, im Wechsel den rechten/linken Arm gestreckt mit Körperverwringung
    hoch schwingen.

4. Kniestandwaage, Arme durchstrecken, Oberkörper absenken und das Gewicht im
    Wechsel weich auf den rechten und den linken Arm verlagern.

5. Aus dem Stand mit kleinem Ansprung in die Standwaage schwingen. Kurz verhar-
    ren und Balance halten. Dann Beinwechsel.

6. Grätschstand, den rechten und den linken Arm im Wechsel gestreckt zur Seite
    schwingen, die Hand des jeweils anderen Arms schwingt zur Schulter mit.

7. Brasilianischer Stepp-Schwung. Im „Sambarhythmus" die Beine wechselseitig

    a. Körpernach hochschwingen mit Innenrotation

    b. Körpernah hochschwingen mit Außenrotation

    c. Gestreckt vor dem Körper schwingen

    d. Gestreckt seitlich weg vom Körper schwingen

    e. Wie b, aber mit Temposteigerung und Handklatschen.

8. Rhythmischer Zweierschritt im Wechsel nach rechts/links mit jeweiligem Hoch-
    schwingen (Wegschlagen) eines Beins.

Spielaktionen   (8 min)
1. Pässe über variable Distanzen.

2. Doppelpässe.

3. Kopfbälle.

4. Torschüsse nach flach von der Seite herein gespielten Pässen.

Spiel 5:5 im 40 x 20-m-Feld mit maximal zwei Kontakten   **(2 x 2 min)**

Aufwärmprogramm der deutschen Fußball-Nationalmannschaft vor dem Länderspiel gegen Rumänien, am 12.09.2007 in Köln, 3:1 (1:1)

Leichte Ballarbeit in mäßigem Tempo

(Pässe über kurze Distanzen, Mitnahme, Direktspiel)   (10 min)

Koordination und Aktivierung   (15 min)

Über jeweils 15 m nach Anweisung des Konditionstrainers

1. Armkreisen rechts/links.

2. Brasilianischer Sambarhythmus vorwärts, mit kurzen Schritten rückwärts.

3. Dehnung: Kniestand, vorderes Bein aufgestellt, Hüfte vorbringen.

4. Im Lauf Hochschwingen des rechten und des linken Arms im Wechsel.

5. Kniehebeläufe.

6. Kniehebeläufe mit Zwischenstepp.

7. Kniehebeläufe rückwärts mit Zwischenstepp.

8. Kniehebeläufe, die Knie dabei nach innen schwingen.

9. Kniehebeschritte stakkato-prellend.

10. Unterschenkel im Wechsel rechts/links innen hochschwingen und zur Fußsohle greifen.

11. Wie 10., aber rückwärts.

12. Dehnung: Kniestand, ein Bein nach vorn gestreckt.

13. Dehnung: Liegestütz, Gesäß leicht hochgestreckt, ein Bein auf dem anderen abgelegt. Die Beine wechselseitig etwas anziehen und die Ferse auf den Boden drücken.

14. Brasilianischer Stepp-Schwung, das Schwungbein gestreckt vorhochführen.

15. Wie 14., aber die Beine überkreuzen.

16. Im Gehen Ausfallschritt im Wechsel rechts/links, Arme dabei nach vorn gestreckt.

17. Wie 16., aber Arme vor der Brust verschränkt.

18. Dehnung: Einbeinstand, den Fußrist des anderen Beins ans Gesäß ziehen.

19. Im Gehen die Beine gestreckt nach vorne über Kreuz schwingen.

20. Überkreuzläufe.

21. Seitlich übersetzt laufen (rechte Seite vorn, linke Seite vorn).

22. Wie 21., aber mit Gegenschwingen der Arme.

23. Seitliche Läufe mit Knieanreißen des hinteren Beins in die Laufbewegung (rechts, dann links).

24. Hopserlauf mit Zwischenschritten.

25. Stechschritte mit jeweiligem Zwischenhupf.

26. Brasilianischer Sambarhythmus mit hoher Bewegungsfrequenz.

27. Knieanreißen mit seitlichem Wegschwingen.

28. Dehnung: Im Grätschstand, Oberkörper gerade etwas nach vorn gebeugt, Hände auf der Brust, im Wechsel zur rechten und zur linken Seite hin dehnen.

29. Tapping in hüftbreiter Stellung und Antritt (2 x).

30. Wie 29., aber jetzt mit nach vorn gestreckten Armen.

31. Kurzer Antritt – Stopp – und aus der Drehung Sprint zurück.

Abschlussübungen   (10 min)

1. Die Spieler stehen in einer Reihe hintereinander und spielen einen Pass auf einen 15 m entfernten Mitspieler, Rückpass, erneuter Pass mit Antritt und Mitnahme des in den Lauf gespielten Balls.
   Individuelle Ballarbeit (Jonglieren, Passspiel zu zweit).

2. 20 m vor dem Tor wird ein Pass auf Köpfe gespielt, Ablage, Torschuss.

3. Einige Antritte, Doppelpässe, Pass-Rückpass mit Entgegenstarten und schneller Drehung bei der Ballmitnahme und Antritt in die Gegenrichtung.

4. Dribblings.

Zirkeltraining

Das Circuit- oder Zirkeltraining wurde zu Beginn der 1950er Jahre in England entwikkelt. Das Zirkeltraining ist keine Trainingsmethode, sondern eine Organisationsform für unterschiedliche Trainingsziele und -schwerpunkte. Die Auswahl der in Umlaufform angeordneten Übungsstationen kann unter dem Gesichtspunkt einer Belastungsabfolge von Arm-, Schulter-, Bein-, Bauch- und Rückenmuskulatur bis zu Ganzkörperübungen erfolgen oder aber nach dem Kriterium eines systematischen Wechsels der beanspruchten Körperpartien und Organbereiche. Zudem können konditionelle und technische Übungsformen sowohl separat als auch in Kombination durchgeführt werden.

Das Zirkeltraining ermöglicht:

- eine größere Anzahl von Spielern zu gleicher Zeit auf verhältnismäßig kleinem Raum gezielt zu belasten,

- eine vielseitige Beanspruchung,

- die Anwendung des Prinzips des Progressive Loadings,

- eine sinnvolle Abfolge der beanspruchten Muskelgruppen und einen adäquaten Wechsel zwischen Muskel- und Kreislaufbelastung,

- Abwechslung in den Trainingsturnus einzubringen und Motivationsanreize zu setzen,

- Willensqualitäten, insbesondere Anstrengungsbereitschaft bei den Spielern, zu fördern,

- als informeller Leistungstest durchgeführt, Vergleichsdaten über den allgemeinen Leistungsstand der Spieler sowie Aufschluss über die Verbesserung spezieller leistungsbestimmender Faktoren zu erhalten.

Je nach Art, Anzahl und Abfolge der Übungsformen, Belastungsintensität, -dauer und Pausengestaltung werden mit dem Zirkeltraining verschiedene physische und spezifische technische Fähigkeiten verbessert.

Hinsichtlich der Belastungsdosierung unterscheidet man zwei Organisationsformen:
1. Individuell abgestimmte Wiederholungszahlen (bzw. Übungszeiten) an jeder Station (z. B. jeweils 50 % oder 70 % der maximal möglichen Wiederholungszahl pro Zeiteinheit). Leistungskriterium ist dabei die für den Gesamtablauf (ohne Pause) benötigte Zeit.

2. Für alle Trainierenden gleich hoch festgesetzte Belastungs- und Pausenzeiten (z. B. 30 s Belastung/60 s Pause).

Die erste Form berücksichtigt stärker die individuellen Voraussetzungen des Spielers, gebräuchlicher und praktikabler ist jedoch die zweite Form, bei der die erreichten Punktwerte an jeder Station und die Gesamtpunktzahl die Leistungskriterien bilden. Die Zusammenstellung des Rundgangs richtet sich nach dem anvisierten Trainingseffekt.

Hinweise für die Durchführung

- Für jeden Spieler wird eine Leistungskarte angelegt zur Eintragung der an jeder Station erreichten Punktzahlen und der Gesamtpunktzahl.

- Festlegung der Reihenfolge der Stationen, verbunden mit knappen Erläuterungen (Durchführung, Belastungs- und Pausenzeit).

- Demonstration der einzelnen Übungen (so weit nicht bekannt).

- Einteilung in Trainingsgruppen (Paare).

- Vorbereitung auf das Training durch entsprechendes Aufwärmen. Der Organismus muss auf die kommende Belastung eingestellt werden, denn alle Übungen werden in hohem Tempo durchgeführt.

- Verteilung der Spieler auf die Stationen.

- Spieler A trainiert, Spieler B protokolliert und assistiert bei dem kompletten Durchgang, dann Wechsel.

Beispiele für Trainingseinheiten

Stationstraining zum Kraftaufbau (Stabilisation)

12 Stationen
20 s Belastung, 100 s Pause mit Stationswechsel.
Zwei Durchgänge.
Ein Partner absolviert alle Übungen hintereinander, der andere zählt die Punkte und assistiert.

1. Station: Schultermuskulatur, hintere Rumpfmuskulatur
   Liegestütz mit angehobenem rechten (linken) Bein

2. Station: Rückenmuskulatur, Schultergürtel
   In Bauchlage gestreckt, Arme und Beine leicht angehoben ausbreiten und schließen.

3. Station: Gerade Bauchmuskulatur
   Rückenlage, Beine 90° angewinkelt angezogen, einen Fußball zwischen die Füße geklemmt. Die Knie leicht zur Brust ziehen, gleichzeitig den Oberkörper etwas hochführen und die Hände mit den Handflächen nach vorn zu den Knien bringen.

4. Station: Ischiocrurale Muskulatur, Beckenmuskulatur
   Beckenlift mit gestrecktem Bein. In Rückenlage, beide Beine angestellt, Becken kippen und, auf ein Bein gestützt, Ferse am Boden hochbringen, sodass der Körper mit dem gestreckten freien Bein eine gerade Linie bildet. Das gestreckte Bein im Wechsel etwas nach außen führen und zur Ausgangsposition zurück.

5. Station: Hüftmuskulatur, Muskulatur der Oberschenkelaußenseite
   Seitlage, der obere Arm stützt vor der Hüfte ab, das obere Bein auf- und abbewegen.

6. Station: Fuß- und Wadenmuskulatur
   Einen Fußball mit gestreckten Armen vor dem Körper halten und auf einem Bein in den Zehenstand gehen, kontrolliert wieder absenken, ohne die Ferse auf den Boden zu bringen.

7. Station: Schräge Bauchmuskulatur
   Sit-ups, in Rückenlage das rechte Bein angezogen auf der Ferse aufgestellt. Das linke Bein angewinkelt über das rechte Bein gelegt, Arme hinter dem Kopf verschränkt, den rechten Ellbogen mit Drehung des Oberkörpers zum linken Knie führen und zurück.
   Nach je fünf Aktionen Seitenwechsel.

8. Station: Rückenstrecker und Gesäßmuskulatur
   Beinrückheben, Bankstellung mit schulterbreitem Stütz, ein Bein angewinkelt unter dem Körper, auf Knie und Fußspitze aufgestelltes Stützbein. Das freie Bein im Wechsel zur Streckung in Verlängerung der Körperachse bringen und zur Brust ziehen.
   Nach je fünf Aktionen Beinwechsel.

9. Station: Bein- und Fußmuskulatur
   Seitliche Sprünge im Wechsel auf das rechte und linke Bein über Markierungen in 1 m Abstand gegen den Zugwiderstand von zwei aneinandergebundenen Deuserbändern. Die Bänder sind in Hüfthöhe am Torpfosten (Sprossenwand u. a.) befestigt.

10. Station: Hüftmuskulatur und schräge Bauchmuskulatur
    Rumpfseitheben in Seitlage. Die Füße sind über Kreuz unter einem Widerstand (Sprossenwand, durch den Partner u. a.) fixiert, den Rumpf gestreckt anheben und senken.

11. Station: Rumpfmuskulatur
    Auf zwei Softpads (Airex-Matte) kniend, einen Medizinball seitlich über die Hüfte an die Wand werfen.

12. Station: Bein-, Fuß- und Rumpfmuskulatur
    Einbeinsprünge, rechts/links im Wechsel nach Auftaktschritt auf eine Weichbodenmatte, mit kurzer Stabilisationsphase.

Stationstraining zur Verbesserung der (Schnell-)Kraftausdauer

10 Stationen
20 s Belastung, 100 s Pause mit Stationswechsel.
Zwei Durchgänge.
Ein Partner absolviert alle Übungen hintereinander, der andere zählt die Punkte und assistiert.

1. Station: Steppsprünge seitlich über eine Turnbank.

2. Station: Bauchlage, den Fußball mit gestreckten Armen fassen und bei leicht vom Boden abgehobenen Armen und Beinen flach im Wechsel rechts und links zur Seite schwingen.

3. Station: Sitz, Beine angewinkelt aufgestellt. Den vom Partner zugeworfenen Medizinball im Abrollen des Oberkörpers fangen und mit Hochschwingen des Oberkörpers zurückwerfen.

4. Station: Ausfallschritt-Wechselsprünge mit seitlich ausgebreiteten Armen.

5. Station: Hampelmann mit 1 kg Kurzhanteln.

6. Station: Sit-ups.

7. Station: Vierfüßler, Arme und Beine wechselseitig strecken und zurückführen.
8. Station: Liegestütz, dabei jeweils im Wechsel das rechte und das linke Bein gestreckt anheben.

9. Station: Sit-ups für die schräge Bauchmuskulatur.

10. Station: Standwaage-Wechselsprünge mit nach vorn gestreckten Armen.

Stationstraining zur Verbesserung von Schnellkraft und Technik

10 Stationen
10 s Belastung, 50 s Pause mit Stationswechsel.
Ein Durchgang. Die Partner trainieren gemeinsam an jeder Station.

1. Station: Den Ball selbst hochwerfen und im Sprung gegen die Wand köpfen.

2. Station: Sprint in Shuffleform zwischen zwei Linien im Abstand von 5 m.

3. Station: Dribbeln von einer 15 m entfernten Linie zur Wand, 10 m vor Erreichen der Wand harter Pass und Kontrolle des zurückprallenden Balls und Dribbling zum Ausgangspunkt zurück.

4. Station: Skippings gegen Widerstand mit dem Deuserband (zwei Bänder aneinandergebunden), das an der Wand (Sprossenwand u. a.) befestigt ist.

5. Station: Aus 5 m Entfernung Pass durch ein 1 m breites Tor, das Tor umlaufen und von der anderen Seite wieder nach Überlaufen der 5-m-Linie den Ball aus der Drehung direkt durch das Tor passen.

6. Station: Sprungläufe am Ort gegen den Widerstand des Deuserbandes (zwei Bänder aneinandergebunden).

7. Station: Aus 3 m Entfernung direktes Passen gegen die Wand im Wechsel mit dem rechten und dem linken Fuß um einen Kasten (Medizinball u. a.) herum.

8. Station: Mit einem doppelt um die Oberschenkel geschlungenen Deuserband (Thera-Band) im Wechsel Grätsch-Diagonalsprünge durchführen.

9. Station: Schnelles Jonglieren des Balls im Wechsel auf dem rechten und dem linken Oberschenkel.

10. Station: Niedersprung von einem 20 cm hohen Kasten und Sprung über eine 70 cm hohe Hürde.

Aquatraining im Fußball

Einführung

Aquajogging und Aquagymnastik haben über ihre Funktion im Gesundheitssport und im allgemeinen Fitnesstraining hinaus auch im Leistungssport zunehmend an Beachtung gewonnen. Für den Fußballsport bieten Trainingsformen im Wasser eine vielseitige Ergänzung zum üblichen Konditionstraining, insbesondere beim Leistungsaufbau nach Verletzungen.

Da der trainingsmethodische Wirkungsbereich (Ausdauer, Stabilisation, Beweglichkeit, Entspannung) weit über den aus dem Stammbegriff ableitbaren Effekt eines Aquajoggens hinausgeht, bezeichnen wir das komplette Training im Wasser als **Aquatraining**.

Aquatraining ist weder eine neue noch eine eigenständige Trainingsmethode, seine Besonderheit liegt vielmehr darin, dass das Aktivitätsfeld des Konditionstrainings in das Element Wasser verlagert wird. Die Auftriebskraft des Wassers bewirkt eine Gewichtsentlastung des gesamten Körpers, vornehmlich der Wirbelsäule. Ein weiterer Vorteil liegt in der Schonung von Sehnen, Band- und Gelenkstrukturen sowie in der Lockerung und Entspannung der Muskulatur. Zudem lässt sich durch fein abgestimmte Bewegungsfrequenzen und Belastungsintensitäten ein Verletzungsrisiko weitgehend ausschließen.

Andererseits können, durch erhöhte Belastungsreize nach dem Prinzip des Overloadtrainings, im routinemäßigen Konditionstraining zusätzliche Impulse gesetzt werden.

Wasserbecken

Aquatraining lässt sich in verschiedenen Wassertiefen bis zur Brusthöhe durchführen. Bei Wassertiefen über Körpergröße sind Auftriebshilfen zu verwenden. Am besten geeignet sind spezielle Gürtel.

Unter Berücksichtigung funktioneller und wirtschaftlicher Gesichtspunkte (Raumvolumen, Wasserkosten, Betriebskosten u. a.) empfiehlt sich als Standardeinrichtung eine Beckengröße von 14 x 6 m mit einer Wassertiefe von 1,30-1,40 m. Übungen im tiefen Wasser erfordern eine Wassertiefe von 2,30 m (als 2 m breiter Seitenstreifen oder als separates Becken). An den Stirnseiten des Beckens sind längs angebrachte Haltegriffe sinnvoll. Die Wassertemperatur soll etwa 28-30° C betragen. Für ein Regenerationstraining mit Entspannungsübungen kann die Wassertemperatur über 30° C liegen.

Besonderheit des Lauftrainings durch Wasserwiderstand, Auftrieb und Wasserdruck

Das Laufen im Wasser unterscheidet sich vom üblichen Laufen durch den Wasserwiderstand, den Auftrieb des Wassers und den Wasserdruck (hydrostatischer Druck).

Der **Wasserwiderstand** ermöglicht eine systematische Variation der Belastungsintensität durch eine individuell genau dosierbare
* Bewegungsgeschwindigkeit
  (Erhöhung der Bewegungsgeschwindigkeit = Zunahme des Wasserwiderstandes)
  und durch die
* Größe der Widerstandsfläche (Körperposition, Übungsgerät, Gegenströmung).

Geeignete Hilfsmittel zur Intensitätssteigerung sind Handschuhflossen, Schaumstoffnudel, Thera-Band, Deuserband und Gegenströmung.

Der Wasserwiderstand verhindert ruckartige Bewegungen. Es erfolgt ein physiologisch günstiger Wechsel von Anspannung und Entspannung der Muskulatur, die zudem ausgewogen seitengleich belastet wird.

Die **Auftriebskraft** des Wassers hat vorrangig Auswirkungen auf den Stütz- und Bewegungsapparat durch die Entlastung von Gelenken, Bändern, Muskeln und der gesamten Wirbelsäule.

Durch den Auftrieb reduziert sich der beim Laufbodenkontakt entstehende Druck auf Fuß-, Knie- und Hüftgelenke. Die Bodenkontaktzeit (Stützphase) des Fußes ist verlängert, die Schrittfrequenz ist langsamer und die Schrittlänge verkürzt. Die Lauftechnik entspricht dem Ballenlauf, Wasserwiderstand und Auftrieb verhindern ein Abrollen des Fußes über die Ferse. Der Wasserwiderstand führt zudem zu einem verstärkten Kniehub und einer deutlicheren Vorneigung des Körpers. Der gesamte Bewegungsablauf ist wie in einer Zeitlupe stark verlangsamt.

Das Laufen im Wasser ist analog zum Laufen an Land ein ganzheitlicher Prozess, die elementaren Bewegungsmuster, wie die synchrone Bein-Arm-Bewegung, sind transferierbar.

Der **Wasserdruck** ist gegenüber dem außerhalb des Wassers vorhandenen Luftdruck beträchtlich erhöht. Mit zunehmender Wassertiefe nimmt der Wasserdruck zu. Dies hat Auswirkungen auf die Herzfrequenz und auf die Atmung. Die Herzfrequenz verringert sich um 10-20 Schläge pro Minute. Die Atmung wird generell beschleunigt, die Ausatmung erleichtert und vertieft, die Einatmung dagegen erschwert.

Ein weiterer positiver Trainingseffekt liegt in der Kräftigung der Atemmuskulatur. Eine vertiefte Atmung ist generell im Sport günstig, zudem tritt ein Ökonomisierungseffekt ein. Dazu wird das gesamte Herz-Kreislauf-System gestärkt.

Leitgedanken zur Trainingspraxis

Aquatraining beinhaltet:

- Ausdauer: Herz-Kreislauf-Training,
- Stabilisation: Kräftigungstraining,
- Beweglichkeit: Mobilisationstraining,
- Entspannung: Regenerationstraining.

Ausdauer

Mit Aquatraining werden große Muskelgruppen angesprochen. Im Wasser vergrößert sich das Herzschlagvolumen, bei hoher Belastung wird der Energieumsatz erhöht. Zudem tritt ein Ökonomisierungseffekt ein, die Atemmuskulatur wird gestärkt und die Erholungsfähigkeit verbessert sich. Nach Vorgabe der Belastungsintensitäten trainieren wir die Grundlagenausdauer mit der Dauerbelastungsmethode und ansatzweise auch die wettkampfspezifische Ausdauer, vorrangig mit der extensiven Intervallmethode. Dabei sind vor allem bei Trainingsinhalten nach dem Prinzip von Tempo- und Tempowechselläufen die Belastungsreize hinsichtlich Intensität und Dauer gut zu dosieren.

Auf Grund unserer Erfahrungen wählen wir die Belastungsdauer beim allgemeinen aeroben Ausdauertraining im Bereich von 20 Minuten beim extensiven Intervalltraining mit überwiegend submaximaler Laufintensität im Bereich von 10-40 Sekunden. Wettkampfspezifische Ausdauer lässt sich durch Mannschaftsspiele (z. B. Lauf-Wasserball) trainieren.

Stabilisation

Aquatraining ermöglicht eine Kräftigung der gesamten Rumpfmuskulatur und insbesondere der Bein-, Arm- und Schultermuskulatur. Bei der Trainingsplanung ist zu berücksichtigen, dass sich der Widerstand beim Laufen im Wasser bis um das mehr als 10fache gegenüber vergleichbaren Läufen außerhalb erhöht. In Relation kann sich die Muskelaktivität dabei verdoppeln. Im Nebeneffekt werden Herz-Kreislauf-Aktivität, Stoffwechsel und Energieumsatz erhöht. Der Vorteil beim Aquajogging liegt zudem darin, dass neben den funktionell für die Fortbewegung verantwortlichen Muskeln auch die stabilisierende Rumpfmuskulatur durch den mit zunehmender Laufgeschwindigkeit ansteigenden Wasserwiderstand trainiert wird. Dieser Effekt eines Ganzkörpertrainings bewirkt langfristig den Aufbau eines Muskelkorsetts, das Bänder und Gelenkstrukturen vor Verletzungen und Fehlbelastungen schützt.

Ein weiterer Nutzen des Aquatrainings liegt in der Verbesserung der Kraftausdauer, durch Widerstandsübungen mit hoher Wiederholungszahl. Zur Intensitätssteigerung können Lauf-, Sprung- und Zugübungen gegen den zusätzlichen Widerstand von Deuser- oder Thera-Bändern ausgeführt werden. Die Bänder werden manuell eingesetzt oder am Beckenrand befestigt.

Im Aufbautraining lassen sich auch die Schnellkrafteigenschaften trainieren, inwieweit aber generell durch Trainingsformen im Wasser eine Verbesserung der Schnellkraft und der Schnelligkeit erzielt werden kann, ist trainingswissenschaftlich nicht geklärt.

Beim Stabilisationstraining kommt das Prinzip des isokinetischen Krafttrainings in idealer Weise zum Tragen. Der Wasserwiderstand steuert konstante Bewegungsgeschwindigkeiten. Schnellere Bewegungen haben einen stärkeren Widerstand zur Folge, aber bei gleichbleibender Frequenz bleibt auch der entgegenwirkende Widerstand auf gleichem Niveau.

Beweglichkeit

Das Übungsangebot zum Training der Beweglichkeit basiert auf Drehbewegungen, seitlichem Laufen und Überkreuzen, Rotationen und Gegenschwingen des Oberkörpers. Dazu kommen verschiedene Formen des Armkreisens und des Schwingens über, vor und hinter dem Körper.

Entspannung

Dehn- und Entspannungsübungen können jederzeit separat oder trainingsbegleitend durchgeführt werden. Gedehnt werden hauptsächlich die Wadenmuskulatur, die Muskeln der Oberschenkelvorder- und -rückseite, die Adduktoren, die Rückenstrecker und die seitliche Rumpfmuskulatur.

Entspannungsübungen nach freiem Empfinden oder nach systematischer Vorgabe (z. B. progressive Muskelrelaxation) dienen der Beseitigung muskulärer Verspannungen und Ermüdungen und der psychischen Regeneration nach vorangegangenen hohen Beanspruchungen.

Als einfachste Entspannung dient das „Schweben und Treibenlassen" im Wasser mithilfe des Schwimmgürtels.

Konzeptionelle Hinweise für ein Aquatraining im Tiefwasser

Die im Folgenden angeführten „organisatorischen Hinweise" und das Übungsangebot beziehen sich hauptsächlich auf Aquatraining mit Bodenkontakt im brusthohen Wasser.

Deshalb erfolgen vorweg einige kurze konzeptionelle Anmerkungen zum Aquatraining im Tiefwasser.

Zum Aquatraining im überkopftiefen Wasser verwendet man den Schwimmgurt oder das Schwimmbrett. Letzteres ist weniger geeignet, da es keine Handfreiheit zulässt.

Die Grundtechnik des Laufens entspricht weitgehend der mit Bodenkontakt, das Übungsgut beschränkt sich mehr auf reine Laufformen mit unterschiedlichen Frequenzen und Intensitäten, wobei besonders die Muskulatur für die Beinstrecker und die Beinbeuger trainiert wird.

Zur Nachbehandlung und zum Leistungsaufbau nach Arm-, Schulter-, Fuß- und Kniegelenkverletzungen, insbesondere nach Operationen des hinteren und des vorderen Kreuzbands, bietet das Tiefwasserlaufen mit Weste eine hervorragende Ergänzung zu den herkömmlichen Rehabilitationsmaßnahmen.

Vorteile sind:
* Reduzierung des immobilisationsbedingten Muskelabbaus.
* Komplex-funktionelles Wiederherstellungsprogramm.
* Schonende, schmerzfreie Belastung.
* Beschleunigter Rehabilitationsverlauf.

Speziell nach Kreuzbandverletzungen, aber auch generell für Fußballspieler mit muskulären Dysbalancen im Bereich der hinteren Oberschenkelmuskulatur, ist ein Laufen mit gestreckten Beinen einerseits gelenkschonend, andererseits funktionsverbessernd. Jeweils mit dem dynamischen Zurückführen des gestreckten Beins werden die Muskeln der Oberschenkelrückseite (ischiocrurale Muskelgruppe) und die Hüftstrecker in Anspruch genommen, das Nachvorneführen des gestreckten Beins aktiviert die Schenkelstrecker (Quadrizeps).

Beim Lauftraining im tiefen Wasser sind folgende Technikmerkmale zu beachten:
* Aufrechte, leicht nach vorne geneigte Körperhaltung.
* Zentrale Körperspannung (Bauchmuskulatur).
* Die Arme sind etwa 90° angewinkelt, schwingen aktiv körpernah.
* Mit den Beinen wird eine Art Lauf-Radfahr-Bewegung ausgeführt.
* Auch bei hoher Intensität die Kniegelenke nicht „durchschlagen", sondern muskulär „unter Spannung halten".

Bei allen Übungen legen wir – abgesehen von kleinen Wettkampfeinlagen – Wert auf die angemessene Bewegungsintensität und nicht auf Raumgewinn. Anleitung und Kontrolle zu korrekter Übungsausführung sind obligatorisch.

Organisatorische Hinweise

Für ein Lauftraining in der Gruppe bieten sich verschiedene Organisationsformen an:

- Läufe nebeneinander in der Längsrichtung/Querrichtung,
- Diagonalläufe,
- Vierecksläufe,
- Dreiecksläufe,
- Gassenläufe,
- Achterläufe,
- Aufstellung im Quadrat. Seitenwechsel jeweils mit der gegenüber postierten Gruppe,
- Aufstellung im Kreis. Läufe von innen nach außen und umgekehrt,
- verschiedene Läufe mit Partnerkontakt, Ausweichen, Slalom und in Staffelform.

Trainingspraxis

Im Folgenden finden Trainer und Spieler ein vielseitiges Übungsangebot zum Aquatraining. Krafteinsatz gegen den Wasserwiderstand, Wiederholungszahl, Frequenzgestaltung und Rhythmisierung im Zusammenhang mit der Programmzusammenstellung ermöglichen unterschiedliche Trainingsschwerpunkte (Koordination, Stabilisation, Kraftausdauer und Schnellkraft).

Übungsformen in der Fortbewegung

1. Gehen/Laufen: mit normalen Schritten.
2. Wie 1., aber mit hohem Tempo.
3. Wie 1., aber mit Zwischenfedern.
4. Wie 1., aber mit Armeinsatz unter Wasser.
5. Wie 4., aber mit verstärkter Zugphase.
6. Laufen auf den Fußballen.
7. Laufen im Wechsel von Ballen- und Fersengang (Vierer-, Sechser-, Achterrhythmus).
8. Laufen mit hohem Knieeinsatz (Knieanreißen).
9. Laufen mit schnellem Knieeinsatz.
10. Laufen mit Anfersen.
11. Laufen mit Anfersen seitlich.

12. Fußgelenkläufe.

13. Skippings.

14. Hopserlauf.

15. Wie 14., aber mit betontem Armschwung.

16. Wie 14., aber mit jeweils zwei Zwischenschritten.

17. Wie 14., aber mit Körperverwringung.

18. Fußgelenkarbeit mit wechselseitigem Wegschnellen des gestreckten Spanns.

19. Wie 18., aber seitliches Wegschnellen.

20. Wechsel von Fußgelenklauf und Skippings.

21. Wechsel von Skippings und hohem Knieeinsatz.

22. Wechsel von Skippings, Knieanreißen und Anfersen.

23. Wechsel von Fußgelenklauf, Skippings und Knieanreißen.

24. Lauf mit wechselseitigem Knieanreißen.

25. Lauf mit wechselseitigem Knieanreißen und Körperverwringung (Ellbogen gegengleich zum Knie).

26. Wechsel von Anfersen und Knieanreißen mit jeweiligem Handkontakt und Zwischenfedern auf dem Standbein:
    - Nur rechts, dann nur links.
    - 2 x rechts, 2 x links im Wechsel.
    - Über Kreuz im Wechsel (rechts anfersen, links Knieanreißen).
    - Über Kreuz im Wechsel (rechts anfersen, links Knieanreißen 2 x, dann links anfersen, rechts Knieanreißen 2 x usw.).

27. Laufen mit kräftigem Schwingen des „Schwungbeins" Richtung Boden.

28. Laufen mit kurzen Kicks:
    - Aus dem Unterschenkel
    - Aus der Hüfte

29. Seitliches Laufen.

30. Wie 29., aber mit großen Schritten.

31. Wie 29., aber mit Überkreuzen der Beine.

32. Wie 29., aber mit Überkreuzen der Beine vorne und hinten mit Hüftdrehung.

33. Laufen mit Armkreisen vorwärts und rückwärts.

34. Laufen mit Armkreisen gegengleich.

35. Laufen mit den Händen gegengleich nach hinten schaufeln.

36. Rückwärts laufen.

37. Wie 36., aber mit großen Schritten.

38. Wie 36., aber mit hohem Tempo.

39. Wie 36., mit Armeinsatz unter Wasser.

40. Wie 36., mit Armkreisen vorwärts und rückwärts.

41. Wie 36., mit Armkreisen gegengleich.

42. Lauf im Wechselschritt mit seitlichem Hochschwingen des rechten und des linken Beins (Brasilianischer Sambarhythmus).

43. Wie 42., aber die Beine eng am Körper hochschwingen.

44. Wie 42., aber die Beine weit vom Körper weg seitlich hochschwingen.

45. Wie 42., aber im Rückwärtsgehen.

46. Wie 42., aber im Wechsel von Vorwärts- und Rückwärtsgehen.

47. Laufen und mit den Händen gegengleich nach vorne schaufeln.

48. Laufen mit betonter Skilanglaufbewegung.

49. Steigerungsläufe.

50. Tempowechselläufe im Kurzintervall.

Als Zwischenübung eignet sich Hundekraulen, je nach Bewegungsintensität zur Erholung oder ergänzend zur Ganzkörperkräftigung.

Sprungvariationen

1. Schlusssprünge mit Armschwung.

2. Schlusssprünge, Arme hinter dem Rücken verschränkt.

3. Schlusssprünge mit Zwischenfedern.

4. Sprungläufe.

5. Einbeinsprünge rechts, rechts/links, links im Wechsel.

6. Seitlich versetzte Sprünge.

7. Hampelmannsprünge.

8. Ausfallschritt-Wechselsprünge.

Übungsformen am Ort

1. Anfersen.

2. Skippings.

3. Knieanreißen.

4. Tapping.

5. Überkreuzsprünge.

6. Ausfallschrittsprünge.

7. Wiegeschritt mit Armbalance im/aus dem Wasser. Im großen Ausfallschritt vom vorderen auf das hintere Bein hin- und herpendeln.

8. Hampelmann:
   * Mit breiter Grätschstellung
   * Mit schmaler Grätschstellung
   * Im rhythmischen Wechsel von breiter und schmaler Grätschstellung (z. B. breit, breit – kurz, kurz, kurz; breit, breit, breit – kurz, kurz usw.)

9. Knieanreißen zum gegengleichen Ellbogen.

10. Hüftdrehsprünge:
    * Auf beiden Beinen
    * Auf einem Bein

11. Schlusssprünge mit Armkreisen:
    * Vorwärts kreisen
    * Rückwärts kreisen
    * Gegengleich kreisen

12. Doppelarmzüge.

13. Einzelarmzüge.

14. Beinkreisen.

15. Beine in Achtertouren kreisen.

16. Vertikale Sprünge:
    * Beidbeinig
    * Einbeinig

17. Hüftbreite Grätschstellung, Füße leicht nach außen aufgesetzt. Die Arme im Wasser nach vorne strecken, zur Seite und zurückführen.

18. Wie 17., aber die Handflächen sind nach innen gedreht.

19. Wie 17., aber die Arme werden am Körper seitlich vorbei vor- und zurückgeführt:
    - Synchron
    - Gegengleich

20. Hüftbreite Grätschstellung, Füße leicht nach außen aufgesetzt. Die Arme im Wasser seitlich gestreckt, Hände verschränkt. Von der rechten zur linken Seite ziehen und zurück. Becken und Beine bleiben stabil.

21. Schattenboxen.

Übungsformen am Beckenrand sitzend

1. Unterschenkel wechselseitig vor- und zurückschwingen.

2. Wie 1., aber Intensitätssteigerung durch höheren Kraftimpuls.

3. Wie 1., aber Intensitätssteigerung durch höheres Tempo.

4. Unterschenkel geschlossen vor- und zurückschwingen.

5. Achterkreisen der Beine.

6. Vor- und Zurückschwingen der Unterschenkel mit Rhythmuswechsel (z. B. lang, lang – kurz, kurz, kurz).

7. Unterschenkel überkreuzen.

8. Intensives Vorschwingen, leichtes Zurückschwingen.

9. Leichtes Vorschwingen, intensives Zurückschwingen.

10. Radfahren.

11. Radfahren „rückwärts".

12. Nach unten treten.

Übungsformen am Beckenrand (in einer Ecke) auf den Unterarmen aufgestützt im Wasser hängend

Übungen wie „am Beckenrand sitzend":

- Mit angewinkelten Beinen

- Mit gestreckten Beinen

Übungsformen im Wasser liegend am Beckenrand festhaltend

Übungen wie „am Beckenrand sitzend" und „aufgestützt":

- In Bauchlage

- Zusätzlich Kraulbeinschläge (klein/groß)

- In Rückenlage

- In Seitlage abgestützt

Übungsformen im Wasser stehend seitlich am Beckenrand festhaltend

Komplettes Übungsangebot wie „am Beckenrand sitzend" und „aufgestützt". Dazu:

1. Einbeiniges Achterkreisen.

2. Einbeinsprünge.

3. Schlusssprünge.

4. Beinwechselsprünge:
   - Mit leichtem/starkem Knieeinsatz
   - Mit Rhythmuswechsel
   - Tempoverschärfend

5. Federn.

6. Skippings.

7. Kniehebeläufe.

8. Winkelsprünge.

9. Beinschwünge mit intensivem Krafteinsatz:
   - Von hinten nach vorn
   - Von vorn nach hinten
   - Vor und zurück

10. Beinschwünge seitlich.

11. In Griffweite seitlich zum Beckenrand auf dem rechten Fuß stehen. Linkes Bein und linker Arm schwingen seitlich hoch und vor dem Körper leicht über Kreuz zurück. Seitenwechsel.

12. Wie 11., aber Arm- und Beinschwung werden gegenläufig durchgeführt.

Übungsformen im Wasser mit dem Rücken zum Beckenrand stehend

1. Arme ausgebreitet auf dem Beckenrand, im Wechsel die gebeugten Beine anziehen und nach vorn wegstrecken. Der Rücken behält immer Wandkontakt.

2. Wie 1., aber die geschlossenen Beine werden im Wechsel zur rechten und zur linken Seite angezogen.

Übungen mit Hilfsgeräten

Widerstandsübungen mit dem Schwimmbrett und der Kunststoffnudel

Das **Schwimmbrett** mit beiden Händen

1. Vor dem Körper herunterdrücken und nachgebend hochführen.

2. Wie 1., aber seitlich vom Körper herunterdrücken.

3. Hinter dem Körper herunterdrücken.

Das **Schwimmbrett** mit einer Hand

1. Seitlich nah am Körper herunterdrücken und nachgebend hochführen.

2. Seitlich mit gestrecktem Arm herunterdrücken.

3. Seitlich unter Wasser vom Körper weg- und zum Körper zurückführen.

4. Um den Körper drehen, jeweils hinter und vor dem Körper Handwechsel. Drehung im Uhrzeigersinn/Gegenuhrzeigersinn.

5. Im Stehen Handwechsel rechts, links vor dem (hinter dem) Körper herunterdrücken und nachgebend hochführen.

Das nach unten gedrückte **Schwimmbrett**

1. Seitlich vom Standbein weg- und zurückführen (kleine und große Amplituden, im rhythmischen Wechsel).

2. Vor dem Standbein kreuzend nach rechts und links schwingen.

3. Hinter dem Standbein kreuzend nach rechts und links schwingen.

4. Seitlich neben dem Standbein vor- und zurückschwingen.

5. Im Halbkreis um das Standbein vor- und zurückschwingen.

6. In Achtertouren neben dem Standbein schwingen, vorne vom Standbein weg/vorne zum Standbein hin.

7. Kurze, hochfrequente Bewegungen seitlich vom Standbein weg/über Kreuz/seitlich am Standbein vorbei/und in verschiedenen Kombinationen.

8. Das Schwimmbrett einbeinig nach unten treten und nachgebend hochführen:
   • Mit stetem Beinwechsel
   • Als Radfahrbewegung

9. Beidbeinig auf dem Schwimmbrett stehend, Gleichgewicht halten, die Beine strecken und nachgebend beugen.

10. In den Knien leicht gebeugt auf dem Schwimmbrett stehend, Gleichgewicht halten, den Rumpf im Wechsel nach rechts und nach links drehen.

11. Unter jedem Fuß ein Schwimmbrett, die Bretter
    • wechselseitig nach unten treten,
    • gleichzeitig nach unten treten.

Die Kunststoffnudel

1. Seitlich am Beckenrand stehend und mit einer Hand festhaltend, mit einem Bein nach unten treten und nachgebend hochführen.

2. Wie 1., aber frei stehend.

3. Die Nudel schulterbreit fassen und mit beiden Armen nach unten drücken und nachgebend hochführen.

4. Nudel hinter dem Rücken mit leicht gebeugten Armen nach unten drücken und nachgebend hochführen.

5. Beidbeinig auf der Nudel stehend, mit den Armen paddelnd, Gleichgewicht halten, die Beine strecken und nachgebend beugen.

6. In leichter Beugestellung auf der Nudel den Rumpf im Wechsel nach rechts und nach links drehen.

7. Wie 6., aber jeweils druckverstärkend im Umkehrpunkt.

8. Auf der Nudel in Längsrichtung sitzend, die Beine
   * wechselseitig nach vorne „kicken",
   * geschlossen nach vorne „kicken",
   * wechselseitig schnellkräftig vor- und zurückschlagen,
   * geschlossen schnellkräftig vor- und zurückschlagen.

9. Wie 8., aber alle Übungen mit stärkerem Kraftimpuls aus der Hüfte heraus.

Kurzprogramm zur Kräftigung der Bein-, Rumpf- und Armmuskulatur

Je Übung eine Bahn hin und zurück. Zwei Durchgänge.
Trainingsdauer: 20-30 min

1. Schritte mit Zwischenfedern und Pendelarmführung:
   * Handflächen – Wasserwiderstand
   * Handrücken – Wasserwiderstand

2. Wie 1., aber mit „Doppelarmzug":
   * Handflächen – Wasserwiderstand
   * Handrücken – Wasserwiderstand

3. Wie 1., aber mit energischem Schlag der Unterschenkel nach vorn.

4. Wie 3., aber Schlag nach hinten.

5. Wie 3., aber wechselseitiger Schlag jeweils kräftig nach vorn und zurück.

6. Wie 3. bis 5., aber
   * mit langen Schritten und mittlerer Frequenz,
   * mit kurzen Schritten und höchstmöglicher Frequenz.

7. Seitgalopp mit Armschwingen vor dem Körper und
   * Handflächen – Wasserwiderstand
   * Handrücken – Wasserwiderstand
   * Wechsel von Handflächen und Handrücken

8. Galoppschritte mit lang nach vorn ausholendem Schwungbein.

9. Sprint mit Armschwungunterstützung.

10. Rückwärtssprint mit beidarmiger Schwungunterstützung.

11. Auslaufen mit Bewegungsvariationen und Armeinsatz wie beim Kraul- und Brustschwimmen.

Juniorenfussball

Das Fußballspiel fasziniert Kinder und Jugendliche auf der ganzen Welt.

Nach der DFB-Statistik 2011/2012 spielten mehr als zwei Millionen Jungen und Mädchen in den Vereinen der 21 Landesverbände Fußball. Derzeit sind im DFB über 7.400 Mädchenmannschaften unter 16 Jahren am Spielbetrieb beteiligt. Das belegt, dass in Deutschland Fußball nicht nur bei den Jungen, sondern auch bei den Mädchen eindeutig die Sportart Nummer eins ist.

Gerade im Juniorenfußball wird deutlich, wie schwierig es geworden ist, eine scharfe Grenze zwischen Freizeit- und Leistungssport zu ziehen. Das Fußballspiel dient in Schule, Verein und in Jugendgruppen der körperlichen Ausbildung, es vermittelt Freude und ermöglicht Erfolgserlebnisse. Juniorenfußball versteht sich aber nicht nur als Freizeitbetätigung, sondern auch als Wettkampfsport. So liegt neben dem allgemeinen Bildungsbemühen des DFB und seiner Vereine auf der Ebene des Breitensports auch eine wesentliche Aufgabe in der optimalen Leistungsförderung jugendlicher Fußballspieler im Bereich des Wettkampfsports.

Training zum Leistungsaufbau im Kindes- und Jugendalter

Kindertraining ist kein Jugendtraining und das Jugendtraining wiederum weist Unterschiede zum Erwachsenentraining auf. Das müssen Trainer, Betreuer und Eltern beachten.

Heute bieten Vereine schon Kindern unter sechs Jahren, den sogenannten *Bambinis*, Trainings- und Spielmöglichkeiten an. Im Normalfall kommen die Kinder im Alter von 6-8 Jahren in den Fußballverein, sodass für das Nachwuchstraining mehr als 10 Jahre zur Verfügung stehen. Innerhalb dieser Zeit durchlaufen die Kinder und Jugendlichen unterschiedliche Entwicklungsphasen, auf die der Trainingsprozess zielbezogen und inhaltlich abgestimmt werden muss.

Der 12-jährige Trainingsprozess wird in vier Abschnitte gegliedert (Abb. 136).

Im ersten Abschnitt wird ein **Grundlagentraining** durchgeführt:

Hier stehen die Interessen und Wünsche der auszubildenden Kinder im Vordergrund. Sie sollen in erster Linie Spaß und Freude an den zu vermittelnden Inhalten haben. Die Trainer sollen sie zwar auf die Erfordernisse des Fußballspiels im Erwachsenenalter vorbereiten, das kann aber nur durch ein altersgerechtes Übungs- und Spielan-

Altersklassen	Ausbildungsabschnitte	Lernschwerpunkte
G-Junioren/-innen Bambinis U 6	Grundlagen-ausbildung	• Allgemeine Bewegungs-fertigkeiten erlernen • Spielfreude wecken • Vielseitige Bewegungs-möglichkeiten schulen
F-Junioren/innen U 7/U 8 E-Junioren/-innen U 9/ U 10		• Fußballtechnische Grundlagen entwickeln • Spielfreude erhalten • Allgemeine und fußball-spezifische Koordination • Grundlegendes individual- und gruppentaktisches Handeln
D-Junioren/innen U 11/U 12 C-Junioren/-innen U 13/ U 14	Aufbautraining	• Technisch-taktisches Training • Aufbau spezifischer konditioneller Fähigkeiten • Positionslernen im Spiel 11:11 (Positions-training, Systemlernen)
B-Junioren/innen U 15/U 16 A-Junioren/-innen U 17/ U 18	Leistungstraining	• Technisch-taktische Handlungsfähigkeiten vervollkommnen • Spezifisches Konditions-training perfektionieren (Handlungsschnelligkeit, Willenseigenschaften) • Variables Spielen im System

Abb. 136: Ausbildungsabschnitte und Inhalte im Aufbau des Juniorentrainings

gebot erfolgen, bei dem die Grundlagenausbildung in den unterschiedlichsten Bewe-gungsformen und im Spielen der Kinder miteinander Vorrang hat. Die Vielseitigkeit in der Bewegungsschulung ist die Basis für eine spätere fußballorientierte Ausbildung. Für das Fußballspiel im oberen Leistungsbereich müssen die Grundlagen früh geschaf-fen werden.

Daher ist es erforderlich, dass schon im Bambinialter, also unter sechs Jahren, mit dem „Bewegungs- und Spielenlernen" begonnen wird. Hier steht neben einer vielseitigen Bewegungsschulung durch ein breites Repertoire an Bewegungsaufgaben auch eine

Spielschulung im Vordergrund. Dazu gehören Laufen, Springen, Klettern sowie das Werfen und Fangen und das Spielen des Balls mit dem Fuß.

Der Übergang zu den Inhalten des Trainings im F- und E-Juniorenalter ist fließend. Auch hier hat weiterhin die Koordinationsschulung Priorität, wobei auch Schnelligkeit und Kraft mittrainiert werden. Der Inhalt des Trainings richtet sich immer mehr auf die fußballspezifische Koordination und das Fußballspielen in kleinen Gruppen aus. Die Basis des Fußballtrainings mit F- und E-Junioren sind Fußballspielformen, dazu werden aber auch interessante Übungsaufgaben zum Erlernen und Verbessern einzelner Fußballtechniken eingebaut. Das Training und die Führung dieser Altersgruppe erfordert gut ausgebildete Trainer.

Kernziele des Grundlagentrainings sind:
- Spielfreude fördern (die Motivation zum Fußballspiel verstärken).
- Konditionelle, technische und spielgestaltende Grundlagen ausbilden.
- Teamgeist, Partnerschaft und Wettkampffähigkeit anbahnen.
- Persönlichkeitsentwicklung unterstützen.

Der folgende Trainingsabschnitt – als **Aufbautraining** charakterisiert – betrifft das D- und C-Juniorenalter. Die Ziele und Inhalte bauen auf den Erfahrungen auf, die die Spielerinnen und Spieler in der Grundlagenausbildung gesammelt haben. Während das Training bisher auf die Erfordernisse des Spiels 7:7 abgestimmt war, müssen die technisch-taktischen Trainingsinhalte jetzt auf Spielhandlungen im Spiel 11:11 ausgerichtet werden. Auf Grund der guten Lernvoraussetzungen in dieser Altersphase steht das systematische Erlernen der Fußballtechniken und ihre situative Anwendung im Mittelpunkt. Durch eine abgestimmte Auswahl aus Spiel- und Übungsformen werden die Bewegungsabläufe der verschiedenen Techniken im Hinblick auf die Bewältigung der unterschiedlichen Wettkampfsituationen hin trainiert und durch häufige Wiederholungen im Bewegungsablauf gefestigt. Neben der technisch-taktischen Verbesserung sind auch die konditionellen Fähigkeiten auszubilden. Ab etwa 12 Jahren sind biologisch günstige Voraussetzungen gegeben, Gelenkigkeit, Koordination, Schnelligkeit, Kraft und Ausdauer systematisch zu entwickeln.

Kernziele des Aufbautrainings sind:
- Verbesserung der physischen und psychischen Leistungsgrundlagen.
- Ausformung des technischen Bewegungsrepertoires.
- Erweiterung der taktischen Handlungsmöglichkeiten.

Mit dem **Leistungstraining** kann in der Regel mit dem 14. Lebensjahr begonnen werden, vorausgesetzt, die Jungen und Mädchen haben die beiden ersten Trainingsabschnitte durchlaufen. Es besteht eine hohe Leistungsbereitschaft, sodass auf guter Grundlage die Leistungsfähigkeit durch systematisches Training beträchtlich verbessert werden kann. Allerdings sind in diesem Alter Unterschiede in der Trainierbarkeit der Jungen und Mädchen zu beachten, insbesondere bezüglich der Kraft- und Schnelligkeitseigenschaften. Generell gilt, die bisher erlernte Fußballtechnik den jetzt verbesserten Leistungsmöglichkeiten anzupassen bzw. zu stabilisieren und das individual-, gruppen- und mannschaftstaktische Handeln im Spiel 11:11 zu optimieren.

Im weiteren systematischen Leistungsaufbau sind der Trainingsumfang zu erweitern und die Intensität zu erhöhen.

Das Leistungstraining der 16-18-Jährigen ist hinsichtlich der Zielsetzung und der Inhalte fast mit dem Amateur-Seniorentraining vergleichbar. Die Belastungsintensitäten müssen jedoch niedriger angesetzt werden. A-Juniorenspieler der höchsten Leistungsklasse sind gezielt zu fördern, um die Anforderungen für den Lizenzfußball erfüllen zu können. Nachwuchsspieler, die im obersten Leistungsbereich Fußball spielen können und wollen, müssen den Umfang auf möglichst tägliches Training erweitern, um u. a. auch eine reibungslose Eingliederung in den Profifußball vorzubereiten. Dieser Schritt erfordert von den 17-18-Jährigen physisch wie psychisch eine bedeutende Umstellung und Anpassung an erhöhte Leistungsanforderungen. Schulische und berufliche Ausbildung sowie soziale Sicherheit sind vorrangig im Auge zu behalten, wenn die jungen Spieler vor der Entscheidung stehen, Fußball im höchsten Leistungsbereich zu spielen.

Kernziele des Leistungstrainings sind:
- Kopplung und Variation der konditionellen und technischen Leistungskomponenten unter Wettspielansprüchen.
- Flexibles, situationsgerechtes und kreatives taktisches Spiel-Handeln nach dem Grundsatz der Effektivität.

Bei der Optimierung der Talentsichtung und -förderung im Zusammenwirken der verschiedenen Institutionen der Nachwuchsarbeit, DFB und Landesverbände mit ihren Bezirken, Kreisen und Vereinen, ist das Talentförderprogramm ein wichtiger Baustein für die Entwicklung der Mädchen und Jungen. Das Ziel lautet, das Potenzial an zukünftigen Spitzenspielern durch breite, zusätzliche Förderung leistungswilliger Talente zu vergrößern.

Mit dem Stützpunktprogramm realisiert der DFB ein Talentförderprogramm auf breiter Ebene. Es bietet talentierten Kindern und Jugendlichen bundesweit mit 380 Stützpunkten zusätzlich zum Vereinstraining ein Sondertraining an. In diesem Programm, das in Zusammenarbeit mit den Landesverbänden durchgeführt wird, werden jährlich

ca. 18.000 Jugendliche im Alter von 11-17 Jahren gefördert. Dafür stehen 1.200 ausgebildete Honorartrainer und 29 Koordinatoren zur Verfügung.

Eine seit Jahren geforderte Eliteförderung, mit einem zentralen Standort in Deutschland, hat eine wichtige Basis in den Einrichtungen der Leistungszentren der Lizenzvereine gefunden. Anders als in den Stützpunkten, die eine Förderung auf breiter Basis vorsehen, sind die Intentionen der Leistungszentren auf die komprimierte Ausbildung physischer und psychischer Fähigkeiten hoch veranlagter Junioren ausgerichtet. In der Konzeption dieser echten Eliteförderung wird neben der sportlichen Ausbildung auf höchstem Niveau großer Wert auf die Persönlichkeitsentwicklung gelegt.

Methodische Anmerkungen zu Lehr- und Lernprozessen im Fußball

Training mit dem Kernziel der sportlichen Leistungsentwicklung beinhaltet in seinem Maßnahmenkatalog auch pädagogisch-psychologische und soziale Komponenten. Ebenso wie bei den motorischen Grundlagen müssen diese persönlichkeitsprägenden Leistungskomponenten so früh wie möglich in den vielfältigen Lehr- und Lernprozessen, die das Fußballspiel bietet, „trainiert" und gefördert werden.

In allen Altersstufen und auf allen Leistungsebenen durchlaufen Fußballspieler vielfältige Lernprozesse.

Lernen ist im weitesten Sinne „Verhaltensänderung durch Erfahrung".

Für die Lehr- und Lernprozesse im Fußballspiel legen wir folgende Begriffsbestimmung zugrunde:

Lernen bezeichnet ganz allgemein den Erwerb oder die Veränderung von Fähigkeiten, Einstellungen und Handlungsweisen.

Das Fußballspiel fordert, entsprechend seiner Komplexität und Variabilität, seiner vielseitigen Aufgaben und Anforderungen, zu einem großen Spektrum verschiedener Aktivitäten heraus. Damit stellt sich für den Trainer die Frage: Wie kann er die spielrelevanten Handlungen und Einstellungen durch systematische Lernprozesse fördern?

Ausgelöst wird der Lernprozess im Fußballspiel durch den Aufforderungscharakter der Aufgaben (Aufgabenanreiz), der Problemstellungen (Problemlösungsanreiz) oder generell der situativen Bedingungen (Situationsanreiz: Neuigkeitsanreiz, Schwierigkeitsanreiz, Bewegungsanreiz).

Die Lernsituationen im Spiel sollen das Gesamtfeld des Bewegungsverhaltens und Spielhandelns berücksichtigen. Im Schul- und Jugendfußball legen spieldidaktische Entscheidungen und spielmethodische Maßnahmen den Rahmen fest, in welchem die Lernenden offene Handlungssituationen vorfinden, die einen weitgehend freien Entfaltungsspielraum gewährleisten. Dieser Grundgedanke wird beibehalten, aber mit zunehmendem Alter und Leistungsbezug nehmen zweckrational geprägte und normativ ausgerichtete Vermittlungen von Bewegungsmustern und Handlungsstrategien eine eindeutige Vorrangstellung ein. Vom lernpsychologischen Standpunkt aus sind aber immer beide Konzeptionen beizubehalten, um einerseits Freiheits- und Entfaltungsspielraum und Kreativität herauszufordern und um andererseits technische Präzision und taktische Qualität mit größtmöglicher Effizienz zu erarbeiten.

Während das offene Handlungssystem vorrangig auf die Ausbildung von Handlungsvariabilität und auf individuelle Spielentfaltung abzielt, hat das stark vorstrukturierte Handlungssystem den primären Effekt, Bewegungsstabilität und eingespielte Handlungsabläufe aufzubauen. Deshalb haben beide Konzeptionen sowohl im Schulfußball als auch im Vereinsfußball ihren Platz.

Im Seniorenfußball erfahren die talentierten Spieler dann, wie auf taktischer Ebene zum Beispiel einerseits vom Trainer strenge normative Anforderungen gestellt werden, die aber andererseits einen individuellen und situativen Entscheidungsspielraum für Handlungsalternativen zulassen.

Im Rahmen der taktischen Aufgabenstellungen macht der Trainer den Spielern auch ihre persönliche Verantwortung und Wettspieleinstellung bewusst.

Die Komplexität der Anforderungen im Fußball erfordert einen langen Lernprozess, der in verschiedenen Stufen bzw. Phasen verläuft.

Lehr- und Lernphasen

Die Modelle der Lehr- und Lernphasen weisen in der Mehrzahl einen drei- oder vierstufigen hierarchischen Aufbau auf. Jede der Phasen ist durch typische Merkmale charakterisiert. Die Übergänge von einer Phase zur anderen sind fließend.
Die folgende Vier-Phasen-Einteilung orientiert sich im Wesentlichen an einem Modell des motorischen Lernens und berücksichtigt dabei auch die Wechselbeziehungen zwischen motorischem und kognitivem Lernen.

1. Phase: Fundamentalphase

- Vertrautwerden mit der Spielidee und den wichtigsten Spielregeln
- Gewinn elementarer Bewegungs- und Spielerfahrungen zusammen mit dem
- Erlernen der Techniken in ihren Grundzügen
- Aufbau eines breit angelegten Bewegungsrepertoires
- Ausbildung der physischen und psychischen Leistungsgrundlagen

2. Phase: Aufbau- und Formungsphase

- Aufbau einer umfassenden und präzisen Bewegungsvorstellung
- Erweiterung der Bewegungs- und Spielerfahrungen
- Erfassen von Bewegungsdetails
- Verfeinerung und Differenzierung der Bewegungsformen
- Ausformung des Bewegungsrepertoires
- Vertrautwerden mit dem elementaren individual-, gruppen- und mannschaftstaktischen Verhalten
- Auseinandersetzung mit wettkampfbezogenen Spielsituationen
- Vertiefung der Spielidee und der Regelkenntnisse
- Verbesserung der physischen und psychischen Leistungsgrundlagen

3. Phase: Festigungs- und Vervollkommnungsphase

- Festigung und Vervollkommnung der Bewegungs- und Spielerfahrung in komplexen Wettkampfsituationen
- Erweiterung des technisch-taktischen Bewegungsrepertoires und Differenzierung von Handlungsalternativen
- Ausbau des individual-, gruppen- und mannschaftstaktischen Verhaltens und

- Umsetzung von Spielidee, Spielkonzeption und Taktik
- Ausformung der wettkampfspezifischen physischen und psychischen Leistungs-grundlagen

4. Phase: Hochleistungs- und Perfektionsphase

- Wettspielspezifische Anwendung eines perfekten Technikrepertoires auf höchstem taktischen Entscheidungs- und Handlungsniveau
- mit großer Flexibilität, Kreativität und ausgeprägter Eigeninitiative
- auf der Basis von Durchsetzungsfähigkeit und psychisch gefestigter Einstellung
- unter maximalen konditionellen Anforderungen

Ausgangspunkt der komplexen Lehr- und Lernprozesse im Fußball sind klar abgesteckte Lernziele.

Lernziele im Fußball

Geht man von einem allgemeinen theoretischen Ansatz des Lern-/Leistungsprozesses im Sportspiel aus, dann vollzieht sich die Ausbildung im Fußball auf drei Bezugsebenen:

- emotional-erlebnisorientiert,
- zweckrational-leistungsorientiert,
- sozial-interaktionsorientiert.

Die den drei Bezugsebenen zugrunde liegenden zentralen Lernziele sind teilweise eng miteinander verzahnt.

Lernziele auf emotional-erlebnisorientierter Ebene

Auf dieser Ebene ist das bedeutendste Lernziel, bei den Spielern die Freude am Fußballspiel zu verstärken und zu vertiefen. Erfolgserlebnisse sind durch angemessen schwierige Aufgaben und durch Wettspielherausforderungen zu schaffen. Besonders junge Spieler müssen zum Aufbau ihres Selbstwertgefühls und ihres Verantwortungsbewusstseins für die Mannschaft ihre individuelle Tüchtigkeit und die Mitwirkung an der Mannschaftsleistung erfahren.

Lernziele auf zweckrational-leistungsorientierter Ebene

Zur konditionellen Ausbildung

Ausbildung der physischen Leistungsgrundlagen (Schnelligkeit, Kraft, Ausdauer, Beweglichkeit) und der koordinativen Leistungsgrundlagen.

Zur Ausbildung der Fußballtechnik

1. Beherrschen des Dribblings (Ballführung, Finten)
   Gelernt werden soll:
   - den Ball sicher und kontrolliert körpernah zu führen,
   - den Ball in hohem Tempo mit Richtungswechseln zu dribbeln und auf ein Tor zu schießen,
   - mit dem Ball am Fuß die Gegenspieler zu überlaufen oder an ihnen vorbeizuspielen und den Ball wieder unter Kontrolle zu bringen,
   - durch Finten an Gegenspielern vorbeizudribbeln und anschließend zu passen oder auf das Tor zu schießen.

2. Beherrschen des Zielstoßes (Pass, Flanke, Torstoß, Kopfball)
   Gelernt werden soll:
   - den Ball zu beobachten, ihn mit dem Fuß oder Kopf richtig zu treffen und auf das Tor zu stoßen oder genau zum Partner zu passen,
   - Geschwindigkeit und Flugkurve des bewegten Balls bei der Durchführung des Zielstoßes zu berücksichtigen,
   - verschiedene Stoßarten situationsgerecht einzusetzen, die Flugbahn zu variieren und die Schussstärke angemessen zu dosieren.

3. Beherrschen der Ballkontrolle (Ballannahme, Ballmitnahme)
   Gelernt werden soll:
   - in unterschiedlichem Tempo flach oder in verschiedenen Flughöhen herannahende Bälle mit der Sohle, dem Spann, der Innen- oder Außenseite des Fußes, dem Oberschenkel und der Brust spielgerecht an- und mitzunehmen.

4. Beherrschen der Abwehrtechniken
   Gelernt werden soll:
   - als Abwehrspieler sich im Verhalten dem Lauftempo und der Laufrichtung des Ballführenden anzupassen und im richtigen Moment den Ball durch Formen des Tacklings zu erobern oder wegzuspielen,
   - als Torhüter den herannahenden Ball je nach Flughöhe aufzunehmen, zu fangen, zu fausten und nach heranfliegenden Bällen seitlich abzurollen oder zu hechten.

Zur Ausbildung des spieltaktischen Verhaltens

1. Erfassen des Spielgedankens.

2. Einbeziehen der Spielregeln in taktische Überlegungen.

3. Verschiedene Handlungsmöglichkeiten zur Bewältigung von Spielsituationen/ Spielaufgaben erkennen und verwirklichen.

4. Das Verhalten von Mit- und Gegenspielern beobachten, antizipieren und entsprechend reagieren.

5. Im Wettspiel individuell und kooperativ handeln, Angriffs- und Abwehrfunktionen im mannschaftstaktischen Rahmen erfüllen.

Lernziele auf sozial-interaktionsorientierter Ebene

Soziale Lernziele sind vorrangig auf gruppendynamische Prozesse ausgerichtet, insbesondere auf Werthaltungen, Einstellungen, auf Konfliktumgang und Spannungsbewältigung sowie auf Interaktionen und Kooperationen im Training und im Wettspiel.

Die Lernziele der verschiedenen Bereiche treten im Prozess des Spiellernens nicht isoliert nebeneinander oder nacheinander auf, je nach Schwerpunktsetzung aber in unterschiedlicher Akzentuierung.

Interaktionen motorischer, kognitiver, emotionaler und sozialer Lernziele

Spielmotorische und spieltaktische Lernziele stehen in enger Wechselbeziehung zueinander. So weit zur Bewältigung spieltaktischer Aufgaben Kenntnisse und Wissen erforderlich sind und Prozesse des Denkens und Problemlösens aktiviert werden, berühren wir den Bereich kognitiver oder intellektueller Lernziele.

Indem individuelle Lernleistungen und gemeinsame Erfolge sowie die Dynamik des Fußballspiels selbst den Erlebnisbereich der Spielenden ansprechen, ihr Interesse und ihre Spielfreude wecken und verstärken, steht die affektive oder emotionale Dimension der Lernziele im zentralen Blickfeld. Das gemeinsame Erfolgserlebnis, die gegenseitige Wertschätzung und Unterstützung fördern zudem den sozialen Lerneffekt, den Aufbau des Wir-Gefühls und den Zusammenhalt.

Lernzielbereiche und Lernzielkontrolle

Lernziele sind auf Lernprozesse, das heißt auf Verhaltensänderungen, ausgerichtet. Damit stellt sich die Frage einer objektiven Lernzielkontrolle, die eng mit dem Problem der Operationalisierbarkeit verknüpft ist. Der Forderung nach Operationalisierbarkeit der Lernziele liegt die Intention zugrunde, die Zieldimension des systematischen Lehr-Lern-Prozesses durch bestimmte Operationen in Form von Handlungen und Verhaltensweisen messbar zu machen und den Lern- und Leistungsfortschritt jedes Einzelnen zu

erfassen. Nicht alle Lernziele sind operationalisierbar; auf der Aktionsebene der Technik treten z. B. weniger Schwierigkeiten auf als im Bereich des taktischen Verhaltens.

Besondere Probleme ergeben sich für die emotionalen und sozialen Lernzielkomplexe, da Phänomene wie Erfolgserlebnisse, Motivation, Gesprächs- und Kooperationsbereitschaft, Konfliktfähigkeit und Hilfsbereitschaft zwar in unterschiedlicher Ausprägung vorkommen, sich jedoch einer präzisen Festlegung auf einer Messskala entziehen. So gesehen, ist die Operationalisierung unter dem Gesichtspunkt der Lernerfolgskontrolle und der Lernverstärkung einerseits eine pädagogisch und psychologisch begründete, wichtige Forderung, andererseits aber kein absoluter Qualitätsmaßstab für die Auswahl der Lernziele.

Anmerkungen zum Konditionstraining mit Kindern und

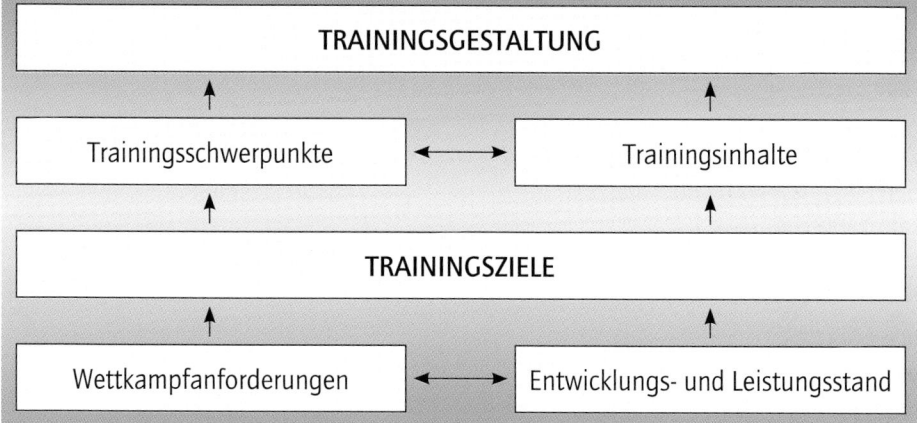

Abb. 137: Planungsgrundlagen für das Training mit Kindern und Jugendlichen

Jugendlichen

Das Konditionstraining im Nachwuchsfußball orientiert sich an den vielseitigen Wettkampfanforderungen, dem Entwicklungsstand und dem Leistungsniveau der Kinder und Jugendlichen (Abb. 137).
Im Folgenden führen wir kurzgefasst einige Akzente zum entwicklungs- und altersgemäßen Trainingskonzept von Kindern und Jugendlichen an.

Schnelligkeit

Schnelligkeitsleistungen sind weitgehend anlagebedingt. Trainingseffekte lassen sich über die Verbesserung der Schnellkraft und der sportspezifischen koordinativen Fähigkeiten erzielen, die im Wesentlichen die Bewegungsexplosivität fördern.

Schnelligkeit lässt sich bereits im frühen Schulkindalter durch vielfältige Spielformen trainieren. Im Kindes- und Jugendalter gilt die Zeitphase vom 7./8. zum 11./12. Lebensjahr als besonders günstig für die Ausbildung von Steuerungsprozessen im ZNS. Diese sind für schnelles Bewegen und Handeln maßgeblich.

Im Alter von etwa 10 Jahren wird es zunehmend durch fußballspezifische Trainingsformen abgelöst. Ab dem 15. Lebensjahr ist ein Schnelligkeitstraining alters- und entwicklungsgemäß in die Trainingssystematik einzubeziehen.

Kraft

Bereits im frühen Schulkindalter sollen Grundlagen für das spätere Krafttraining durch Kraft-Koordinations-Übungen in spielerischer Form gelegt werden.

Der Aufbau von Muskulatur (Anabolismus) wird maßgeblich durch das Hormon Testosteron stimuliert, das der menschliche Organismus ab der Pubeszenz produziert (bei weiblichen Jugendlichen ab dem 12./13., bei männlichen Jugendlichen ab dem 13./14. Lebensjahr. Von diesen Zeitpunkten an bietet ein individuell abgestimmtes Krafttraining, zunächst vorrangig als muskuläres Stabilisationstraining, einen wirksamen Schutz vor belastungstypischen muskulären Fehlentwicklungen (Dysbalancen) und langfristig vor chronischen Schäden des Bewegungsapparats. Im Weiteren ist durch Kraftübungen mit Kleingeräten ein gezielter Leistungsaufbau durchzuführen.

Ausdauer

Die Trainierbarkeit der Ausdauerleistungsfähigkeit ist bei Kindern im Vergleich zu Erwachsenen geringer. Ein Ausdauertraining in Form von Dauerläufen ist aus motivationalen und trainingsökonomischen Gründen für fußballspielende Kinder nicht sinnvoll. Bei ihnen bewirken die intervallartigen Laufbelastungen im Fußballspiel bereits eine Verbesserung der erforderlichen Ausdauerleistungsfähigkeit.

Beweglichkeit

Beweglichkeit bildet eine Grundvoraussetzung für die technischen Bewegungsabläufe im Fußball und schützt zudem vor Verletzungen. Im Alter zwischen neun und 13 Jahren bestehen günstige Bedingungen für die Ausbildung der Beweglichkeit. Der in der Pubeszenz auftretende Muskelzuwachs und das veränderte Längenwachstum erfordern spezifische Trainingsmaßnahmen, um Einschränkungen in der Beweglichkeit vorzubeugen.

Koordination

Durch Geschicklichkeitsspiele mit und ohne Ball werden bereits im frühen Kindesalter koordinative Fähigkeiten ausgebildet. Im weiteren Entwicklungsverlauf wird das Koordinationstraining zunehmend spezifischer. Im Folgenden wird dazu exemplarisch das Koordinationsprogramm im Rahmen einer Trainingsvorbereitung im höchsten Leistungsbereich des Juniorenfußballs vorgestellt.

Beispiel für ein koordinatives Trainingsprogramm mit U 17-Junioren

Das folgende Trainingsprogramm vermittelt einen Einblick in die Koordinationsschulung, die Trainer Manfred Schadt mit den U 17-Junioren des 1. FC Köln durchführt:

1. Freie Ballführung mit Innen- und Außenseite.
2. Ballführung mit der Sohle, in der Vorwärtsbewegung rechts/links überziehen, dabei Eindrehen der Hüfte mit kurzem Hüpfer.
3. Ballführung mit der Sohle, den Ball hinter das Standbein ziehen und mit dem Spann nach vorne spielen. Fortwährender Beinwechsel.
4. Verschiedene Finten:
   • Ausfallschritt
   • Schere
   • Übersteiger
   • Doppelter Übersteiger
   • Schussfinte
   • Beckenbauer-Drehung
   • Ronaldo-Trick
   • Ronaldinho-Trick
5. Jonglieren des Balls brusthoch auf dem Oberschenkel, Wechsel im Dreier- (Vierer-) Takt. Den Ball jeweils im höchsten Punkt kurz mit der Handfläche berühren (Hand-Augen-Kontakt!).
6. Ball im Lauf bis auf Schulterhöhe prellen, dabei Druck auf den Ball geben.
7. Prellen des Balls im Lauf mit leicht gebeugten Knien bis auf Hüfthöhe.
8. Prellen des Balls im Hopserlauf.
9. Den Ball im Lauf prellen und dabei um die eigene Achse drehen (rechts/links).
10. Den Ball im Lauf mit Crossover prellen (durch den Schritt prellen) und kurzer Antritt nach rechts/links.

11. Den Ball nach vorne werfen, nachstarten und überlaufen, im Drehen fangen (aufnehmen) und zur Ausgangsposition zurücklaufen.
Tempoverschärfung: Den Ball sofort nach der Drehung wieder nach vorne werfen.

12. Den Ball seitlich über den Kopf werfen und mit Drehung nachstarten und fangen.

13. Wie vorher, aber den Ball bei Bodenkontakt mit der Innenseite in die Drehung kontrolliert mitnehmen.

14. Den Ball nach vorne werfen, 5-6 m nachstarten, überlaufen und in die Gegenrichtung mitnehmen.

15. Den Ball im fortlaufenden Wechsel mit Oberschenkel und Kopf jonglieren.

16. Die Spieler stehen sich partnerweise jeder mit Ball im Abstand von 3 m gegenüber. Den Ball aufprellen und Start zum Ball des Partners:
    - Fangen
    - Mit dem Spann mitnehmen
    - Mit der Innenseite/Außenseite in die Drehung mitnehmen

17. Den Ball mit schnellen, kurzen Schritten in der Luft halten. Dabei leicht nach vorne gebeugt.

18. Den Ball leicht vor, zur Seite und nach hinten werfen und spielerisch fangen. Der Körper bleibt dabei immer hinter dem Ball.

19. Den Ball leicht im Bogen von rechts nach links über den Kopf werfen und fangen.

20. Den Ball 1-2 m über den Kopf werfen und nach einarmigem Armkreisen vorwärts wieder fangen:
    - Armkreisen rückwärts
    - Doppelarmkreisen vorwärts/rückwärts
    - Gegengleiches Doppelarmkreisen

21. Ball im Lauf hinter dem Rücken halten und mit beiden Händen von hinten über den Kopf werfen und fangen. Den Ball seitlich über die Hüfte (durch die Beine, unter einem Bein durch) wieder in die Ausgangsposition zurückführen.

22. Den Ball im Lauf von vorn nach hinten über den Körper zurückwerfen, hinter dem Rücken fangen und wieder nach vorn werfen.

Motivation bei Kindern

Die Begeisterungsfähigkeit von Kindern ist unerschöpflich. Sie erfahren aber im Alltag im Allgemeinen zu wenig Lob und Anerkennung. Dabei wird ein Prinzip außer Acht gelassen:

Leistungen brauchen Anerkennung und Anerkennung bahnt Leistungen an.

Kinder spielen mit großer Begeisterung Fußball
Um ihre Zuwendung und Motivation zu erhalten und zu verstärken, sind einige grundsätzliche Regeln zu beachten:

- Kinder müssen sich als leistungsfähig erleben, d. h. ihr Leistungseinsatz muss höher bewertet werden als das Ergebnis. Und wir Trainer müssen ihnen immer wieder zu kleinen Erfolgserlebnissen verhelfen.

- Kinder müssen erkennen, dass bessere Leistung Anstrengung, Ausdauer und Einsatz erfordert.

- Lob und Anerkennung stehen im täglichen Erleben der Kinder in keinem Verhältnis zu Verboten, Geboten, Anweisungen und Kritik. Dadurch sinkt die Lern- und Anstrengungsbereitschaft. Deshalb müssen wir Sorge tragen, dass durch Lob und Ansporn die Lern- und Leistungsmotivation beflügelt wird.

- Anerkennung soll punktgenau sein, d. h. möglichst unmittelbar erfolgen, konkret, persönlich und nicht pauschal.

- Kinder müssen zu Selbstständigkeit und Eigenverantwortlichkeit angeleitet werden.

- Sie müssen lernen, dass ihre Bedürfnisse nicht immer sofort befriedigt werden können.

- Sie müssen positiv verstärkt werden in ihrem Bestreben: „Ich will das schaffen, ich schaffe das."

- Es müssen realisierbare Leistungsanreize gesetzt werden. Unterforderung führt zu Langeweile und Ersatzhandlungen, Überforderung erzeugt Stress und Aggression oder ein „Ausklinken" im Sinne eines „aus dem Felde gehen".

- Es muss für eine angst- und stressfreie Lern- und Leistungsatmosphäre gesorgt werden. Emotional begleitete Lernerlebnisse bleiben haften und werden im gleichen Zusammenhang immer wieder wachgerufen.

Kinder sind aktiv in die Lern- und Leistungsprozesse einzubeziehen, indem sie:

- Sich Ziele setzen und Regeln aufstellen:
  Was wird heute erledigt (trainiert, verbessert)?
  In welcher Reihenfolge?
  Bis wann?

- Ihre Einstellung festigen:
  Ich will das erledigen und ich werde das erledigen (trainieren, verbessern).
  Ich kann das schaffen und ich werde das schaffen.

- Herausforderungen suchen:
  Sich an schwierige Aufgaben heranwagen.
  Mut zeigen, Willensausdauer aufbringen.
- Lernhilfen nutzen:
  Vorbilder beobachten.
  Nicht schematisch lernen, sondern strukturiert mit Bildern verknüpft.
  Andere Kinder anleiten und ihnen Tipps geben.
- Den Lernumfang festlegen, Etappen und Pausen planen:
  Sich selbst belohnen.

Auf diese Weise gebahnte Lernprozesse und Erfolgserlebnisse hinterlassen Spuren in den Schaltzentralen des Gehirns. In den Basalganglien werden die Botenstoffe Dopamin und Endorphine produziert. Sie unterstützen den positiven emotionalen Effekt des Lernens. Dopamin hat eine optimistisch stimmende, das Selbstbewusstsein fördernde Wirkung, Endorphine – unsere körpereigenen Opiate – rufen starke Glücksgefühle hervor.

Im Schul- und Juniorenfußball werden die Lernprozesse am Prinzip des spielgemäßen, erfolgserlebten Lernens ausgerichtet. Spiel, Herausforderung, Wettkampf, Leistungsfortschritt und Freude sind dabei die wichtigsten Motivationselemente.

Kinder und Jugendliche werden in ihrer Entwicklung maßgeblich durch Vorbilder geprägt. Dazu bietet der Profifußball zahlreiche Persönlichkeiten. Allerdings müssen wir auch negativen Erscheinungen, wie dem unsportlichen Verhalten, besonders den versteckten und brutalen Fouls, frühzeitig entgegenwirken. Im Folgenden befassen wir uns eingehend mit dieser permanenten Problematik.

Was können Trainer und Jugendleiter tun, um destruktiver Aggression im Fußballspiel entgegenzuwirken und konstruktive Aggression zu fördern?

Aggression, so wurde in den vorstehenden Ausführungen dargelegt, umfasst eine Vielzahl unterschiedlicher Verhaltenskategorien. Der Einfluss gesellschaftlicher Bedingungen auf die Handlungsmuster und Ausprägungen von Aggression ist unbestritten, die Frage nach Zusammenhängen zwischen Persönlichkeitsmerkmalen und Aggressivität bzw. aggressivem Handeln bedarf dagegen noch genauerer Klärung. Ein Ansatz liegt in den geschlechtsspezifischen Besonderheiten.

Die Entwicklung von Jungen und Mädchen verläuft unterschiedlich. In der Schule fallen Jungen häufiger durch Undiszipliniertheit und rüpelhaftes Benehmen auf. Motorische Aktivitäten sind für sie ein Ventil, um ihre Konflikte zu lösen. Dazu kommen oft erhebliche Konzentrationsstörungen.

Jungen sind, anlagebedingt und im Weiteren durch den Sozialisationsprozess geprägt, körperbetonter, wilder und motorisch aggressiver. Sie lösen, anders als Mädchen, ihre Konflikte weniger durch Diskussionen, als durch handfeste Auseinandersetzungen, in denen das Argument des Stärkeren dominiert.

Auch aus Unsicherheit heraus reagieren sie oft physisch-aggressiv. Sie benötigen zu ihrer Identitätsfindung männliche Vorbilder, klare Anordnungen und Verhaltensrichtlinien. Die in der Schule geltenden Regeln lassen dem Freiheitsdrang der Heranwachsenden oft wenig Spielraum. Anders im Verein, hier erweisen sich die Jungen als wesentlich gehorsamer und disziplinierter. Die Autorität des Trainers wird akzeptiert. Seine Anweisungen werden nahezu unwidersprochen befolgt.

Aggressivität ist bei Kindern und Jugendlichen durch Veranlagung und Erziehungseinflüsse unterschiedlich ausgeprägt. Das Problem stark aggressiver Kinder ist vielseitig. Auf Dauer erfahren sie durch ihr Verhalten Ablehnung, die Mitspieler wenden sich von ihnen ab. Sie geraten immer mehr in eine Außenseiterposition. Eine Kettenreaktion entsteht, häufige Aggression führt zu Zurückweisung, Zurückweisung wird als verletzend und feindselig erlebt. Feindseligkeit bewirkt wiederum verstärkte Aggression. Letztlich kann es zu völliger Isolation führen. Die Folge ist, dass sich Sozialkompetenz nicht angemessen entwickeln kann.

Kinder und Jugendliche werden durch häufige Konfrontation mit Gewalt in den Medien oder mit Aggression im sozialen Bezugsfeld, wie dem Fußballsport, in ihren Wahrnehmungen, Einstellungen und zwangsläufig in ihrem Verhalten beeinflusst. Gewöhnungseffekte und fehlgeleitetes Wertempfinden entstehen durch zusammenhängende kognitive, emotionale und soziale Prozesse, die wiederum einen verstärkten Einsatz aggressiver Verhaltensmuster bewirken.

Die erzieherische Verantwortung für Jugendtrainer und -betreuer wird beispielhaft anhand pädagogischer Quellen (Günther Deegener) veranschaulicht, die auf der Grundlage einer asiatischen Lebensweisheit die Wechselwirkungen im Erziehungsprozess eindrucksvoll hervorheben:

- Werden Kinder kritisiert, lernen sie, zu kritisieren und zu verurteilen.
- Werden Kinder angefeindet, lernen sie, zu kämpfen.
- Werden Kinder verspottet, lernen sie, sich verletzt zurückzuziehen.
- Werden Kinder beschämt, lernen sie, sich schuldig zu fühlen.
- Werden Kinder mit verletzender Aggression konfrontiert, lernen sie, entsprechend aggressiv zu handeln.
- Werden Kinder anerkannt, lernen sie, sich und andere zu mögen.
- Wird das Verhalten von Kindern toleriert, lernen sie, geduldig und tolerant zu sein.
- Werden Kinder ermutigt, lernen sie, sich und andere zu schätzen.
- Werden Kinder gerecht behandelt, lernen sie, ein Gerechtigkeitsgefühl zu entwickeln.

- Wird Kindern Vertrauen geschenkt, lernen sie, zu vertrauen.
- Erfahren Kinder Liebe und Freundschaft, lernen sie, liebe- und verständnisvoll mit anderen Menschen umzugehen.

Die Grenzen zwischen akzeptablem und inakzeptablem Verhalten sind durch Absprachen und Regeln eindeutig abzustecken. Regeln sind Bausteine gegen Aggression und Gewalt bei Kindern und Jugendlichen. Deshalb muss gegen Regelverletzungen möglichst unmittelbar und konsequent vorgegangen werden. Folgende Maßnahmen sind dabei zu beachten:

- Den Situationsbezug berücksichtigen,
- angemessen reagieren,
- einsehbare und verständliche Anforderungen stellen,
- konkrete Handlungsweisen einfordern,
- eindeutige Absprachen treffen und Einvernehmen erzielen,
- Verhaltenskontrollen durchführen.

Eine weitere Maßnahme im präventiven Sinne lässt sich aus dem Judosport der Schulen übernehmen. Im Judo ist die faire körperliche Auseinandersetzung und die Dominanz über den Gegner das zentrale Handlungsziel. Destruktive Aggression in Form von Gewalt wird nicht akzeptiert.

Die Stärke der Persönlichkeitsförderung durch das Judo liegt in seiner Tradition, seinen Ritualen und seiner Fairness. In einem solchen Schutzraum, in dem es keine mutwilligen Verletzungen oder Beleidigungen gibt, werden gewaltpräventorische Fundamente gelegt, die in allen Lebensbereichen einen konstruktiven Umgang mit Aggression ermöglichen. Für das Grundlagentraining im konditionellen Bereich und für die intensivere Zweikampfschulung können im Fußball prinzipiell ähnliche Bedingungen geschaffen und Lernprozesse initiiert werden.

Der Fußballsport ist permanent mit dem Phänomen *Gewalt* konfrontiert. Er bietet aber, im Gegensatz zu vielen anderen Bereichen unserer Gesellschaft, Chancen und pädagogisch wirksame Rahmenbedingungen, Gewaltbereitschaft zu reduzieren und souverän mit aggressionsbedingten Situationen umzugehen. Gut geführte Fußballvereine, mit qualifizierten Jugendtrainern und Jugendleitern, die den Heranwachsenden Vorbilder und eine Identifikationsbasis bieten, können wichtige Orientierungshilfen für die konstruktive Handhabung von Spannungen, Konflikten und Aggressionen sein. Sicherheit und Selbstvertrauen sind Grundpfeiler der Persönlichkeitsbildung und der verantwortlichen Auseinandersetzung mit der Umwelt.

Im Training und Wettspiel lernen die Kinder, mit Erfolgen und mit Niederlagen, mit Stärken und Schwächen umzugehen, sich zu unterstützen und in kritischen Situationen sich zu beherrschen. Erfolgserlebnisse, positive Unterstützung, stärken das Selbstwertgefühl. Eine gute körperliche Ausbildung verbessert das Körpergefühl und Körperbewusstsein. Spielhandeln verlangt Selbstständigkeit und Verantwortlichkeit, ermöglicht Freiheitsräume

und erfordert andererseits Begrenzung, Abstimmung und Eingebundensein in die Mannschaftsdisziplin. Diese Balance zwischen Eigenständigkeit und Zusammenspiel, zwischen Kreativität und taktischer Vorgabe, zwischen Wagnis, Mut und Grenzüberschreitung einerseits und Pflichterfüllung, Risikobewusstsein, Gesamtverantwortung und Beschränkung machen den lebensbegleitenden Lern- und Entwicklungsprozess im Fußballsport aus.

Ohne den Fußballsport idealistisch zu überfordern, ist das große Potenzial an Chancen zu nutzen, über gesellschaftliche, kulturelle und soziale Grenzen hinweg, zu mehr Toleranz, Achtung und Integration beizutragen. Die vorhandenen Konzepte und Strategien zur Bekämpfung von Fremdenfeindlichkeit, Rassismus und Gewalt innerhalb und im Umfeld der Stadien sind den aktuellen Erfordernissen entsprechend weiterzuentwickeln.

Den Jugendtrainern fällt eine besondere Verantwortung im Rahmen ihrer Führungsaufgaben zu. Jungen Menschen, die autoritär geführt werden, und bei denen man nach dem Prinzip, Wohlverhalten wird belohnt, abweichendes Verhalten wird bestraft, verfährt, neigen auch später als Erwachsene dazu, sich dem Willen formaler Autorität unterzuordnen.

Die Ergebnisse der Milgram-Studie, die Stanley Milgram in den Jahren 1960-1963 an der Yale-Universität in den USA durchgeführt hat, belegen in brutaler Deutlichkeit eine gewaltakzeptierende Gehorsamsbereitschaft gegenüber einer Autorität. In einem vermeintlichen Lernexperiment hatten Versuchspersonen den Auftrag, Fehler durch Stromstöße, ausgehend von 15 Volt, zu bestrafen. Je nach experimentellen Bedingungen führten 30-65 % der Teilnehmer den Auftrag bis zum Ende mit 450 Volt starken Stromstößen durch. Das Experiment wurde in der Folgezeit in mehreren Variationen auch in anderen Ländern durchgeführt. Die weitgehend übereinstimmenden Ergebnisse machen das generelle Problem mangelnder Zivilcourage deutlich, indem persönliche Verantwortung mit dem Alibi des vermeintlichen Legitimationsanspruchs einer Autorität aufgegeben wird.

Zivilcourage setzt Selbstwertgefühl und Selbstbewusstsein voraus. Hier liegt eine wichtige Begleitfunktion in der Jugendarbeit des Fußballs. Ein gefestigtes Selbstbewusstsein durch Erfolgserlebnisse und positive Verstärkung bildet einen Schutzschild vor Problemen, vermittelt Lebensfreude und verleiht Mut, Herausforderungen zu suchen und anzunehmen.

Ein konsequentes Erziehungs- und Führungsverhalten vermittelt den Kindern und Jugendlichen stabile Werte, schafft klare Regeln und setzt sinnvolle Grenzen.

In der heutigen Zeit brauchen junge Menschen ein Gefühl der Sicherheit und Orientierungshilfen. Zunehmende Oberflächlichkeit und Instabilität des öffentlichen Lebens erfordern Stabilität und Wertegefühl in der Innenwelt. Die Heranwachsenden benötigen Führung mit akzeptablen Freiheitsräumen, aber auch Widerstand, eine Art „Sparringskämpfe", um Dinge auszuprobieren, sich durchzusetzen und ebenso Grenzen zu akzeptieren.

Im Fußballsport machen Kinder und Jugendliche die Erfahrungen, dass man nicht nur gewinnen kann, sondern dass auch Barrieren, unerfüllte Wünsche und Niederlagen zum

Leben gehören, und dass auf dem Weg zu Erfolg und Glücksgefühl verstauchte Fußgelenke, blutige Nasen, Rückschläge und Enttäuschungen zu verarbeiten sind. Solche Erfahrungswerte tragen zur Persönlichkeitsentwicklung bei und unterstützen die Ausbildung von Frustrationstoleranz.

Der Trainer spielt eine Schlüsselrolle beim Aufbau des Selbstbewusstseins. Er hat es in der Hand, motivationsfördernde Bedingungen zu schaffen und Maßnahmen zu ergreifen.

Im Einzelnen sind das:
- Vorbildfunktion ausüben.
- Konsensbildung in der Leistungszielsetzung.
- Leistungsfördernde Bedingungen schaffen und optimale Leistungsanforderungen stellen.
- Eigenverantwortung herausfordern und fördern.
- Realistische Steuerung des Anspruchsniveaus.
- Einsatz von Verstärkungsstrategien.
- Ausbildung von Willensqualität (Willenskraft und Willensausdauer).
- Zu fairem Verhalten innerhalb und außerhalb des Wettkampfs anleiten sowie zum respektvollem Umgang mit anderen.
- Bei Konflikten sich um gerechte Lösungen bemühen.

Zu diesem Prozess der Selbstbestimmung gehören auch faire Auseinandersetzungen mit den Mannschaftskameraden. Im härteren Konfliktfall können – vergleichbar den von Michael Schnabel für die Streitschlichtung an Schulen entwickelte – Schlichtungsregeln eingesetzt werden:

- Schnell reagieren, aber Zeit nehmen für die Streitenden.
- Verhandlungsregeln aufstellen:
  – Standpunkte darstellen lassen,
  – ausreden lassen,
  – höfliche Umgangsformen wählen.
- Neutrale Verhandlungsführung:
  – Kommentieren, aber nicht bewerten.
- Hintergrundwissen erfragen:
  – Verständnis entwickeln.
- Lösungsmöglichkeiten erarbeiten:
  – Lösungsvorschläge von den Beteiligten entwickeln lassen.
- Eine Vereinbarung (Abkommen) treffen:
  – Mit einem Ritual (Handschlag u. a.) besiegeln.

Als grundsätzliche pädagogische Leitlinie sind die von Sigrid Tschöpe-Scheffler vorgelegten Dimensionen einer persönlichkeitsfördernden Führung und Erziehung geeignet:

- Emotionale Wärme:
  - Aufmerksamkeit, Zuwendung und Anteilnahme.
- Achtung und Respekt:
  - Akzeptanz der Individualität des Menschen, Beachtung seiner Stärken und Schwächen.
  - Standpunkte austauschen und Entscheidungsprozesse vertreten.

- Struktur und Verbindlichkeit:
  - Aufstellung klarer Regeln, Beachtung ihrer Einhaltung, Konsequenzen bei Missachtung.
- Vielseitige Förderung:
  - Förderung auf verschiedenen Ebenen, motorisch, intellektuell, emotional, sozial.

Ausgehend von der Überzeugung, dass der Fußball zur Persönlichkeitsentwicklung beitragen, gesellschaftliche und kulturelle Grenzen überbrücken und Zeichen für Toleranz und gegen Gewalt setzen kann, haben die teilnehmenden Nationalspieler – vor allem der WM Italia 90 und der EM 1996 – mit ihren Ausbildern des Fußball-Lehrer-Sonderlehrgangs 2000 die „Stiftung Jugendfußball" gegründet.

Die Kernbotschaft der Stiftung lautet:

Kinder und Jugendliche durch Erleben und Lernen im Fußballsport in ihrer Persönlichkeitsentwicklung zu fördern und sie auf die Herausforderungen des späteren Lebens vorzubereiten.

Mit den Projekten „streetfootballworld" – „Straßenfußball und mehr" und „WM Schulen – Fair Play for Fair Life" sollen bei jungen Menschen Schlüsselkompetenzen wie Lebensfreude, Verantwortung und soziale Identifikation gefördert werden.

Der DFB legt traditionell großen Wert auf eine fundierte Nachwuchsförderung.
Neben den bisherigen Förderungsmaßnahmen des Jugendfußballs auf Vereins- und Verbandsebene, den Stützpunkten und den Bundesliga-Leistungszentren sollte die zentrale Einrichtung einer Nachwuchs-Eliteschule vom DFB geschaffen werden. Anregungen bieten Konzeptionen aus Frankreich, den Niederlanden und England. In Österreich ist die Frank Stronach Fußball-Nachwuchs-Akademie in Hollabrunn bei Wien eine Musterschule zur Förderung junger, talentierter Fußballspieler. Frank Stronach, der Gründer der Akademie, misst dem Fußballsport eine wichtige gesellschaftliche Funktion zu: „Vor allem die Jugend kann vielfältig vom Sport profitieren – sei es durch die Entwicklung der Persönlichkeit, der Fähigkeit zur Selbstbehauptung oder einfach, indem man lernt, was Konkurrenz, fairer Wettbewerb und Teamgeist bedeuten."

Unter diesen Leitgedanken wird mit der Ausbildung an der Akademie ein ganzheitliches Konzept verfolgt, das auf drei Säulen aufbaut:

- Sportliche Ausbildung,
- schulische und berufsvorbereitende Ausbildung,
- persönliche Betreuung und Förderung.

Die Tugenden des Straßenfußballs früherer Zeiten, Eigenorganisation, selbstständige Spielregelung, selbstbestimmte und angewandte Fairness, lassen sich in dieser Form nicht zurückholen, aber es gibt gute Ansätze zur zeitgemäßen Förderung sportlicher und sozialer Tugenden. Der Niederländische Fußballverband hat zum Beispiel das Spiel 4:4 mit einem kindgemäßen didaktischen Konzept und entwicklungsgemäßen Regularien in den Mittelpunkt der frühen Ausbildungsphase gestellt. Das Besondere dabei ist:

- Alle Kinder sind immer im Spiel.
- Fehler fallen nicht ins Gewicht, Spielfreude steht im Vordergrund.
- Die Kinder lernen Fußballspielen durch Fußballspielen, wie früher auf der Straße.
- Die Kinder bestimmen selbst über die Regeln.
- Die Kinder regeln das Spiel ohne Schiedsrichter.
- Die Kinder entwickeln ein Gefühl für Fairness und Gerechtigkeit.

Stellen wir abschließend nochmals unsere Mitverantwortung als Trainer heraus:
Im Spektrum der Anforderungen und Erwartungen nehmen die Fußballtrainer für den sportlichen Werdegang und die Persönlichkeitsentwicklung der Heranwachsenden eine Schlüsselstellung ein. Die Grundlage dazu bilden pädagogische und psychologische Grundkenntnisse und ein an allgemeingültigen Normen orientierter Verhaltenskodex. Ein solcher Verhaltens- bzw. Ehrenkodex verlangt ein berufliches Selbstverständnis, in das pädagogische Verantwortung und Pflichtbewusstsein eingebettet sind.

Mädchen- und Frauenfussball

Vorurteile im Abseits

Das Fußballspiel galt jahrzehntelang als eine typisch männliche Sportart. Um das Fußballspiel als Domäne der Männer zu erhalten, verwiesen Gegner des Frauenfußballs vor allem auf die biologisch-anatomische Konstitution der Frau, die den athletisch-kämpferischen Anforderungen nicht gewachsen sei. Im Wesentlichen entsprach diese Haltung einer traditionell konservativen, geschlechtsbezogenen Norm- und Rollenvorstellung. Weder die in der Argumentation angeführten medizinischen noch die soziologischen und psychologischen Gesichtspunkte erwiesen sich als stichhaltig.

Vielmehr haben die Erfahrungen während der kurzen Entwicklungsphase des Frauen-fußballs ein durchweg positives Bild, auch von psychischer oder sozialer Seite her, bei den fußballspielenden Mädchen und jungen Frauen erbracht.

Ein kurzer Rückblick auf die Entwicklung des Mädchen- und Frauenfußballs im DFB er-gibt folgendes Bild: Bereits 1955 diskutierten die zuständigen Gremien des DFB über die Anerkennung des Frauenfußballs. Das Resultat war negativ, die Bildung von Frau-enfußballmannschaften wurde verboten.

Nachdem aber die Entwicklung des Frauenfußballs in anderen Ländern einen starken Aufwärtstrend nahm, bereits Welt- und Europameisterschaften zur Austragung ge-langten und zudem in der Bundesrepublik die Bildung von Frauenfußballmannschaf-ten immer nachdrücklicher gefordert wurde, sah sich der DFB, trotz gewisser Skepsis, gezwungen, seine ablehnende Haltung zu revidieren und den Mädchen- und Frauen-fußball offiziell anzuerkennen. Seit 1970 ist die Mitgliedschaft im DFB legitimiert und die Durchführung eines ordnungsgemäßen Spielbetriebs gestattet, der von den Lan-desverbänden organisiert wird. Das Regelsystem ist für Frauen und Männer identisch.

1974 wurde erstmals eine deutsche Fußballmeisterschaft für Frauen durchgeführt. Auf dem DFB-Bundestag 1979 in Berlin befasste sich ein eigener Arbeitskreis mit der Situation des Mädchenfußballs in der Bundesrepublik. Die Diskussionsergebnisse dokumentieren den deutlichen Einstellungswandel gegenüber dem Fußballspiel der Mädchen und Frauen.

Der Vorschlag, das Jahr 1980 unter die Devise „Ein Jahr für Mädchen" zu stellen, und die Aufforderung, die traditionelle Benachteiligung der Mädchen und Frauen auf sportlichem Sektor abzubauen, ist nur ein Indiz für den Einstellungswandel und die neue Perspektivplanung im DFB.
Weltweit gab es schon längere Zeit Frauenfußball-Nationalmannschaften. So wurde auch in Deutschland der Ruf zum Aufbau einer Nationalmannschaft für Frauen immer stärker. Der DFB sah sich dazu in der Pflicht und beauftragte den Leiter der Trainer-ausbildung, Gero Bisanz, mit dieser Aufgabe.

In verhältnismäßig kurzer Zeit stellte er eine Mannschaft zusammen, die im November 1982 ihr erstes Länderspiel gegen die Schweiz bestritt. Das Spiel wurde souverän mit 4:1 Toren gewonnen. Dies war zwar ein positiver Beginn, aber mit vielen Vorbehalten und großer Skepsis begleitet.
Die erste Europameisterschaft wurde 1989 gegen den amtierenden Europameister Norwegen mit 4:1 Toren gewonnen. Dieser vor 23000 Zuschauern in einem erstklas-

sigen Spiel erzielte Erfolg bedeutete für den Frauenfußball den Durchbruch und große Anerkennung durch Fußballexperten und auch durch die Medien.

Diesem ersten Europameisterschaftstitel folgten zwei weitere in den Jahren 1991 und 1995. Assistenztrainerin Tina Theune-Meyer übernahm 1997 das Bundestraineramt für die Frauen. Sie errang 1997, 2001 und 2005 weitere Europameisterschaften und Silvia Neid, vielfache Nationalspielerin unter Bisanz und Nachfolgerin von Theune-Meyer als Bundestrainerin, unterstrich mit dem 2009 gewonnenen Europameistertitel den kontinuierlichen Aufbau und die Dominanz des deutschen Frauenfußballs in Europa.

1991 nahm die deutsche Frauen-Nationalmannschaft an der ersten von der FIFA durchgeführten Weltmeisterschaft in China teil und belegte den 4. Platz. Bei der zweiten Weltmeisterschaft 1995 in Schweden wurde die Frauen-Nationalmannschaft Vize-Weltmeister hinter der Mannschaft von Norwegen und schon im Jahr 2003 gelang in einem erstklassigen Spiel gegen die USA mit einem 3:0 Sieg der erste Weltmeistertitel. 2007 folgte mit Trainerin Silvia Neid in China der 2. Weltmeistertitel. Damit gehört Deutschland jetzt auch bei den Frauen zu den erfolgreichsten Mannschaften weltweit.

Für die Olympischen Spiele qualifizierte sich die Frauennationalmannschaft 1996, 2000, 2004 und 2008. Im Jahr 2000 in Australien, 2004 in Athen und 2008 in Peking erspielte sie jeweils die Bronzemedaille.

Die Nationalmannschaft hat eine Vorbildfunktion. Ihre Erfolge und die ausgelöste Begeisterung sind Ansporn zum Fußballspiel für immer mehr Mädchen und Frauen.
Der DFB legt auch im Mädchen- und Frauenfußball Wert auf eine gute Nachwuchsarbeit. Dies zeigt sich u. a. darin, dass die U 19-Nationalmannschaft im Jahr 2004 in Thailand, mit Trainerin Silvia Neid, den Weltmeistertitel errang.

Auch im Schulsport stehen die Mädchen beim Fußballspiel seit geraumer Zeit nicht mehr „im Abseits". Und die Vereine stehen in der Pflicht, das Angebot für die fußballsportlich ambitionierten Mädchen und Frauen noch attraktiver zu gestalten. Eine engere Zusammenarbeit mit den Schulen für den Bereich des Mädchenfußballs trägt dazu bei. Zudem sind die Ansätze, auf methodischem und trainingswissenschaftlichem Gebiet geeignete Lehr- und Lernhilfen für den Mädchen- und Frauenfußball zu entwickeln, weiter auszugestalten.

Die exzellenten Leistungen der Frauennationalmannschaft werden sich auch in Zukunft nachhaltig auf die Entwicklung des Frauenfußballs in Deutschland auswirken, auch wenn sie bei der Weltmeisterschaft 2011 in Deutschland nicht an die vorherigen Erfolge und damit verbundenen hohen Erwartungen anknüpfen konnte. Sie wird aufgrund ihrer Spielweise und ihres Auftretens in der Öffentlichkeit weiterhin Vorbild und Triebfeder für viele junge Mädchen sein, Fußball zu spielen.

TECHNIK

Das Spielniveau einer Fußballmannschaft hängt im Wesentlichen von den spieltechnischen Fertigkeiten der Spieler ab.

Mit **Fußballtechnik** werden alle fußballspezifischen Bewegungsabläufe bezeichnet, die zielgerichtete und regelgerechte Spielhandlungen ermöglichen. Demnach bezeichnet Technik im Fußball alle motorischen Spielhandlungen, die situationsspezifisch effizient, d. h. unter Zeit-, Raum- und Gegnerdruck, präzise und zielbestimmt ausgeführt werden.

Fußballspezifische Bewegungsabläufe können als Idealbild auf Grund von Erfahrungen und theoretischen Überlegungen beschrieben werden. Mit dem Techniktraining wird das Idealbild der Bewegungsabläufe angestrebt; es wird jedoch immer nur eine den persönlichen Gegebenheiten und den individuell ausgeprägten Fähigkeiten entsprechende „persönliche Technik" erreicht. Diese soll durch Training erlernt und stabilisiert werden.

Die Vielfalt und Komplexität der technischen Bewegungsabläufe im temporeichen und zugleich kampfbetonten Fußballspiel stellt große Anforderungen an die Spieler, zumal das Spielen mit dem Fuß selbst bei exzellenten „Technikern" immer einen gewissen Grad an Unsicherheit beinhaltet. Das Spielniveau einer Fußballmannschaft hängt wesentlich von den spieltechnischen Fertigkeiten der Spieler ab. Eine gute technomotorische Ausbildung zeigt sich im Wettkampf in der geschickten Ballbehandlung auf engstem Raum unter härtester Bedrängnis durch den Gegner. Sie gewährleistet u. a. einen ökonomischen Lauf- und Krafteinsatz bei Angriffs- und Abwehrhandlungen, im flüssigen Kombinationsspiel und im sicheren Abwehrverhalten. Je besser die technischen Bewegungsfertigkeiten eines Spielers ausgebildet sind, desto weniger Aufmerksamkeit benötigt er für die Ballbehandlung; der Blick wird frei für das Beobachten des Spielverlaufs, für die Aktionen der Mit- und Gegenspieler. Spielübersicht gewährleistet ein großes Handlungsspektrum mit einem effektiven Einsatz des Technikrepertoires.

Die **Technik** steht in enger Wechselbeziehung zu den beiden anderen Leistungsfaktoren des Fußballspiels, der **Taktik** und der **Kondition**. Technische Fertigkeiten bilden die Grundlage für eine erfolgreiche Durchführung des taktischen Spielkonzepts. Die angestrebte Realisierung individual-, gruppen- und mannschaftstaktischer Maßnahmen muss auf den technischen Ausbildungsstand abgestimmt sein. Das technische Ausbildungsniveau der einzelnen Spieler ist neben ihren intellektuellen Fähigkeiten ein bedeutender leistungsbegrenzender Faktor einer Mannschaft. Spieler, die sich im Wesentlichen auf die Ballbeherrschung konzentrieren müssen, sind nicht in der Lage, ihr Spielverhalten adäquat auf die Aktionen von Spielpartnern und Gegenspielern und die sich im Spielverlauf ergebenden Situationen abzustimmen. Deshalb liegt das Ziel des Techniktrainings einerseits darin, zu eingeschliffenen Bewegungsabläufen (sogenannten motorisch-dynamischen Stereotypen) zu kommen, die man als **Bewegungsfertig-keiten** bezeichnet. Andererseits muss das Techniktraining eine schnelle Anpassung des beherrschten Bewegungsablaufs an neu eintretende Situationen ermöglichen.

Bei den „Bambinis", den Kindern unter sechs Jahren, spielt das spezifische Technik-training noch keine Rolle. Hier geht es in erster Linie um eine vielseitige koordinative Ausbildung mit dem wichtigen Teilziel, Freude an der Bewegung ohne und mit Ball zu erreichen bzw. zu erhalten und um das „Spielenlernen". Gleiches gilt auch für die F-Ju-nioren, wobei hier schon mehr fußballspezifische Inhalte angeboten werden. Erst etwa mit acht Jahren steht neben der Weiterentwicklung der koordinativen Fähigkeiten die Ausbildung technischer Fertigkeiten in spielerischer Form im Vordergrund. Schon hier soll beim Erlernen der Fußballtechnik auf ein **spielbezogenes Techniktraining** Wert gelegt werden, das auf korrekte Bewegungsausführungen und auf das Lösen von spielgemäßen Aufgaben ausgerichtet ist.

Im Techniktraining der Senioren werden die Aufgabenstellungen in stärkerem Maße so variiert, dass die Spieler mit der Verbesserung ihrer technischen Fertigkeiten das situative Lösen von Spielaufgaben verbinden. Eine spielgemäße Anwendung der technischen Fertig-keiten hat deshalb einen so hohen Stellenwert, weil sich erst mit dem richtigen Einsatz der verschiedenen Techniken in den vielfältigen Situationen eine effektive Handlungsfähigkeit herausbilden kann. Diese Grundvoraussetzungen werden erreicht durch häufiges Üben und durch viele Ballkontakte, damit sich bestimmte Bewegungs- und Handlungsmuster „einprägen" und für die häufig wechselnden Spielsituationen flexibel verfügbar sind.

Eine fundierte Auswahl an Spiel- und Übungsformen eröffnet über das Spielen und das Üben zwei methodische Zugänge, die sich bei richtiger Anwendung sinnvoll er-gänzen und die sich in der Praxis bei einem zwei-, drei- oder viermaligen Training in der Woche bewährt haben. Der Aufbau der Spiel- und Übungsformen orientiert sich einerseits an den Zielformen der Bewegungstechniken, andererseits am Entwicklungs- und Leistungsstand der Lernenden. Die Übungsformen sollen spielbezogenen Charak-ter besitzen, die Spielformen häufige Ballkontakte ermöglichen. Die Grenzen zwischen Technik- und Taktiktraining sind fließend. Das Erlernen und Verbessern technischer Fertigkeiten orientiert sich grundsätzlich am übergeordneten Ziel im Wettspiel, rich-tige Entscheidungen zur Bewältigung der jeweiligen Spielsituationen zu treffen. Auf diese Weise werden gleichzeitig die technischen Bewegungsabläufe und die fußball-spezifische Handlungsfähigkeit verbessert. Eine Kombination aus **Spiel- und Übungs-formen** im Techniktraining hat gegenüber der reinen Spielreihe den Vorteil, dass die zum Teil recht schwierigen Bewegungsformen in ihren Grundzügen schneller und prä-ziser, vor allem aber im Hinblick auf den weiteren Lernprozess weitgehend fehlerfrei

erlernt werden können. Von der reinen Übungsreihe hebt sie sich dadurch positiv ab, dass die Grundtechniken möglichst schnell in spielähnlichen Situationen zur Anwendung gelangen. Damit wird die grundsätzliche Forderung nach einem Lernen des Spiels durch das Spiel nicht verworfen, sondern entsprechend dem besonderen Charakter der Technik im Fußballspiel modifiziert.

Die Wechselbeziehung von Technik und Kondition besteht darin, dass einerseits ein hohes technisches Spielniveau einen kraftsparenden, ökonomischen Bewegungseinsatz ermöglicht, andererseits die Konstanz des technischen Spielniveaus über die gesamte Spieldauer wesentlich vom konditionellen Leistungsstand mitbestimmt wird. Als Folge einer unzureichenden konditionellen Ausbildung lassen die Ausdauerfähigkeit, die Kraft, die Antritts- und Sprintfähigkeit sowie die Koordinationsfähigkeit eines Spielers im Verlauf eines Wettkampfs nach. Es treten gehäuft Ungenauigkeiten und Fehler auf, die Konzentrationsfähigkeit ist eingeschränkt, sodass die Spieler einem hohen Spieltempo und dynamischen Zweikämpfen nur noch mit Einschränkung gewachsen sind. Die technischen Schwächen als Folge konditioneller Defizite treten mit fortdauernder Spielzeit immer gravierender in Erscheinung, da mit zunehmender Ermüdung die feinkoordinativ abgestimmten Bewegungsmuster nicht mehr abgerufen werden können.

Grundsätze für das Techniktraining

Das Techniktraining orientiert sich an folgenden Grundsätzen:

- Ein systematisches Techniktraining soll auf der Basis einer breit angelegten sportlichen Grundausbildung etwa im Alter von 8-10 Jahren einsetzen.
- Spielen und Üben in kleinen Gruppen ermöglicht eine hohe Lerneffektivität, begleitet von wichtigen Erfolgserlebnissen.
- Es sind anregende Aufgabenstellungen zur Erlangung vielseitiger Bewegungserfahrungen und zum Aufbau eines breiten Bewegungsrepertoires anzubieten.
- Mit einer Kombination aus Spiel- und Übungsformen wird die Technik schnell und korrekt erlernt und gleichzeitig das Spielverhalten geschult.
- Besonders im Anfangsstadium des Lernens ist auf eine korrekte Ausführung zu achten. Da sich bei fehlerhaft eingeprägten Bewegungen ein Umlernen als äußerst schwierig erweist, sind den Lernprozess begleitende Korrekturen und Orientierungshilfen von großer Bedeutung.
- Informationen und Demonstrationen, die den Lernvorgang einleiten und ausrichten, sind so zu gestalten, dass die Lernenden imstande sind, die wesentlichen Merkmale der Technik in ihren räumlichen, zeitlichen und bewegungsdynamischen Grundzügen zu erfassen und entsprechende Bewegungsvorstellungen zu entwickeln.

- Das Techniktraining ist unter dem Gesichtspunkt der Verbesserung der Spielfähigkeit zu sehen, d. h., es muss unmittelbaren Bezug zum Wettspiel haben.

- Für den Lernprozess ist grundsätzlich auf einen ermüdungsfreien Zustand zu achten; bei einem ermüdeten Organismus treten Beeinträchtigungen der Funktionen des Zentralnervensystems auf, die sich negativ auf die Bewegungskoordination auswirken.

- Das in systematischen Lernschritten ausgebildete spieltechnische Leistungsniveau muss im weiteren Trainingsprozess durch häufiges Üben gefestigt und durch wechselnde Aufgabenstellung mit ansteigendem Schwierigkeits- und Komplexitätsgrad auf die Wettkampfsituationen ausgerichtet werden.

- Unter dem Gesichtspunkt, dass das Training den Wettkampfcharakter des Spiels zu berücksichtigen hat, ist der für die Anfangsphase des Lernprozesses besonders wichtige Grundsatz, die Technikschulung nur im ermüdungsfreien Zustand durchzuführen, auf hoher Könnensstufe zu modifizieren. Bei entsprechenden Voraussetzungen – hohem Leistungsniveau und vielseitiger Bewegungserfahrung – soll das Techniktraining auch unter typischer Wettkampfbeanspruchung durchgeführt werden.

Das Techniktraining hat zwei wesentliche Aspekte zu berücksichtigen:

- Durch häufige Wiederholungen ein optimales motorisch-dynamisches Stereotyp zu entwickeln und damit die Bewegungsökonomie zu vervollkommnen.

- Durch Anwendung der spielbestimmenden Techniken unter vielseitigen Aufgabenstellungen zu erreichen, dass die eingeprägten Bewegungsmuster im Wettspiel flexibel und situationsgerecht der jeweils gegebenen Spielsituation entsprechend eingesetzt werden.

Der erste Gesichtspunkt ist auf die Ökonomisierung und Stabilisierung der Techniken ausgerichtet.

Der zweite Gesichtspunkt zielt ab auf eine Reproduktion der wechselnden, vielfältigen Anforderungen des Wettspiels in das Trainingsprogramm, um auf diese Weise gleichermaßen Präzision wie Variabilität in der Anwendung der Techniken zu schulen.

Hohe Spielkunst zeigt sich im schnellen Erfassen jeder Situation und dem darauf abgestimmten Bewegungsprozess. Erfahrungsgemäß treten im Verlauf eines Spiels auch Situationen auf, in denen Spieler aus Effektivitätsgründen auf eine exakte Bewegungsausführung verzichten, z. B. wenn der Ball gerade noch vor dem Abwehrspieler nicht wie üblich mit dem Spann, sondern mit der Fußspitze in das Tor gespitzelt wird. Derartige „Technikvariationen" bilden jedoch die Ausnahme; der korrekte und in der Regel auch zweckmäßigste Bewegungsablauf muss beherrscht werden.

Die vorgestellten Übungs- und Spielformen zum Techniktraining sind als Angebot gedacht, die angegebenen Trainingsziele zu erreichen. Die Fußballtechnik wird unterschieden in Bewegungsformen mit und ohne Ball.

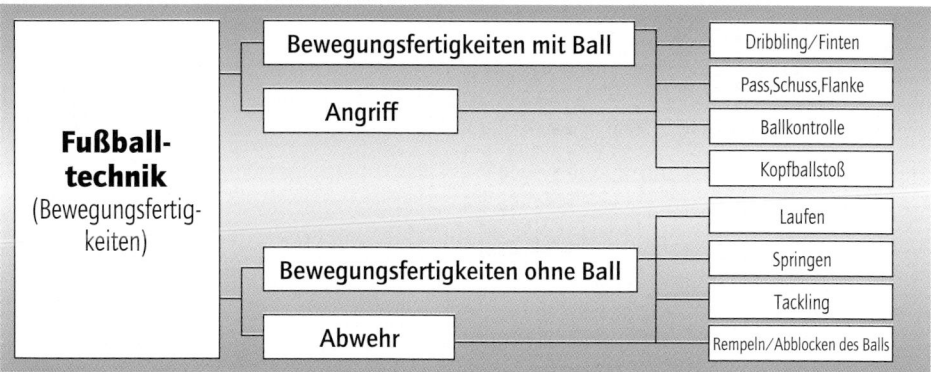

Abb. 138: Technik

Bewegungsfertigkeiten mit Ball – Angriff

Dribbling/Finten

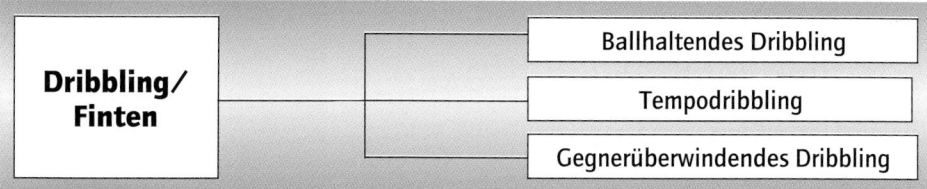

Abb. 139: Dribbling

Das Dribbeln ist die Grundtechnik, die von allen Spielern, angefangen bei den Kleinsten bis hin zu den Profis, gerne angewendet wird. Das Ziel des Trainings besteht darin, den Ball während des Laufens und in Bedrängnis durch Gegenspieler mit schneller Beingeschicklichkeit am Fuß zu führen und gleichzeitig die Spielumgebung nicht aus den Augen zu verlieren, d. h. die Sicherheit beim Führen des Balls in unterschiedlichen Geschwindigkeiten und in engen Spielräumen zu verbessern. Bei den Jüngsten, den Spielern unter sechs Jahren, werden noch keine speziellen Formen des Dribbelns angeboten. Die Inhalte beziehen sich hier mehr auf eine allgemeine und breite koordinative Ausbildung.

Erst im F- und D-Juniorenalter kann fußballspezifischer trainiert werden. Hier werden den Kindern Dribbelaufgaben gestellt, die eine vielfältige Art der Ballbehandlung in der Bewegung zum Ziel haben. Mit spielerischen Aufgaben zum Ballführen sollen sie allmählich das Gefühl entwickeln, wie der Ball mit dem Fuß beim Laufen kontrolliert werden kann. Dribbelübungen können in jeder Trainingseinheit als Gewöhnung an den Ball an den Anfang des Trainings gestellt werden, da sich erst durch viele Ballkontakte das Gefühl für den rollenden und springenden Ball entwickelt.

Bei jungen Spielern besteht die Möglichkeit, Dribbelübungen schon in das Aufwärmprogramm mit einzubeziehen, damit sie sich durch viele Ballkontakte schnell an den Ball gewöhnen und das Ballgefühl verbessern. Das Ballgefühl ist von Bedeutung, um eine enge Ballführung zu gewährleisten, vor allem, wenn man im Tempodribbling Raum gewinnen, Druck auf den Gegner ausüben und diesen umspielen will. Die hauptsächliche Zielsetzung beim Dribbeltraining ist, eine Verbesserung in der Führung des Balls zu erreichen, um Zweikämpfe zu bestehen. Diese Durchsetzungsfähigkeit eines Spielers gegen einen oder mehrere Gegenspieler ist eine wesentliche Grundlage für ein erfolgreiches Angriffsspiel. Auf jeder Position des Feldes kann es zu einer 1:1-Situation kommen. Deshalb ist die Verbesserung des Zweikampfverhaltens im Angriff immer wieder zu schulen.

Ballhaltendes Dribbling / ballabschirmendes Dribbling

Mit dieser Form des Dribblings soll der Ballbesitz unter Bedrängnis durch Gegenspieler und in engen Spielräumen gesichert werden. Dabei muss der Ballbesitzer den Ball ganz eng führen, mit dem Körper geschickt abschirmen und durch Finten und schnelle Richtungswechsel den Ballbesitz sichern. Alle Laufrichtungen sind auszunutzen; der Ball wird

beidfüßig flexibel mit der Innen- und Außenseite, mit dem Innen- und Außenspann, eng geführt. Zur Sicherung des Balls werden das „Auf den-Ball Treten", das Zurückziehen des Balls mit der Sohle, das Abdrehen vom Gegner und verschiedene Finten eingesetzt. (Fotos 156, 157, 158, 159)

Tempodribbling

Das Tempodribbling ist ein Angriffsmittel, dass effektiv eingesetzt wird, wenn der Gegner durch Aufrücken der Abwehrspieler den dazu notwendigen Spielraum bietet. Der Ball wird in hohem Tempo raumgewinnend in Richtung auf das gegnerische Tor getrieben. Er muss kontrolliert geführt werden, darf jedoch, je nach vorhandenem Spielraum, auch etwas weiter vorgelegt werden. Bei dieser Art des Dribbelns wird der Ball in der Regel mit dem Spann geführt. (Fotos 160, 161, 162)

Gegnerüberwindendes Dribbling

Das fintenreiche Dribbling ist ein wichtiges Angriffsmittel im Spiel 1:1. Primäres Ziel ist die Überwindung der Gegenspieler. Dazu werden alle Möglichkeiten des Ballführens und Fintierens eingesetzt. Es erfordert Ballgeschicklichkeit, Antrittsschnelligkeit und Zielstrebigkeit. Plötzlicher Antritt aus dem Stand oder aus dem langsamen Lauf, schnelle Richtungsänderungen und Tempowechsel sowie kurzes Abstoppen mit sofortigem Wiederantritt bei steter Beobachtung des Spielumfeldes zeichnen den guten Dribbler aus.

Finten

Finten sind bewusst ausgeführte Bewegungen mit der Zielsetzung, den Gegenspieler zu täuschen und zu einem Fehlverhalten zu verleiten. Finten können sowohl Angriffsspieler (mit und ohne Ball) als auch Abwehrspieler ausführen. Sie sind individuelle taktische Mittel, die vorwiegend im Dribbling angewendet werden, mit dem Ziel, den Gegner zu überwinden bzw. „abzuschütteln", um Raum und Zeit für weitere Angriffsaktionen zu gewinnen. Das Dribbling bietet dem Spieler am Ball vielfältige Möglichkeiten, Finten einzusetzen, wobei die **Täuschung** das wesentliche Kriterium darstellt.

Nach erfolgter Täuschung ist der gewonnene Vorteil schnell auszunutzen, um dem Gegner ein erneutes Eingreifen zu erschweren. Überraschende Finten, die den Gegenspieler zu bestimmten Reaktionen provozieren, sind oft entscheidend für ein erfolgreiches Behaupten in spielbestimmenden Zweikämpfen.

Die Anwendung der Finten richtet sich u. a. nach der Stellung des Gegenspielers. Abgesehen von der grundsätzlichen Unterscheidung in Finten mit und ohne Ball, werden einige darunter besonders gekennzeichnet: z. B die **Schussfinte** bei einem angetäuschten Schuss oder die **Körperfinte**, bei der im Dribbling durch Gewichtsverlagerung der Gegner zu einer falschen Abwehrreaktion verleitet wird. Häufig werden die Körper- und Schrittfinten mit Schuss- und **Passfinten** kombiniert.

Körper- und Schrittfinten, Schuss- und Passfinten

• Zu einer Seite den Antritt antäuschen, zur anderen starten. Der Spieler täuscht den Antritt zur Seite an durch einen kurz angesetzten Ausfallschritt mit Gewichtsverlagerung auf das Standbein. Mit dem Außenspann des Spielbeins wird der Ball zur anderen Seite schräg nach vorn in Laufrichtung mitgenommen. Diese Finte wird oft mit einer Pass- bzw. Schussfinte verbunden. (Fotos 163, 164 ,165, 166)

• Wie vorher, aber der Ball wird jetzt nach der Finte hinter das Standbein geführt. (Fotos 167, 168, 169, 170, 171, 172)

• Mit dem Fuß zur einen Seite über den Ball steigen (Übersteiger), zur anderen Seite starten. (Fotos 173, 174, 175, 176, 177) Der Spieler steigt mit einem Bein von innen nach außen über den Ball, verlagert das Gewicht auf dieses Bein und nimmt den Ball mit dem Außenspann des anderen Beins schräg nach vorn in Laufrichtung mit.

- Sohlentrick. Den Ball mit der Sohle eines Fußes zur Seite rollen und den Fuß auf den Boden setzen; dann den anderen Fuß über den rollenden Ball, das Standbein kreuzend, zur anderen Seite aufsetzen und das Körpergewicht darauf verlagern. Danach das andere Bein über das Standbein zurückführen, aufsetzen und starten. (Fotos 178, 179, 180, 181, 182, 183, 184)

Beckenbauer-Drehung

Diese Finte ist nach Franz Beckenbauer benannt, der sie in Vollendung anwandte. Der vom Abwehrspieler bedrängte Angreifer täuscht einen Pass an und dreht sich mit kleinen Schritten, den Ball eng mit der Außenseite des Spielbeins führend, vom Gegner

weg. (Fotos 185, 186, 187, 188, 189, 190, 191, 192) Der Effekt dieser schnellen Drehung liegt darin, den Gegner „abzuschütteln", um einen Pass oder Torschuss durchführen zu können oder um weiterzudribbeln.

„Lokomotive" oder „Leo"

Diese Finte wird häufig an der Außenseite des Spielfelds in hohem Lauftempo durchgeführt. Der Ballführende und der Abwehrspieler laufen etwa auf gleicher Höhe nebeneinander. Der Dribbelnde führt den Ball mit dem gegnerabgewandten Bein. Im Lauf schwingt er das Spielbein über dem Ball schnell vor und zurück (Lokomotiv-Bewegung), wobei das Lauftempo kurz abgebremst wird, um dann mit explosiver Beschleunigung am Gegenspieler vorbeizustarten. Während der Vor-zurück-Bewegung des Spielbeins wird mit dem anderen Bein ein kleiner Zwischenschritt ausgeführt.

Diese Finte kann auch mit plötzlichem kurzem Antritt aus dem Stand heraus durchgeführt werden.

Alternativen:

* Der Ball wird mit der Sohle kurz gestoppt und mit erneutem Antritt setzt sich der Angreifer vom Abwehrspieler ab.
* Der Ball wird mit der Hacke (Sohle) zu einem Spieler im Rückraum gespielt.

Trainingsziele

* Den Ball eng am Fuß führen, dabei Tempo und Richtung verändern. Stets darauf achten, dass mit beiden Füßen geübt wird.
* Schnelle Beinbewegungen mit dem Ball durchführen und Finten einfügen.

- Schnelle Tempo- und Richtungsänderungen anstreben und den Ball abrupt anhalten können.
- Unterschiedliche Arten des Dribbelns und des Ballanhaltens erarbeiten: mit der Innenseite, Außenseite, Sohle.
- Während des Dribbelns die Spielumgebung im Blick behalten.
- Sich in bedrängten Situationen durchsetzen und in Ballbesitz bleiben.
- Gegner umspielen, speziell unter Einsatz von Finten.
- Dribbeln und Anschlussaktionen ausführen: passen, flanken, schießen.
- Mit Tempodribblings Raum gewinnen und sicher abschließen.

Übungsangebot für das Training mit Kindern – U 8/U 7 – U 10/U 9

- Jeder Spieler hat einen Ball. Die Spieler dribbeln mit unterschiedlichen Aufgaben in begrenzten Feldern.
  Aufgaben:
  – Den Ball eng führen und keinen Partner berühren.
  – Wer kann das Tempo erhöhen?
  – Wer kann den Ball anhalten und schnell weiterdribbeln?
  – Wer kann einen Kreis dribbeln, wer eine Acht?
  – Wer kann nur mit dem rechten Fuß, linken Fuß dribbeln?
  – Wer kann abwechselnd mit dem rechten und mit dem linken Fuß dribbeln?

- Dribbeln in zwei ca. 10 x 10 m großen Feldern. Auf Kommando die Felder wechseln.
  – Zunächst durch seitlich stehende Hütchen-(Stangen-)Tore.
  – Direkt von Feld zu Feld.
  – Von Feld zu Feld durch Engpässe (z. B. kleine Tore).

- Dribbel-Pendelstaffeln in kleinen Gruppen (Sicherheit vor Schnelligkeit).

- Umkehrstaffeln mit kurzen Entfernungen.

- Slalomdribbeln durch Hütchen, die im Abstand von 3 (2) m auseinanderstehen.

- Slalomdribbeln durch Hütchen auf ein Tor mit anschließendem Torschuss.

- Zwei Spieler dribbeln gleichzeitig durch zwei parallel aufgestellte Slalomstrecken vor einem Tor. Wer als Erster an der Ziellinie ankommt, schießt auf das Tor. Der Zweite muss noch einmal das letzte Hütchen umdribbeln und darf danach schießen. (Abb. 140)

Abb. 140

- Wer kann eine Finte zeigen? Wer kann sie nachmachen?

- Verschiedene Finten zeigen und nachmachen lassen. Zunächst am ruhenden Ball, später aus dem langsamen Dribbeln.

- Mehrere Hütchen stehen im Feld verteilt. Spieler dribbeln bei freier Wahl der Laufwege in Richtung auf ein Hütchen und umspielen es mit einer Finte.

- Wer kann seinen Ball gegen einen Abwehrspieler verteidigen?
  – Um im Ballbesitz zu bleiben?
  – Um den Abwehrspieler zu umspielen?

- 1:1-Wettkämpfe auf kleine Tore, auf große Tore mit Torhütern.

- Wettspiele 4:4 auf Tore:
  – Je zwei Tore stehen nebeneinander.
  – Nur zwei Tore stehen sich gegenüber.

Übungsangebot für das Training mit Fortgeschrittenen

- Vor dem Strafraum steht in je zwei 15 x 15 m großen Feldern je ein Verteidiger, seitlich wartet jeweils ein zweiter. 5-10 m vor den Feldern stehen je 4-6 Angriffsspieler. (Abb. 141) Der erste Spieler jeder Gruppe dribbelt in das Feld mit dem Ziel, gegen den Verteidiger in den Strafraum zu dribbeln und ein Tor zu schießen. Der Verteidiger darf nicht in den Strafraum folgen. Dann dribbelt der zweite Spieler usw. Nach 2-4 Angriffen wechselt der Abwehrspieler. Erkämpft sich der Verteidiger den Ball, passt er ihn zur Angreifergruppe zurück, danach startet der nächste Spieler.

Abb. 141

- Wie vorher, aber jetzt werden Felder an den Seitenlinien markiert. Der Angriffsspieler hat die Aufgabe, auf zwei im Strafraum stehende Spieler zu flanken. (Abb. 142). Zunächst 10 Minuten von der einen Seite, dann von der anderen Seite üben.

Abb. 142

- Wie in beiden Übungen vorher, aber jetzt jeweils im Spiel 1+1:1, also mit einem Anspieler. (Abb. 143)
- Jetzt in beiden Feldern 1+2:2.
- 1+3(4):3(4) im Strafraum. Im Tor steht ein Torhüter. Im Strafraum spielen drei (vier) Angreifer gegen drei (vier) Abwehrspieler, die außerhalb des Strafraums einen Anspieler haben. (Abb. 144)
  - Gelangen die Verteidiger in Ballbesitz, passen sie den Ball zum Anspieler zurück. Nach 2-4 Minuten wechseln die Aufgaben.
  - Gelangen die Verteidiger in Ballbesitz, passen sie den Ball zum Anspieler zurück und werden jetzt zu Angriffsspielern, die Angriffsspieler werden zu Verteidigern.
- Wie vorher, aber jetzt 1+3(4):3(4) vor dem Strafraum. (Abb. 145) Ziel der Angriffsspieler ist, in den Strafraum zu dribbeln und zum Abschluss zu kommen.
- 1:1 auf zwei Tore mit Torhüter. Spielfeld ist ein doppelter Strafraum mit je einem Tor. Neben den Toren stehen jeweils 4-6 Spieler. (Abb. 146) Die Spieler einer Gruppe haben jeweils einen Ball. Der erste Spieler der einen Gruppe dribbelt mit seinem Ball um ein seitlich aufgestelltes Hütchen mit der Aufgabe, ein Tor zu erzielen. Zur gleichen Zeit startet ein Spieler der anderen Gruppe als Abwehrspieler und versucht, in Ballbesitz zu kommen, um seinerseits auf das andere Tor zu schießen. Danach laufen die beiden Spieler wieder zu ihren Gruppen. Dann starten die nächsten Spieler.

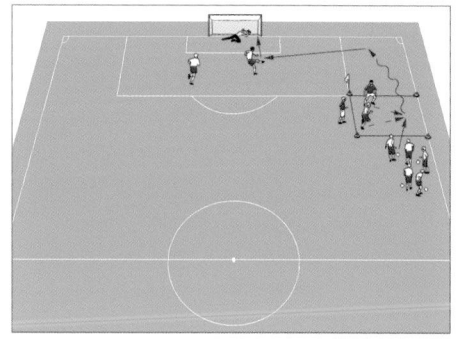

Abb. 143

Abb. 144

Abb. 145

Abb. 146

- Wie vorher, aber jetzt stehen sich die Spieler neben den Toren diagonal gegenüber. (Abb. 147).

  Der erste Spieler der ballbesitzenden Gruppe passt den Ball scharf und halbhoch zum ersten Spieler der gegenüberstehenden Gruppe und startet sofort dem Ball nach. Der angespielte Spieler kontrolliert den Ball und versucht, sich im Dribbling gegen den Verteidiger durchzusetzen und ein Tor zu erzielen. Gewinnt der Verteidiger den Zweikampf, kontert er auf das andere Tor.

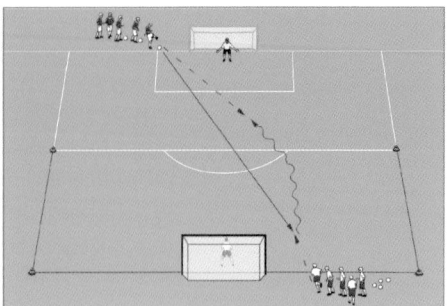

Abb. 147

- Wie vorher, aber jetzt starten jeweils zwei Spieler der beiden Gruppen, sodass es zu einem 2:2 kommt.

- Wie vorher, aber jetzt passt ein Zuspieler den Ball von der Seite in das Feld. Danach startet(n) jeweils ein (zwei) Spieler in Richtung Ball. Wer zuerst in Ballbesitz kommt, ist Angriffsspieler, die anderen werden zu Abwehrspielern. Erkämpft sich ein Abwehrspieler den Ball, kontert er auf das andere Tor.

Abb. 148

- 2:2 auf 2:2 auf zwei Tore mit Torhütern. Spielfeld ist ein doppelter Strafraum. In jedem Feld spielen zwei Angriffsspieler gegen zwei Verteidiger auf ein Tor mit Torwart. Erkämpfen

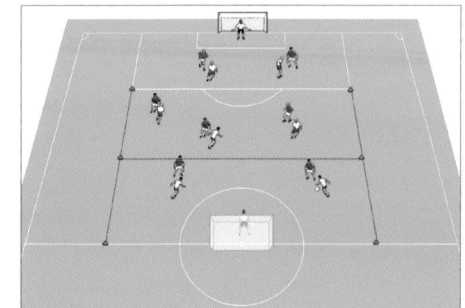

Abb. 149

sich die Abwehrspieler den Ball, sollen sie einen Mitspieler im anderen Feld anspielen, der sich gegen die Abwehrspieler durchsetzen und ein Tor erzielen soll. Beide Gruppen spielen nur in ihren Feldern. Die übrigen Spieler stehen an den Seitenlinien und beobachten das Spiel. Nach 2-4 Minuten wechseln die Spieler von innen nach außen und umgekehrt. (Abb. 148)

- Wie vorher, aber jetzt 4:4 in gesamten Feld auf zwei Tore mit Torhütern.

- 2:2 auf 3:3 auf 2:2 in drei etwa gleich großen Feldern in einer Spielfeldhälfte. (Abb. 149) Jede Gruppe spielt nur in den ihr zugeteilten Feldern. Die Anzahl der Spieler in den einzelnen Feldern kann je nach Zielsetzung variieren.

Anregungen zum Training und zur Verbesserung von Finten

Die Finten müssen in ihrem Ablauf den Gegner zum Fehlverhalten verleiten.

Deshalb ist es notwendig, dass junge Spieler zunächst die Bewegungsfertigkeiten von Finten verstehen und üben. Man muss Finten demonstrieren und die Spieler probieren lassen. Zunächst mit ruhendem Ball, später in der Bewegung auf Hütchen, Stangen, bevor gegen Gegenspieler geübt wird.

Wenn Gegenspieler dazukommen, ist es sinnvoll, das Abwehren des Dribbelns partnerschaftlich, also helfend zu verstehen, d. h., die Verteidiger zeigen Bewegungen eines echten Abwehrhandelns, sollen aber letztlich nicht in Ballbesitz kommen wollen. Erst wenn die Bewegungsfertigkeiten sicher eingeübt sind, soll der Abwehrspieler wettspielgerecht anstreben, den Ball zu erobern.

Übungsangebot

* 1:1 in einem begrenzten Raum. Der Ballbesitzer verteidigt den Ball gegen einen Mitspieler, der in Ballbesitz kommen will. Der Ballbesitzer soll den Ball abschirmen und den Partner mit Körper- oder Richtungstäuschungen nicht an den Ball kommen lassen.

* Wie vorher, aber jetzt soll der Ballbesitzer dabei eine markierte Linie mit dem Ball am Fuß überlaufen.

* Wie vorher, aber 30 m vom Tor entfernt dribbelt der Ballbesitzer in Richtung Tor mit Torhüter mit Tempo- und Richtungsänderungen auf einen sich rückwärts bewegenden Abwehrspieler zu. Er soll vor dem Strafraum zum Torschuss kommen. Zum richtigen Zeitpunkt startet er nach Einsatz einer Finte am Verteidiger vorbei und schießt auf das Tor. Dann folgen die nächsten Spieler.

* 1+1:1 in zwei (drei) Gruppen auf ein Normaltor mit Torwart. (Abb. 150) Der jeweilige Angriffsspieler soll in den Strafraum dribbeln und zum Abschluss kommen. Der Anspieler dient für den Dribbelnden als Anspielstation im Rückraum, wenn das Dribbling keinen Erfolg verspricht. Nach dem Rückpass zum Anspieler bemüht sich der Angreifer erneut, durch Freilau-

Abb. 150

fen eine gute Ausgangsposition zu schaffen. Kommt der Verteidiger in Ballbesitz, passt er den Ball zum Anspieler zurück.

Alternative: Erkämpft der Abwehrspieler den Ball, wird er nach Rückpass zum Anspieler Angriffsspieler.

Übungszeit etwa eine Minute, danach Aufgabenwechsel.

Alle Trainingsformen, die eine Verbesserung des Zweikampfs zum Ziel haben, können auch zum Training von Finten verwendet werden. Trainer sollten im Training von Zweikampfhandlungen immer wieder auf die Möglichkeiten des Fintierens aufmerksam machen und die häufige Anwendung fordern.

Pass, Schuss, Flanke

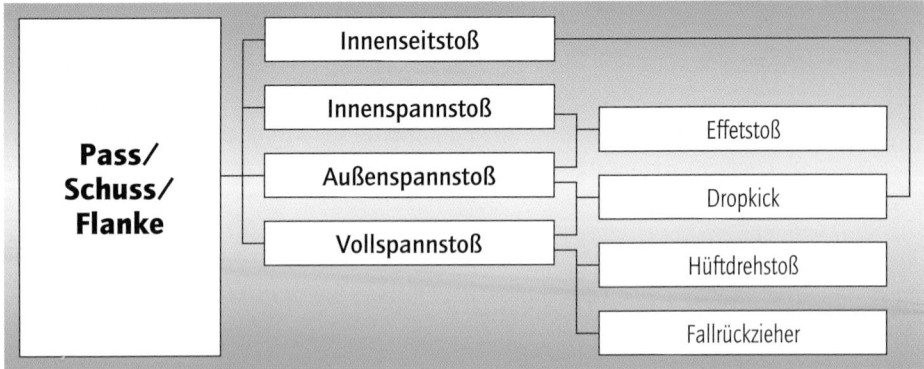

Abb. 151: Pass, Schuss, Flanke

Um Fußball erfolgreich und attraktiv zu spielen, müssen die Spieler über gute Pass bzw. Schusstechniken verfügen. Erfolgreiches Spielen erfordert ein flüssiges und sicheres Kombinationsspiel aus der Abwehr über das Mittelfeld bis zum Torabschluss. Das setzt voraus, dass neben einer qualitativ guten Technik auch das Passen, Schießen oder Flanken zum richtigen Zeitpunkt und in den richtigen Raum erfolgt. Deshalb müssen Dribbeln und Passen bzw. Flanken und Schießen permanente Inhalte des Trainings sein.

Im Training mit Kindern steht das spielerische Erlernen des Passens und Schießens im Vordergrund. Dazu bieten sich Torschussspiele und Torschusswettkampfformen an.

Der Stoß mit der Innenseite des Fußes ist die sicherste Art, Tore zu erzielen. Kinder lernen aber schnell, den Ball mit dem Innenspann zu schießen. Deshalb sollte so früh wie möglich damit begonnen werden, das Passen auch als Mittel des Zusammenspiels zu

trainieren, mit dem Ziel, Raum und Gegner zu überwinden, zu Torchancen zu kommen und Tore zu schießen.

Die Bewegungsausführung ist beim Passen, Schießen und Flanken identisch. Lediglich beim Torschuss kommen Unterschiede hinzu, die in der Schärfe des gespielten Balls liegen.

Die Effektivität des Torschusses wird wie das Zusammenspiel und das Dribbling vom Niveau der technischen Fertigkeiten der Spieler, vom taktischen Verständnis im Angriffsverhalten und von grundlegenden physischen und psychischen Eigenschaften bestimmt.

Ein torgefährlicher Spieler muss die Ballkontrolle ebenso beherrschen wie die Techniken der verschiedenen Stoßarten; er hat die jeweilige Spielsituation schnell zu erfassen und sein motorisches Verhalten darauf abzustimmen. Dazu ist es notwendig, dass auch die Mitspieler mit und ohne Ball die Situation erkennen und mit entsprechenden Handlungsplänen den Torschützen freispielen. Der Torschütze muss auf Aktionen der Mitspieler und Gegenspieler schnell reagieren und durch Gewandtheit und/oder Krafteinsatz zum Torerfolg kommen.

Die Aufgabe des Trainers ist es, entsprechend veranlagte Spieler zu finden, die die geforderten Fähigkeiten im Spielgeschehen umsetzen können. Er muss die für Torerfolge notwendigen Eigenschaften mit diesen Spielern intensiver schulen, aber auch die übrigen Spieler am Torschusstraining beteiligen, da die heutige Spielauffassung ein Einschalten aller Spieler in Angriffsaktionen erfordert. Die Mannschaften, in deren Reihen neben den Torjägern weitere torgefährliche Spieler vorhanden sind, bringen die besten Voraussetzungen für ein erfolgreiches Angriffsspiel mit.

Steht die Verbesserung und Festigung der Technik im Vordergrund, wird eine Vielfalt von Torschusssituationen angeboten, die den Spielern variable Übungsmöglichkeiten (und dem Trainer Gelegenheit zur Korrektur) bieten. Schüsse werden aus unterschiedlichen Entfernungen und Positionen zum Tor trainiert.

Zur Schulung der Bewegungsfertigkeiten beim Schießen sollte zunächst ohne aktiven Gegenspieler trainiert werden. Auf gehobenem Niveau des technischen Könnens wird die Anwendung durch stete Einbeziehung von Gegenspielern gefestigt und erweitert und schließlich immer häufiger in realitätsgerechte Wettspielsituationen überführt werden.

Es gibt mehrere Möglichkeiten, einen Ball zu passen, zu schießen oder zu flanken: mit der Innenseite, dem Innenspann, dem Außenspann und mit dem Vollspann.

Beim Passen über kurze Entfernungen wird aus Sicherheitsgründen der Pass mit der Innenseite bevorzugt, bei langen Pässen und beim Torschuss wird, je nach Position und Distanz, mit dem Innen-, dem Voll- oder Außenspann geschossen, weil die Bälle damit scharf und präzise fliegen.

Flanken werden in der Regel mit dem Innenspann geschlagen, sie sollten stets ein Zielstoß sein und zum Herausspielen von Torchancen genutzt werden.

Innenseitstoß

Beim Innenseitstoß wird der Ball mit der großen Trefffläche des Fußes, der Innenseite, gestoßen. Diese Stoßart ist besonders für genaue Pässe über kurze Entfernungen und für präzise Torschüsse aus naher Distanz geeignet. Weiterhin wird der Innenseitstoß im Kombinationsspiel auf engem Raum, zum Beispiel beim Doppelpass, angewendet. Hoch einfallende oder springende Bälle können gut dosiert volley oder als Dropkick weitergeleitet werden. Trotz dieser Anwendungsvielfalt und der relativ großen Sicherheit, die diese Stoßart den Spielern verleiht, räumen wir bereits im Juniorentraining den Spannstoßarten einen zumindest gleich hohen Stellenwert ein.

Bewegungsbeschreibung (Fotos 193, 194, 195)

Standbein

* Aus dem Anlauf wird das Standbein bei leichter Beugung im Sprung-, Knie- und Hüftgelenk etwa fußbreit neben dem Ball aufgesetzt.

* Die Fußspitze zeigt etwa in Stoßrichtung.

* Mit der Einleitungsphase des Stoßes wird das Körpergewicht durch einen kurzen Schritt vom Spielbein auf das Standbein verlagert.

Spielbein

* Das Spielbein wird bei leicht gebeugtem Kniegelenk im Hüftgelenk nach außen gedreht.

- Der Fuß ist im Gelenk bei etwas angehobener Fußspitze fixiert, die Ferse zeigt nach unten.
- Die Stoßfläche bildet die Innenfläche des Fußes.
- Der Schwung des Spielbeins wird mit dem Treffen des Balls nicht abgebrochen, sondern nach vorn durchgeführt.

Oberkörper- und Armhaltung
- Bei flachem Schuss (Pass) wird der Oberkörper leicht über den Ball geneigt und das Knie des Schussbeins über den Ball geschoben.
- Soll der Ball eine hohe Flugbahn erhalten, wird das Standbein bei gleichbleibendem seitlichen Abstand etwas hinter dem Ball aufgesetzt und der Oberkörper leicht zurückgeneigt.

Instruktionshilfe für die Praxis

Nach geradem Anlauf zum Ball wird das Standbein neben dem Ball aufgesetzt. Das Spielbein wird nach außen gedreht und im Unterschenkel leicht abgewinkelt, der Fuß bei angehobener Fußspitze im Fußgelenk festgestellt. Das Spielbein schwingt nach der Ausholbewegung nach vorne durch und gibt dem Ball eine möglichst lange Führung; das Körpergewicht ist dabei auf das elastisch stehende Standbein verlagert. Trefffläche ist die Innenseite des Fußes. Der Oberkörper wird leicht nach vorn geneigt.

Spannstoßtechniken

Spannstöße werden im Zusammenspiel über weite Entfernungen, als Flanke vom Flügel, als scharfer Torschuss, insbesondere aus weiter Entfernung, angewendet. Pässe können sowohl flach als auch als Flugbälle geschlagen werden. Auch in der Kombination über kurze Entfernungen werden Spannstöße u. a. als Mittel des verdeckten Abspiels angewendet. So kann zum Beispiel der Doppelpass mit einem Außenspannstoß eingeleitet werden. Es wird unterschieden in:
- Innenspannstoß,
- Außenspannstoß,
- Vollspannstoß.

Innenspannstoß

Der Innenspannstoß kommt wie der Vollspannstoß vielseitig zum Einsatz. Er findet Anwendung im weiträumigen Spiel aus der Abwehr, im Angriffsaufbau der Mittelfeldspieler, bei Flanken von der Seitenlinie, bei Eckstößen, Freistößen und Torschüssen. Besonders geeignet ist der Innenspannstoß, um den Ball mit Effet zu spielen und dadurch dem Angriff zusätzlich Vorteile zu verschaffen, indem sich der Ball vom Gegner weg in Richtung Angriffsspieler bewegt oder um ihn je nach Situation halbhoch und hart oder als Bogenball gefühlvoll in den gegnerischen Strafraum zu flanken.

Bewegungsbeschreibung (Fotos 196, 197, 198)

Standbein

* Der Anlauf erfolgt schräg zur Stoßrichtung.
* Das Standbein wird etwa 2-3 Fußbreit vom Ball entfernt (etwas seitlich hinter dem Ball) schräg zur Stoßrichtung aufgesetzt.
* Die Beugung im Kniegelenk ist stärker als beim Vollspannstoß.
* Mit der Einleitung des Stoßes wird das Körpergewicht auf das Standbein verlagert.

Spielbein

* Das Spielbein wird im Hüft- und Fußgelenk etwas nach außen gedreht und im Kniegelenk gebeugt.
* Der Fuß ist gestreckt und im Gelenk fixiert.
* Trefffläche ist die Innenseite des Spanns.
* Um den Spannstoß „weich zu ziehen", wird der Fuß mehr unter den Ball geführt (im Ausschwingen kreuzt das Spielbein das Standbein).

Oberkörper- und Armhaltung

* Der Oberkörper wird je nach angestrebter Flughöhe mehr oder minder über das Standbein geneigt.
* Der dem Spielbein gegenüberliegende Arm führt in der Regel eine leicht ausgleichende Bewegung (nach vorn) zum Körper hin durch.

Instruktionshilfe für die Praxis

Der Anlauf erfolgt schräg zur Stoßrichtung; das Standbein wird seitlich neben oder hinter dem Ball aufgesetzt. Mit der Verlagerung des Gewichts auf das Standbein wird der Oberkörper leicht abgeneigt. Der Fuß des Spielbeins ist etwas nach außen gedreht und im Gelenk fixiert, sodass der Ball mit der Innenseite des Spanns getroffen wird.

Außenspannstoß

Der Außenspannstoß gestattet dem Spieler einen platzierten Torschuss, besonders wenn der Ball als Dropkick gespielt werden kann, sowie ein variantenreiches Abspiel. Er ermöglicht ein beinahe ansatzloses seitliches Zuspiel aus vollem Lauf. In der Möglichkeit des „verdeckten Abspiels" liegt sein besonderer Effekt. Neben Torstoß und Zuspiel auf kürzere Distanz können auch Freistöße, je nach Ausführungsort und Position der gegnerischen Mauer, sowie Eckstöße als Variante mit dem Außenspann ausgeführt werden.

Bewegungsbeschreibung (Fotos 199, 200)

Standbein

- Der Anlauf erfolgt in gerader Richtung oder etwas schräg zum Ball.
- Das Standbein wird leicht gebeugt etwa 1-2 Fußbreit neben bzw. hinter dem Ball aufgesetzt.
- Das Körpergewicht ruht während des Stoßes auf dem Standbein.

Spielbein

- Im Unterschied zum Vollspannstoß wird der gestreckte und im Gelenk fixierte Fuß etwas einwärts zum Standbein hin gedreht.
- Je nach Stellung zum Ball (Anlaufrichtung) wird das im Kniegelenk gebeugte Spielbein im Hüftgelenk leicht einwärts gedreht.
- Trefffläche ist die Außenfläche des Spanns bei nach innen gestrecktem Fuß.

Oberkörper- und Armhaltung

- Der Oberkörper ist während des Stoßes in der Regel leicht über das Standbein geneigt.
- Der dem Stoßbein gegenüberliegende Arm wird gleichgewichtsstabilisierend vor den Körper geführt, die Schulter ist dabei leicht vorgeschoben.

Instruktionhilfe für die Praxis

Der Anlauf erfolgt gerade oder leicht schräg bzw. bogenförmig zum Ball. Das Standbein wird, im Kniegelenk gebeugt, seitlich etwas hinter dem Ball aufgesetzt, sodass das Spielbein ungehindert die Stoßbewegung durchführen und dem Ball den vollen Kraftimpuls mitgeben kann. Dabei ist der gestreckte und nach innen gedrehte Fuß im Gelenk fixiert, sodass der Ball mit der relativ großen Fläche des Außenspanns getroffen wird.

Vollspannstoß

Auf Grund seiner vielseitigen Anwendungsmöglichkeiten bei springenden und fliegenden Bällen und seines natürlichen Bewegungsverlaufs kommt dem Vollspannstoß eine besondere Bedeutung zu. Er kann ohne wesentliche Unterbrechung des Laufrhythmus auch bei hohem Bewegungstempo ausgeführt werden.

Der Vollspannstoß findet Anwendung als

- Torschuss im Anschluss an ein Dribbling oder Zuspiel,
- Torschuss bei einem direkten oder indirekten Freistoß in Tornähe,
- Flanke,
- spielaufbauender Diagonal- oder Steilpass,
- weicher „Heber" über einen Gegenspieler,
- klärender Befreiungsschlag,
- Abschlag und Abstoß des Torhüters.

Dabei ergeben sich die Variationen, den Ball auf dem Boden ruhend oder rollend zu treffen – den Flugball volley, den aufspringenden Ball unmittelbar nach der Bodenberührung als Dropkick. Im harten, zielgenauen Spannstoß, wie ihn die Wettkampfsituation erfordert, vereinigen sich Dynamik und Geschicklichkeit, explosive Kraft und fein koordinatives Bewegungsgefühl.

Bewegungsbeschreibung (Fotos 201, 202)

Standbein

- Nach kurzschrittigem, geraden Anlauf wird das Standbein etwa fußbreit neben dem Ball aufgesetzt.

- Während des Stoßes – von der Ausholbewegung bis zum Nachschwingen des Spielbeins – ist das gesamte Körpergewicht elastisch auf Standbein und Standfuß verlagert.

- Das Knie wird dabei leicht gebeugt.

Spielbein

- Die Ausholbewegung erfolgt durch Zurückschwingen des Ober- und Unterschenkels im Hüft- und Kniegelenk.

- Im Nachvornschwingen wird der Ball mit vollem Spann in seinem Zentrum getroffen, wobei das Spielbein mit gebeugtem Kniegelenk durchschwingt (das Knie führt die Bewegung).

- Der Fuß ist gestreckt und im Gelenk festgestellt.

- Die Fußspitze zeigt zum Boden.

- Bei aufspringenden Bällen, die als Dropkick, oder bei Flugbällen, die volley gespielt werden, ist das Knie über den Ball zu bringen, um eine entsprechend flache Flugbahn zu erreichen.

Oberkörper- und Armhaltung

- Für einen flachen Schuss wird der Oberkörper leicht nach vorn geneigt.

- Die Arme erfüllen eine gleichgewichtsstabilisierende Funktion, indem sie körpernah seitlich fixiert werden; der dem Spielbein gegenüberliegende Arm wird leicht vor den Körper geführt, der andere Arm etwas zurückgenommen.

Instruktionshilfe für die Praxis

Der Anlauf erfolgt geradeaus in Stoßrichtung oder seitlich dazu, das Standbein wird etwa in Höhe des Balls aufgesetzt. Der Oberkörper wird während der Ausführung des Stoßes leicht nach vorn geneigt, das Knie des Spielbeins über den Ball gebracht. Der Fuß des Spielbeins wird nach unten gestreckt und im Fußgelenk fixiert. Trefffläche ist der volle Spann, das Spielbein schwingt im Knie angewinkelt nach vorn oben durch. Der Kraftimpuls muss auf die Erfordernisse der jeweiligen Spielsituation abgestimmt werden.

Stoßvariationen

Dropkick

Beim Dropkick wird der aufspringende Ball kurz nach dem Bodenkontakt mit dem Voll- oder Außenspann gestoßen. (Fotos 203, 204, 205)

Diese Stoßart ermöglicht einen besonders scharfen Schuss. Der Dropkick kann auch mit der Innenseite des Fußes als weiches Zuspiel erfolgen.

Die technischen Merkmale sind weitgehend identisch mit den beschriebenen Grundformen der Stoßarten. Durch die Aufwärtsbewegung des Balls kann man bei gestrecktem Fuß voll mit dem Spann hinter den Ball kommen und ihm dadurch viel Wucht mitgeben. Um einen harten Dropkick mit dem Spann flach zu spielen, ist das Knie über den Ball zu bringen und ist die Spitze des Spielfußes steil nach unten zu stellen.

Der Dropkick findet Anwendung als Zuspiel, als Torschuss aus verschiedenen Entfernungen und im Bereich der Abwehr als Abschlag des Torhüters sowie als Befreiungsschlag durch Abwehrspieler. Beim Dropkick mit dem Vollspann wird der Ball zentral getroffen und erhält dadurch die besondere Schärfe. Der Dropkick mit dem Innenspann wird selten angewendet. Besonders effektvoll ist der Dropkick mit dem Außenspann. Der Ball erhält dabei Effet, und seine Flugkurve beschreibt einen Bogen; als Torschuss ist er für den Torhüter schwer erreichbar.

Effetstoß

Der Ball wird beim Effetstoß außerhalb seines Zentrums getroffen. Er kann als Variante des Innen- oder des Außenspannstoßes ausgeführt werden, (Foto 207) wobei in beiden Fällen der Spann leicht am Ball vorbeigezogen wird. Der exzentrisch getroffene Ball erhält dadurch Effet, wodurch seine Flugbahn einen bogenförmigen Verlauf nimmt. Der Effetstoß findet vielfältige Anwendung als Torschuss, Pass und Flanke. Er eignet sich zur Ausführung des direkten Freistoßes, um den

Ball an der Mauer vorbei oder über die Mauer ins gegnerische Tor zu spielen, weiterhin zum Kombinationsspiel an Gegenspielern vorbei sowie als Eckstoß und als Flanke in den „Rücken" der Abwehr oder von der Abwehr wegdrehend.

Ein besonderes Überraschungsmoment besitzt der Effetstoß als „verdeckter Pass" mit dem Außenspann. Die Ausführung ist beinahe ansatzlos möglich und daher für den Gegenspieler kaum erkennbar. Zudem kann man diesen Effetstoß aus der natürlichen Laufbewegung heraus spielen. Darin liegt ein wesentlicher Vorteil gegenüber dem Innenseitstoß, bei dem der Fuß erst nach außen gedreht werden muss; zudem können auch lange Pässe gespielt werden. Der Außenspannstoß muss deshalb häufig und intensiv trainiert werden.

Hüftdrehstoß

Das Hauptmerkmal des Hüftdrehstoßes ist, dass der Ball in Hüfthöhe volley mit dem Vollspann geschlagen wird. Die Fußhaltung entspricht der des Vollspannstoßes. (Fotos 207, 208, 209) Zugleich mit einer weiten Ausholbewegung des Spielbeins wird der Oberkörper zurückgenommen und seitlich über das leicht gebeugte Standbein geneigt. Die Drehung erfolgt dabei auf dem Fußballen. Das Spielbein wird leicht schräg von unten oder parallel zum Boden durchgeschwungen, sodass der volle Spann wuchtig das Zentrum des Balls trifft. Der Hüftdrehstoß ist auch im Sprung möglich.

Der Hüftdrehstoß erfolgt in Torschusssituationen nach Flanken, Freistößen oder Eckbällen oder wenn der Ball vom Boden hochspringt. Neben seiner vorrangigen Anwendung als Torschuss wird er auch als Befreiungsschlag in der Abwehr eingesetzt. In den meisten Fällen wird der Ball im Anflug direkt geschossen. Es können sich aber auch Situationen ergeben, in denen der Ball mit der Brust gestoppt wird und dann aus der Drehung ein Hüftdrehstoß als Torschuss erfolgt.

Fallrückzieher

Der Fallrückzieher wird bei hoch hereinfallenden Bällen angewendet. Als Ausgangsstellung nimmt der Spieler eine Stellung mit dem Rücken zur Zielrichtung ein. Der genau „getimte" Absprung erfolgt mit dem Spielbein. Im „Rückwärtsfallen" führen die Beine

eine Scherbewegung aus, wobei der Ball mit dem Vollspann des Spielbeins getroffen wird. Von den nach hinten abstützenden Armen (oft wird dazu nur ein Arm eingesetzt) wird der Schwung des Körpers abgefangen. Zum Erlernen des Fallrückziehers eignet sich das Ballpendel. In der Halle schützt eine Weichgummimatte als Unterlage vor Verletzungen. Steht kein Pendel zur Verfügung, kann der Ball zugeworfen werden.

Flanke

Das Spiel über die Flügel ist eine traditionell bewährte Möglichkeit, zu Torchancen zu kommen. In früherer Zeit wurde das Spiel von exzellenten Außenstürmern geprägt, die das trickreiche Dribbling ebenso beherrschten wie das zielgenaue Flanken. Nach der heutigen Spielauffassung, in der oft nur mit einem (oder zwei) Stürmer(n) in der Spitze gespielt wird, müssen mehrere Spieler einer Mannschaft in der Lage sein, Flanken zielgerichtet in den Strafraum zu schlagen. So schalten sich oft Mittelfeldspieler und Verteidiger über die Flügel ein, um die Angriffsspieler vor dem Tor zu unterstützen.

Das Training des Flankens muss so ausgerichtet sein, dass echte Torchancen daraus entstehen. Realisiert werden kann dieses Ziel durch Bälle, die mit viel Effet vom Tor weg in den Strafraum gespielt werden. Diese Bälle drehen sich für den Torwart und die Abwehrspieler schwer erreichbar zu den Angriffsspielern hin, sodass diese „in den Ball hineinstarten" und mit großer Wucht in Richtung Tor köpfen können.

Der technische Bewegungsablauf entspricht dem des Passens mit dem Innenspann.

Trainingsziele

- Auf korrekte Bewegungsausführung beim Passen, Schießen und Flanken achten.
- Bälle mit dem rechten und linken Fuß passen, schießen und flanken.
- Stetes Verbessern der Schusstechnik und der Schussgenauigkeit.
- Verbessern der Schussstärke in Verbindung mit der Schussgenauigkeit.
- Kurze Pässe und lange Pässe spielen.
- Flache und hohe Pässe spielen.
- Bälle mit Effet spielen.
- Scharf und weich flanken und schießen.
- Genauigkeit geht vor Schärfe.

Übungsangebot für das Training mit Kindern – U 8/ U7 – U 10/ U9

- Drei 16 x 16 m große, durch Hütchen gekennzeichnete Felder liegen nebeneinander. (Abb. 152) In der Mitte eines jeden Feldes steht je ein etwa 2 (1) m breites Hütchentor. In jedem Feld dribbeln 4-6 Spieler mit je einem Ball und spielen nacheinander ihre Bälle durch das Hütchentor in der Mitte, umlaufen das Tor und dribbeln um eines der Eckhütchen.

- Wie vorher, aber jetzt als Wettkampf.
  - Welche Gruppe schafft zwei (drei) Durchgänge am schnellsten?
  - Welche Gruppe passt in einer Minute die meisten Bälle durch das Tor?

- Wie vorher, aber jetzt dribbeln nur zwei (drei) Spieler ihren Ball frei in je einer Feldhälfte. In der anderen Feldhälfte warten je zwei (drei) Partner ohne Ball. Nacheinander dribbeln die Spieler in Richtung auf das Tor, passen den Ball zu ihren dort wartenden Partnern und starten um eines der Eckhütchen. Die Ballbesitzer dribbeln ihre Bälle um eines ihrer Hütchen und wieder in Richtung Tor, wo die Partner aus dem anderen Feld den Ball durch das Tor schon erwarten usw. (Abb. 153)

Abb. 152

- In einem etwa 5 m breiten Raum stehen 8-10 Hütchen verteilt. Auf der einen Seite dribbeln 5-7 Spieler je einen Ball in Richtung auf das Feld mit den Hütchen und versuchen, diese umzuschießen. Die Spieler ohne Ball auf der anderen Seite des Feldes nehmen die Bälle außerhalb des Feldes an und versuchen ihrerseits, die Hütchen umzuschießen. Das Mittelfeld darf nur zum Ballholen betreten werden.

Abb. 153

- Mehrere 1(2) m breite Tore stehen frei verteilt in einem Feld. Jeder Spieler dribbelt seinen Ball in Richtung auf ein Tor, passt durch das Tor, umläuft es, nimmt seinen Ball mit dem Fuß mit und dribbelt in Richtung auf ein anderes Tor.

- Wie vorher, aber jetzt wird paarweise gespielt. Der Ballbesitzer dribbelt in Richtung auf ein Tor, der Partner ohne Ball läuft auf die andere Seite des Tores und nimmt den vom Ballbesitzer durch das Tor gepassten Ball an und steuert ein nächstes Tor an usw. Tore dürfen nicht durchlaufen werden.

- Passspiele in Staffelformen:
  In einer der Könnensstufe der Kinder entsprechenden Entfernung zu einem
  1 (2, 3) m großen Stangentor stehen sich jeweils drei (vier) Spieler gegenüber.
  Von einer Abschusslinie passen die Spieler einen Ball durch das Tor zur gegenüberstehenden Gruppe und stellen sich hinter ihrer Gruppe an. Die Spieler auf der
  anderen Seite nehmen den Ball sicher an und passen ihn zum nächsten Spieler
  der gegenüberstehenden Gruppe usw. Welche Gruppe schafft in einer bestimmten Zeit die meisten Pässe?
- Wie vorher, aber jetzt durch jeweils vier (fünf) in einer Reihe stehende Hütchen
  im Slalom dribbeln und durch das Tor passen.
- Wie vorher, aber jetzt laufen die Spieler nach dem Pass am Tor vorbei auf die
  andere Seite und stellen sich hinter die dort stehende Gruppe. Tore dürfen nicht
  durchlaufen werden.
- In einem begrenzten Feld spielen sich paarweise Spieler einen Ball in der Bewegung zu, ohne dass andere gestört werden. Ständig Positionen wechseln und den
  Partner beobachten. Zum richtigen Zeitpunkt passen, den Ball sicher annehmen
  und nach kurzem Dribbeln wieder passen.
- 4:1 in einem 8 x 10 m großen Feld. Die vier Außenspieler spielen mit maximal
  vier Kontakten. Der Innenspieler versucht, den Ball zu berühren bzw. in Ballbesitz
  zu kommen. Gelingt das, wechselt er mit dem, der den Ball zuletzt gespielt hat.
  Auf einer bestimmten Könnensstufe kann 4:2 gespielt werden.
- 4:2 in einem 15 x 15 m großen Feld. Vier Spieler spielen sich an den vier Seitenlinien den Ball zu, helfen sich gegenseitig durch Bewegung zum jeweiligen
  Ballbesitzer hin und versuchen, solange wie möglich im Ballbesitz zu bleiben. In
  der Mitte des Feldes versuchen zwei Spieler, den Ball zu berühren. Nach zwei, drei
  Minuten wechseln die Innenspieler mit zwei Außenspielern usw. – Die Außenspieler haben freies Spiel. Ab einer gewissen Könnensstufe werden die Ballkontakte
  beschränkt, bis zum direkten Spiel.

Torschusswettkämpfe
- 6 (8, 10) m vor einem Jugendtor stehen mehrere Spieler mit je einem Ball.
  - Wer schafft es, den Ball, ohne dass er den Boden berührt, in das Tor zu schie-
    ßen?
  - Wer schafft es, gegen einen Torwart ein Tor zu erzielen?
- 11-m-König. Fünf (sechs, sieben) Spieler schießen den 11-m-König aus.
  - Wer erzielt von fünf (sechs, sieben) geschossenen Bällen die meisten Tore?
  - Es darf nur mit der Innenseite geschossen werden.
  - Es darf nur mit dem Innenspann geschossen werden.
  - Wer schafft das auch mit dem Außenspann?
  - Wer schafft das als Dropkick?

• 16 m vor zwei nebeneinander stehenden Toren mit Torhütern stehen jeweils fünf (sechs) Spieler mit je einem Ball. Nacheinander dribbeln die Spieler um vier (fünf, sechs) Hütchen und schießen von einer Linie aus etwa 8-10 m Entfernung auf das Tor. (Abb. 154)
  – Wer trifft in das Tor?
  – Welche Gruppe schießt nach fünf Durchgängen die meisten Tore?

Abb. 154

Übungsangebot für das Training mit Fortgeschrittenen

• Je drei Spieler stehen sich in 10 m Entfernung gegenüber. Zwischen ihnen steht ein 2 (3) m breites Tor. Bälle durch das Tor zum Partner passen und sich hinter die eigene Gruppe stellen.
  – Nach Ballkontrolle mit der Innenseite, mit dem Innenspann, frei.
  – Nach 2 Ballkontakten mit der Innenseite, mit dem Innenspann, frei.
  – Nur im direkten Spiel.

• Passen in Fünfergruppen. In 10 m Entfernung stehen sich drei Spieler mit einem Ball auf der einen Seite und zwei Spieler auf der anderen Seite des Feldes gegenüber. Nach kurzem Dribbling passt der Erste der Dreiergruppe den Ball von einer Linie zum ersten Spieler auf der anderen Seite und startet dem Ball nach. Der neue Ballbesitzer nimmt den Ball kurz an und passt ihn zum gegenüberstehenden Spieler und nimmt dessen Position ein usw.
  – Nach kurzem Dribbling passen.
  – Nach zwei Ballkontakten passen.
  – Im direkten Spiel.
  – Mit der Innenseite, mit dem Voll- und Außenspann.

• Drei Spieler stehen in Dreieckform 3-5 m auseinander. Der Ballbesitzer wirft einen Ball so zu einem Mitspieler, dass dieser ihn im Hüftdrehstoß zum dritten Partner spielen kann. Dieser fängt den Ball und wirft ihn wieder zum ersten Spieler usw.

• Fünf Spieler stehen etwa 8 m vor einem Tor hintereinander. Ein Spieler steht mit mehreren Bällen 2-3 m seitlich dazu. Er wirft nacheinander die Bälle so zum jeweils vorne stehenden Spieler, dass dieser im Hüftdrehstoß auf das Tor schießen kann.

• Drei Spieler stehen in Dreieckform im Abstand von 10-15 m einander gegenüber. Der jeweilige Ballbesitzer spielt flache (hohe) Pässe zu einem Partner, der den Ball kontrolliert und danach sicher zum Nächsten weiterspielt usw.:
  – mit der Innenseite,
  – mit dem Spann,
  – im Dropkick.

- Abstand auf 20 (30) m erweitern.
  - Lange, flache, scharfe Pässe zu den jeweiligen Partnern spielen.
  - Flugbälle spielen.
  - Bälle mit Effet spielen.
  - Nach Kontrolle wird der Ball in der gleichen Weise zum nächsten Partner gespielt.

- Fünf Spieler stehen im Abstand von 8-10 m Entfernung. Ein Spieler spielt den Ball zu einem anderen und wechselt auf dessen Position. Der Ballbesitzer passt nach sicherer Ballkontrolle zum Nächsten und wechselt auf dessen Position usw.

- Wie oben, jetzt in einem Viertel des Großfeldes den Abstand auf 20-30 m erweitern. Nach dem Abspiel bleiben die Spieler auf ihren Positionen stehen.
  - Flugbälle spielen, kontrollieren und zu einem anderen spielen.
  - Bälle mit Effet spielen.
  - Flugbälle werden zu einem sich kurz anbietenden Mitspieler geköpft, der den Ball sicher an- und mitnimmt und wieder mit einem Flugball zu einem weiter entfernt stehenden Mitspieler spielt usw.

- An den Ecken eines etwa 30 x 30 m großen Feldes steht je ein Spieler.
  In der Mitte stehen zwei Spieler mit einem Ball. (Abb. 155) Der Ballbesitzer passt den Ball (1.) zu einem sich außen anbietenden Spieler (2.), der den Ball unter Kontrolle bringt und nach einer halben Drehung mit dem Passgeber um das Eckhütchen herum einen Doppelpass (3. u. 4.) spielt. Nach dem Doppelpass spielt er den Ball (5.) auf den sich anbietenden zweiten Außenspieler (6.), der nach Ballkontrolle und halber Drehung mit dem zweiten Innenspieler einen Doppelpass (7. u. 8.) um sein Eckhütchen (9.) spielt. Nach dem Doppelpass spielt er den Ball zu dem dritten sich anbietenden Außenspieler, der wiederum einen Doppelpass mit dem gleichen Innenspieler

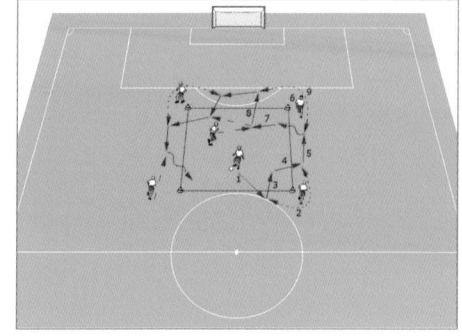

Abb. 155

spielt und danach bietet sich der vierte Außenspieler zum Anspiel an, der nun wiederum einen Doppelpass mit den ersten Innenspieler spielt usw.

- 4:2 in einem 10 x 10 m großen Feld. Vier Spieler spielen sich den Ball mit zwei Kontakten oder direkt zu, die beiden Innenspieler versuchen, in Ballbesitz zu kommen. Gelingt das, wechselt der Spieler, der den Ball erobert hat, mit dem, der den Ball zuletzt gespielt hat.

- Wie oben, jetzt 3:2, jedoch spielen sich die drei Spieler den Ball im freien Spiel zu.
- 4:2 auf 2. Zwei 10 x 10 m große Felder A und B stehen 10 m auseinander. (Abb. 156) In Feld A spielen vier Angriffsspieler gegen zwei Abwehrspieler mit zwei (drei) Ballkontakten. Kommen die Abwehrspieler in Ballbesitz, passen sie den Ball auf zwei in Feld B stehende Partner und starten dem Ball nach. Auch zwei Angriffsspieler starten in das andere Feld und

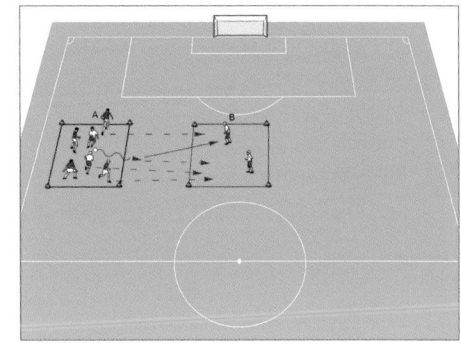

Abb. 156

werden zu Abwehrspielern. Kommen diese in Ballbesitz, spielen sie ihre Partner in Feld A an und starten dort wieder hin. Die beiden anderen Spieler aus Feld B starten jetzt nach und werden dort zu Abwehrspielern usw.

- 3:3 (4:4) in einem 10 x 15 m großen Feld. Spielzeit 3-5 Minuten mit zwei, drei Wiederholungen.

- 6:3 im Wechsel von drei Mannschaften in einem 20 (30) x 30 (40) m großen Feld. Es spielen zwei Gruppen zu je drei Spielern zusammen gegen eine dritte Dreiergruppe. Erkämpfen sich die Spieler der Dreiergruppe im Feld den Ball, wechseln sie geschlossen nach außen und werden zu Angriffsspielern, während die Spieler der Gruppe, die den Ball verloren hat, zu Abwehrspielern werden.
  Spiel mit drei (zwei) Kontakten oder im direkten Spiel.

- An der Strafraumgrenze stehen 6-10 Spieler mit je einem Ball. Das Tor ist durch Seile, Stangen, Hütchen in drei Teile geteilt. Nacheinander schießen die Spieler ihre Bälle in das rechte Feld. Nach je 10 Schüssen in das linke Feld:
  – Ruhende Bälle schießen.
  – Bälle nach kurzem Dribbling schießen.
  – Bälle mit dem Innenspann, mit dem Vollspann und Außenspann schießen.
  – Flache und hohe Bälle schießen.
  – Bälle von rechts, aus der Mitte und von links schießen.
  – Bälle nach Anspiel und Ballkontrolle schießen.

Der Trainer gibt zunächst die Ziele an. Später können die Spieler selbst entscheiden, wie und wohin sie schießen.

- 6-8 Spieler stehen mit je einem Ball an einer Ecke eines Strafraums und schießen nacheinander mit Effet in Richtung des hinteren Pfostens auf das Tor mit Torwart. Danach von der anderen Seite mit dem anderen Fuß. Wer erzielt Tore?

- Torschuss nach Doppelpass mit einem Mitspieler außerhalb des Strafraums von der rechten Seite, zentral vor dem Tor und von der linken Seite.

- 1+1:1. Ein Anspieler spielt mit einem Angreifer gegen einen Verteidiger. Der Angreifer soll gegen den aktiven Widerstand des Verteidigers zum Torschuss kommen. Nach 4-6 Versuchen wechseln die Aufgaben. Es kann mit mehreren Gruppen zugleich auf ein Tor gespielt werden.

- Wie vorher, jetzt 1+2:2.

- Wie vorher, jetzt 1+2:3.

- 2+3:4 vor einem Tor mit Torhüter. Ein Anspieler darf sich je nach Situation in das Angriffsspiel einschalten.

- 3+3:3. Drei Anspieler außerhalb des Strafraums (rechts, zentral und links) spielen mit drei Angriffsspielern gegen drei Verteidiger im Strafraum. Die Anspieler spielen mit zwei Ballkontakten.
  Regeln: Kommen die Abwehrspieler in Ballbesitz:
  – Passen sie den Ball zu einem der Anspieler zurück und bleiben Abwehrspieler.
  – Werden sie nach einem Pass zu einem Anspieler zu Angriffsspielern, die Angriffsspieler werden Abwehrspieler.
  – Nach mehreren Angriffen wechseln die Aufgaben.

- An der Seitenlinie in Höhe des Strafraums stehen 3-5 Spieler mit mehreren Bällen. Der erste Spieler flankt seinen Ball auf einen der drei Mitspieler im Strafraum, die ein Tor erzielen sollen. Dann flankt der zweite usw.
  – In Richtung auf den nahen Pfosten flanken.
  – In Richtung auf den entfernten Pfosten flanken.
  – In Richtung auf den Strafstoßpunkt flanken.
     Bälle werden vom Torhüter zu den Außenspielern zurückgespielt. Tore sollen mit dem Kopf erzielt werden. Kommen die Bälle zu flach in den Strafraum, dann kann auch mit dem Fuß geschossen werden. Nach je 8-10 Flanken wechseln die Aufgaben.
  – Von der rechten und von der linken Seite flanken.
  – Bälle von rechts und von links in den Strafraum passen, die nach Ballkontrolle oder direkt auf das Tor geschossen werden.

- Drei Spieler stehen auf der Strafraumlinie: Ein Angreifer A auf der Höhe der hinteren Torraumlinie, ein Vertei-

Abb. 157

diger B zentral vor dem Tor und Zuspieler C an der Strafraumecke mit mehreren Bällen. (Abb. 157) C spielt einen flachen Pass so in den Strafraum, dass Spieler A und B, die zur gleichen Zeit starten, den Ball nach einem kurzen Antritt erreichen können. Spieler A soll zum Torschuss kommen, Spieler B soll das verhindern. Nach 5-8 Versuchen wechseln die Aufgaben.

- 4:4 auf zwei Tore mit Torhütern. Zwei Tore mit je einem Torhüter stehen sich im Abstand von ca. 30 m gegenüber. Im Feld spielen zwei Vierermannschaften gegeneinander. Das Ziel ist, durch Einzelaktionen oder durch Kombinationsspiel häufig zum Torschuss zu kommen. Neben jedem Tor liegen mehrere Bälle, die sofort in das Spiel gebracht werden, wenn ein Ball vorbeigeschossen wird.

Ballkontrolle

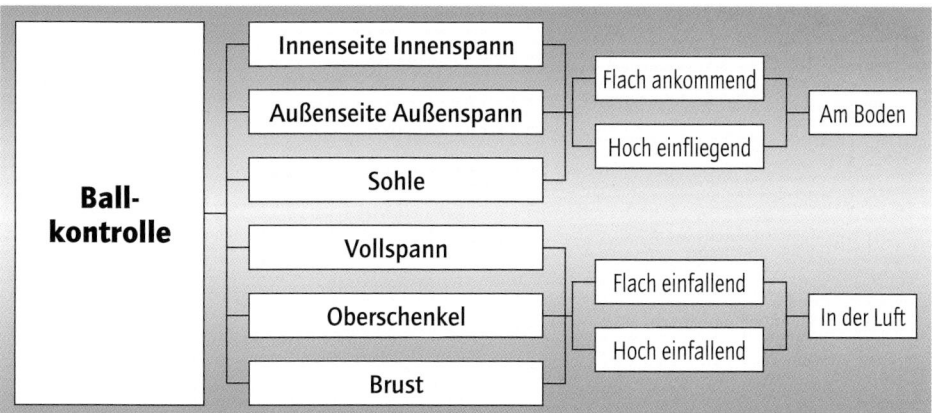

Abb. 158: Ballkontrolle

Die Kontrolle über den rollenden, springenden und fliegenden Ball ist wie Dribbling, Schuss und Flanke ein Kernelement des Fußballtrainings.

Die Spieler müssen genau und in angemessener Schärfe passen, flanken und schießen, um den Ball dorthin zu spielen, wo sie ihn hinhaben wollen. Die zugespielten Bälle müssen durch Stoppen oder Mitnehmen in unterschiedliche Richtungen sicher unter Kontrolle gebracht werden.

In Ballbesitz zu kommen und bleiben zu wollen, verlangt Sicherheit im Annehmen und Weiterleiten von zugespielten Bällen, insbesondere bei der heutigen, durch Raum- und Zeitnot gekennzeichneten Spielweise.

Die Spieler müssen einen zugespielten Ball so unter Kontrolle bringen, dass der Gegner nicht in Ballbesitz kommen und der Spielfluss beibehalten werden kann.

Es gibt unterschiedliche Möglichkeiten der Ballkontrolle, je nach Höhe und Tempo des ankommenden Balls und den Aktionen der Gegenspieler.

Die Ballannahme ist oft mit einer Körpertäuschung verbunden, um sich der engen Deckung eines Gegenspielers zu entziehen oder im günstigen Fall bereits mit der An- und Mitnahme des Balls den Gegenspieler zu überwinden.

Noch vor der Ballannahme muss sich der Spieler über die Spielumgebung orientieren, um ohne Zeitverzögerung eine Anschlusshandlung folgen zu lassen.

Je nach Geschwindigkeit und Flughöhe des herannahenden Balls unter Berücksichtigung der jeweiligen Spielsituation kommen verschiedene Techniken der Ballan- und Ballmitnahme zum Einsatz. Flach zugespielte Bälle werden in der Regel mit der Innenseite oder dem Außenspann (Außenseite) mitgenommen. Hoch einfallende Bälle werden je nach Flugkurve in der Luft mit dem Spann, mit dem Oberschenkel oder der Brust angenommen oder im Moment des Auftreffens auf den Boden mit der Innenseite oder Außenseite des Fußes nach vorn oder zur Seite, eventuell auch mit einer halben Drehung „nach hinten", mitgenommen. In einigen Situationen bietet sich auch die Ballannahme mit der Sohle an.

Bei der Ballkontrolle mit der Brust werden, je nach Flugbahn, die Bälle durch Zurücklegen des Oberkörpers „aufgeladen" oder durch Vorbeugen des Oberkörpers nach vorn in den Lauf mitgenommen. Die Ballannahme hoch einfliegender Bälle mit der Brust kann auch im Sprung erfolgen.

Bewegungsprinzip und Bewegungsabfolge stimmen bei den verschiedenen Techniken der Ballan- und Ballmitnahme im Wesentlichen überein. Innenseite, Spann, Sohle, Oberschenkel oder Brust werden dem heranfliegenden Ball entgegengeführt, um im Moment des Auftreffens nachzugeben und den Schwung des Balls weich abzufangen. Der gesamte Körper ist auf eine „elastische" Aktionsbereitschaft eingestellt.

Ballan- und Ballmitnahme mit der Innenseite (dem Innenspann) des Fußes

Mit der Innenseite können flache und hoch einfallende Bälle an- und mitgenommen werden. Bei flach anrollenden Bällen wird der Fuß des Spielbeins dem Ball etwas entgegengeführt und im Moment des Auftreffens weich zurückgenommen. (Fotos 210, 211) Der Ball kann dabei angehalten, nach vorn oder mit einer Wendung zur Seite mitgenommen werden. Bei hoch einfliegenden Bällen bildete der Unterschenkel des Spielbeins ein Dach über dem Ball; die Fußspitze wird angezogen. Im Moment, in dem der Ball vom Boden zurückprallt, gibt der Unterschenkel etwas nach. Bälle können

auch in der Luft mit der Innenseite angenommen werden. (Fotos 212, 213, 214)
Dazu wird das Spielbein im Hüftgelenk
ausgewinkelt und die Innenseite des Fußes dem Ball entgegengeführt. Im Moment des Auftreffens des Balls wird das
Spielbein zurückgeführt, sodass der Ball
spielbereit nach unten fällt.

Ballan- und Ballmitnahme mit der Außenseite (dem Außenspann) des Fußes

Mit der Außenseite werden rollende und einfallende Bälle an- und mitgenommen. In
Verbindung mit einer vorausgehenden Schritt- oder Körperfinte ist diese Technik geeignet, sich mit der An- und Mitnahme des Balls von eng deckenden Gegenspielern
zu lösen. (Fotos 215, 216, 217) Dabei wird das An- und Mitnehmen nach innen angetäuscht, der Ball dann aber mit der Außenseite des Fußes seitlich mitgenommen.

Ein Ball kann auch erfolgreich mit der Außenseite des Fußes in der Luft an- und mitgenommen werden. (Fotos 218, 219, 220, 221)

Ballannahme mit der Sohle

Die Ballannahme mit der Sohle ist möglich bei rollenden oder aufspringenden Bällen. (Fotos 222, 223) Die Fußspitze des Spielbeins ist angezogen, die Ferse nach unten gedrückt. Im Moment, in dem der Ball die Sohle berührt, gibt das Spielbein weich nach, um den Schwung des Balls abzubremsen.

Ballannahme mit dem Vollspann

Bei steil einfallenden Bällen schwingt das Spielbein im Knie gebeugt dem Ball entgegen und lässt ihn im Moment des Auftreffens weich nachgebend vom Spann „abtropfen". Je nach Spielsituation wird der Ball etwa in Kniehöhe oder in Bodennähe angenommen. Im ersten Fall wird der Ball „abgeholt", (Fotos 224, 225) im zweiten Fall kippt die etwas angezogene Fußspitze im Moment des Auftreffens ab, und der Unterschenkel schwingt leicht zurück, um den Ball spielbereit „abzulegen".

Ballannahme mit dem Oberschenkel

Eine andere Möglichkeit der Kontrolle steil oder halbhoch einfallender Bälle ist die Annahme mit dem Oberschenkel, dessen breite Auftrefffläche eine sichere Ballkontrolle gewährleistet. (Fotos 226, 227) Der Oberschenkel des Spielbeins wird dem Ball entgegengeführt und im Moment seines Auftreffens leicht gesenkt, sodass der Ball spielbereit zu Boden fällt.

Ballannahme mit der Brust

Der Ball wird meist in leichter Schrittstellung angenommen; das Körpergewicht ruht auf beiden Füßen. Der Brustkorb wird dem Ball entgegengeführt, wobei der Oberkörper je nach Einfallwinkel und Schärfe des Balls mehr oder minder zurückgeneigt wird, um den Ball „aufzu-

laden". (Fotos 228, 229, 230). Eine Alternative dazu ist das Zurücknehmen der Brust bei gleichzeitigem Nachvornführen der Arme im Moment des Auftreffens, um den Ball spielgerecht „abtropfen" zu lassen.

Die Ballannahme mit der Brust kann auch im Sprung erfolgen. Je nach Stellung des Abwehrspielers bzw. je nach der anschließend beabsichtigten Spielrichtung wird der Sprung mit einer kurzen Drehung verbunden.

Trainingsziele

- Einen zugespielten Ball sicher unter Kontrolle bringen mit der Innen- und Außenseite des Fußes, mit dem Spann, mit dem Oberschenkel, mit der Brust.
- Unter Bedrängnis den Ball annehmen und schnelle Anschlussaktionen durchführen.
- Bälle mit Beibehaltung des Spielflusses unter Kontrolle bringen.
- Bälle in hohem Lauftempo unter Kontrolle bringen.
- Bereits bei der Annahme des Balls Gegner ausspielen/umspielen, eventuell mithilfe einer Finte.

Übungsangebot für das Training mit Kindern – U 8/U 7 – U 10/U 9

- Jeder Spieler mit einem Ball. Wer kann den Ball mit dem Fuß von einer Seite des Feldes zur anderen dribbeln, ohne ihn zu verlieren?
- Wer kann den rollenden Ball anhalten?
  – Mit der Sohle.
  – Mit der Innenseite.
  – Mit der Außenseite.
- Wer kann einen vom Partner flach zugespielten Ball annehmen und danach um eine Markierung dribbeln?
- Wer kann den hoch zugeworfenen Ball bei der ersten Bodenberührung stoppen (mit der Sohle, mit der Innenseite) und um eine Markierung dribbeln?
- Wer kann den Ball in der Luft stoppen?
  – Mit dem Oberschenkel.
  – Mit der Brust.

- Je zwei (drei) Spieler spielen sich den Ball in der Bewegung zu, nehmen ihn sicher an, verändern die Laufrichtung, dribbeln kurze Zeit und spielen ihn wieder zum Partner, der den Ball sicher unter Kontrolle bringt und wieder dribbelt usw.

- In einem 20 x 20 m großen Feld spielen sich vier Spieler den Ball zu.
  – Flache Pässe spielen.
  – Flugbälle spielen.
  – Alle Bälle sicher an- und mitnehmen.

- 4:4 auf zwei kleine Tore. Bälle sicher unter Kontrolle bringen und sicher abspielen.

- 6:6 in einem 20 x 30 m großen Feld. Die ballbesitzende Mannschaft spielt jeweils den Ball mit den Zielen:
  – Den Ball sicher zu kontrollieren und sicher weiterzuspielen.
  – Den Ball möglichst halbhoch zuzuspielen.
  – Den Ball stets sicher unter Kontrolle zu bringen.

- In einem 20 x 30 m großen Feld stehen auf den Grundlinien je drei Tore mit je einem Torhüter. Im Feld wird 3:3 bis 6:6 plus Trainer gespielt. Der Trainer spielt immer mit der Partei, die im Ballbesitz ist. Torhüter dürfen den Ball nicht mit der Hand spielen. Nach 3-5 Minuten wechseln die Torhüter in das Feld, zwei Feldspieler werden Torhüter.

Übungsangebot für das Training mit Fortgeschrittenen

- Je drei Spieler mit einem Ball bewegen sich im Abstand von ca. 10 m (20 m) frei im Feld. Der Ballbesitzer spielt den Ball scharf zu einem Mitspieler, der ihn sicher an- und mitnimmt und ihn nach kurzem Dribbling zum nächsten Partner passt:
  – Flaches und hohes Zuspiel.
  – Laufwege und Lauftempo verändern.
  – Bälle mit dem rechten und linken Fuß an- und mitnehmen.
  – Bälle mit der Brust, Oberschenkel, Spann an- und mitnehmen.

- Wie vorher, aber jetzt wird der Ball von den Spielern ohne Ball jeweils in hohem Tempo gefordert. Den Ball sicher an- und mitnehmen:
  – In Laufrichtung.
  – Der Laufrichtung entgegengesetzt.

- Wie vorher; aber jetzt wird der Abstand unter den Spielern vergrößert. Lange Pässe spielen, flach und halbhoch zuspielen und sicher unter Kontrolle bringen, dabei ständig die Positionen verändern.

- 1+1:1+1. Ein Anspieler passt den Ball zu einem sich anbietenden Mitspieler, der von einem Verteidiger gedeckt wird. Der Angriffsspieler nimmt den Ball an und mit und versucht, den Anspieler auf der anderen Seite anzuspielen. (Abb. 159)

- Kommt der Abwehrspieler in Ballbesitz, spielt er ihn zum Anspieler zurück.
- Danach beginnt ein neuer Angriff.
- Kommt der Abwehrspieler in Ballbesitz, wird er nach einem Pass zu einem Anspieler selbst Angriffsspieler.
- Pässe weich, scharf, flach und hoch zuspielen.

Abb. 159

- Wie vorher, aber jetzt 1+2:2+1. Es spielen jeweils zwei Angriffsspieler gegen zwei Abwehrspieler zwischen den Anspielern in einem 10 x 20 m großen Feld.

- 3:2 in einem etwa 15 x 15 m großen Feld. Kommt ein Abwehrspieler in Ballbesitz oder wird der Ball ins Aus gespielt, wechselt er die Position mit dem, der den Ball zuletzt gespielt hat.

- 4:4 (5:5, 6:6) auf zwei Tore mit Torhütern unter besonderer Berücksichtigung der Ballkontrolle.

Alle Spielformen können sowohl unter der besonderen Zielsetzung der Ballkontrolle als auch zum Training des sicheren Abspiels genutzt werden.

Kopfballstoß

In der heutigen Spielanlage kommt dem Kopfballspiel eine besondere Bedeutung zu. Das Spielen mit kompakter Abwehr vor und im Strafraum, das Engmachen der Spielräume durch eine Vielzahl an abwehrenden Spielern vor dem Tor erschwert das Herausspielen von Torchancen zentral vor dem Tor. Es wird daher viel über die Außenpositionen gespielt, mit dem Ziel, durch Flanken und Kopfballspiel zu Toren zu kommen.

Bälle werden deshalb vielfach in den Strafraum geflankt. Die ankommenden Bälle müssen mit dem Kopf weitergespielt oder direkt auf das Tor geköpft werden. Auch bei Standardsituationen (Freistöße vor das Tor, Eckstöße) spielt der Kopfballstoß oft eine entscheidende Rolle.

Der Anteil an Toren im Spitzenfußball, die durch Flanken und Kopfballspiel erzielt werden, nimmt zu.

Immer mehr Mannschaften reagieren mit dem Einsetzen kopfballstarker Spieler in der Innenverteidigung und auf der zentralen Mittelfeldposition vor dem Strafraum.

Im Training muss mehr auf die Verbesserung der Qualität im Kopfballspiel gelegt werden. Das richtige Timing, der Anlauf, der Absprung zum richtigen Zeitpunkt mit einem

Bein, um den Ball in der Luft zu erwarten, verlangt häufiges, intensives Üben, auch im Profifußball.

Bereits im Juniorenbereich muss das Kopfballspiel systematisch trainiert werden, um die Grundlagen für eine sichere und gefahrlose Anwendung zu erwerben.

Der Kopfballstoß wird bei halbhoch und überkopfhoch hereingespielten Bällen in aussichtsreicher Position als Stoß auf das Tor oder als Zuspiel angewendet.

Wird im Mittelfeld das Kopfballspiel primär zum Weiterleiten hoher Bälle an Mitspieler eingesetzt, haben die Verteidiger vorrangig die Aufgabe, in Form von Flanken, Eckstößen oder Freistößen hereingespielte Bälle möglichst zielgerichtet aus der Gefahrenzone vor dem Tor zu köpfen.

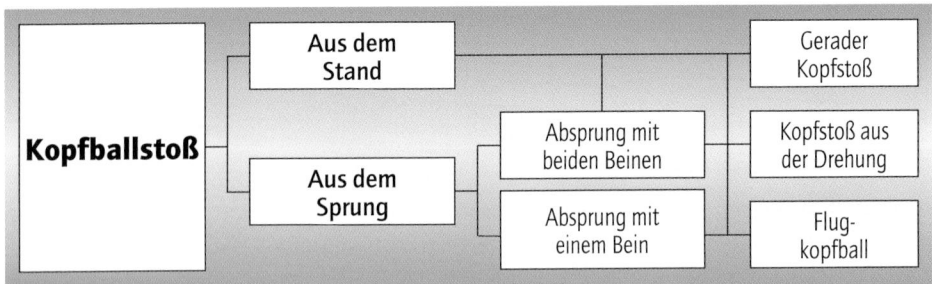

Abb. 160: Kopfballstoß

Kopfballstoß aus dem Stand

Dieser Kopfballstoß aus dem Stand wird beim Erlernen der richtigen Bewegungsausführung eingesetzt. Im Wettspiel kommt er nur selten zur Anwendung, muss aber beherrscht werden.

Die Stoßbewegung verläuft in zwei Phasen. Der Oberkörper wird zum Schwungholen nach hinten geneigt (Bogenspannung), um ihn dann aus dieser Ausholbewegung zu einem kräftigen Stoß nach vorn zu schnellen. Dabei wird das Kinn zur Brust gezogen, der Kopf durch die Hals- und Nackenmuskulatur fixiert. Der heranfliegende Ball wird so lange wie möglich „im Auge behalten" und mit der Stirnfläche „von hinten" in seinem Zentrum getroffen. Die in den Knien leicht gebeugten Beine unterstützen den Stoßimpuls durch eine schnellkräftige Streckung; der Stoß erfolgt entweder aus der Schritt- oder aus der Parallelstellung.

Kopfballstoß aus der Drehung im Stand

Beim Kopfballstoß aus der Drehung wird der zugespielte Ball in frontaler Stellung erwartet. Das Zurückbeugen des Oberkörpers erfolgt wie beim Kopfballstoß ohne Dre-

hung. Im Nachvornschnellen wird der Oberkörper in die beabsichtigte Stoßrichtung gedreht, wobei die Drehbewegung über die Beine auf die Füße übertragen wird.

Ein elastischer, bewegungsbereiter Stand auf den Fußballen erleichtert die Bewegungsdurchführung und ermöglicht einen kräftigen Stoß aus der Drehung. Zur Erleichterung der Drehbewegung kann das Bein auf der Seite zur angestrebten Stoßrichtung etwas zurückgesetzt werden.

Kopfballstoß aus dem Sprung

Für den Kopfballstoß aus dem Sprung gelten im Wesentlichen die gleichen Kriterien wie für den Kopfballstoß aus dem Stand. Er kann am Ort mit beidbeinigem Absprung oder aus dem Lauf mit einbeinigem Absprung ausgeführt werden. Spieler sollten ihr Stellungsspiel stets so einrichten, dass beim Kopfballstoß aus dem Anlauf mit einem Bein abgesprungen wird.

Der Kopfballstoß mit beidbeinigem Absprung erfolgt meist im direkten Zweikampf, wenn die Spieler weder Raum noch Zeit zum Anlauf haben.

Kopfballstoß mit beidbeinigem Absprung

Nach beidbeinigem, kraftvollen Absprung, der durch den dynamischen Schwung der Arme unterstützt wird, erfolgt aus der Bogenspannung das Nachvornschnellen des Oberkörpers, um den Ball im höchsten Punkt der Sprungphase voll zu treffen. Bei der Landung wird der Schwung des Körpers durch Beugen der Knie elastisch abgefangen. (Fotos 231, 232, 233)

Kopfballstoß mit einbeinigem Absprung

Die Bewegungsführung des Kopfballstoßes mit einbeinigem Absprung ist ähnlich der des Kopfballstoßes mit beidbeinigem Absprung. Als neues Bewegungselement kommt der Anlauf hinzu. Der Ausführende muss sehr konzentriert die Flugkurve des Balls be-

obachten, um im richtigen Moment durch einen kurzen Antritt dem Ball entgegenzustarten, mit einem Bein schnellkräftig abzuspringen und den Ball im höchsten Punkt des Sprungverlaufs mit der Stirnfläche zu treffen. (Fotos 234, 235, 236, 237, 238). Beim Kopfballstoß mit einbeinigem Absprung sind Sprunghöhe und Stoßkraft auf Grund des Anlaufs und des einbeinigen Absprungs größer als beim Kopfballstoß mit beidbeinigem Absprung. Besonders sprungkräftige und zugleich gewandte Spieler setzen diese Stoßart im Wettkampf wirksam ein.

Kopfballstoß aus der Drehung mit beidbeinigem/einbeinigem Absprung

Bei diesen Stoßarten kommt es zu einer Verbindung der bereits beschriebenen Bewegungskriterien des Kopfballstoßes mit beidbeinigem bzw. mit einbeinigem Absprung und des Kopfballstoßes aus der Drehung. Die Drehung in die beabsichtigte Stoßrichtung erfolgt beim einbeinigen Absprung erst nach dem Abdruck vom Boden. (Fotos 239, 240, 241, 242). In Wettkampfsituationen wird in der Regel zum Abstoß das sprungstärkere Bein eingesetzt. Zum Erlernen sollte der Absprung von dem der Stoßrichtung näheren Bein erfolgen.

Trainingsziele:

- Den Ball mit der Stirn treffen.

- Den anfliegenden Ball anschauen und nach dem Köpfen nachschauen.

- Flugkurve des Balls richtig einschätzen lernen.

- Auf rechtzeitigen Absprung achten.

- Nach dem Anlauf mit einem Bein abspringen und den Ball im höchsten Sprung-punkt erreichen. Stellungsspiel entsprechend einrichten.

- Zielgenauigkeit erreichen.

- Kopfballduelle bestehen; sich mit regelgerechtem Körpereinsatz durchsetzen.

Kinder sollten das Kopfballspiel mit leichten Bällen erlernen, um die natürliche Angst schnell zu überwinden. Dazu eignen sich Volleybälle, Softbälle und auch kleine Gym-nastikbälle.

So können schon 6-8-jährige Kinder mit dem Kopfballspiel vertraut gemacht werden.

Übungsangebote für das Training mit Kindern – U 8/U 7– U 10/U 9

- Sich selbst den Ball etwa 50 cm hochwerfen und ihn nach vorne oder wieder hochköpfen.

- Wer kann den Ball mehrmals hintereinander hochköpfen?

- Wer kann den selbst hochgeworfenen Ball zu einem Partner köpfen?

- Wer kann den vom Partner zugeworfenen Ball zurückköpfen?

- Welche Zweiergruppe kann den Ball mehrmals hintereinander hin- und herköpfen?

- Je zwei Spieler stehen in zwei 3-5 m entfernt stehenden, 4-6 m breiten Toren. Welches Paar erzielt mit dem Kopf innerhalb von 2-3 Minuten die meisten Tore?
  – Ball selbst hochwerfen und auf das gegenüberliegende Tor köpfen.
  – Der Partner wirft den Ball von schräg vorne zu.

Übungsangebot für das Training mit Fortgeschrittenen

- Je zwei Spieler mit einem Ball. Abstand zueinander 2-4 m. Der Ballbesitzer wirft seinen Ball so zum Partner, dass dieser ihn zurückköpfen kann.
  – Je 10 Bälle so werfen, dass sie aus dem Absprung mit beiden Beinen erreicht werden können.
  – Bälle in unterschiedlicher Höhe und Weite zuwerfen.
  – Bälle so zuwerfen, dass sie aus dem Absprung mit einem Bein zurückgeköpft werden können.

- Drei Spieler mit einem Ball stehen im Abstand von 5-8 m in Dreieckform. Der Ballbesitzer wirft den Ball zu seinem seitlich stehenden zweiten Mitspieler, der den Ball zum dritten Spieler köpft. Dieser fängt den Ball und wirft ihn dem ersten Spieler zu usw.
  - Bälle so zuwerfen, dass sie im Stand oder im Absprung mit beiden Beinen aus der Drehung zurückgeköpft werden können.
  - Bälle so werfen, dass sie aus dem Absprung mit einem Bein zurückgeköpft werden können.

- Je zwei Spieler stehen sich im Abstand von 20 m gegenüber. Es werden Bälle mit dem Fuß so gespielt, dass sie mit dem Kopf zurückgespielt werden können.

- Kopfball auf ein Tor mit Torhüter:
  An der Seitenlinie des Strafraums stehen 3-5 Spieler mit je einem Ball. Im Strafraum bewegen sich drei Spieler, einer am nahen, einer am entfernten Pfosten und einer am Strafstoßpunkt.
  Ruhende Bälle werden nacheinander von außen auf einen der drei Spieler geflankt, der auf das Tor köpfen soll.
  - Der Torhüter wehrt die Bälle nur auf der Torlinie ab.
  - Der Torhüter wehrt situationsgerecht ab.

- Wie vorher, jetzt kommt ein Abwehrspieler hinzu, der gegen die drei Angriffsspieler Abwehraufgaben erfüllen soll:
  - Bälle aus der Gefahrenzone köpfen.
  - Bälle möglichst nach außen köpfen.

- Handball-Kopfballspiel: 5 (6, 7) gegen 5 (6, 7) spielen in einem Feld doppelter Strafraumgröße auf zwei Tore mit Torhüter.
  - Ein Spieler wirft den Ball zu einem Mitspieler, der den Ball fangen soll und wieder zum nächsten Partner spielt, bis sich eine Chance zum Kopfballtor ergibt.
  - Tore können nur mit dem Kopf erzielt werden.
  - Fangen Gegenspieler den Ball ab, spielen sie in gleicher Weise auf das andere Tor.
  - Berührt der Ball den Boden, bekommt die andere Mannschaft den Ball.
  - Mit dem Ball nicht mehr als 3 Schritte laufen, sonst Ballverlust.

- Wie vorher, jetzt wird der zugeworfene Ball mit dem Kopf zu einem Mitspieler gespielt, der den Ball fangen muss und wieder zum nächsten Partner wirft, der nur köpfen darf usw. Regeln wie vorher.

- An den Eckpunkten (A) und (B) Strafraumseitenlinie-Torlinie stehen je zwei (drei) Spieler mit mehreren Bällen. Je zwei (drei) weitere Spieler stehen an den Punkten (B1) und (A1) vor dem Strafraum. (Abb. 161)
  Ein Spieler von Position (A) flankt einen Ball so in den Strafraum, dass ein Spieler von Position (B1) nach kurzem Anlauf auf das Tor mit Torhüter köpfen kann.

Danach läuft dieser Spieler weiter auf Position A und Spieler von Position (A) auf Position (A1). Dann flankt ein Spieler von Position (B) einen Ball so, dass ihn ein Spieler von Position (A1) nach Anlauf auf das Tor köpfen kann, der danach auf Position (B) läuft, während der Spieler, der den Ball geflankt hat, auf Position (B1) startet; usw.

Abb. 161

Wenn Bälle so in den Strafraum geflankt werden, dass sie nicht mit dem Kopf erreicht werden, können sie auch auf das Tor geschossen werden.

Beim Kopfballspiel stets versuchen, mit einem Bein abzuspringen und den Ball zielgenau in das Tor zu köpfen.

Hechtkopfballstoß

Knie- bis hüfthoch in den Strafraum gespielte Bälle können durch einen Flugkopfball auf das Tor gestoßen werden. Der Schütze muss in Bruchteilen von Sekunden entscheiden, ob er den Hechtsprung ausführen kann, ohne sich oder andere Spieler zu gefährden. Der Absprung erfolgt aus dem Stand oder nach energischem Antritt bei abgesenktem Oberkörper von einem Bein. (Fotos 243, 244, 245, 246) In der Flugphase wird der Kopf so fixiert, dass der Ball angeschaut und mit der Stirnfläche getroffen werden kann; dabei ist die gesamte Körpermuskulatur angespannt. Die nach vorn gestreckten Arme fangen in der Landephase den Schwung des Körpers weich ab.

Der Hechtkopfstoß wird angewendet bei Bällen, die flach hereingespielt werden. Er erfordert eine gut ausgebildete Oberkörpermuskulatur und Gewandtheit, um das Gewicht des Körpers nach dem Sprung aufzufangen, ohne sich zu verletzen.

* Ein Torhüter wirft einem 5-10 m entfernt stehenden Spieler den Ball so zu, dass er im Hechtsprung auf das Tor köpfen kann.

* Bälle werden nacheinander von rechts und von links auf einen 10 m vor dem Tor stehenden Spieler so geflankt, dass dieser im Hechtsprung auf das Tor köpfen kann.

Kopfballtraining am Pendel

Einige Trainer lehnen ein Kopfballtraining am Pendel mit der Begründung ab, dass sich die Flugkurve des pendelnden Balls von derjenigen des geflankten oder geworfenen Balls erheblich unterscheide und deshalb das Training nicht der realen Spielsituation entspreche. Das ist unbestritten. Es steht bei einem Training am Kopfballpendel aber nicht das Üben in einer echten Spielsituation im Vordergrund, sondern in erster Linie das intensive Verbessern des technischen Bewegungsablaufs des Kopfballspiels.

Im Anschluss an ein Kopfball-Pendeltraining muss das Kopfballspiel im Anwendungsbereich spielgerechter Situationen geschult werden.

Es gibt weitere Gründe für ein zusätzliches Kopfballtraining am Pendel. Es bietet zum einen die Möglichkeit, die Angst vor dem Kopfballspiel abzubauen, indem Spieler sich auf den gleichmäßig pendelnden Ball einstellen und zudem die Wucht des Balls selbst bestimmen können. Des Weiteren kann hier die richtige Bewegung durch eine Vielzahl von Kopfbällen in einer geringen Zeitspanne geschult werden, vor allem das „Timing", also der Absprung zum richtigen Zeitpunkt und das Treffen des Balls im höchsten Punkt des Sprungs. Das Gleichmaß des pendelnden Balls gewährleistet weiterhin ein sicheres „Einschleifen" einer korrekten Bewegungsausführung.

Ein weiterer positiver Faktor bei der Pendelarbeit ist die Verbesserung der spezifischen Sprungkraft. Durch das Einstellen der Höhe des Balls und durch Abstimmung von Übungsintensität und Übungsdauer lassen sich auch Schnellkraft und Kraftausdauer schulen.

Einstellen der Ballhöhe

Den Ball mit leicht gebeugten Armen festhalten und die Leine fixieren für Sprünge aus dem Stand; den Ball mit gestreckten Armen festhalten für Sprünge aus dem Anlauf. Zur Schulung der Schnellkraft muss der Ball so hoch hängen, dass er im Sprung gerade noch mit der Stirn in seinem Zentrum getroffen wird. Es sollen 8-10 Sprünge in 3-4 Serien erfolgen. (Zur Schulung der Kraftausdauer muss der Ball so hoch hängen, dass 15-25 Sprünge in 3-4 Serien möglich sind.)

Übungsangebot

- Köpfen aus dem Stand gegen einen kopfhoch hängenden Ball. Den zurückpendelnden Ball sofort wieder köpfen.
- Sprungkopfball: Aus dem Stand zum Ball springen und köpfen. Einige Zwischenschritte auf der Stelle durchführen und den zurückpendelnden Ball erneut köpfen.
  – Dem Ball wenig Schwung geben.
  – Mit Wucht köpfen.
- Sprungkopfball aus dem Anlauf und Absprung mit einem Bein. Nach dem Sprungkopfball weich landen, einige Schritte weiterlaufen und nach einer halben Drehung erneut zum Kopfball anlaufen.

- Wie vorige Übung, aber jetzt laufen 2-3 Spieler hintereinander zum Ball und köpfen den zurückpendelnden Ball aus dem Sprung. Danach von der anderen Seite.
- Absprung aus dem Stand mit beiden Beinen. Der erste Kopfballstoß erfolgt geradeaus, der zweite im rechten Winkel nach links, danach wieder geradeaus und im rechten Winkel nach rechts.
- Wie vorige Übung, aber jetzt aus dem Anlauf und Absprung mit einem Bein.
- Spieler A köpft den Ball aus dem Anlauf nach vorn; Spieler B springt dem Ball entgegen und stoppt ihn mit der Stirn ab. Dann läuft erneut A zum Köpfen an, und B stoppt den Ball wieder. Nach dem Köpfen einige Schritte weiterlaufen und von der anderen Seite köpfen.

Bewegungsformen ohne Ball – Abwehr

Die Abwehrtechniken sollten mit allen Spielern trainiert werden, damit sie den vielfältigen Anforderungen des Fußballspiels gewachsen sind.

Die Abwehrspieler müssen auf Angriffe der ballbesitzenden Mannschaft reagieren, um die Angriffsaktionen abzuwehren und um selbst in Ballbesitz zu kommen. Dazu ist neben einem zweckmäßigen taktischen Abwehrverhalten, wie Stellungsspiel, Wählen des richtigen Zeitpunkts der Abwehraktionen, auch eine gute Abwehrtechnik erforderlich. Besonders dribbelstarke Spieler im Ballbesitz zwingen zu einer spezifischen Lauftechnik und zu einem den Gegenspielern angepassten Abwehrverhalten, um nicht überspielt zu werden und um den Ball zu erkämpfen.

Laufen
Gegen schnelle, ballgewandte Dribbler kann ein Überspielen durch geschicktes, leichtfüßiges Rückwärtslaufen vermieden werden. Die Abwehrspieler müssen lernen, sich der Laufgeschwindigkeit des Dribbelnden anzupassen, ihn durch geschicktes Stellungsspiel zur Seite abzudrängen und selbst Abwehrfinten einzusetzen. Nicht selten legen sich dann die Ballbesitzer den Ball zu weit vor und geben damit dem Abwehrspieler Gelegenheit, in Ballbesitz zu kommen bzw. den Ball wegzuspielen. Regeln beachten, Fouls und gefährliches Spiel vermeiden.

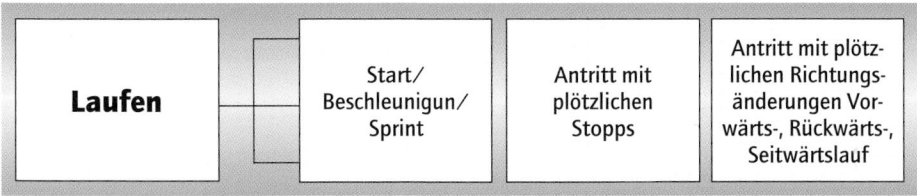

Laufen		Start/Beschleunigun/Sprint	Antritt mit plötzlichen Stopps	Antritt mit plötzlichen Richtungsänderungen Vorwärts-, Rückwärts-, Seitwärtslauf

Abb. 162: Laufen

Abblocken des Balls

Mit **Tackling** werden verschiedene Techniken der **Ballabnahme** bezeichnet. Die konzentrierte Beobachtung von Ball und Gegner, das präzise Abpassen des richtigen Zeitpunkts zum Eingreifen und ein schneller Bewegungsablauf sind wichtige Voraussetzungen für ein erfolgreiches Tackling. (Fotos 247, 248, 249, 250)

Die Art des im Zweikampf angewendeten Tacklings ist situationsabhängig. Ein Gleittackling sollte zum Beispiel nur dann angewendet werden, wenn der Abwehrspieler sicher ist, dass er damit den Ball blocken, ihn aus der Gefahrenzone befördern oder in Ballbesitz kommen kann.

Bei der gebräuchlichsten Form des Gleittacklings läuft der Abwehrspieler seitlich auf gleicher Höhe bzw. etwas hinter dem ballführenden Angriffsspieler. (Fotos 251, 252, 253, 254) Im Moment, in dem dieser sich den Ball etwas zu weit vorlegt, versucht der Abwehrspieler, mit dem Spielbein flach zum Ball gleitend, diesen seitlich wegzustoßen. In der Gleitphase wird der Körper etwas zur Seite gedreht.

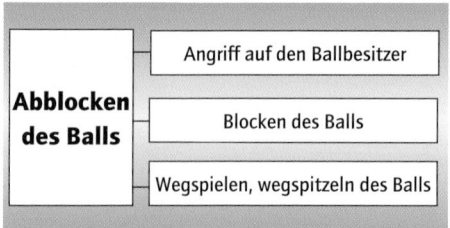

Abb. 163: Abblocken des Balls

Der auf den Abwehrspieler zudribbelnde Spieler wird dagegen in bewegungsbereiter Stellung bei tief gelagertem Körperschwerpunkt sich seitwärts-/rückwärtsbewegend erwartet. in dem Moment, in dem eine Chance besteht, den Ball zu erreichen, schnellt der Abwehrspieler mit einem Bein in Richtung Ball, um ihn abzublocken oder wegzuspitzeln.

Ein gutes Stellungsspiel, das „Ablaufen" des Balls und die Bekämpfung des Ballbesitzers im Stand bzw. Lauf hat grundsätzlich Vorrang vor dem Tackling am Boden.

Körpereinsatz

Im Kampf um den Ball müssen Abwehrspieler ihren Körper so einsetzen, dass der Ball ohne Foulspiel erobert werden kann. Dabei ist auch ein Rempeln mit angelegten Armen, bei dem der Gegner aus dem Gleichgewicht kommen kann, ein erfolgreiches Mittel. Die Aufwendung physischer Kraft sollte immer das Ziel haben, den Ball zu erobern bzw. zu sichern. Fußball ist eine Kampfsportart. Der Körpereinsatz im 1 gegen 1 am Boden und auch beim Kopfballduell in der Luft soll grundsätzlich im Rahmen der Regeln bleiben. Eine fundierte und vielseitige Ausbildung im Abwehrverhalten Mann gegen Mann für alle Feldspieler ist deshalb das Anliegen jedes verantwortungsbewussten Trainers. Einen Gegenspieler bei der Ballannahme zu stören, um die Ballkontrolle zu unterbinden bzw. zu verhindern, erfordert vom Abwehrspieler ein schnelles Erkennen des Zeitpunkts und der Aktionsform, mit der der Gegenspieler angespielt werden soll.

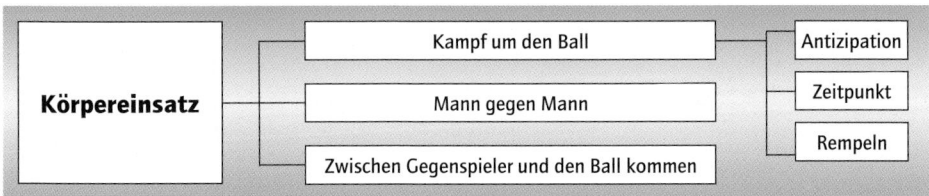

Abb. 164: Körpereinsatz

Startet der Abwehrspieler rechtzeitig mit dem Angriffsspieler zum zugespielten Ball, dann hat er die Möglichkeit, durch regelgerechtes Rempeln Schulter an Schulter eine sichere Ballannahme zu verhindern bzw. selbst in Ballbesitz zu kommen. Wird der Ball so „in den Fuß" des Gegenspielers gepasst, dass dieser ihn, mit dem Körper abschirmend, zur Seite an- und mitnehmen kann, dann muss der Abwehrspieler durch geschickte Laufarbeit versuchen, ein Weiterspielen des Balls abzublocken. Der Moment, in dem sich der Gegenspieler mit dem Ball dreht, ist für das Abblocken sehr günstig. Dribbelt der Gegenspieler weiter, kann gegebenenfalls auch durch ein seitliches „Sliding-Tackling" der Spielfluss unterbrochen werden.

Abwehrverhalten beim Zusammenspiel des Gegners

Ein guter Abwehrspieler zeichnet sich dadurch aus, dass er frühzeitig erkennt, wann ein Abspiel durch den Gegner erfolgen und wohin der Ball gespielt werden kann. Ziel ist es, durch einen explosiven Antritt vor dem Gegenspieler an den Ball zu kommen.

Antrittsschnelle und geschickte Abwehrspieler erreichen einen Pass vor dem Angriffs-spieler und können so einen erneuten Angriff für die eigene Mannschaft einleiten. (Fotos 255, 256, 257, 258, 259)

Schafft der Abwehrspieler es nicht, erreicht er aber den Ball noch gleichzeitig mit dem Angriffsspieler, dann sollte der Ball im Tackling abgeblockt bzw. aus dem Gefahrenbe-reich befördert werden.

Springen

Abwehrverhalten bei der Kopfballabwehr
Springen kommt in der Regel nur beim Kopfballspiel vor. Der Abwehrspieler muss mit beiden Beinen aus dem Stand oder mit einem Bein nach einem Anlauf kräftig absprin-gen und den Ball im höchsten Sprungpunkt zielgenau zu einem Partner oder so weit wie möglich aus der Gefahrenzone köpfen: Der Ball muss dabei voll mit der Stirn ge-troffen werden. Oft genügt allerdings schon ein Berühren des Balls mit dem Kopf, um die durch den Gegenspieler „berechnete" Flugbahn des Balls zu verändern und so zu verhindern, dass er an den Ball kommt.

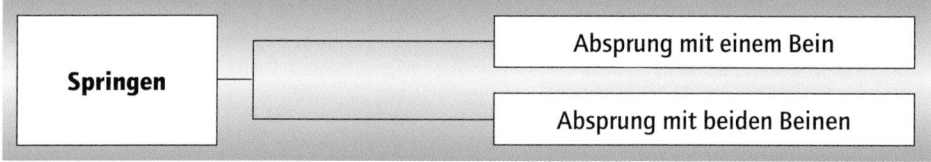

Abb. 165: Springen

Torhütertraining

Der Torhüter nimmt im Fußballspiel eine besondere Stellung ein, da er den Ball im Strafraum mit den Händen spielen darf. Er ist das letzte Glied in der Abwehrkette. Oft hängen Sieg oder Niederlage eines Spiels allein von seinen physischen Fähigkeiten, dem Niveau seiner technischen und taktischen Fähigkeiten sowie seiner psychischen Stabilität ab.

Ein Torhüter benötigt spezifisches Einzeltraining sowohl im konditionellen als auch im technisch-taktischen Bereich. In Junioren- und Amateur-Seniorenmannschaften sollte jeder Torhüter mindestens 2 x pro Woche ein spezifisches, auf seinen Ausbildungs-stand abgestimmtes Training mit folgenden Schwerpunkten absolvieren:

- Spezielle Verbesserung der Sprungkraft, Beweglichkeit und Gewandtheit durch Stabilisationstraining.

- Schulung und Optimierung der verschiedenen Techniken und des Stellungsspiels durch ein vielseitiges Übungsangebot, aus dem einzelne Elemente häufig wieder-holt werden.

Oftmals wird das Torhütertraining mit dem Torschusstraining der anderen Spieler ver-bunden. Diese Form kann jedoch nur eine sinnvolle Ergänzung des Torhütertrainings darstellen.

Aufnehmen des Balls

Frontal auf den Torhüter zurollende Bälle nimmt dieser mit relativ enger Fußstellung auf. (Fotos 260, 261, 262, 263).

Bei seitlich flachen, nicht zu hart gespielten Bäl-len muss er durch Seitwärtsschritte Position hin-ter dem Ball beziehen. (Fotos 264, 265, 266)

Das Aufnehmen des frontal ankommenden Balls geschieht, indem sich der Torhüter ohne Beugen der Knie nach vorn neigt und die gestreckten Arme mit schräg zum Bo-den zeigenden Handflächen dem Ball entgegenführt. Die Finger der Hände sind ge-spreizt. Der Ball wird an den Körper gezogen und vor der Brust gesichert.

Fehler und Korrekturhinweise

- Bei der Aufnahme seitlich heranrollender Bälle wird der Körper nicht hinter den Ball gebracht:

– Konzentration auf die richtige Stellung zum Ball.

– Mit schnellen Seitwärtsschritten hinter den Ball kommen.

Fangen des Balls

Ein sicheres Fangen und Abschirmen des Balls mit dem Körper ist die effektivste Abwehrmaßnahme des Torhüters. Die Bewegungsstruktur beim Fangen hüfthoher, kopfhoher und sprunghoher Bälle weist nur geringfügige Modifikationen auf. Der Torhüter führt dem hüfthoch heranfliegenden Ball die Hände schaufelförmig entgegen; die Handrücken zeigen zum Boden, die Finger sind gespreizt. Bei kopf- und sprunghohen Bällen zeigen die Handrücken bei ebenfalls gespreizten Fingern nach oben außen. Der Ball wird zur Sicherung an den Körper gezogen. (Fotos 267, 268, 269, 270)

Bei Bällen, die nach Anlauf im Sprung gefangen werden, erfolgt der Absprung mit einem Bein. Fehlt dem Torhüter in bedrängter Situation der Platz zum Anlauf, so springt er auch mit beiden Beinen ab oder nach einem kurzen Ausfallschritt. (Fotos 271, 272, 273, 274, 275, 276, 277)

Fehler und Korrekturhinweise

- Fehlerhaftes Fassen des Balls, die Hände sind nicht seitlich hinter dem Ball, die Finger werden zu wenig gespreizt.
  - Bälle hoch zuspielen, auf korrekte Haltung der Hände achten.

Seitliches Abrollen

Seitlich vom Torhüter flach anrollende bzw. aufspringende Bälle werden durch seitliches Abrollen des Körpers gefangen. (Fotos 278, 279, 280, 281) Der Körper wird dabei zur Sicherung des Tors hinter den Ball gebracht. Bei dieser Bewegungsart rollt der Torhüter über Unterschenkel, Oberschenkel, Hüfte und Oberkörperseite ab, wobei die Arme vor dem Körper bleiben, um den Ball sicher fassen zu können. Muss der Körper maximal bis in die Arme gestreckt werden, um den Ball zu erreichen, so greift die untere Hand hinter den Ball und die andere zur Sicherung von oben auf den Ball.

Fehler und Korrekturhinweise

- Der Torhüter fällt auf den Ball.
  - Körperschwerpunkt absenken, frühzeitig abrollen, den Körper hinter den Ball bringen.
- Der Torhüter stützt sich in der Landephase auf dem Ball ab.
  - Auf die Landung konzentrieren, den Ball mit beiden Händen sichern und an den Körper ziehen.

Springen und Hechten

Seitlich herannahende Bälle, die der Torhüter weder durch Seitwärtsschritte noch durch Abrollen erreichen kann, werden mit einem Hechtsprung gefangen oder abgewehrt. Dabei stößt sich der Torhüter kräftig vom Boden ab. Während des Flugs ist der Körper gespannt. Die Handflächen werden hinter den Ball gebracht. (Fotos 282, 283, 284, 285, 286)

Mit dem Fangen des Balls beginnt die Vorbereitung zur Landung, die über die Seitenfläche des Oberkörpers, Hüfte und Oberschenkel erfolgt. Die in den Ellbogen gebeugten Arme sichern den Ball dabei vor der Brust.

Werde Bälle so hoch in Richtung Tor geschossen, dass der Torhüter sie nicht mit beiden Händen fangen kann, besteht die Möglichkeit, durch Übergreifen mit der vom Ball entfernten Hand den Ball am Tor vorbei oder über das Tor zu lenken. (Fotos 287, 288, 289)

Fausten des Balls

Bei scharf geschossenen Bällen aus kurzer Entfernung oder in Situationen, in denen dem Torhüter die Sicht verdeckt ist und er reflexartig reagieren muss, kann oftmals nur durch Faustabwehr ein Tor verhindert werden.

Wird der Torhüter im Sprung bei zu hoch in den Strafraum geflankten Bällen von Gegenspielern eng bedrängt, so kann er aus Sicherheitsgründen als Alternative zum Fangen die Faustabwehr wählen. Zum beidarmigen Fausten sind die Fäuste mit ihren Innenflächen aneinandergelegt; die Handrücken zeigen nach außen. Der Stoß erfolgt nach einbeinigem oder beidbeinigem Absprung im höchsten Punkt des Sprungs kräftig von der Brust weg schräg aufwärts zum Ball. (Fotos 290, 291)

Bei der seltener angewandten einarmigen Faustabwehr erfolgt der Stoß wuchtig aus der zurückgenommenen Schulter mit dem Arm, der dem Ball näher ist. Getroffen wird der Ball mit den Fingergrundgelenken der zur Faust geschlossenen Hand. (Fotos 292, 293)

Fehler und Korrekturhinweise

- Der Ball wird bei der Abwehr mit einer Faust nicht voll getroffen, die Faust dreht mit dem Handrücken nicht nach innen.
  - Hohe Bälle von der Seite des Stoßarms überkopfhoch zuwerfen.
  - Die Faust kurz vor dem Treffpunkt so drehen, dass die Handoberfläche zu sehen ist.
  - Üben am Ballpendel.
- Der Ball wird nicht weit genug weggefaustet.
  - Den Kraftstoß im richtigen Moment durch explosives Strecken der (des) Arme(s) erhöhen.

Ablenken des Balls

Das Ablenken des Balls wird in Situationen angewendet, in denen der Ball nicht mehr gefangen oder gefaustet werden kann. Steil von oben einfallende oder seitlich hoch heranfliegende Bälle können oft nur durch ein Ablenken im Rückwärtslaufen oder im Sprung über die Querlatte oder am Pfosten vorbei pariert werden. (Fotos 294, 295, 296, 297)

Bei dieser Technik wird der Ball meist bei voller Streckung bzw. Überstreckung des Körpers mit der Innenfläche der Hand, manchmal nur noch mit den Fingerspitzen, vom Tor weggelenkt.

Bei frontal und seitlich in den Strafraum dribbelnden Gegenspielern muss der Torhüter durch Herauslaufen und entsprechendes Stellungsspiel das Tor verkleinern. (Fotos 298, 299, 300, 301)

Fehler und Korrekturhinweise
- Zu frühes Agieren durch Springen und Abtauchen:
  - Nicht auf Finten des Ballbesitzers reinfallen, nur auf den Ball schauen.
  - „Sich breit" machen und lange stehen bleiben.
  - Bälle abprallen lassen bzw. ablenken.

Abspielen des Balls

Die Einleitung eines Angriffs vom Torhüter erfolgt durch einen Abstoß oder Abschlag, nach Abfangen des Balls häufig durch einen Abwurf. Der Torhüter kann den Ball seinen Mitspielern zurollen bzw. durch einen Schlagwurf oder einen Schleuderwurf ins Spiel bringen. (Fotos 302, 303, 304, 305)

Methodische Übungsreihe zur Verbesserung der Torhütertechniken

1. Ein Spieler passt Bälle nacheinander flach, halbhoch und überkopfhoch in Richtung auf den Torhüter, der die Bälle aufnimmt oder fängt und zurückrollt. (Foto 306)

2. Wie (1), aber die Bälle werden jetzt dem Torhüter in Überkopfhöhe zugeworfen.
   a) Zum Fangen und Fausten aus dem Sprung.
   b) Im Wechsel kurz, lang, flach und hoch.

3. Ein Spieler steht 2-3 m vor dem sitzenden Torhüter. Die seitlich rechts und links zugeworfenen Bälle fängt der Torhüter im Abrollen über die rechte und linke Seite.

4. Wie (3), aber jetzt fängt der Torhüter die Bälle bei seitlichem Abrollen aus dem Hockstand.

5. Wie (4), aber der Torhüter steht bewegungsbereit in den Kniegelenken leicht gebeugt im Tor und fängt die seitlich zugeworfenen Bälle im seitlichen Abrollen.

6. Wie (5), aber die Bälle werden so geworfen, dass der Torhüter zum Fangen vom Boden abspringen muss. (Fotos 307, 308, 309)

7. Der Torhüter steht 2-3 m vor der Torlinie. Die Bälle werden so weit nach rechts und links hoch zugeworfen, dass sie über die Querlatte gelenkt werden müssen.

8. Zwei Spieler schießen Bälle abwechselnd flach, hoch, scharf und mit Effet aus 16-20 m Entfernung auf das Tor. Der Torhüter soll die Bälle fangen, fausten oder am Tor vorbeilenken.

9. Von den Seitenlinien eines Fußballfelds flankt ein Spieler nacheinander 10-15 Bälle in den Strafraum. Der Torhüter soll die Bälle
   a) fangen und zum Schützen zurückwerfen;
   b) beidarmig oder einarmig zu einem im Spielfeld stehenden Spieler fausten.

10. Wie (9); aber jetzt stehen vor dem Tor 3-5 Angreifer. Der Torhüter verhindert durch Fangen oder Fausten Torerfolge.

11. Der Torhüter schießt 10-12 Bälle als Abstoß nacheinander auf einen Spieler, der sich an der Mittellinie bewegt.

12. Wie (11), aber jetzt werden Bälle vom Torwart abgeschlagen und abgeworfen.

Übungsangebot zum Torhütertraining

Leichte Laufarbeit, Stretching und Stabilisationsübungen zum Aufwärmen.

1. Der Torhüter wirft einen Ball hoch und fängt ihn wieder, nachdem er folgende Aktionen durchgeführt hat:
   – Eine Drehung um die Längsachse.
   – Zwei Liegestütze.
   – Eine Rolle vorwärts (rückwärts).
   – Zwei (drei) „Situps".
   Die einzelnen Aktionen werden etwa 8-10 x durchgeführt. Der Ball wird nur so hoch geworfen, dass eine schnelle Ausführung der Übungen erzwungen wird.

2. Ein Spieler steht 2-3 m vor dem Torwart. Er lässt den Ball rechts oder links so fallen, dass der Torhüter ihn vor der ersten Bodenberührung nur durch einen schnellen Antritt oder Sprung fangen kann.

3. Ein Spieler wirft einen Ball dem in Bauchlage befindlichen Torwart aus 3-4 m Entfernung 4-5 m hoch zu. Der Torhüter steht auf und fängt den Ball im Sprung.

4. Der Torhüter liegt auf seiner linken Seite mit angewinkelten Beinen. Ein Spieler wirft einen Ball zur rechten Seite halbhoch. Der Torhüter steht schnell auf und hechtet nach dem Ball. Danach wird der Ball zur anderen Seite geworfen.

5. Der Torhüter steht mit dem Rücken zum Spieler. Auf Zuruf und gleichzeitigen Wurf eines Balls nach rechts oder links dreht sich der Torhüter, um den Ball zu fangen.

6. Der Torhüter wirft einen Ball hoch; gleichzeitig wirft ein Spieler einen Ball zum Torwart, der ihn fangen und direkt zurückspielen soll, um seinen eigenen Ball fangen und erneut hochwerfen zu können usw.

7. 6-7 m vor dem Tor wirft ein Spieler Bälle nacheinander 4-5 m hoch. Der Torhüter startet aus dem Tor und fängt die Bälle.

8. Zwei Spieler stehen auf der Höhe der Torpfosten 2-3 m im Spielfeld. Der Trainer ruft einen der Spieler, der seinen Ball senkrecht hochwirft. Der Torhüter startet zum Ball und fängt ihn. Nachdem er auf seine Ausgangsposition in der Mitte des Tors zurückgegangen ist, erfolgt der nächste Aufruf. Derselbe Spieler kann auch mehrmals hintereinander gerufen werden. Der Torhüter wirft die gefangenen Bälle zu den Spielern zurück.

9. 8-10 Spieler stehen an der Strafraumgrenze. Der Erste schießt auf das Tor, der Zweite dribbelt auf den Torhüter zu, der Dritte schießt, der Vierte dribbelt etc. Zwischen dem Dribbeln und dem Schießen muss so viel Zeit bleiben, dass der Torhüter seine Grundstellung zwischen den Torpfosten wieder einnehmen kann (kein „Pressuretraining").

10. Von den Seitenlinien eines Felds werden abwechselnd von links und rechts Bälle hoch in den Strafraum geflankt. Der Torhüter fängt die Bälle und wirft sie zu den Spielern zurück.

11. Wie (10), aber zusätzlich steht 20 m vor dem Tor ein weiterer Spieler mit einigen Bällen. Es wird im Wechsel von den drei Positionen in den Strafraum geflankt oder auf das Tor geschossen.

12. Wie (11), aber im Strafraum bewegen sich 3-4 Angreifer, die die hereingeflankten Bälle auf das Tor schießen oder köpfen sollen. Bei den frontal auf das Tor geschossenen Bällen sollen die Angreifer dem Torhüter die Sicht zum Schützen erschweren, ohne die Bälle abzufälschen.

13. Ein Torhüter steht im Tor, ein anderer 5 m vor dem Tor. Beide Torhüter erhalten die Aufgabe, hereingeflankte Bälle zu fangen.

14. Wie (13), aber der auf der Torraumlinie stehende Torhüter soll jetzt versuchen, die Bälle mit der offenen Hand in das Tor zu lenken, der andere soll das verhindern.

15. Im Strafraum bewegen sich vier Angreifer mit ihren Gegenspielern. Von einer Seite werden nacheinander Bälle vor das Tor geflankt. Sobald der Torhüter einen Ball gefangen hat, starten die Abwehrspieler in Richtung Mittellinie. Der Torhüter wirft einem in den freien Raum gespurteten Spieler den Ball in den Lauf.

TAKTIK

Die Grundidee des Fußballspiels liegt in der einfachen und klaren Zielsetzung, Tore in der gegnerischen Spielfeldhälfte zu schießen und in der eigenen zu verhindern. Aus dieser Polarität entwickelt sich das gesamte Spielgeschehen.

Unter dem Begriff **Taktik** werden alle organisierten Maßnahmen verstanden, die darauf ausgerichtet sind, die Spielziele zu erreichen.

Im Einzelnen fallen darunter allgemeine und positionsspezifische, individuelle und kollektive Aktivitäten im gesamtmannschaftlichen Rahmen. Man unterscheidet, den Intentionen des Spiels entsprechend, taktische Maßnahmen für den Angriff und für die Abwehr. Grundlage des taktischen Handelns sind individuelle Fertigkeiten und Fähigkeiten sowie spielbezogenes, kooperatives Handeln.

Strategie bedeutet Planung und Taktik Vollzug des Geplanten. Ein solches Planungs- und Entscheidungssystem liegt beim einzelnen Spieler (**Individualtaktik**), bei Teilen der Mannschaft (**Gruppentaktik**) und bei der gesamten Mannschaft (**Mannschaftstaktik**). Der Komplex der auf ein Spiel bezogenen, geplanten und durchgeführten taktischen Maßnahmen wird mit **Spieltaktik** bezeichnet.

Die **Individualtaktik** umfasst alle Maßnahmen des einzelnen Spielers, die sich aus den vielfältigen Angriffs- und Abwehrsituationen ergeben. Das Beherrschen dieser Maßnahmen in der Spielerkonstellation 1:1 bildet die Basis für eine effektive Gruppen- und Mannschaftstaktik.

Von **gruppentaktischen** Maßnahmen spricht man dann, wenn das Handlungsfeld durch andere Angriffs- und Abwehrspieler erweitert wird. Als Gruppentaktik werden alle Maßnahmen verstanden, die zur Bewältigung der Spielsituationen erforderlich sind, die durch die Spielerkonstellation 2:2 oder durch größere Gruppierungen entstehen. Im Vergleich zum 1:1 wird eine vielfältigere Abstimmung der Spielaktionen unter räumlichen und zeitlichen Gesichtspunkten erforderlich.

In der **Mannschaftstaktik** werden die Angriffs- und Abwehrmaßnahmen aller Spieler einer Mannschaft aufeinander abgestimmt. Sie baut auf individual- und gruppentaktischen Fähigkeiten und Kenntnissen auf und orientiert sich zudem an den Stärken und Schwächen der einzelnen Spieler und der Mannschaftsblöcke.

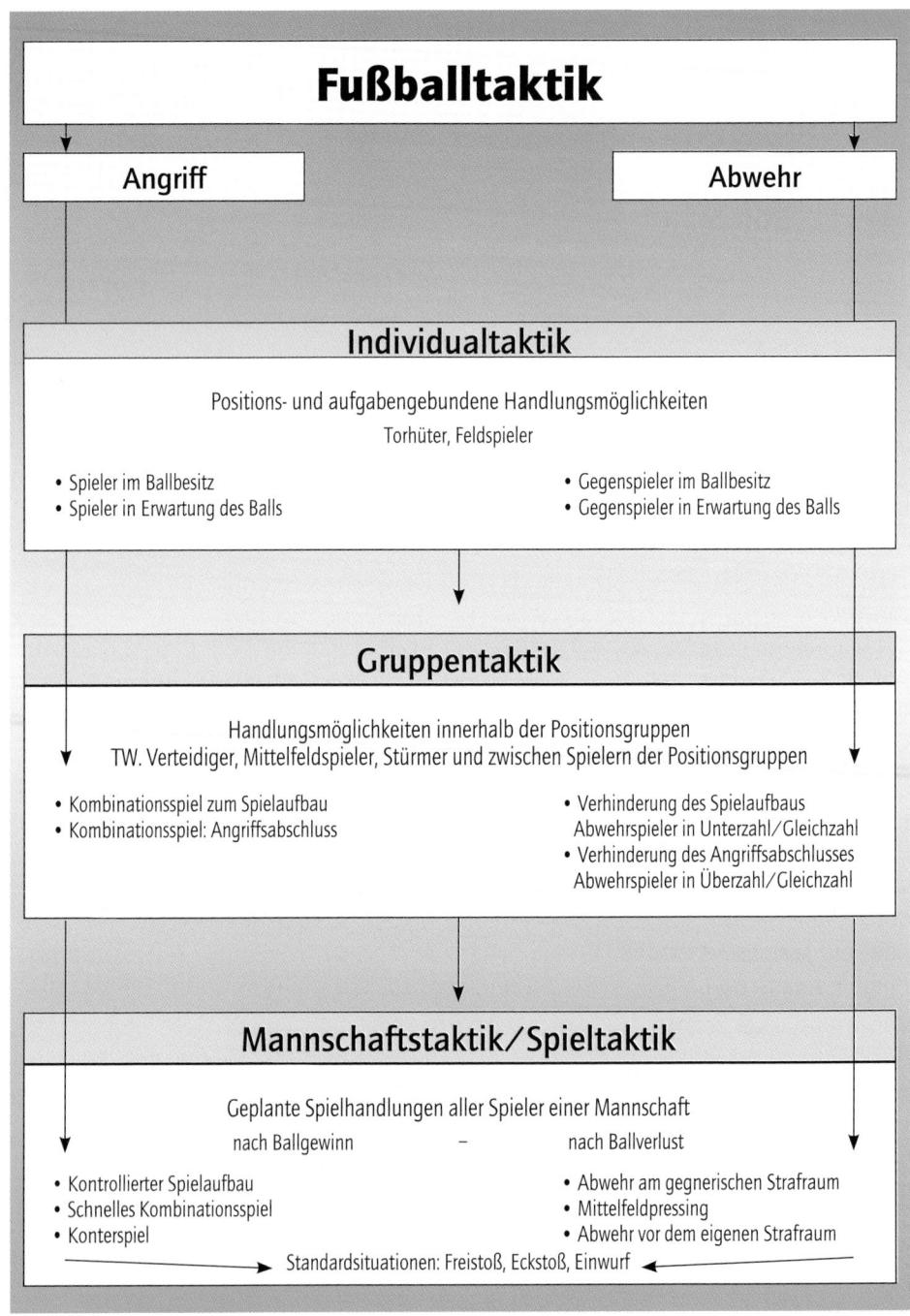

Fußballtaktik

| Angriff | Abwehr |

Individualtaktik

Positions- und aufgabengebundene Handlungsmöglichkeiten
Torhüter, Feldspieler

- Spieler im Ballbesitz
- Spieler in Erwartung des Balls

- Gegenspieler im Ballbesitz
- Gegenspieler in Erwartung des Balls

Gruppentaktik

Handlungsmöglichkeiten innerhalb der Positionsgruppen
TW. Verteidiger, Mittelfeldspieler, Stürmer und zwischen Spielern der Positionsgruppen

- Kombinationsspiel zum Spielaufbau
- Kombinationsspiel: Angriffsabschluss

- Verhinderung des Spielaufbaus
  Abwehrspieler in Unterzahl/Gleichzahl
- Verhinderung des Angriffsabschlusses
  Abwehrspieler in Überzahl/Gleichzahl

Mannschaftstaktik/Spieltaktik

Geplante Spielhandlungen aller Spieler einer Mannschaft

nach Ballgewinn   –   nach Ballverlust

- Kontrollierter Spielaufbau
- Schnelles Kombinationsspiel
- Konterspiel

- Abwehr am gegnerischen Strafraum
- Mittelfeldpressing
- Abwehr vor dem eigenen Strafraum

Standardsituationen: Freistoß, Eckstoß, Einwurf

Abb. 166: Fußballtaktik

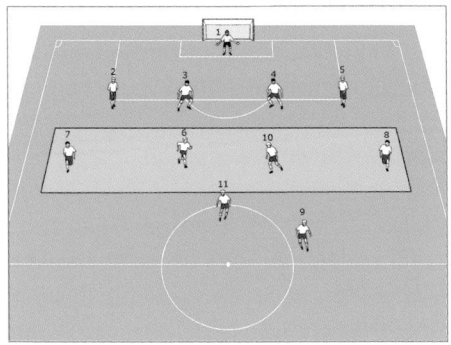

Abb. 167   *Abb. 168*

Die **Spieltaktik** bezieht sich auf die speziellen Erfordernisse eines Spiels. Ausgehend von der gesteckten Zielsetzung und dem Leistungsstand der eigenen Spieler, berücksichtigt die Spieltaktik die Besonderheiten der Gegenmannschaft und weitere Bedingungen, wie äußere Umstände, Tabellensituation, Art und Bedeutung des Spiels.

Taktik hat das Ziel, durch eine adäquate Abstimmung konditioneller und technischer Leistungsgrundlagen mit Kenntnissen und Fähigkeiten zur Spielgestaltung optimale Leistungen im Wettkampf zu erzielen. Die Vielfalt und Komplexität des taktischen Handlungsfeldes im Fußball veranschaulicht die Abbildung **Fußballtaktik**.

Spielsysteme werden allgemein als planvolle Grundordnungen von Mannschaftsformationen auf dem Spielfeld bezeichnet. Sie legen die Besetzung der einzelnen Spielpositionen fest, aus denen sich die Aufgabenbereiche der Spieler ableiten. Innerhalb dieser vorgegebenen Aufgaben bleibt den Spielern ein mehr oder weniger großer Entscheidungsspielraum zur Verwirklichung der Spielidee. Die Zahlenkombinationen, mit denen Spielsysteme bezeichnet werden, wie 4:4:2, 4:3:3, 3:5:2, sagen nur sehr wenig über die spezifischen Aufgaben der Spieler aus, sie besitzen einen groben Orientierungscharakter bezüglich der Besetzung der verschiedenen Positionsgruppen. Geplan-

Abb. 169   *Abb. 170*

te und durchgeführte Handlungen werden erst durch die Aktionen der Spieler sichtbar. Sie bestimmen das Spielsystem. Wandel und Modifikation sollten sich immer unter dem Aspekt der Ausgewogenheit von Angriffs- und Abwehraktionen vollziehen.

Gerade die Weltmeisterschaft 2006 in Deutschland zeigte eine Vielfalt an unterschiedlichen Handlungen in ähnlichen Systemen. So nutzten einige Trainer die Vierer-Mittelfeldformationen im 4:4:2-System als Abwehrbollwerk. Sie eröffneten das Spiel nach Ballbesitz mit langen Pässen auf die Spitze(n) und blieben mit drei oder gar vier Mittelfeldspielern in der eigenen Spielfeldhälfte. Andere Mannschaften spielten offensiver, indem zwei oder gar drei Mittelfeldspieler das Angriffsspiel durch Mitspielen bis vor das gegnerische Tor unterstützten. Obwohl viele Mannschaften mit der gleichen Grundformation spielten, konnte man eine große Flexibilität in der Spielanlage beobachten.

Systembeispiele: (Abb. 167, 168, 169, 170)

Taktische Handlungsfähigkeit

Grundlage für erfolgreiche Leistungen im Fußball sind neben technischen und konditionellen vor allem die **mentalen Fähigkeiten**. Die Einstellung der Spieler, ihr Einsatz- und Siegeswille, ihre Leidenschaft und Hilfsbereitschaft im Training und Wettspiel, sind Grundpfeiler für gute Leistungen. Training und Spiel dürfen nicht als Arbeit, als Belastung, empfunden werden. Eine positive Einstellung bildet die Grundlage für Leistung und Lernerfolge. Die Voraussetzungen müssen Trainer durch ein zielgerichtetes, wettspielbezogenes Training schaffen.

Voraussetzungen planvollen und zielgerichteten taktischen Handelns sind:
* Ein hohes Niveau technomotorischer Fertigkeiten auf breiter Basis. Dieses wird erreicht durch Entwicklung und Vervollkommnung der technischen Fertigkeiten und deren Anwendung in realitätsnahen Wettspielsituationen.
* Antizipation (Voraussehen, gedankliche Vorwegnahme) von Spielsituationen und Handlungsentscheidungen der Mit- und Gegenspieler im rasch wechselnden Wettkampfgeschehen. Dazu müssen im Training realitätsnahe Wettkampfsituationen geschaffen werden.

Die Hauptphasen der taktischen Handlung sind:
* Wahrnehmung und Analyse der Spielsituation (Überblick verschaffen und die Informationen einordnen).
* Gedankliche Lösungsmöglichkeiten finden.

- Entscheidungen treffen.
- Technomotorisch ökonomisch und effizient handeln.

Die Schulung der taktischen Handlungen erfolgt durch folgende Faktoren:
- Systematisches, den Altersstufen angemessenes Training technisch-taktischer Schwerpunkte im Kindes- und Jugendalter.
- Reflexion der Handlungsvollzüge, häufige Wiederholungen, wechselnde Aufgabenstellungen, leistungsverbessernde Korrekturen. Zusätzlich werden in Spielbesprechungen und theoretischem Unterricht Handlungspläne dargestellt, erläutert und einsichtig gemacht, ferner Gruppendiskussionen und Gespräche mit einzelnen Spielern geführt.
- Die den Trainingsprozess in der Mannschaftssitzung oder in „Einzelgesprächen" begleitenden taktischen Informationen müssen präzise, einsichtig und nachvollziehbar sein. Sie geben Zielperspektiven vor mit entsprechenden Verhaltenskonsequenzen. Entscheidend ist, dass zwischen Trainer und Spielern ein Konsens hinsichtlich des Trainingsprogramms und der taktischen Marschroute im Wettkampf besteht. Identifikation mit den angestrebten Zielen und die Überzeugung, dass die geplanten Maßnahmen Erfolg versprechend sind, erweisen sich als unabdingbare motivationale Voraussetzung zur Erreichung guter und konstanter Wettkampfleistungen.
- Förderung sozialer Lernprozesse zur Festigung des Zusammenhalts und zur Verbesserung der Mannschaftsleistung.
- Videozusammenschnitte, Videolehrreihen, Filmstreifen, Abbildungen, Zeichnungen und Magnettafeln bieten sich als Hilfsmittel zur Schulung des taktischen Verhaltens an.

Lernziele für taktisches Handeln

Taktisches Lernen soll die Spieler anleiten und orientiert sich an folgenden Zielen:
- Einblick in Trainingsziele, Trainingsprozesse und in die Gesetzmäßigkeit der Leistungsentwicklung zu gewinnen.
- Die Fähigkeit zur Selbstbeobachtung und Selbstkontrolle zu entwickeln.
- Ihre soziale Stellung in der Mannschaft einordnen zu können.
- Eigene Überlegungen zur Effektivitätssteigerung des Trainings und zur Leistungsentfaltung im Wettkampf anzustellen.
- Ihre eigene Leistungsfähigkeit und augenblickliche Form sowie die Leistungsfähigkeit und Form ihrer Mitspieler realistisch einzuschätzen.

- Informationen hinsichtlich der Leistungsfähigkeit gegnerischer Spieler sowie der gegnerischen Mannschaft einzustufen und insbesondere die Stärken und Schwächen während des Wettkampfs zu registrieren und das eigene Verhalten darauf abzustimmen.

- Das eigene Wettkampfverhalten vorausschauend zu planen, dabei Alternativen und Handlungsspielräume einzubeziehen, um auf unerwartete Ereignisse reagieren zu können.

- Persönliche Interessen und Ambitionen den Belangen der Mannschaft unterzuordnen.

- Sich physisch, psychisch, insbesondere gedanklich auf den Wettkampf vorzubereiten, eine gute Wettkampfeinstellung zu erreichen und ein optimales Aktivierungsniveau anzustreben.

- Sich auf seine Mitspieler einzustellen.

- Sich auf äußere Bedingungen (Schiedsrichter, Platz- und Witterungsverhältnisse, Zuschauer etc.) einzustellen.

- Sich auf das Spiel zu konzentrieren und volles Engagement und höchste Konzentration zu zeigen.

- Auch bei sporadischen Misserfolgen, Fehlentscheidungen des Schiedsrichters, Provokationen durch Gegenspieler oder Zuschauer, Kritik durch Mitspieler oder den Trainer die Konzentration und eine gewisse „Gelassenheit" zu bewahren.

- Bestimmte Gefühlsregungen (Emotionen, Affekte) im Erleben von Erfolg und Misserfolg, in Stresssituationen, bei Enttäuschungen u. a. unter Kontrolle zu halten.

- Selbstvertrauen aufzubauen.

Durch Lernprozesse in der Taktik werden Spieler angeleitet und gefördert, Selbstständigkeit und Verantwortungsbewusstsein zu entwickeln, Mut zur Durchsetzung von Ideen und eine optimale psychische und physische Wettkampfeinstellung zu erlangen.

Anforderungen an den Trainingsprozess

- Im Schwierigkeitsgrad lösbare, leistungsherausfordernde Aufgaben stellen.

- Wettkampfgemäße Trainings- und Beanspruchungsformen wählen.

- Möglichst offene Aufgaben stellen, die Eigeninitiative fordern.

- Spielformen im Komplexitäts- und Schwierigkeitsgrad steigern.

- Durch Diskussion, Hinweise, Fragen, Korrekturen für aktive geistige Auseinandersetzung und Informationsrückkopplung sorgen.

- Theoretische Darlegungen und das taktische Training sind auf die flexible Anwendung taktischer Kenntnisse und Fähigkeiten in konkreten, wettkampfbezogenen Spielsituationen auszurichten.

Trainer müssen eine klare Vorstellung davon besitzen, welche Handlungsmöglichkeiten die Spieler in den beiden **spielbestimmenden Momenten** eines Wettspiels haben und welche Aufgaben damit verbunden sind: **im Moment des Ballgewinns und im Moment des Ballverlusts**.

Alle Spieler müssen durch Training auf diese beiden Grundsituationen im Spiel vorbereitet werden. Es werden nur die Mannschaften erfolgreich spielen, die möglichst viele Spieler in ihren Reihen haben, die die Fähigkeit besitzen, bei Ballgewinn schnell die richtigen Aktionen durchzuführen und sich an Angriffsaktionen vom Spielaufbau bis zum Angriffsabschluss aktiv zu beteiligen und die gleichermaßen wissen, welche Aufgaben sie im Moment des Ballverlusts zu erfüllen haben.

Der Moment des Ballgewinns

Allgemeine Ziele

- Gedanklich und motorisch auf allen Positionen so schnell wie möglich auf Angriff umschalten.
- Übersicht über die Spielsituation verschaffen; Stellung und Bewegung der eigenen und gegnerischen Spieler erkennen.
- Den Spielraum so breit und so tief wie möglich machen, um Abwehraktionen des Gegners zu erschweren.
- Das Spiel aus der eigenen Spielfeldhälfte sicher und schnell aufbauen und schnell in die Nähe des gegnerischen Strafraums kommen.

Wesentliche Forderungen an die Spieler

- Führungsspieler müssen „sich zeigen" und sich stets anspielbereit machen, um ein Spiel schnell und sicher aufzubauen, um Tempo und Rhythmus des Spiels zu bestimmen.
- Zuerst in die Tiefe des Spielfeldes schauen und in die Tiefe spielen, wann immer das ohne großes Risiko möglich ist.
- Das Abspiel in die Tiefe muss durch die Spieler in der Angriffshälfte durch Anbieten und Freilaufen vorbereitet werden.
- Ist das Spielen in die Tiefe nicht möglich, dann den Aufbau mit kontrolliertem Kurzpassspiel einleiten und den Ball sicher in den eigenen Reihen halten.

- Auch die weiten Abschläge des Torhüters müssen Zielstöße sein, die einen Mitspieler erreichen.
- Hohe Aufmerksamkeit von allen Spielern verlangen, um Ballverluste zu vermeiden.

Die Handlungen sind abhängig von der taktischen Zielsetzung und vom Ort des Ballgewinns.

Im eigenen Abwehrraum

- Spieler, die in Ballbesitz gekommen sind, müssen sich vorher und direkt nach Ballbesitz orientieren, wo und wie sich ihre Mitspieler bewegen, um einen sicheren und raumgreifenden Pass spielen zu können.
- Mitspieler müssen sich zeigen und in Ballbesitz kommen wollen.
- Wenn lange Pässe nicht gespielt werden können, dann folgt ein schnelles Kurzpassspiel mit dem Ziel, in Ballbesitz zu bleiben, den Gegner auszuspielen und Raum in Richtung gegnerisches Tor zu gewinnen.
- Es müssen alle Spieler mithelfen, Ballverluste durch richtiges Anbieten, Freistellen und Freilaufen zu vermeiden und den Ball sicher aus der Abwehr herauszuspielen zu können.

Im Mittelfeld und im Angriffsraum

- Alle Mittelfeldspieler müssen sich für den Angriffsaufbau und die Vorbereitung des Angriffsabschlusses verantwortlich fühlen. Sie müssen dem Ballbesitzer aus der Abwehr stets Anspielmöglichkeiten bieten, weil sie in erster Linie für die Sicherheit beim Umschalten von Abwehr auf Angriff und für Tempo und Rhythmus des Angriffsspiels sorgen müssen.
- Zentral spielende Mittelfeldspieler müssen sich für die rechte und für die linke Seite als Anspielstationen anbieten, um ein flüssiges Angriffsspiel über die Außenposition zu ermöglichen.
- Die Mittelfeldspieler sollten schon im Angriffsspiel auf das Tor des Gegners auf Staffelung achten, um bei Ballverlust Absicherung nach hinten zu bieten.
- Die Angriffsspitzen müssen sich im richtigen Moment anbieten und freilaufen, in freie Räume starten, das Spiel für den Gegner breit machen.
- Sie müssen sich dem Ballbesitzer zeigen, ihm entgegenkommen und nach dem Abspiel wieder anbieten.
- Die Spitzen sollten auf Pässe der Mittelfeldspieler in die Tiefe und auf Pässe in den Rücken der gegnerischen Verteidiger achten und entsprechend reagieren.
- Mittelfeldspieler und Stürmer sollten den schnellen Torabschluss suchen; beim Torschuss geht Genauigkeit vor Schärfe.

- Stürmer müssen lernen, sich in engen Spielräumen durchzusetzen und Zweikämpfen nicht aus dem Weg gehen.

Der Moment des Ballverlusts

Allgemeine Ziele

- Gedanklich und motorisch so schnell wie möglich auf allen Positionen auf Abwehr umschalten.
- Alles möglich machen, um dem eigenen Tor näher zu stehen als der Gegenspieler.
- Das Aufbauspiel des Gegners stören bzw. verhindern.
- Den Ball zurückerobern, in Ballbesitz kommen wollen.
- Torchancenvorbereitung, Torchancen und Tore des Gegners verhindern.

Wesentliche Forderungen an die Spieler

- **Alle** Spieler sind an Abwehrhandlungen aktiv beteiligt.
- Mit den Abwehrmaßnahmen möglichst weit vor dem eigenen Tor beginnen.
- Den Spielraum für die Gegenspieler so eng wie möglich machen.
- Den Ballbesitzer mit einem oder mehreren Spielern unter Druck setzen, ihn eng markieren, ihm keine Zeit lassen, sich zu orientieren, um Dribblings, gezielte Pässe oder Torschüsse zu verhindern.
- Die weit vom Ballbesitzer entfernt stehenden Mitspieler rücken in Richtung Ballbesitzer ein und beobachten ihn und mögliche Gegenspieler in ihrer Nähe.

> **Die Handlungen sind abhängig von der taktischen Zielsetzung und vom Ort des Ballverlusts.**

In der Nähe des gegnerischen Strafraums

- Der Spieler, der am nächsten zum Ballbesitzer steht, versucht, sein Spiel zu verhindern durch Zustellen der Pass- und der Laufwege.
- Den Ballbesitzer eng markieren; dazu müssen aber auch die Mitspieler die Passwege schließen.
- Wenn die Spitzen sich aktiv an Abwehrhandlungen beteiligen, dann müssen auch die Mittelfeldspieler in ihren Räumen konzentriert die nächststehenden Gegenspieler eng decken, um Abspiele zu verhindern bzw. zu erschweren.
- Durchbrüche in Richtung eigenes Tor verhindern.
- Kurzpasskombinationen in Richtung Tor unterbinden.
- Keinen langen, gezielten Pass zulassen.

Im Mittelfeld

- Abstimmen der Abwehrhandlungen durch die Mittelfeldspieler als geschlossene Einheit, je nach Situation mit mehreren Spielern gegen den Ballbesitzer. Sie müssen alles versuchen, um ein gezieltes Aufbauspiel des Gegners zu verhindern.

- Verschieben zur ballnahen Seite als Block, geschlossenes, ballorientiertes Abwehren der gegnerischen Angriffe.

- Rechtzeitiges Stellen des Ballbesitzers durch den am nächsten zu ihm stehenden Spieler und enges Markieren bzw. Abschirmen der anderen Gegenspieler durch die Mitspieler (Stellungsspiel).

- Zustellen der Lauf- und Passwege des Gegners, insbesondere auf den Außenpositionen.

- Erkennen von Situationen, in denen mehrere Spieler den Ballbesitzer erfolgreich bekämpfen können.

- Energisches und zugleich besonnenes Zweikampfverhalten.

Vor und in der Nähe des eigenen Tores

Die Spieler müssen konsequent das Ziel verfolgen, den Gegner nicht zum Abschluss kommen zu lassen, durch

- Engmachen der Spielräume des Gegners, insbesondere zentral vor dem Tor.

- Zustellen der Dribbelwege auf den Flügeln auch mithilfe von Mitspielern.

- Abblocken von Flanken und Schüssen vor oder auf das Tor durch aktives Agieren.

- Nicht auf Finten reinfallen.

- Spielsituationen richtig einschätzen und in torgefährlichen Bereichen eine hohe Aufmerksamkeit und Konzentration zeigen.

Individualtaktik

Mit **Individualtaktik** wird das zielgerichtete Verhalten der einzelnen Spieler in den vielfältigen Angriffs- und Abwehrsituationen des Wettspiels bezeichnet. Unter dem Gesichtspunkt, dass Spieler fundierte Fertigkeiten zur Bewältigung bzw. Gestaltung von Spielsituationen benötigen, muss die Verbesserung bzw. Stabilisierung technischer Fertigkeiten im Training sich stets auf Wettspielsituationen beziehen. Damit ist das Techniktraining immer auch ein Taktiktraining. Leitgedanke ist dabei, dass alle Spieler eine variabel verfügbare Fußballtechnik und damit ein breites Spektrum an Handlungsalternativen für das Wettspiel erwerben (allgemeine individualtaktische Handlungsmöglichkeiten). Darauf aufbauend, müssen die Spieler im Training auf ein

spezielles individualtaktisches Handeln vorbereitet werden, das sich auf die jeweiligen Spielpositionen und die damit verbundenen Aufgaben innerhalb der Mannschaft bezieht (spezielle individualtaktische Handlungsmöglichkeiten).

Das Training individualtaktischer Handlungen zielt darauf ab, die technischen Fertigkeiten spielgerecht einzusetzen, um durch ein geplantes Zusammenspiel zum Torerfolg zu kommen bzw. durch Abwehraktionen Torerfolge des Gegners zu verhindern. Voraussetzung ist, dass die technischen Fertigkeiten im Training hauptsächlich spielbezogen auf ein hohes Niveau gebracht werden und dass die Spieler auf die Aufgaben, die sie im Wettspiel erfüllen sollen, durch eine systematische praktische Schulung und theoretische Unterweisung optimal vorbereitet werden.

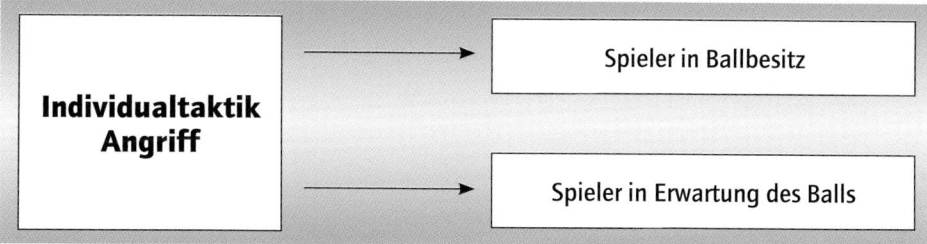

Abb. 171: Individualtaktik Angriff

Angriff

Das individualtaktische Training für den Angriff umfasst Maßnahmen zur Verbesserung der Handlungen:

- Spieler im Ballbesitz

- Spieler in Erwartung des Balls

Spieler im Ballbesitz

Trainingsziele

Torhüter:

- Bälle sichern und konzentriert das Spielgeschehen beobachten.

- Schnell erkennen, ob ein kurzes Anspiel oder ein weiter Abschlag (Abwurf) sinnvoll ist.

- Bei weit aufgerückten gegnerischen Abwehrspielern den Ball möglichst schnell ins Spiel bringen, um freie Räume in der Angriffshälfte nutzen zu können.

- Möglichst sichere Bälle zum Spielaufbau zu Mitspielern werfen oder passen.

- Auch der weite Abwurf, Abschlag oder Abstoß soll zielgerichtet sein.

Feldspieler:
- Sich stets einen Überblick über Laufwege der Mit- und Gegenspieler verschaffen, um zu entscheiden, welche Anschlussaktion erfolgen kann: dribbeln, passen, flanken oder schießen.

- Sich schnell für eine situationsgerechte Anschlusshandlung entscheiden.

- Vor dem eigenen Tor kein Risiko eingehen.
- Wenn ein Dribbling notwendig ist, dann auf Sicherheit besonders vor dem eigenen Tor achten; nach außen dribbeln.

- Tempo- und Richtungswechsel und Spielverlagerungen anwenden, um Raum zu gewinnen und Gegner auszuspielen.

- Tempodribbling, um Gegner unter Druck zu setzen.

- Zweikämpfe suchen und Selbstbewusstsein zeigen.

- Finten einsetzen mit anschließender Temposteigerung.

- Zielgerichtet dribbeln.

- In engen Räumen täuschende Körperbewegungen und Finten einsetzen und den Ball mit dem Körper abschirmen.

- Dribbeln mit den unterschiedlichen Spielfortsetzungen:
  - Passen,
  - Flanken und
  - Schießen.

- Vor dem Passen, Flanken und Schießen das Spielgeschehen beobachten und entsprechend einschätzen.

- Passgenauigkeit und Spieltempo aufeinander abstimmen.

- Beim Flanken wissen, wie und wohin geflankt werden soll.

- Beim Torschuss schnell entscheiden über die Art und Weise des Schießens: ohne, mit Effet, scharf, weich, flach, hoch.

Spieler in Erwartung des Balls

Trainingsziele

Torhüter:

- Spielgeschehen konzentriert verfolgen.

- Durch sicheres Stellungsspiel Anspielpartner für den jeweiligen Ballbesitzer sein.

- Zugespielte Bälle sicher kontrollieren und sicher weiterspielen. In bedrängten Situationen souverän agieren, notfalls den Ball nur aus der Gefahrenzone schießen.

- Sicherheit auf die Mitspieler ausstrahlen.

Feldspieler:

- Sich so bewegen, dass ein risikoloses Anspiel möglich ist.

- Vor der Ballannahme die Spielumgebung einschätzen und richtig bewerten.

- Antizipieren, wie sich die Spielsituation entwickeln kann und einfache Pässe für den Ballbesitzer ermöglichen.

- In engen Räumen den Blickkontakt zum Ballbesitzer suchen und sich ihm zeigen.

- Durch gutes Stellungsspiel Bälle selbstbewusst fordern.

- Nach der Annahme den Ball durch Körpereinsatz sichern. Keinen Ball verloren geben.

- Sich aus engen Spielräumen herausbewegen und das Spiel in die Breite ziehen.

- Durch geschicktes Bewegen Gegenspieler wegziehen, um Räume für andere Mitspieler freizumachen.

Abwehr

Das individualtaktische Training für die Abwehrspieler umfasst Maßnahmen für die beiden Abwehrsituationen

- Gegenspieler im Ballbesitz

- Gegenspieler in Erwartung des Balls

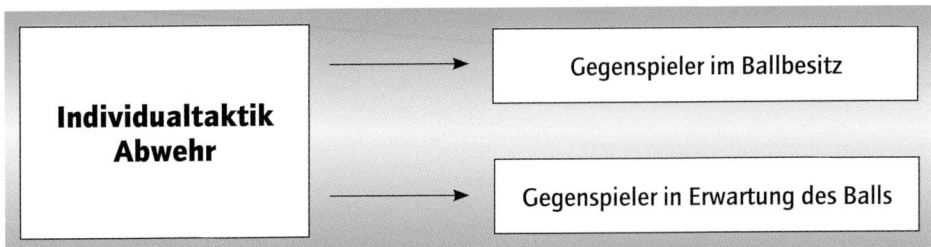

Abb. 172: Individualtaktik Abwehr

Gegenspieler im Ballbesitz

Trainingsziele

Torhüter:

- Spielsituationen richtig einschätzen, gedanklich mitspielen, Gefahrensituationen erkennen.

- Sich nicht überraschen lassen.

- Konzentration und Sicherheit in Abwehrsituationen zeigen.

- Stellungsspiel stets überdenken.

- Schnelle und richtige Entscheidungen treffen.

- Ruhe und Sicherheit auf Mitspieler ausstrahlen.

Feldspieler:

- Schnell zum Ballbesitzer starten und ihn unter Druck setzen, ihm keine Zeit lassen, sich zu orientieren.

- Stärken und Schwächen von Gegenspielern erkennen und berücksichtigen.

- Bei schnellen Dribblern den Abstand entsprechend einrichten, sich nicht überlaufen lassen.

- Bei dribbelstarken Spielern nicht zu früh attackieren; aus der Rückwärtsbewegung heraus eine günstige Chance zum Eingreifen finden.

- Stellungsspiel: innere Linie zum Tor, den direkten Weg zum Tor zustellen.

- Den Gegner durch gutes Stellungsspiel bzw. abschirmendes Decken nach außen abdrängen.

- Den Gegner stellen, aktiv bekämpfen und Abwehrfinten einsetzen.

- Je nach Situation mit zwei Abwehrspielern gegen den Ballbesitzer spielen.

- Anpassen der Laufgeschwindigkeit an die des Angriffsspielers – rückwärts, seitwärts laufen.

- Durch verzögernde Bewegungen das Tempo des Gegners verlangsamen.

- Zum richtigen Zeitpunkt den Ball abblocken, eventuell regelgerechtes Tackling einsetzen.

- Keine Gegner an sich vorbeiziehen lassen.

- Sich nicht durch Finten ausspielen lassen, Aufmerksamkeit auf den Ball richten.

- Doppelpasssituationen erkennen und entsprechend reagieren.

- Pässe, Flanken, Schüsse abblocken.

Gegenspieler in Erwartung des Balls
Trainingsziele

- Aktionen des Ballbesitzers und des persönlichen Gegenspielers im Auge behalten.

- Ständig informieren, wo und wie sich Mit- und Gegenspieler bewegen.

- Eigenes Stellungsspiel stets überdenken und gegebenenfalls anpassen.

- Das Spiel gedanklich verfolgen, auch wenn sich das Geschehen weit entfernt abspielt.

- Unbedingt anstreben, vor dem Gegenspieler an den Ball zu kommen durch kluges Stellungsspiel, Aufmerksamkeit und Antizipation.

- Schnell zum Gegner starten, wenn dieser angespielt wird; ihm keine Zeit lassen, den Ball sicher zu kontrollieren.

- Besonnen angreifen, Foulspiel vermeiden.

- Den Gegenspieler bei der Ballannahme nicht in Richtung Tor drehen lassen, den Ball abblocken oder einen Rückpass erzwingen.

Das individualtaktische Training hat sowohl im Juniorenfußball als auch im höchsten Leistungsbereich einen hohen Stellenwert. Je besser die Spieler individuell ausgebildet sind, desto flexibler können Mannschaften agieren. Dabei sollte das Techniktraining sehr eng mit dem taktischen Training verbunden werden. Deshalb können viele Trainingsformen für das Techniktraining auch für taktisches Training genutzt werden.

Das folgende Übungsangebot ist gleichermaßen für die Verbesserung des individualt-aktischen Handels in Angriff und Abwehr geeignet. Es müssen jedoch zeitweilige Schwerpunkte für die eine oder andere Abwehrmaßnahme gesetzt werden.

Übungsangebot für Angriffs- und Abwehraufgaben

Abb. 173

- 1:1 im Strafraum auf ein Tor mit Tor-hüter. (Abb. 173)

  An den Ecken A und B des Straf-raumes stehen je zwei Angriffsspie-ler. An den Eckpunkten Torraum/Torlinie A1 und B1 stehen je zwei Abwehrspieler, im Tor ein Torhüter. Ein Spieler von B1 spielt einen lan-gen, scharfen Pass auf den ersten Spieler auf A, der den Ball unter Kon-trolle bringt und ein Tor erzielen soll. Zum gleichen Zeitpunkt startet von A1 ein Verteidiger und versucht, das zu verhindern. Nach Abschluss der Aktion bewegen sich beide Spieler wieder auf ihre Positionen. Danach spielt ein Spieler von Position A1 ei-nen Pass auf einen Spieler auf Positi-on B, der ein Tor erzielen soll und ein Spieler von Position B1 soll das ver-hindern usw.

Abb. 174

- 3+3:3 im Strafraum auf ein Tor mit Torhüter. (Abb. 174)

Abb. 175

- 2+3:3 (2+4:4) vor dem Strafraum. (Abb. 175) Ziel der Stürmer ist, mit dem Ball am Fuß in den Strafraum zu dribbeln und auf das Tor zu schießen. Die Abwehrspieler haben die Aufga-be, das unbedingt zu verhindern.

- 1+3:3 vor dem Strafraum auf 2:2 im Strafraum. (Abb. 176)

Abb. 176

Es ist sinnvoll, 10-15 Minuten Schwerpunkte für das Angriffsspiel und 10-15 Minuten Schwerpunkte für das Abwehrspiel zu setzen.

Bei Fortgeschrittenen können Trainingsziele für Angriffs- und Abwehraufgaben gleichzeitig gestellt werden.

Gruppentaktik

Der Handlungsspielraum wird im gruppentaktischen Rahmen im Vergleich zu den Handlungsmöglichkeiten im individualtaktischen Bereich durch Mit- und Gegenspieler erweitert. Die Bewältigung der vielfältigen Spielsituationen, die durch Spielerkonstellationen von 2:2 und mehr entstehen, erfordert weitere technisch-taktische Mittel, die im Training zu verbessern sind.

Das allgemeine gruppentaktische Training für den Angriff zielt darauf ab, die einzelnen Elemente für ein flüssiges und zielgerichtetes Zusammenspiel in kleinen Spielergruppen gegen den Widerstand von Gegenspielern zu schulen. Die Abwehrspieler müssen verschiedene Handlungsmöglichkeiten im Abwehrverhalten trainieren, die sie in die Lage versetzen, auf verschiedenartige Angriffshandlungen effektiv zu reagieren. Unterschiedliche Spielsituationen entstehen durch Angriffsspieler, die in der Unterzahl, in einer personell gleich starken Formation oder in der Überzahl angreifen.

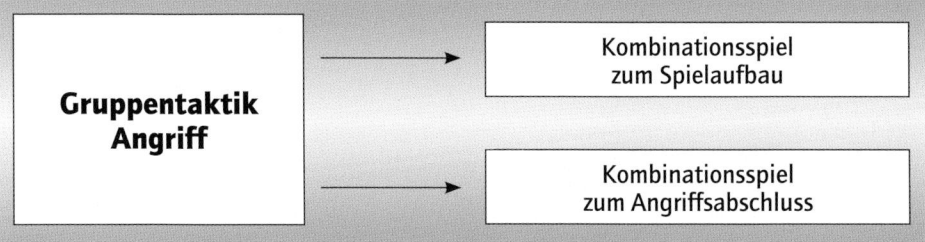

Abb. 177: Gruppentaktik Angriff

Angriff

Das gruppentaktische Training für den Angriff umfasst:

- Kombinationsspiel zum Spielaufbau sowie

- Kombinationsspiel zum Angriffsabschluss

Kombinationsspiel zum Spielaufbau

Trainingsziele

Für Torhüter im Ballbesitz:

- Schnell auf Angriff umschalten und den Ball sicher zu Mitspielern werfen, passen.

- In die Tiefe des Feldes schauen und den Ball weit nach vorne spielen, wenn sich Stürmer im vorderen Angriffsraum anbieten.

- Das Angriffsspiel schnell machen durch gezielte Abwürfe auf sich anbietende Mitspieler; den Ball möglichst nach außen werfen.

- Auch weite Abwürfe, Pässe, Abstöße und Abschläge zielgerichtet spielen.

- Nach dem Abspiel sofort wieder anspielbereit sein durch kluges Stellungsspiel.

Für Feldspieler:

- Schnell gedanklich und motorisch auf Angriff umschalten und dem Gegner wenig Zeit lassen, seine Abwehr zu formieren.

- Sicherheit im Passspiel, bei der Ballannahme und in der Spielfortsetzung.

- Unbedingt im Ballbesitz bleiben wollen. Dribbeln und Passen so miteinander verbinden, dass ein sicheres Kombinationsspiel möglich wird.

- Mitspieler in naher und weiterer Umgebung müssen sich zum Anspiel anbieten; sich aus dem Deckungsschatten der Gegenspieler herausbewegen.

- Sich zum Ballbesitzer hin bewegen, nicht von ihm weglaufen.

- Genaue Pässe spielen und Bälle sicher an- und mitnehmen.

- Durch Tempodribbling und schnelles Kurzpassspiel Druck auf den Gegner ausüben. Dem Gegner wenig Zeit lassen, seine Abwehr zu formieren.

- Durch schnelle Spielverlagerung den Gegner ausspielen.

- Nicht auf das Abspiel des Partners warten, sondern den Ball durch Freilaufen fordern.

- Nach dem Abspiel sofort wieder anspielbereit sein.

- Gegner druckvoll ausspielen durch Dribbling in Verbindung mit schnellem Kurzpassspiel, dabei Raum in Richtung gegnerisches Tor gewinnen.

- Durch Veränderung der Laufrichtung und durch Verbindung von Kurzpass- und Langpassspiel den Gegner stets vor neue Spielsituationen stellen.

- Spielverständnis untereinander verbessern durch **Doppelpässe**, durch **Übergeben** und **Übernehmen** des Balls, durch **Hinterlaufen**.

Doppelpass

Eine Abstimmung der Spielaktionen unter den Spielern ist besonders beim Doppelpassspiel notwendig. Der Doppelpass kennzeichnet ein Zusammenspiel zwischen zwei Spielern, die mithilfe von zwei Pässen Gegner umspielen, um einen Pass, einen Torschuss oder ein Dribbling anschließen zu können. Der Ballbesitzer spielt seinen Mitspieler ("Wandspieler") so an, dass dieser ihm den Ball direkt wieder in den Lauf passen kann. Für ein erfolgreiches Doppelpassspiel sind mehrere Komponenten von Bedeutung:

- Der Ballbesitzer dribbelt auf seinen Gegenspieler zu. Kurz vor Erreichen des Gegners, aber noch so weit entfernt, dass der Abwehrspieler den Pass nicht abfangen kann, wird der Ball dem Mitspieler flach und genau in den Fuß gespielt.
- Nach dem Pass muss der Gegenspieler mit einem explosiven Antritt umlaufen werden.
- Der anzuspielende Mitspieler (Wandspieler) bewegt sich antrittsschnell und überraschend von seinem Gegenspieler weg, oder er ist in der Lage, den Ball mit seinem Körper so abzuschirmen, dass sein Gegenspieler keine Möglichkeit hat, eher am Ball zu sein. Den zugepassten Ball lässt der Wandspieler am sichersten mit Innenseitstoß in den Lauf des Partners abprallen. Als Variante kann er den Ball auch mit Innen- oder Außenspann als Effetstoß in den Lauf des Partners spielen.

Es gibt verschiedene Grundsituationen, die zur Durchführung des Doppelpasses herausfordern:

- Vor dem Tor werden auf engem Spielraum Gegner mit dem Doppelpass überspielt.
- Im Mittelfeld kann der Doppelpass oft als langer Pass in den Tempolauf des Mitspielers gespielt werden.
- In Tornähe spielt der Wandspieler den Ball nicht in Richtung gegnerisches Tor, sondern zurück zum Passgeber, der aus dem Rückraum mit einem Torschuss abschließen kann.

Wird die Doppelpasssituation vom Gegenspieler erkannt und durch Schließen der Passwege ein Abspiel verhindert, dann täuscht der Ballbesitzer den Pass an und dribbelt an der anderen Seite am Gegner vorbei.

Kann der Dribbelnde den ersten Pass spielen und der Ballempfänger kann ihn durch Stellungsspiel des Gegners nicht direkt zurückspielen, dann täuscht der Ballempfänger den direkten Rückpass in den Lauf des Passgebers an und nimmt den Ball zur anderen Seite mit, oder er spielt den Ball direkt oder nach Verzögerung zu einem dritten Spieler zur anderen Seite.

Übernehmen

Das Übernehmen des Balls ist wie der Doppelpass ein taktisches Mittel des Angriffs. Primäres Ziel ist auch hier, in den Rücken des Gegners zu gelangen. Während beim Doppelpass der Ballbesitzer auf den Gegner zudribbelt, muss er beim Übernehmen dem Mitspieler entgegendribbeln, am besten diagonal. Der Dribbelnde führt den Ball an der vom Gegner entfernten Seite. Der Partner übernimmt den Ball mit einem schnellen Antritt. Damit die Übernahme reibungslos vonstatten gehen kann, darf der Ball kurz vorher von dem Übergebenden nicht mehr gespielt werden. Die Aktionen vor und während der Ballübernahme richten sich nach dem jeweiligen Abwehrverhalten der Gegenspieler. Lässt die Situation erkennen, dass die Übernahme des Balls keinen Vorteil bringt, so kann das Übergeben angetäuscht werden. Der Ballbesitzer dribbelt auf den Partner zu, täuscht die Übergabe des Balls an und startet mit dem Ball am Gegner vorbei. Hat der Mitspieler den Ball übernommen, so kann der Gegner auch durch ein plötzliches Abbrechen des Dribblings und einen Pass in den Lauf des Mitspielers, der den Ball übergeben hat, überspielt werden.

Hinterlaufen

Das Hinterlaufen ist ein sehr effektives gruppentaktisches Mittel, Gegner abzuschütteln und zum Flanken bzw. zum Torschuss zu kommen.

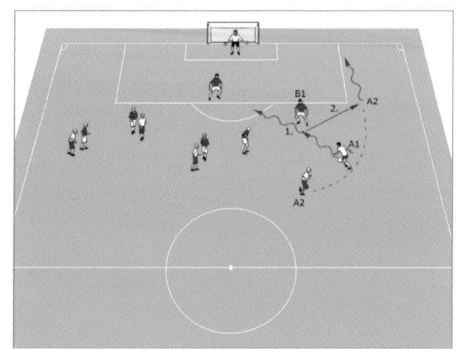

Es wird meistens am Flügel angewendet. (Abb. 178)

Abb. 178

Der Ballbesitzer A1 dribbelt auf seinen Gegenspieler B1 zu, mit dem Ziel, ihn zu umspielen und auf das Tor zu schießen. Im gleichen Moment startet Mitspieler A2 hinter seinem Rücken auf eine Außenposition. Der Ballbesitzer A1 hat jetzt zwei Möglichkeiten:

1. Nach innen zu dribbeln und zum Torschuss zu kommen, dann, wenn sein Gegenspieler B1 sich auch in Richtung Spieler A2 bewegt.

2. Tut B1 das nicht, dann spielt A1 den Ball zu dem nach außen startenden Mitspieler A2, der nach schnellem Dribbling zum Flanken kommen soll.

Das Freilaufen und Sichlösen vom Gegenspieler in adäquater Art und Weise, zum richtigen Zeitpunkt und in den günstigsten Raum ist eine wesentliche Voraussetzung für ein geplantes Zusammenspiel. Dazu müssen die Spieler die komplexe Spielsituation überblicken, sich ständig orientieren und ihre Laufwege untereinander abstimmen. Um die gegnerische Deckung auseinanderzuziehen und Lücken zu schaffen, in die hineingespielt werden kann, sind alle Räume des Spielfelds optimal zu nutzen. Häufiges Wechseln der Positionen, durch Anbieten zum Ballbesitzer hin und durch Wegziehen der Gegenspieler vom Ort des Ballbesitzers, lockert die gegnerische Deckung. Dadurch werden Räume geschaffen für Mitspieler, die in Ballbesitz kommen wollen, und Möglichkeiten eröffnet, den Ball sicher in Richtung gegnerisches Tor zu spielen.

Übungsangebot zum Spielaufbau

- 5:7, Unterzahl gegen Überzahl frei im Raum. In einem abgegrenzten Feld (etwa 30 x 40 m) wird 5:7 gespielt (es sind auch Gruppenzusammensetzungen von 3:5, 4:6 möglich).
  Übungsschwerpunkte für das Zusammenspiel
  - Fünfergruppe: Dribbeln, Ball in den eigenen Reihen halten.
  - Siebenergruppe: Freilaufen, Spiel mit 2 Kontakten oder direkt.
  Spielzeit für die einzelnen Schwerpunkte etwa 2-4 Minuten.
  - Fünfergruppe: Schnelles Kombinieren mit Dribbeln und Passen (Freilaufen).
  - Siebenergruppe: Mit 2 Kontakten spielen, nach einem kurzen Pass stets einen weit entfernt stehenden Spieler anspielen.
  - Fünfergruppe: Übernehmen des Balls und Übernehmen antäuschen.
  - Siebenergruppe: Es werden Flugbälle gespielt, die mit dem Kopf weitergeleitet werden müssen.
  - Fünfergruppe: Möglichst viele Doppelpässe spielen und Doppelpässe antäuschen.
  - Siebenergruppe: Den gesamten Raum ausnutzen und schnell kombinieren nach Kurz- und Langpassspiel im Wechsel.

- 5:7 (6:8) in einem doppelten Strafraum auf zwei Tore mit Torhütern. Die größere Gruppe spielt mit zwei Ballkontakten frei im Raum, die Gruppe in der Minderzahl hat freies Spiel auf die beiden Tore.

- 6:6 (7:7) in einem etwa 30 x 40 m großen Feld. Die jeweils ballbesitzende Gruppe soll sich so lange wie möglich den Ballbesitz sichern. 10 Passfolgen hintereinander ergeben einen Punkt. Spielzeit je nach Könnensstufe 5-8 Minuten.

- 8:8 in einem etwa 30 x 40 m großen Feld auf zwei Tore mit Torhüter.
  Schwerpunkte – Enge Deckung der Angriffsspieler.
- Die jeweils angreifende Mannschaft soll möglichst viele Situationen herstellen zu:

Doppelpassspiel, zum Übergeben und Übernehmen von Bällen und zum Hinterlaufen.

Abb. 179

- 5:5 (6:6) in einem etwa 30 x 40 m großen Feld mit je einem neutralen Anspieler hinter den Linien des Feldes. (Abb. 179) Angriffsspieler sollen mit zwei Kontakten bzw. so schnell wie möglich abspielen und sich wieder anspielbereit machen. Dabei können die an den Seitenlinien postierten Anspieler mit einbezogen werden. Die Anspieler müssen direkt spielen. Das Zielspiel für die ballbesitzende Mannschaft ist jeweils, im Wechsel die beiden an den Grundlinien A und B stehenden Anspieler anzuspielen. Auch sie haben nur einen (zwei) Ballkontakt(e). Jedes Anspiel im Wechsel links und rechts zählt einen Punkt, wenn nach dem Anspiel dieselbe Gruppe wieder in Ballbesitz kommt.

- 4:4 in einem Feld in der Größe von zwei Strafräumen mit vier Anspielern an den Seitenlinien auf zwei Tore mit Torhüter. Die Anspieler müssen direkt spielen. Jeder Doppelpass mit einem Anspieler zählt einen Punkt.

- 7:7 auf ein großes und zwei kleine Tore auf der Mittellinie in einer Feldhälfte.

- 7:7 auf zwei große Tore in einer Spielfeldhälfte. Das Spielfeld wird begrenzt durch die Verlängerung der beiden Seitenlinien des Strafraums bis zur Mittellinie. Tore aus Doppelpasssituationen zählen doppelt.

- Zwei Torhüter + 8:8 + ein Torhüter. (Abb. 180) Zwei Torhüter stehen in je einem 15-20 m hinter der Mittellinie stehenden Tor. Im Feld spielen acht Angreifer gegen acht Abwehrspieler. Ein Torhüter bringt den Ball mit einem langen Pass Richtung Strafraum ins Spiel. Die Angreifer sollen bei Ballbesitz Tore erzielen, die Abwehrspieler nach Erkämpfen des Balls mit sicherem Aufbauspiel auf die beiden Tore, die hinter der Mittellinie stehen, spielen. Nach erfolgreichem Abschluss beginnt das Spiel wieder bei einem der beiden Torhüter hinter der Mittellinie.

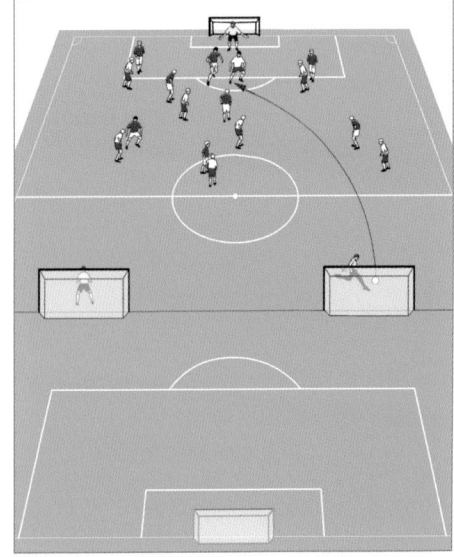

Abb. 180

Kombinationsspiel zum Angriffsabschluss

Torchancen herausspielen und Tore erzielen

Trainingsziele

- Durch ein sicheres Kombinationsspiel Torchancen herausspielen und auf das Tor schießen (köpfen).
- Jede sich bietende Torchance nutzen.
- Erkennen, wo Mitspieler günstiger zum Torschuss postiert sind und gegebenenfalls abspielen.
- Angriffsaktionen aus unterschiedlichen Richtungen einleiten und aus verschiedenen Entfernungen auf das Tor schießen.
- Technische Fertigkeiten zum Torschuss vielseitig einsetzen: Nach einem Dribbling, nach einem Pass bzw. nach einer Flanke; nach Ballkontrolle oder direkt; als Dropkick, Hüftdrehstoß oder Fallrückzieher.
- Nach Einschalten von Verteidigern oder Mittelfeldspielern in den Angriff sollen diese mit einem Pass, einer Flanke oder einem Torschuss (Kopfballstoß) abschließen.
- Herausspielen von Torchancen durch Mittelfeldspieler und Torschuss aus der zweiten Reihe (zwischen 20 und 30 m Torentfernung).
- Im Zusammenspiel zwischen Mittelfeldspielern und Stürmern zum Torschuss kommen durch:
  - Dribblings und Doppelpässe,
  - angetäuschte Doppelpässe und Alleingang,
  - angetäuschte Doppelpässe und Abspiel auf einen dritten Mitspieler,
  - Hinterlaufen,
  - Übergeben und Übernehmen des Balls,
  - Einschalten stets anderer Mittelfeldspieler in die Angriffsspitze.
- Stürmer bieten sich an, um im Alleingang zum Torschuss zu kommen.
- Stürmer bewegen sich nach innen, um Mittelfeldspielern Raum zum Einschalten über die Flügel zu ermöglichen.
- Stürmer bewegen sich nach außen, um Mittelfeldspielern frontal zum Tor Platz zu machen.

Übungsangebot

- 2:2 im doppelten Strafraum auf zwei Tore mit Torhütern.
  Im Feld wird jeweils 2:2 gespielt mit dem Ziel, in einer kurzen Zeit möglichst viele Tore zu erzielen. Die Torhüter sind jeweils Anspielstationen. Neben den Toren stehen jeweils weitere Spielpaare. (Abb. 181) Nach einer Spielzeit von jeweils 2-4 Minuten wechseln die Paare aus dem Feld mit zwei Paaren neben den Toren.

– Doppelpässe spielen.
– Bälle übergeben und übernehmen.
– Hinterlaufen.

• Wie vorher, aber jetzt 4:4 (5:5, 6:6).

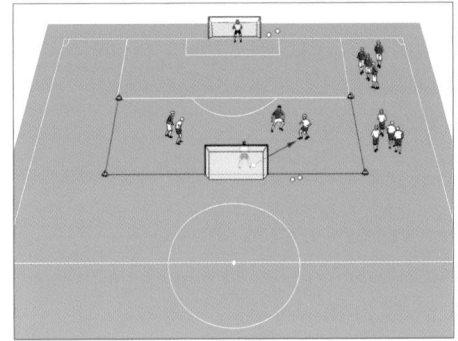

Abb. 181

• 4:3 mit einem Torhüter und einem Angriffsspieler im anderen Feld. (Abb. 182) Spielfeld: Doppelte Strafraumgröße; Feld A und Feld B mit je einem Tor mit Torhüter. In einer Feldhälfte (A) spielen vier Angriffsspieler gegen drei Abwehrspieler auf das Tor. Ziel ist ein schneller Abschluss. Kommt die Abwehr in Ballbesitz, spielen sie so schnell wie möglich den Ball zu dem in Feld B stehenden Mitspieler und starten dem Ball nach. Drei Angriffsspieler starten ebenfalls in das Feld und sollen Torerfolge verhindern, einer bleibt in Feld A. Der angespielte Anspieler in Feld B darf sich erst am Torschuss beteiligen, wenn alle seine Mitspieler in Feld B sind und er den Ball zu einem Partner gepasst hat. Kommen die Abwehrspieler wieder in Ballbesitz, sollen sie, so schnell wie möglich, ihren zurückgebliebenen Partner in Feld A anspielen und dem Ball nachstarten. Ein Spieler aus der angreifenden Gruppe bleibt wieder in Feld B usw.

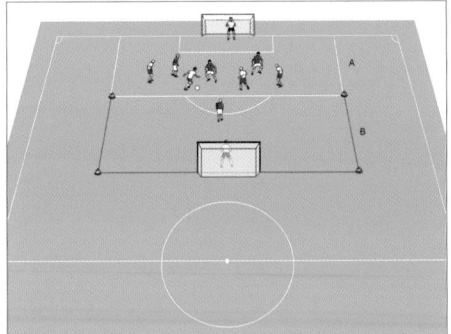

Abb. 182

Abb. 183

• 1+6:6 auf ein großes Tor mit Torhüter und zwei kleine Tore auf der Mittellinie. (Abb. 183)

• 1+3:3 vor dem Strafraum auf 2:2 im Strafraum auf ein Tor mit Torhüter. (Abb. 184). Die Abwehrspieler spielen bei Ballbesitz gegen den Widerstand der Angreifer bis zur Grundlinie und passen den Ball zum Anspieler. Danach beginnt ein neuer Angriff.

• 1+4:4 auf 2:2 im Strafraum. (Abb. 185) An beiden Seiten sind ca. 30 x 40 m große Felder markiert, in denen jeweil zwei Angriffsspieler gegen zwei Abwehr-

spieler agieren mit dem Ziel, über die Außenpositionen unter Mithilfe der beiden Spieler im Strafraum zu Torchancen zu kommen. Erkämpfen sich die Abwehrspieler im Strafraum den Ball, spielen sie einen ihrer Mitspieler in den beiden Feldern an, die bis zur Grundlinie spielen und den Ball zum Anspieler passen sollen.

Abb. 184

- 1+7:8 auf ein Tor mit Torhüter. (Abb. 186) Ein Anspieler spielt mit vier Mittelfeldspielern und drei Spitzen gegen vier Mittelfeldspieler und vier Verteidiger. Kommen die Abwehrspieler in Ballbesitz, spielen sie bis zur Mittellinie und passen danach zum Anspieler. Die Angriffsspieler versuchen, durch ein sicheres Kombinationsspiel zu Torchancen zu kommen:
  – Viel über außen spielen.
  – Doppelpässe und Hinterlaufen fordern.
  – Jede Torchance nutzen.

Abb. 185

- Wie vorher, jetzt mit einem zweiten Tor und Torhüter auf der Strafraumlinie im anderen Feld, von wo aus der Angriff beginnt. (Abb. 187) Verliert die angreifende Mannschaft den Ball, zieht sie sich schnell in die eigene Feldhälfte zurück und erwartet den Gegner dort. Nach Ballbesitz bauen die Spieler ihren Angriff wieder sicher auf und spielen sich Torchancen heraus.

Abb. 186

- Fünf (sechs) gegen fünf (sechs) mit vier außen spielenden Flankengebern auf zwei Tore mit Torhütern. (Abb. 188) In einem halben Großfeld, seitlich begrenzt durch die verlängerten Strafraumseitenlinien, wird fünf (sechs) gegen fünf (sechs) gespielt. An beiden Seiten des Feldes bewegen sich vier Außenspieler, zwei jeweils an den Seitenlinien in der Angriffshälfte. Kommt die angreifende Mannschaft in die Angriffshälfte, spielt der jeweilige Ballbesitzer den Ball zu einem der

außen laufenden Mitspieler, der vor
das Tor flankt.
- Tore sollen nur mit dem Kopf erzielt
  werden.
- Tore zählen nur, wenn alle Angriffsspieler in der Angriffshälfte sind, sie
  zählen doppelt, wenn sich noch ein
  Abwehrspieler in der anderen Spielfeldhälfte aufhält.

- Wie vorher, jetzt spielen jeweils die
  beiden außen spielenden Spieler
  im 1:1 über die gesamte Länge des
  Feldes gegeneinander. (Abb. 189)
  Angriffsspieler können jeweils ihre
  Position mit einem aus dem Spielfeld kommenden Mitspieler durch
  Hinterlaufen tauschen. Sie spielen
  dann so lange im Außenfeld, bis ein
  anderer Spieler durch Hinterlaufen
  nach außen wechselt. Die jeweils verteidigenden Spieler bleiben in ihren
  Außenpositionen so lange, bis ihre
  Mannschaft in Ballbesitz kommt und
  sie zu Angriffsspielern werden. Aus
  dem Spielfeld nach außen dürfen nur
  Angriffsspieler wechseln.

Abb. 187

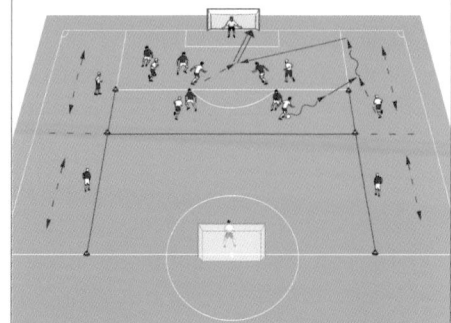

Abb. 188

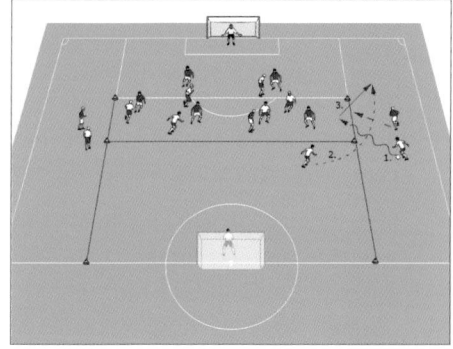

Abb. 189

Abwehr

Das gruppentaktische Training für die **Abwehr** umfasst Maßnahmen zur

- Verhinderung des Spielaufbaus
  – Abwehrspieler in Unterzahl/Gleichzahl.

- Verhinderung des Angriffsabschlusses
  – Abwehrspieler in Überzahl/Gleichzahl.

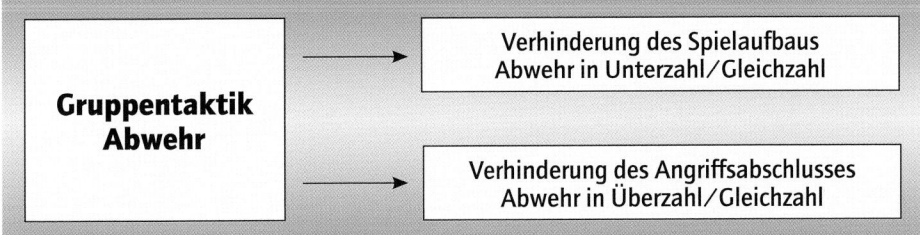

Abb. 190: Gruppentaktik Abwehr

Verhinderung des Spielaufbaus/Abwehrspieler in Unterzahl/Gleichzahl
Das Abwehren von gegnerischen Angriffen beginnt nach eigenem Ballverlust am gegnerischen Strafraum bei den Stürmern und Mittelfeldspielern. In den heutigen Spielsystemen 4:4:2 oder 4:3:3 und deren Varianten sind diese gegenüber den im Ballbesitz
befindlichen und spielaufbauenden Verteidigern in der Unterzahl, da die Verteidiger
plus Torhüter in der Regel personell stärker vertreten sind.

Zwei Stürmer müssen oft gegen drei oder vier Abwehrspieler bzw. drei Stürmer gegen vier
oder fünf Abwehrspieler versuchen, den Angriffsaufbau zu stören oder zu verhindern.

Im Mittelfeld treffen oft vier oder fünf abwehrende Spieler auf ebenso viele Angriffsspieler, sodass dort oft in gleicher Anzahl verteidigende und angreifende Spieler agieren.

Verhinderung des Angriffsabschlusses/Abwehrspieler in Überzahl/Gleichzahl
In der Abwehrregion vor dem eigenen Tor ist normalerweise die personelle Überle-
genheit der Abwehrspieler gegenüber den angreifenden Gegnern gegeben, da in der
Regel die verteidigenden Spieler in der Überzahl sind.

In den einzelnen Positionsgruppen entstehen folgende Grundsituationen:

Abwehrspieler in der Unterzahl, Abwehrspieler in Gleichzahl und Abwehrspieler in Überzahl

Es kann zu jeder Zeit überall auf dem Spielfeld zu diesen 3 Grundsituationen kommen. Deshalb müssen diese immer wieder Trainingsinhalt sein, und die Spieler müssen sich während eines Spiels darauf einstellen.

Abwehrspieler in Unterzahl

Trainingsziele

Das Angriffsspiel dort stören, wo sich der Ball befindet – der dem Ballbesitzer am nächsten stehende Spieler attackiert den Spieler am Ball vorsichtig, um einen Durchbruch zu verhindern; dadurch wird das Tempo aus dem Spiel genommen und verzögert.

Wird der Ball zu einem anderen Angriffsspieler gepasst, wird dieser attackiert.

- Andere Stürmer verzögern das Angriffsspiel des Gegners durch ein ballorientiertes Abwehren; sie pendeln zwischen Ballbesitzer und seinen Mitspielern.

- Das gibt den übrigen Mitspielern die Gelegenheit, Anschluss an Abwehraktionen zu bekommen.

- Die gegnerischen Spieler in weiter Entfernung zum Ball mit weitem Abstand abschirmen – Abwehrspieler orientieren sich in Richtung Ball.
  Andere Stürmer verzögern das Angriffsspiel des Gegners durch ein ballorientiertes Abwehren; sie pendeln zwischen Ballbesitzer und seinen Mitspielern. Das gibt anderen Mitspielern Gelegenheit, Anschluss an Abwehraktionen zu bekommen.

- Die gegnerischen Spieler in weiter Entfernung zum Ball mit weitem Abstand abschirmen.

- Ein flexibles und sicheres Abwehrverhalten durch Staffelung erreichen.

- Mittelfeldspieler decken den Ballbesitzer eng, andere schließen schnell zur Gleichzahl oder gar Überzahl auf.

- Gerät eine Mannschaft in der eigenen Feldhälfte z. B. durch einen Konter in Unterzahl, kann eine Abseitsstellung durch eine geschickte Linienabwehr in Erwägung gezogen werden. Der Ballbesitzer wird attackiert, die übrigen Spieler rücken bis auf seine Höhe auf und beobachten aufmerksam die Aktionen der anderen Angriffsspieler. Dadurch verzögert sich ein Tempospiel des Gegners in Richtung

Tor. Andere abwehrende Mitspieler müssen schnell den Anschluss an die Abwehr herstellen und Hilfestellung leisten.

Übungsangebot

- 4:3 auf ein Tor mit Torhüter und auf zwei 15 m auseinanderstehende, 3 m breite Kontertore in einen etwa 30 x 40 m großen Feld (Abb. 191). Abseitsregel einbeziehen.

- 6:5 (5:4) auf ein Tor mit Torwart und 2 auf der Mittellinie stehende, kleine Tore. Von der Mittellinie aus spielen sechs (fünf) Angriffsspieler gegen fünf (vier) Abwehrspieler auf ein Tor mit Torwart. (Abb. 192)

Abb. 191

Abb. 192

- Kommen die Abwehrspieler in Ballbesitz, erfolgt ein erneuter Angriff der Angriffsspieler von der Mittellinie. Nach 10 Angriffsaktionen wechseln die Aufgaben.
- Jeder Ballgewinn durch die Abwehrspieler zählt einen Punkt.
- Abseitsregel anwenden.
- Die Abwehrspieler kontern nach Ballgewinn auf die Tore auf der Mittellinie.

- Spiel in 2 Feldern: 1+4:3 im Mittelfeld auf 3:2 im Strafraum. (Abb. 193) Erkämpfen sich die Abwehrspieler den Ball, erhalten sie einen Punkt. Gelingt ihnen ein Spielaufbau über die 3 Mittelfeldspieler bis zum Anspiel auf den Neutralen an der Mittellinie, kommt ein weiterer Punkt hinzu.

Abb. 193

- 1+4:4 auf 4:3 (Abb. 194). Abseitsregel einbeziehen.

- Torhüter + 4:3 auf 3:3 auf 3:2 + Torhüter (Abb. 195). In einem dreigeteilten Feld spielen im Feld 25 m vor den Normaltor 4 Abwehrspieler gegen 3 Stürmer, im Mittelfeld bis zur Mittellinie jeweils 3 Mittelfeldspieler gegeneinander und hinter der Mittellinie 3 Stürmer gegen 2 Verteidiger. Im Tor hinter der Mittellinie steht ebenfalls ein Torhüter. Die jeweiligen Spieler in der Minderzahl sollen versuchen, in ihrem Feld in Ballbesitz zu kommen.

Abb. 194   *Abb. 195*

Abwehrspieler in Gleichzahl

Trainingsziele

- Die Spieler bewegen sich geschlossen in Richtung Ballbesitzer und schirmen sich gegenseitig ab.

- Der Ballbesitzer wird sofort vom am nächsten stehenden abwehrenden Spieler aktiv bekämpft.

- Jeder Abwehrspieler ist für einen Gegenspieler verantwortlich. Die Spieler in der Nähe des Ballbesitzers decken eng, um ein Kombinationsspiel des Gegners zu erschweren bzw. zu verhindern.

- Den Ballbesitzer aktiv bekämpfen und selbst in Ballbesitz kommen wollen.

- Keinen Gegenspieler an sich vorbeistarten lassen.

- Wird ein Abwehrspieler ausgespielt, muss der am nächsten stehende Mitspieler schnell den Ballbesitzer angreifen.

- Jeder Spieler ordnet sich dem ihm am nächsten stehenden Gegenspieler zu, auch wenn Angriffsspieler ohne Ball ihre Positionen wechseln.

- Sind Torschussmöglichkeiten gegeben und besteht Gefahr für das eigene Tor, dann spielen die Abwehrspieler so lange gegen den Ballbesitzer, bis die Gefahr gebannt ist.

- Wenn sich unerwartete Spielsituationen ergeben, dann sich je nach Situation erneut orientieren und als Gruppe handeln.

Übungsangebot

- 3:3 (4:4) in einem doppelten Strafraum auf zwei Tore mit Torhütern. Hinter den Toren stehen weitere Spieler, die nach etwa 5-7 min die Aufgaben mit den Feldspielern wechseln.

- 4:4 auf je zwei kleine Tore auf den Grundlinien eines 30 x 40 m großen Feldes.

Abb. 196

- Wie vorher, aber jetzt wird auf etwa 10 m breite Tore ohne Torhüter auf der Mitte der Grundlinien gespielt. Das Ziel ist, die Torlinie zu überdribbeln.

- Wie vorher, aber jetzt 4:4 auf zwei Tore mit Torhütern in einem doppelten Strafraum.

- 7:7 auf vier Tore (Abb. 196)

- In einem zweigeteilten Feld spielen in Feld A ein Torhüter und drei Verteidiger gegen drei Stürmer, in Feld B zwei Torhüter in je einem Tor mit vier Verteidigern gegen vier Stürmer. (Abb. 197)

Abb. 197

Abwehrspieler in Überzahl

Trainingsziele

- Alle Abwehrspieler verschieben sich zur ballnahen Seite.

- Die Angriffsspieler werden eng gedeckt, der Ballbesitzer wird vom nächststehenden Spieler aktiv bekämpft und unter Druck gesetzt. Er sollte dabei von einem zweiten Abwehrspieler unterstützt werden.

- Den Ballbesitzer entschlossen attackieren und unbedingt den Ballbesitz anstreben.

- Gelingt ein Abspiel zu einem anderen Gegner, muss dieser immer wieder schnell und aktiv, je nach Gelegenheit, von mehreren Spielern bekämpft werden: nicht reagieren, sondern agieren!

- Gegen gute Dribbler höchste Aufmerksamkeit aufbieten; eventuell nur darauf achten, dass der Ballbesitzer nicht in den Rücken kommt oder nach vorne abspielen kann; ihn unbedingt durch einem zweiten Abwehrspieler unterstützen.

- Den Ballbesitzer nicht dribbeln, flanken, schießen oder köpfen lassen.

- Keinen Durchbruch nach innen zulassen, den Verteidiger nach außen oder in Richtung auf einen Mitspieler drängen.

Übungsangebot

- 1+3:4 auf ein großes und zwei kleine Tore. (Abb. 198)

- 1+3:3 auf 3:4 auf ein Tor mit Torhüter. Ein Anspieler spielt mit 2 Mittelfeldspielern und drei Stürmern gegen drei Mittelfeldspieler und vier Verteidiger in zwei Feldern. (Abb. 199)

- In einem dreigeteilten Feld spielen in Feld A 3 Stürmer gegen 4 Verteidiger, in Feld C drei Verteidiger gegen zwei Stürmer, im Mittelfeld B je vier Mittelfeldspieler gegeneinander. Im beiden Toren steht je ein Torhüter. (Abb. 200)

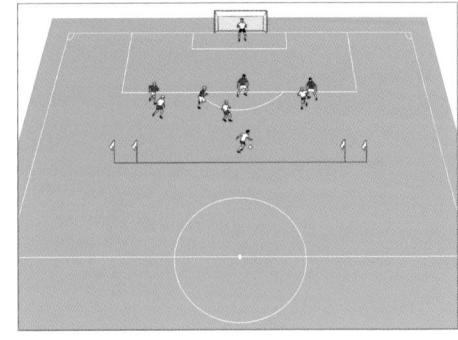

Abb. 198

Abb. 199

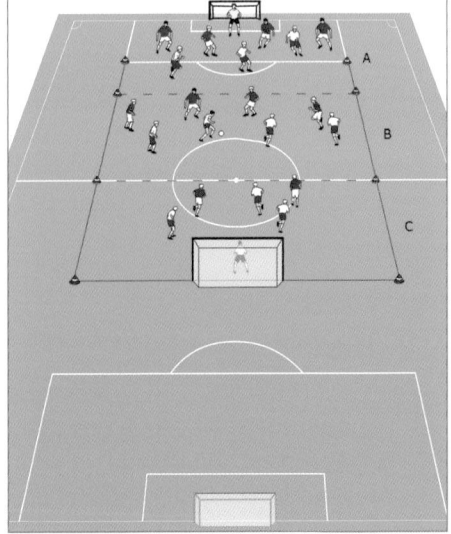

Abb. 200

Mannschaftstaktik/Spieltaktik

Mit **Mannschaftstaktik** werden alle aufeinander abgestimmten, individuellen und gruppentaktischen Angriffs- und Abwehrhandlungen der Spieler im Spiel 11:11 bezeichnet, die auf das Erreichen der übergeordneten Spielziele „Tore schießen" und „Tore des Gegners verhindern" ausgerichtet sind. Alle technisch-taktischen Mittel, angefangen von der Zweikampfsituation 1:1 bis zu komplexen Spielhandlungen, verbinden sich im mannschaftstaktischen Rahmen zu einem situationsgerechten und effizienten Spiel. Mannschaftstaktische Maßnahmen sind dementsprechend aufeinander abgestimmte Handlungen aller Spieler in einer Mannschaft.
Das Training zielt darauf ab:

• bei Ballbesitz schnell auf Angriff umzuschalten, zu einem variablen und zielgerichteten Angriffsspiel zu kommen und mit einem Torerfolg abzuschließen.

• bei Ballverlust schnell auf Abwehr umzuschalten, ein geschlossenes Abwehrverhalten zu erreichen und Tore der gegnerischen Mannschaft zu verhindern.

• Aufgaben auf den einzelnen Positionen zu erweitern, Handlungsflexibilität zu erreichen und Spielhandlungen qualitativ zu verbessern.

Die **Spieltaktik** baut auf der allgemeinen mannschaftstaktischen Konzeption auf, ihre Besonderheit liegt lediglich darin, dass sie sich jeweils speziell auf ein Spiel bezieht. Jedes Spiel unterliegt anderen Bedingungen. Deshalb sind in den taktischen Maßnahmen für die verschiedenen Spiele oft auch unterschiedliche Schwerpunkte zu setzen.

Die Spieltaktik wird bestimmt von verschiedenen Faktoren:
1. Der Spielstärke und personellen Besetzung der gegnerischen Mannschaft und deren Spielkonzept.
2. Den Stärken und Schwächen der eigenen Mannschaft.
3. Den äußeren Bedingungen.
4. Der Tabellensituation.
5. Dem Spielstand.
6. Der Art des Spiels (Meisterschafts-, Pokal-, Testspiel).
7. Dem Verhalten des Schiedsrichters.

Zu 1: Die Trainingsplanung zur Spielvorbereitung auf den nächsten Gegner wird weitgehend bestimmt von den Kenntnissen über die Gegenmannschaft, über deren Spielkonzept, über die Spielstärken und -schwächen einzelner Spieler und über das Verhalten auf den einzelnen Positionen. Das taktische Training einer Mannschaft dient dazu, geeignete Gegenmittel zur Taktik des Gegners zu erarbeiten, bekannte Schwachstellen der Gegenmannschaft auszunutzen und eigene Stärken hervorzuheben. In Einzelgesprächen und in der Spielbesprechung, die auf den Gegner ausgerichtet ist, werden die taktischen Maßnahmen vorgestellt und besprochen, im Training umgesetzt.

Zu 2: Trainingsziel der eigenen Mannschaft ist ein Durchkreuzen der gegnerischen Planung, wie es bereits unter Punkt (1) deutlich geworden ist. Aus den im Vergleich beider Mannschaften gewonnenen Erkenntnissen über eigene Stärken und Schwächen ist ein eigenes Spielkonzept zu entwickeln und zu erproben.

Zu 3: Spieltaktische Maßnahmen müssen die äußeren Bedingungen und Gegebenheiten berücksichtigen. Dazu zählen Platzverhältnisse, Witterungsbedingungen, Heim- oder Auswärtsspiel. Auf engen Plätzen ist das Ausnutzen der Spielfeldbreite unerlässlich, um eine gegnerische Abwehr auseinanderzuziehen. Ein Heimspiel kann zu anderen taktischen Maßnahmen führen als ein Auswärtsspiel; so wird in der Regel vor heimischem Publikum offensiver gespielt als auswärts. Der Einfluss der Zuschauer ist ein nicht zu unterschätzender Faktor. Der Trainer muss die Mannschaft bei Auswärtsspielen auf diese Situation vorbereiten.

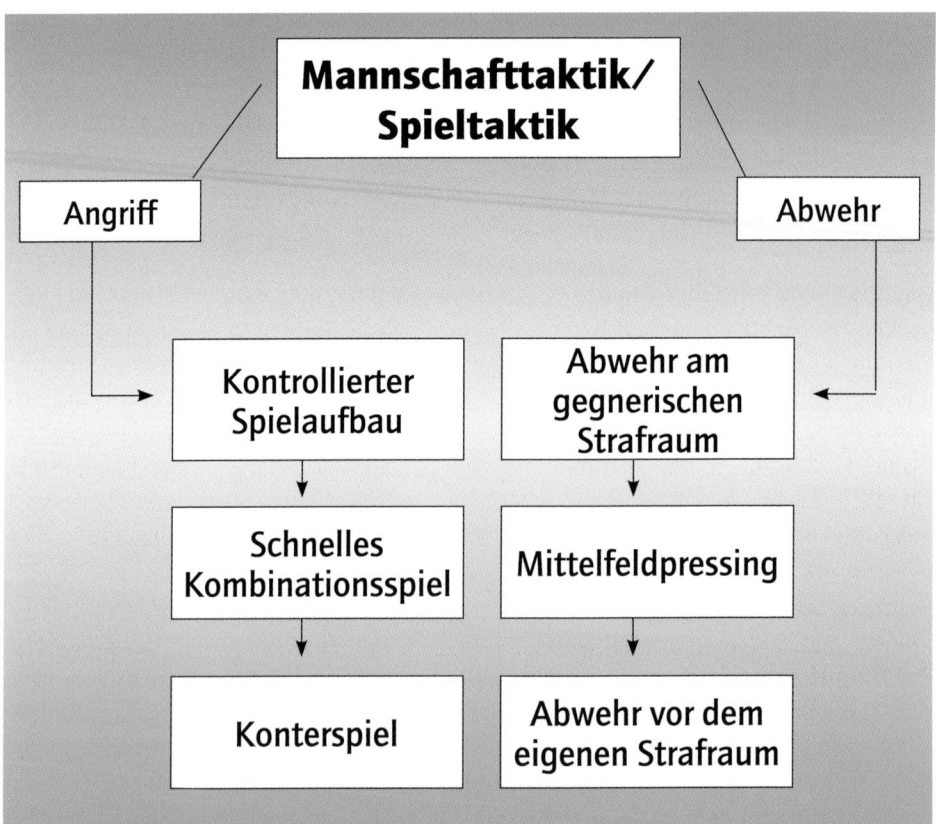

Abb. 201: Mannschaftstaktik / Spieltaktik

Zu 4: Der Tabellenstand kann die spieltaktische Einstellung beeinflussen. Eine am Tabellenende stehende Mannschaft wird gegen eine Spitzenmannschaft anders agieren als zwei gleich starke Mannschaften, die auf gesicherten Plätzen im Mittelfeld der Tabelle stehen.

Zu 5: Der Spielstand bestimmt spieltaktische Entscheidungen. So kann ein überraschendes Tor bei einem bis dahin ausgeglichen bzw. überlegen geführten Spiel die Spielaktionen beider Mannschaften beeinflussen. Die zurückliegende Mannschaft verstärkt ihre Angriffsaktionen, zum Beispiel durch Einwechseln eines zusätzlichen Angriffsspielers für einen Verteidiger, der die Angriffsbemühungen unterstützt und sich mehr nach vorne orientiert. Die führende Mannschaft kann versuchen, durch sichere Ballpassagen Zeit zu gewinnen, um den Vorsprung zu halten.

Zu 6: Pokalspiele machen andere taktische Einstellungen erforderlich als Meisterschaftsspiele, die im Turnus einer Spielsaison ablaufen. Bei Freundschaftsspielen kommen andere taktische Gesichtspunkte zum Tragen. Zudem sollen sie für den Zuschauer attraktiv sein. Oft bieten sie die Möglichkeit zur Erprobung neuer taktischer Varianten.

Zu 7: Das Verhalten der Schiedsrichter und ihrer Assistenten kann auf spieltaktische Handlungen Einfluss nehmen. Der Plan, die Abseitsfalle einzusetzen, wird bei unsicher wirkenden Schiedsrichtern aufgegeben. Auch auf die Zweikampfhandlungen kann sich das Schiedsrichterverhalten auswirken.

Mannschaftstaktische Maßnahmen für das Angriffsspiel

Angriffsmaßnahmen im mannschaftstaktischen Rahmen umfassen die aufeinander abgestimmten Aktionen aller Spieler einer Mannschaft bei Ballbesitz. Dabei ist es wichtig, dass die Spieler ohne Ball ihre Handlungspläne auf die Aktionen des Spielers mit Ball und die der Gegenspieler abstimmen. Nach Erkämpfen des Balls wird schnell auf Angriff umgeschaltet, um die noch nicht formierte Deckung des Gegners zu überraschen. Ob der Grundsatz „Schnelles Umschalten von Abwehr auf Angriff und von Angriff auf Abwehr" zur Anwendung kommt, hängt von der jeweiligen Spielsituation ab, vom Spielstand, der Stärke des Gegners und der Aufgabenstellung durch den Trainer.

Ein zielgerichtetes Angriffsspiel beginnt bereits beim Torhüter. Hat er den Ball abgefangen, bieten sich sofort Mitspieler an, um ein schnelles Abspiel zu gewährleisten. Der Angriffsaufbau wird ermöglicht durch in die Tiefe und Breite des Felds gestaffelt sich anbietende Mitspieler. Der Ballbesitzer muss immer mehrere Möglichkeiten zum Abspielen erhalten. Schalten sich Verteidiger in das Angriffsspiel ein, übernehmen andere Spieler die notwendige Rückendeckung.

Mannschaftstaktisch erscheint ein geschlossenes Aufrücken aller Verteidiger bis etwa zum Mittelkreis häufig sinnvoll, um die Mittelfeldspieler und die Sturmspitzen im Angriffsaufbau und in ihren Abwehraktionen schneller unterstützen zu können.

Die Mittelfeldspieler einer Mannschaft stellen das Bindeglied zwischen Abwehr und Angriff dar. Ihre Fähigkeiten bestimmen oft das Spielniveau einer Mannschaft. Sie sind für Tempo und Rhythmus eines Spiels verantwortlich.

Eine Staffelung im Angriffsaufbau durch die Mittelfeldspieler bewirkt vielfältige Möglichkeiten des Abspiels, ein Auseinanderziehen des gegnerischen Mittelfelds oder eine Absicherung des Raums bei Ballverlust.

Durch Positionswechsel mit den Sturmspitzen und mit den Verteidigern kann ein variables und für die Gegenmannschaft verwirrendes Angriffsspiel aufgezogen werden.

Die Sturmspitzen müssen dem Ballbesitzer durch Freilaufen und Anbieten Abspielmöglichkeiten bieten. Dabei ist es erforderlich, alle Angriffsräume zu nutzen und besonders die Außenpositionen zu besetzen.

Bei erfolgreich und attraktiv spielenden Mannschaften kann beobachtet werden, dass aus einer sicheren Abwehr heraus das offensive Angriffsspiel bevorzugt wird, das heißt, dass die Mehrzahl der Spieler der ballbesitzenden Mannschaft an Angriffshandlungen beteiligt ist. Obwohl national und international oft nur mit einem Stürmer oder mit zwei Stürmern gespielt wird, entwickelt sich aus dieser Konstellation ein variantenreiches Angriffsspiel. Häufiges, wechselseitiges Einschalten von Verteidigern und Mittelfeldspielern in den Angriff aus unterschiedlichen Positionen durch die Mitte oder über die Flügel kennzeichnet eine moderne Spielauffassung.

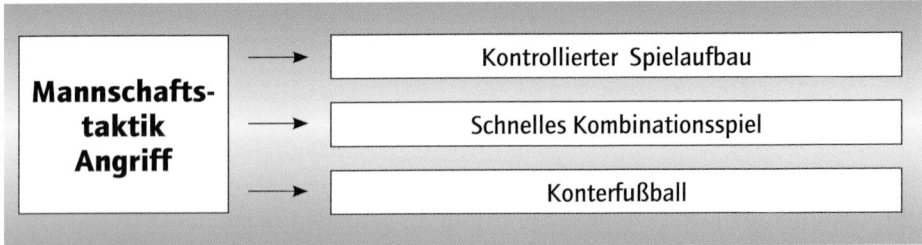

Abb. 202: Mannschaftstaktik Angriff

Für mannschaftstaktisches bzw. spieltaktisches Angriffsverhalten ergeben sich unterschiedliche Handlungsmöglichkeiten:

- Kontrollierter Spielaufbau durch den Torhüter und die Verteidiger über die Mittelfeldspieler bis zu den Spitzen.

- Schnelles Kombinationsspiel mit hohem Tempo und kontrolliertem Risiko.

- Konterspiel in höchstem Tempo in freie Räume der noch nicht formierten Abwehr.

Kontrollierter Spielaufbau

Kontrollierter Spielaufbau durch den Torhüter und die Verteidiger über die Mittelfeldspieler bis zum Angriffsabschluss.

Trainingsziele

Ein sicherer Spielaufbau aus der eigenen Spielfeldhälfte und ein flüssiges Kombinationsspiel bis zum Angriffsabschluss erfordern:

- Anspielbereitschaft von Mitspielern auf allen Positionen in der Breite und Tiefe des Feldes.

- Ein sicheres Passspiel in den Fuß bzw. in den Lauf der sich anbietenden Mitspieler durch Quer-, Rück-, Schräg- und Steilpässe.

- Das Verlagern des Spiels von einer Seite des Spielfelds auf die andere.

- Viel Bewegung der Spieler ohne und mit Ball bis in die Angriffshälfte.

- Staffelung der Angriffsspieler in Breite und Tiefe des Feldes.

- Den Ball sichernde Dribblings mit dem Ziel, risikofreie Abspielmöglichkeiten zu finden.

- Kombinationsfluss durch Hilfen geben und nehmen, durch Anbieten und Freilaufen.

- Ein schnelles Erfassen von sicheren Abspielmöglichkeiten.

- Spielfreude und Mitspielen auf allen Positionen.

- Ein sicheres Herausspielen von Torchancen und ein zielstrebiger Abschluss.

- Den Einbezug des Torhüters in das Kombinationsspiel.

Übungsangebot

- 6:8 in einem 30 x 40 m großen Feld.
  - Die Sechsergruppe spielt mit dem Ziel, so lange wie möglich im Ballbesitz zu bleiben.
  - Die acht Gegenspieler spielen nur mit drei (zwei) Ballkontakten.

- 7:7 in einem Viertelfeld. Beide Mannschaften spielen mit dem Ziel, mit acht (10) Pässen hintereinander den Ball in den eigenen Reihen zu halten. Dafür gibt es einen Punkt.

- 6:5 (7:6) auf ein großes Tor mit Torhüter und drei kleine Tore auf der Mittellinie. (Abb. 203) Das Ziel der Spieler in Unterzahl ist, mit sicherem Angriffsspiel auf die kleinen Tore zu spielen und Tore zu erzielen. Wenn es der Mannschaft gelingt, durch ein Kombinationsspiel, das beim Torhüter beginnt, ein Tor zu erzielen, ohne dass ein Abwehrspieler den Ball berührt, zählt dieses Tor doppelt.

Abb. 203

- Torhüter + vier Verteidiger + drei Mittelfeldspieler spielen gegen drei Stürmer + vier Mittelfeldspieler auf zwei auf der Mittlinie stehende Tore. (Abb. 204) Der Angriff beginnt beim Torhüter. Das Ziel der Spieler ist, durch eins der beiden Tore auf der Mittellinie zu dribbeln. Gelingt das, beginnt der nächste Angriff wieder beim Torhüter. Kommt die andere Mannschaft in Ballbesitz, spielt sie auf das Tor mit Torhüter.

Abb. 204

- 9:8 auf drei Tore mit Torhütern.(Abb. 205) Es wird in folgender Formation gespielt: Ein Torhüter + drei Verteidiger + vier Mittelfeldspieler + zwei Stürmer auf zwei in der anderen Spielfeldhälfte stehende Tore mit Torhütern. Dagegen spielen zwei Verteidiger, vier Mittelfeldspieler und zwei Stürmer. Beide Mannschaften sollen versuchen, durch ein sicheres Kombinationsspiel zu Torchancen zu kommen.

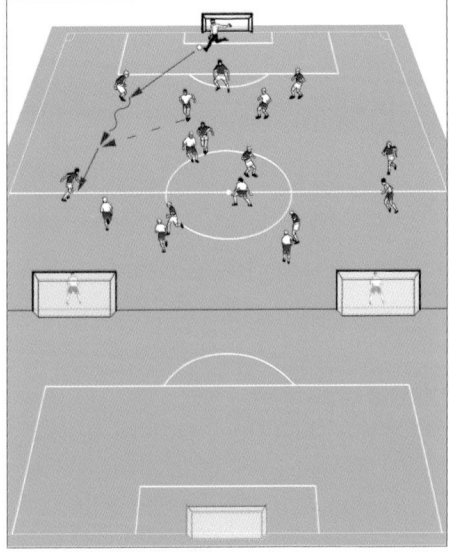

Abb. 205

Schnelles Kombinationsspiel

Schnelles Kombinationsspiel mit hohem Spieltempo und kontrolliertem Risiko.

Trainingsziele

* Gegenseitiges Helfen durch Anbieten und Freilaufen in der eigenen Spielfeldhälfte.
* Gezieltes, scharfes Passspiel von Spieler zu Spieler mit Raumgewinn.
* Durch schnelles und sicheres Abspielen den Gegner unter Druck setzen.
* Tempodribblings in freie Räume zur schnellen Überwindung des Spielfelds und zum Überlaufen von Gegenspielern.
* Sicheres Abspiel nach dem Tempodribbling und wieder zum erneuten Anspiel freilaufen.
* Anbieten der Sturmspitzen in freie Räume auch als „Wand" (mit dem Rücken zum Gegner) mit unterschiedlichen Anschlussaktionen:
  – Doppelpass mit dem Passgeber.
  – Durch ein Antäuschen des Doppelpasses und das An- und Mitnehmen des Balls in die entgegengesetzte Richtung.
  – Durch das Antäuschen des Doppelpasses und das Abspiel in eine andere Richtung auf einen dritten Mitspieler.
* Das Spiel über die Flügel.
* Die Verlagerung des Spiels durch Diagonalpässe.
* Das wechselweise Einschalten von Abwehr- und Mittelfeldspielern in den Angriff zur Unterstützung der Stürmer.
* Wechsel von Kurz- und Langpassspiel auf sich anbietende Mitspieler im gegnerischen Feld.
* Steil- und Diagonalpässe in freie Räume vor und hinter die Abwehr.
* Gezielte Flanken in den Strafraum bzw. Rückpässe.
* Torschüsse in unterschiedlichen Situationen und aus unterschiedlichen Entfernungen.
* Nach Ballverlust nachsetzen bzw. sofort auf Abwehr umschalten.

Übungsangebot

Die Trainingsformen zum kontrollierten Spielaufbau können auch für diese Zielsetzung verwendet werden, jedoch müssen andere Schwerpunkte gesetzt werden, z. B.: mit erhöhtem Tempo spielen, risikoreicher spielen, Dribblings in engen Räumen fordern, längere Pässe fordern etc.

Spieler am eigenen Strafraum sollten sich zunächst orientieren, ob ein langer Pass möglich ist. Wenn nicht, dann durch Tempodribbling oder auf sich anbietende Mitspieler in der näheren Umgebung passen und durch schnelle Aktionen Druck auf den Gegner ausüben. Um das Spiel schnell zu machen, Doppelpässe fordern und schnelle Spielverlagerungen nutzen.

- 6:8 in einem 30 x 40 m großen Feld mit je einem 3 m breiten Tor auf den Grundlinien. Das Feld ist durch eine Mittellinie in A und B geteilt. (Abb. 206) Gespielt wird in einer Feldhälfte. Die Sechsergruppe hat die Aufgabe, solange wie möglich im Ballbesitz zu bleiben, die Achtergruppe spielt nach Balleroberung schnell und sicher auf das 3 m breite Tor im anderen Feld. Danach wird in diesem Feld weitergespielt mit den gleichen Aufgaben usw.

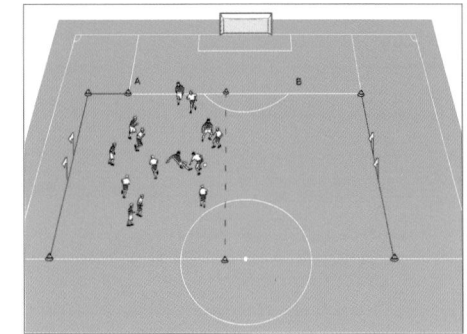

Abb. 206

- 7:6 (8:7) auf ein großes Tor mit Torhüter und drei kleine Tore auf der Mittellinie. (Abb. 207)
  Schwerpunkte:
  – Die Gruppe in Unterzahl soll mit schnellem Kombinationsspiel auf die drei kleinen Tor spielen.
  – Die Gruppe in Überzahl spielt mit Tempo auf das große Tor.

Abb. 207

- 9:9 auf drei Tore mit Torhütern. (Abb. 208)

Konterspiel

Konterspiel hat das Ziel, mit höchstem Spieltempo in freie Räume der noch nicht formierten Abwehr des Gegners zu kommen, um in kürzester Zeit vom Zeitpunkt des Ballgewinns zum Angriffsabschluss zu kommen.

Abb. 208

Es wird in den Situationen angewendet, in denen der Gegner weit aufgerückt ist, die eigene Mannschaft in Ballbesitz kommt und sich freie Räume in der gegnerischen Hälfte ergeben. Das kann im normalen Spielverlauf geschehen oder auch nach Standardsituationen, nach Freistößen oder Eckbällen vor dem eigenen Tor. In der Regel befinden sich die kopfballstarken Abwehrspieler des Gegners bei Freistößen und Eckbällen im Angriffsraum. Gelangt die abwehrende Mannschaft durch den Torhüter oder durch Feldspieler in Ballbesitz, dann muss der Ball so schnell wie möglich in das gegnerische Feld gespielt werden, um in freie Spielräume der noch nicht formierten Abwehr einzudringen und zu Torchancen zu kommen.

Trainingsziele

* In höchstmöglichem Tempo auf Angriff umschalten mit einem Pass in die Tiefe oder durch Tempodribbling.

* Gegenseitiges Helfen durch Anbieten und Freilaufen in der gegnerischen Spielfeldhälfte.

* Dribblings nach Erkämpfen des Balls im höchsten Tempo durchführen zum Überlaufen von Gegenspielern und um im gegnerischen Feld Spielerüberzahl zu erreichen.

* Ein sicheres Abspiel nach dem Tempodribbling auf sich in der Tiefe anbietende Mitspieler.

* Hohe Laufbereitschaft von den Spielern fordern, um schnellstens in die freien Räume im gegnerischen Feld zu kommen.

* Steil- und Diagonalpässe in freie Räume vor und hinter die Abwehrspieler auf sich anbietende Spitzen spielen.

* Möglichst nicht über außen spielen und flanken, sondern zentral durchbrechen und schnellstens zum Abschluss kommen.

Übungsangebot

* 1+4:4 in einem 30 x 50 m großen Feld, das in Feld A und B geteilt ist. (Abb. 209) In Feld A spielen vier Angriffsspieler mit einem Anspieler gegen vier Verteidiger auf ein Tor mit Torhüter. Verlieren die Angriffsspieler den Ball, spielen sie Pressing in Feld A mit der Aufgabe, den Ball so schnell wie möglich zurückzuerobern. Die Verteidiger sollen im schnellen Spiel in das Feld B dribbeln und dann

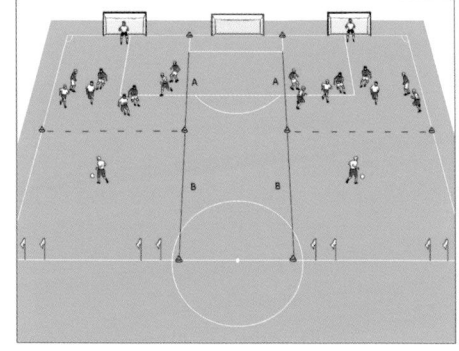

Abb. 209

auf die beiden kleinen Tore spielen. Wenn ein Tor gelingt, beginnt das Spiel wieder beim Anspieler in Feld B.

- 7:8 in einer Spielfeldhälfte auf ein Tor mit Torhüter und auf zwei kleine Kontertore 5 m hinter der Mittellinie. (Abb. 210) Der Angriff beginnt an der Mittellinie mit dem Ziel, Tore zu schießen. Erkämpft sich die andere Mannschaft den Ball, spielt sie mit wenigen Spielzügen schnellstmöglich auf die beiden Kontertore. Tore zählen, wenn sie vor der Mittellinie geschossen werden. Erkämpft sich die Unterzahlgruppe den Ball, spielt sie auf das Normaltor bis zum Abschluss. Danach beginnt ein weiterer Angriff an der Mittellinie.

Abb. 210

- Acht Spieler auf ein Tor mit Torhüter gegen neun, die in zwei hinter der Mittellinie gekennzeichnete Räume spielen. (Abb. 211) Das Ziel der Kontermannschaft ist, so schnell wie möglich in einen der Räume zu dribbeln. Dort muss mindestens ein weiterer Angriffsspieler hinzukommen, dem der Ballbesitzer den Ball zuspielen kann, bevor ein Gegenspieler in Ballbesitz kommt. Gelingt das, zählt das einen Punkt. Danach beginnt ein neuer Angriff an der Mittellinie.

Abb. 211

- Acht auf ein Tor mit Torhüter gegen neun auf zwei 16 m hinter der Mittellinie stehende Tore mit je einem Torhüter. Die Überzahlgruppe soll so schnell wie möglich auf die beiden Tore zum Abschluss kommen. Dauert der Angriff auf die beiden Tore länger als 20 Sekunden, dann abbrechen und einen neuen Angriff starten.

Abb. 212

- Wie vorher, aber jetzt schießt ein Spieler der Gruppe in Unterzahl fünf Eckstöße von rechts und fünf von links. Gelingt ein Tor, erfolgt ein nächster Eckstoß. Kommt die abwehrende Gruppe in Ballbesitz, spielt sie so schnell wie möglich auf die beiden Tore hinter der Mittellinie.

- Wie vorher, aber jetzt werden Freistöße aus 30-40 m Entfernung seitlich rechts und links vom Tor gespielt.

- 8:9 auf zwei Tore mit Torhütern. Ein Tor steht auf der Strafraumlinie des Feldes (Abb. 212) Dort beginnen die Angriffe durch den Torhüter auf das Normaltor mit dem Ziel, Tore zu schießen. Die andere Mannschaft steht in der eigenen Spielfeldhälfte und erwartet die Angriffe. Erkämpft sie sich den Ball, spielt sie im hohen Tempo auf das Tor auf der Strafraumlinie. Nach Abschluss oder Ballverlust zieht sie sich wieder in die eigene Feldhälfte zurück usw.

Handlungsmöglichkeiten nach Spielunterbrechungen bei Standardsituationen: Angriff

Angriffsverhalten bei Freistößen

Es werden **direkte** und **indirekte Freistöße** unterschieden. Direkte Freistöße können nur außerhalb des Strafraums verhängt werden. Gleiche Vergehen innerhalb des Strafraums führen zu einem **Strafstoß** (Elfmeter).

Ein Torerfolg bei einem Freistoß hängt wesentlich von der Qualität der Technik (Zielgenauigkeit) und der Schusskraft des Freistoßschützen ab.

Dadurch, dass die Gegenmannschaft durch Bilden einer Abwehrmauer bemüht ist, den direkten Ballweg zum Tor zu versperren, ist die Möglichkeit zu einem direkten Schuss auf das Tor eingeschränkt. Freistoßspezialisten finden aber häufig trotzdem eine Möglichkeit, zum direkten Torschuss zu kommen. Vor allem bei Fehlstellung der Mauer kann direkt erfolgreich auf das Tor geschossen werden. Die Spieler müssen aber auch Freistoßvarianten beherrschen, um zu einem Torabschluss zu kommen. Die Abwehrspieler sollen durch vorher festgelegte Laufwege einiger Angreifer irritiert werden. Der Ball wird über die Mauer, an der Mauer vorbei oder seitlich zu einem Partner gespielt, der dann ohne Bedrängnis zum Schuss oder Kopfstoß kommen kann.

Situationsbedingt kann vor allem aus der Abwehr oder dem Mittelfeld eine schnelle Ausführung des Freistoßes sinnvoll sein und Vorteile bringen.

Übungsangebot

Freistöße außerhalb des Strafraums frontal zum Tor

* Spieler A, B und C stehen in der Nähe des Balls. A startet in Richtung auf eine Seite der Mauer zu, B passt zum sich kurz auf der anderen Seite anbietenden C, der auf das Tor schießt.

* Wie vorher, aber Spieler D kommt hinzu und steht in 5-6 m Entfernung seitlich zu den drei anderen Spielern. Spieler B passt zu C, der den Ball zu D durchlässt, welcher auf das Tor schießt. (Abb. 213)

* Wie vorher, aber jetzt steht Spieler D hinter Spieler C. B passt zu C, dieser tritt auf den Ball und D schießt auf das Tor. (Abb. 214)

* Aufstellung wie oben, aber auf der ballentfernten Seite stehen die Angreifer D und E. Spieler C startet auf die Mauer zu, A läuft zur kurzen Seite, erhält den Ball von B und flankt mit Effet vom Tor weg zum hineinstartenden Spieler E, während D seinen Gegenspieler durch einen Lauf in Richtung auf die Mauer mitnimmt. (Abb. 215)

Abb. 213

Abb. 214

Abb. 215

Angriffsverhalten bei Eckstößen

Der Eckstoß stellt eine Spielsituation dar, die der ballbesitzenden Mannschaft bei geplanter Durchführung Möglichkeiten zum Torerfolg bietet. Voraussetzungen für eine erfolgreiche Durchführung des Eckstoßes sind einerseits Spieler, die einen präzisen Spannstoß ausführen und den Eckball gezielt in bestimmte Räume oder auf Mitspieler flanken können, und andererseits kopfballstarke Spieler, die sich in vorher bestimmte Räume hineinbewegen.

Die Aktionen zwischen dem Eckstoßschützen und den Mitspielern müssen aufeinander abgestimmt sein, um „torreife" Situationen herauszuspielen. Oft ist die schnelle Ausführung eines Eckstoßes vorteilhaft, wenn dadurch eine noch nicht formierte Abwehr überrascht werden kann. Bei der Anwendung von Eckstoßvarianten müssen die Stärken und Schwächen der Gegenmannschaft und die der eigenen Mannschaft berücksichtigt werden. Jede Mannschaft sollte zwei oder drei Eckstoßvarianten beherrschen, damit der Gegner über die Art der Durchführung im Unklaren bleibt.

Angriffsverhalten bei Einwürfen

Der Einwurf bedeutet Ballbesitz, der nicht nachlässig vergeben werden darf. Je nach Einwurfsort und Ausführungsart kann er als Sicherheitsball gespielt werden, z. B. zum Torwart, oder aber als taktisches Angriffsmittel in der gegnerischen Spielfeldhälfte, z. B. als weiter Einwurf vor das gegnerische Tor oder auf Mitspieler, die „in den Rücken" der Gegenspieler starten. Wesentlich ist, dass die den Ball erwartenden Mitspieler sich läuferisch so geschickt verhalten, dass nicht nur Ballbesitz, sondern auch Raumgewinn und möglicherweise torgefährliche Situationen daraus entstehen.

Mannschaftstaktische Maßnahmen für das Abwehrspiel

Für ein erfolgreiches Abwehrspiel ist es erforderlich, dass alle Spieler nach Ballverlust so schnell wie möglich auf Abwehr umschalten und sich aktiv an Abwehrhandlungen beteiligen. Bei den Abwehrhandlungen einer Mannschaft wird heute nicht mehr in **Manndeckung** und **Raumdeckung** unterschieden, sondern das Verhalten der Spieler wird mit **ballorientierter Abwehr** bezeichnet, weil alle Spieler in den drei Positionsgruppen als geschlossener Verband, als Block, abwehren und sich zum Ballbesitzer hin orientieren. Die Ausrichtung muss sich natürlich auf den Ballbesitzer beziehen, weil von ihm die größte Gefahr ausgeht. Alle Abwehrspieler in den Positionsgruppen verschieben sich in Richtung Ballbesitzer, um ihn zu bekämpfen und ein Zusammenspiel mit seinen Mitspielern durch Engmachen der Räume zu erschweren oder zu verhindern.

Nach dem Abspiel verschieben sich die Abwehrspieler in ihren Positionsgruppen jeweils in Richtung des neuen Ballbesitzers. Dabei muss auch auf eine Staffelung nach hinten geachtet werden.

In der Positionsgruppe der Verteidiger wird heute in fast allen Mannschaften in einer Linienabwehr (Viererkette) gespielt, d. h., alle Spieler bewegen sich je nach Position des Ballbesitzers geschlossen nach links oder rechts, nach hinten oder nach vorne fast auf einer Linie. Allerdings müssen sich die Spieler auch gegenseitig durch eine gute Staffelung absichern, um eventuelle Durchbrüche zu verhindern.

Für die Abwehr im mannschaftstaktischen Rahmen spielt das Spielsystem und die Aufgaben der einzelnen Spieler auf ihren Positionen eine entscheidende Rolle.

Mannschaften müssen heute in der Grundordnung flexibel agieren und reagieren können. Wenn ein Gegner mit zwei Spitzen angreift, dann genügen drei Verteidiger dagegen. Damit wird ein weiterer Spieler frei für Aufgaben im Mittelfeld als Unterstützung für das eigene Angriffsspiel. Spielt der Gegner mit drei Spitzen, dann werden vier Abwehrspieler dagegengestellt.

Das allgemeine Ziel der Mannschaft, die den Ball verloren hat, ist der schnelle, erneute Ballgewinn. Voraussetzung für alle Abwehrhandlungen ist das Beherrschen der Mittel im Zweikampf 1:1. Gegen geschickte Angriffsspieler ist es oft sehr schwer, im 1:1 erfolgreich zu sein. Deshalb sollte stets auf Unterstützung des verteidigenden Spielers gegen den Ballbesitzer durch einen zweiten (und/oder weitere) Abwehrspieler geachtet werden. Wenn zwei Abwehrspieler aggressiv gegen den Ballbesitzer spielen und die Spieler in seiner näheren Umgebung eng gedeckt werden, dann wird das heute mit dem Begriff **Pressing** bezeichnet. Diese Verteidigungsart sollte von allen Mannschaften angestrebt werden, weil sie die effektivste ist und den Gegner sehr stark fordert. Allerdings müssen auch bestimmte Voraussetzungen vorhanden sein. So müssen Spieler sehr gute physische und mentale Fähigkeiten besitzen, um die Anforderungen erfüllen zu können:

- Schnelles Erkennen der Abwehrsituation und geschlossenes Handeln.
- Kurze Sprints zum jeweiligen Ballbesitzer.
- Wache Aufmerksamkeit, um auf schnelle Veränderungen reagieren zu können.
- Ein gutes gruppentaktisches Verständnis.

Ein erfolgreiches Abwehrspiel ist dadurch gekennzeichnet, dass schon der Angriffsaufbau des Gegners gestört oder verhindert wird, dass der Ball so schnell wie möglich zurückerobert wird, aber insbesondere, dass das Herausspielen von Torchancen und Tore nicht zugelassen werden.

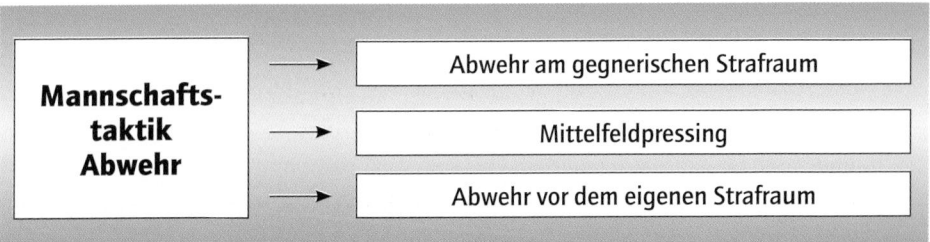

Abb. 216: Mannschaftstaktik Abwehr

Durch die drei Positionsgruppen ergeben sich auch drei mannschaftstaktische Handlungsmöglichkeiten für das Abwehrspiel:

- Abwehr am gegnerischen Strafraum,
- Mittelfeldpressing,
- Abwehr vor dem eigenen Strafraum.

Abwehr am gegnerischen Strafraum

Nach Ballverlust am gegnerischen Strafraum beginnen schon dort Abwehrhandlungen. Eine Abwehr am gegnerischen Strafraum ist im Normalfall dadurch gekennzeichnet, dass der Gegner in der Überzahl agiert. Dennoch muss der Spielaufbau des Gegners gestört und verzögert werden, damit sich die eigene Abwehr formieren kann.

Eine spezielle spieltaktische Maßnahme kann auch das Pressing (Forechecking) am gegnerischen Strafraum sein, das durch aktive Abwehrhandlungen aller Spieler gekennzeichnet ist. Diese mannschaftstaktische Abwehrmaßnahme erfordert von allen Spielern höchste Konzentration und großes Engagement auf allen Positionen, denn der Gegner ist in seinem Strafraum personell schon durch den Torhüter in der Überzahl, aber auch durch die Tatsache, dass in den heutigen Systemen die Abwehrspieler den Angreifern gegenüber ohnehin zahlenmäßig überlegen sind. Deshalb müssen sich die Mittelfeldspieler als Abwehrunterstützung der Stürmer weit in das gegnerische Feld bewegen und die Verteidiger sehr weit aufrücken, damit Anspielmöglichkeiten durch Engmachen der Spielräume für den Ballbesitzer und seine Mitspieler erschwert oder unmöglich gemacht werden. Diese Art des Pressings kann auch nachteilige Auswirkungen haben, weil durch das Aufrücken der Verteidiger der eigene Abwehrverband gelockert wird und durch freiwerdende Räume in der Abwehrhälfte Konterchancen für den Gegner entstehen. Da es zudem eine sehr anstrengende und kräfteraubende Abwehrhandlung ist, kann das Pressing nur in bestimmten Spielsituationen und -phasen angewendet werden.

Trainingsziele

- Den jeweiligen Ballbesitzer aktiv, aber besonnen, bekämpfen.
- Den jeweils agierenden Spieler gegen den Ballbesitzer schnell unterstützen und auch nach hinten absichern.
- Kurze Passwege schließen.
- Nach Abspielen des Balls den neuen Ballbesitzer wieder attackieren.
- Mittelfeldspieler erschweren das Kombinationsspiel des Gegners durch kluges Stellungsspiel.
- Abspielmöglichkeiten in das Mittelfeld durch enges Markieren der Gegenspieler erschweren.

- Bei Durchbruch bzw. langen Pässen des Gegners schnell zurückziehen und im Mittelfeld aggressiv in die Zweikämpfe gehen.

- In den Positionsgruppen als Einheit agieren und sich gegenseitig helfen.

- Den Ballbesitzer mit einem oder mehreren Spielern angreifen und bekämpfen. Er darf sich nicht durchsetzen und keine Zeit finden, sich zu orientieren.

- In Ballnähe ein personelles Übergewicht schaffen und die Mitspieler des Ballbesitzers in seiner Nähe eng decken, um ein Kurzpassspiel zu erschweren bzw. zu verhindern.

- Die vom Spielgeschehen weiter entfernt stehenden Abwehrspieler rücken in Richtung Ballbesitzer ein, schirmen Gegenspieler und den Raum zwischen ihnen so ab, dass sie eventuell lang geschlagene Bälle erreichen können.

- Beim Zurückziehen in die eigene Spielfeldhälfte darauf achten, dass alle Spieler mitmachen.

Übungsangebot

- 7:6 auf ein Tor mit Torhüter und zwei kleine Tore auf der Mittellinie des Feldes (Abb. 217). 10 m vor der Mittellinie ist eine Linie markiert, die die vier Abwehrspieler überdribbeln sollen. Die Spieler in Überzahl spielen auf das Tor mit Torhüter mit zwei Ballkontakten. Nach Ballverlust wird der Ballbesitzer sofort attackiert und die übrigen Spieler eng gedeckt, um schnell wieder in Ballbesitz zu kommen. Ein Überdribbeln der Linie vor den beiden kleinen Toren muss unbedingt verhindert werden. Kommt der Torhüter in Ballbesitz, wirft er den Ball zu einem Mitspieler, der sofort wieder attackiert wird.

Abb. 217

- 1+7:7 auf zwei Tore mit Torhütern. (Abb. 218)
16 m hinter der Mittellinie steht ein zweites Tor mit einem Torhüter. Die Angriffsspieler auf das Normaltor spielen mit maximal drei Ballkontakten. Erkämpfen sich die Abwehrspieler den Ball, versuchen sie, die Mittellinie zu

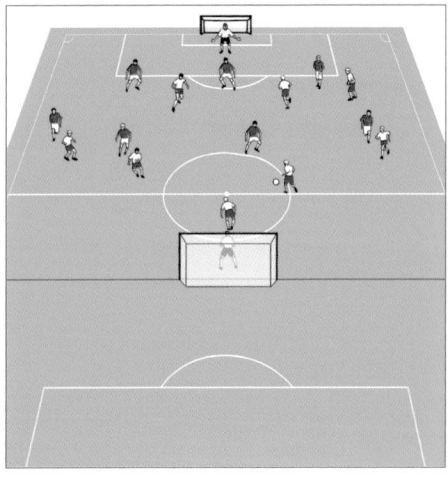

Abb. 218

überdribbeln, um danach auf das Tor zu schießen. Die Mannschaft, die den Ball verloren hat, verhindert unbedingt ein Überdribbeln der Mittellinie.

Das Mittelfeldpressing

Für Abwehrhandlungen im Mittelfeld bieten sich bessere Möglichkeiten für ein Erfolg versprechendes Pressing an. Das Mittelfeldpressing ist eine Möglichkeit, schon früh mit aggressiven Abwehraktionen zu beginnen und den Gegner vom eigenen Tor fernzuhalten. Ziele sind, den Angriffsaufbau des Gegners zu stören und durch das Bekämpfen des Ballbesitzers mit einem oder mehreren Spielern in Ballbesitz zu kommen. Das hat nur dann Erfolg, wenn sich alle Spieler in Richtung Ballbesitzer bewegen, Lauf- und Passwege schließen und den Ballbesitzer durch schnelles Attackieren unter Druck setzen. Kommt der Spieler am Ball dennoch zum Abspiel, so wird auch der neue Ballbesitzer in gleicher Weise bekämpft. Ist eine personelle Überzahl im Mittelfeld nicht zu erreichen, dann muss das Aufbauspiel des Gegners durch verzögerndes Stellungsspiel verlangsamt werden, damit alle Mitspieler die Möglichkeit haben, sich zurück zu orientieren und Anschluss an Abwehrhandlungen gewinnen.

Trainingsziele

- Mittelfeldspieler agieren als Block.
- Hoch konzentriert sein gegenüber den Aktionen der gegnerischen Spieler.
- Den Ballbesitzer eng markieren und aktiv bekämpfen.
- In Ballnähe ein personelles Übergewicht schaffen und den Ballbesitzer mit mehreren Spielern attackieren und unter Druck setzen.
- Kommt dennoch ein Abspiel zustande, dann wird auch der neue Ballbesitzer mit mehreren Spielern bekämpft.
- Ist ein Pressing mit mehreren Spielern nicht möglich, dann muss der am nächsten stehende Mittelfeldspieler den Ballbesitzer im Zweikampf aggressiv und mit Körpereinsatz bekämpfen.
- Die weit vom Ballbesitzer entfernt stehenden Abwehrspieler rücken in Richtung Ballbesitzer ein, schirmen Gegenspieler und den Raum zwischen ihnen so ab, dass sie lang geschlagene Bälle erreichen können.
- Von allen Mittelfeldspielern muss höchstes Engagement gefordert werden. Dazu gehören Spieler, die ihre Willenseigenschaften mobilisieren können.

Übungsangebot

- In einem dreigeteilten Feld von der Torlinie bis zur Mittellinie, das seitlich durch die Verlängerung der Straf-ra-umseitenlinien begrenzt wird, wird 2:2 auf 4:4 auf 2:2 auf zwei Tore mit Torhütern gespielt. (Abb. 219)
  Sobald der Ball die Spieler im Mittelfeld erreicht, werden sie von ihren Gegenspielern eng gedeckt und aktiv bekämpft.

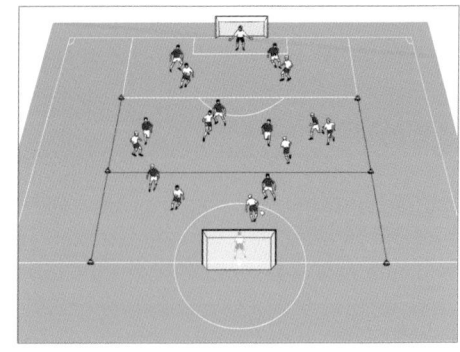

Abb. 219

- In einem dreigeteilten Feld mit je einem Tor auf den Strafraumlinien spielen in den Außenfeldern jeweils zwei Stürmer gegen zwei Verteidiger, im Mittelfeld jeweils vier Mittelfeldspieler gegeneinander. (Abb. 220)
  Die Mittelfeldspieler müssen, bevor sie den Ball zu ihren Stürmern im anderen Feld passen, jeweils die Linie näher zum gegnerischen Tor überdribbeln. Die abwehrenden Mittelfeldspieler versuchen, das zu verhindern.

- Wie vorher, aber jetzt können die Mittelfeldspieler den Ball aus ihrem Feld zu den Mitspielern im anderen Feld passen.

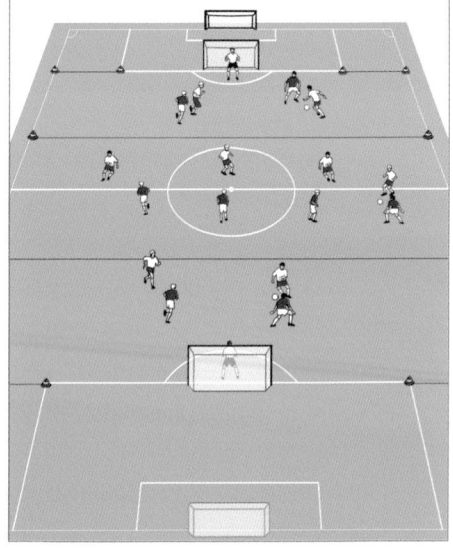

Abb. 220

Abwehr vor dem eigenen Strafraum

Wenn sich aus taktischen Gründen nach Ballverlust im gegnerischen Feld alle Spieler schnell in die eigene Spielfeldhälfte zurückziehen und etwa 30-40 m vor dem eigenen Tor mit der aktiven Abwehrarbeit beginnen, dann sind wichtige Voraussetzungen für mannschaftstaktische Abwehrmaßnahmen geschaffen. Das Ziel ist, dem Gegner mit einer geschlossenen Abwehrformation entgegenzutreten, und besonders dem Ballbesitzer, aber auch den neben ihm sich bewegenden Mitspielern, keinen Spielraum zu lassen. Hier ist es besonders wichtig, dass der Ballbesitzer und die Spieler in seiner unmittelbaren Umgebung durch kluges Stellungsspiel und mit Körpereinsatz so aktiv bekämpft werden, dass Ballverluste die Folge sind. Es müssen Durchbrüche des Ballbesitzers und Pässe in die Tiefe ebenso verhindert werden, wie ein erfolgreiches Kombinationsspiel oder Dribbings über die Außenpositionen und damit verbundene Flanken und Torschüsse.

Gelangen Gegenspieler mit dem Ball in die Nähe des eigenen Strafraums, dann muss ihnen eine kompakt agierende Dreier- oder Viererabwehrreihe gegenüberstehen. Vor den Verteidigern wird zentral vor dem Tor ein weiteres Bollwerk aufgebaut durch einen oder zwei zentral stehende Mittelfeldspieler, die in der Regel zu den am besten ausgebildeten Spielern gehören. Bei einigen Mannschaften wird vor die Verteidiger eine weitere Abwehrreihe postiert, aus drei oder vier Mittelfeldspielern bestehend. Diese werden oft von einem weiteren Spieler im Abwehrverhalten unterstützt, sodass nur noch eine Spitze an der Mittellinie steht.

Trainingsziele

- Der Ballbesitzer wird schon etwa 30-40 m vor dem Tor so eng markiert, dass er keine Zeit bekommt, zu planen und sich zu orientieren.

- Der gegen ihn spielende Abwehrspieler muss Mittel einsetzen, um ihn nicht zur Entfaltung kommen zu lassen.

- Auch regelgerechter körperlicher Einsatz muss gefordert werden.

- Den Gegenspieler nicht in den Rücken kommen lassen.

- Keine Flanke, keinen Kopfball und keinen Schuss auf das Tor zulassen.

- Nach möglichem Abspiel wird der neue Ballbesitzer ebenso eng markiert und bekämpft.

- Das Spielen über die Außenpositionen soll verhindert werden.

- Die zentral vor den Verteidigern spielenden Mittelfeldspieler bilden ein erstes Bollwerk in der Abwehr. Sie dürfen ihren Gegenspielern keinen Spielraum lassen.

- Spielt vor der Viererkette eine weitere Viererreihe im Mittelfeld, dann werden dort die jeweiligen Ballbesitzer im Zweikampf gestellt, andere Mittelfeldspieler unterstützen ihn und rücken gestaffelt in Richtung Ballbesitzer auf.

- Gegenseitiges Helfen bei Überspielen eines Mitspielers ist Pflicht.

- Die Verteidigerreihe − Dreier- oder Viererreihe − agiert als Einheit.

- Der Ballbesitzer wird von dem am nächsten stehenden Spieler attackiert und aktiv bekämpft, Spielpartner helfen bzw. sichern nach hinten ab.

- Wird über die Außenpositionen gespielt, dann rücken die Spieler auf der entfernten Seite in Richtung Ballbesitzer ein, achten aber auf die auf ihrer Seite agierenden Gegenspieler.

- In der Verteidigerreihe aufmerksam die Laufwege der Gegner ohne Ball beobachten. Sich nicht hinterlaufen lassen bzw. sich nicht mit ihnen mitbewegen, wenn sie steil hinter die Linie laufen. Linie nicht auflösen, Abseitslinie aufrechterhalten, nur mitstarten, wenn keine Abseitsstellung gegeben ist.

- Abseitslinie nicht als Falle stellen, sondern durch gutes Stellungsspiel die Gegner ins Abseits laufen lassen.

Übungsangebot

- 1+3:4 auf ein Normaltor im doppelten Strafraum. Die vier Abwehrspieler agieren vor der Strafraumlinie mit dem Ziel, keinen Spieler der Dreiergruppe in den Strafraum zu lassen. (Abb. 212) Kommen sie in Ballbesitz, erfolgt ein Pass zum Anspieler. Erzielt die Dreiergruppe ein Tor, wird das Spiel wieder durch den Anspieler eröffnet.

- Wie oben, jetzt 1+6:7 in einer Spielfeldhälfte auf ein Tor mit Torwart (Abb. 222)

- Acht Spieler spielen auf drei 4 m breite Kontertore hinter der Mittellinie (B), die durchdribbelt werden sollen, gegen acht Spieler auf das Normaltor (A). (Abb. 223).

- 1+8:10 auf ein Normaltor in Feld A und ein Tor auf der Strafraumlinie in Feld B mit je einem Torhüter. (Abb. 224). Ein Anspieler vor dem Tor in Feld B spielt mit drei Verteidigern, drei Mittelfeld-

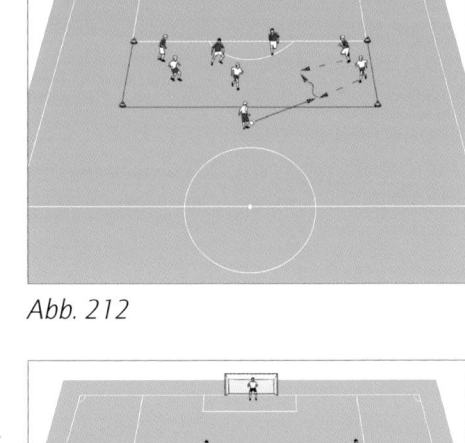

Abb. 212

Abb. 222

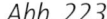

Abb. 223

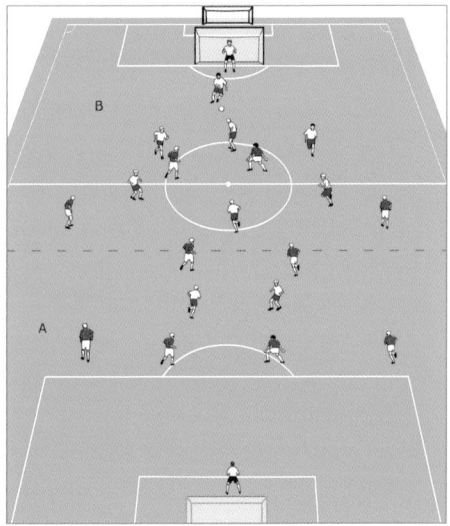

Abb. 224

spielern und zwei Spitzen auf das Normaltor. Kommen die Spieler in Feld A in Ballbesitz, spielen sie auf das Tor in Feld B. Verlieren sie den Ball, dann muss so schnell wie möglich die Anfangsabwehrformation mit der Viererkette und den vier Mittelfeldspielern hinter der gestrichelten Linie eingenommen werden. Erst dort beginnt die aktive Abwehrarbeit.

- 9:9 auf zwei Tore mit Torhütern auf den Strafraumlinien. (Abb. 225)
  Alle Spieler befinden sich in Feld A. Der Torhüter aus Feld B spielt den Ball mit einem weiten Abschlag in das gegnerische Feld. Dort beginnt das Spiel. Kommen Spieler seiner Mannschaft in Ballbesitz, versuchen sie, Tore zu schießen, kommt der Gegner in Ballbesitz, ziehen sich die vier Verteidiger und mindestens drei Mittelfeldspieler bis hinter die Mittellinie zurück und formieren sich zu einem Abwehrblock. Kommt der Torhüter aus Feld B wieder in Ballbesitz, bewegen sich alle Spieler ins Feld A. Danach erfolgt erneut ein weiter Abschlag.

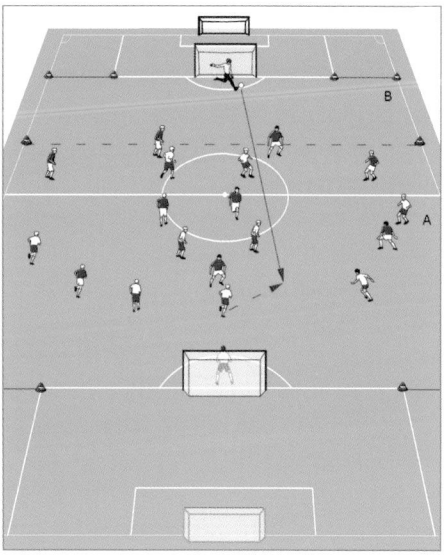

Abb. 225

Handlungsmöglichkeiten nach Spielunterbrechungen bei Standardsituationen: Abwehr

Abwehrverhalten bei Freistößen

Die Abwehrmaßnahmen bei Freistößen richten sich nach der Entfernung des Balls und der Schussrichtung zum Tor. Bei Freistößen seitlich außerhalb des Strafraums wird die ballnahe Ecke des Tors durch zwei oder drei Abwehrspieler abgedeckt. Der Torhüter steht im hinteren Drittel des Tors.

Bei Freistößen außerhalb des Strafraums frontal zum Tor wird die „kurze Ecke" des Tors durch sechs bis sieben Spieler abgeschirmt. Der Torhüter bezieht seine Stellung im hinteren Drittel des Tors so, dass er den Ball sehen kann. Die übrigen Mitspieler schirmen die Räume seitlich neben der Abwehrmauer ab. Die Abwehrmauer soll parallel zur Torauslinie aufgestellt werden, damit die Angreifer keine Stellung hinter der Mauer beziehen können (Abseitsstellung).

Bei indirekten Feistößen innerhalb des Strafraums müssen je nach Winkelstellung und Entfernung zum Tor Spieler der abwehrenden Mannschaft durch Bilden einer Mauer das Tor abschirmen. Wird ein Freistoß näher als 9,15 m vom Tor entfernt ausgeführt, stehen alle Feldspieler der nicht ballbesitzenden Mannschaft nebeneinander auf der Torlinie zwischen den Pfosten; der Torhüter bewegt sich vor der Mauer, um den Schusswinkel durch Herauslaufen für den Schützen ungünstig zu gestalten.

Abwehrverhalten bei Eckstößen

Der Torhüter steht im hinteren Drittel des Tors. Die ballnahe Seite des Tors wird durch einen anderen Abwehrspieler abgeschirmt. Einige Torhüter wollen je einen Abwehrspieler an den beiden Torpfosten stehen haben. Die übrigen Abwehrmaßnahmen richten sich nach den Aktionen der Gegenspieler. Die Abwehrspieler stehen so, dass sie den Ball und ihren jeweiligen Gegenspieler im Blickfeld haben, etwa 1 m seitlich hinter den Gegenspielern näher zum eigenen Tor.

Es gibt Mannschaften, die beim Eckstoß keine Gegenspieler decken, sondern die Räume im Strafraum gleichmäßig stark besetzen. Der Ball wird von dem Spieler abgewehrt, der dem Ball am nächsten steht.

Startet der Torhüter aus dem Tor, so rückt ein Verteidiger, der die ballnahe Torecke abschirmt, auf der Torlinie näher zur Tormitte.

Alle Abwehrspieler beobachten die Flugbahn des Balls. Der, der die beste Ausgangsposition zum Erreichen des Balls hat, springt zum richtigen Zeitpunkt, um ihn vor den Gegenspielern zu erreichen.

- Der rechtzeitige Absprung ist sehr wichtig, um vor dem Gegner am Ball zu sein.
- So abspringen, dass man den Ball im höchsten Punkt erreichen kann.
- Wenn ein Anlauf zum Kopfball möglich ist, immer mit einem Bein abspringen.

Abwehrverhalten bei Einwürfen

Jeder Abwehrspieler steht bei einem Gegenspieler immer näher zum eigenen Tor als der Angriffsspieler.

Erkennen, wohin der Ballbesitzer werfen will, um durch schnelle Reaktion vor dem Gegner an den Ball zu kommen.

COACHING

Coaching beinhaltet das wichtigste Aufgabenfeld des Trainers. In einer engen Begriffsauslegung wird Coaching nur auf die direkt mit dem Wettspiel in Zusammenhang stehenden Aufgaben bezogen. Im weitergehenden Begriffsverständnis bilden die Leistungsanforderungen des Wettspiels einen zentralen Bezugspunkt, aber unter Einbeziehung aller generellen mannschaftlichen und individuellen Führungs-, Betreuungs- und Förderungsmaßnahmen. Angesichts des vielseitig zusammenhängenden Aufgabenspektrums halten wir die umfassende Begriffsauslegung für sinnvoll:

Coaching umfasst unter der primären Zielsetzung der Leistungsoptimierung alle Maßnahmen im Rahmen der Mannschaftsbildung und Mannschaftsführung, der trainingsbegleitenden psychologischen Anleitung und der Wettspielvorbereitung und -steuerung.

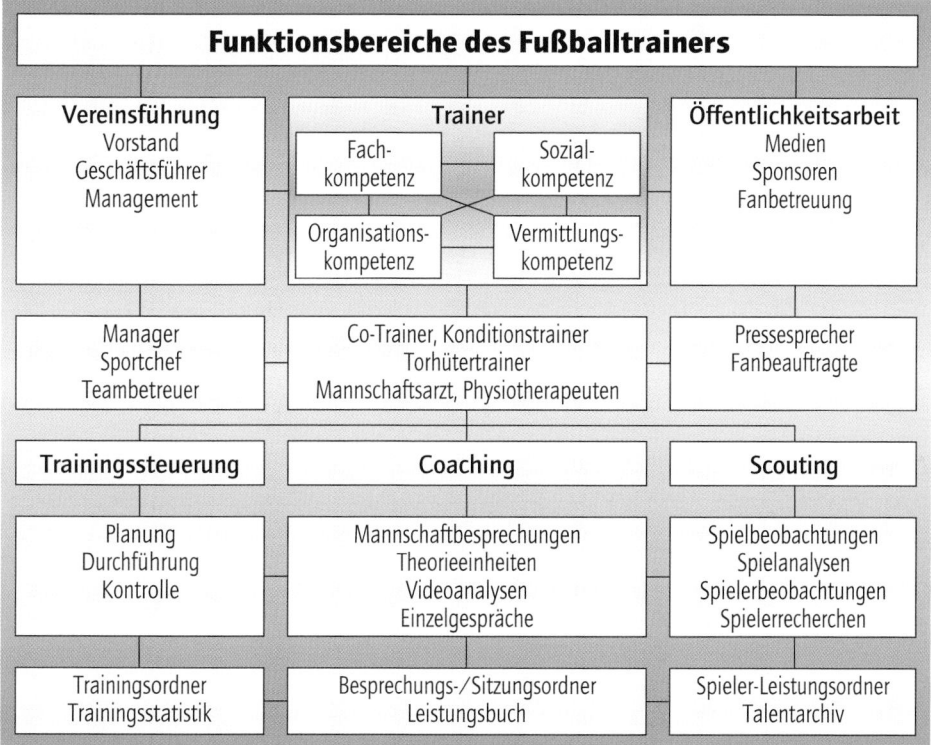

Abb. 226: Funktionsbereiche des Trainers im Leistungsfußball

Einige Coachingmaßnahmen und das Training stehen in einem engen Wechselbezug. Zentrales Ziel ist die Schaffung bestmöglicher Voraussetzungen zur Leistungs- und Persönlichkeitsentwicklung der Spieler und die Integration aller Potenziale zum optimalen mannschaftlichen Erfolg.

Funktionsbereiche des Trainers im Leistungsfußball

Der Trainer im Leistungsfußball hat ein vielseitiges und umfangreiches Aufgabenfeld zu bearbeiten. In einer Übersicht sind die verschiedenen Funktionsbereiche zusammengestellt (Abb. 220).

Die Aufgabenfelder und Anforderungen des Trainers lassen sich vier Kompetenzbereichen zuordnen, die das Fundament der übergeordneten Führungskompetenz bilden (Abb. 221).

Führen heißt Ziele festlegen und Leistungsansprüche setzen, Verantwortung tragen und Entscheidungen treffen.

Führungskompetenz setzt sich aus Fachkompetenz, Organisationskompetenz, Vermittlungskompetenz und Sozialkompetenz zusammen (siehe Abb. 221).

Zwischen den vier Kompetenzbereichen bestehen enge Wechselbezüge und somit kann es zu Überlagerungen bei der inhaltlichen Aufschlüsselung der einzelnen Bereiche vorkommen.

Wissen, Können und Erfahrungen **(Fachkompetenz)** sind Grundvoraussetzungen für ein erfolgsorientiertes Trainieren und Führen einer Mannschaft. Dazu muss der Trainer in der Lage sein, diese in einen angemessenen Organisationsrahmen einzubetten **(Organisationskompetenz)** und mit wirkungsvollen Vermittlungsstrategien **(Vermittlungskompetenz)** „an den Mann zu bringen". Dabei sind die individuellen und die sozialen Bedingungen der Spieler, ihre Herkunft, Ausbildung, ihr Alter, ihre Erfahrung und ihre Motive und Ziele zu berücksichtigen **(Sozialkompetenz)**.

Fachkompetenz bezeichnet im Fußballsport den Komplex an Kenntnissen, Erfahrungen und Können, der für eine erfolgreiche Führung und Gestaltung der Trainings- und Wettkampfpraxis erforderlich ist.

Führungskompetenz

Fachkompetenz

Wissen und Praxiserfahrung

- Kenntnisse der Leistungsstruktur und der Trainingswissenschaft
- Kenntnisse der konditionellen Anforderungen und der technischen und taktischen Handlungskomplexe
- Trainingsplanung und -gestaltung
- Coaching: Mannschaftsaufbau, Mannschaftsführung
- Spielanalyse
- Spielvorbereitung
- Kenntnisse der Regeln und Wettkampfbestimmungen
- Transfer sportwissenschaftlicher Erkenntnisse

Sozialkompetenz

Berücksichtigung der gesellschaftlichen Rahmenbedingungen, der Persönlichkeit und der sozialen Verhältnisse der Spieler

- Einfühlungsvermögen, Dialogfähigkeit
- Integrations- und Teamfähigkeit
- Persönlichkeitsentwicklung und Leistungsorientierung im Team
- Aggressionssteuerung, emotionale Stabilität, Selbstkontrolle
- Stressverarbeitung
- Kritikfähigkeit
- Konfliktfähigkeit
- Krisenbewältigung

Organisationskompetenz

Planungs- und Organisationsfähigkeit

- Trainingssystematik, Wettkampfkalender und Phasenplanung
- Aufbau von Trainingseinheiten
- Planung von Trainingslagern
- Testorganisation
- Sportmedizinische Checks
- Spielanalysedateien
- Spielerdateien

Vermittlungskompetenz

Bahnung von Lern- und Leistungsprozessen

- Strukturierung von Lehrinhalten
- Zielidentifikation
- Motivation
- Eigenverantwortlichkeit
- Talentförderung
- Kreativität

Abb. 227: Kompetenzbereiche und Aufgaben des Fußballtrainers

Fachkompetenz wird im Weiteren in vielen Facetten ausführlich behandelt. Organisationskompetenz fließt dabei teilweise mit ein (z. B. bei der Regelung der Zusammenarbeit mit der medizinischen Abteilung (S. 474f.).

Organisationskompetenz bezeichnet im Fußballsport die Fähigkeit, mit der alle organisatorischen Aufgaben im Rahmen der Leistungsbestimmung, der Trainingsplanung und -durchführung, der Mannschaftsführung und der Wettspielgestaltung ausgeführt werden.

Organisationskompetenz behandeln wir nicht ausdrücklich im Sinne didaktisch-methodischer Richtlinien und Prinzipien, sie fließt in den gesamten Bereich der Trainingsplanung (Trainingslager, Trainingseinheiten u. a.) und in die Leistungs- und Gesundheitsdiagnostik mit ein.

> **Vermittlungskompetenz bezeichnet im Fußballsport die Fähigkeit, Maßnahmen und Strategien zu Lern- und Leistungsprozessen des einzelnen Spielers und der gesamten Mannschaft zu entwickeln und einzusetzen, um größtmögliche Erfolge zu erzielen.**

Vermittlungskompetenz steht ebenfalls in engem Zusammenhang mit der Fachkompetenz, wie der gesamte Bereich der Motivation und der Leistungssteuerung belegt. Und damit sind wiederum direkte Schnittstellen zur Sozialkompetenz gelegt, etwa bei der Persönlichkeitsentwicklung oder dem Umgang mit Kritik und Konflikten.

> **Sozialkompetenz bezeichnet im Fußballsport die Fähigkeit, zwischenmenschliche Beziehungen und Prozesse zu erfassen und verantwortungsbewusst und leistungsorientiert zu handeln.**

Sozialkompetenz umfasst mit der Förderung von Teamfähigkeit, der Aggressionssteuerung, dem Umgang mit Stress, Kritik und Konflikten Kernbereiche der Persönlichkeitsentwicklung und der Leistungsstabilisierung.

Im Umgang mit den Spielern und für den gesamten Lehr- und Lernprozess sind Ordnung und Organisation ergänzende Wegbereiter des Erfolgs. Wir sind deshalb Verfechter des Prinzips der Schriftlichkeit. Bei Christoph Daum werden beispielsweise Trainingspläne, Mannschaftsbesprechungen, Theorieeinheiten, Spielerprofile, Besprechungsprotokolle, Disziplinkataloge u. a. in Aktenordnern festgehalten. Teile dieser langjährig gesammelten Informationen werden in jedes Trainingslager mitgenommen.

Gute Trainer setzen klare Ziele und verfolgen sie konsequent. Der Weg dorthin verläuft nicht immer reibungslos. Wir können Fehler nicht ausschließen, aber wir erheben den Anspruch, nicht denselben Fehler zweimal zu machen. Trainer müssen auch Kompromisse eingehen, aber so, dass sie sich nicht nachteilig auf das Mannschaftsgefüge auswirken und die Leistungen beeinträchtigen.

Ein großer Erfahrungsschatz, Reflexionsfähigkeit und Offenheit gegenüber neuen Entwicklungen und Erkenntnissen bilden einen Schutzwall vor Fehlentscheidungen.

Entwicklungen im Bereich der Trainingslehre, z. B. beim „Vibrationstraining", bei der Ernährung (Ergänzungs- und Vitalisationspräparate), des Coachings (Eigenverantwor-

tung, emotionale Kontrolle), des mentalen Trainings (Konzentrationssteigerung), der Regeneration (Kieselstein-Wasserbecken, ionisierte Sauerstoffkammer), des Scoutens (Amisco Pro, Dartfish-Teampro) werden zunächst auf ihre Auswirkungen überprüft und dann gegebenenfalls in die eigene Arbeit übernommen. Entscheidungskriterien sind Effizienz, Praktikabilität und nachrangig Aufwand und Kosten.

Unsere Tätigkeit ist an dem Grundsatz orientiert:

Hohe Leistungsansprüche an die Spieler setzen hohes Engagement bei der eigenen Arbeit voraus.

Im Folgenden gehen wir auf die berufsspezifischen Eigenschaften des Trainers im Leistungsfußball kurz näher ein.

Berufseigenschaften des Trainers

Das komplexe Aufgabenfeld erfordert vom Trainer ein breites Spektrum an Eigenschaften bzw. Fähigkeiten.

Eine von uns an Bundesligatrainern und Trainern des unteren Amateurbereichs durchgeführte Untersuchung zum beruflichen Selbstverständnis gibt Aufschluss über die Bedeutung einzelner Berufseigenschaften (Abb. 228).

Die Gegenüberstellung der Eigenschaftsskalen macht ersichtlich, dass Bundesligatrainer und Amateurtrainer übereinstimmend Autorität, Gerechtigkeit, Offenheit, Selbstsicherheit, Selbstkritik, Disziplin und Einfühlungsvermögen als sehr bedeutsam einstufen. Hinsichtlich rhetorischer Fähigkeiten besteht Übereinkunft, dass diesen eine große und dem Kriterium Strenge und Humor jeweils eine mittlere Bedeutung zugemessen wird.

Abweichende Auffassungen zeigen sich bei Risikobereitschaft und Besessenheit sowie bei der Bemessung der eigenen fußballerischen Leistungsfähigkeit, die von den Profitrainern jeweils wesentlich bedeutsamer als von den Amateurtrainern eingestuft werden. Weitgehend bedeutungslos erscheinen Kumpelhaftigkeit und Geselligkeit und insbesondere die Neigung zu Selbstdarstellung und Showeffekten. Dass Managementfähigkeiten nur eine geringe Bedeutung beigemessen wird, erklärt sich offensichtlich aus dem Sachverhalt, dass diese Funktionen assoziativ mit „dem Manager" verbunden sind.

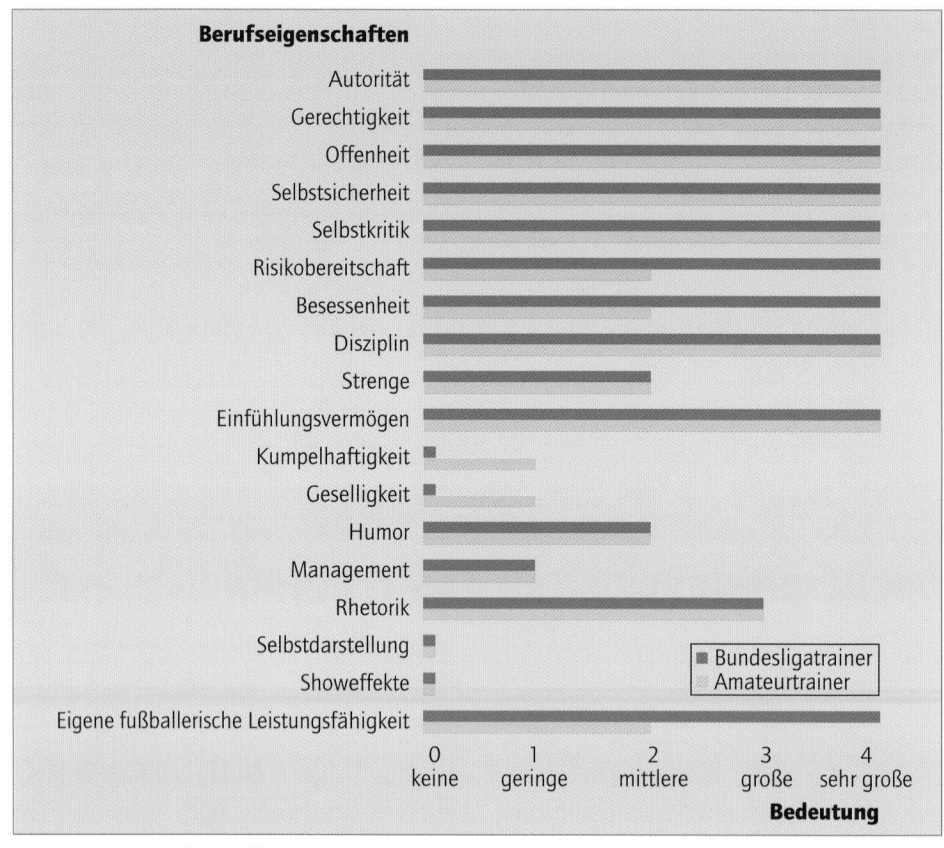

Abb. 228: Berufsspezifische Eigenschaften im Selbstverständnis von Bundesliga- und Amateurtrainern unterer Leistungsklassen

In einer neuen, fachlich von uns begleiteten Studie zu berufsspezifischen Eigenschaften von Profi-Fußballtrainern stellt Michael Mitrotasios sieben maßgebliche Kriterien für den Leistungserfolg heraus (Abb. 229).

Aufschlussreich ist, dass die befragten Trainer der 1. und 2. Bundesliga einer guten Ausbildung absolute Priorität einräumen. Die Bedeutung der auf Rangplatz drei eingestuften Erfahrung deckt sich mit einem bereits Ende der 1980er Jahre von Arnd Krüger dargelegten Sachverhalt, demnach Trainer im Leistungssport Erfahrungen als eines der wichtigsten Kriterien für die Effektivität ihrer Arbeit einschätzen. Die hohe Bewertung von Disziplin in Verbindung mit den Merkmalen Ehrgeiz, Besessenheit und Durchsetzungsfähigkeit lässt Rückschlüsse auf einen starken Professionalitätsbezug zu. Planungsfähigkeit vervollständigt die sieben dominierenden berufsspezifischen Erfolgsmerkmale.

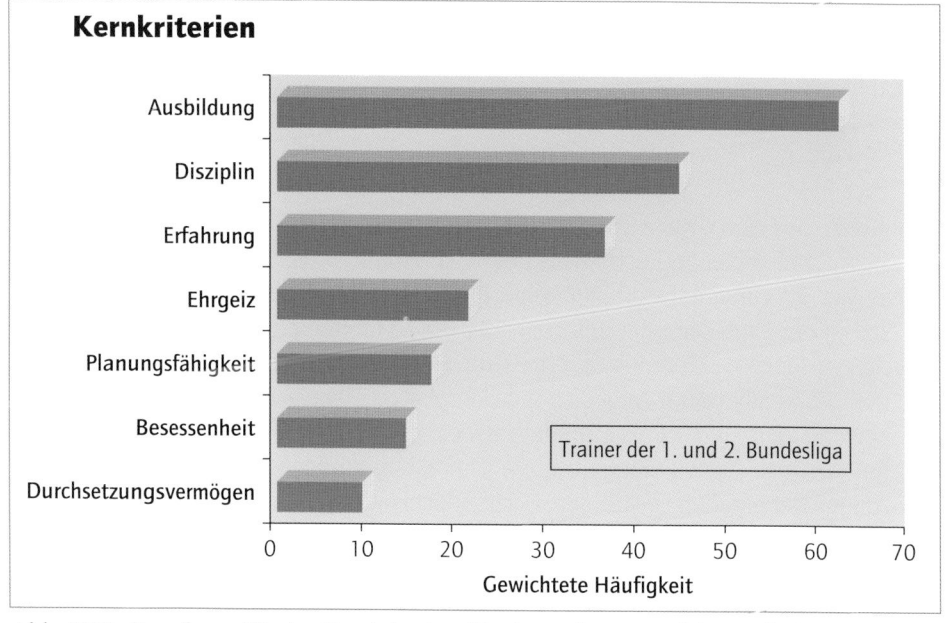

Abb. 229: Berufsspezifische Kernkriterien für den Leistungserfolg nach dem Selbstverständnis von Profi-Fußballtrainern

Im Kern bestärken diese Ergebnisse die Grundsätze und aktuellen Bestrebungen des DFB und des BDFL, die Trainerausbildung und -fortbildung durch Professionalität und Innovation auf die Ansprüche des internationalen Spitzenfußballs auszurichten.

Einen abschließenden Akzent hinsichtlich der berufsspezifischen Eigenschaften setzen wir mit einem Blick in die Praxis. Ottmar Hitzfeld hat aus seiner langjährigen erfolgreichen Trainertätigkeit heraus die folgenden Leitsätze aufgestellt.

„13 goldene Trainer-Regeln" von Ottmar Hitzfeld

1. Zeige Respekt!
Respekt versteht Ottmar Hitzfeld als Basis für ein Gemeinschaftsgefühl. In einer Gesellschaft, in der der Respekt immer mehr verloren gegangen ist, erscheint es wichtig, junge Spieler im respektvollen Umgang untereinander, aber auch gegenüber anderen Personen anzuleiten. Dazu zählen die Trainer, Masseure, Zeugwarte, Busfahrer und alle weiteren Mitarbeiter des Klubs, die Journalisten und die Fans. Respekt kommt in vielfältigster Form zum Ausdruck: in der höflichen Begrüßung, bei der Sauberkeit im Bus und in der Kabine, indem man dem Gesprächspartner in die Augen schaut u. a.

2. Vertraue deinen Spielern!

Vertrauen ist die Grundlage für Selbstvertrauen. Der erfahrene Trainer hat ein Gespür dafür, welchen Spielern er in besonderer Weise – z. B. in Krisenphasen – Vertrauen entgegenbringen kann. Das sind Spieler, die das Vertrauen rechtfertigen und die den Bonus, den man ihnen ausstellt, zurückzahlen.

3. Achte auf den Charakter!

Hitzfeld sagt hier zu Recht, dass man aus Mitläufern keine Leader machen kann, so wie man aus Ackergäulen keine Rennpferde machen kann. Aber der Trainer soll in der Lage sein, die unterschiedlichen Veranlagungen in die richtigen Bahnen zu lenken. Siegermentalität ist für Hitzfeld ein dominantes Charaktermerkmal. Siegermentalität zeigt sich auf dem Platz. Lamentieren, wegwerfende Handbewegungen sind tabu. Materielle Übersättigung, bereits bei jungen Spielern, hat negative Auswirkungen auf die Charakterbildung. Sie führt zu Fehleinschätzungen der eigenen Leistungen, Überheblichkeit und Bequemlichkeit.

4. Behalte Distanz!

Kontrolle bewahren, nicht die Autoritätsgrenzen verwischen. Das gilt besonders für den Erfolg.

5. Lerne aus Fehlern!

Aus negativen Ereignissen positive Erkenntnisse und Handlungsorientierungen ableiten. Die einschneidende Niederlage im Champions League-Endspiel 1999 gegen Manchester United hat Bayern München drastisch wieder ins Bewusstsein gerufen, dass man im Fußball bis zum Schluss kämpfen muss. Mit großer Leistungsbereitschaft wurde 2000 und 2001 die Meisterschaft gewonnen un der Erfolgswille mit dem Champions League-Sieg gegen den FC Valencia gekrönt.

6. Schütze deine Stars!

Die Führungsspieler sind die Leistungsträger der Mannschaft. Dementsprechend stärkt der Trainer sie innerhalb der Mannschaft und nach außen.

7. Lüge nie!

Glaubwürdigkeit ist die Praxis des Vertrauens. Dazu gehören die Verlässlichkeit des gesprochenen Wortes und die Berechenbarkeit im Umgang miteinander.

8. Vertraue deinem Gefühl!

Die Aufstellung und die Festlegung von Strategie und Taktik sind rational gesteuert, aber Maßnahmen während des Spiels, Einwechslungen erfolgen stärker nach der Intuition.

9. **Zeige keine Schwäche!**
   Der Trainer muss immer Sicherheit und Entschlossenheit vermitteln. Vor allem in brisanten Situationen wie Spielrückständen, drohenden Niederlagen oder auch in Konflikt- und Krisenphasen.

10. **Trickse den Druck aus!**
    Eine Möglichkeit, dem Erwartungsdruck von außen zu begegnen, liegt in der Rationalisierung. Ottmar Hitzfeld versachlicht dazu seine Tätigkeit und betrachtet seine Trainerfunktion als Auftrag, wie in einem Wirtschaftsunternehmen.

11. **Vermeide Neid!**
    Die Relationen im Gehaltsgefüge der Mannschaft müssen stimmig sein. Spielereinkäufe, die das Einkommenslevel deutlich sprengen, sind deshalb indiskutabel. „Neid frisst Teamwork auf."
    Bei internationalen Spitzenspielern werden gesonderte Maßstäbe zugrunde gelegt.

12. **Wähle einen guten Co-Trainer!**
    Eine Vertrauensbasis ist unabdingbar. Der Co-Trainer darf nicht zu ehrgeizig sein, und es auf den Job des Chefs absehen.

13. **Keine Fußballgespräche mit der Ehefrau!**
    Zu diesem Aspekt gibt es unterschiedliche Auffassungen.
    Einige der Bundesligatrainer besprechen auch mit ihren Frauen fußballspezifische Belange.

Teambildung und Teamgeist

Das Ganze ist mehr als die Summe seiner Teile – eine Volksweisheit – die im Mannschaftssport Fußball häufig zutrifft. Es gibt zahlreiche Beispiele von hochgesteckten Erwartungen und großen Enttäuschungen, die belegen, dass eine Ansammlung sehr guter Spieler noch keine Erfolgsgarantie bietet. Die einzelnen Spieler müssen zu einer Mannschaft zusammenwachsen und Teamgeist entwickeln. Zusammenhalt, geschlossenes Auftreten, gegenseitige Akzeptanz und Zielidentifikation sind Grundvoraussetzungen für den Erfolg. Der Aufbau einer leistungsfähigen Mannschaft hängt ab von der Zusammensetzung des Kaders, der Einhaltung von Regeln und Normen, der Identität mit den gesetzten Zielen und dem Zusammenhalt im Team.

Im Wesentlichen sind dazu folgende Aufgaben zu erfüllen:
* **Aufbau von Teamgeist und einer Hierarchie und Führungsstruktur**
* **Übereinkunft bei der Zielbestimmung**
* **Festlegung und Akzeptanz von Normen und Regeln**
* **Die Teambildung unterstützende Maßnahmen**
* **Persönlichkeitsförderung**

Die einzelnen Spieler bringen durch ihre Herkunft, ihren Werdegang und ihre Persönlichkeitsentwicklung unterschiedliche Voraussetzungen zur Teamfähigkeit mit. Hier muss der Trainer im Rahmen seiner Führungskompetenz die individuellen Gegebenheiten und Einstellungen berücksichtigen.

Teamfähigkeit kennzeichnet die Fähigkeit, die eigenen Interessen dem gemeinsamen Ziel unterzuordnen, bestmögliche Leistungen einzubringen und Mitverantwortung auf sportlicher Ebene und im Umgang miteinander zu übernehmen.

Teamfähigkeit erfordert vollen Einsatz zur Zielerreichung, gegenseitige Unterstützung, Disziplin und Verlässlichkeit. Das Auftreten in der Öffentlichkeit, die einheitliche Klubkleidung, Regeln im Umgang mit Journalisten und Fans, gemeinsame Veranstaltungen tragen zu mannschaftlicher Identität bei.

Abbildung 230 veranschaulicht die am Mannschaftsaufbau beteiligten Komponenten und ihre Zusammenhänge.

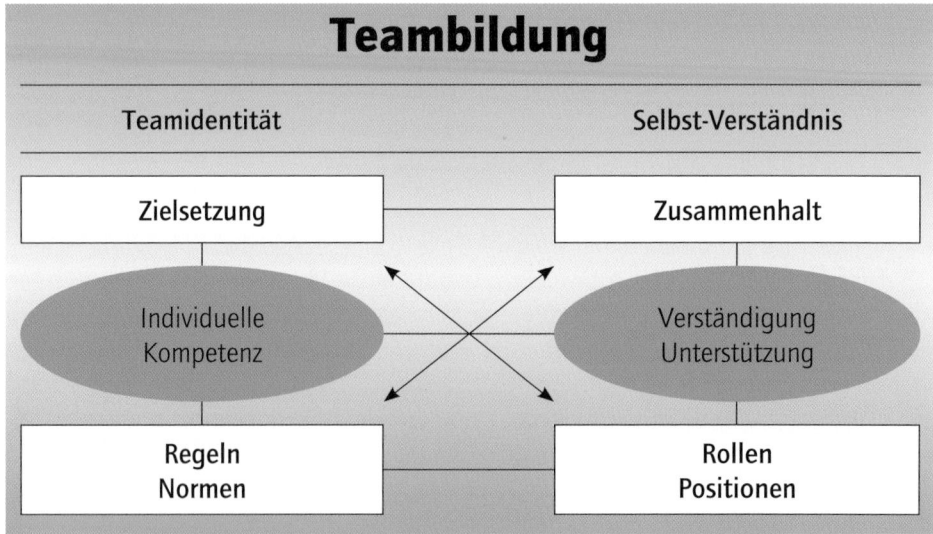

Abb. 230: Komponenten des Mannschaftsaufbaus

Zur Teambildung und Leistungsentfaltung im Fußball lassen sich gedankliche Anregungen aus Ergebnissen traditioneller gruppendynamischer Studien ziehen.

Die klassische Hawthorne-Studie belegt beispielsweise die Bedeutung der persönlichen Beachtung für die Leistungsmotivation und effiziente Teamarbeit. Trotz ver-

schlechterter Arbeitsbedingungen steigerte eine durch die Beachtung empfundene Wertschätzung bei Arbeiterinnen in erheblichem Maße ihre Produktivität.

Das zu den sozialpsychologischen Standardexperimenten zählende Sherifsche Ferienlagerexperiment zeigt die gruppendynamischen Auswirkungen bei einer nur gemeinsam lösbaren Aufgabe und die Bedeutung gegenseitiger Unterstützung zur Realisierung gemeinsamer Interessen bzw. Ziele. Im Kern macht das Experiment deutlich, wie Ablehnung und Ressentiments von zwei befehdeten Gruppen durch einen gemeinsamen Gegner („Feindbild") zu Schulterschluss und Zusammenhalt führen, indem u. a. ein Fußballmatch nur mit vereinten Kräften gegen eine andere Mannschaft gewonnen werden kann.

Im Leistungsfußball haben sich alle Mitarbeiter, unabhängig von Sympathieempfindungen, dem Anspruch zu unterwerfen, mit hundertprozentigem Einsatz das Beste für die Mannschaft zu leisten. Bei den Spielern müssen Eigeninteressen in einem vertretbaren Verhältnis zu den Mannschaftsinteressen stehen. Auf diesen Identifikationsaspekt mit höchstem Leistungsanspruch werden z. B. außer den Spielern und Trainern auch alle anderen Mitarbeiter von Christoph Daum in einer eindringlichen Ansprache am ersten Trainingstag vor dem Saisonauftakt eingestimmt. Der Cheftrainer benutzt dazu bildhafte Vergleiche, wie das Zusammenleben in einer Großfamilie, in der jedes Mitglied, unabhängig von den verschiedenen Aufgaben, Rollen und Kompetenzen, Verantwortung für das Ganze hat und zum reibungslosen Zusammenleben, zum Zusammenhalt und zur gegenseitigen Unterstützung und Existenzsicherung beiträgt. Andere Metaphern sind „das Sitzen in einem Boot" oder „das Räderwerk einer Uhr", in dem jedes einzelne Rädchen präzise in das andere greifen muss.

Eine außergewöhnlich motivationsfördernde Maßnahme ist zudem die Beteiligung aller Mitarbeiter, von den Putzfrauen und Küchenjungen bis zum Leiter des klubeigenen Trainingscamps, an den Erfolgsprämien.

Entwicklung von Teamgeist und Aufbau einer Führungsstruktur

Eine klare, von den Spielern akzeptierte, hierarchische Struktur und gegenseitige Akzeptanz bilden grundlegende Voraussetzungen für den mannschaftlichen Zusammenhalt und eine hohe individuelle Leistungsbereitschaft. Merkmale und Bedingungen für Mannschaftszusammenhalt, Teamgeist und ein ausgeprägtes gemeinschaftliches Leistungsbewusstsein sind:

- **Zielakzeptanz**
  Festlegung und Verinnerlichung von anspruchsvollen sportlichen Zielen, konsequente und ausdauernde Verfolgung der gesteckten Ziele.

- **Individualakzeptanz**
  Akzeptanz unterschiedlicher Persönlichkeitseigenschaften und Leistungspotenziale.

- **Rang- und Aufgabenakzeptanz**
  Akzeptanz der Aufgaben, Funktionen und Privilegien in der Mannschafts-hierarchie.

- **Normen-/Disziplinakzeptanz**
  Identifikation mit Pflichten, Leistungsansprüchen und sozialbezogenen Normen. Beachtung eines Disziplin-Katalogs.

- **Verantwortungsakzeptanz**
  Akzeptanz von Führungsspielern, Übernahme von Verantwortung im Mann-schaftsgefüge.

- **Leistungsanspruchsakzeptanz**
  Hohes individuelles Anspruchsniveau als Basis einer leistungsstarken mann-schaftlichen Handlungsfähigkeit. Ausgeprägte Erfolgszuversicht und Kompetenz-verstärkung.

- **Soziale Akzeptanz**
  Gemeinsame Aktivitäten zur Anleitung und Steuerung mannschaftsdynamischer Prozesse.

Fußballmannschaften weisen eine relativ gefestigte Grundordnung auf, die jedoch situationsbedingten Veränderungen unterliegt, z. B. durch verletzte Stammspieler oder durch junge Nachwuchsspieler, die einen Leistungssprung vollziehen und ihre Chance in der Stammformation wahrnehmen, und grundsätzlich, wenn Spieler den Verein verlassen und neue Spieler integriert werden. Diese Grundordnung ist durch eine vorrangig leistungsbestimmte Hierarchie gekennzeichnet.

Der Begriff Hierarchie bezeichnet eine Rangordnung innerhalb des Spielerkaders, nach der die Spieler bestimmte Positionen einnehmen und Rollen ausfüllen, aus denen sich Aufgaben, Pflichten und Ansprüche ableiten.

Konkurrenz ist ein grundsätzlich leistungsfördernder Faktor, andererseits ist eine verantwortungsbewusste Abstimmung der Interessen und Kooperationsfähigkeit im Leistungsfußball unverzichtbar.

Kooperation bezeichnet die Fähigkeit des Einzelnen, mit den Mitspielern, Trainern und anderen Bezugspersonen im Sinne des gemeinsamen Ziels effizient zusammenzuarbeiten.

Führungsspielern kommt im Mannschaftssystem eine wichtige Rolle und Funktion zu. Sie sind meist ältere und erfahrene Spieler, Leistungsträger und in bestimmten Bereichen auch Entscheidungsträger. Sie haben dementsprechend mehr Verantwortung, sind stärker als andere gefordert, vor allem, wenn es nicht so „rund läuft". Dass sie deshalb über größeren Einfluss und einige Privilegien verfügen, ist sachlich begründet.

Führung bedeutet Übernahme von Verantwortung.
Wer Verantwortung übernimmt, hat das Recht zur Mitsprache.

Als eine Grundbedingung für gute Zusammenarbeit und geregelte Abläufe im Leistungsfußball haben andere Spieler die Führungsfunktionen innerhalb der Mannschaft zu akzeptieren und sich diszipliniert einzuordnen.

Zielsetzung

Große Leistungen setzen klare Ziele voraus. Im Mannschaftssport ist die Übereinkunft in der Zielsetzung eine Voraussetzung für ein leistungsfähiges Team. Einem lernpsychologischen Konzept zufolge werden hohe Zielidentifikationen der Spieler im Unterbewusstsein, das an der Steuerung unseres Handels beteiligt ist, verankert. Mit dem Transfer innerer Bilder (Visualisierung) wird die Vorstellungskraft aktiviert, über die zusätzliche Motivationskräfte freigesetzt werden können.

Unter den angeführten Gesichtspunkten sind bei der Zielbestimmung folgende Kriterien zu beachten:

* Die Ziele sind realistisch, konkret und damit überprüfbar festzulegen.
* Die Ziele müssen Anreiz und Herausforderung darstellen.
* Die Ziele müssen einen hohen Identifikationsgrad gewährleisten.
* Die Ziele sind positiv zu formulieren.
* Bei Zielen für mehrere Anforderungen (z. B. Meisterschaft, Pokal, Champions League) sind Prioritäten zu setzen.
* Die festgelegten Ziele sind gegebenenfalls zu korrigieren.

Ziele beharrlich, mit hohem Einsatz, auch bei Rückschlägen, zu verfolgen, ist eine Seite, eine andere, Ziele vor dem Hintergrund veränderter Ausgangsbedingungen zu überdenken und zu verändern, je nach Situation nach oben oder nach unten. Dabei sind Fachkenntnisse, Erfahrungen und Sachlichkeit geboten. Zu diesem Sachverhalt ließen sich im Rückblick auf die Saisonverläufe in der Bundesliga zahlreiche positive Beispiele (Bayern München, 1. FC Kaiserslautern u. a.), aber auch einige Beispiele mit negativen Auswirkungen (Werder Bremen, Eintracht Frankfurt, Bayer 04 Leverkusen, FC Schalke 04 u. a.) anführen.

Regeln und Normen

Die Prozesse bei der Mannschaftsbildung und die fortwährenden mannschaftsinternen Abläufe unterliegen formellen und informellen Normen und Regeln. Bei einem Spielerkader, der sich aus sehr unterschiedlichen Persönlichkeiten verschiedener nationaler, kultureller und sozialer Herkunft zusammensetzt, die zudem hohe Leistungsziele, große Erwartungen und finanzielle Ansprüchen haben, sind Normen und Regeln unverzichtbar.

Sie setzen eindeutige Maßstäbe für die Einhaltung der Aufgaben und Pflichten im Zusammenhang mit dem Trainings- und Wettkampfbetrieb. Sie sind verbindlich und richtungsweisend für den Umgang miteinander, das Auftreten in der Öffentlichkeit, die Beziehung zu den Medien, für eine professionelle Lebensführung und das Verhalten im Verletzungs- oder Krankheitsfall. Ausgeprägter Egoismus und Disziplinlosigkeit stören das Mannschaftsgefüge und müssen dann zwangsläufig Konsequenzen nach sich ziehen.

Deshalb ist unter Einbeziehung der Führungsspieler (Kapitän, Mannschaftsrat) ein „Disziplin-Katalog" – wir sprechen bewusst nicht von einem „Strafen-Katalog" – zu erstellen, in dem die verbindlichen Regeln und Pflichten und die entsprechenden Sanktionsmaßnahmen bei Fehlverhalten eindeutig festgehalten sind.

Im Folgenden stellen wir Auszüge aus einem Disziplin-Katalog vor, wie er unter der Anleitung von Christoph Daum für Profiklubs (Austria Wien, Fenerbahce Istanbul) konzipiert wurde.

Disziplin-Katalog

Präambel

Jeder Lizenzspieler und Mitarbeiter der Lizenzabteilung ist bestrebt, das Ansehen von Verein XY zu stärken und zu verbessern.

Jeder Lizenzspieler verpflichtet sich, im sportlichen wie im privaten Bereich, alles zu tun, um seine bestmögliche Leistung zu erzielen.

Jeder Lizenzspieler muss alles unterlassen, was sich negativ auf seine Leistung und das Ansehen von Verein XY auswirkt.

In diesem Sinn hat der Spielerrat der Lizenzabteilung in Abstimmung mit den Trainern, der medizinischen Abteilung, dem Management und Vorstand von Verein XY folgende verbindlichen Verhaltensregeln für alle Lizenzspieler erarbeitet:

1. Jeder Spieler ist verpflichtet, an allen Spielen, Trainingseinheiten, Mannschaftsbesprechungen und offiziellen gemeinsamen Aktivitäten teilzunehmen.

2. Jeder Spieler ist verpflichtet, die von Verein XY gestellte Sportkleidung und Ausgehkleidung zu allen offiziellen Anlässen (Spiele, Training, Flüge, Veranstaltungen) zu tragen.

3. Jeder Spieler ist verpflichtet, Stillschweigen über interne Vorgänge und Besprechungen zu bewahren. Insbesondere ist es verboten, gegenüber den Medien das Ansehen der Lizenzspieler und Mitarbeiter von Verein XY zu kritisieren und zu schädigen.

4. Jeder Spieler muss sich die Erlaubnis zu Auftritten in der Öffentlichkeit (Fernsehen, Radio, PR-Veranstaltungen, Feiern, Ehrungen, Wohltätigkeitsveranstaltungen, u. a.) beim Cheftrainer einholen.

5. Jeder Spieler ist verpflichtet, ein sportlich einwandfreies Verhalten während der Spiele, des Trainings und im privaten Bereich zu zeigen. Insbesondere muss jeder Spieler die Entscheidungen des Schiedsrichters und der Linienrichter akzeptieren. Jeder Spieler muss sowohl auf dem Feld als auch außerhalb (von der Bank, beim Warmlaufen, in den Kabinengängen, u. a.) jegliche abwertenden Kommentare und Gesten gegenüber Schiedsrichtern und Linienrichtern unterlassen. Jeder Spieler muss es vermeiden, eine persönliche Strafe (gelbe, gelb-rote, rote Karte) zu erhalten.

6. Jeder Spieler ist verpflichtet, im Falle einer Erkrankung oder Verletzung den Vereinsarzt oder Masseur sofort zu benachrichtigen. Dies muss spätestens innerhalb von 24 Stunden erfolgen.

7. Jeder Spieler ist verpflichtet, die Dopingbestimmungen strengstens einzuhalten.

8. Jeder Spieler ist verpflichtet, die vom Vereinsarzt oder den Masseuren angeordneten Therapien, Behandlungszeiten und Verhaltensvorschriften genauestens einzuhalten. Insbesondere ist jeder erkrankte oder verletzte Spieler verpflichtet, pünktlich zu den vereinbarten Behandlungszeiten außerhalb des normalen Trainingsbetriebs zu erscheinen.

9. Jeder verletzte oder erkrankte Spieler muss sich rechtzeitig, mindestens 60 Minuten vor Trainingsbeginn, beim Vereinsarzt oder Masseur melden. Insbesondere haben verletzte Spieler keinen Anspruch auf einen freien Tag.

10. Jeder Spieler ist verpflichtet, sich 30 Minuten vor und 30 Minuten nach dem Training in der Umkleidekabine aufzuhalten. Ausnahmen bedürfen der Zustimmung der Trainer.

11. Jeder Spieler ist verpflichtet, auf Sauberkeit zu achten. Insbesondere zählen dazu:

   • Die Fußballschuhe müssen vor der Tür zum Lizenzbereich ausgezogen werden. Kein Spieler läuft mit Fußballschuhen durch den Lizenzbereich.

   • Der medizinische Bereich darf nicht mit Schuhen betreten werden.

   • Die Umkleidekabine, Dusche, Behandlungs- und Saunaräume müssen sauber verlassen werden.

   • Jeder Spieler hat auf Ordnung und Sauberkeit an seinem Umkleideplatz zu achten (Abfälle, gebrauchte Bandagen, leere Becher u. a. gehören in den Abfalleimer).

   • Der Besprechungs- und der Kraftraum sind sauber zu halten.

   • Der Mannschaftsbus muss sauber verlassen werden.

12. (Der Disziplin-Katalog umfasst weitere Verhaltensregeln.)

Die Spieler haben den in ihrer Landessprache, gegebenenfalls in Englisch, vorliegenden Disziplin-Katalog als **gelesen**, **verstanden** und **akzeptiert** zu unterzeichnen. Diese drei Konditionen werden auf Grund einschlägiger Erfahrungen aufgeführt.

Die Kassenführung übernimmt ein Führungsspieler.
Ähnlich den im Disziplin-Katalog festgelegten Regeln für die internen und externen Mannschaftsangelegenheiten und den gesamten Trainings- und Wettkampfprozess ist die Zusammenarbeit mit der medizinischen Abteilung klar zu strukturieren und abzustimmen (S. 474).

Zusammenhalt

Störfaktoren hinsichtlich Zusammenhalt und Leistung

Zeichnet sich ab, dass durch das Auftreten persönlicher und mannschaftsinterner Prozesse der Mannschaftszusammenhalt und die Leistungsfähigkeit beeinträchtigt werden, hat der Trainer frühzeitig zu reagieren.

Störungen können ausgelöst werden durch:

- Empfundene Ungerechtigkeit,

- Unzufriedenheit,

- Undiszipliniertheit, Unzuverlässigkeit,

- Egoismus, überzogenes Anspruchsdenken,

- Missgunst,

- Status- und Machtkämpfe,

- Cliquenwirtschaft,

- Intrigen, Mobbing,

- destruktive Aggression,

- unsachliche Kritik, unzureichende Selbstkritik, Überheblichkeit,

- leistungsbeeinträchtigende Konflikte.

Auf die einzelnen Störfaktoren wird im Folgenden kurz eingegangen. Größere Bereiche mit möglichen Störfeldern, wie Aggression, Konflikte und Krisen, werden an späterer Stelle ausführlicher behandelt (S. 496ff.).

Ungerechtigkeit

Gerechtigkeit ist ein übergeordnetes Prinzip der Mannschaftsführung, und es steht außer Frage, Trainer müssen gerecht sein. Das heißt aber nicht, dass der Trainer alle Spieler gleich behandeln muss. Tradition, Struktur, Status, Vertragsregularien, Macht- und Einflusssphäre lassen eine völlige Gleichstellung im Leistungsfußball nicht zu, und keinem Trainer gelingt es, immer den Vorstellungen aller Spieler zu entsprechen. Das heißt aber nicht, dass Trainer willkürlich handeln dürfen, Maßnahmen je nach Sympathie treffen, oder vergleichbare Versäumnisse und Regelübertretungen nach unterschiedlichen Maßstäben bestrafen können.

Leistungsträger und Führungsspieler tragen mehr Verantwortung und daraus leiten sich auch besondere Rechte und Privilegien ab. Das wird in der Regel von den anderen Mannschaftsmitgliedern problemlos akzeptiert. Voraussetzung ist aber, dass der „Starspieler" sich mit seinen Fähigkeiten in den Dienst der Mannschaft, besonders in kritischen Situationen, stellt und selbst Vorbild auf dem Platz ist.

Beispielsweise durfte der verdiente Torjäger eines Bundesligisten in der Schlussphase seiner Kariere, in Absprache mit dem Cheftrainer, bei einigen Phasen des Mannschaftstrainings selbstständig trainieren. In diesem Fall war das überhaupt kein Problem, keiner der anderen Spieler nahm diese Regelung zum Anlass, eigene Sonderrechte einzufordern. Alle wussten und sahen, dass der Stürmer leistungsorientiert trainierte, und, was letztendlich maßgebend war, immer noch entscheidende Tore schoss. Damit ist ein wesentlicher Punkt angesprochen: Voraussetzung für Sonderrechte sind herausragende Leistungen, und dass die Atmosphäre in der Mannschaft nicht beeinträchtigt wird.

Unzufriedenheit

Zur Zufriedenheit bzw. Unzufriedenheit ist anzumerken: Partielle Unzufriedenheit ist im Leistungsfußball normal. Ergänzungsspieler sind situationsbedingt häufiger unzufrieden. Ein Ausspruch unseres ehemaligen Trainers und Ausbilders Hennes Weisweiler lautete:

„Zeige mir einen zufriedenen Zweiten, und ich zeige dir einen ewigen Verlierer."

Die Aussage mag überzogen klingen, aber sie lässt sich so interpretieren: Zufriedene Reservespieler darf es nicht geben.

Persönlicher Leistungsehrgeiz ist unabdingbar, aber er darf sich nicht negativ auf den Mannschaftszusammenhalt und die Leistungsmöglichkeit des Teams auswirken. Entscheidend ist deshalb, wie sich Unzufriedenheit äußert, im Umgang, im Trainingseinsatz, in der gesamten Teamarbeit und in der Disziplin.

Disziplinlosigkeit

Disziplin ist eine Kardinaltugend in den Mannschaftsprozessen. Regeln, Vereinbarungen und Absprachen sind strikt einzuhalten. Undiszipliniertheit dokumentiert Respektlosigkeit gegenüber den Trainern und den anderen Spielern und verursacht grundsätzlich Ärger, Ablehnung und möglicherweise Aggression. Disziplinlosigkeit muss deshalb

Konsequenzen nach sich ziehen. Die Sanktionsmaßnahmen richten sich nach den im Disziplin-Katalog aufgeführten Kategorien.

Egoismus

Egoismus ist grundsätzlich situationsbezogen im Zusammenhang von Mannschaftserfolg und persönlichem Anteil zu bewerten. „Torjäger" beispielsweise benötigen ein gewisses Maß an Egoismus für ihre Erfolgsbilanz, die aber der Mannschaft zugute kommt. Dagegen ist bei Ballverlust nicht nachzusetzen ebenso wenig akzeptabel, wie der Egoismus, die anderen Mitspieler die „Drecksarbeit" machen zu lassen.

Missgunst

Missgunst bindet positive Energie und führt meist zu unterschwelligen Reaktionen, z. B. hinsichtlich Einsatzbereitschaft und Misserfolgszuweisung.

Status- und Machtkämpfe

Hohe Leistungsansprüche einer Mannschaft erfordern eine akzeptierte hierarchische Ordnung. Im Laufe einer Saison kann es durch verschiedene Umstände zu Veränderungen innerhalb der Hierarchie kommen. Permanente Machtkämpfe um Status und Einfluss müssen aber unbedingt vermieden werden, da sie Energie binden, die Konzentration auf Nebenschauplätze lenken und zu Leistungsverlusten bei einzelnen Spielern und der gesamten Mannschaft führen.

Der Einzelne hat sich mit seinen Ansprüchen, Zielen und Wünschen den Mannschaftsinteressen unterzuordnen.

Cliquenwirtschaft

Für Cliquenbildungen gilt das Gleiche wie für Machtkämpfe. Sympathiebeziehungen und Gruppierungen sind normal. Sie dürfen aber nicht zu internen Ablehnungen oder Dominanzansprüchen führen und damit permanente Spannungen hervorrufen.

Prinzipiell können bei Spannungen zwischen Cliquen, Gruppierungen oder einzelnen Spielern gemeinsame Initiativen und sinnvolle Aufgaben, die Zusammenarbeit erfordern, zur Verbesserung des Mannschaftszusammenhalts beitragen. In der Praxis zeigt sich aber, dass hier Grenzen gesetzt sind. Es ist unrealistisch, anzunehmen, dass durch die gemeinsame Belegung eines Doppelzimmers sich Ablehnung in Sympathie wandelt, oder dass sich durch eine zwangsweise veränderte Sitzordnung automatisch die Kommunikation verbessert. Mannschaftszusammensetzungen im Training und konkrete Kooperationsaufgaben bei den Teambildungsmaßnahmen bieten wirksame Ansätze.

Intrigen, Mobbing

Opportunismus, Zuträgertum, Mitspieler in Misskredit bringen, Willfähigkeit gegenüber Führungspersonen sind im Keim zu ersticken.

Ein Trainer, der Offenheit und Geradlinigkeit seinen Spielern vorlebt, setzt bereits eindeutige Zeichen gegen hinterhältige Störmanöver, die den Mannschaftszusammenhalt empfindlich stören.

Destruktive Aggression

Auf die konstruktive, spielimmanente Aggression, als unverzichtbares Element im Fußball, gehen wir im Weiteren noch ausführlich ein (S. 496ff.). Die andere Seite, die destruktive Aggression, die Verletzungen in Kauf nimmt oder in Einzelfällen bewusst herbeiführt, ist zu unterbinden, durch Bewusstmachung und die Herausarbeitung von Handlungsalternativen.

Unsachliche Kritik

Der Trainer hat für eine Atmosphäre zu sorgen, in der man sich intern offen die Meinung sagen darf. Kritik an Mitspielern in der Öffentlichkeit, oder indirekt über die Medien, ist absolut tabu.

Kritik, die in erster Linie eine Angelegenheit zwischen Trainer und Spielern ist – darüber sollten sich auch Präsidenten und Vorstandsmitglieder im Klaren sein –, sollte weder pauschal noch verletzend sein. Sie hat sachlich, handlungsbezogen und zielorientiert zu erfolgen.

Ein anschauliches Beispiel destruktiver Kritik bot der Geschäftsführer eines Fußballklubs nach der Niederlage seiner Mannschaft mit der Aussage: „Ich habe nur 11 Pappnasen herumhampeln sehen."

Bei Kritik innerhalb der Mannschaft sind negative Akzente durch eine verbesserte emotionale Kontrolle und durch Aussprachen und Auflösung von Missverständnissen positiv umzugestalten.

An späterer Stelle werden Bedeutung und Anwendung von Kritik noch eingehender behandelt (S. 493ff.).

Leistungsbeeinträchtigende Konflikte

Nicht jeder Konflikt muss vom Trainer unmittelbar angegangen werden, wie im Zusammenhang mit der Konfliktthematik noch ausführlich erörtert wird (S. 509ff.). Aber gravierende oder länger schwelende Konflikte sind wie ein Brandsatz, der jederzeit ex-

plodieren kann. Hier ist Handeln geboten und mit den Kontrahenten eine Lösung herbeizuführen, um längerfristigen Schäden vorzubeugen.

Problemspieler und Disziplin

Ein in der Regel komplexer Störfaktor für den Mannschaftszusammenhalt ist der sogenannte **Problemspieler**. Problemspieler sind Spieler, die aus unterschiedlichen Gründen durch eine Reihe inakzeptabler Verhaltensweisen in Erscheinung treten:

- Egoismus,

- Unzuverlässigkeit,

- Überheblichkeit,

- unzureichende Selbstkritik,

- überzogenes Anspruchsdenken.

Unter den Starspielern gibt es eine große Anzahl vorbildlicher Persönlichkeiten, die Ideale und Leitbilder für die Jugend sind. Daneben verzeichnet der Profifußball aber auch einige exzentrische, undisziplinierte, vorrangig sich selbst inszenierende Spieler. Offensichtlich sind vorrangig zwei Gründe ausschlaggebend dafür, dass in Einzelfällen bei derartigen Spielern, die für das Mannschaftsgefüge und den Zusammenhalt schädigenden Einflüsse bis zu einem gewissen Grad toleriert werden.

1. Der Spieler verfügt über ein hohes Leistungspotenzial und kann, wenn er motiviert ist, wesentlich zum Erfolg der Mannschaft beitragen.

2. Der Spieler stellt eine zu hohe Investition dar, um ihn auf die Tribüne zu setzen oder ihn einfach „aussortieren" zu können.

Bei einigen Spielern müsste beispielsweise bereits vertraglich festgelegt werden, dass ihnen für jeden Tag verspäteter Rückkehr zum Trainingsbeginn am Saisonauftakt oder nach der Winterpause eine, entsprechend ihrem Gehaltsvolumen, beträchtliche Summe abgezogen wird. Die diesbezüglichen Aussagen einiger Trainer, bei mehrtägigem Zuspätkommen, wie z. B.: „Das wird Konsequenzen haben", oder: „Darüber muss gesprochen werden", scheinen oftmals nicht mehr als Alibiaussagen zu sein, um in der Zwangssituation die Autorität zu wahren. Konsequent müsste eine im Disziplin-Katalog fixierte Bestrafung erfolgen.

Integration neuer Spieler in den Mannschaftskader

In der Zeit der Vorbereitung auf die neue Saison konkretisiert der Trainer seine Vorstellungen von der Stammformation und dem engeren Spielerkader. In dieser Phase vollzieht sich die Integration neuer Spieler, ihre Einbindung und der Aufbau von Akzeptanz. Im Verlauf dieser Prozesse werden Normen, Funktionen und Rollen in der Mannschaft übernommen und Positionen besetzt. Dabei spielen sportliche Leistungsfähigkeit, Wettkampferfahrung und Persönlichkeitseigenschaften eine Rolle.

Die reibungslose Integration und optimale Entfaltung ihrer Handlungs- und Leistungsfähigkeit steht bei den neuen Spielern im Zusammenhang mit der:

- positiven, erfolgsorientierten Grundhaltung und einem anspruchsvollen Leistungsbezug,
- Identifikation mit den Mannschaftszielen,
- Akzeptanz von Regeln, Normen und Pflichten,
- Einordnung in die Mannschaftsstruktur,
- Übernahme rollen- und positionsspezifischer Anforderungen und Aufgaben,
- Wertschätzung der anderen Mannschaftsmitglieder im Zusammenhang mit ihren Fähigkeiten, Rollen und Positionen,
- Mitverantwortung für den Mannschaftszusammenhalt.

Der Integrationsprozess neuer Spieler und die Identifikation mit den mannschaftsinternen Regeln und Normen vollzieht sich im Rahmen der Maßnahmen zur Saisonvorbereitung. Dabei können besondere Aktionen zum Aufbau von Zusammenhalt und Teamgeist beitragen.

Die Teambildung unterstützende Maßnahmen

Im Leistungsfußball werden immer häufiger psychologische Maßnahmen und Methoden einbezogen, einerseits zur individuellen Nutzung, wie der Stärkung des Selbstbewusstseins, andererseits zur Ausbildung und Förderung von Teamgeist. Speziell in der Vorbereitungszeit bieten sich einige Einsatzmöglichkeiten mit den Zielsetzungen:

- Aufbau von „Wir-Gefühl",
- Übernahme von Verantwortung und Einordnung,
- Entwicklung von Vertrauen gegenüber den Teammitgliedern und Festigung des Selbstvertrauens,
- Entfaltung von Führungskompetenz,
- Entwicklung von Problemlösungs- und Risikostrategien,

- Stressbewältigung und Aufbau emotionaler Stärke,
- Koordination verschiedener Fähigkeiten,
- Entwicklung von Kreativität.

Unter den teambildenden Maßnahmen bieten sich gemeinsame Mountainbiketouren, Gokartrennen, Floßfahrten, Canuing, Rafting oder andere, speziell ausgerichtete Naturbewältigungsaktivitäten an. In der Extremform hat ein Bundesligist seinerzeit ein mehrtägiges Überlebenstraining fernab jeglicher Zivilisation durchgeführt.

Einzelaktionen, bei denen sich beispielweise Spieler von einer Erhöhung rückwärts in die Arme der Mitspieler fallen lassen oder die Demonstration, dass ein einzelner Spieler einen quer über einen Waldpfad liegenden Baumstamm nicht allein aus dem Weg räumen kann, und dies nur mit vereinten Anstrengungen aller Spieler gelingt, erzielen einen spontanen „Aha-Effekt", tief greifende Wirkungen können davon nicht erwartet werden. Grundsätzlich dürfen die ausgewählten Maßnahmen nicht zum psychologischen Experimentierfeld werden. Daher sind Aktivitäten, wie beispielsweise in der Art „Blindekuhspiel", bei dem Spieler mit verbundenen Augen durch verbale oder taktile Reize eines Partners sich in der Halle oder auf dem Spielfeld bewegen, mit Vorbehalt zu betrachten. Wirksame partnerschaftsfördernde und Vertrauen aufbauende Akzente lassen sich setzen, wenn solche Aktionen in freier Natur, etwa im Wald oder am steinigen Ufer eines Flussbetts, durchgeführt werden.

Bislang am häufigsten werden für teambildende und persönlichkeitsfördernde Maßnahmen die Möglichkeiten speziell konstruierter Hochseilgärten genutzt. Diese Seilgärten weisen unterschiedliche Konstruktionen und Schwierigkeitsgrade auf. Sie bestehen aus künstlich angelegten Hindernissen aus Holz, mit Seil- oder Stahlkabeln verspannt. Daneben gibt es auch Niederseilgärten, die lediglich bis zu 4 m Höhe erreichen, und bei denen die psychische Anspannung und damit auch die emotionale Wirkung entsprechend geringer sind.

Bei den Trainingseinsätzen in Hochseilgärten hat Sicherheit oberste Priorität. Deshalb müssen mindestens zwei ausgebildete, mit den offiziellen Sicherheitsrichtlinien vertraute und geprüfte Trainer anwesend sein, die zudem psychologisch und pädagogisch geschult sein sollten. Als Sicherheitsequipment stehen u. a. Kletterseile und Karabiner zur Verfügung und alle Teilnehmer werden mit Klettergurten und Helmen ausgestattet.

Neben der psychischen Beanspruchung verstärken sich im Hochseilgarten die konditionellen Anforderungen, vor allem an die Kraft, Beweglichkeit und Koordination.

Die Zielvorgaben orientieren sich an mental-emotionalen Erfahrungsprozessen für Spieler und Trainer und an teambildenden Maßnahmen. Im Einzelnen gewinnt der Trainer Erkenntnisse über persönliche Verhaltensweisen und Eigenschaften der Spieler und Hinweise zur weiteren Förderung des Teamgeists.

Leitfragen dazu sind:

- Wie reagieren Spieler in Stresssituationen?
- Wer behält Ruhe und Übersicht?
- Wie steht es um das Selbstvertrauen einzelner Spieler?
- Wie arbeiten die Gruppen zusammen?
- Ziehen alle am gleichen Strang?
- Wer erweist sich als aktiver, wer ist passiver?
- Wer findet kreative Lösungen?
- Wie wirkt sich die Belastung und Anspannung auf das Konzentrationsvermögen der Spieler aus?
- Erkennen die Spieler die Bedeutung des Miteinanders bei der Problemlösung und der Aufgabenbewältigung?
- Ist man auf einem guten Weg zum gemeinsamen Erfolg?

Persönlichkeitsförderung

Einer frühzeitigen Förderung der Persönlichkeitsentwicklung räumt der DFB, in seiner zukunftsweisenden Konzeption zur Sichtung und Entwicklung von Talenten, einen hohen Stellenwert ein. Die Ziele sind festgelegt, die Bedeutung herausgestellt, bezüglich der Ansatzpunkte und der Realisierungsmöglichkeiten ist die Sportwissenschaft zusammen mit den erfahrenen Praktikern gefordert, konkrete Testmöglichkeiten und

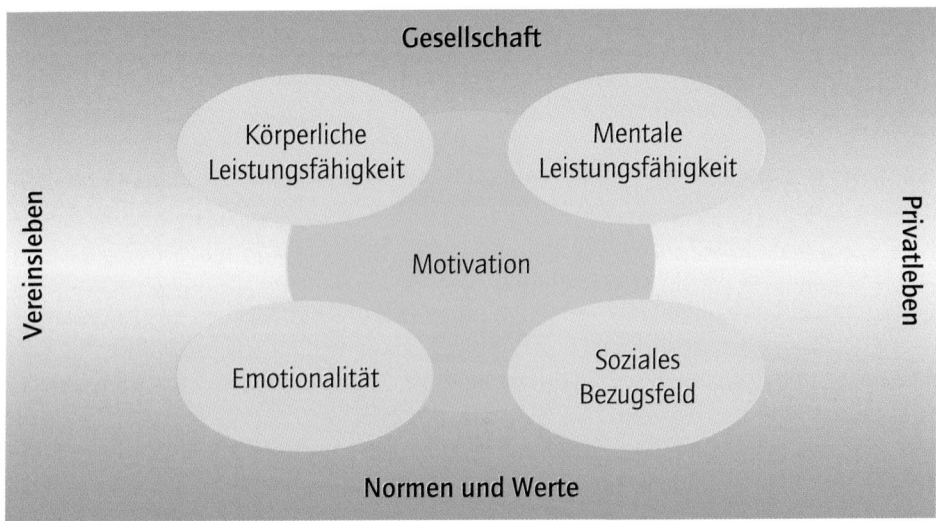

Abb. 231: Einflussfelder bei der Entwicklung der Spielerpersönlichkeit

operationalisierbare Fördermaßnahmen zu entwickeln. Schwierigkeiten bestehen auf Grund der komplexen Bedingungen und der vielfältigen Einwirkungen, denen der Prozess der Persönlichkeitsbildung unterliegt. In Abbildung 231 sind modellartig die verschiedenen Einflussfelder bei der Persönlichkeitsentwicklung dargestellt.

Persönlichkeitsbestimmung

Soziale Kompetenz ist eine maßgebliche Bedingung für sportlichen Erfolg. Die soziale Kompetenz des Trainers zeigt sich im Umgang mit den Spielern und anderen Bezugspersonen des Vereins.

Um Fachkompetenz und soziale Kompetenz als Teilbereich der Führungskompetenz optimal aufeinander abstimmen zu können, sind möglichst detaillierte Kenntnisse der Persönlichkeitsstruktur der Spieler zu gewinnen, die insbesondere Rückschlüsse auf die Leistungseinstellung zulassen.

Bei allen leistungsbezogenen interpersonellen Aktivitäten sind persönliche Belastbarkeit, vor allem in Stresssituationen, Leistungsbeharrlichkeit und Erfolgsorientierung, von Bedeutung.

Neben bewährten, traditionellen Verfahren der psychologischen Diagnostik gibt es Bestrebungen, neue Verfahren zur Bestimmung von Persönlichkeitsprofilen im Leistungssport einzusetzen, wie das „DNLA-Persönlichkeitsprofil" („The Discovery of Natural Latent Abilities"), das über Kategorien wie Leistungsdynamik, Sozialkompetenz, Erfolgsbezug und Belastbarkeit Aufschluss gibt.

Während die Leistungsdiagnostik bereits im Nachwuchsfußball ein wichtiger Bestandteil des Trainingsaufbaus ist, besteht bezüglich der Bestimmung von Persönlichkeitsmerkmalen, und insbesondere der mentalen Leistungsvorausetzungen, noch ein erheblicher Nachholbedarf.

Deshalb stellt sich für die Talentsichtung und Talentförderung im Fußball perspektivisch die gleichermaßen dringliche wie schwierige Aufgabe, Testverfahren zu entwickeln, die, über eine momentane diagnostische Funktion hinaus, auch hinreichend sichere Prognosen bezüglich Persönlichkeitsausprägungen und Leistungsentwicklung zu leisten imstande sind.

Je besser der Informationsstand des Trainers über das Persönlichkeitsbild und das Leistungsvermögen der einzelnen Spieler, ihre persönlichen Ziele und Ansprüche sowie über ihre jeweilige Stellung in der Mannschaft ist, desto gezielter und wirkungsvoller kann er die individuelle Leistung fördern und den Mannschaftserfolg anbahnen. Eine wichtige Informationsquelle bilden Einzelgespräche, auf die wir nachfolgend näher eingehen (S. 457).

Spielerpersönlichkeiten

Spielerpersönlichkeiten sind Führungsspieler mit einem ausgeprägten Leistungsehrgeiz und starker Siegermentalität. Unter der Leitfrage: „Wodurch zeichnen sich Siegertypen aus?", wird im Folgenden ein von Christoph Daum zusammengestelltes Spektrum an Handlungsmerkmalen aufgeführt, aus dem das idealtypische Bild einer Spielerpersönlichkeit hervorgeht.

Siegertypen

- sind zielbezogen und erfolgsorientiert,
- motivieren sich selbst,
- haben ein realistisches Selbstbewusstsein,
- setzen ihre Fähigkeiten optimal ein,
- setzen Gedanken in Taten um,
- sind ergebnisorientiert,
- bringen Aufgaben zu Ende,
- zeigen Initiative,
- verfügen über Konzentrations- und Durchhaltevermögen,
- treffen Entscheidungen, schieben nichts auf die lange Bank,
- fürchten sich nicht vor Fehlschlägen,
- akzeptieren berechtigte Kritik,
- sind selbstkritisch, lehnen Selbstmitleid ab,
- verabscheuen Alibiverhalten,
- können unabhängig urteilen und handeln,
- haben ihre Emotionen unter Kontrolle,
- analysieren und entscheiden in Krisen- und Konfliktsituationen lösungsorientiert,
- können Grenzbereiche der Belastung einschätzen,
- sind pragmatisch und kreativ zugleich,
- sind in der Lage den Wald und die Bäume zu sehen,
- können die Sonne hinter den Wolken wahrnehmen,
- greifen zu den Sternen, ohne sich die Flügel zu verbrennen.

Spielerpersönlichkeiten sind realitätsbezogen, pragmatisch, leistungsorientiert und verfügen über ein ausgeprägtes Selbstwertgefühl. Das Selbstwertgefühl baut sich im Laufe des Sozialisationsprozesses auf. Hier können bzw. müssen in früher Kindheit die Impulse gesetzt werden. Auch später lassen sich noch positive Entwicklungsprozesse bewirken, allerdings bedürfen diese erheblich größerer Anstrengungen und das Fundament ist weniger gefestigt. Im Anschluss an das Kapitel „Motivation" gehen wir auf den Komplex Selbstbewusstsein, Selbstsicherheit und Selbstwert noch etwas ausführlicher ein (S. 490f.).

Einzelgespräche

Einzelgespräche, die der Trainer mit den Spielern führt, bringen beiden Seiten Gewinn. Diese Gespräche haben persönlichen Charakter, sie sind tiefer gehend als die Kurzansprachen bei Mannschaftssitzungen und die an Fakten orientierten Einzelkritiken. Der Spieler erfährt Beachtung und Anerkennung, er erhält Orientierungshilfen und Rückhalt auf seinem Weg zur Ausschöpfung seiner Leistungsmöglichkeiten und zur Entfaltung seiner Persönlichkeit.

Der Trainer bekommt tiefere Einblicke in die familiären Verhältnisse und das Umfeld der Spieler, ihre persönlichen Ziele und Wünsche, ihre Vorlieben, Gefühle und Einstellungen. Grundlage ist gegenseitiges Vertrauen. Die Vertrauensbasis wächst im Laufe der Zeit, sie muss sich besonders in Krisensituationen bewähren. Im Einvernehmen mit den Spielern schreibt der Trainer die Gesprächsinhalte mit oder macht sich später Notizen. Die Aufzeichnungen werden in einem „Gesprächsbuch" fortlaufend ergänzt, sodass der Trainer jederzeit auf sie zurückgreifen kann, um sich bestimmte Phasen, Besonderheiten, Vereinbarungen oder Zielbestimmungen in Erinnerung zu rufen.

Ergänzungsspieler benötigen besondere Beachtung und Anerkennung. Es ist wichtig, ihnen in größeren Zeitabständen eine realistische Einschätzung ihres Leistungsstandes und ihrer Perspektiven zu vermitteln.

In den Einzelgesprächen sollen negative Äußerungen über andere Spieler unterbleiben. Es wird keine Gelegenheit für Alibiaussagen, Schuldzuweisungen und Sündenbockprojektionen gegeben.

Die Einzelgespräche sollen möglichst mit einem positiven Schlussakzent abschließen, beispielsweise mit einer Zielsetzung, auf die man gemeinsam hinarbeiten wird oder mit einer Absprache, um den Mannschaftszusammenhalt zu verbessern.

Kriterien für ein gutes Einzelgespräch

* **Wertschätzung und Vertrauen**
  Wertschätzung und Vertrauen bilden die Basis für einen offenen, gewinnbringenden Gedankenaustausch. Sie schließen eine vertretbare Akzeptanz von Besonderheiten im Persönlichkeitsbild ein.

Wertschätzung bedeutet die Person als Ganzes, vor allem mit ihren positiven Seiten, zu sehen und insgesamt mit ihren Stärken und Schwächen zu akzeptieren. Akzeptanz heißt, dass Einstellung und Handeln des anderen nicht zwangsläufig mit den Maßstäben eigenen Handelns völlig deckungsgleich sein müssen.

- **Fairness**
  Vertrauen schließt Fairness mit ein. Die Gesprächsinhalte dürfen in keiner Weise zum Nachteil der Spieler benutzt werden.

- **Respekt und Glaubwürdigkeit**
  Respekt beruht auf Fachkompetenz und Leistung und steht in direktem Zusammenhang mit Glaubwürdigkeit und Verlässlichkeit. Deshalb ist Unehrlichkeit nicht zu tolerieren und herabsetzende Äußerungen über andere Personen sind tabu. Auch bei unterschiedlichen Auffassungen ist der Respekt gegenüber der anderen Person zu wahren.

- **Ein Führungs-Abhängigkeits-Bewusstsein vermeiden**
  Der Spieler darf sich nicht unter Druck gesetzt oder zur Preisgabe von Informationen gezwungen fühlen. Er soll ermutigt werden, sich zu öffnen, aber nicht mehr.

- **Eine entspannte Atmosphäre**
  Dem Gespräch gilt die ungeteilte Konzentration, deshalb sind Störungen durch andere Personen oder Telefonanrufe auszuschließen. Der Spieler darf sich nicht unter Druck gesetzt fühlen. Der Zeitrahmen muss Spielraum zulassen.

- **Die Dialogform**
  Entscheidend ist der gegenseitige Austausch von Gedanken, Empfindungen und Erwartungen. Der Spieler soll ausführlich zur Sprache kommen, ohne unterbrochen zu werden. Er muss seine Gedanken frei äußern können. Durch Fragen und die Ausführung eigener Gedanken kann der Trainer das Gespräch auf bestimmte Themen und mögliche Probleme lenken.

- **Fragen offen stellen**
  Offene Fragen bilden den Ausgangspunkt, um Genaueres über Ziele, Vorstellungen und Wünsche des Spielers zu erfahren. Suggestivfragen engen das Antwortspektrum ein, sie wirken wie ein Korsett auf die freie Meinungsäußerung.

- **Die Sprache des Spielers sprechen**
  Inhalt und Ausdruck dem Sprach- und Auffassungsvermögen des Spielers anpassen. Eine klare und einfache Sprache und bildhafte Vergleiche bilden dazu die Basis.

- **Die persönliche Einstellung (Gedanken, Empfindungen, Vorstellungen) zum Ausdruck bringen**
  Der Spieler soll die Erwartungen, Leistungsansprüche und Verhaltensanforderungen des Trainers nachvollziehen können und ebenso seine eigenen Erwartungen und Ansprüche verdeutlichen.

- **Verständnis zeigen, aber auch klare Standpunkte vertreten**
  Auf die Ziele und Ansprüche, gegebenenfalls auch auf die Sorgen und Ängste des Spielers eingehen. Dabei soll der Trainer sein Wissen und seine Erfahrungen als Anregung und Orientierungshilfe in das Gespräch einbringen.

- **Gegenüber Anregungen und Kritik offen sein**
  Dialog, Verständnis und Vertrauen bedeuten, dass beide Seiten bereit sind, sich mit Kritik auseinanderzusetzen und sich unterschiedlichen Standpunkten und wechselseitigen Anregungen nicht verschließen.

- **Das Gespräch zu einem Konsens führen**
  In den wesentlichen Punkten sollte Übereinstimmung erzielt werden und das Gespräch sollte den Spieler darin bestärken, dass man auf einem gemeinsamen Weg weiter vorankommt.

- **Prinzip der Schriftlichkeit**
  In einem „Gesprächsbuch" werden die Kerninhalte der Gespräche festgehalten, aus dem ein Bild über die Ziele, Wünsche und Einstellungen sowie über die Herkunft, Ausbildung und die familiären Verhältnisse der Spieler entsteht.
  Die Geburtstage der Spieler werden für kleine Feiern im mannschaftsinternen Rahmen aufgeschrieben.

Einzelgespräche erfordern Menschenkenntnis, Einfühlungsvermögen und Überzeugungskraft. Dabei spielt die Sprache eine wichtige Rolle. In diesem Zusammenhang werden im Folgenden die rhetorischen Anforderungen im heutigen Trainerberuf kurz gestreift.

Neue Ziele!

In vielen Bereichen des Leistungsfußballs, im täglichen Kontakt mit den Spielern, aber auch gegenüber der Vereinsführung, den Klubmitgliedern und Sponsoren, im Umgang mit der Öffentlichkeit und den Medien, sind heute, mehr als in früheren Zeiten, rhetorische Fähigkeiten des Trainers erforderlich.

Trainer müssen sich darüber im Klaren sein, dass sie in der Öffentlichkeit permanent unter Beobachtung stehen und dementsprechend ihr Auftreten, ihre Handlungen und Äußerungen professionellen Maßstäben unterliegen. In diesem Bereich liegt eine wichtige Aufgabe für die Trainerausbildung auf allen Leistungsebenen.

Die Sprache des Trainers hat eine wesentlich weitreichendere Funktion als die der Informationsvermittlung. Neben dem Aufbau und der inhaltlichen Gestaltung einer Ansprache bestimmen besondere Akzente, Eindringlichkeit, Modulation und Rhythmus, dazu Blickkontakt und Gestik die Wirkung bei den Spielern. Die Spieler erwarten vom Trainer sachliche Informationen, klare Anweisungen, nachvollziehbare Kritik und wirksame Unterstützung.

Ob Einzelgespräch, Mannschaftsbesprechung oder Vortrag, es ist eine Frage des Respekts und der professionellen Berufsauffassung, dass der Trainer auf jedes Gespräch gut vorbereitet ist. Sprache und Körpersprache spiegeln unsere Einstellung und Motivation wider. So musste beispielsweise ein ausgewiesener Fußballfachmann nach einigen Festreden zunächst um das Interesse der Zuhörer kämpfen, indem er zur Kontaktaufnahme und zum Spannungsaufbau seinen Vortrag mit den Worten eröffnete: „Meine sehr verehrten Damen und Herren, nun müssen Sie auch noch mich über sich ergehen lassen."

Ein noch krasseres Beispiel bildet der Referatsauftakt anlässlich eines Fußballkongresses mit der Eröffnung an die Zuhörer: „Ich weiß eigentlich gar nicht, was ich Ihnen zu dem Thema sagen soll."

Vorbereitung und Einstellung auf das Wettspiel

Coachingmaßnahmen in direktem Bezug zum Wettspiel, speziell die Mannschaftsbesprechung und die Spielanalyse mit Mannschafts- und Individualtaktik, erfordern besondere rhetorische Fähigkeiten, in Form von Informationsvermittlung und motivierender Überzeugungskraft.

Die Wettspielvorbereitung verläuft in mehreren Phasen.

Nominierung des Spielerkaders

Für die Nominierung des Spielerkaders und für die Mannschaftsaufstellung bieten sich wenige Alternativen an. In der Regel erfolgt die Nominierung nach dem Abschlusstraining und die Mannschaftsaufstellung gibt der Trainer am Spieltag auf der Spielersitzung bekannt.

Der Trainer muss sich grundsätzlich nicht für seine Aufstellung rechtfertigen, bei schwerer wiegenden Entscheidungen, insbesondere bei „Härtefällen", ist zu überlegen, den betroffenen Spieler kurz persönlich zu informieren, damit er sich auf die Situation einstellen kann.

Im Falle einer als ungerecht empfundenen Nichtnominierung sollte es der Trainer bei einer kurzen Begründung seiner Entscheidung belassen, vor allem, wenn der Spieler auf seinem Standpunkt beharrt und sich in keiner Weise einsichtig oder zumindest verständnisbereit zeigt.

Eine schwierige, aber wichtige Aufgabe in der Mannschaftsführung liegt darin, die Ergänzungsspieler in die Teamverantwortung einzubinden.

Provokationen können in besonderen Situationen einen aufrüttelnden Effekt haben. Dabei bewegt sich der Trainer aber immer auf einem schmalen Grad. Deshalb sollten sie als Herausforderung nur nach gründlichem Abwägen eingesetzt werden, meist als eine Art Initialzündung oder um die Spieler „wachzurütteln".

Aktivitäten vor dem Spiel

Der individuelle Spielraum im Verlauf der Vorbereitung am Wettspieltag wird von den Spielern in unterschiedlicher Weise gestaltet. Einige sind eher ruhig, in sich gekehrt und konzentriert, andere lebhafter, zum Reden und Scherzen aufgelegt. Musik, Videos, Computerspiele, Tischtennis oder Billard sind die häufigsten Aktivitäten.

Hinsichtlich der Aktivitäten am Vormittag auf dem Fußballfeld bleibt die Gestaltung in der Regel den Spielern überlassen, gegebenenfalls kann der Trainer steuernd eingreifen. Dabei kann es Sonderfälle geben: Ein osteuropäischer Nationalspieler absolvierte bei Heimspielen am Vormittag des Spieltages ein 45-minütiges standardisiertes Trainingsprogramm auf nahezu höchstem Intensitätsniveau. Das Programm beinhaltete Antritte, Richtungsänderungen, Sprint-Abbruch-Sprint in die Gegenrichtung, Sprünge und Sprung- und Sprintkombinationen, Antritte mit Ball und zum Ball mit Torschüssen, Sprungkopfbälle und dynamische Koordinationsübungen. Mit dieser Art Wettkampfritus versetzte sich der Spieler in einen für ihn optimalen Vorwettkampfzustand. Er war in der Lage, den aufgebauten Spannungsbogen bis zum Spielbeginn auf optimalem Niveau zu halten. Einige unserer brasilianischen Nationalspieler – erfahrungsgemäß eher „Nachtmenschen" – waren dagegen nur mit sanftem Druck dazu zu bewegen, nach dem Frühstück um 10.30 Uhr am gemeinsamen „Spaziergang" teilzunehmen. Derartige Besonderheiten in der individuellen Wettkampfvorbereitung sind zu akzeptieren, wenn die Spieler dadurch ihren Rhythmus finden. Für zwei brasilianische Spieler gehörte es z. B. zur festen Gewohnheit, in der Kabine vor Spielbeginn noch eine Tasse Kaffee zu trinken. Die Stimmungslage der Spieler war in diesem Fall wichtiger als etwaige leistungsphysiologische Bedenken.

In der Kabine läuft vieles in festgelegten Ritualen ab. Es gibt Spieler, die in der Kabine nervös auf und ab „tigern", um ihre Anspannung im Griff zu halten. Sie sprechen auf kurze Worte und Körperkontakte an. Anders der Kapitän eines Bundesligisten, der immer in einer Phase scheinbarer Apathie auf seinem Platz saß und mit Tunnelblick die Umwelt weitgehend ausklammerte. In solch einem Fall lässt man den Spieler am besten in Ruhe, anspornende Worte oder aufmunterndes Schulterklopfen bringen ihn aus seiner persönlichen Konzentrationsphase. Erfahrene Trainer und Co-Trainer haben ein Gespür dafür entwickelt, wann und wie sie auf einige Spieler kurz einwirken, andere dagegen in ihrer Abschirmphase belassen.

Die letzte Ansprache des Cheftrainers nach dem Aufwärmen richtet sich dann noch einmal an alle Spieler mit zwei, drei kurzen Kerngedanken und häufig einem abschließenden emotionalen Appell.

Mannschaftsbesprechung

Die Vorbereitung auf das Wettspiel erfordert Rahmenbedingungen, die eine ungestör-
te, konzentrierte Mannschaftsbesprechung ermöglichen. Ideal ist ein ruhiger, heller,
möglichst funktionell gestalteter Raum mit bequemem Gestühl, Flipchart und für besondere Zwecke mit Video und Beamer. Für alle Spieler muss guter Blickkontakt zum
Trainer möglich sein. Blickkontakt und Körpersprache sind wichtig für die Aufmerksamkeitslenkung und Motivation.

Im Profifußball wird der Zeitpunkt für die Mannschaftsbesprechung meist am Spieltag, auf etwa ein Stunde vor Abfahrt ins Stadion oder bei Heimspielen vor dem Gang
zur Kabine festgelegt. Je nach Spielbeginn wird vor der Besprechung noch gemeinsam
oder nach freier Entscheidung ein kleiner Kaffeeimbiss eingenommen.

Die Gestaltung von Mannschaftsbesprechungen unterliegt keinen absolut festgelegten Regeln, aber eine klare Struktur, inhaltliche Schwerpunkte mit konkreter Aufgabenverteilung und Handlungsstrategie sollten Kernpunkte sein. Wie viel Emotionalität
der Trainer in seine Ansprache einfließen lässt, hängt von seinem Temperament, seiner Gemütslage und den aktuellen Gegebenheiten ab.

Grundsätzlich sind Mannschaftsbesprechungen intensiv, informativ, motivierend, ziel-
und handlungsbezogen zu gestalten. Nach der Aufstellung werden im Zusammenhang mit der Spieltaktik und später auch bei den Standards die Stärken und Schwächen des Gegners behandelt. Dabei sind generell im Vergleich zum Gegner die eigenen Stärken deutlich herauszustellen, um Leistungsansporn und Erfolgszuversicht zu
bewirken. Gegnerische Stärken und Besonderheiten bilden nur den sachlichen Hintergrund für die eigenen individual- und mannschaftstaktischen Maßnahmen.

Als Besprechungsdauer sind 20-40 Minuten anzusetzen. Ausführliche, sporadisch
durchgeführte Mannschaftssitzungen und grundlegende theoretische Unterweisun-
gen im Vorbereitungstrainingslager können dagegen auch wesentlich länger dauern.
Hier sind ein- bis eineinhalbstündige Ausführungen zu System und Taktik mit möglichen Videoeinspielungen vertretbar oder auch Referate von externen Experten zu Themen der Ernährung oder der Hygiene und speziell der Zahnpflege mit anschließender
Diskussion.

Im unteren Amateurbereich findet die Mannschaftsbesprechung zum nächsten Spiel
aus zeitlichen Gründen häufig erst am Spieltag in der Kabine vor dem Aufwärmen
statt, in selteneren Fällen im Anschluss an das Abschlusstraining.

Im Folgenden führen wir als Beispiel in Kurzform eine Besprechung vor einem Pokal-halbfinalspiel im Profifußball an:

1. **Auftakt**

   „Männer, jeder von euch kennt Mannschaft XY. Wir haben in den beiden Meister-schaftsspielen 1:1 und 2:1 gespielt. XY war immer ein hartnäckiger Gegner mit großem Einsatz bis zur letzten Minute.
   Heute, im Pokalhalbfinale, zählt nur ein Sieg, sonst nichts."

2. **Aufstellung**

   „Wir werden heute mit folgender Aufstellung beginnen."
   Der Trainer kann jetzt die bereits auf einem Blatt des Flipchartblocks aufge-schriebene Mannschaftsaufstellung für alle lesbar umblättern und auf die Po-sitionen und Aufgaben eingehen. Wir bevorzugen es, mit Namensnennung der Spieler die Positionen von Abwehr über Mittelfeld bis zum Angriff auf einem freien Blatt aufzuschreiben und die Aufstellung des Gegners dagegen zu setzen. Im Anschluss daran werden die speziellen Aufgaben und Anforderungen be-sprochen.

3. **Anspruch und Einstellung**

   „O. K., Männer, bevor wir Taktik und Standards besprechen, noch mal eindeutig, was uns heute erwartet, was uns abverlangt wird, was wir **als Erstes** kapiert ha-ben müssen:

   • Von der ersten bis zur letzten Sekunde in der 90., 115. oder 120. Minute hell-wach sein.

   • Jeder muss bereit sein zu fighten. Jeder muss **mehr kämpfen und rennen** als im letzten Meisterschaftsspiel, auch wenn wir da 2:1 gewonnen haben.

   • Jeder muss **absoluter Teamarbeiter** sein, sich uneigennützig einsetzen, da, wo die Mannschaft ihn braucht.

   • Jeder muss ‚**Drecksarbeit' übernehmen**, vor allem bei den Läufen zurück, beim Aushelfen immer da sein, wo es brennt.

   • Das ist heute ein Pokalfight, da gibt es kein Rückspiel, keine Möglichkeit, spä-ter irgendetwas nochmals auszugleichen. Es **zählt nur das Heute, Jetzt und Gleich** – ein Morgen gibt es nicht. Es kommt nur auf das Ergebnis an, nur der Sieg zählt.

   • Dazu muss jeder bereit sein, von der ersten bis zur letzten Minute jeden Spieler von **XY zu bekämpfen, zu attackieren.** Spielen können wir, aber heute hauen wir auch dazwischen, wir fighten XY nieder.

- Dazu müssen wir **unsere Stärken durchsetzen**: Spielverlagerung, überraschendes Einschalten, Tempodribbling auf die Nahtstellen und unsere Ecken und Freistöße.

- Wir haben in dieser Woche hervorragend trainiert, wir sind in die Zweikämpfe gegangen. Wir sind optimal vorbereitet. **Jeder von euch weiß, dass er topfit ist** und jeder fühlt: Ja, ich bin auf höchsten Körpereinsatz und größte Laufbereitschaft gegen XY eingestellt. Ich bin hundertprozentig konzentriert, alle können sich auf mich verlassen. **Ich bin heute gegen XY die absolute Zuverlässigkeit.**

Ist das alles jedem klar?

Dann kommen wir jetzt zu unseren taktischen Aufgaben.

4. Taktische Aufgaben (im Stenogramm)
Kompakt bleiben in der Abwehrzone und im Mittelfeld, absolut sicher, konzentriert, ohne Risiko spielen.
Spielraum im Offensivbereich, Räume öffnen, Einschalten über außen, Dribblings auf die Nahtstellen. Schnelles Umschalten bei Ballgewinn, Rausstarten auf die Flügel, Tempospiel. Bei Ballverlust sofort nachsetzen, wieder vor die Angreifer kommen, Ballbesitzer unter Druck setzen."
Alle Ausführungen des Trainers zur Aufgabenverteilung, zur Abstimmung, zur Zuordnung, zum Doppeln und zum Umschalten und Einschalten erfolgen immer mit Nennung der betreffenden Spieler.
„Männer, heute ist absolute taktische Disziplin gefordert.
Wir stehen kompakt, haben immer Kontakt zueinander, unterstützen uns gegenseitig, helfen und sichern uns und werden aus der MF-Kampfzone unser Spiel durchbringen."

5. Einstellung auf die Stärken und Schwächen von Mannschaft XY

Stärken:

- **Ecken**
Blätter vom Flipchartblock mit Skizzen der Eckbälle von rechts und von links.
Beschreibung der Ausführenden und der Ausführungsart (Rechts-links-Fuß, zum Tor, vom Tor weg, kurz, lang, zwischen Elfmeterpunkt und 16er Linie).
Genaue Zuordnung der eigenen Spieler zu den Gegenspielern (mit Namen und Spielernummern), zudem: X5 auf der Torlinie, kurze Ecke. X7 als sechster Spieler in den Strafraum, X2 vor dem Strafraum, keine Schüsse aus der zweiten Reihe zulassen. X3 bleibt vorne, X4 rückt als Konterspieler sofort nach.

- **Freistöße**
  Blätter mit Skizzen der Freistöße in Tornähe (wie bei Eckbällen).

- **Schnelle Freistoßausführung**
  Sofort umschalten, Ball und Gegner vor sich haben. Eine schnelle Ausführung durch Blocken des Balls verhindern, aber keine gelbe Karte riskieren.
  Keine Diskussion mit dem Schiedsrichter.

- **Weite Einwürfe vor und in den Strafraum**
  Zuordnung (wie bei Standards), Sandwich, Umgebung für verlängerten Ball sichern.
  Hellwach sein!

- **Weiter Abschlag von Torhüter X1**
  Tiefe Staffelung, vorhersehen und schnell reagieren. Motto: Da, wo der Ball hinkommt, sind wir schon!

- **Konterspiel**
  Sofort auf Abwehr umschalten.
  Mitgehen, dranbleiben, nachsetzen, Überzahl herstellen. Gegebenenfalls durch taktische Fouls das Spiel verzögern.

- **Gefährliche Einwechselspieler**
  X17 (schnell, kopfballstark), X19 (Strafraumdribbler, Achtung, fällt leicht!).

Schwächen:

- **Kopfballabwehr bei Flanken und Standards**
  Über außen durchsetzen, Flanken hereinschlagen.
  X4 (unser kopfballstarker Abwehrspieler) geht bei Standards mit in den gegnerischen Strafraum, X11 sichert für X4 nach hinten ab.

- **Spielverlagerung**
  Aus der Abwehr und der Tiefe des Mittelfeldes weite Diagonalpässe in die Außenzonen, nachrücken, Flanken vom Tor wegziehen.
  Tempovorstöße von hinten über die Außenbahnen.

- **Eigenen Vorteil durch schnelle Freistoßausführung suchen**
  Nach Fouls nicht warten, sondern Freistöße sofort ausführen auf Lücke oder über außen.

- **Torhüter X1 lässt Bälle abprallen und abklatschen**
  Immer nachsetzen, immer mit einem Fehler rechnen. Hellwach und aktionsbereit sein.

6. **Abschließender Appell**
- Absolute taktische Disziplin – wie im Boxkampf, konsequent die Deckung halten, jede gegnerische Schwäche sofort nutzen!
- Immer Überblick, immer Selbstkontrolle und damit Spielkontrolle!
- Willensstärke und noch wichtiger Willensausdauer: Immer dranbleiben, nicht nachlassen, dem Gegner keinen Raum und keine Zeit lassen!
- Höchste Einsatzbereitschaft, durchsetzen in den Zweikämpfen!
- Erfolgsdenken beginnt im Kopf und pflanzt sich im Herzen fort!
- Gegner XY hat uns in der Presse verhöhnt: ‚Wer ist schon . . .?' Wir haben das alle gelesen. Darauf gibt es für uns nur eine Antwort: Es geht in diesem Spiel um den Sieg und um unsere ‚Fußballlehre', um unseren Stolz und unser Ansehen!

„O. K., Männer, in 15 Minuten Abfahrt."

Wett-Kampf-Appelle

Generell spielentscheidende Einstellungs- und Handlungsbedingungen können aus besonderem Anlass als Motivationsanreiz und zur Konzentration auf das Wesentliche in großer Schrift auf ein Flipchartblatt geschrieben und gut sichtbar an einer Stelle, an der die Spiele häufig vorbeikommen, aufgehängt werden, z. B. neben der Tür zum Besprechungsraum.

Zur Veranschaulichung ein Beispiel vor einem Auswärtsspiel gegen einen sehr kampfstarken Gegner:

Unsere gemeinsame Strategie gegen XY

1. Hier, heute, jetzt gleich ist der Sieg das Wichtigste!
2. Wir sind ein verschworenes Kampfteam, das bedeutet: Über den Kampf – zum Spiel – zum gemeinsamen Sieg!
3. Wir sind Siegertypen: Siegertypen setzen sich konsequent und bedingungslos durch!
4. Siegertypen wissen um ihre Stärke, sie sind selbstbewusst und absolut zuverlässig!
5. Siegertypen sind immer hellwach und voll konzentriert!
6. Alles machen wir gemeinsam – jeder wehrt mit ab, jeder greift mit an – alle sind immer im Spiel! Pressing bedeutet Einsatz und Konzentration: Vorne eng decken, nachdrücken und die Räume gegen Konter sichern!
7. Jeder ist Spielentscheider!!!

Solche Kampfstrategien sind in der Sprache der Spieler an den aktuellen Gegebenheiten auszurichten. Sie müssen dem Verständnis der Spieler entsprechen. „Sich konsequent und bedingungslos durchzusetzen", bedeutet keine Aufforderung zum Foulspiel, sondern die Forderung zu höchster Einsatzbereitschaft.

Später im Stadion werden dann diese Kampfappelle neben Aufstellung, Spieltaktik und Standards an der Kabinenwand oder an anderer günstiger Stelle platziert.

Die Halbzeitbesprechung

Im Fußball gibt es keine Möglichkeit zu einer Auszeit, wie in einigen anderen Sportspielen. Zudem sind durch die festgelegte Coachingzone und die räumliche Ausdehnung des Spielfeldes die Interventionsmöglichkeiten des Trainers während des Spiels sehr beschränkt. Deshalb bietet die Halbzeitpause dem Trainer die einzige Möglichkeit, noch einmal gezielt auf einzelne Spieler und auf die Mannschaft einzuwirken. Dabei sind einige Regeln zu beachten:

- Den Spielern Zeit lassen, sich zu beruhigen, gegebenenfalls „Dampf abzulassen" und Konzentration wieder aufzubauen.

- In dieser Phase kann der Trainer die Spieler beobachten, ihre Anspannung und Motivationslage einschätzen.

- Ein kurzes Wort zum bisherigen Spielverlauf, den Erfordernissen entsprechend einige Schlüsselszenen ansprechen. Kritik sachlich und handlungsbezogen anwenden.

- Konkret in knappen Worten die wichtigsten Anweisungen für die Mannschaft und einzelne Spieler geben. Die Spieler dabei persönlich ansprechen.

- Das Selbstbewusstsein der Spieler stärken und ihnen ein Gefühl des Leistungsvertrauens vermitteln.

- Mit Appellen an Einsatzbereitschaft, Kampfgeist und Disziplin die Spieler wieder aufs Feld schicken.

Je nach Spielstand, gezeigten Leistungen und Einsatz können die Halbzeitbesprechungen unterschiedliche emotionale Spannungsanteile haben. Dabei kann im Ausnahmefall mit dem explosiven „Donnerwetter" eines Managers auch mal ein großer Getränkebehälter zu Bruch gehen. Entscheidend ist, dass ein positiver Effekt erzielt wird.

Generell aber stehen Sachlichkeit und Konzentration auf die Anforderungen der zweiten Halbzeit im Vordergrund.

Coaching „von der Bank"

Herzfrequenzmessungen bei Meisterschaftsspielen dokumentierten die hohen Anspannungen, denen Trainer im Laufe des Spiels unterworfen sind. Vor allem leichtsinnige Fehler, Torchancen auf beiden Seiten, Fehlentscheidungen des Schiedsrichters, das Kippen des Spiels führen zu großer Anspannung und zu einem Hochschnellen der Pulswerte.

Trainer müssen ihre Emotionen grundsätzlich unter Kontrolle halten, ein Explodieren kann aber auch einmal ein Zeichen für den Schiedsrichter oder seine Assistenten sein, eventuell auch für die Spieler, dass der Trainer oder Co-Trainer den „Protest" für sie übernimmt. Keinesfalls aber dürfen Schiedsrichter, Assistenten oder eigene und gegnerische Spieler durch Worte oder Gesten beleidigt werden.

In erster Linie sollen von der Bank für die Spieler unterstützende und aktivierende Impulse ausgehen.

Gemeinsamer Abschluss nach dem Spiel

Im Profifußball fahren die Mannschaften nach Auswärtsspielen vom Stadion mit dem Mannschaftsbus zum Flughafen oder bei kürzeren Entfernungen direkt zurück zum eigenen Klubhaus. Es ist nicht üblich, dass die Mannschaft vor der privaten Heimfahrt noch einmal geschlossen zusammenkommt.

Anders verhält es sich bei den Heimspielen. Hier sollte man die Möglichkeit nutzen, nach dem Spiel im Klubhaus oder im Mannschaftsrestaurant gemeinsam zu essen. Dabei bietet sich die Gelegenheit, über das Spiel, entscheidende Szenen, erfolgreiche Aktionen und Dinge, die man besser machen muss, zu sprechen. Vor allem nach Niederlagen kann es da auch einmal hitzig zugehen. Wichtig ist, dass man sich ausspricht und dann nach vorne blickt. Es ist eine idealistische Vorstellung, dass die Spieler immer in der Lage sind, Probleme konfliktfrei, ruhig und besonnen zu klären. Aber bei aller Härte in der Auseinandersetzung, der Respekt muss erhalten bleiben und die negativen Eindrücke sind im Sinne des Zusammenhalts und gemeinsamen Weiterkommens zu verarbeiten.

Unmittelbar nach dem Spiel soll keine Kritik an einzelnen Spielern oder pauschal an der Mannschaft vorgenommen werden. Kritik erfordert eine möglichst emotionsfreie, ruhige und sachliche Atmosphäre.

Spezielle Akzente zur Wettspieleinstellung

Um die professionelle Einstellung und gezielte Wettspielvorbereitung der Spieler weiterzuentwickeln, bieten sich einige Möglichkeiten an. Eine Besonderheit der Wettspielvorbereitung ist beispielsweise die von Christoph Daum durchgeführte sogenannte „Blaue Stunde".

„Blaue Stunde": Gedankliche Einstimmung auf das Wettspiel

Im Trainingslager am Abend vor dem Spieltag, 22.00 Uhr, kommen die Spieler mit den Trainern nochmals zu einer kurzen „Besprechung", im Sinne eines Gedankenaustauschs, zusammen. In zwangloser Runde – Getränke und belegte Brote stehen bereit – spricht der Cheftrainer in der Regel eine Anforderung bzw. eine Eigenschaft an, die für das anstehende Spiel besonders bedeutend ist. Das kann je nach Gegner und Situation z. B. „Einsatzbereitschaft", „Konzentration" oder „Verantwortung" sein. Es wird also nicht, wie in den üblichen Mannschaftssitzungen, über Taktik, Einzelaufgaben und Standards gesprochen, sondern die Aufmerksamkeit wird ausschließlich auf eine aktuell übergeordnete Wettkampfanforderung gerichtet.

Im Folgenden wird in knapper Form am Anspruch „Verantwortung" die Intention und Gestaltung eines solchen Gesprächs als Anregung skizziert.

Was bedeutet Verantwortung?

Um Gespräch und Gedankenaustausch in Gang zu bringen, kann der Trainer kurz auf den Begriff „Verantwortung" eingehen und anhand von Beispielen und bildhaften Ausführungen die generelle Bedeutung von Verantwortung veranschaulichen, um dann den Transfer zum kommenden Spiel zu vollziehen. Die Spieler werden intensiv in das Gespräch einbezogen, entweder nach einer solchen Einführungsphase oder auch von Beginn an. Und zwar durch Fragen, die an die Allgemeinheit oder direkt an einzelne Spieler gerichtet sind, z. B.:

- Was versteht ihr unter Verantwortung?
- Wofür fühlt ihr euch in eurem Leben verantwortlich?
- Wie zeigt sich die Verantwortung in der Einstellung und im Handeln?
- Welche Bedeutung hat im morgigen Spiel die Verantwortung jedes Einzelnen für den Erfolg?
- Wie können wir gegenseitig Verantwortung aufbauen und stärken?
- Was bedeutet Verantwortung für die Abwehrspieler?
- Welche Verantwortung haben Mittelfeldspieler zu erfüllen?
- Wie zeigt sich die Verantwortung bei den Sturmspitzen?
- Wie verhält es sich mit Egoismus und Verantwortung in spielentscheidenden Situationen vor dem Tor?

Die Fragen lassen sich fortsetzen. In einem solchen Gespräch kommt es nicht auf Vollständigkeit an, auch nicht auf eine strenge Systematik. Entscheidend ist, dass jedem Spieler die Bedeutung von Verantwortung klar wird, und dass sich jeder, seiner Erfahrung und seinem Verständnis nach, eingebunden fühlt. Und dass er daraus Schlüsse zieht, wie er sich auf das Spiel am nächsten Tag vorbereitet, wie er sich einbringen will und wie er durch Eigen- und Gesamtverantwortung zum gemeinsamen Erfolg beitragen kann.

Deshalb enden die Gespräche auch in der Regel mit der Aufforderung des Cheftrainers: „O. K., Männer, jeder macht sich darüber noch einmal Gedanken und entscheidet, wie er sich morgen einbringt."

Diese Besprechung verläuft also nicht als großer Appell an die Verantwortung jedes Einzelnen mit genauen Vorgaben, wo sie gefordert ist und wie er sich im Einzelfall im Hinblick auf den Gegner zu verhalten hat, sondern als Anreiz und Ermutigung, sich mit den Anforderungen des morgigen Wettspiels auseinanderzusetzen.

Wie eingangs angedeutet, ist das Themenspektrum weit gesteckt. So kann situationsbedingt auch einmal der Umgang mit dem Schiedsrichter behandelt werden. Und zwar dann, wenn das anstehende Spiel von einem Schiedsrichter gepfiffen wird, mit dem es früher einige Unstimmigkeiten gegeben hat und der bekannt dafür ist, auf den kleinsten Protest empfindlich zu reagieren oder wenn es sich dagegen um einen Schiedsrichter handelt, der in der Regelauslegung „internationale Härte" zulässt.

Aggressivität oder die besondere Heimstärke des Gegners können ebenfalls Anlass zu einem solchen vorbereitenden Gespräch sein. Das Beispiel „Kaiserslautern" ist hinlänglich bekannt. In früheren Zeiten bissen sich nicht nur die Bayern an der Festung „Betzenberg" die Zähne aus. Wie ist das Phänomen „Angstgegner" zu erklären und noch viel wichtiger – wie ist ihm zu begegnen? Welche Reaktionen lösen die große Stadien international erfolgreicher Traditionsklubs aus?

Was geht beispielsweise in einem jungen, international noch wenig erfahrenen Spieler vor, der am nächsten Tag zum ersten Mal in einem Champions League-Spiel gegen Real Madrid im berühmten Bernabéu-Stadion mit seiner Mannschaft auflaufen wird? Beim Abschlusstraining in diesem „gigantischen" Stadion kann man lediglich die Dimensionen der Zuschauerränge erfassen, und es lässt sich auch nur im Ansatz eine Vorstellung davon gewinnen, was man als Spieler dort am nächsten Tag zu erwarten hat. Die Schlüsselfrage in der „Blauen Stunde" kann in diesem Fall lauten: „Was wird uns morgen in diesem Stadion erwarten, wie gehen wir mit dieser Situation (nicht: „mit diesem Druck") um?"

Professionelle Einstellung

Eine weitere, im Sonderfall durchführbare inhaltliche Gestaltung der „Blauen Stunde" macht den Spielern ihre Eigenverantwortung bei der Informationsbeschaffung und Einstellung auf den nächsten Gegner bewusst. Dabei geht es vordergründig um die Fragen, was wissen die Spieler über die Aufstellung, Spielweise, Stärken und Schwä-

Einstellung auf unser nächstes Meisterschaftsspiel am X.X.X. gegen X.Y:

1. Schreibe die Aufstellung auf, mit der XY im letzten Spiel gegen Z angetreten ist.

   (Platz für Skizze)

2. Wie ist das Spiel ausgegangen? _____
   Wer erzielte die Tore? _____
   Wie sind die Tore entstanden? _____
   _____
   Wie sind die Gegentore entstanden? _____
   _____

3. Mit welcher Aufstellung wird XY vermutlich am Samstag gegen uns antreten?

   (Platz für Skizze)

4. Wie stark schätzt du unseren Gegner XY ein?

   ☐   ☐   ☐   ☐
   Sehr stark   Stark   Durchschnittlich   Schwach

5. Was sind die besonderen Stärken von XY? (Mehrfaches Ankreuzen möglich!)

   ☐   ☐   ☐   ☐   ☐   ☐
   Kampfkraft   Härte   Technik   Offensivspiel   Konterspiel   Heimspiel

6. Wie stark schätzt du uns bei XY ein?

   ☐   ☐   ☐   ☐
   Sehr stark   Stark   Durchschnittlich   Schwach

7. Was sind die drei wichtigsten Voraussetzungen, um in XY zu gewinnen? (Mehrfaches An-

   ☐   ☐   ☐   ☐   ☐   kreuzen möglich!)
   Kampfkraft   Angriffsspiel   Abwehrstärke   Konterstärke   Auswärtsspiel

8. Welche Gefühle verursacht bei uns das Stadion von XY mit XX.000 Zuschauern?

   ☐   ☐   ☐   ☐
   Setzt Kräfte frei   Ohne Bedeutung   Respekt   Zurückhaltung

9. Wie hoch schätzt du die Wahrscheinlichkeit ein, dass wir dieses Spiel gegen XY gewinnen?
   (Zutreffendes bitte ankreuzen)

   ☐   ☐   ☐   ☐   ☐   ☐   ☐   ☐   ☐   ☐
   100 %   90 %   80 %   70 %   60 %   50 %   40 %   30 %   20 %   10 %

10. Warum werden/können wir gegen XY gewinnen? (Bitte die Sätze vervollständigen)
    Weil wir _____
    Weil ich _____

chen und sonstige Besonderheiten der gegnerischen Mannschaft. Primäre Intention ist, die Spieler stärker zu professioneller gedanklicher Mitarbeit anzuregen.

Dazu wird nach kurzen, einführenden Worten, mit denen der Cheftrainer den Zweck des Vorhabens erklärt, jedem Spieler ein Fragebogen mit Kugelschreiber vorgelegt. Die Spieler sollen die aufgeführten Fragen selbstständig – ohne Partnerhilfe – beantworten, so gut es jeder kann. Bei ausländischen Spielern müssen die Fragen vorher ins Englische oder in die entsprechende Landessprache übersetzt werden.

Auf Seite 467 führen wir als Beispiel einen Fragebogen zur gedanklichen Auseinandersetzung mit dem Gegner im Auswärtsspiel am nächsten Tag an.

Selbsteinschätzung zur individuellen Leistungsverbesserung

Die folgende Checkliste kann zur selbstkritischen physischen und psychischen Leistungsbeurteilung der Spieler und zur zielgerichteten individuellen Trainingssteuerung eingesetzt werden (Abb. 232).

In welchem Bereich musst du deine Leistung verbessern?			
Physisch	Kaum	Etwas	Deutlich	Sehr deutlich
Schnelligkeit	☐	☐	☐	☐
Kraft	☐	☐	☐	☐
Ausdauer	☐	☐	☐	☐
Technik generell	☐	☐	☐	☐
Flanken	☐	☐	☐	☐
Kopfballspiel	☐	☐	☐	☐
Zweikampfstärke	☐	☐	☐	☐
Psychisch	Kaum	Etwas	Deutlich	Sehr deutlich
Selbstbewusstsein	☐	☐	☐	☐
Kaltschnäuzigkeit	☐	☐	☐	☐
Stressverarbeitung	☐	☐	☐	☐
Allg. mentale Stärke	☐	☐	☐	☐
Taktik-(Spiel-)Verständnis	☐	☐	☐	☐
Konzentration	☐	☐	☐	☐
Einsatzbereitschaft	☐	☐	☐	☐

Abb. 232: Checkliste zur Selbsteinschätzung physischer und psychischer Leistungsverbesserung

Besprechung im Trainingslager zur taktischen Grundeinstellung

Im Trainingslager hat der Trainer ausreichend Zeit für Mannschaftssitzungen, in denen er die Anforderungen des Spielsystems und taktische Schwerpunkte der Spielanlage eingehend besprechen kann. Am folgenden Beispiel zur taktischen Grundeinstellung im Wechsel von Angriffs- und Abwehrverhalten im Mannschaftsverbund (Abb. 233) werden den Spielern grundlegende Verhaltensrichtlinien im taktischen Spielkonzept vermittelt.

Mit der Besprechung der taktischen Grundformation (4:4:2- oder 4:2:3:1-System) werden die Aufgabenschwerpunkte der Spieler auf den verschiedenen Positionen dargelegt und taktische Besonderheiten, wie beispielsweise das Pressing (Abb. 234), verdeutlicht.

Abb. 233: Modell zur taktischen Grundeinstellung im Wettspiel

Ring 1 = Unmittelbar am Ballbesitzer.

Ring 2 = Enges Decken der gegnerischen Spieler in Ballnähe mit dem gleichzeitigen Schließen der kurzen Passwege.

Ring 3 = Decken der ballentfernten Gegner mit Schließen der möglichen Passwege. Gleichzeitiges Sichern der Zonen (Freilassen eines entfernten, ungefährlichen Gegenspielers).

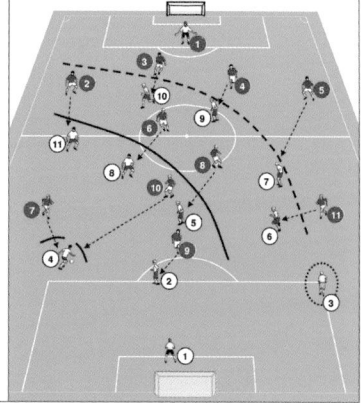

Abb. 234: Aktionsräume beim Mittelfeldpressing in der Grundordnung 4:2:3:1

Zusammenarbeit mit der medizinischen Abteilung

Eine weitere grundlegende Bedingung für die Leistungsfähigkeit des Teams ist die gute Zusammenarbeit mit der medizinischen Abteilung. Dabei wird höchste Fachkompetenz, großes Engagement und Kooperationsfähigkeit vorausgesetzt. Um diese Professionalität zu dokumentieren, geben wir einen Einblick in ein von Christoph Daum erstelltes Diagramm über die Personalstruktur mit Funktionen und vereinsinternen und externen Kooperationen (Abb. 235) sowie in einen für die Spieler und Trainer, den Mannschaftsarzt und den Physiotherapeuten verbindlichen Maßnahmen- und Verhaltenskatalog.

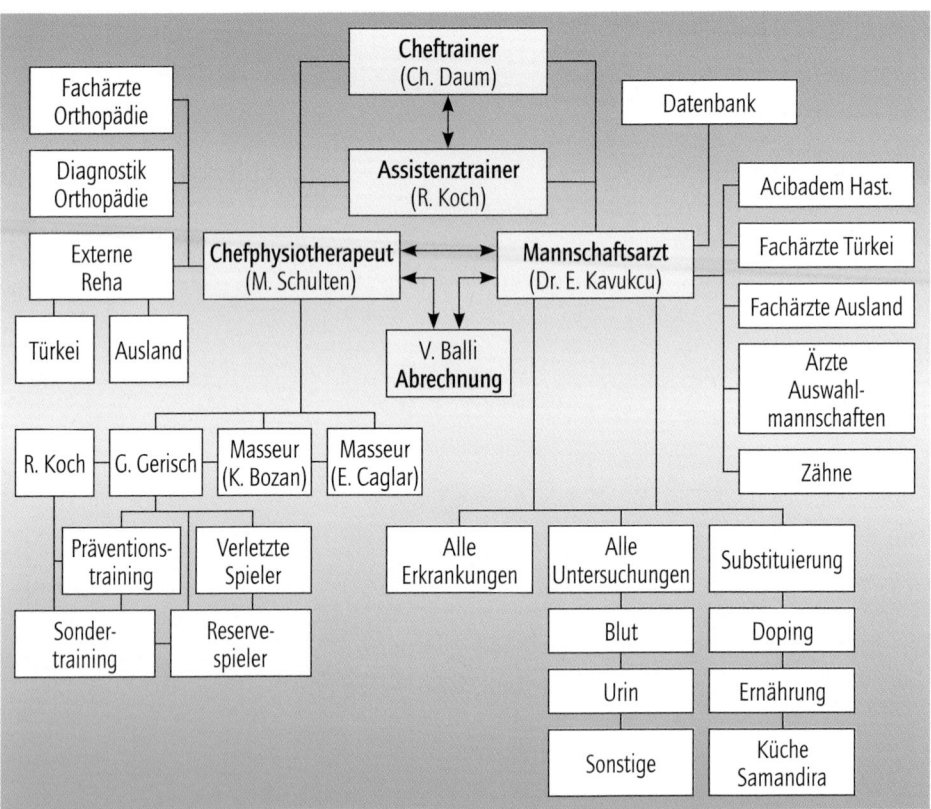

Abb. 235: Struktur der Zusammenarbeit mit der medizinischen Abteilung

Aufgabenkatalog für die medizinische Abteilung

Die folgenden Ausführungen entsprechen den Anforderungen, Maßnahmen und Verhaltensprinzipien, die Cheftrainer Christoph Daum an den medizinischen Funktionsbereich eines Profiklubs stellt.

Die physischen und psychischen Belastungen, denen die Spieler im Trainings-/Wettspielsystem ausgesetzt sind, insbesondere die Wettspieldichte im Spitzenfußball auf nationaler und internationaler Ebene, stellen hohe Anforderungen an die medizinische Abteilung. Angesichts dieses Sachverhalts gewinnt die **Eigenverantwortung** aller Beteiligten stark an Bedeutung.

Der Cheftrainer ist nicht in der Lage, alle Maßnahmen der medizinischen Abteilung fachlich zu beurteilen und zu überprüfen. Es muss deshalb das Bestreben jedes Vereins sein, qualifizierte und hoch engagierte Mitarbeiter für diesen Bereich heranzuziehen.

Alle Spieler, Trainer und Mitarbeiter der medizinischen Abteilung haben sich mit folgenden Leitgedanken zu identifizieren:

> **„Der Mannschaftserfolg beginnt mit der medizinischen Abteilung!"**
>
> **„Es gibt keine Bagatellverletzungen!"**
>
> **„Erkrankte oder verletzte Spieler sind die teuersten Spieler!"**
>
> **„Gesundheit, Fitness und Leistungsfähigkeit setzen ein hohes Maß an Eigenverantwortung voraus!"**

Prävention und Früherkennung von Störanfälligkeiten und Schädigungen haben oberste Priorität.

> **Die Vermeidung bzw. Früherkennung von Dysbalancen, Erkrankungen und Verletzungen ist wichtiger als das Heilen.**

Bereits im Vorfeld sind alle Möglichkeiten auszuschöpfen, um Spielerausfälle zu vermeiden. Insbesondere sind folgende Fehlerquellen auszuschließen bzw. Regeln zu beachten:

- Defizite früh erkennen.
- Defizite nicht bagatellisieren.
- Defizite nicht ignorieren.

- Defizite analysieren und besprechen.
- Defizite funktionsgerecht behandeln.
- Defizite konsequent behandeln.
- Frühzeitig externe Experten (Fachärzte u. a.) hinzuziehen.

Defizite sind häufig multifaktoriell bedingt. Deshalb sind folgende Maßnahmen durchzuführen:

- Orthopädische Überprüfungen.
- Fußorthopädische Untersuchungen und Anleitungen zur Fußpflege.
- Internistische Check-ups.
- Muskuläre Statustests.
- Blutuntersuchungen auf zellulärer Basis und Serumanalysen routinemäßig zu Beginn und gegen Ende jeder Saisonhälfte.
- Regelmäßige Bestimmung der CK-Werte (Refloton) in der Vorbereitungsphase, während der Wettkampfperiode nach Bedarf.
- Regelmäßige Zahnuntersuchungen und Anleitungen zur Mundhygiene (Vorbeugung vor Infektionen und Muskelproblemen).
- Augenärztliche Überprüfung und ggfs. neurologische Check-ups.
- Regelmäßige Gewichtskontrolle.
- Regelmäßige Pulskontrollen.
- Substitutionsmaßnahmen (Zusammenstellung von Nahrungsergänzungen anhand der Blutuntersuchungen bei autorisierten Herstellern).
- Aktive und passive Regenerationsmaßnahmen.
- Mentale Entspannungsmaßnahmen (Stressverarbeitung).

Zur Kontrolle des Gesundheits- und Fitnesszustands der Spieler und zur Überprüfung der Belastungskonstellationen im Saisonverlauf wird eine elektronische Datenbank angelegt.

Diese Datenbank ist in zwei Bereiche untergliedert:

1. **Personaldatei**
   Chronologische Auflistung aller Infekte, Krankheiten und Verletzungen sowie der operativen, manuellen und medikamentösen Heilungsmaßnahmen und Heilungsverläufe jedes Spielers.

2. Kalendarische Datei

Komplette Auflistung aller Infekte, Krankheiten und Verletzungen, chronologisch an allen Tagen (Wochen, Monaten) über den Verlauf der Spielsaison.

Die Datenbanken enthalten im Einzelnen:

- Personalangaben,
- alle Testergebnisse,
- Gesundheits- und Fitnessdaten,
- Diagnosen,
- Medikamente,
- Substitutionen,
- Therapiemaßnahmen,
- Trainingsmaßnahmen,
- Gewichtskontrolldaten,
- Defizite,
- Krankheiten,
- Verletzungen,
- Operationsberichte,
- Heilungsverlauf und -dauer,
- Sonstiges.

Komplettiert wird der Maßnahmen- und Dokumentationskatalog durch präzise formulierte Anforderungsprofile an

- den Mannschaftsarzt (Orthopäden),
- den mit dem Mannschaftsarzt in engem Kontakt stehenden Internisten und
- den Cheftherapeuten.

Die Computerdateien werden vom Mannschaftsarzt oder dem Chefphysiotherapeuten geführt und fortlaufend aktualisiert.

Der Cheftrainer, Sportdirektor, Manager und die Mitarbeiter der medizinischen Abteilung müssen jederzeit Zugriff auf die Datenbanken haben.

Des Weiteren haben alle Spieler und Mitarbeiter konkrete Vereinbarungen/Absprachen einzuhalten, wie sie auszugsweise im folgenden Maßnahmenkatalog aufgeführt sind.

Maßnahmenkatalog für die medizinische Abteilung

1. Klare Anweisungen an Spieler und Mitarbeiter.

2. Turnusmäßige Besprechungen mit der medizinischen Abteilung (Protokoll).

3. 30 Minuten vor/nach dem Training Anwesenheitspflicht in der Kabine (im Sonderfall Rücksprache mit dem Trainer).

4. Verpflichtung zu sofortiger Behandlung nach dem Training/Spiel, auch bei Kleinstverletzungen (Bagatellverletzungen gibt es nicht!).

5. Den Spielern sind im Verletzungsfall vom Mannschaftsarzt oder Chefphysiotherapeuten nur die notwendigsten Informationen der Diagnose mitzuteilen. Keinesfalls dürfen zu negative oder zu positive Diagnosen übermittelt werden.

6. Alle behandelnden Ärzte/Physiotherapeuten unterliegen der Schweigepflicht. Äußerungen gegenüber den Medien sollen nur nach Rücksprache mit dem Cheftrainer erfolgen.

7. Im Krankheitsfall hat sofortige ärztliche Kontaktaufnahme zu erfolgen. (Keine Minute Zeit vergeuden!).

8. Es ist zu gewährleisten, dass die Spieler „rund um die Uhr" medizinisch versorgt und therapiert werden können.

9. Mannschaftsarzt und Cheftherapeut sind jederzeit erreichbar. Jeder Spieler hat im Bedarfsfall sofortige Informationspflicht.

10. Halten sich Spieler nicht an Behandlungszeiten und Therapieverordnungen, ist der Cheftrainer umgehend zu informieren (Sanktionierung!).

11. Medikamente dürfen nur nach Rücksprache mit dem Vereinsarzt und dessen O. K.-Erteilung eingenommen werden. (Damit wird nicht das Recht auf freie Arztwahl beschnitten!)

12. Alle Spieler haben auf Sauberkeit in den gemeinsam genutzten Räumen und im Bus zu achten (Selbstverständlichkeit!).

13. Handys, CD-Player, MP-3-Geräte, Laptops sind für Spieler in den Behandlungsräumen absolut tabu. Gleiches gilt für die Nahrungsaufnahme.

14. Der Vereinsarzt informiert sich fortwährend über die zulässige Medikamentierung und die aktuellen Dopingbestimmungen.

15. Alle Mitarbeiter der medizinischen Abteilung sind Angestellte des Vereins und nicht der Spieler. Gegenüber dem Cheftrainer besteht Weisungsgebundenheit und unaufgeforderte Informationspflicht.

16. Mannschaftsarzt und Cheftherapeut haben über sämtliche Verletzungen, Krankheiten, Behandlungen, Untersuchungen und Maßnahmen für jeden Spieler eine Personalakte anzulegen. Zudem ist eine tabellarische Übersicht über Verletzungen und Krankheiten zu erstellen. Alle Unterlagen müssen dem Cheftrainer jederzeit zur Verfügung stehen (im Idealfall erfolgt elektronische Datensammlung und -speicherung). Es ist sicherzustellen, dass beim Ausscheiden eines verantwortlichen Mitarbeiters alle Daten uneingeschränkt weiter verfügbar sind.

17. Der Cheftrainer erkundigt sich über Hobbys und Vorlieben seiner medizinischen Mitarbeiter. Kleine persönliche Aufmerksamkeiten zu besonderen Anlässen (Geburtstag u. a.) können „wahre Wunder bewirken".

18. Der Cheftrainer informiert sich über neue Erkenntnisse auf medizinischem und therapeutischem Gebiet und entscheidet im Dialog mit dem Arzt und Therapeuten hinsichtlich Nutzen, Kosten und Praktikabilität über eine Anschaffung und Anwendung.

Anmerkungen zur Wettspielernährung

Eine gesundheitsbewusste Lebensführung und Körperhygiene sind elementare Voraussetzungen für konstante Leistungen auf hohem Niveau. Dieser Bewusstseinsprozess ist heute zunehmend bei den Spielern festzustellen. Trotzdem bieten sich Gegebenheiten, vor allem im Trainingslager, durch Informationen, z. B. Vorträge von Ernährungsexperten, die Spieler eingehend zu unterweisen und ihre Eigenverantwortung zu stärken.

Auf das komplexe Themenfeld kann auf Grund des Buchumfangs hier nur mit einigen kurzen Anmerkungen hinsichtlich der Wettspielernährung eingegangen werden.

Ernährung vor dem Wettspiel

Am Abend vor dem Spiel und am Spieltag stehen kohlenhydratreiche Nudel-, Kartoffel- und Reisgerichte auf dem Speiseplan. Gedünsteter, fettarmer Fisch und Geflügelfleisch ergänzen zusammen mit Gemüsesorten das Nahrungsangebot.

Die letzte große Mahlzeit wird 3-4 Stunden vor Spielbeginn eingenommen. Auch hier bilden kohlenhydratreiche Nahrungsmittel (Nudelvariationen, Reis mit Kalbfleisch oder Hühnerragout, trockener Kuchen, Bananenmilch u. a.) das hauptsächliche Nahrungsangebot.

Zur Kaffeetafel vor der abschließenden Mannschaftsbesprechung stehen Rührkuchen, Biskuit und anderes „trockenes" Gebäck zur Auswahl. Aus Gewohnheit nehmen einige Spieler statt des Kuchens noch eine kleine Portion Spaghetti zu sich. Kaffee oder Tee stehen zur Verfügung, vorrangig sollen aber kohlensäurearme Mineralwässer und Fruchtsäfte getrunken werden. Zusätzlich erhalten unsere Spieler noch einen kohlenhydratreichen Bananenmilch-Mixdrink.

Da das Durstgefühl nur ein unzuverlässiger Indikator für den Flüssigkeitsbedarf ist, sind die Spieler zu häufiger Flüssigkeitsaufnahme anzuhalten.

Die letzte Flüssigkeitsaufnahme erfolgt nach dem Aufwärmen, ca. 15 Minuten vor Spielbeginn.

Flüssigkeitsausgleich in der Halbzeitpause

Die Flüssigkeitsverluste während der ersten Spielhälfte von 1-2 Litern müssen in der Halbzeitpause zu einem möglichst großen Anteil ausgeglichen werden, da die Leistungsfähigkeit sich sonst erheblich verschlechtert. Als Anhalt: Bereits 2 % Flüssigkeitsverlust in Relation zum Körpergewicht führen zu einer Leistungsbeeinträchtigung von etwa 10 % proportional ansteigend. Deshalb muss ein Optimum an Flüssigkeit aufgenommen werden. Geeignet sind Fruchtsäfte, gemischt mit magnesiumreichem, kohlensäurearmen Mineralwasser im Verhältnis 1:2. Am häufigsten wird Apfelsaft auf Grund seiner Konsistenz und seines herb-frischen Geschmacks verwendet. Zahlreiche industriell angebotene Produkte, in Form von Sport-, Energie- und Halbzeitdrinks, beinhalten Energielieferanten in Form von Kohlenhydraten, Vitaminen und Mineralzusätzen auf isotonischer Basis. Die ausgewiesene Qualität der meisten Produkte rechtfertigt allerdings nicht den hohen Kostenfaktor.

Außer der Halbzeitpause sind weitere Möglichkeiten, u. a. bei Spielunterbrechungen, zur Flüssigkeitsaufnahme zu nutzen. Das gilt besonders bei belastungsintensiven Spielen an heißen Sommertagen.

Energiezuführung nach dem Spiel

Nach dem Spiel wird die Restitution des Flüssigkeits- und Energiestoffhaushalts durch kohlenhydratreiche Elektrolyt- und Fruchtsaftgetränke eingeleitet. Dazu liegen Bananen, Äpfel, Kleingebäck und Energiemineralblocks bereit.

Mit dem Essen nach dem Wettkampfspiel sollen die Energiereserven rasch wieder aufgefüllt werden. Es besteht deshalb aus mineralhaltigen Suppen, kohlenhydratreichen Hauptgerichten und Fruchtspeisen (Pudding, Cremespeisen) zum Abschluss. Die Koh-

lenhydrate wandelt der Körper zu Glukose, dem Energiespender für die Muskel-, Nerven- und Gehirnfunktionen, um.

Vitamine, Mineralstoffe und Spurenelemente

Vitamine haben eine wichtige Schlüsselfunktion für eine gesunde Ernährung im Leistungssport.

Wie im komplizierten Räderwerk einer handgefertigten Spitzenuhr greifen die Wirkmechanismen der verschiedenen Vitamine ineinander und steuern die Körperfunktionen, aktivieren die Denkprozesse und stabilisieren das Immunsystem.

Vitamine nehmen Schlüsselfunktionen beim Aufbau und den Funktionen der Körperzellen ein. Sie wirken als Bausteine und Regulatoren in einem eng verflochtenen System wechselseitiger Prozesse. Vitamin C und Vitamin E ergänzen sich beispielsweise bei der wichtigen Funktion der Immunstabilität.

Mineralstoffe und Spurenelemente müssen wir mit der Nahrung aufnehmen. Auch sie sind unverzichtbar allgemein für die Lebensfunktionen und den Gesundheitsstatus, im Hochleistungssport haben sie zusätzlich leistungsunterstützende Funktionen.

Kalzium ist ein wichtiger Baustein für Knochen und Zähne. Es ist unverzichtbar für die Muskel- und Herzfunktionen und reguliert zudem zusammen mit Natrium den Wasserhaushalt.

Magnesium fördert die Leistungsfähigkeit und reguliert die Nerv-Muskel-Funktionen. Es wirkt entspannend auf das Nervensystem und hat eine vorbeugende Wirkung vor Stress. Zudem verhindert es leistungsbeeinträchtigende Wirkungen in der Muskulatur (Krämpfe, Muskelkater).

Eisen fördert den Sauerstofftransport im Blut.

Zink und Selen sind an Stoffwechselprozessen beteiligt und schützen zudem das Immunsystem (vor freien Radikalen). Die Bedeutung von Selen zur Stabilität des Immunsystems wird vor allem bei intensiver körperlicher Beanspruchung deutlich.

Jod wirkt Mangelerscheinungen der Schilddrüsenfunktion entgegen.

Psychologische und pädagogische Bereiche des Coachings

Im Rahmen der Mannschaftsführung stellen sich psychologische Anforderungen und Probleme im Zusammenhang mit Phänomenen wie Heimvorteil, Angstgegner, Favoritenrolle, Pokaleffekt, Tagesform, Kippen des Spiels, „Trainingsweltmeister". Da Einstellungen, Erwartungsdruck und zahlreiche andere innere und äußere Einflüsse, die im Zusammenhang mit dem Wettkampf auf den Spieler einwirken, aus dem Handlungsgeschehen nicht direkt ableitbar sind, ist der Trainer für seine Entscheidungen und Maßnahmen auf Beobachtungen und Gespräche, psychologische Erfahrungen und Kenntnisse angewiesen. In jüngster Zeit ist eine stärkere Integration sportpsychologischer Erkenntnisse und Methoden im Bereich der Mannschaftsführung zu verzeichnen. Kernbereiche sind dabei Motivation und Aggression, die Auseinandersetzung mit Konflikten, die Bewältigung von Krisen und der Umgang mit Stress.

Motivation

Motivation ist ein globaler Begriff für verschiedene Prozesse, Handlungen und Effekte.

Motivation bezeichnet die Gesamtheit der Motive eines Menschen, die sein Handeln auslösen, steuern und den Energieeinsatz bestimmen.

Motive des sportlichen Handelns äußern sich u. a. im Streben nach:
- Leistung,
- körperlicher Fitness,
- Herausforderung und Wettbewerb,
- Abenteuer und Risiko,
- Kontakt und Anschluss,
- Selbstverwirklichung,
- sozialem Aufstieg und Anerkennung,
- materiellem Gewinn,
- Prestige und Macht.

Die einzelnen Motive sind nicht ausschließlich separat vorhanden, sondern können in verschiedenen Ausprägungen und Kombinationen wirksam sein. Allerdings ist in der Regel ein Kernmotiv handlungsleitend.

Im Fußball wird der Begriff **Motivation** in vielfältigem Situations- und Handlungsbezug verwendet, häufig im Zusammenhang mit Leistungszielen und Ansprüchen, Siegen und Niederlagen. Typische Äußerungen sind: „Nach den Bemerkungen des Gegners in der Presse brauchte der Trainer uns nicht mehr zu motivieren", „Meine Spieler waren bis in die Haarspitzen motiviert", „Der Trainer konnte uns nicht mehr motivieren", „Völlig übermotiviert gingen die Spieler in die Zweikämpfe", „Da fehlten Selbstvertrauen und Siegermentalität".

Intrinsische oder extrinsische Motivation?

Grundsätzlich unterscheidet man bei der Motivation **innere (intrinsische)** und **äußere (extrinsische)** Antriebsquellen. Inneren Antriebsquellen, wie Freude am Spiel oder Wetteifer, wird eine tief greifende, anhaltende Wirkung zugesprochen. Anreize von außen, z. B. durch materielle Belohnung oder andere Vergünstigungen, wird dagegen eine geringe Wirkungskraft zugeschrieben. Bei der extrinsischen Motivation wird zudem kritisch vermerkt, dass sie in Abhängigkeit von außen gesetzten Anreizen und Konsequenzen steht und störungsanfälliger sei.

Entsprechend ihrer Persönlichkeitsstruktur gibt es Spieler, die vorrangig von sich, aus eigenem inneren Antrieb heraus (im wissenschaftlichen Sprachgebrauch: endogen, intrinsisch, internal) handeln und andere, die stärker durch äußere Anstöße (exogen, extrinsisch, external), motiviert sind. Bei einem im Ursprung vom eigenen Antrieb, also intrinsisch ausgelösten Handeln, besteht zwischen Handlungsziel und Handlungszweck Übereinstimmung. Der Spieler will jedes Spiel gewinnen, will Meister werden. Sein Leistungshandeln, seine Anstrengung und Willensausdauer werden um ihrer selbst willen eingebracht. Anders bei den durch äußere Umstände bzw. Einflüsse und überlagerten Motiven, also extrinsisch bestimmten Handlungen. Hier weichen Handlungsziel und Handlungszweck voneinander ab. Der Spieler will gewinnen, um materiellen Nutzen daraus zu ziehen und sozialen Aufstieg zu erreichen. So weit die Theorie. In der Praxis erweist sich eine eindeutige Abgrenzung zwischen eigenständiger Antriebskraft und einer durch äußere Anstöße ausgelösten Motivation als wenig praktikabel und ist in dieser Weise auch nicht erforderlich.

Erfahrungsgemäß und auf Grund neuerer Untersuchungen im Profifußball wissen wir, dass einige Spieler Höchstleistungen und Erfolg anstreben. Prestige, Ansehen und ein hoher ökonomischer Status sind gleichsam Begleiterscheinungen. Andere Spieler richten dagegen ihren Ehrgeiz unmittelbar auf Statussymbole aus, um damit ihre Leistungsfähigkeit, Attraktivität und Kompetenz zu dokumentieren.

Ökonomische Interessen können ebenso innere Triebfedern sein, wie Freude am Spiel oder der Aufbau sozialer Beziehungen. Zudem erkennt der erfahrene Trainer trainingsfleißige und trainingsfaule Spieler, er weiß, welche Spieler er vor dem Wettspiel noch einmal besonders in die Pflicht nehmen muss und auf wen sich die Mannschaft un-eingeschränkt verlassen kann. Er spricht den selbstbewussten Typ anders an als den weniger selbstsicheren, labileren Spieler. Und er setzt sowohl auf „innere Werte", wie Achtung, Selbstansprüche, als auch auf materielle Vergünstigungen im Motivations-spektrum gegenüber den Spielern.

Leistungsmotivation

Jede geistige und jede körperliche Leistung erfordert Energie. Die Impulse zur Aussich-tung und Aktivierung der Energie entwickeln sich im Menschen selbst, äußere Einflüs-se können im Sinne verstärkender Leistungsanreize wirken.

Aus den zahlreichen Erklärungskonzepten und Definitionen von Motivation lässt sich ableiten, dass Motivation gleichsam die Energie des Handelns und die Kernsubstanz für Leistung bildet. Daraus leiten wir unser Verständnis von **Leistungsmotivation** ab:

Leistungsmotivation bezeichnet die durch persönliche Wertmaßstäbe bestimmte individuelle Antriebskraft und Willensausdauer bei der Festlegung und Realisie-rung von Zielen und Aufgaben.

Persönliche Dispositionen und Intentionen im Zusammenhang mit situativen Bedin-gungen, dem Schwierigkeitsgrad und der Attraktivität einer Aufgabe und den eigenen Qualitätsmaßstäben bestimmen die Höhe der Leistungsmotivation. Um als Trainer Motivationsprozesse und Leistungsresultate der Spieler besser beurteilen und Rück-schlüsse für das eigene Handeln ziehen zu können, sind drei Bedingungen bzw. Be-standteile der Leistungsmotivation zu berücksichtigen:

Anspruchsniveau
- Persönlicher Gütemaßstab,
- individuelle Leistungserwartung.

Ursachenzuschreibung
- Eigenverantwortlichkeit/externe Zuschreibung,
- Erfolgsorientierung/Misserfolgsvermeidungsorientierung.

Bezugsnorm
- Objektive Leistungsdaten (Tests, Statistik, Videomitschnitte),
- subjektive Leistungsbewertung (Trainerurteil, Selbsteinschätzung, Medienbewertung).

Anspruchsniveau

Das Anspruchsniveau bezeichnet den persönlichen Gütemaßstab, mit dem ein Spieler an eine Aufgabe herangeht und die individuelle Leistungs- und Erfolgserwartung. Das Anspruchsniveau ist keine feste Größe, es unterliegt, je nach Aufgabenstellung, individuellen Schwankungen. Es kann bei einzelnen Spielern, trotz objektiv gleicher Anforderungen, unterschiedlich hoch sein.

Maßgeblich sind immer Persönlichkeitsmerkmale und die leistungsthematische Situation:

* Art und Bedeutung der Aufgabe,

* Schwierigkeitsgrad und Attraktivität,

* persönliche Leistungs- und Erfolgserwartung,

* Zeitaufwand und Belohnungseffekt.

Erfolg und Misserfolg wirken als Regulativ des Anspruchsniveaus. Bei anhaltendem Erfolg steigt das Anspruchsniveau in der Regel; bei häufigem Misserfolg wird es dagegen meist deutlich gesenkt, bisweilen aber auch übermäßig stark angehoben. Ob das Gelingen oder Misslingen einer Aufgabe als Erfolg oder Misserfolg empfunden wird, hängt aber nicht nur vom jeweiligen Anspruchsniveau des Spielers ab, sondern auch von der Ursachenklärung, insbesondere von der Stärke der Eigenverantwortlichkeit für das Leistungsergebnis.

Ursachenzuschreibung

Ursachenerklärung oder -zuschreibung von Handlungsresultaten sind im Wesentlichen kognitive Prozesse. Sie sind maßgeblich für die Bewertung des persönlichen Anteils am erzielten Resultat und der eigenen Verantwortlichkeit für Erfolg und Misserfolg. Erfolgsorientierte Spieler schreiben positive Handlungsausgänge überwiegend den eigenen Fähigkeiten zu, negative Resultate führen sie eher auf mangelnde Anstrengung zurück. Misserfolgsvermeidungsorientierte Spieler bewerten dagegen Erfolge eher als Zufallsprodukt oder von anderen Umständen abhängig, und Misserfolge beziehen sie oftmals auf ihre persönliche Unzulänglichkeit bzw. ihr eigenes zu verantwortendes Leistungsversagen.

Besonders in Belastungssituationen sind sie in ihrer Leistungsentfaltung gehemmt, und zwar durch die Annahme, den Anforderungen nicht gewachsen zu sein und zu versagen oder durch die Furcht vor negativen Konsequenzen bei Misserfolg. Sie setzen sich häufig sehr niedrige oder unrealistisch hohe Ziele. Letzteres kann aus dem Bestreben vorweggenommener Rechtfertigung für Misserfolg geschehen, möglicherweise aber auch, um nach außen hin ein hohes Anspruchsniveau und Selbstvertrauen zu dokumentieren.

Kenntnisse dieser typenbedingten Polarisierungen sind für den Trainer zur gezielten Motivationssteuerung in Training und Wettkampf wichtig.

Bezugsnorm

Für die Bewertung von Handlungen und Leistungen werden Standards benötigt.

Zur Bestimmung physischer Leistungsvoraussetzungen (Ausdauer, Kraft, Schnelligkeit) und zur Leistungskontrolle kann der Trainer auf standardisierte Testverfahren zurückgreifen. Um Spielleistungen beurteilen zu können, ist er auf seine persönlichen Fähigkeiten und Erfahrungen angewiesen. Aufzeichnungen, Videozusammenschnitte, statistische Daten unterstützen den Bewertungsprozess, lassen den Vergleich mit Bezugsnormen zu und ermöglichen die Archivierung wichtigen Materials. Darüber hinaus ist bei den Spielern ein eigenes „subjektiv-objektives" Bewertungssystem zu schulen.

Das Leistungsmotiv ist in Kombination mit anderen Motiven die dominante Antriebsquelle im Leistungsfußball. Das der psychologischen Grundlagenforschung zugeordnete Rubikon-Modell bietet einen interessanten Akzent, da es auf einem Kernelement der Leistungsmotivation aufbaut, und zwar der Intention, sich großen Herausforderungen zu stellen und in Grenzbereiche vorzustoßen. Hier liegt ein wesentlicher Ansatz der Persönlichkeitsförderung, und zwar bei den Spielern die individuelle Bereitschaft und das mannschaftliche Verantwortungsbewusstsein zu wecken, die möglichen Leistungsgrenzen auszuloten. Daran knüpft sich die Forderung:

- Routine überwinden!
- Raus aus der „Hängematte der Bequemlichkeit"!
- Weg vom „Koala-Prinzip"!
- Initiative entfalten!

Der Wagemut und die Visionen werden treffend in einer Werbeaktion von adidas mit Muhammad Ali zum Ausdruck gebracht:

„Unmöglich ist ein Wort, mit dem Menschen um sich werfen, für die es einfacher ist, die Welt so zu akzeptieren, wie sie ist, statt das Risiko einzugehen, sie zu verändern. Unmöglich ist keine Tatsache. Es ist eine Meinung. Unmöglich ist keine Feststellung. Es ist eine Herausforderung. Unmöglich ist Potenzial. Unmöglich ist vergänglich. Impossible is nothing!"

Ein anderer Sportler der Extreme, der mehrfach die Grenzen der menschlichen Leistungsfähigkeit ausgelotet hat, ist Reinhold Messner. Seine Aufzeichnungen über die Antarktisexpedition mit seinem Partner Arved Fuchs enthalten die folgenden Kerngedanken zu Motivation und Teamarbeit:

*   „Wir hatten Erfolg, weil wir es immer wieder verstanden, unsere unterschiedlichen Fähigkeiten zu summieren."

*   „Als Einzelne wären wir in der Antarktis beide gescheitert. Als Team kamen wir zu Fuß weiter, als alle anderen vor uns."

*   „Es gibt keinen stärkeren Anreiz für die eigene Begeisterung, als die Selbstbestimmung."

*   „Wer andere mitreißen will, muss an sich selbst glauben."

Motivationsakzente in der Praxis

Leistungsambitionen und die Einstellung zu Leistungsanforderungen sind bei den Spielern unterschiedlich ausgeprägt und dementsprechend auch die Anstrengungsbereitschaft im Training und im Wettkampf. Die Bestimmungsgrößen sind in einem einfachen Modell dargestellt (Abb. 236).

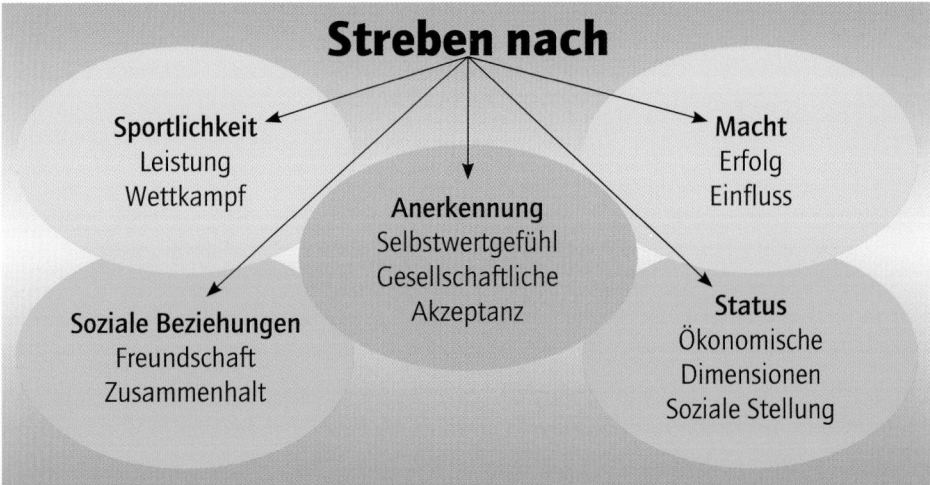

Abb. 236: Motivationsstruktur im Fußball

Um bei den Spielern eine hohe Leistungsbereitschaft zu erzielen, stützen sich die Trainer in der Regel auf zwei Strategien, und zwar zum einen auf Leistungsanreiz und Belohnung und zum anderen auf Druck durch die Androhung und Einleitung negativer Konsequenzen. Letztere ist weniger wirksam. Häufig wird eine Mischung beider Strategien zur Verhaltenssteuerung der Spieler eingesetzt. Dabei müssen sich die Trainer in der Ausrichtung ihres Führungsverhaltens immer über die Konsequenzen im Klaren sein. Wer vorzugsweise über Repressalien Leistungssteigerung erreichen will, ruft früher oder später bei den unter Druck gesetzten Spielern offene und versteckte Abwehr hervor. Die Förderung von Eigenschaften wie Mitverantwortung und Eigeninitiative setzt ein Führungsverhalten voraus, das zwar klare Richtlinien vorgibt, aber zugleich Verhaltensspielräume lässt und den Spielern Wertschätzung entgegenbringt und ihre Individualität berücksichtigt.

Zur Auswirkung von Belastungsstrukturen im Fußball ergaben von uns durchgeführte Studien, dass mit zunehmendem Alter bei den Spielern die psychische Stabilität zunimmt und sich Störanfälligkeiten gegenüber Belastungssituationen reduzieren.

Junge Spieler empfinden gegenüber älteren, erfahrenen Spielern typische Belastungssituationen im Fußball als beanspruchender, andererseits leiten sie daraus aber einen höheren Motivationsschub ab.

Leistungsvoraussetzungen

Generelle Ansätze, um das Leistungspotenzial der Spieler herauszufordern, sind:

- Realistische Leistungsziele setzen,

- Anforderungen stellen, die herausfordern,

- Erfolgserlebnisse schaffen,

- positiv verstärken,

- individuell fördern.

Durch Informationen aus vielfältigen Quellen, den fortwährenden Beobachtungen im Training und im Wettkampf, aus dem Umgang der Spieler miteinander und aus den Einzelgesprächen macht sich der Trainer ein Bild von jedem Spieler. Danach richtet er neben den taktischen und situativen Erfordernissen die Mannschaftsbesprechungen sowie die Spielanalysen und Einzelkritiken aus. Um im Motivationsspektrum jeden Spieler anzusprechen, hat der Cheftrainer beispielsweise zu einem prestigeträchtigen und die Meisterschaft entscheidenden Spiel gegen den Lokalrivalen in der Mannschaftsbesprechung sowohl die soziale Anerkennung und die Ehre (traditionsbedingt für einige Spieler sehr bedeutsam) herausgestellt als auch den erfolgsabhängigen materiellen Aspekt.

Den Motivationsprozess vorrangig durch positive Verstärkungsstrategien zu steuern, erfordert einen kontinuierlichen Prozess, der im Schulfußball und in der Juniorenarbeit der Vereine seinen Ausgang nehmen muss.

Neben Mannschafts- und Einzelgesprächen bietet das Training vielfältige Möglichkeiten der Motivierung durch attraktive Gestaltung, Variation der Anforderungen, Simulation von Wettspielbedingungen, Gruppenzusammensetzung unter dem Gesichtspunkt von Konkurrenz und Rivalität u. a.

Auf Motivationsstrategien und Maßnahmen bei der unmittelbaren Wettspielvorbereitung und im Zusammenhang mit der Behandlung psychologischer Trainingsmethoden wird in den speziellen Kapiteln näher eingegangen (S. 530ff.).

Der Umgang mit Erfolg

Leistungen und Anerkennung stehen in einem Wechselbezug: Gute Leistungen bewirken Anerkennung und Anerkennung bahnt gute Leistungen an.

Der renommierte amerikanische Lernforscher Edward Lee Thorndike hat diesen Grundsatz in die einfache Formel gefasst:

Nichts ist erfolgreicher als der Erfolg!

Dazu ist anzumerken, dass Erfolg in der Regel nicht auf Zufall oder Glück beruht, sondern das Resultat harter, konzentrierter und freudvoller Arbeit ist.
Die Realität des Lebens zeigt aber auch:

Nichts ist vergänglicher als der Erfolg!

Erfolge müssen immer wieder neu erarbeitet werden, mit hohem Einsatz, großer Disziplin und anhaltender Willenskraft, manchmal sogar mit einer gewissen Verbissenheit.

„Wer aufhört, besser sein zu wollen, hat aufgehört, gut zu sein!"

In dieser Aussage liegt ein Lebensgrundsatz, denn:

Selbstzufriedenheit ist der erste Schritt zum Rückschritt!

Mit der Selbstzufriedenheit lässt der Erfolgshunger nach, Energie, Wille und Konzentration sind nicht mehr auf den Punkt gebündelt. Wir müssen unsere Spieler mit dem „Erfolgsbazillus" infizieren, sie permanent anleiten und auch zwingen, sich weiterzuentwickeln.

Selbstbewusstsein

Erfolg und Selbstbewusstsein stehen in engem Wechselbezug. Selbstvertrauen, Selbstsicherheit oder Selbstbewusstsein sind Ausdruck des Selbstverständnisses, der Vorstellungen über die eigenen Eigenschaften und Fähigkeiten. Das Selbstverständnis unterliegt Veränderungen aus dem Prozess von Selbstwahrnehmung und Rückmeldung aus der Umwelt. Deshalb kann der Trainer durch Lob und Kritik, die Übertragung von Verantwortung und die Förderung von Eigeninitiative die Handlungs- und Leistungsfähigkeit der Spieler optimieren und ihr Selbstvertrauen stärken.

Kinder verfügen über ein enormes Leistungspotenzial. Sie im Lern- und Leistungsprozess zu ermutigen, ihr Selbstvertrauen aufzubauen, ist eine elementare Verpflichtung. Im Kapitel „Motivation bei Kindern" finden sich diesbezüglich einige grundsätzliche Regeln und Leitsätze (S. 306ff.).

Auch im Leistungsfußball lässt sich ein **Selbstsicherheitstraining** erfolgreich einsetzen. Dazu sind folgende Grundüberlegungen bedeutsam.

Menschen zeigen in den gleichen Situationen unterschiedliche Reaktionen. Lernpsychologische Erklärungsansätze begründen dieses Phänomen dadurch, dass in den Prozess der Reizaufnahme und -verarbeitung ein kognitiver Filter eingeschaltet ist, durch den es zu den individuellen Einstufungen und Bewertungen kommt.
Das Fußballspiel lebt von Emotionen. Begeisterung und Verzweiflung, Freude und Empörung liegen auf einem schmalen Grad. Trainer und Spieler müssen in der Lage sein, ihre Emotionen zu kontrollieren.

Folgende Aspekte sind dabei ausschlaggebend:
* Emotionen und mentale Prozesse beeinflussen sich wechselseitig, wie es die Bewertung von Situationen und die Reaktionen deutlich machen.

- Überschießende Emotionen beeinträchtigen die Konzentration und die Steuerungsprozesse des Handelns.
- Aversive Gefühle binden positive Energie und beeinträchtigen die Leistungsfähigkeit.

Selbstsichere Menschen sind in der Lage, realistische Leistungsanforderungen an sich selbst zu stellen und eine positive Grundeinstellung und Ausstrahlung zu entwickeln.

In der Sprache und Körpersprache kommt Selbstsicherheit zum Ausdruck. Selbstbewusste Menschen kennzeichnen in Gesprächen, Reden und Diskussionen folgende Merkmale:

- Sie reden mit kräftiger Stimme und haben eine deutliche Aussprache,
- halten Blickkontakt mit ihren Gesprächspartnern,
- haben eine entspannte Körperhaltung,
- stellen angemessene Forderungen ohne langschweifige Erklärungen oder Entschuldigungen,
- bewahren Ruhe, kontrollieren destruktive aggressive Tendenzen,
- vermeiden Pauschalaussagen und globale Bewertungen,
- werden nicht polemisch oder sarkastisch,
- zeigen bei klaren Vorstellungen auch Verständnis für die Position anderer.

Ein weiteres wichtiges Element der Selbstsicherheit ist die **Körpersprache**.

Muhammad Alis Verhalten bei der Vorstellung der Boxer am Tag vor dem Kampf kann als ein Musterbeispiel für beeindruckende Körpersprache angeführt werden.

Strategien zur Selbstkontrolle auf der Basis von Gelassenheit und Selbstsicherheit lassen sich durch psychologische Methoden erlernen. Bewährt hat sich eine Kombination aus Entspannungstraining, Selbstinstruktion und Selbstsicherheitstraining.

Eine Form des Selbstsicherheitstrainings sind Selbstgespräche und Selbstanweisungen. Ausgangspunkt sind positive Instruktionen.

Zum Beispiel:
„Die Aufgabe kann und werde ich lösen."
„Den Anforderungen bin ich gewachsen."
„Das Problem bewältige ich durch folgende Maßnahmen."

Schlussbemerkungen

Sogenannte „Motivationstrainer" weckten in den 1990er Jahren bei vielen Menschen große Erwartungen hinsichtlich persönlicher und beruflicher Erfolge, Gesundheit und harmonischer Partnerschaft. In einer Welle der Euphorie verkündeten sie Wege zur Überwindung von Blockaden, zur Freisetzung von Energie und Leistungspotenzialen und zur Anbahnung höchsten Lebensglücks.

Dabei wurden häufig traditionelle psychologische Erkenntnisse, wie beispielsweise die Auswirkungen positiven Denkens, mit motivationalen Taschenspielertricks und spektakulären autosuggestiven Manövern vermischt. Nach kurzfristigem Effekt wirkt eine auf diese Weise „rosarot gefärbte Realität" als Bumerang im „grauen Alltag" zurück.

Mittlerweile ist der Boom der „Motivationstrainer" Vergangenheit. Die Anforderungen für eine psychologische Betreuung im Profifußball setzen als Qualifikationskriterien eine fundierte psychologische Ausbildung, in der Regel zum Diplompsychologen, Fußballfachkenntnisse und einschlägige Erfahrungen in der Sportpraxis voraus.

Seit einigen Jahren verzeichnet der Profifußball einen verstärkten Zugang zu psychologischen Maßnahmen und Beratungsfunktionen. In einer Reihe von Bundesligamannschaften und in den Nationalmannschaften des DFB sind ausgebildete Psychologen tätig.

Wie der gesamte professionelle Betreuerstab, so kann auch der psychologische Berater den Trainer in seiner Arbeit unterstützen. Letztlich bleibt es aber in der Verantwortung des Trainers, für die Spieler langfristige Leistungsanreize zu setzen und durch spezielle Maßnahmen dazu beizutragen, dass sie Wettspiele mit einer optimalen Motivationslage bestreiten. Dazu benötigt er neben Menschenkenntnis und sozialer Kompetenz auch selbst psychologische Fähigkeiten.

Als Leitlinien sind festzuhalten:

- Eine Motivierung der Spieler durch den Trainer setzt voraus, dass er selbst hoch motiviert ist.
  Nur wer selbst brennt, kann in anderen ein Feuer entzünden!
- Im Training und im Wettkampf sind attraktive Anregungsbedingungen (Aufforderungsgehalte) und Anreizwerte (Ziele, Belohnungen) zu setzen.

- Die Spieler sind bei der Wahl realistischer Leistungsziele zu unterstützen und durch Erfolgsschritte ist ihr Selbstvertrauen aufzubauen und zu festigen.

- Grundsätzlich gilt es, für alle Spieler den leistungsmotivierenden Effekt des Erfolgs zu nutzen.

- Das Bewusstsein ist bei allen Spielern zu schärfen, dass sie für den Erfolg oder Misserfolg letztlich eigenverantwortlich sind.

Kritik

Kritik spielt im Führungsprozess eine wichtige Rolle. Sie dient, je nach Situation, der Korrektur oder der Stabilisierung des Verhaltens und entwickelt, bei richtiger Handhabung, Orientierungs- und Motivationsfunktionen.

Kritik bedeutet, einen Sachverhalt, eine Tätigkeit, eine Leistung nach bestimmten Maßstäben (Kriterien) zu beurteilen. Kontrolle als Voraussetzung von Kritik soll gewährleisten, dass die gesetzten Ziele erreicht werden. Kontrollmaßnahmen geben Aufschluss darüber, ob die Spieler die gestellten Aufgaben verstanden haben und sie im Rahmen ihrer Möglichkeiten ausführen.

Zielsetzung, zugrunde liegende Maßstäbe, Leistungsmöglichkeiten und situative Bedingungen bestimmen im sozialen Handlungsfeld Anlass, Form und Ausmaß von Kritik.

Grundsätzlich als wertfrei verstanden, begegnet man Kritik heutzutage überwiegend mit negativen Erwartungen. So erklärt es sich, dass auf Kritik, die Unerwünschtes zur Sprache bringt, häufig sehr heftig reagiert wird, teilweise in Form von Aggression, teilweise in Form von Abwehr und Blockade. Deshalb ist mit Kritik sorgsam umzugehen. Bei aller berechtigter Schärfe darf sie nicht das Selbstwertgefühl der kritisierten Person verletzen. Insbesondere nach Misserfolgserlebnissen und bei Spielern mit labilem Selbstbewusstsein ist Kritik dosiert anzusetzen. Von selbstkritischen, in sich gefestigten Persönlichkeiten lässt sich dagegen erwarten, dass sie Kritikgesprächen gelassener gegenüberstehen. Sie bringen bessere Voraussetzungen mit, Kritik realistisch einzuordnen und zu handhaben, d. h. Kritik sowohl anzunehmen als auch in der Gegenposition Kritik in angemessener Weise auszusprechen.

Sachgerecht eingesetzt, vermittelt Kritik Standpunkte und Ziele, setzt Orientierungspunkte zur Verhaltenssteuerung, gibt Rückkopplungen über Erfolg und Misserfolg, verstärkt und festigt das Selbstvertrauen. Sie belässt es nicht dabei, Schwächen und Fehler aufzudecken und darzulegen, sondern setzt sich in praktischer Hilfe fort, um die Schwächen, Fehler und Unzulänglichkeiten abzustellen. Sie verstärkt durch die Vermittlung von Lob und Anerkennung gewünschtes Verhalten wie Einsatz, Verantwortung und Teamwork. Demnach sind Informationen, Orientierung und Ansporn Kernelemente der Kritik.

Konstruktive Kritik zeichnet sich durch eindeutigen Bezug auf den zu kritisierenden Tatbestand, eine präzise Situationsanalyse und klar definierte Maßstäbe aus. Unter diesen Voraussetzungen können gegebenenfalls Auffassungsunterschiede aufgedeckt, diskutiert und beigelegt werden.

Kritik lässt sich allerdings auch als Machtinstrument zur Durchsetzung von Interessen und zur Disziplinierung einsetzen. In Anbetracht der starken psychologischen Wirkung ist aber beim Einsatz von Kritik unter diesem Gesichtspunkt größte Zurückhaltung geboten.

Andererseits sind den pädagogischen Bemühungen eines Trainers, insbesondere im professionellen Fußball, Grenzen gesetzt. Wird in einem Konfliktfall kein Konsens erzielt, zeigt sich der kritisierte Spieler allen Argumentationsbemühungen gegenüber uneinsichtig und erweisen sich fortgesetzte Diskussionen als unergiebig, dann erfolgen eindeutige Anweisungen, die bei Nichtbeachtung angekündigte Sanktionen nach sich ziehen. Sanktionen sollen aber grundsätzlich nur das letzte Mittel sein.

Zusammenfassende Leitsätze konstruktiver Kritik

* Kritisiere Handlung und Verhalten, werte nicht die Person ab.

* Kritisiere sachbezogen konkret, nicht emotional und pauschal.

* Fordere vom Spieler eine rationale Auseinandersetzung mit den zur Kritik anstehenden Handlungen ein, lasse keine Ausweichmanöver, Alibierklärungen oder abwehrende Schuldzuweisungen zu.

* Wäge bei Einzelkritik ab, was vor der gesamten Mannschaft zur Sprache kommen kann, und was dem Einzelgespräch vorbehalten sein soll.

* Setze die Kritik je nach Persönlichkeitsstruktur und Naturell des zu Kritisierenden forcierter oder behutsamer ein.

* Vermittle dem Spieler das Gefühl, dass mit der Kritik seine Leistung verbessert, und nicht sein Selbstwertgefühl angetastet werden soll.

* Kritisiere so, dass der Spieler Handlungshinweise bekommt, die im Training und im Wettkampf umsetzbar sind.

* Nutze Dokumentationsmaterial (Videos u. a.) zur Veranschaulichung der Kritikpunkte und der angestrebten Spielhandlungen.

- Übe öffentliche Kritik nur im Ausnahmefall.

- Kritisiere nie abwesende Spieler vor anderen Spielern und unterbinde derartige Versuche.

- Setze bei Kritikgesprächen einen positiven Schlussakzent durch Aufmunterung, Ansporn, Herausforderung.

Fehlerkorrekturen als besondere Form konstruktiver Kritik

Fehlerkorrekturen sind eine besondere Form konstruktiver Kritik im unmittelbaren Praxisbezug. Dabei gehen wir von folgenden Prinzipien aus:

- Wir erwarten Selbstständigkeit und Mitverantwortung von unseren Spielern. Wer Freiräume ermöglicht, muss auch Fehler einräumen.

- Deshalb sind die Spieler zur Selbstreflexion anzuleiten.

- Fehlerkorrektur hat letztlich immer die aktive Selbstkorrektur zum Ziel.

- Fehlerkorrektur setzt nicht am Symptom, sondern an der Ursache an.

- Fehleranalysen sind nachvollziehbar zu vermitteln.

- Der Fehleranalyse wird das Leitbild gegenübergestellt.

- Fehleranalysen sind möglichst unmittelbar in der Trainingspraxis umzusetzen.

- Fehler sind frühzeitig abzustellen, da eingefahrene Bahnen selten verlassen werden und eingeschliffene Programme schwer zu löschen sind. Umlernen ist zeitaufwändiger als Neulernen.

- Bei der Fehleranalyse ist zu differenzieren, ob Detailarbeit erforderlich erscheint und wann die Handlung in ihrer Komplexität zu korrigieren ist.

- Fehlerhaft ausgeführte, komplexe Aufgaben sind zunächst im Schwierigkeitsgrad (Tempo, Druck, räumliche Begrenzung u. a.) zu reduzieren.

- Fehlerkorrektur leitet einen Lernprozess ein, der ausschließlich der Leistungsverbesserung dient. Diesem Grundsatz entsprechend ist eine lern- und leistungsförderliche Atmosphäre zu schaffen.

Aggression

Aggression ist eine spezielle Form der Motivation.

Der Fußball bietet neben der sportlichen Entwicklung gute Voraussetzungen zur Förderung der Persönlichkeit und zu sozialer Integration. Aber der Fußballsport ist, wie der Leistungssport generell, ein Teil unserer Gesellschaft und ein Spiegelbild ihrer Werte und Normen. Insofern sieht er sich auch Gefährdungen ausgesetzt durch kommerzielle Einflussnahmen, Manipulationen, Zuschauerausschreitungen und durch schädigende Aggression im Spiel.

Das Spektrum regelwidriger Aggression reicht von kleinen, verbalen Attacken, Beleidigungen, versteckten Unsportlichkeiten bis hin zu überhartem Einsatz und verletzungsgefährdenden Fouls. Brutale, bewusst auf Verletzung abzielende Attacken zählen im Gesamtbild der fußballspezifischen Aggression zu den Ausnahmefällen.

Die weitaus am häufigsten auftretende Aggressionsform im Fußball ist die instrumentelle Aggression. Typisch dafür sind sogenannte „taktische Fouls", die nicht auf die persönliche Schädigung des Gegners ausgerichtet sind, sondern auf einen regelwidrigen Vorteilsgewinn. Verletzungen werden dabei allerdings billigend in Kauf genommen.

Im Fußball treten aber nicht nur die angeführten **destruktiven Aggressionsformen** auf. Vielmehr sind für den Erfolg im Wettspiel kampfbetonte, **konstruktive Aggressionsformen** unverzichtbar. Diese, im Sprachgebrauch des Fußballs, als „aggressive Spielweise" oder als „aggressiv spielen" bezeichneten Formen umfassen alle regelgerechten Spielhandlungen, die durch Einsatzbereitschaft, Zweikampfhärte und Durchsetzungswillen gekennzeichnet sind.

Für den leistungsfördernden Umgang mit „der Aggression" im Fußball sind einige Grundkenntnisse von Nutzen, die wir anhand der folgenden Leitfragen kurz erörtern:

* Wie entsteht Aggression und wodurch wird sie ausgelöst?
* In welchen Formen und Ausprägungen tritt Aggression im Fußball auf?
* Was können Trainer und Jugendleiter tun, um destruktiver Aggression im Fußballspiel entgegenzuwirken und konstruktive Aggression zu fördern?

Wie entsteht Aggression und wodurch wird sie ausgelöst?

Traditionell haben drei klassische Aggressionstheorien jahrelang die Diskussion und die Forschungsansätze zur Erklärung von Aggression bestimmt:

Trieb- und Instinkttheorien

Aggression ist eine Form des Verhaltens, die durch Triebe bzw. Instinkte ausgelöst und gesteuert wird.

Frustrations-Aggressions-Hypothese

Aggression ist eine Form des Verhaltens, die durch Frustration ausgelöst wird (werden kann!). Die F-A-Theorie nimmt eine Zwischenstellung zum trieb-/instinkttheoretischen und lerntheoretischen Konzept ein.

Lerntheorien der Aggression

Aggression ist eine Form des Verhaltens, die wie andere Verhaltensformen durch Lernprozesse aufgebaut wird.

Dabei wirken zwei Lernprinzipien sowohl unabhängig voneinander als auch in Kombination:

* Lernen durch Verstärkung (Lernen durch Erfolg, operantes Lernen).
* Lernen durch Beobachtung (Lernen am Modell, Imitationslernen).

Trieb- und Instinkttheorien

Dem triebtheoretischen Erklärungsansatz von Aggression, der auf Sigmund Freud und Alfred Adler zurückgeht, liegt die Annahme zugrunde, dass Aggression biologisch determiniert ist, dass sie wie andere Triebe bzw. Instinkte im genetischen Kode des Menschen verankert sei. Das Auftreten aggressiver Handlungen wird im Wesentlichen mit einer Disposition zur Aggression (Aggressivität) durch eine autonom anwachsende Triebenergie erklärt. Diese primäre Triebenergie verursacht einen Reizzustand, der immer stärker nach Triebentladung drängt. In der Regel kommt es zur aggressiven Handlung, selten zu Ersatzaktivitäten. Letztere sollen sich als sublimierte Aggression in Form von sportlichen oder anderen körperlichen Aktivitäten und künstlerischen Betätigungen äußern.

Konrad Lorenz gilt zusammen mit dem Niederländer Nikolaas Tinbergen als der populärste Vertreter des instinkttheoretischen Ansatzes zur Erklärung von Aggression. Die Ethologie, die vergleichende Verhaltensforschung, verfolgt das Ziel, die Bedingungen und Einflüsse tierischen Verhaltens zu entschlüsseln und zur Erklärung menschlichen Verhaltens heranzuziehen.

Lorenz schreibt dem Aggressionstrieb eine grundsätzlich arterhaltende Funktion zu, die zur Geltung kommt in der

* Abgrenzung und Sicherung des Lebensraums,
* Bildung einer Rangordnung und in der
* biologischen Auslese zur Fortpflanzung.

Kritik an den Trieb- und Instinkttheorien der Aggression setzt daran an, dass sie sich einer objektiven naturwissenschaftlichen und erkenntnistheoretischen Überprüfung entziehen. Sie implizieren eine gefährliche Alibimoral, da sie Aggression als in der Natur des Menschen verankert betrachten. Aggression ist angeboren und muss auf irgendeine Weise, z. B. im Leistungssport, ausgelebt werden. Diese Erwartungshaltung bewirkt Denkmuster, die, nach dem kognitiven Schema einer Selffulfilling Prophecy, für ihre eigene Bestätigung und Verstärkung sorgen. Gesicherte Erkenntnisse und rationale Argumentation stehen diesem Theoriekonzept entgegen. Abgesehen von bestimmten anlagebedingten Dispositionen, wie Temperament und physische Dynamik, bildet sich aggressives Verhalten maßgeblich im Verlauf der Persönlichkeitsentwicklung heraus.

Frustrations-Aggressions-Theorie

Die Frustrations-Aggressions-Theorie bzw. -Hypothese wurde 1939 von John Dollard und Mitarbeitern der Yale-Universität erstmals veröffentlicht. Von der kompromisslosen Ursprungsfassung abgewandelt, besagt sie:

* Aggression ist eine Folge von Frustration.

* Frustration führt zu einer Form von Aggression.

Im Realitätsbezug wurden weitere Modifikationen vorgenommen und Zusatzannahmen aufgestellt:

* Die Stärke der Aggressivität hängt von der Stärke der Frustration ab.

* Die Stärke der Frustration resultiert aus der Art, dem Ausmaß und der Anzahl sowie der Abfolge der Störungen.

* Die durch eine Frustration hervorgerufene Aggressionsneigung richtet sich in erster Linie gegen den Frustrierenden bzw. die frustrierende Ursache.

* Bestehen Hindernisse oder Hemmungen, den Frustrierenden bzw. die frustrierende Institution anzugreifen, so kann eine Verschiebung der Aggression eintreten.

* Im Sonderfall kann es zur Selbstaggression kommen, insbesondere dann, wenn man die Ursache der Frustration in der eigenen Person sieht.

* Die Erwartung einer Bestrafung kann zur Hemmung einer frustrationsbedingten Aggressivität führen.

* Nach Ausführung einer Aggression reduziert sich die Neigung zu weiterem aggressiven Verhalten (Katharsishypothese).

Kritik setzt an der Einseitigkeit und dem Absolutheitsanspruch der Frustrations-Aggressions-Theorie an. Einige der im täglichen Leben und im Leistungssport vorkommenden Aggressionen können durch Frustration hervorgerufen werden. Die Zusammenhänge

beim Auftreten von Aggression sind allerdings wesentlich komplizierter, als es das Erklärungsschema der F-A-Theorie zum Ausdruck bringt. Insbesondere wirken sich persönlichkeitsspezifische und umweltbedingte, überdauernde und situative Variablen auf die Empfänglichkeit für Frustration sowie auf die Betroffenheit und die Reaktionsweisen aus. Die sozialen Rahmenbedingungen werden weitgehend ausgeblendet und die besonders im Leistungsfußball häufig angewandten Formen instrumenteller Aggression bleiben zwangsläufig unberücksichtigt. Zwangsläufig deshalb, weil die F-A-Theorie lediglich einen bestimmten Ausschnitt aggressiven Verhaltens zu erklären imstande ist, und zwar eine Form der reaktiven Aggression im zeitlich eng gesteckten Rahmen.

Lerntheorien der Aggression

Lebensbegleitende Lernprozesse bestimmen die Biografie eines Menschen, seine Persönlichkeitsentwicklung, seine Lebensform und Lebensgestaltung. Lernen bezieht sich auf den Erwerb von Fähigkeiten, Fertigkeiten, Eigenschaften und Einstellungen.

Grundsätzlich unterscheidet man zwei Konzeptionen bei den Lerntheorien aggressiven Verhaltens:

* das **Bekräftigungslernen** (Lernen durch Erfolg, operantes/instrumentelles Konditionieren),
* das **Beobachtungslernen** (Lernen am Modell, observatives Lernen, Imitationslernen).

Die Theorie des **Bekräftigungslernens** besagt, dass die positiven oder negativen Folgen, die eine Handlung für den Handelnden nach sich zieht, maßgeblich dafür sind, ob und wie häufig diese Handlung zukünftig ausgeführt wird. Die Bekräftigung kann in vielfältiger Form, durch Lob und Anerkennung oder materiell, erfolgen.

Als pädagogische Konsequenzen im Zusammenhang mit Aggression sind folgende zentrale Annahmen einer Theorie des Bekräftigungslernens bedeutsam:

* Je mehr Erfolg durch aggressive Handlungen erzielt wird, desto größer ist die Wahrscheinlichkeit, auch zukünftig entsprechend aggressiv zu handeln.
* Entscheidendes Kriterium für aggressives Handeln ist die daran geknüpfte Erfolgserwartung.
* Erfolgreiches aggressives Handeln schränkt die Suche nach nichtaggressiven Handlungsalternativen ein.
* Erfolgserwartungen, die nicht jedes Mal bekräftigt werden, sondern in unregelmäßiger Abfolge (intermittierende Verstärkung), bauen aggressive Verhaltensmuster zwar langsamer auf, festigen sie aber umso stärker und machen sie resistent gegenüber Löschung und Umlernen.

- Gelerntes aggressives Verhalten kann auf andere Situationen übertragen werden, wenn gleiche Hinweisreize auf Auslösung und Erfolg bestehen (Reizgeneralisierung), ebenso können verschiedene Reaktionen als Folge aggressiven Handelns interpretiert werden (Reaktionsgeneralisierung).
- Die Erfolgserwartung durch aggressives Handeln ist ein Motiv, das von einem anderen Motiv überlagert wird (z. B. Machtstreben, Geltungsbedürfnis, Besitzansprüche).

Beobachtungslernen ist ein Lernen, das, wie der Name besagt, durch Beobachtung und Nachahmung erfolgt. Die Übernahme von Einstellungen, Gewohnheiten und Verhaltensmustern setzt ein gewisses Maß an Identifikation voraus. Diese ist eher bei Idolen und Leitbildern gegeben als bei neutralen Personen.

Wie beim Bekräftigungslernen wird auch beim Beobachtungslernen das Phänomen der intermittierenden (unregelmäßigen) Verstärkung wirksam. Hier werden die Verbindungslinien zwischen beiden Lernprinzipien besonders deutlich. Ein so schrittweise aufgebautes aggressives Verhalten ist sehr schwer zu verändern (löschen). Eine auf leistungssportlicher Ebene akzeptierte Form von Gewalt wirkt sich unter Umständen generalisierend aus. Durch die Beobachtung aggressiver Vorbilder werden Hemmschwellen gegenüber dem Einsatz eigenen aggressiven Verhaltens abgebaut.

Die Nachahmungsobjekte für aggressive Verhaltensformen können mittelbar durch die Medien oder das Zuschauen bei Sportereignissen und unmittelbar durch aggressiv strafende Eltern, Lehrer, Trainer gegeben sein. Das dadurch eingeleitete Beobachtungslernen kommt selten unmittelbar im Verhalten zum Ausdruck, zweifellos prägt sich auf diese Weise ein, dass man und wie man Probleme verschiedener Art durch Aggression angehen kann.

Der Aufforderungscharakter zur Nachahmung aggressiven Modellverhaltens wird im Wesentlichen durch folgende Faktoren bestimmt:
- Konsequenz des Handelns,
- subjektiv zugemessener Wert und zukünftige Erfolgsaussicht des Handelns,
- sozialer Status und Kompetenz des Modells,
- Alter und Geschlecht,
- Identifikation mit dem Modell.

Abschließend ist festzustellen: Entscheidend ist, dass aggressives Verhalten durch gezielte Lernprozesse verändert werden kann. Nach dem Prinzip des Bekräftigungslernens sind erlernte Verhaltensmuster reversibel, d. h., sie können durch ein entsprechendes Verstärkungskonzept sowohl aufgebaut als auch abgebaut ("gelöscht") werden. Darin

liegt die Chance pädagogischer Einflussnahme und zum Zweiten in der unmittelbaren Vorbildwirkung der Bezugspersonen, vorrangig der Eltern, Lehrer und Trainer.

Kritik an den Lerntheorien der Aggression setzt im Wesentlichen daran an, dass es sich auch bei diesen Erklärungsansätzen vorrangig um eine Analyse individualpsychologischer Aspekte handelt und somit um eine einseitige Verkürzung des Problemkomplexes. Allein auf lerntheoretischer Grundlage kann nicht eindeutig begründet werden, wie aggressive Handlungen in ihrem Ursprung entstehen. Die theoretische Basis ist stichhaltig, aber die gesellschaftlichen und institutionellen Rahmenbedingungen (sozialer Status, Normen, Werte, Medien u. a.) sind in die Begründungszusammenhänge einzubeziehen, wie es bei weiterentwickelten „Sozialen Lerntheorien der Aggression" vorgesehen ist.

Aggressionstheorien, ein Fazit im Hinblick auf wirksame Verhaltenssteuerung

Als Fazit reflektieren wir die drei traditionellen Aggressionstheorien unter dem Gesichtspunkt pädagogischer Konsequenzen und praktikabler Strategien zur Verminderung destruktiver Aggression:

- **Trieb- und Instinkttheorien (= biologische Gesetzmäßigkeiten)**
  Verhinderung eines gefährlichen Aggressionstriebstaus durch Ausleben der Aggression in harmloser, teils ritualisierter, teils sublimierter Form.

- **Frustrations-Aggressions-Theorie (= Reiz-Reaktions-Schemata)**
  Vermeidung von frustrationsauslösenden Ereignissen.
  Ausleben von frustrationsbedingten Aggressionen in vertretbarem Rahmen.

- **Lerntheorien (= Verstärkungsprinzipien und Modellwirkung)**
  Vorbildwirkung und Verstärkung akzeptierten Verhaltens.
  Vermeidung von positiver Verstärkung und von anerkennender Modellwirkung bei destruktiver Aggression.
  Vermittlung von Problembewusstsein und Handlungsalternativen.

Keine der traditionellen Aggressionstheorien kann den Anspruch erfüllen, das Phänomen „Aggression" uneingeschränkt und umfassend zu erklären und universelle Handlungsstrategien zur Reduzierung von Gewalt zu entwickeln. Die Strategien der Trieb- und Instinkttheorien und der Frustrations-Aggressions-Theorie zum Abbau von unerwünschter Aggression erweisen sich generell als realitätsfern und für den Leistungsfußball als weitgehend unbrauchbar. Harmloses Ausleben von Aggressionen findet im Leistungsfußball keine Entsprechung und frustrationsauslösende Ereignisse lassen sich grundsätzlich nicht vermeiden, jedoch können Trainer und Spieler, durch Aufbau mentaler und emotionaler Stabilität und Kontrollmechanismen, die Reaktionsweisen in akzeptable Bahnen lenken. Frustrationstoleranz, souveräner Umgang mit Provokationen u. a. fallen in diesen Kompetenzbereich.

Mit den Lerntheorien liegt im Rahmen der traditionellen Aggressionstheorien der tragfähigste Ansatz zur Erklärung und Reduzierung destruktiver Aggression und zur Steuerung positiver aggressiver Impulse vor. Lernprozesse und die beeinflussenden Faktoren beim Aufbau aggressiver Handlungen sind in Abbildung 237 schematisch veranschaulicht.

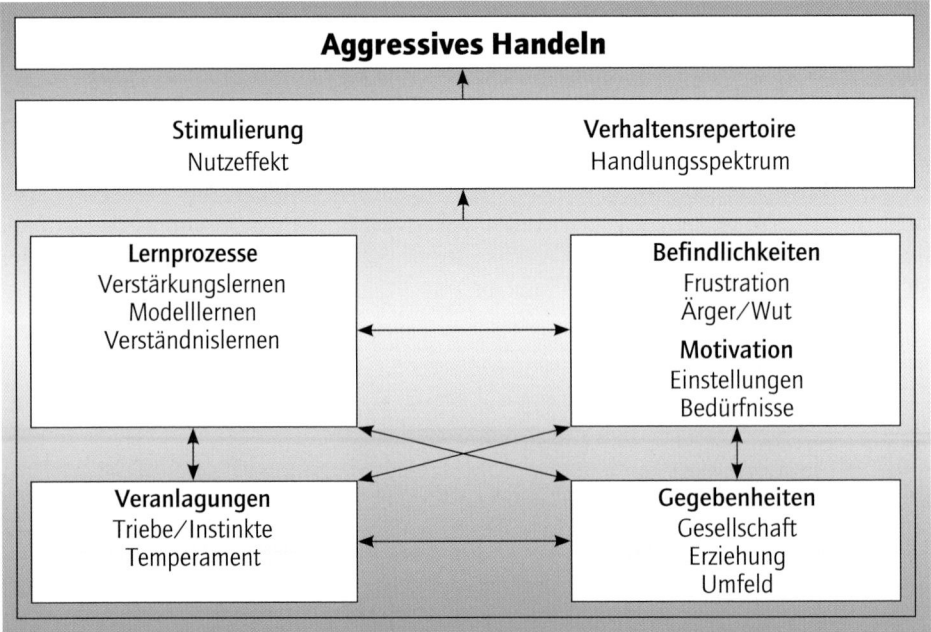

Abb. 237: Strukturmodell zum Aufbau aggressiven Handelns

Aber auch dieser Ansatz ist durch eine intensivere Auseinandersetzung mit sozialpsychologischen und kognitiven Prozessen zu erweitern.

Die komplexen Zusammenhänge bei Aufbau, Auslösung, Verstärkung und Kontrolle aggressiven Verhaltens erfordern nach dem heutigen Kenntnisstand ein allseitig umfassendes Erklärungskonzept.

Die aktuellen Ansätze zu einem interaktionistischen Erklärungsmodell von Aggression berücksichtigen die Bedingungen und Wechselbezüge von Anlagen, Motiven, Lernprozessen, aktuellen Befindlichkeiten, gesellschaftlichen Gegebenheiten und situativen Auslösereizen.

Zwischen den beiden übergeordneten Bedingungskomplexen eines interaktionisti-schen Aggressionsmodells, Person und Umwelt und ihren Merkmalen bestehen enge Wechselbezüge:

- **Persönlichkeitsspezifische Dispositionen**
  Motivation, Einstellungen, Erwartungen, angeborene und erlernte Fähigkeiten
  Aktuelle Befindlichkeiten

- **Umweltspezifische Bedingungen**
  Soziokulturelle Gegebenheiten
  Bezugsgruppennormen
  Aktuelle situative Gegebenheiten

In welchen Formen und Ausprägungen tritt Aggression im Fußball auf?

Auf der Grundlage eigener umfangreicher Studien zur **„Aggression im Fußball"** ha-ben wir die vielfältigen persönlichkeitsspezifischen und umweltbedingten Aggressi-onskomponenten in ihren Zusammenhängen zu einer komplexen Modellkonzeption zusammengefasst. (Abb. 238)

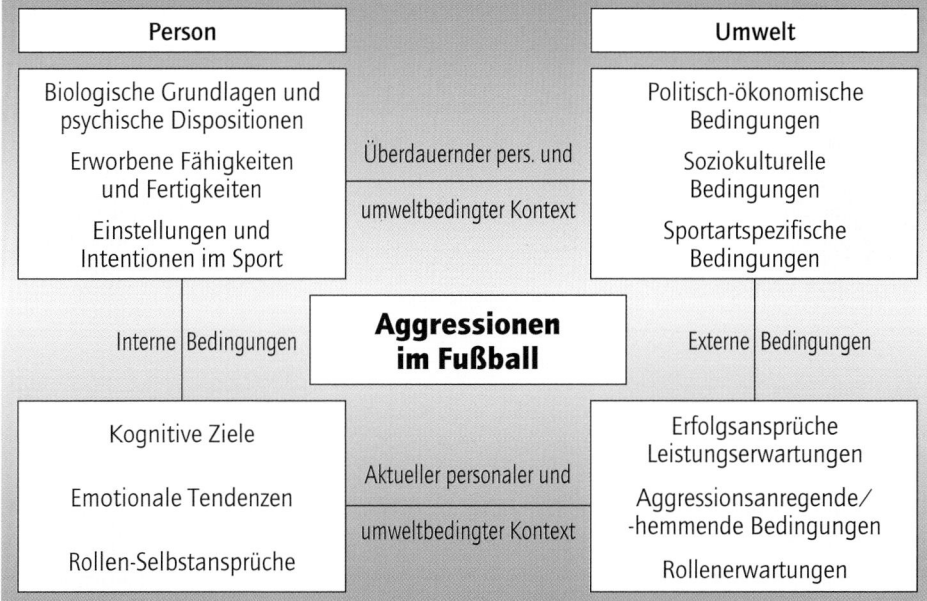

Abb. 238: Person-Umwelt-Bedingungen zur Aggression im Fußballspiel

Ein Blick in die Realität des Leistungsfußballs zeigt, dass sich neben einer spieltypisch leistungsbestimmenden Aggression aus dem bestehenden System an Werten und Normen und den Rollenanforderungen, denen Trainer und Spieler unterliegen, ein Akzeptanzspielraum für regelabweichendes aggressives Verhalten ableitet. Bestimmte Gegebenheiten können die Toleranzschwelle aggressiver regelwidriger Handlungen verändern und die Wahrscheinlichkeit von Foulspiel erhöhen:

- Wenn ein sehr starker Leistungsdruck bzw. Erfolgszwang besteht.
- Wenn der Spielstärke des Gegners nur unzureichende eigene spielerische Mittel entgegenstehen.
- Wenn eine Erfolg versprechende Zieldurchsetzung und positive Nutzenbilanz zu erwarten ist.
- Wenn Situationen erwarten lassen, dass das Foulspiel ungeahndet bzw. unentdeckt bleibt.

Vor allem für Jugendspieler ist zu beachten:

Nach dem Prinzip des Beobachtungs- und Bekräftigungslernens haben nutzbringende aggressive Handlungen die Tendenz zur Ausweitung und Generalisierung. Der stimulierende Effekt lässt die beobachteten Handlungsmuster ins eigene Handlungsrepertoire übernehmen oder weiter festigen.

Im Fußball lassen sich folgende Kategorien von Fouls unterscheiden:
- **Unbeabsichtigte Fouls**
  Fouls, denen keinerlei Absicht zugrunde liegt, die z. B. im „Eifer des Gefechts", infolge fehlender Übersicht oder unkontrollierten Körpereinsatzes auftreten.

- **Taktische Fouls (instrumentelle Aggression)**
  Fouls, die ohne Verletzungsabsicht rein zweckbestimmt im Sinne eines Spielvorteils eingesetzt werden. Ihnen liegt keine unmittelbare aggressive Handlungsintention und somit auch keine direkte Schädigungsabsicht der Gegenspieler zugrunde. Die eigene Bestrafung durch den Schiedsrichter als Konsequenz des unsportlichen Handelns wird einkalkuliert und der Gesamtnutzen der instrumentellen Foulhandlung höher eingeschätzt als die möglichen negativen Folgen.

- **Absichtlich schädigende Fouls (destruktive Aggression)**
  Fouls, die bewusst auf eine physische oder/und psychische Schädigung des Gegners abzielen. Eine Sonderform sind die „versteckten Fouls" außerhalb des Blickfeldes des Schiedsrichters.

- **Revanchefouls (reaktive Aggression)**
  Revanchefouls sind eine Sonderform der absichtlich schädigenden Fouls. Sie können unmittelbar im Affekt, aber auch strategisch kalkuliert zu einem späteren Zeitpunkt, als Reaktion auf selbst erlittene Fouls, auf Provokationen oder andere frustrationsauslösende Situationen erfolgen.

Den Foulkategorien entsprechend wird Aggression im Fußball durch folgende Kategorien und Begriffsbestimmungen gekennzeichnet (Abb. 239).

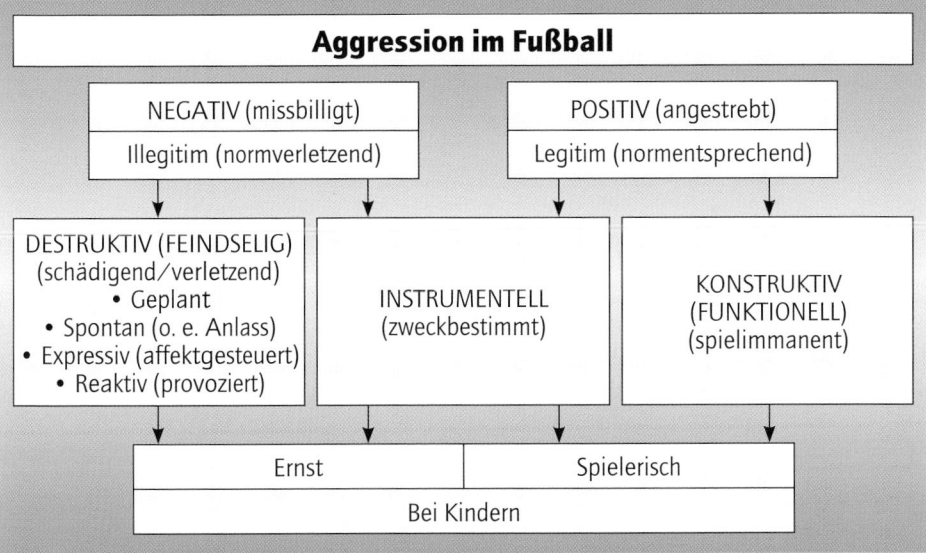

Abb. 239: Systematik der Aggressionskategorien im Fußballspiel

Als instrumentelle Aggression im Fußballsport bezeichnen wir regelwidrige Handlungen, die zum Zweck eines Spielvorteils bzw. im Sinne des Erfolgs, ohne direkte Verletzungsabsicht, ausgeführt werden.

Unter diese Kategorie fallen die weitaus meisten Fouls im Fußball, wie beispielsweise das Festhalten des Gegners.

Als destruktive Aggression im Fußballsport bezeichnen wir regelwidrige Handlungen, die mit der Absicht ausgeführt werden, einen Gegner oder eine andere Person physisch oder psychisch zu schädigen.

Maßgeblich ist, dass die ausgeführte Handlung bewusst auf eine Verletzung oder Schädigung abzielt. Grundsätzlich unterscheiden wir bei den destruktiven Aggressionsformen im Fußball:

- körperliche Aggression (z. B. von hinten in die Beine grätschen),
- verbale Aggression (z. B. Beleidigung),
- nonverbale Aggression (z. B. abfällige Handbewegung).

Als Auslöser von destruktiver Aggression im Spiel kommen u. a. in Frage:

- Erfolgsdruck,
- Konkurrenzkampf,
- Übermotivation,
- unzureichende technisch-taktische und konditionelle Möglichkeiten,
- außer Kontrolle geratene Emotionen,
- Frustration,
- Revancheintention.

Unsere Untersuchungen zur **„Aggression im Fußball"** an über 500 Spielern und Trainern belegen, dass bei der Aggression im Fußballsport eindeutig zwischen destruktiver Aggression, instrumenteller Aggression und einer spielgemäßen konstruktiven Form der Aggression zu unterscheiden ist. Letztere wird im fachlichen Sprachgebrauch als „aggressive Spielweise" oder „aggressives Spielen" bezeichnet.

Als konstruktive Aggression („aggressive Spielweise") im Fußball bezeichnen wir regelentsprechende Handlungen, die durch Einsatzbereitschaft, Durchsetzungswillen und Zweikampfstärke gekennzeichnet sind.

Im Folgenden belegen wir die destruktive und konstruktive Aggression durch konkrete Spielhandlungen.

Destruktive und konstruktive Aggressionshandlungen im Spiel

Bezüglich typischer Spielhandlungen ergibt sich auf der Grundlage unserer Untersuchungen folgende Differenzierung.

Nicht akzeptable destruktive Aggressionshandlungen sind:

- Provozieren der Gegenspieler.
- Verstecktes Foulspiel.
- Dem Gegner durch Fouls „den Schneid abkaufen".
- Mit regelwidrigen Mitteln in Ballbesitz kommen.
- Den Gegner verbal oder durch Gesten bedrohen.
- Den Gegner beleidigen.

Konstruktive Aggressionshandlungen („aggressive Spielweise") im Sinne der Spielidee und der Spieldynamik sind:

- Hoher körperlicher Einsatz.

- Frühzeitiges Attackieren des Ballbesitzers.

- Pressing.

- Den Gegner bereits bei der Ballannahme stören.

- Mit hartem Einsatz in Ballbesitz kommen.

- Den Gegner niederkämpfen wollen.

- Den Gegner nicht „ins Spiel kommen" lassen.

Nahezu ausnahmslos akzeptieren Spieler und Trainer die Forderung, dass in der Nähe des eigenen Strafraums die Spielweise der Abwehr aggressiver werden muss. Weiterhin besteht grundsätzliche Übereinstimmung darin, dass im Fußball dem Zweikampfverhalten eine entscheidende Rolle zukommt, dass sich leistungsstarke Spieler auch durch Aggressivität auszeichnen und dass letztlich für den Erfolg im Wettkampf eine aggressive Spielweise die Voraussetzung bildet.

Speziell auf das Angriffsspiel bezogene konstruktive Aggressionshandlungen sind:

- Schnelles Umschalten von Abwehr auf Angriff.

- Energisches Nachsetzen bei Ballverlust, um den Ball zurückzugewinnen.

- Pressing.

- Entschlossenheit beim Abschluss.

- Ausnutzen jeder Torschusssituation.

- Tempodribbling „in die Spitze".

- Keinem Zweikampf aus dem Wege gehen.

- Durchsetzen in der Situation 1:1.

- Harter, fairer Körpereinsatz im Zweikampf.

- Risikobereitschaft beim Passspiel und Dribbling, Passspiel in die Tiefe.

- Verstärktes Spiel über die Flügel.

- Einschalten von Mittelfeldspielern und Abwehrspielern in den Angriff.

Der harte, faire Körpereinsatz im Zweikampf und das energische Nachsetzen bei Ballverlust, um den Ball zurückzugewinnen, werden von Spielern und Trainern ohne Einschränkung als absolute Merkmale eines konstruktiven aggressiven Angriffsspiels herausgestellt.

Im **Jugendfußball** stellen wir fest, dass auch B-Junioren und A-Junioren Erfolg im Wettspiel mit spieltypisch aggressiven Eigenschaften wie Kampfkraft, Einsatzbereitschaft und Zweikampfhärte in Verbindung bringen. Andererseits müssen wir zur Kenntnis nehmen, dass bei den B- und A-Junioren bereits Einstellungen vorhanden sind, die Regelübertretungen zum Erlangen des eigenen Vorteils legitimieren und die grundsätzlich aggressives Verhalten als Mittel zum Erfolg akzeptieren. Obwohl die Bereitschaft zu vorsätzlich regelwidrig aggressivem Verhalten bei den Junioren im Vergleich zu den Profis noch erheblich geringer ausgeprägt ist, lässt sich eine zunehmende Identifikation mit den Werten, Normen und Verhaltensmustern des professionellen Fußballs feststellen.

Anleitungen für Juniorentrainer und Jugendleiter zur Verhinderung destruktiver Aggression und zum Aufbau und zum Festigen konstruktiver Aggression bei jungen Fußballspielern sind in einem speziellen Kapitel dargelegt (S. 308ff.).

Fußballspielerinnen weisen in ihrer Einstellung hinsichtlich regelwidriger aggressiver Handlungen im Spiel eine weitgehende Angleichung an das durch den Profifußball geprägte Normen- und Wertesystem auf.

Je höher die Spielklasse, desto eher sind die Spielerinnen bereit, destruktive aggressive Handlungen zu akzeptieren und in stärkerem Maße Regelwidrigkeiten unter Erfolgsgesichtspunkten anzuwenden.

Auch hinsichtlich der Akzeptanz des Fair Play-Gedankens besteht größtenteils Übereinstimmung mit Fußballspielern auf vergleichbarem Leistungsniveau.

Bei der Verinnerlichung der regelentsprechenden unverzichtbaren aggressiven Spielhandlungen ist allerdings eine Einschränkung zu machen. Hier sind zum Teil deutliche geschlechtsspezifische Unterschiede zu verzeichnen; und zwar stufen die Spielerinnen die Bedeutung spielimmanent-konstruktiver Handlungen durchweg deutlich geringer ein. Die Einstellungsabweichung hängt wahrscheinlich mit der grundsätzlichen Spielauffassung und Spielgestaltung im Frauenfußball zusammen. Frauen spielen vergleichsweise auf hohem technisch-taktischen Niveau, Schnelligkeit und Körpereinsatz sind jedoch nicht so ausgeprägt wie bei den Männern.

Konflikte

In Fußballmannschaften mit vielfältigen Interessenkonstellationen, hoher Leistungs-abhängigkeit und unterschiedlichen Spielercharakteren lassen sich Konflikte nicht ver-meiden.

> **Konflikte sind Ausdruck eines spezifischen Motivationsgeschehens, zum Beispiel bei unvereinbaren Ansprüchen, konkurrierenden Zielen oder Zielbarrieren mit ho-hem Spannungsgehalt.**

Es gibt eine Vielzahl von Konfliktarten und Konfliktsituationen, deren eindeutige Ab-grenzung kaum möglich ist. Entsprechend mehrdeutig wird der Konfliktbegriff ver-wendet, zum Beispiel als Resultat unvereinbarer Motive oder im Sinne einer Entschei-dungsunfähigkeit oder aber, sowohl als Folge als auch als Ursache für Störungen im zwischenmenschlichen Umgang auf privater Ebene und im Leistungsbereich.

Konflikte sind normale Begleiterscheinungen im Leistungsfußball. Bereits die Größe und die Zusammensetzung des Kaders können latent Konflikte entstehen lassen. In begrenztem Maße kann der Trainer durch Erfahrung, aufmerksame Beobachtung und guten Informationsfluss der Entstehung von Konflikten vorbeugen. Er kann gegebe-nenfalls zur Problemversachlichung beitragen und der Bildung leistungsbeeinträchti-gender Cliquen frühzeitig entgegenwirken.

Im Fußballsport treten die meisten Konflikte in sozialen Interaktionsprozessen auf, be-sonders im Zusammenhang mit Konkurrenzsituationen, bei unterschiedlichen Zielen und Ansprüchen, bei starkem Entscheidungsdruck und bei Leistungsüberforderung bzw. -fehleinschätzung.

Demnach legen wir für den Fußballsport folgende Begriffsbestimmung zugrunde:

> **Mit Konflikt werden Situationen bezeichnet, in denen unter Leistungsbezug ge-gensätzliche Motive und zuwiderlaufende Interessen zu Spannungen, Kontrover-sen und Machtkämpfen führen.**

Konfliktauslösende Ursachen im Detail:
- Unterschiedliche Erwartungen des Trainers und der Spieler/Vereinsführung/ Sponsoren/Medien/Fans.

- Kompetenzstreitigkeiten durch:
  Eigenmächtigkeit,
  Eitelkeit,
  Machtstreben.

- Führungsakzeptanzprobleme durch:
  Egoismus,
  Fehleinschätzung,
  Ungerechtigkeitsempfinden,
  Überzeugungs- und Motivationsblockaden.

- Weitere interne Störungseinflüsse u. a. durch:
  Disziplinlosigkeit,
  Machtkämpfe,
  Intrigen,
  unzureichende Leistungseinstellung,
  mangelnde Kritikfähigkeit,
  geringe emotionale Kontrolle,
  unkontrollierte Aggressivität.

- Externe Störeinflüsse u. a. durch:
  gezielt gestreute Gerüchte,
  Spielerabwerbungen,
  lancierte Medienbeiträge,
  private Probleme.

Nicht jeder Konflikt hat negative Auswirkungen auf die Mannschaftsleistung. Kleinere, spontan entstandene Konflikte kann der Trainer übersehen oder tolerieren. Sie lösen sich häufig ohne Intervention. Konflikte können auch Kompensationseffekte hervorrufen, zum Beispiel verstärkte Anstrengungen zur Zielerreichung oder Kompromisslösungen im Suchen von Alternativen oder aber auch kognitive Umpolung der Beweggründe und letztlich auch aggressive Reaktionen in destruktiver oder konstruktiver Form.

Hans Lenk, erfolgreicher Schüler des großen Rudertrainers Karl Adam, hat in empirischen Studien in den 1960er Jahren nachgewiesen, dass sich heftige Binnenkonflikte in Hochleistungssportmannschaften nicht zwangsläufig leistungsmindernd auswirken müssen. Unter den möglichen Reaktionen wurden Aggressionen freigesetzt, die sich auf die Einsatzbereitschaft und Kampfkraft positiv auswirkten.

Auch im Fußballsport müssen Konflikte in gefestigten, grundsätzlich intakten Mannschaften nicht zwangsläufig zu bedeutsamen Störungen des Sozialgefüges und der

Wettkampfleistungen führen. Bei starken und dauerhaften Konflikten ist aber mit erhöhter Reizbarkeit und Empfindsamkeit, Unausgeglichenheit und verstärkter Aggressionsneigung unter den Spielern zu rechnen, die individuelle Formschwankungen und Leistungseinbrüche der Mannschaft nach sich ziehen können.

Bei Konflikten zwischen rivalisierenden bzw. sich befehdenden Spielern kann eine Entschärfung der Konfliktsituation allein durch die Intensivierung der Kontakte auf sportlicher und privater Ebene in der Regel nicht erreicht werden. Positive Effekte sind vorrangig auf der Basis rationaler Argumentation zu erzielen. Auch der erfahrene und psychologisch geschulte Trainer kann die Entstehung von Konflikten nicht immer rechtzeitig erkennen und entsprechende Gegenmaßnahmen ergreifen. Er uss aber stets wachsam sein, um der Ausweitung oder Verhärtung eines Konflikts entgegenzuwirken.

Gute Voraussetzungen zur Konfliktvorbeugung bzw. -entschärfung und -bewältigung sind gegeben, wenn der Trainer über die hierarchischen und sozialen Beziehungen innerhalb der Mannschaft eingehend informiert ist und im Rahmen seiner Möglichkeiten Einblick in die privaten Lebensverhältnisse seiner Spieler gewinnt, Anteil an ihren Problemen nimmt und das Vertrauen der Spieler genießt.

Von der Analyse der Konfliktursachen und dem Angehen des Konflikts selbst, auf rationaler Ebene durch Aufdecken des Hintergrunds und Bewusstmachung der Problematik, hängt es ab, inwieweit ein Konflikt entschärft bzw. gelöst werden kann, um störende Auswirkungen auf die psychische Verfassung und insbesondere auf die Trainings- und Wettkampfleistungen zu verhindern.

Grundlegende Ansätze zur Einleitung der Konfliktbewältigung bieten Gespräche, in denen die Kontrahenten sich frei äußern und ihre jeweiligen Standpunkte darlegen können und sich unter Anleitung des Trainers mit den Konfliktursachen und Folgen auseinandersetzen müssen. Eine wirksame Konfliktregelung setzt somit voraus, dass bei den Beteiligten Verständnis- und Kompromissbereitschaft sowie Kooperationsfähigkeit vorhanden sind.

Konfliktbewältigung bezeichnet die Fähigkeit, die Entstehung und Auswirkung von Konflikten rechtzeitig zu erkennen, die Ursachen zu bestimmen, die Motivlage der am Konflikt beteiligten Personen aufzuschlüsseln und konstruktive Lösungsmöglichkeiten zu entwickeln.

Abschließend werden wirksame Maßnahmen zur Konfliktvorbeugung und systematische Schritte zur Konfliktbehandlung als Stichwortkatalog angeführt.

Konfliktvorbeugende Maßnahmen:

* Übereinstimmende Zielsetzung,

* verbindliche Regeln,

* eindeutige Absprachen,

* präzise Anweisungen,

* klare Entscheidungen,

* konsequente Bestrafung,

* kontrollierte Aggressivität,

* Wir-Gefühl und Integrationsfähigkeit.

Lösungsschritte im Konfliktfall:

* Erste Analyse des Konfliktpotenzials und der Ursachen durch den Trainer.

* Gespräche, in denen die am Konflikt Beteiligten ihre Standpunkte darlegen.

* Zweite Ursachenanalyse mit den Beteiligten.

* Überlegungen und Diskussion von Lösungsmöglichkeiten.

* Entscheidung mit klaren Verhaltensrichtlinien („Vertrag") im Idealfall in Übereinstimmung mit den Kontrahenten, ansonsten nach Maßgabe des Trainers mit Festlegung der Sanktionen bei Zuwiderhandlung.

Es liegt in der Natur der Sache, dass es bei der Konfliktbewältigung nicht immer ideale Lösungen gibt, die für alle Beteiligten positiv sind. Denn in seinen Bemühungen um eine gerechte bzw. akzeptable Lösung hat der Trainer letztlich im Sinne der übergeordneten Erfordernisse hinsichtlich Mannschaftszusammenhalt und Erfolgsplanung zu entscheiden.

Fazit

Im professionellen Fußball ergeben sich Konfliktkonstellationen vor allem in Situationen, die durch Wettbewerbsverhalten gekennzeichnet sind, und in denen es um exi-

stenzielle Interessen wie Erfolg, Prestige, Geld, Status und Privilegien geht vor dem Hintergrund unterschiedlicher Ziele, Ansprüche und Leistungsvorgaben.

Konflikte sind im leistungsorientierten Fußball unvermeidbar, aber der Trainer kann durch vorbeugende Maßnahmen die Auftretenswahrscheinlichkeit reduzieren und unter Umständen einer Eskalation vorbeugen. Dazu muss er über genaue Kenntnisse der Kaderstruktur, der Leistungs-, Sympathie- und Führungshierarchien sowie der generellen Machtverhältnisse verfügen. Gute Beobachtungsfähigkeit und Einfühlungsvermögen können durch die Erstellung von Persönlichkeits- und Motivationsprofilen der Spieler unterstützt und ergänzt werden. Über die Ziele, Erwartungen und Bedürfnisse, das soziale Umfeld und die familiären Verhältnisse macht sich der Trainer vor allem in Einzelgesprächen ein Bild.

Klare Regeln, eindeutige Absprachen und eingehaltene Vereinbarungen, wie z. B. keine Interviews und öffentlichen Auftritte ohne Rücksprache mit dem Trainer oder jede Infektion und jede Bagatellverletzung schnellstmöglich vom Mannschaftsarzt oder Physiotherapeuten begutachten zu lassen, sind weitere konfliktvorbeugende Maßnahmen.

Letztlich bildet gewachsenes Vertrauen innerhalb der Mannschaft und zwischen den Spielern und dem Trainer eine gute Basis zur Konfliktvermeidung. Probleme können so frühzeitig und offen angesprochen werden, latent-schwelende Konflikte treten seltener auf.

Krisen

Krisen gehören wie die **Konflikte** zu den Begleiterscheinungen des Leistungsfußballs. Beide stehen häufig in direktem Zusammenhang. Ursachen von Krisen sind verfehlte Erwartungen, Leistungseinbrüche und unterschiedliche Auffassungen. Es ist wichtig, dass der Trainer die Anzeichen und Warnsignale frühzeitig erkennt, problematische Entwicklungsprozesse voraussieht und ihnen entgegensteuert.

Sportliche Krisen können die gesamte Mannschaft oder einzelne Spieler betreffen. Für den Fußball legen wir folgende Begriffsbestimmung zugrunde:

Als Krise bezeichnen wir anhaltende Prozesse sportlicher Misserfolge der gesamten Mannschaft im Zusammenhang mit internen und externen Störeinflüssen sowie Leistungseinbrüche bei einzelnen Spielern mit motivationalen und emotionalen Begleiterscheinungen.

Grundsätzlich werden **latent-schwelende** und **akute Krisen** unterschieden. Krisen haben immer eine objektive und eine subjektive Seite, insofern Wahrnehmung und Interpretation individuellen Einstellungen und Bewertungsmaßstäben unterliegen.
Im Krisenfall ist in der Regel der gesamte Komplex der körperlichen, mentalen, emotionalen, sozialen und ökonomischen Systeme betroffen.

Im Umgang mit Krisen stellen sich dem Trainer zwei Handlungsebenen:

1. **Vorbeugung**

   • Alle Maßnahmen im Rahmen des Coachings und Trainings,

   • Beobachtung möglicher Krisenursachen und entsprechende Interventionen.

2. **Kriseneingrenzung und -bewältigung**

   • Art und Auswirkung der Krise,

   • Ursachen,

   • unmittelbare Maßnahmen,

   • mittelfristige und weiterreichende Strategien.

Krisen sind Ausdruck eines anhaltenden Missverhältnisses zwischen Anforderungen und Leistungsmöglichkeiten. Damit weisen sie einige Parallelen zum **Stress** auf.

Nervosität, Reizbarkeit, gesteigerte Aggressivität, Enttäuschung und Ärger sind einige der wesentlichen emotionalen Begleiterscheinungen.

Stressbewältigung ist überwiegend eine individuelle Angelegenheit, Krisenbewältigung im Einzelfall ebenfalls, meistens ist sie aber nur unter Berücksichtigung der sozialen Zusammenhänge möglich.

Ein weiterer enger Bezug der Krise besteht zum Konflikt. Krisensituationen sind außerordentlich konfliktträchtig und zwar in zweifacher Hinsicht. Konflikte können im Zusammenhang mit oder als Folge von Krisen auftreten, andererseits können Konflikte sich zu Krisen ausweiten. In der Krise wie im Konfliktfall stehen sich häufig unvereinbare Positionen gegenüber, die auf unterschiedlichen Wahrnehmungen, Einstellungen, Zielvorstellungen und Wertempfindungen basieren. Deshalb ist Krisenbewältigung häufig weitgehend identisch mit Konfliktlösung.

Vergleichbar den Konflikten und Stressbedingungen, sind die Ursachen und Erscheinungsformen von Krisen vielseitig und komplex. Komplex insofern, als nicht allein eine klar definierte Niederlagenserie auslösend ist, sondern das Führungsverhalten des Trainers oder mannschaftsinterne Statusprobleme und Rangkämpfe mit verursachend sein können.

Krisenbewältigung

Krisenbewältigung setzt folgende Fähigkeiten voraus:

* Situationsanalyse,

* Ursachenbestimmung,

* Strategieentwicklung,

* Einleitung von Handlungsmaßnahmen,

* Wirksamkeitskontrolle.

Bei der Ursachenbestimmung ist eine objektive Vorgehensweise sehr wichtig, da das Führungsverhalten des Trainers ein Glied in der Kette der krisenauslösenden Kriterien sein kann. Zudem ist bereits bei der Analyse zwischen Ursachen und Konfliktauslösern zu differenzieren. Auslösende Momente sind meist aktuelle Ereignisse, die Ursachen können aber langfristig tiefer liegend sein. Spieler aktivieren in Krisensituationen Selbstschutzprogramme, die einer rationalen Lösung oftmals entgegenstehen. Dies kommt darin zum Ausdruck, dass sie die Ursachen für Leistungsschwächen, Misserfolge und Krisen hauptsächlich in äußeren Bedingungen sehen und weitaus weniger in eigenen Unzulänglichkeiten, Versäumnissen und Fehlern.

Die externe Ursachenzuschreibung dominiert gegenüber der internen Ursachenanalyse.

Verbunden damit sind häufig irrationale Argumentationen, Schuldzuweisungen und Sündenbockfestlegungen, mit emotionalen Begleiterscheinungen von Frustration, Ärger und Aggression. Sachlichkeit, emotionale Kontrolle, Achtung, störungsfreier Kommunikationsverlauf und Gedankenaustausch sind Grundbedingungen, die der Trainer zur Krisenbewältigung schaffen muss. Ein weiterer Ansatz liegt vorrangig im individuellen psychologischen Bezugsfeld, und zwar in der Stärkung bzw. im Wiederaufbau von Souveränität, Selbstvertrauen, Ruhe und Sicherheit. Entsprechende Maßnahmen sind dem Kapitel „Psychologisches Training" zu entnehmen (S. 530ff.).

Umgang mit Misserfolgsserien und Krisen im Leistungsfußball

„Fußball ist kein Spiel auf Leben und Tod, sondern weitaus mehr als das", wie es der legendäre Bill Shankley sinngemäß zum Ausdruck brachte, aber Siege und Niederlagen, die Chance des Erfolgs und die Gefahr des Scheiterns liegen eng nebeneinander und haben oftmals nachhaltige Auswirkungen. Im Leistungsfußball heißt es, die Herausforderungen anzunehmen, mutig zu sein, etwas zu wagen; mit Besorgnis und Sicherheitsdenken ohne Risiko lassen sich keine Erfolge erzielen.

Der Mut des Trainers, seine Zuversicht und Entschlossenheit haben für die Mannschaft Signalwirkung. Seine Überzeugungen, seine Visionen, sein Einsatz setzen Orientierungsmarken für die Spieler.

Auch gute Trainer machen Fehler, aber jeden Fehler nur einmal. Aus Niederlagen ziehen sie Rückschlüsse und leiten Erkenntnisse ab, was zukünftig stärker zu beachten ist, was anders und besser gemacht werden muss. Auch Misserfolgsserien und Krisen bieten neben ihrer negativen Seite die Chance, Erfahrungen zu sammeln und sich extremen Anforderungen zu stellen, anstatt zu jammern, zu bemänteln oder Alibiargumente heranzuziehen.

Voraussetzungen sind:
* Sachliche Analyse und realistische Einschätzung,
* klare Entscheidungen und gezielte Maßnahmen,
* bereinigende Aussprachen und freisetzende Emotionen,
* Leistungszuversicht, Selbstbeherrschung und Konzentration,
* eine gemeinsame positive Ausrichtung und gegenseitige Unterstützung,
* einen Nicht-Aufgabe-Pakt und eine Schritt-für-Schritt-Strategie.

Die Konzentration ist auf das Nächstliegende zu richten.

Das Training ist so zu gestalten, dass sich Erfolgserlebnisse einstellen, Selbstbewusstsein aufgebaut werden kann und die allgemeine Überzeugung entsteht: Wir machen uns im Training stark, wir richten unsere Aufmerksamkeit auf unsere Stärken, wir spornen uns gegenseitig an.

Jede Serie geht einmal zu Ende, und wir haben es in der Hand, diese Misserfolgsserie zu durchbrechen. Unabhängig vom Tabellen- und Punktestand, es zählen nur die drei Punkte des nächsten Spiels.

Stress

Stress tritt in allen Lebensbereichen auf. Umgangssprachlich bezeichnet man mit Stress sowohl äußere Umstände, d. h. durch Umwelteinflüsse hervorgerufene physische und psychische Anforderungen, als auch die durch Belastungen ausgelösten mentalen, emotionalen und motorischen Reaktionen.

Daraus leiten wir folgende Begriffsbestimmung ab:

> **Stress bezeichnet bewusst und unbewusst wirkende Belastungsreize und die dadurch ausgelösten psychophysischen Reaktionen.**

Da Stress unterschiedliche Ursachen zugrunde liegen und er in vielfältigen Erscheinungsformen auftritt, kann man nicht von „dem Stress" sprechen. Zudem entscheiden nicht die objektiven Ereignisse an sich, sondern ihre subjektive Bewertung und der individuelle Umgang mit ihnen darüber, was als Stress empfunden wird und wie hochgradig störend oder aktivierend die stressauslösenden Reize (Stressoren) wirken.

In seiner ursprünglichen Bedeutung hat Stress eine Aktivierungs- und eine Schutzfunktion. Die genetisch veranlagten, durch den Stress ausgelösten Vorgänge dienen dazu, einen Verteidigungsmechanismus zu aktivieren. Instinktiv wird alle verfügbare Energie explosionsartig mobilisiert. Diese an die Ausschüttung der Hormone Adrenalin und Noradrenalin gekoppelte Aktivierung höchstmöglicher Leistungsfähigkeit verläuft alternativ in zwei Richtungen: Flucht oder Angriff. Evolutionsbedingt fehlen in der heutigen Zeit weitgehend die Möglichkeiten zu Flucht- und Angriffsaktivitäten. Kritisch wird es in Situationen, in denen es zu unverhältnismäßig hohen und zudem anhaltenden Belastungen kommt, meist im Zusammenhang mit mangelnder Erholungs- und Regenerationsmöglichkeit.

Insofern wird Stress vorherrschend mit negativen Auswirkungen in Zusammenhang gebracht, und zwar im Sinne von Störungen des geistigen und körperlichen Wohlempfindens bis hin zu massiver Beeinträchtigung der Gesundheit.

Andererseits stellt Stress eine biologisch äußerst sinnvolle Funktion im Lebenskonzept des Menschen dar, indem er bei angemessener Dosierung die körperliche und geistige Leistungsfähigkeit aktiviert. So werden beispielsweise in Situationen höchster Beanspruchung Energien aus dem Bereich der autonom geschützten Leistungsreserven freigesetzt. Extrembelastungen in Wettspielen können Stressreaktionen hervorrufen, die kurzfristig Leistungspotenziale mobilisieren, die über das normale Kontingent von etwa 70-80 % des Leistungsvermögens hinausgehen.

Entsprechend der gegensätzlichen Wirkung von Stress differenziert man:

- Reize und Beanspruchungen, von denen Antriebswirkungen verschiedenster Art ausgehen. Diese Reize bezeichnet man als **Eustress** (griechisch: EU = gut),

- Einflüsse und Belastungen, die den Menschen überfordern, sodass er sie nicht angemessen verarbeiten kann. Diese Art von Stress, die zu einer Beeinträchtigung der Leistungsfähigkeit und der Gesundheit führt, wird als **Disstress** bezeichnet.

Anhaltend hohe Anforderungen ohne ausreichende Regenerationsmöglichkeiten führen zu Überforderungsreaktionen bis hin zum Burn-out-Syndrom, dem Gefühl völligen Ausgebranntseins und extremen Energiemangels.

Man kann langfristig bei den gestiegenen Leistungsanforderungen im Spitzenfußball nicht immer „hochtourig fahren", ohne dem Akku Gelegenheit zum Aufladen zu geben.

Bei „Daueralarm" lässt die Widerstandskraft des Körpers nach. Der physische und psychische Energieverlust wird zunehmend stärker mit einschneidenden Auswirkungen auf die Schaffenskraft, Motivation, Vitalität und das Immunsystem.

Stressauslösende Reize lassen sich drei Gruppen zuordnen:

1. **Störungen des psychischen Gleichgewichts**
   - Überforderung/Unterforderung,
   - persönliche Herabsetzungen/Verunglimpfungen,
   - Willkürbehandlung,
   - Zeitdruck,
   - Unordnung,
   - räumliche Enge,
   - Lärm.

2. **Störungen des physischen Gleichgewichts**
   - Übertraining, mangelnde Regenerationsmöglichkeit,
   - Wettkampfüberbelastung (Wettkampfhäufigkeit und -dichte),
   - Verletzungen,
   - schlechte Ernährungsgewohnheiten,
   - Konsumdrogen (Alkohol, Zigaretten),
   - problematische klimatische Bedingungen.

3. **Störungen des sozialen Gleichgewichts**
   - Private Probleme,
   - Spannungen im Team, Krisen und Konflikte,
   - Erwartungsdruck durch Sponsoren, Fans und Medien,
   - eigener Erwartungsdruck, unrealistische Selbsteinschätzung.

Die den drei Bereichen zugeordneten, stressverursachenden Faktoren sind nicht scharf voneinander abzugrenzen, sie greifen teilweise ineinander und beeinflussen sich wechselseitig.

Stressreaktionen machen sich auf vier Ebenen bemerkbar:

Vegetative Ebene
Auswirkungen auf das vegetative Nervensystem, hormonelle Reaktionen
Ausschüttung von Katecholaminen: Adrenalin, Noradrenalin, Dopamin
- Blutdruckanstieg,
- Erhöhung der Herz-Kreislauf-Funktion,
- Magen-Darm-Probleme,
- Atemprobleme,
- Schlafstörungen,
- fehlende Entspannungsfähigkeit, verminderte Erholungsfähigkeit.

Muskuläre Ebene
Auswirkungen auf die Skelettmuskulatur
- Motorische Übererregtheit,
- Anspannung, Verspannung,
- Krampfneigung,
- Schmerzsymptomatik,
- Ungenauigkeit und Fehler in der Motorik.

Emotionale Ebene
Auswirkungen auf die Empfindungen und Gefühle
- Furchtauslösung, Unsicherheit, geringes Selbstvertrauen,
- Unausgeglichenheit, Stimmungsschwankungen,
- erhöhte Nervosität und Reizbarkeit,
- gesteigerte Aggressivität,
- aber auch Labilität und Apathie bis zur Depression.

Kognitive Ebene
Auswirkungen auf die Wahrnehmungs- und Denkprozesse

* Einengung der Wahrnehmungskapazität (Tunnelblick),
* eingeschränkte Informationsverarbeitung,
* Konzentrationsstörungen,
* Denk- und Handlungsblockaden, reduzierte Problemlösungs- und Entscheidungsunfähigkeit, Aktionismus.

Je nach Ursache und Intensität des Stresses kann es in allen vier Bereichen zu Auswirkungen und wechselseitigen Beeinflussungen kommen.

In jüngster Zeit befasst sich die Neurophysiologie und Gehirnforschung verstärkt mit dem Stresshormon Dopamin. Anhaltend hoher Stress hinterlässt Spuren im Gehirn, die sich in der Folgezeit als Stressanfälligkeit bemerkbar machen und zu psychischen Störungen ausweiten können. Stressregulation und das gesamte Immunsystem geraten dadurch in Mitleidenschaft. Diese Phänomene sind für den Hochleistungsfußball, insbesondere für den systematischen, verantwortungsvollen Aufbau von Talenten, von großer Bedeutung.

Sonderformen von Stress

Belastung

Belastungen und **Angst** sind Sonderformen von Stress, mit denen sich der Trainer im Leistungsfußball auseinandersetzen muss.

Verschiedene Formen psychischen Drucks, aber auch objektiv gleiche äußere Belastungssituationen können, in Abhängigkeit von Erfolgserwartungen oder Versagensängsten und den daran geknüpften antizipierten Konsequenzen, bei Sportlern unterschiedliche Reaktionen hervorrufen.

Ausschlaggebend für die individuell unterschiedliche Belastbarkeit und Stressanfälligkeit sind u. a. Persönlichkeitsmerkmale wie Motivausprägungen, optimistische Grundeinstellung, Konfliktfähigkeit, emotionale Kontrolle, Selbstbeherrschung, Aggressivität.

Diese Veranlagungen und individuelle Einstellungen und Bewertungen entscheiden darüber, was als Stress erlebt wird und in welchem Ausmaß er sich auswirkt. Belastbarkeit, Stressreaktionen und Bewältigungsstrategien stehen zudem in Zusammenhang mit erlernten Verhaltensmustern und Lebenserfahrungen.

Charaktere mit extremem Leistungsstreben, ausgeprägtem Konkurrenzverhalten, höchsten Qualitätsansprüchen und großem Verantwortungsgefühl unterliegen in der Regel einem höheren Stressrisiko als sogenannte Lebenskünstler.

Leistungssportler werden mit auftretenden Stressfaktoren bei psychischer Belastung unterschiedlich gut fertig, wie sich anhand einiger Fallbeispiele verdeutlichen lässt:

Boris Becker zeichnete sich durch besondere Nervenstärke in Drucksituationen aus. Er war in der Lage, nahezu aussichtslose Matches noch im Tiebreak des fünften Satzes zu gewinnen. Steffi Graf verfügte ebenfalls über eine außergewöhnliche mentale Stärke in Kombination mit einer überragenden Physis.

Michael Schumacher zeigt in höchst brisanten Situationen absolute Nervenstärke.

Jürgen Hingsen war, obwohl Inhaber des Weltrekords im Zehnkampf, im direkten Vergleich mit Daley Thompsen nicht in der Lage, dem dominanten Auftreten und der provokativen Art seines Konkurrenten standzuhalten.

Muhammad Ali provozierte vor und während einiger Kämpfe seine Gegner durch Gestik, Mimik und verbale Attacken.

Sven Hannawald, Mannschaftsolympiasieger 2002, dem es bisher als einzigem Skispringer gelang, bei der Vierschanzentournee 2001/02 alle vier Wettbewerbe zu gewinnen, war danach nicht mehr in der Lage, die hohen Erwartungen und Leistungsansprüche zu erfüllen.

Auch bei Martin Schmitt, ebenfalls Mannschaftsolympiasieger, zudem viermaliger Weltmeister und zweimaliger Gewinner des Gesamtweltcups der Skispringer, waren offensichtlich Erwartungsdruck und Wettkampfeinstellung nach seinem letzten Sieg 2002 in Lahti nicht mehr in Einklang zu bringen.

Toni Schumacher wählte zum Aufwärmen im ersten Länderspiel gegen Frankreich, nach seinem brutalen Einsatz im WM-Halbfinalspiel 1986 gegen Patrick Battiston, das Tor im Pariser Prinzenpark-Stadion, hinter dem die emotionalisierten und aggressiven französischen Fans standen, um seine Nervenstärke zu demonstrieren.

Der Torhüter eines Zweitligavereins verließ, durch Publikumszurufe demoralisiert, das Spielfeld. Er wurde daraufhin wegen vereinsschädigendem Verhalten entlassen.

1986 hatte der Bremer Spieler Michael Kutzop es „auf dem Fuß", die Begegnung gegen Bayern München mit einem Elfmeter siegreich zu beenden und Bremen damit die

Meisterschaft zu sichern. Er zeigte sich dem Erwartungsdruck nicht gewachsen, sodass München doch noch die Meisterschaft gewann.

Im Endspiel bei der WM 1990 gegen Argentinien verwandelt Andi Brehme nervenstark den Strafstoß zum WM-Titel.

Bei der WM 2006 sicherte Jens Lehmann im Elfmeterschießen gegen Argentinien durch zwei gehaltene Strafstöße der deutschen Nationalmannschaft das Erreichen des Halbfinales.

Die wenigen Beispiele zeigen, welche Auswirkungen belastende Grenzsituationen auf die psychische Verfassung und die individuell ausgebildeten Handlungsmuster von Leistungssportlern haben können.

Angst

Die global auftretende **Angst** und die konkrete **Furcht** blockieren Denkprozesse und schränken die Entscheidungs- und Handlungsfähigkeit ein, mit zwangsläufigen Auswirkungen auf die geistige und körperliche Leistungsfähigkeit, im Extremfall bis zur Handlungsunfähigkeit: „Man ist gelähmt vor Angst".

Wettkampfangst kann diffus auftreten, als Angst vor Unbekanntem oder aber real bezogen als Furcht vor:

*   Versagen,
*   Misserfolg,
*   Blamage,
*   Konkurrenz,
*   Verletzungen,
*   Medienberichten und insbesondere Leistungsbenotungen.

Angst und Furcht spielen sich im Kopf ab, sie entstehen in unseren Gedanken. Deshalb sollen Spieler und Trainer mit der Furcht vor Misserfolg u. a. offensiv umgehen. Das setzt eine gemeinsame Vertrauensbasis voraus. Furcht kann im weiteren Sinne mit einer Verletzung verglichen werden, die analog zur ärztlichen Diagnose erkannt, analysiert und behandelt werden muss. Ein betroffener Spieler, der vertrauensvoll über seine Furcht sprechen kann, bietet gute Ansätze, um Wege zu finden, ihr entgegenzuwirken.

An einem einfachen Beispiel können wir uns die Rationalität und Irrationalität von Angst verdeutlichen. Eine einfache Balanceaufgabe löst trotz gleichbleibender moto-

rischer Anforderungen durch veränderte Umweltbedingungen unterschiedliche psychische Reaktionen aus, vom problemlosen Bewältigen bis zur absoluten Blockade:

Aufgabe:
Balancieren über einen 15 cm breiten Strich, einen 15 cm breiten Balken:

- auf dem Boden liegend,
- in 1 m Höhe,
- in 5 m Höhe,
- in 5 m Höhe mit geschlossenen Augen,
- in 10 m Höhe über Wasser,
- in 20 m Höhe,
- über eine tiefe Schlucht.

Aus dem Erfahrungsaustausch mit anderen Sportdisziplinen wissen wir, dass unter den mutigen Skispringern, die Flugweiten von über 200 m problemlos bewältigen, einige nur mit größter Überwindung und nach intensivem Zuspruch in der Lage waren, sich auf einem 20 m hohen Baumpfahl freistehend aufzurichten, obwohl ihnen bewusst sein musste, dass sie durch Gurte und Seile gesichert waren. Auch dieses Beispiel belegt nachhaltig, dass wir die Welt nicht in ihrer objektiven Gegebenheit wahrnehmen, sondern aus der subjektiven Sichtweise individueller Befindlichkeit.

Mit den abschließenden Gedanken streifen wir kurz ein besonderes Phänomen im Zusammenhang mit dem Umgang mit Ängsten, die Ebene höchster leistungsaktiver Konzentration.

Angst legt sich wie Mehltau auf die Psyche und beeinträchtigt die physische und gedankliche Leistungsfähigkeit. Sie lässt sich nicht verdrängen oder kaschieren und beherrscht das Denken und Handeln. Deshalb ist es wichtig, sich mit der Angst rational auseinanderzusetzen, ihre Ursachen aufzudecken und die möglichen Konsequenzen zu besprechen.

Angst kann produktive Kräfte mobilisieren, kreative Impulse auslösen, Problemlösung und Fortschritt bewirken. Meistenteils jedoch ruft sie negative Gefühle hervor, löst Blockaden aus und hemmt konstruktives Problemlösungsverhalten. Angst ist dann ein Feind der Konzentration. Dagegen schaffen es erfahrene, im Umgang mit angstinduzierenden Situationen gewöhnte Spieler, ihre Aufmerksamkeit so zu bündeln, dass sie keine störenden Gedanken aufkommen lassen. Ihre Handlungen laufen wie gebahnt, scheinbar mühelos. Das Handlungsgeschehen und das Bewusstsein verschmelzen. Der amerikanische Psychologe Mihaly Csikszentmihalyi spricht vom **„Flow-Erlebnis"**. Alles fließt, Sportler, Konzentration und Aktivität verschmelzen gleichsam zu einer Einheit.

Das „Flow-Erlebnis" tritt eher bei Individualsportlern, Tennisspielern, Drachenfliegern u. a. auf. Boris Becker bezeichnet dieses, alles Störende ausschaltende Erleben als „Zone". Er war in diesen Phasen derart im „Spielrausch", dass er äußere Einflüsse (Zuschauerstörungen, Fotogeräusche u. a.) völlig ausblenden konnte.

Im Fußball hat man das seltene Phänomen, dass eine Mannschaft wie im Rausch spielt, dass im Spielfluss alles gelingt und Tore offensichtlich nahezu mühelos erzielt werden.

Das Gegenteil vom „Flow-Erlebnis" sind **mentale Blockaden**. Denkblockaden durch Wettkampfstress, wie man sie in typischen Prüfungssituationen kennt, verstärken den Prozess der Verunsicherung und beeinträchtigen noch stärker die Konzentrationsfähigkeit. Ein Teufelskreis entsteht, der nur mit viel Erfahrung und Selbstvertrauen zu verhindern bzw. zu durchbrechen ist. Grundsätzlich leiten wir unsere Spieler an, sich in kritischen Wettkampfphasen nicht entmutigen zu lassen, sondern aktive Handlungsimpulse zu setzen.

Stress bei Spielern

Im Fußballsport lassen sich nach einer großen Kategorisierung der Stressverhaltensmuster im Wesentlichen zwei „Stresstypen" unterscheiden:

Typ A ist gekennzeichnet durch eine Kombination von

- hohem Leistungsstreben und
- klarer Zielorientierung.

Ehrgeiz, Prestigestreben und Statusorientierung spielen eine große Rolle.

Bei ihm kann

- Verantwortungsbewusstsein und
- Durchsetzungsfähigkeit

in Konkurrenz stehen zu

- Perfektionismus,
- Ungeduld und Hektik.

Dazu weist er oftmals ein hohes Aggressionspotenzial auf.

Typ B reagiert im Vergleich zum A-Typ generell gelassener auf Stress, in manchen Situationen souveräner, beherrschter und weniger aggressiv. Andererseits verfügt er aber auch nicht über einen vergleichbar großen Leistungsehrgeiz, die starke Durchsetzungsfähigkeit und Schaffensdynamik.

Im sozialen Bezugsfeld verursacht der Stresstyp A, bedingt durch seine Kämpfernatur, Ungeduld und Aggressivität, häufiger Dispute und Konflikte.

Ausgeprägte Professionalität, Streben nach Perfektion, geistige Regsamkeit, Kreativität und die Suche nach neuem Erkenntnisgewinn gehen einher mit einer hohen Arbeitsdynamik, Ruhelosigkeit und Aktionsbereitschaft. Dabei werden Grenzbereiche beschritten und Energiereserven beansprucht. Der Leistungsehrgeiz bewegt sich auf einem schmalen Grad zwischen dem Ausschöpfen der vorhandenen Leistungsreserven und einem physischen und psychischen Substanzverlust.

Im Hinblick auf die Wettspielsituation tritt eine erhöhte Anspannung vorrangig in der unmittelbaren Vorbereitungsphase auf, aber auch im Wettspiel selbst und nach Spielschluss kommt es zu Belastungen mit stresstypischen Auswirkungen. Generell steht Wettspielstress u. a. mit folgenden Faktoren in Zusammenhang:

*   Ängste (Existenzangst, Versagensangst, Furcht vor Prestigeverlust, Furcht vor Verletzungen),

*   Erwartungsdiskrepanzen bei Fremd- und Selbstansprüchen (Reservespielerproblematik) und Überforderung, Konflikte,

*   Frustration (nach Misserfolgen, Niederlagen),

*   labiles Selbstbewusstsein (Unsicherheit, übersteigerte Reaktionen nach Misserfolg, eingeschränkte Selbstkritik, schnelle Resignation),

*   Emotionalität (verbale Attacken und Fouls durch eingeschränkte Selbstkontrolle),

*   Ärger über die Berichterstattung und Kritik in den Medien.

Die angeführten Faktoren treten häufig in Kombination auf. Sie wirken auf den psychischen Erregungskreis und beeinflussen damit die Schaltstellen zur Steuerung der sensomotorischen Prozesse (technisch-taktisches Bewegungshandeln). Je nach emotionaler Intensität wird die Spielleistung beeinträchtigt, insbesondere durch Nachlassen der Konzentration. Für die individuelle Stressanfälligkeit der Spieler in der Vorstartphase sind im Zusammenhang mit der Persönlichkeitsstruktur Faktoren ausschlaggebend, wie die Bedeutung des Wettspiels, die erwartete Leistungsstärke des Gegners, Wettkampferfahrungen, das Verhalten der Zuschauer sowie eine Reihe anderer externer Einflüsse.

Zu den Stressoren, die während des Wettkampfs auftreten, zählen u. a. drohende Niederlagen, insbesondere beim „Kippen des Spiels", Zuschauerdruck, Verletzungsgefahr sowie inkonsequente und benachteiligende Schiedsrichterentscheidungen.

Stress bei Trainern

Fußballtrainer sind hohem berufsspezifischen Stress ausgesetzt. In erster Linie spielen Leistungsdruck und Leistungsehrgeiz, permanente Erfolgsabhängigkeit und zum Teil daran gekoppelt existenzielle Auswirkungen eine Rolle. Hinzu kommt, dass Trainer kaum Möglichkeiten haben, den hohen Wettspielstress unmittelbar abzureagieren. Dies kann bisweilen zu psychischen Ausnahmesituationen führen.

Vor allem am Wettspieltag, vor Spielbeginn, aber auch während des Spiels und nach Spielschluss sind die psychophysischen Beanspruchungen extrem hoch. Dies zeigt sich, abhängig von weiteren Faktoren (Trainertyp, Bedeutung des Spiels, Erwartungsdruck, Spielverlauf, Gesundheits-, Fitness- und Mentalzustand, grundsätzliche Belastbarkeit), im Auftreten erheblicher Belastungssymptome. Neben der vermehrten Katecholaminausschüttung bilden die Herzschlagfrequenzen ein leicht messbares Kriterium für die Stressbelastungen bei einem Wettspiel.

Messungen der Herzschlagfrequenz haben ergeben, dass die Werte eine halbe Stunde vor dem Spielbeginn im Bereich von 100 Schlägen in der Minute liegen, in Einzelfällen aber auch Spitzenwerte von nahezu 130/min zu verzeichnen sind. Während des Spiels werden mittlere Herzschlagfrequenzen mit Werten von 140 Schlägen pro Minute registriert. Bei einigen spielentscheidenden oder brisanten Szenen, insbesondere wenn ein Spiel zu kippen droht, schnellen die Herzfrequenzen auf Werte von bis zu 160 Schlägen pro Minute hoch. Derartige Resultate zeigen, dass die Stressbelastungen von Bundesligatrainern an Bereiche herankommen, die ansonsten bei Testpiloten, Formel-1-Rennfahrern oder Bobfahrern gemessen werden.

Bedenklich erscheint zudem, dass diese hohen Durchschnittswerte erst etwa 15 Minuten nach Spielschluss merklich zurückgehen.

Belastungen in diesen Dimensionen erfordern eine gesunde Lebensführung, ausreichend Schlaf, Erholung und Entspannung, eine positive innere Grundhaltung und optimistische Einstellung, dazu Ausgleichssport und mentale Ablenkung.

Stressbewältigung

Da stressauslösende Situationen im Fußball nicht zu vermeiden sind, müssen Spieler und Trainer über Fähigkeiten und Strategien zur Stressentschärfung, d. h. zur Anpassung an Stress und zur Stressverarbeitung verfügen.

Stressbewältigung kann kurzfristige Maßnahmen wie Wahrnehmungslenkung, positive Selbstgespräche, Visualisierungsakzente und spontane Abreaktionen erforderlich machen.

Grundsätzlich sind jedoch langfristige Veränderungen im Umgang mit Belastungen und generell in der Lebensgestaltung vorzunehmen. Dabei kommen Einstellungsänderungen, Entspannungs- und Problemlösungsfähigkeiten in Betracht.

Im Rahmen der Stressbewältigungsstrategien sind folgende psychologische Trainingstechniken anwendbar:

* Muskelentspannung (u. a. nach Jakobson),

* Spannungs-Entspannungs-Training,

* Atemtechnik-Training,

* Autogenes Training,

* Mentales Training (gedankliche Entspannung, Visualisierung).

Möglichkeiten der Stressbewältigung für die Spieler

Zur Bewältigung der Wettkampfbeanspruchung und des Leistungsstresses für die Spieler haben wir die im Leistungsfußball bewährten Maßnahmen um einige Einrichtungen und Verfahren erweitert:

* Auslaufen auf weichen Böden (Rasen, Rindenmulchbahnen, Waldwegen),

* Stretching,

* Entmüdungsbecken mit Kaltwasser und verschieden großen Kieselsteinen auf dem Boden,

* Kneipanwendungen,

* Entspannungsraum mit Liegesitzen, Wasserspielen, Duftspender und individuell ausgewählter Musik über Kopfhörer,

* Entmüdungs- und Entspannungsmassage,

* Bürstenmassage,

* Aufnahme ionisierten Sauerstoffs,

* Sauna (Infrarotlichtsauna), Hamam,

* Schwimmbecken (Relaxen und Aquastretching),

* Elektrolytgetränke,

- Regenerationstees,

- individuell bedarfsgerechte Nahrungsergänzungsmittel,

- Infusionen (nach Verordnung),

- Vibrationsgerät.

Möglichkeiten der Stressbewältigung für die Trainer

Zur Stressverarbeitung bieten sich für den Trainer einige allgemeine sowie eine Reihe spezifischer Möglichkeiten an.

Allgemeine stressvorbeugende und stressverarbeitende Maßnahmen

Die folgenden Maßnahmen und Strategien sollen vorrangig dazu dienen, dem Stress vorzubeugen, sie sind zudem aber auch geeignet, vorhandenen Stress wieder abzubauen.

- **Arbeitsorganisation**
  Prioritäten setzen und
  Zeitmanagement.

- **Delegationsfähigkeit**
  Nicht alles in eigener Regie und Perfektion machen wollen.

- **Aufgaben zum Abschluss bringen,**
  bevor neue angefangen werden.

- **Perfektion als Ziel,**
  nicht als Dogma anstreben.

- **Unabhängigkeit bewahren**
  und damit Freiheit und Souveränität.

- **Im Rahmen der Zweckrationalität und Funktionsbestimmung Freiräume erhalten**
  für Selbstbestimmung und Kreativität.

- **Ergebnis- und prozessorientiert arbeiten**
  Im Leistungsfußball zählt letztlich das Resultat, das Zustandekommen ist zweitrangig. Trotz der dominanten Ergebnisorientierung müssen Trainer und Spieler auch die Prozessorientierung beachten, d. h. die Weiterentwicklung, das Abstellen von Fehlern, das ständige Hinzulernen und Verbessern.

- **Teamarbeit**
  Unterstützung im komplexen Arbeitsfeld, theoretisch, praktisch und emotional, durch kompetente und integere Mitarbeiter.

Spezifische Stressbewältigungsstrategien – auch für Spieler

Stressbewältigung verlangt nach einer handlungsorientierten Einstellung. Vergangen-heits- oder situationsbehaftete Einstellungen sind einer konstruktiven Stressbewälti-gung abträglich. Unser Handeln folgt unserem Denken im Sinne einer sich selbst er-füllenden Prophezeiung. Sind Spieler von dem Gedanken beherrscht: „Das kann nichts werden", ist ein Scheitern in der Regel vorprogrammiert, denken sie: „Das können wir schaffen", besteht eine weitaus größere Erfolgschance.

Konkrete Möglichkeiten der Vorbeugung und Reduzierung von Stress sind:

* **Selbstreflexion**
  Welche Situationen lösen Stress aus?
  Wie regiere ich auf Stress?
  Welche Alternativen stehen mir zur Verfügung?

* **Gelassenheit entwickeln**
  Akzeptanz von Gegebenheiten und Ereignissen, die nicht zu ändern sind, stö-rende Dinge, die geändert werden können, ändern.

* **Selbstwertgefühl aufbauen und verstärken (Selbstverstärkung)**
  Das Selbstwertgefühl entwickelt sich durch Fremdverstärkung. Selbstverstärkung unterstützt die Festigung und wirkt sich u. a. in „kritischen Situationen" positiv aus.

* **Ausgleich und Entspannung**
  – durch andere ablenkende Aktivitäten,
  – durch bewusstes „Abschalten" der belastenden Probleme.

* **Einsatz psychologischer Trainingsmethoden**
  – **Gedankenkontrolle**
    Negative (destruktive) Gedanken stoppen. Auf der Basis einer optimistischen Grundeinstellung ziel- und handlungsorientiert denken.
  – **Uminterpretation**
    Z. B. den „Angstgegner" nicht als „Angst"-Gegner wahrnehmen, sondern als realistisch zu bewältigende Herausforderung.
  – **Relativierung**
    Welche Konsequenzen hat eine Niederlage? Beispielsweise: „O. K., wir haben das Spiel verloren, aber nicht die Meisterschaft."
    „Morgen, morgen ist auch noch ein Tag" (Scarlett O'Hara in „Vom Winde ver-weht", in Anbetracht einer extremen Situation).
  – **Positive Selbstinstruktion**
    „Ich gebe nicht auf, solange das Spiel läuft."
    „Das Einzige, was zählt, ist der Sieg."

Psychologisches Training

Bereits mit den im vorherigen Kapitel angeführten Maßnahmen und Strategien zur Stressbewältigung bestehen Bezugspunkte zum psychologischen Training.

Die folgenden Ausführungen sollen einen Überblick verschaffen über traditionelle psychische Trainingsmethoden, die im Leistungsfußball eingesetzt werden und über methodische Konzepte, die auf Erfahrungen der Fußballpraxis beruhen. Letzteren werden die besonderen Anforderungsbereiche des Wettspiels vorangestellt. Insbesondere aus diesem Anlass, vor allem aber auch auf Grund des generell engen Bezugs zum Themenspektrum des Coachings, haben wir das Kapital zum psychologischen Training nicht dem Konditions-, sondern dem Coachingteil dieses Buches zugeordnet.

Traditionelle Methoden
– typische Anforderungsbereiche – spezifische Verfahren

Autogenes Training

Das **autogene Training** ist eine Form der **Autosuggestion** (Selbstbeeinflussung). Es muss aber unter Anleitung und Aufsicht eines mit dieser Methode vertrauten Arztes oder Psychologen erlernt werden.

Beim autogenen Training liegt das Prinzip zur Bewältigung von Stress und Angst bzw. Furcht in der konzentrierten Selbstentspannung. Durch willkürlich eingeleitete und kontrollierte Selbstregulation psychophysiologischer Prozesse (Atmung, Herzschlag, Muskeltonus) erhöht der Sportler seine Entspannungsfähigkeit.

Über eine allgemeine zentralnervöse Beruhigung verbessern sich die Erholungsprozesse. Auch hinsichtlich der physischen Leistungsfähigkeit sind positive Effekte zu verzeichnen. Autogenes Training ermöglicht es dem Spieler, seine psychosomatischen, insbesondere emotionalen Prozesse besser zu regulieren und seine Leistungsfähigkeit im Wettkampf zu steigern bzw. zu stabilisieren.

Mentales Training

Der aus dem Lateinischen entlehnte Begriff *mental* bedeutet so viel wie *geistig* bzw. *im Geiste*. Mentales Training ist dementsprechend ein Training auf geistiger Ebene, das in Form von Denk- und Vorstellungsprozessen abläuft. Die Antriebs- und Steue-

rungsfunktionen des mentalen Trainings werden durch Bewegungsvorstellung oder Bewegungsbeobachtung ausgelöst. Das **Mentale** Training steht damit in enger Beziehung zu Formen des **ideomotorischen** Trainings (Vorstellung des Bewegungsablaufs) und des **observativen** Trainings (Beobachtung des Bewegungsablaufs bei anderen Spielern).

Da der Erfolg mentalen Trainings entscheidend von der geistigen Aufnahmefähigkeit und -bereitschaft abhängt, sind zum einen bestimmte kognitive Fähigkeiten, zum anderen gute körperlich-seelische Entspannungsfähigkeiten der Spieler Voraussetzungen für die Anwendung. Die Entspannungsfähigkeit muss gegebenenfalls zunächst erlernt werden.

Mentales Training lässt sich auf verschiedenen Leistungs- und Könnensstufen durchführen. Voraussetzung ist aber, dass klare Vorstellungen über die Struktur einer Bewegung und ihrer bedeutenden Details vorhanden sind. Für das Fußballspiel sind die Vorstellungsprozesse auf teilstandardisierte Handlungsabläufe sowie auf kognitiv-motivationale Verhaltenssteuerungen auszudehnen.

Mentalem Training liegt die Erkenntnis zugrunde, dass geistige und psychische Vorgänge willkürlich gesteuerten Bewegungen und Handlungen vorausgehen. Durch die geistig vorweggenommene Handlungssituation und die gedankliche Auseinandersetzung mit den Leistungsanforderungen und Belastungsbedingungen werden auf Vorstellungsebene psychophysische Prozesse im Organismus aktiviert, die im Sinne eines Trainings Lernprozesse auslösen und verhaltenssteuernd sowie -stabilisierend wirken. Unter diesem vorrangigen Anliegen der Psychoregulation bewirkt mentales Training, dass der Spieler durch den Abbau störender Spannungen, Erregungen und Wettkampfängste an Selbstvertrauen, Leistungsoptimismus und Gelassenheit, Konzentration und Leistungsstabilität gewinnt.

Abschließend ist festzuhalten:

* Mentales Training kann zielgerichtet auf Einzelhandlungen, taktische Handlungsstrukturen und die zu erwartenden Wettspielanforderungen ausgerichtet werden.

* Mentales Training berücksichtigt die individuelle (physische und psychische) Konstitution und die situationsspezifische Erregungslage des Spielers.

* Mentales Training ermöglicht über die Kopplung von Relaxations- und Mobilisationsprinzipien allgemein und situativ eine Steigerung der körperlichen und seelischen Belastbarkeit und Leistungsfähigkeit.

In jüngster Zeit richten sich Initiativen zur Verbesserung der psychischen Leistungsvoraussetzungen verstärkt darauf, Trainingsprogramme zu entwickeln, die, ausgehend von den Erfordernissen sowie den jeweils gegebenen personalen und situativen Bedingungen, die Spieler in die Lage versetzen, durch Selbstbeeinflussung ihren psychischen Zustand eigenständig zu regulieren.

Mentales Training zur Entspannung

Eine Grundlage für mentale Stärke bildet die Fähigkeit zu entspannen.

Für diese Zielsetzung bietet sich der methodische Ansatz über die Muskelentspannung an.

Das Muskel-Entspannungstraining lässt sich durchführen als:

1. Willkürliche Muskelanspannung und Entspannung und als

2. Muskelanspannung und Entspannung auf der Vorstellungsebene.

Im Folgenden wird die Vorgehensweise der beiden Entspannungsformen dargestellt.

Willkürliche Muskelanspannung und Entspannung
Ausgangspunkt:
Ich entspanne mich. Ich atme ruhig und tief. Alle Gedanken gleiten weg. Ich fühle mich ruhig und entspannt. Ich bin tief entspannt.

Arme:
Ich lockere meine Schultern und Armmuskeln. Ich schließe meine rechte Hand zur Faust. Ich verstärke den Druck in der Hand. Ich fühle die Spannung. Ich halte die Spannung und jetzt entspanne ich. Ich lasse die Finger meiner rechten Hand locker und spüre, dass sich die Spannung löst. Ich spüre, wie die Entspannung von der Hand sich in meinem Arm ausbreitet.

(Jetzt in gleicher Weise mit der linken Hand: Ich schließe meine linke Hand zur Faust . . .)

Nun schließe ich beide Hände mit leichtem Druck zur Faust. Ich verstärke den Druck etwas, ich drücke die Hände noch fester zusammen. Ich spüre die Spannung. Jetzt lasse ich meine Finger wieder locker. Ich fühle, wie sich die Muskeln entspannen. Ich spüre die Entspannung und lasse die Entspannung sich ausbreiten.

Ich hebe die gestreckten Arme, beuge die Ellbogen und drücke die Unterarme zur Brust. Nun führe ich die Arme nach hinten oben. Ich verstärke die Spannung. Ich lasse die Arme wieder locker und spüre die Entspannung.

Jetzt strecke ich die Arme seitlich und drehe die Handflächen nach oben. Dann drücke ich die gestreckten Arme in dieser Position nach unten zu den Seiten meines Körpers. Ich verstärke die Spannung. Ich lasse die Arme wieder locker und spüre die Entspannung.

Jetzt breite ich wieder die Arme aus, drehe die Handflächen nach oben und schließe die Hände zur Faust. Ich spanne die gesamte Hand- und Armmuskulatur an. Ich verstärke die Spannung. Jetzt lasse ich die Muskulatur wieder locker. Ich spüre die Entspannung. Ich spüre Gelassenheit. Meine Arme hängen locker, entspannt und bequem herab. Ich verspüre ein tiefes Gefühl der Entspannung.

Schultern und Nacken:
Jetzt spanne ich meine Nackenmuskulatur an. Ich hebe mein Kinn und drücke meinen Kopf nach hinten. Ich verstärke die Spannung. Nun rolle ich den Kopf zur rechten Seite. Ich spüre, wie die Spannung sich verändert. Dann rolle ich den Kopf zur linken Seite und spüre, wie sich die Spannung verändert. Jetzt entspanne ich meine Nackenmuskeln. Ich spüre die Entspannung, das Gefühl von Gelöstheit und Ruhe. Die Entspannung überträgt sich auf mein Gesicht und über die Schultern auf meinen Rücken. Ich bin entspannt.

Brust, Bauch und Rücken:
Jetzt entspanne ich meine Brust-, Bauch- und Rückenmuskulatur. Ich atme durch die Nase ein und durch den Mund aus. Ich beobachte beim Ausatmen, wie ich entspanne. Beim Einatmen wölbt sich die Brust leicht, beim Ausatmen lasse ich locker und entspanne. Die Entspannung breitet sich über meine Schultern, meine Arme und meinen Rücken aus. Jetzt hebe ich meine Schultern, ich verstärke die Spannung. Dann lasse ich die Schultern „fallen" und spüre die Entspannung. Jetzt hebe ich meine Schultern und ziehe dabei mein Kinn nach unten gegen die Brust. Ich verstärke die Spannung. Jetzt löse ich die Spannung. Ich spüre die Entspannung. Jetzt spanne ich die Brustmuskeln an. Ich verstärke die Spannung und dann entspanne ich wieder. Ich atme leicht und frei und spüre ein angenehm entspanntes Gefühl, das sich in meiner Brust und in meinem ganzen Körper ausbreitet. Immer, wenn ich ausatme, spüre ich die angenehme Entspannung. Ich gebe mich diesem Gefühl der Entspannung hin.

Jetzt gehe ich zu meinem Rücken über. Ich strecke die Arme hinter meinem Rücken nach unten und fasse mit der linken Hand das Handgelenk der rechten Hand. Ich beuge mich leicht nach vorn und spanne die Rückenmuskulatur an. Ich verstärke die Spannung. Nun lasse ich die Spannung nach und lockere mich. Ich spüre die Entspannung. Ich spüre, wie sich mein Nacken, meine Schultern und meine Arme entspannen. Die Entspannung breitet sich über meinen Rücken auf meinen ganzen Körper aus. Ich spüre die Entspannung. Mein Atem fließt tief und ruhig. Ich bin tief entspannt.

Beine:

Jetzt entspanne ich meine Beine. Ich strecke meine Beine, ich spanne die Waden-muskulatur, die Oberschenkel- und die Gesäßmuskulatur an. Ich verstärke die An-spannung. Jetzt löse ich die Spannung, die Muskeln entspannen. Ich entspanne. Nun drücke ich im Wechsel meine Zehen und Füße nach unten und spanne dabei meine Wadenmuskulatur an, dann ziehe ich meine Fußspitzen zum Schienbein, sodass ich in der Muskulatur an den Schienbeinen Spannung spüre. Die Wadenmus-kulatur entspannt.

Ich entspanne.

Nun spanne ich gleichzeitig alle ansprechbaren Körpermuskeln an. Ich spüre die kom-plette Spannung innen und außen von meinem Körper. Ich verstärke die Spannung. Jetzt löse ich die Spannung, alle Muskeln entspannen, ich fühle mich leicht und ent-spannt. Die Entspannung breitet sich von meinem Bauch und meinem Rücken über meine Schultern zu meinen Armen und auch zu meinen Beinen aus. Ich bin gelöst und entspannt. Mein Atem fließt ruhig und tief. Ich fühle mich in einem Schwebezustand und völlig entspannt. Ich verspüre ein leichtes Gefühl der Schwere und zunehmende Gelöstheit. Die Entspannung wirkt tiefer und tiefer, immer tiefer. Ich bin in einer tiefen und wohligen Entspannung. Ich bleibe vollkommen entspannt. Zur Beendigung der Entspannungsphase führt der Übende (Trainer) folgende Order aus:

Ich möchte jetzt die Übungen beenden. Ich zähle (in Gedanken) rückwärts 4, 3, 2, 1, 0 und gehe aus der Entspannungsphase heraus.

Ich fühle mich erfrischt, gelassen, ruhig und sicher.

Muskelanspannung und Entspannung auf der Vorstellungsebene

Der komplette Übungsablauf kann auch auf der Vorstellungsebene erfolgen, und zwar Zug um Zug unmittelbar nach jeder Übung, oder aber nach Abschluss jedes einzelnen Übungskomplexes (Arme, Schulter, Brust, Rücken, Beine) werden analog zur praktischen Durchführung die Übungen in der Vorstellung durchlaufen.

Bei der dritten Möglichkeit, die sich bietet, erfolgt der gesamte Entspannungsprozess ausschließlich auf der Vorstellungsebene.

Wie z. B.: Ich stelle mir vor, dass ich die rechte Hand anspanne. Ich spüre, wie sich meine rechte Hand zur Faust schließt. Ich verstärke den Druck und ich fühle die große Spannung. Jetzt entspanne ich. Ich spüre, wie die Finger meiner rechten Hand sich lockern, ich fühle, wie die Spannung nachlässt. Ich spüre, wie die Entspannung sich in meinem rechten Arm ausbreitet.

(Usw. wie vorher bei der willkürlichen Anspannung und Entspannung.)

Die Übungen können im Stehen, teilweise im Liegen und in der Sitzposition durchgeführt werden. Es ist die Position zu wählen, bei der man individuell am besten entspannen kann. Speziell auf die Person abgestimmte Musik kann das Muskel-Entspannungstraining begleiten und unterstützen. Zudem lässt es sich nach den individuellen Bedürfnissen modifizieren, z. B. auf ein Kurzprogramm reduzieren, oder es kann auch punktuell zur kurzzeitigen Entspannung zwischen Belastungssituationen eingefügt werden. Sollen nach der tief gehenden Entspannung oder nach kurzzeitigen Entspannungsphasen Aktivitäten erfolgen, so ist durch eine muskuläre Aktivierung ein entsprechendes Spannungsniveau wieder aufzubauen.

Erfahrungsgeleitete Regulationsmaßnahmen

Neben den auf wissenschaftlichen Erkenntnissen aufbauenden psychoregulativen Methoden gibt es eine Anzahl, auf Erfahrungen und praxisbezogenen Überlegungen beruhender, verhaltenssteuernder Maßnahmen. Sie werden auch als „naive Regulationstechniken" bezeichnet. Dazu zählen Sprech-, Denk- und Wahrnehmungsvorgänge sowie bestimmte „magische Praktiken".

Unerwünschte verhaltenssteuernde Komponenten sind Ersatzregulationen wie Schuldprojektion, Sündenbockzuschreibung, Verharmlosung, Verdrängungs-, Relativierungs- und Rationalisierungsmechanismen sowie Vermeidungsverhalten.

In konstruktiver Weise erfolgt eine kognitive Umstrukturierung sowie die Ursacheninterpretation für Erfolg und Misserfolg in leistungsthematischen Situationen durch sachbezogene Analyse. Zuspruch und Leistungsvertrauen wirken positiv auf das Selbstbewusstsein.

Trainer greifen bei der psychologischen Betreuung ihrer Spieler auf Erfahrungen und Maßnahmen zurück, die sich nach ihrer Ansicht bewährt haben. Die Spieler selbst entwickeln ebenfalls Techniken, um mit dem Wettkampfstress in den verschiedenen Phasen fertig zu werden. Im Idealfall ergänzen und stützen sich Selbstbeeinflussung und Fremdbeeinflussung.

Die Optimierung der psychischen Voraussetzungen für den Leistungsvollzug setzt an zwei Bereichen an:

* Situationsbezug und Aufgabenfeld (Umfeldbedingungen, Taktik),

* Persönlichkeitsausprägung (Einstellung, Verhalten).

Der Trainer muss sich bemühen, ein Bild über die allgemein vorherrschende und die momentane Konstitution (körperliche und seelische Verfassung) seiner Spieler zu gewinnen, und zwar über die wahrnehmbaren körperlichen und psychischen Reaktionen. Je nach Problemlage kann der Trainer durch verhaltenssteuernde Maßnahmen besondere Akzente setzen:

Bei übererregten Spielern:

* Beruhigend einwirken; im Gespräch das dem Spieler entgegengebrachte Leistungsvertrauen anklingen lassen; durch das eigene Verhalten Ruhe und Zuversicht ausstrahlen.

* Gereizte Stimmung und aggressiv geladene Atmosphäre vermeiden.

Bei zu gering erregten Spielern:

* Auf Grund vorherrschender Unsicherheit: durch aufmunternde Wort und realistische Leistungserwartungen das Selbstvertrauen unterstützen.

* Auf Grund vorherrschender Überheblichkeit: die Bedeutung der dem Spieler übertragenen Aufgabe herausstellen und an seine Verantwortung gegenüber der Mannschaft appellieren.

Aktivierung und Regulation psychischer Prozesse

Die Zusammenhänge in Bezug auf das individuelle Antriebsgeschehen sind sehr komplex. Bereits in der Einstellung der Spieler auf das Wettspiel bahnen sich Tendenzen in Richtung auf Erfolg oder Misserfolg an. Maßgeblich für die Wettspieleinstellung sind

das Anspruchsniveau des Spielers und somit die eigenen Leistungserwartungen im Zusammenhang mit dem Schwierigkeitsgrad der Aufgabe, weiterhin die von außen an ihn gestellten Leistungsanforderungen und -erwartungen sowie die emotionalen Begleitumstände (Zuversicht/Angst; Konzentration/Stress).

Befunde der Motivationsforschung weisen auf einen engen Zusammenhang zwischen Aktivationsniveau und Leistung hin. Man geht davon aus, dass im Allgemeinen die günstigsten Leistungsbedingungen bei einem mittleren (= optimalen) Aktivationsniveau liegen (Abb. 240).

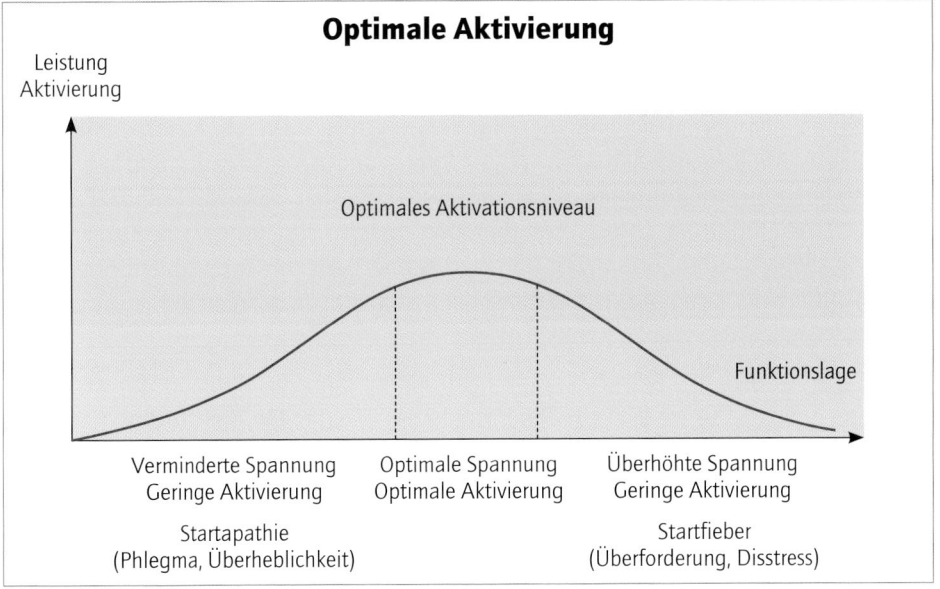

Abb. 240: Modell über Zusammenhänge zwischen Aktivierung (Beanspruchung, Anspannung, Stress) und Leistung

Die Regulation psychischer Prozesse verläuft auf zwei Ebenen:

- Mobilisation bzw. Aktivierung (Anregung/Leistungsentfaltung),

- Regeneration (Entspannung/Erholung).

Vor dem Wettspiel entwickeln Trainer Strategien, um leistungsbeeinträchtigendem Stress vorzubeugen und bestmögliche Voraussetzungen zur individuellen und mannschaftlichen Leistungsentfaltung zu schaffen. Alle Aktivitäten – Einzelgespräche, Mannschaftsbesprechungen, mentale Programmierungen, psychoregulative Maßnahmen – zielen darauf ab, die Spieler psychisch zu stabilisieren und sie optimal auf das Wettspiel vorzubereiten.

Zum Repertoire zählen aufgebaute Gewohnheiten, rituelle Handlungen und Selbstsuggestionen. Anzustreben ist eine große Eigeninitiative der Spieler zur Stresskontrolle, Leistungssteigerung und Wettkampfstabilität. An Methoden kommen in Betracht: Autogenes Training, Aktive Selbstregulation, Systematische Desensibilisierung, Relaxations-Aktivations-Methode, Progressive Muskelentspannung, Psychotonisches Training und Mentales Training.

Grundsätzlich sind Motivation des Spielers und die Bereitschaft zur Mitarbeit Vorbedingungen für eine erfolgreiche Anwendung der Methoden. Psychologische und fußballspezifische Fachkompetenzen sind bei der Hinziehung externer Betreuer unumgänglich, da sich bei unsachgemäßer Handhabung psychoregulativer Techniken unkontrollierte Effekte einstellen können. Zur Stress- und Angstbewältigung bietet sich eine Kombination von autogenem Training, systematischer Desensibilisierung und aktiver Selbstregulation an. In dieser Verbindung lassen sich kognitive Kontrollimpulse darauf ausrichten, einen optimalen Balancezustand zwischen subjektivem Erregungsniveau, autonomer Erregung und motorischer Reaktivität zu erzielen.

Ein parallel absolviertes Selbstbehauptungstraining kann die Wirkung der angeführten Methoden verstärken. Diese Technik ist ebenso wie das Mentale Training auch als eigenständiges Verfahren zur Förderung der psychophysischen Leistungssteigerung und Wettkampfstabilität geeignet.

Anfänglich wurde im Fußballsport zur psychischen Stabilisierung hauptsächlich das Autogene und das Mentale Training eingesetzt. Diese Methoden sind geeignet, die Arbeit des Trainers in einzelnen Fällen zu unterstützen, unabhängig davon, dass in der Praxis die erfahrungsgeleitete Verhaltenssteuerung als Mittel psychischer Regulation noch immer im Vordergrund steht.

Der innere Dialog

Gespräche mit sich selbst haben in Wettspielsituationen eine bedeutende Funktion. Eine Möglichkeit, sich mental auf bevorstehende Anforderungen einzustimmen, besteht z. B. durch Suggestion:

- „Ich gehe an meine Grenzen."
- „Ich kann Grenzen durchbrechen."

- „Ich fühle mich stark und sicher."
- „Ich bin zuversichtlich."
- „Ich fühle mich stark."
- „Ich bin voller Selbstvertrauen."

Im Folgenden wird im groben Raster die Erfolgsprogrammierung für die Torhüter eines Bundesligaklubs angeführt.

Visualisierung und Anker

Selbstanspruch
- „Ich will immer gewinnen."
- „Ich bin ein Garant für den Erfolg."

Wettkampfvorbereitung
- „Ich habe gut trainiert, ich bin in einer optimalen Verfassung."
- „Ich weiß, wie der Gegner spielt und bin auf alles vorbereitet."
- „Ich habe ein unerschütterliches Selbstvertrauen."
- „Meine Mannschaft kann sich absolut auf mich verlassen."

Zielbilder
- „Ich sehe mich, wie ich alle Bälle sicher abfange."
- „Ich sehe mich, wie ich den Unhaltbaren aus dem Winkel hole."
- „Ich sehe mich immer in der optimalen Position."
- „Ich sehe, wie ich mich im Luftkampf bedingungslos einsetze und mutig und kompromisslos dazwischengehe."
- „Ich sehe, wie ich in der 1:1-Situation ruhig bleibe und Druck auf den Ballbesitzer ausübe. Egal, was er macht, er kommt nicht an mir vorbei."
- „Ich sehe die Freistoßschützen, ich weiß, wie sie schießen und stelle mich darauf ein."

Wettkampfeinstellung
- „Ich will das Spiel unbedingt gewinnen, für mich zählt nur der Sieg!"
- „Im Spiel wachse ich über mich hinaus!"
- „Ich bin absolut einsatzbereit!"

- „Für mich gibt es keine Unhaltbaren!"
- „Ich bin voll konzentriert!"
- „Ich habe mich voll unter Kontrolle und die Situation jederzeit im Griff!"
- „Ich bin auf alles vorbereitet!"
- „Mich kann keine Fehlentscheidung aus der Fassung bringen!"
- „Wenn überhaupt ein Tor fällt, macht mich das nur noch stärker!"
- „Ich bin ein sicherer Rückhalt, ich vertraue auf meine Stärke!"
- „Ich stehe wie ein Fels in der Brandung!"
- „Meine Mannschaft kann sich immer auf mich verlassen!"

Anker
- „Nichts und niemand kann uns aufhalten auf dem Weg zum Erfolg!"
- „Ich spüre das Gefühl, wie ich als Sieger den Platz verlasse."
- „Ich stelle mir vor, wie meine Leistung den Erfolg der Mannschaft sichert."

(Wie ist das Gefühl? Beschreibe, was du fühlst, siehst, spürst . . .! Verbinde diese Vorstellungen mit einer Signalhandlung.)

Besonders in angespannten Wettspielsituationen werden stumme Selbstgespräche geführt. Dieser innere Dialog wird situationsbedingt vom Selbstbewusstsein beeinflusst. Zugleich wirkt er auf dieses zurück und somit auch auf die Motivationslage. Negative Selbstgespräche („Das ist nicht mehr zu schaffen") leiten ein inneres Aufgeben ein. In aggressiver Form („Ich bin ein Volltrottel", „Der Schiedsrichter hat nicht alle Tassen im Schrank") bewirken sie eine emotional negative Stimmungslage, die u. a. die Konzentrationsfähigkeit beeinträchtigt.

Spieler mit wenig gefestigtem Selbstwertgefühl und starker Neigung zur Selbstkritik strafen sich oftmals selbst durch nach innen gerichtete Aggressionen. Bei ausgeprägtem Selbstbewusstsein und großem Leistungsreiz richten die Spieler ihr aggressives Verhalten dagegen eher nach außen auf Gegen- oder Mitspieler und auf den Schiedsrichter. Mit positiven Selbstgesprächen wird die geistige Energie eingesetzt, das Beste zu geben, dranzubleiben, an die Chance zu glauben.

Der innere Monolog soll:
- „am jetzt und gleich" orientiert sein,
- realistisch und zielorientiert sein (konstruktiv nach vorne gerichtet),
- positiv (zuversichtlich gestimmt) und
- durch bildhafte Vorstellungen, Symbole unterstützt werden.

Um negative Gedanken bei Misserfolgssituationen, bei Störeinflüssen und generell unter Stress zu unterbrechen, kann durch Training mit speziellen Konzentrationsübungen ein mentales Warn- und Kontrollsystem aufgebaut werden. Ein wirksames Mittel ist beispielsweise der Gedankenstopp, der durch Signalworte oder durch symbolbestimmte Zeichen ausgelöst wird.

Je nach positiver oder negativer Einstellung werden Selbstwertgefühl und Selbstbewusstsein aufgebaut und gefestigt oder aber geschwächt. Derartige, entsprechend festliegender Erwartungshaltung verlaufende Prozesse, wirken im Sinne einer sich selbst erfüllenden Prophezeiung. So wie Erfolgserlebnisse den Effekt von Katalysatoren haben, so sinken bei erwarteten Misserfolgen in der Regel Selbstvertrauen, Anspruchsniveau und Anstrengungsbereitschaft. Es entsteht ein Teufelskreis, der nur schwer zu durchbrechen ist.

Erwartungsängste, Furcht vor Niederlagen, Misserfolg und persönliches Versagen rufen Erregungszustände hervor, die sich in Bewährungssituationen negativ auswirken, in Form von Überreaktionen oder sogar verkrampfend und leistungslähmend wirken.

Zum Aufbau und zur Stabilität des inneren Gleichgewichts, der Erfolgsorientierung und des Selbstvertrauens für eine optimale Wettkampfbereitschaft und Leistungsfähigkeit im Wettspiel sind folgende Bedingungen maßgebend:

- Übereinstimmung in der Zielsetzung des Teams,
- eine grundsätzlich positive Einstellung zum Wettkampf,
- Vertrauen in die Fähigkeiten und Maßnahmen des Trainers,
- eine realistische Einschätzung der eigenen Leistungsfähigkeit sowie der Kampf- und Spielstärke der eigenen und der gegnerischen Mannschaft,
- ein guter Trainings- und Gesundheitszustand,
- eine anforderungsspezifische, erfolgsgerichtete physische und psychische Wettkampfvorbereitung.

So wie sich der Organismus beim Konditions-, Technik- und Taktiktraining an Belastungen, Bedingungen und situative Anforderungen anpasst, kommt es auch durch psychische Trainingsprozesse zu Anpassungsvorgängen. Vergleichbar einer Trainingswirkung auf Muskelkraft und Ausdauer lassen sich Willenskraft und Willensausdauer verbessern. Die Konzentrationsfähigkeit ist sowohl vom physischen als auch vom psychischen Fitnesszustand abhängig.

Das Abschlusstraining vor Auswärtsspielen in der Champions League im gegnerischen Stadion hat diesen zweiseitigen – physischen und psychischen – Anpassungseffekt.

Die Spieler können den Rasen und den Spielball testen und noch einmal einige Spielzüge, Flanken, Torschüsse u. a. ausführen. Zudem gewinnen sie einen Eindruck von der Umgebung und der Kulisse, die sie am nächsten Tag erleben werden. Sie können sich mit den optischen Bedingungen, den Lichtverhältnissen und sonstigen Gegebenheiten vertraut machen. Unter diesen Aspekten bildet das Abschlusstraining einen unverzichtbaren Teil in der kompletten Vorbereitung auf das Wettspiel.

Im Ausnahmefall kann sich aber auch ein Abschlusstraining unter ungünstigen Bedingungen als sinnvoll erweisen. Vor einem wichtigen Meisterschaftsspiel auf ungewohntem, von der FIFA zu Testzwecken zugelassenen Kunstrasenplatz eines starken Gegners mussten wir mangels Alternativen auf einem alten Kunstrasenplatz trainieren. Extreme Temperaturen heizten das im Kunstrasen verteilte schwarze Granulat so stark auf, dass, trotz ständiger Flüssigkeitszufuhr, die Spieler physisch und psychisch in Grenzbereichen auf dem stumpfen, unelastischen Boden gefordert wurden. Das spätere Wettspiel, auf einem neuen, weichen und vorher gewässerten Rasen war gegenüber der Trainingseinheit „das reinste Vergnügen".

Psychologisch bedingte Maßnahmen für die Wettkampfvorbereitung

Maßnahmen des Trainers zur Regulation des psychischen Zustandes der Spieler vor einem Wettspiel richten sich nach dem jeweiligen „Spielertyp" und der Gesamtsituation.

In erster Linie kommen zwei Strategien in Frage:

1. Spannungsaufbau
    Gezielte Aufmerksamkeitslenkung auf den bevorstehenden Wettkampf, die Anforderungen und die zu erwartenden Besonderheiten.

2. Reduzierung der Anspannung
    Ablenkung der Aufmerksamkeit von den bevorstehenden Wettkampfanforderungen und einem hohen Leistungsdruck.

Im Einzelnen sind folgende Maßnahmen zur Vorbereitung und Einstimmung der Spieler auf das Wettspiel empfehlenswert:

*   Trainiere unter wettspielnahen Bedingungen, simuliere interne und externe Wettkampfeinflüsse.

*   Stelle die Spieler im Training vor Entscheidungssituationen, fordere ihre Konzentration heraus.

- Entwickle und erprobe konkret auf das Wettspiel abgestimmte Strategien und Verhaltensvarianten.
- Fordere die Spieler im Training und in der sonstigen Wettspielvorbereitung zu geistiger Mitarbeit heraus.

- Besorge umfassende Informationen über den Gegner, die Wettspielbedingungen (Stadion, Zuschauer, Schiedsrichter u. a.) und über die Vorgänge im Vorfeld des Spiels (Pressevorschau, Interviews, Äußerungen von Trainer und Spielern des Gegners u. a.).

- Stelle präzise Aufgaben und gib konkrete Handlungsanweisungen.

- Mache den Spielern die taktische Leitlinie sowie die Aufgaben- und Rollenverteilung einsichtig und fordere sie zu gedanklicher Mitarbeit heraus.

- Stelle die Spieler darauf ein, mit Unvorhersehbarem umzugehen.

- Schule Reaktionsbereitschaft und Flexibilität im Handeln zur Bewältigung unerwarteter Ereignisse.

- Beobachte die Spieler, ohne dass diese sich beobachtet fühlen. Achte auf ihr Verhalten und ihre Reaktionen. Muntere sie auf, wo es erforderlich ist, beruhige, wo sich übermäßige Nervosität abzeichnet.

- Kontrolliere den eigenen emotionalen Zustand (Spannung, Erregtheit, Nervosität u. a.), begegne den Spielern mit Gelassenheit und Zuversicht.

- Unterstütze einen guten Teamgeist.

- Trage Sorge, dass die Vorbereitung in gewohnten Bahnen und in ruhiger Atmosphäre verläuft.

- Führe die letzte Ansprache vor dem Wettkampf in ruhiger Form, präzise und knapp durch. Kernpunkte sind das gesetzte Ziel, die taktische Marschroute, Appell an Verantwortung und Disziplin, Aufmunterung und Leistungsvertrauen.

Die Konzentrationsanforderungen im Spiel sind:
- Hellwach sein von der ersten bis zur letzten Minute (Konzentrationsspannung).

- Die Konzentration auf das Spiel-Handeln ausrichten:
  – Andere Gedanken (Streit, Ärger, private Probleme u. a.) ausschalten.
  – Durch äußere Einflüsse (Trainer, Zuschauer u. a.) nicht aus dem Konzept bringen lassen.
  – Verpasste Chancen als Ansporn werten.

- Fehler als Aufforderung zu erhöhter Leistungsbereitschaft (Konzentration) weg-
  stecken.
- Fehlentscheidungen abhaken.

- Das Spielgeschehen konzentriert verfolgen und Handlungsverläufe antizipieren.

- Schnelles Umschalten im Wechsel zwischen Angriff und Abwehr.

Grundvoraussetzungen für die Konzentrationsfähigkeit im Spiel sind eine gute körperliche Verfassung und psychische Stabilität auch in kritischen Momenten, Selbstbeherrschung und Disziplin (emotionale Kontrolle) sowie ein ökonomischer Energieaufwand.

Heimspiel und Auswärtsspiel

Mit der Wettspielvorbereitung werden entscheidende Bedingungen für die Leistungs-
bewährung im Spiel geschaffen. Psychologische Fähigkeiten des Trainers, wie die
Vermittlung von Leistungsvertrauen, Erfolgszuversicht und präzise Informationen, verhelfen den Spielern zu einer selbstbewussten, erfolgsorientierten Einstellung. Überzeu-
gungsfähigkeit und Suggestivkraft setzen beim Trainer selbst eine hohe Leistungsmotivation sowie realistische Leistungseinschätzungen und Erfolgserwartungen voraus.

Je genauer das Bild des Trainers von den Persönlichkeitsmerkmalen seiner Spieler ist,
desto wirksamer kann er auf sie eingehen und besonders den nervösen und störanfälligen Spielern Hilfen geben.

Die Informationen gewinnt der Trainer in erster Linie durch Einzelgespräche und
durch aufmerksames Beobachten.

In der Mannschaftsbesprechung und in Einzelgesprächen werden die Spieler auf die
voraussichtlichen Bedingungen des kommenden Wettspiels eingestellt. Dabei kommen dem Trainer die Kenntnisse der Persönlichkeitsmerkmale der Spieler zugute.
Zudem sind Beobachtungen im Vorfeld des Wettspieltags bis zum Abschlusstraining
erforderlich, um die leistungsfördernden und leistungshemmenden Bedingungen zu
bestimmen, zu kontrollieren und steuern zu können. Beweggründe, Antriebskräfte und
externe Einflüsse sind von Spieler zu Spieler unterschiedlich.

Der Heimvorteil ist ein grundsätzliches Phänomen im Fußball. Es gibt Mannschaften,
die besonders heimstark sind und andere, die auswärts vergleichsweise sehr schwach
spielen. Sollte in der eigenen Mannschaft die Auswärtsschwäche ausgeprägt sein, sind
die Gründe zu ermitteln. Psychologische Hemmschwellen, übermäßige gegnerische
Aufwertung, sachlich unbegründete Furcht und andere fehlgepolte Einstellungen können eine maßgebliche Rolle spielen.

Die Vorstellung, im Auswärtsspiel gegen eine sehr heimstarke Mannschaft anzutreten, kann bei einigen Spielern teils bewusst, teils unbewusst Unruhe, Unbehagen und Angst auslösen, Prozesse, die einer selbstbewussten, erfolgsorientierten Wettkampfeinstellung abträglich sind. Gegner und Wettkampfstätte werden dabei als eine Art Einheit erlebt.

Hier muss der Trainer gegensteuern, denn Einstellung und Verhalten stehen in Wechselbeziehung. Die Wettkampfeinstellung beeinflusst das Verhalten, und das Verhalten wiederum wirkt auf die Wettkampfeinstellung zurück.

Die Kraft der Gedanken bestimmt unser Handeln. Leistungsgrenzen sind zu akzeptieren. Andererseits ist unser Denken darauf auszurichten, Leistungsgrenzen als momentane Gegebenheiten anzuerkennen, aber nicht als unabwendbare Tatsachen. „Sprenge deine Grenzen", „Nutze die Kraft deiner Gedanken, um Großes zu erreichen", sind einige der klischeeartigen Forderungen aus dem verblassten Boom, der von „Motivationstrainern" in den 1990er Jahren propagierten Erfolgsprogrammierung. Dabei ist das Ziel, Barrieren zu überwinden und Grenzen zu durchbrechen, grundsätzlich ein zentraler Punkt menschlichen Leistungsstrebens und auch ein konkretes Ziel im Training unserer Spieler. Gedanken im Zusammenhang mit vorhergegangenen Ereignissen, Situationen und Erlebnissen können Kräfte freisetzen, sie können aber auch über mentale Sperren zu Leistungsblockaden führen. Der sogenannte Angstgegner ist ein typisches Beispiel.

Angstgegner

Der **Angstgegner** ruft überwiegend keine sachliche Auseinandersetzung mit der gegnerischen Leistungsfähigkeit hervor, sondern löst meist Unbehagen und eine negative Erwartungshaltung, eine **Mentale Sperre**, aus.

> **Mentale Sperren sind an Ereignisse geknüpfte, negative, leistungsbeeinträchtigende Gedanken.**

In der Regel haben die negativen Gedanken anfänglich einen realen Hintergrund, setzen sich aber in der Folgezeit in der Fantasie fort und verändern die Einstellung.

Angstgegner entstehen durch häufige negative Erfahrung mit der betreffenden Mannschaft. Meistens sind es Niederlagen in Serie über einen langen Zeitraum. Im Bewusstsein und im Unterbewusstsein werden die negativen Erfahrungen gespeichert und unmittelbar mit dem Klubnamen des Gegners verknüpft. Bereits der Begriff „Angstgegner" wirkt wie eine Art sich selbst erfüllende Prophezeiung. Jede neuerliche Niederlage bestätigt und verstärkt die Erwartungshaltung.

So, wie Erfolgserlebnisse den Effekt positiver Verstärkung haben, so sinken bei erwarteten Misserfolgen in der Regel Selbstvertrauen, Anspruchsniveau und Anstrengungsbereitschaft. Es entsteht ein Teufelskreis, der nur schwer zu durchbrechen ist.

Erwartungsängste, Furcht vor Niederlagen, Misserfolg und persönliches Versagen rufen Erregungszustände hervor, die sich in Bewährungssituationen negativ auswirken, in Form von Überreaktionen, Verkrampfungen und Leistungsbeeinträchtigungen.

Um den Bann „Angstgegner" zu durchbrechen, gibt es keine Generallösung. Der Trainer mit seinen Erfahrungen, seiner Souveränität und Sicherheit und die Führungsspieler sind im Vorfeld des nächsten Spiels gefordert. Sie müssen eine überzeugende Erfolgsaussicht auf die anderen Spieler ausstrahlen. Der Trainer entscheidet, inwieweit er in der Mannschaftsbesprechung auf die Gründe der letzten Niederlage(n) eingeht und gegebenenfalls besondere taktische Maßnahmen vornimmt und wie er über die emotionale Ebene bei den Spielern Siegeswillen und Einsatzbereitschaft herausfordert. Es kann sich auch als sinnvoll erweisen, das Vergangene nicht besonders zu besprechen, sondern die Spieler ganz normal auf die momentanen Besonderheiten, Stärken und Schwächen des Gegners einzustellen. Einsatzbereitschaft und Siegeswillen werden in jedem Fall über die emotionale Ebene bei den Spielern herausgefordert. Die entscheidenden Faktoren sind Selbstvertrauen und Leistungszuversicht. Die Spieler sollen auf ihre Leistungsstärke bauen und von einer realistischen Erfolgschance überzeugt sein.

Fördern wir Spieler mit Mut und Verstand, an ihre Grenzen zu gehen, Visionen zu folgen und ihre Bereitschaft, ihre individuellen Kraftreserven auszuschöpfen. Ohne diese Eigenschaften wären kaum vorstellbare Leistungen, wie beispielsweise die des Extrembergsteigers Reinhold Messner, nicht möglich. Ziele, die in Grenzbereiche der Leistungsfähigkeit gehen, werden durch häufiges Bewusstmachen über die Vorstellungskraft im Unterbewusstsein verankert.

Spieler können, je nach Persönlichkeitsstruktur und Erfahrungen, die identischen Situationen als furchtauslösend oder auch als herausfordernd empfinden. Möglichkeiten, mit als bedrohlich empfundenen oder furchtauslösenden Situationen umzugehen, wurden im Zusammenhang mit psychologischen Trainingsmethoden behandelt (S. 530ff.).

Konzentration

Die Dauer und Dynamik des heutigen Fußballspiels, das schnelle Umschalten, Konterspiel, Pressing, Tempodribblings und die Spielhandlungen vor dem Tor stellen hohe Anforderungen an die **Konzentration** der Spieler. Auf höchstem Leistungsniveau und bei weitgehend ausgeglichener Spielstärke kommt ihr oft spielentscheidende Bedeutung zu.

> **Konzentration ist die Fähigkeit, die Prozesse des Wahrnehmens, Denkens und Handelns, unbeeinträchtigt von inneren und äußeren Einflüssen, punktuell und über längere Zeiträume zielgerichtet auszuführen.**

Konzentration beschränkt sich nicht auf rein kognitive Vorgänge – Motivation und Gefühle spielen eine Rolle, beispielsweise beim Ausschalten störender emotionaler Einflüsse (überschießende Freude, innere Unruhe, Misserfolgsfurcht, Frustration u. a.).

Auch Ermüdung beeinträchtigt die Wahrnehmungs- und Denkfähigkeit, infolgedessen steigt die Fehlerquote. Ziel ist deshalb, durch gute konditionelle Voraussetzungen und mentale Belastbarkeit diesen Prozess zu verhindern bzw. lange hinauszuschieben.

Damit sind folgende drei Anforderungen verbunden:

1. Die Aufmerksamkeit bis zum Spielende konstant auf höchstem Niveau zu halten.

2. In kritischen Wettspielsituationen externe Störeinflüsse auszublenden und die Konzentration auf die gegenwärtige Situation auszurichten.

3. Durch anforderungsspezifische Trainingsmaßnahmen die Konzentrationsfähigkeit systematisch zu verbessern.

Ein häufig auftretendes Problem sind kritische Wettspielphasen, z. B. das „Kippen eines Spiels". Ein anderes Phänomen, in dessen Folge Konzentrationsverluste auftreten, ist die Unterschätzung des Gegners. Überheblichkeit geht meist mit einem Konzentrationsverlust einher. Man muss „den Sack zumachen", besagt umgangssprachlich, dass man bei Führung und im Gefühl von Überlegenheit und Spieldominanz in dem Bemühen, das Ergebnis weiter zu verbessern, in der Konzentration, im Ausnutzen von Torchancen, nicht nachlassen darf.

„David schlägt nicht Goliath, sondern Goliath schlägt sich selbst". „Hochmut kommt vor dem Fall", „Man darf seinen Gegner nie unterschätzen", „Ein Spiel dauert 90 Minuten", Spieler und Trainer kennen diese trivialen Fußballweisheiten, und trotzdem lässt sich immer wieder feststellen, dass der Grundsatz, „Man kann das Fell des Bären erst verteilen, wenn er erlegt ist", außer Acht gelassen wird.

Der Trainer kann vor den selbstgefälligen Überheblichkeitsfallen warnen und im Training auf die unabdingbare Konzentrationsspannung hinarbeiten, entscheidend ist, dass die Spieler sich ihrer Selbstverantwortung bewusst sind und in der Favoritenrolle eine Verpflichtung sehen, oder dass sie im Gefühl eines sicheren Sieges, der Überlegenheit, konsequent leistungsorientiert weiterspielen.

Im Folgenden stellen wir zunächst einige grundlegende mentale Bedingungen der Konzentrationsfähigkeit vor, führen dann Maßnahmen zum Konzentrationsaufbau vor dem und im Wettspiel an und geben im Anschluss daran einige Anregungen zum Training der Konzentrationsfähigkeit.

Grundlegende Bedingungen für die Konzentrationsfähigkeit

Grundvoraussetzungen zur Aktivierung einer hohen Konzentrationsfähigkeit sind:

- **Disposition der Gesamtpersönlichkeit**
  Unser Bewusstsein, unsere Befindlichkeit wird vom Verstand bestimmt, die vielfältigen Eindrücke beeinflussen die Konzentrationsfähigkeit. Durch Training lassen sich positive Elemente fördern und negative ausblenden.

- **Selbstbewusstsein**
  Selbstbewusstsein schafft (Selbst-)Sicherheit in brisanten Situationen, beispielsweise, wenn ein Spiel zu kippen droht.

- **Positives Denken**
  Kreatives Denken braucht freie „Autobahnen", negative Gedanken blockieren zielorientierte Strategien und Problemlösungen.

- **Aufgeschlossenheit**
  Es muss die Bereitschaft vorhanden sein, neue Wege einzuschlagen, zu experimentieren und ungewöhnliche Schritte zu wagen.

- **Beharrlichkeit**
  Ausdauer verkörpert die Motivationskraft langfristiger Konzentration.

- **An Grenzen gehen**
  Die Bequemlichkeitszone des Denkens verlassen, den Hängematten-Effekt aufgeben, erschließt neue (unerwartete) Dimensionen.

- **Bündelung und Gliederung**
  Probleme, Ziele bündeln und dann Teilbereiche, Zwischenziele angehen.
  Den Blick für das Wesentliche schärfen.

- **Realistische Leistungseinschätzung und Erwartungshaltung**
  Extrem hohe, aber ebenso zu geringe Selbstanforderungen beeinträchtigen durch die emotionalen Begleiterscheinungen die Konzentration.

- **Ökonomie des Energieaufwandes**
  Dieser Grundsatz lässt sich am besten am Tennisspiel verdeutlichen. In einem Fünf-Satz-Match über 3-4 Stunden lässt sich die Konzentration nicht über die gesamte Zeitspanne kontinuierlich aufrecht halten. Es ist vielmehr wichtig, in den jeweils entscheidenden Phasen voll konzentriert zu sein und zu wissen bzw. zu erkennen, zu welchen Zeitpunkten dies erforderlich ist.

- **Selbstdisziplin**
  Bewusstes Ausschalten innerer Ablenkungsfaktoren und äußerer Störeinflüsse (Medien, Zuschauer, Schiedsrichter u. a.).

- **Innere Ausgeglichenheit / emotionale Stabilität**
  Starke Gefühlsausbrüche in jede Richtung kosten Energie, lenken ab, verringern die Konzentrationsspannung. Im Spiel ist es erforderlich, die Gemütslage im Gleichgewicht zu halten und überschießende Emotionen (Tor, Fehlentscheidungen, Foul u. a.) möglichst zu vermeiden bzw. schnellstmöglich wieder auf normal zurückzufahren.
  Angst lähmt geradezu die Denkprozesse und beeinträchtigt rationales Handeln.

- **Angstkontrolle**
  Da das emotionale Gleichgewicht eine wichtige Bedingung für eine ablenkungsfreie Konzentration ist, kommt der Angstkontrolle große Bedeutung zu.

Tests zur Konzentrationsfähigkeit

Es wäre sehr nützlich für den Trainer, wenn es aussagekräftige Konzentrations-Tests gäbe, die sich in die Fußball-Leistungsdiagnostik integrieren ließen. In der psychologischen Diagnostik sind einige bewährte Konzentrations-Tests (d^2, Pauli-Test, Wiener Determinationsgerät u. a.) im Einsatz. Hinsichtlich ihrer Aussagekraft für die fußballspezifische Konzentrationsfähigkeit können aber keine Aussagen gemacht werden. Eine interessante, wesentlich schwierigere Variante des Pauli-Tests stellte Professor Heiko Strüder anlässlich eines Festvortrags am 20. Juni 2007 an der DSHS Köln vor. Um den Einfluss hoher Belastung auf die Konzentrationsfähigkeit von Sportlern zu messen, wird vor und nach der Belastung folgender Konzentrations-Test absolviert.

Der Test beinhaltet verschiedene Zahlenpaare:

8 − 2 + 8
7 + 5 − 7

6 + 3 – 7

4 + 8 – 3

6 – 3 + 9

5 – 2 + 8

Es müssen im Kopf (ohne aufzuschreiben) die jeweiligen Summen der beiden zusammengehörenden Zeilen errechnet werden und dann

- die beiden Summen addiert werden, wenn die größere Ziffer oben steht;

- die beiden Summen subtrahiert werden, wenn die größere Zahl unten steht (von dieser wird die kleinere, oben stehende Zahl abgezogen).

Die Zeitdauer bzw. die Anzahl der Rechenprozeduren gibt Aufschluss über die Konzentrationsfähigkeit. Es zeigt sich, dass unter Belastung sowohl der Fehlerquotient höher ausfällt als auch insgesamt weniger Aufgaben gelöst werden.

Wettspieleinstellung und Konzentration

Lang dauernde, intensive Beanspruchungen wirken sich auf die Konzentration aus. Ermüdung beeinträchtigt die Wahrnehmungs- und Denkfähigkeit, infolgedessen steigt die Fehlerquote. Unser Ziel ist es, durch gute konditionelle Voraussetzungen und mentale Schulung diesen Prozess zu verhindern, zumindest lange hinauszuschieben. Deshalb sind bei der Prozesskette von Wahrnehmung, Denken und Handeln, die bei den Spielern in jeder Spielsituation neu abläuft, zwei Aspekte entscheidend:

1. Wie gelingt es, dass die Spieler ihre Aufmerksamkeit bis zum Spielende konstant auf höchstem Niveau halten können?

2. Wie schaffen wir es, besonders in kritischen Wettkampfsituationen, die Spieler zu befähigen, ihre Gedanken auf das erforderliche Nächstliegende auszurichten und Störeinflüsse auszublenden?

Gezielte Maßnahmen hinsichtlich der Einstellung und Konzentration der Spieler im Vorfeld auf das Wettspiel wurden in den Kapiteln „Mannschaftsbesprechung" (S. 462ff.) und „Spezielle Akzente zur Wettspieleinstellung" (S. 468ff.) bereits dargelegt. Im Folgenden gehen wir kurz auf die Erfordernisse zur Konzentrationsstabilität im Wettspiel selbst ein.

Konzentration im Wettspiel

Für eine hohe Konzentration im Wettspiel ist zu beachten:

- Konzentration auf die Erfordernisse des Spielgeschehens ausrichten (z. B. „Ich werde den Gegner früher attackieren") und nicht auf die innere Befindlichkeit (z. B.: „Was ist heute nur mit dir los? Ich bin nicht gut drauf.")
- Konzentration an aktives Handeln koppeln (z. B.: „Ich werde den genauen Zeitpunkt abpassen, um die Abseitsfalle aufzuheben." Und nicht: „Warum spielen die den Ball nicht früher in den freien Raum?").
- Konzentration auf die Sache beziehen und nicht auf Antipathie oder Ärger (z. B.: „Der Gegenspieler ist schnell und trickreich, aber ich kann jedes Tempo mitgehen und werde ihn permanent unter Druck setzen." Und nicht: „Das ist einer von diesen schnellen Mimosen, wenn er wieder provoziert, hau ich ihm was auf die Socken.").
- Negativformeln gedanklichen Handelns vermeiden (z. B.: „Ich darf den Gegner **nicht** zum Schuss kommen lassen." Oder: „Im Strafraum darf ich **keine** Fouls begehen.").
  Theorien mentaler Prozesse besagen, dass vom Unterbewusstsein Worte wie „nicht", „keine" nicht erfasst werden. Die registrierte Botschaft lautet „zum Schuss kommen lassen", „Fouls begehen".
- Mögliche Handlungskonsequenzen ausblenden (z. B.: „Wenn ich den Elfmeter verschieße, hat das zur Folge . . .").
- Rückblicke vermeiden (kein „hätte, wenn und aber" und kein Hadern mit dem Schicksal). Die Energie ist im Spiel für Lösungen aufzuwenden und nicht für das Nachkarten von Fehlern oder für Schuldzuweisungen.

Ansätze zum Training der Konzentrationsfähigkeit

Die Konzentrationsfähigkeit ist, wie andere psychische Funktionen, trainierbar.

Die Ziele eines systematischen Konzentrationstrainings, im Zusammenwirken mit mentaler Stärke und Erfolgszuversicht, sind:

- Die Gedanken und Handlungen auf das erforderliche Wesentliche auszurichten.
- Sich nicht von äußeren Einflüssen ablenken zu lassen.
- Auch unter Ermüdung einen hohen Aufmerksamkeitsgrad aufrechtzuerhalten.

Die entscheidende Frage ist, wie wir im Fußball geistige Beweglichkeit und Konzentrationsfähigkeit wirkungsvoll schulen können. Da durch ein vielseitiges Training der Verstandes vergleichbare Effekte erzielt werden können, wie durch das Training des Nerv-Muskel-Systeme, werden auch beide Systeme leistungsfähiger, arbeiten schneller, präziser, flexibler und ausdauernder.

Durch spezifische Maßnahmen werden im Training u. a. die Wettkampfbeanspruchungen simuliert, phasenweise sogar erhöht. Durch Zeitlimitierungen, räumliche Beschränkungen (Zonenvorgaben), Gruppendruck (z. B. 2:2 im Verbund mit 2, 4, 6 weiteren Spielern) halten wir den Entscheidungs- und Handlungsdruck über längere Zeitspannen auf hohem Niveau.

In den einzelnen Trainingseinheiten kommt es weniger auf einige spektakuläre Aufgaben an, als auf eine Vielzahl von kleinen Elementen, die aber häufig in das Mannschafts- und Individualtraining (z. B. bei den Torhütern) integriert werden:

- Wir trainieren immer in Spielrichtung (bei allen Kleinfeldspielen).
- In den kleinen Spielen (4:4, 6:6 u. a.) wird anstelle von Einwürfen und Eckbällen der Angriff immer vom entsprechenden Tor (Torhüter) aus eingeleitet.
- Nach jedem erzielten Tor beginnt der neue Angriff sofort beim eigenen Tor (Torhüter).
- Schnelles Umschalten in kleinen Spielformen (4:4) durch spezifische Aufgabenstellung: Ein Angriff, Torschuss oder Abwehr mit einem Konter.
  Oder: Zwei, drei Angriffe, bei denen der Trainer situationsgerecht jeweils den neuen Ball ins Spiel bringt.
- Bei größeren Spielen (8:8 bis 11:11) wird mit festgelegten Räumen (abgesteckte Felder, Seitenstreifen, Taburäume) trainiert, in denen jeweils nur eine bestimmte Anzahl von Angriffs- und Abwehrspielern agieren dürfen.
- Formen des Prognosetrainings und des Einmaligkeitsprinzips.
- Bewusstes Einbringen von Störreizen ins Training (Zurufe, kleine Provokationen, in der Spielform 2:2 „willkürlich" die Belastungszeit überziehen, mit der Abseitsauslegung Dispute erzeugen und später diese in Ruhe besprechen u. a.). Hierbei soll gezielt der „Loreley-Effekt" ausgelöst werden. D. h., den Spielern soll ihr emotionales Ablenken, ihr kurzfristiges „gedankliches Ausrasten" bewusst gemacht werden, um dann zu lernen, gezielt gegenzusteuern, oder wie es heute umgangssprachlich heißt: cool zu bleiben.
- Vermitteln von Entspannungsübungen. Bei der Entspannung geht es wie bei der Konzentration um innere Ruhe, um das Ausschalten äußerer und innerer Störeinflüsse.
- Die Motivation zur Konzentration aufbauen und steigern. Eigenverantwortung für die Konzentration ist als eine Sonderform der Disziplin einzufordern und zu stärken.
- Als Basis eine gute allgemeine Kondition aufbauen. Damit wird die Konzentrationsfähigkeit unter Belastung erhöht und somit den Spielern ermöglicht, in spannungsreichen Situationen überlegter zu handeln.

Das folgende Beispiel dient als Anregung, bereits im Aufwärmprogramm leichte Konzentrationsanforderungen zu stellen.

Konzentrationsförderndes Aufwärmen

1. Einlaufen in zwei Gruppen. Die Spieler laufen in zwei Reihen hintereinander an der Spielfeldseite und kreuzen fortlaufend ihre Laufwege. (Abb. 241)

Abb. 241

2. Die jeweils letzten Spieler überholen im Slalom die trabende Gruppe bis zur Spitze. (Abb. 242)

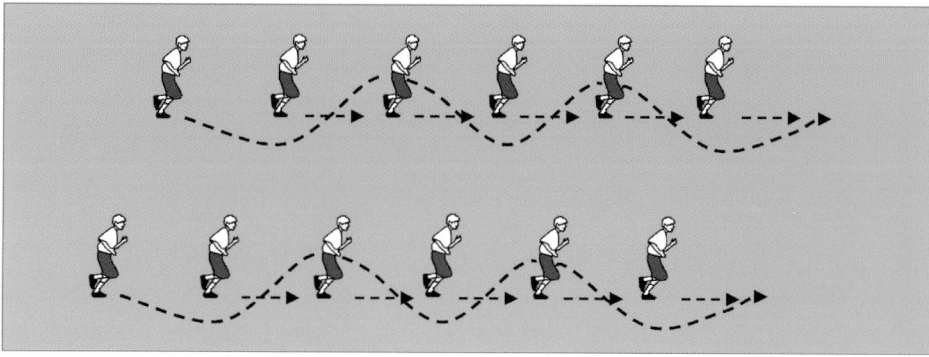

Abb. 242

3. Die jeweils vorderen Spieler durchlaufen nach halber Drehung im Slalom gegen die Laufrichtung die trabende Gruppe und setzen sich an das Ende. (Abb. 243)

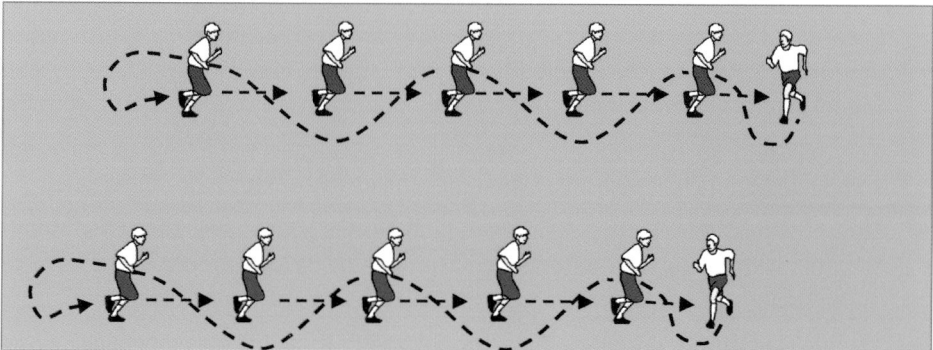

Abb. 243

4. Die Spieler zweier Gruppen bewegen sich mit kreuzenden Laufwegen von dem rechten und dem linken Hütchen durch die Diagonale eines Quadrats (16 x 16 m), um die Hütchen herum und wieder zurück. (Abb. 244)

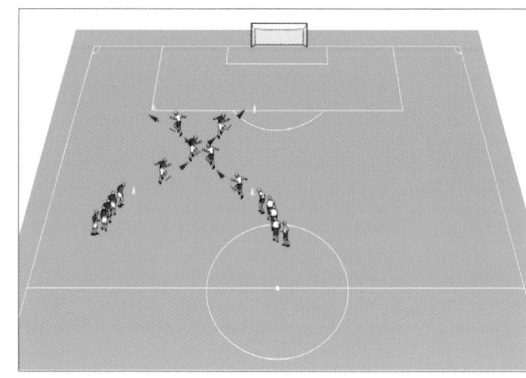

Abb. 244

Dabei werden folgende Laufarten durchgeführt:

- Hopserlauf,
- Übersetzung,
- Seitgalopp,
- Anfersen,
- Rückwärtssteppen
- alle Übungsformen mit wachsender Intensität.

Als weiteres Beispiel wird auf das im Schnelligkeitstraining vorgestellte „Italienische Quadrat" (S. 218) verwiesen. Komplexe Beanspruchungen der Konzentrationsfähigkeit beinhalten die Trainingseinheiten zur Handlungsschnelligkeit (S. 227ff.).

Im Folgenden stellen wir einige weitere Möglichkeiten bzw. Methoden des psychologischen Trainings vor, bei denen die Konzentrationsanspannung in besonderer Weise beansprucht wird.

Gruppendrucktraining

- Spielform 4 (gelb) : 4 (rot) (2:2 u. a.) jeweils mit zwei Mannschaften, also mit je acht (vier) Spielern. Jeweils eine Mannschaft ist aktiv, die andere hat Pause. Die Mannschaftsergebnisse (gelb/rot) werden addiert.
- Kein Ball darf im Trainingsspiel über das Tor geschossen werden. Sonst muss die komplette Mannschaft eine Zusatzaufgabe erfüllen (eine Platzrunde laufen u. a.).
- Torschuss aus festgelegten Positionen nach Zuspiel. Die Spieler sind zwei Mannschaften zugeordnet. Die unterlegene Mannschaft bekommt ebenfalls eine Sonderaufgabe.
- In einer knapp bemessenen Zeitspanne zum Torabschluss kommen oder einen Rückstand ausgleichen müssen.

Einmaligkeitstraining

Beim Einmaligkeitstraining wird die Konzentration auf den präzise getimten Pass, auf den konsequenten Abschluss, auf den Strafstoß oder Freistoß gerichtet.

Als Resultat gibt es nur Erfolg oder Misserfolg, die Situation ist abgeschlossen und nicht wiederholbar.

Damit soll bewusst gemacht werden, Konzentration muss sich punktgenau auf den Augenblick richten, auf die nächste Aktion. Gedanken an Vergangenes oder Zukünftiges sind dabei auszublenden.

Das Einmaligkeitstraining lässt beispielsweise, wie bei einem Pokalspiel, keine Möglichkeit der Kompensation zu. So wird im Hinblick auf ein mögliches Elfmeterschießen von den in Frage kommenden Spielern jeweils nur ein Strafstoß ausgeführt.

Prognosetraining

Beim Prognosetraining bestimmt der Spieler vor den Aktionen (Freistöße, Torschüsse nach Pässen, Flanken u. a.) die Erfolgsquote, die er für sich selbst erwartet (z. B. bei 10 Flanken sechs Tore erzielen). Nach Durchführung der Aufgabe wird Bilanz gezogen:
* Einhaltung oder Abweichung von der angekündigten Trefferquote?
* Analyse: Was ist zu verbessern?
* Neue Prognose für das nächste Mal!

Fazit

Coaching und Training bilden einen eng miteinander verflochtenen, ganzheitlichen Prozess. Zentrales Ziel ist die Schaffung bestmöglicher Voraussetzungen zur Leistungs- und Persönlichkeitsentwicklung der Spieler und die Integration aller Potenziale zu optimalem mannschaftlichen Erfolg.

Zusammensetzung und Zusammenhalt der Mannschaft, Interessenlage und Zielperspektiven sind wesentliche Kriterien der Gruppendynamik, die sich auf die Mannschaftsleistung auswirkt. Eine hohe Identifikation mit dem Verein, der Mannschaft und den angestrebten Zielen verstärkt den Zusammenhalt und trägt dazu bei, kritische Situationen zu überwinden, Krisen zu verhindern bzw. zu bewältigen und Konflikte zu lösen. Gegenseitige Akzeptanz spielt eine maßgebliche Rolle, Leistungsvertrauen, Anspornen und Unterstützen festigen das Zusammengehörigkeitsgefühl und stärken das Selbstbewusstsein des Einzelnen und schaffen somit gute Leistungsvoraussetzungen.

Leistungsaktivierung und Regulation der psychischen und insbesondere der mentalen Prozesse ist die zentrale Aufgabe des Trainers. Dementsprechend liegt das Hauptziel des Trainings und aller weiterer Maßnahmen der Spielvorbereitung in der optimalen Leistungsentfaltung aller Spieler im Wettspiel. Diese wird wesentlich beeinflusst durch ein günstiges Aktivationsniveau in der Vorwettkampfphase.

Wettkampfsituationen und -bedingungen des Fußballspiels wirken in bestimmter Richtung und Stärke auf die augenblickliche Konstitution der Spieler. Einflussgrößen, wie Gegner, Zuschauer, Schiedsrichter oder Witterung, können sowohl leistungsanspornende als auch störende und leistungsbeeinträchtigende Effekte auslösen. Bei psychophysischer Überbelastung eines Spielers werden weite Bereiche der Antriebs- und Steuerungsfunktionen beeinträchtigt.

Stress entsteht durch Umwelteinflüsse, durch die Art zwischenmenschlichen Umgangs und durch individuelle Leistungsansprüche, Erwartungshaltungen und Einstellungen.

Anlagebedingt löst Stress zwei Urreaktionen aus, Flucht oder Angriff. Wird die dazu aktivierte Energie nicht in Aktivitäten umgesetzt, treten längerfristig physische und psychische Störungen auf.

Stressauswirkungen sind eine Folge von Wahrnehmung und Vorstellung bestimmter Ereignisse. Dabei spielen die Grundeinstellung zum Leben und Erfahrungen eine maßgebliche Rolle. Geschehnisse sind nicht an sich stressauslösend, sondern ihre individuelle Wahrnehmung und Interpretation.

Spieler unterscheiden sich durch die individuelle Ausprägung des **Vorstartzustands**. Vorweggenommenes Belastungserleben, Versagensangst, aber auch anregende Stresskomponenten können von unterschiedlicher Intensität und Auswirkung sein. Im einen Fall wird der Stress als reale, unmittelbare oder in der Vorstellung als vorweggenommene Bedrohung erlebt, die sich leistungsmindernd auswirkt; im anderen Fall können die Stressfaktoren bei günstigen konstitutionellen und situativen Voraussetzungen leistungsfördernd sein.

Besonders der psychisch labile und störanfällige Spieler reagiert auf vorgestellte und real erlebte Belastungen oft mit erheblichen Leistungsschwankungen. Er fühlt sich den gestellten Anforderungen nicht gewachsen und ist nicht in der Lage, die störenden Einflüsse angemessen zu verarbeiten.

Dem Trainer kommt die Aufgabe zu, Stress und Überlastungssymptome bei seinen Spielern zu erkennen und entsprechende **regulative Maßnahmen** einzuleiten. Diese stammen häufig aus seinem allgemeinen Wissens- und Erfahrungsbereich. Ihre Wirksamkeit beruht auf der Kenntnis der dominanten Persönlichkeitszüge und Charaktereigenschaf-

ten, der Mentalität und der Eigenarten der Spieler. Regulationsmaßnahmen, die der Praktiker anwendet, sind u. a. Information, Ablenkung, Akzentverschiebung und Umbewertung. Auch die wissenschaftlich entwickelten Psychoregulationsmethoden, wie Autogenes Training, aktive Selbstregulation u. a., werden verstärkt im Fußball eingesetzt. Durch den Einsatz dieser psychophysischen Entspannungs- und Aktivierungstechniken können Ängste, Hemmungen, Unsicherheit und Misserfolgsfurcht abgebaut und Selbstbewusstsein, Konzentrationsfähigkeit und Leistungsbereitschaft verstärkt werden.

In der Ausrichtung stimmen die erfahrungsbedingten, häufig intuitiv eingesetzten, verhaltenssteuernden Maßnahmen und die wissenschaftlich begründeten, psychoregulativen Trainingsmethoden im Wesentlichen überein:
- Aktivierung und Aufrechterhaltung der Leistungsfähigkeit,
- Verbesserung und Beschleunigung der Regeneration nach psychophysischen Belastungen.

Grundsätzlich sind die Techniken und Maßnahmen zu bevorzugen, die den Spieler zunächst unterstützen und später ohne Anleitung in die Lage versetzen, sich selbstverantwortlich mit den gestellten Aufgaben des Wettkampfs auseinanderzusetzen und die Konsequenzen von Erfolg und Misserfolg zu verarbeiten.

Auch die Vorgehensweise im Gesamtrahmen der Verhaltensregulation und -steuerung lässt Parallelen erkennen:
- Information über psychophysische Beanspruchung und Bewusstmachung ihrer Wirkung.
- Erkennen der Belastungsbedingungen und Störeinflüsse.
- Auseinandersetzung mit den auftretenden Reaktionen.
- Verarbeitung der Stresseinwirkungen durch adäquate Bewältigungsstrategien, gegebenenfalls Veränderung personaler und situativer Bedingungen.

Die erforderlichen Maßnahmen, die der Trainer zur Regulation des psychischen Zustandes eines Spielers vor dem Wettspiel ergreift, richten sich nach dem jeweiligen „Spielertyp" und der Gesamtsituation. Generell kommen zwei Strategien in Frage:

1. Spannungsaufbau
   Gezielte Aufmerksamkeitslenkung auf den bevorstehenden Wettkampf, die Anforderungen und die zu erwartenden Besonderheiten.

2. Reduzierung der Anspannung
   Ablenkung der Aufmerksamkeit von den bevorstehenden Wettkampfanforderungen und einem hohen Leistungsdruck.

Die **Konzentration** steht in Abhängigkeit von anderen mentalen Prozessen. Wenn ein Spieler in sich ruht, ausgeglichen und erfolgszuversichtlich ist, dann kann er sich in der Regel auch gut konzentrieren. Deshalb ist es das Ziel eines systematischen Konzentrationstrainings, die Gedanken auf das Wesentliche zu bündeln und Nervosität, Furcht oder Stress unter Kontrolle zu halten.

Die Konzentrationsfähigkeit ist, wie andere psychische Funktionen, trainierbar. Dazu sind im Training entsprechende Maßnahmen durchzuführen, indem u. a. Wettspielbeanspruchungen simuliert, phasenweise sogar erhöht werden. Durch zeitnahe Limitierungen, räumliche Beschränkungen (Zonenvorgaben), Gruppendruck (z. B. 2:2 im Verbund mit zwei, vier, sechs weiteren Spielern) lässt sich der Entscheidungs- und Handlungsdruck über längere Zeitspannen auf hohem Niveau halten.

Im Training werden vorrangig zwei Schwerpunkte angezielt:

- Konzentration zu bündeln und
- Konzentration gegen Störeinflüsse und Ermüdung konstant zu halten.

Als weitere Möglichkeiten im Zusammenhang mit dem Aufbau mentaler Stabilität bieten sich für die Konzentrationsschulung das Gruppendruck-, das Einmaligkeits- und das Prognosetraining an.

Zahlreiche Spielformen in den Trainingseinheiten zur Handlungsschnelligkeit schulen direkt oder mittelbar die Konzentrationsfähigkeit mit.

Die Konzentration kann auch mental trainiert werden.

Durch Konzentrationsübungen, kombiniert mit Entspannungsübungen, lassen sich individuell abgestimmt Leistungsverbesserungen erzielen.

Schlussgedanke

Im Fußball gibt es keine Erfolgsgarantien, aber andererseits:

Erfolg ist kein Zufallsprodukt!

Erfolg resultiert aus ausdauernder, harter, systematischer Arbeit in der Umsetzung der vielfältigen Führungs- und Trainingsanforderungen.

Unter dieser Prämisse führen wir abschließend als knapp gefasste Leitlinien nochmals die wesentlichen **Grundregeln des Coachings** und die **Kriterien für Teamidentität** und Leistungsbewusstsein an:

* Der Trainer hat eine absolute Vorbildfunktion.
* Disziplin setzt Selbstdisziplin voraus!
* Der Trainer ist immer für die Spieler und die Mannschaft da.
* Der Trainer ist eine Vertrauensperson für die Spieler.
* Der Trainer fördert die Motivation seiner Spieler.
  Begeistern setzt ein begeistert-sein voraus!
* Der Trainer bringt seinen Spielern Respekt und Wertschätzung entgegen und sorgt für dieselbe Akzeptanz im Umgang untereinander.
* Der Trainer fördert eine positive Wettspieleinstellung, kontrollierte Emotionalität und fußballspezifische Aggressivität.
* Der Trainer ist gerecht.
  Gerechtes Handeln heißt nicht zwangsläufig, alle Spieler gleich zu behandeln!
* Der Trainer fällt seine Entscheidungen zweckbestimmt nach sachlichen Erwägungen.
* Der Trainer fördert Mitverantwortung, Eigenmotivation und Zivilcourage.
* Der Trainer bezieht bei einigen wichtigen Entscheidungen den Mannschaftskapitän und Führungsspieler in seine Vorstellungen und Pläne ein.
* Der Trainer nimmt Meinungen und Anliegen der Spieler zur Kenntnis, behält aber die Entscheidungsverantwortung.
* Der Trainer übt sachliche Kritik im Sinne der Leistungsverbesserung und reflektiert auch selbstkritisch eigene Entscheidungen und Maßnahmen.
* Der Trainer erkennt und löst Probleme und Konflikte durch Dialoge, Argumentation, Überzeugung und letztendlich durch Entscheidungskompetenz.
* Der Trainer beugt Leistungseinbrüchen und Krisen vor und entwickelt gegebenenfalls Strategien zur Behebung.
* Der Trainer setzt sich offen und geradlinig mit den Ergänzungsspielern auseinander. Er schenkt ihnen Beachtung, berät und fördert sie im Rahmen der gegebenen Möglichkeiten.
* Die Freude des Trainers am Beruf hat Signalwirkung auf die Einstellung der Spieler.

Freude und Erfolg stehen in engem Zusammenhang!

Mit diesem Schlussgedanken wünschen wir allen Trainern und Spielern viel Begeisterung, Freude und Erfolg.